Räkneord

1 *one* [wann]
2 *two* [to:]
3 *three* [θri:]
4 *four* [få:]
5 *five* [fajv]
6 *six* [sikks]
7 *seven* [sevv'n]
8 *eight* [ejt]
9 *nine* [najn]
10 *ten* [tenn]
11 *eleven* [ilevv'n]
12 *twelve* [twellv]
13 *thirteen* [θə'ti:'n]
14 *fourteen* [få:'ti:'n]
15 *fifteen* [fiff'ti:'n]
16 *sixteen* [sikk'sti:'n]
17 *seventeen* [sevv'nti:'n]
18 *eighteen* [ej'ti:'n]
19 *nineteen* [naj'nti:'n]
20 *twenty* [twenn'ti]
21 *twenty-one* [twenn'tiwann']
30 *thirty* [θə:'ti]
40 *fourty* [få:'ti]
50 *fifty* [fiff'ti]
60 *sixty* [sikk'sti]
70 *seventy* [sevv'nti]
80 *eighty* [ej'ti]
90 *ninety* [naj'nti]
100 *a hundred* [ə hann'drəd]
101 *one hundred and one* [wann' hann'drəd ənn wann']
200 *two hundred* [to:' hann'drəd]
1 000 *a thousand* [ə θao'zənd]
1 001 *one thousand and one* [wann' θao'zənd ənn wann']
10 000 *ten thousand* [tenn' θao'zənd]
10 050 *ten thousand and fifty* [tenn' θao'zənd ənn fiff'ti]
1 000 000 *a million* [ə mill'jən]

Alfabetet

a [ej], *b* [bi:], *c* [si:], *d* [di:], *e* [i:], *f* [eff], *g* [dsji:], *h* [ejtsj], *i* [aj], *j* [dsjej], *k* [kej], *l* [ell], *m* [emm], *n* [enn], *o* [åo], *p* [pi:], *q* [kjo:], *r* [a:], *s* [ess], *t* [ti:], *u* [jo:], *v* [vi:], *w* [dabb'ljo:], *x* [ekks], *y* [waj], *z* [zedd]

Prismas moderna ficklexikon

är upplagda efter helt nya idéer. Strävan efter *praktisk användbarhet* har varit huvudprincipen för vilken alla andra hänsyn fått vika. De viktigaste nyheterna är:
 maximalt antal uppslagsord genom en ytterst utrymmesbesparande men samtidigt lättläst typografi och genom hård komprimering av innehållet
 ett verkligt modernt ordförråd
 uttal även i den svensk-utländska delen, till samtliga ord i det engelska och det franska lexikonet, till vissa svåruttalade ord i de övriga.
 Antalet uppslagsord uppgår till ca 30 000 i varje lexikon. Ljudskriften är den enklaste möjliga och avsedd att kunna förstås utan särskild förklaring. Endast ett litet fåtal fonetiska tecken används.
 Synpunkter på innehållet med tanke på kommande upplagor mottas tacksamt av Lexikonredaktionen, Bokförlaget Prisma, Stockholm.

Redaktionen

PRISMAS LILLA ENGELSKA ORDBOK

INNEHÅLL

Svensk-engelska delen 7
Engelsk-svenska delen 203
Grammatik 399
Oregelbundna verb 411
Parlör 417
Mått, mynt och vikt 430

BOKFÖRLAGET PRISMA STOCKHOLM

© 1974 Eva Gomer, Gösta Åberg och Bokförlaget Prisma
Redaktion Eva Gomer, Vivien Lindeberg och Gösta Åberg
Första upplagan 1974
Andra upplagan 1977
Nionde tryckningen 1989
ISBN 91-518-2184-2

Tryckt och bunden i Storbritannien av
Richard Clay Ltd., Bungay, Suffolk, 1989

Nyckel till ljudskriften

Huvudregel:
Uttala som om ljudskriften vore ett svenskt ord. Obs. att k alltid uttalas som i kall, inte som i källa, t.ex. *cannibal* [känn'ibəl]. I tvåstaviga ord har engelskan alltid akut accent som i svenska an´den (fågeln), inte grav accent som i svenska an`den (av ande). Ljudskriften är avsedd att vara till hjälp *både* för dem som kan engelska mycket bra och för dem som har mycket bristfälliga kunskaper.

lång vokal anges med kolon (:)	*call* [kå:l]
kort vokal anges genom dubbelskrivning av följande konsonant	*hat* [hätt]
betoningen anges med accent (´) efter den betonade vokalen om denna är lång	*secret* [si:´kritt]
efter följande (dubbelskrivna) konsonant om vokalen är kort	*pity* [pitt´i]

Särskilda tecken:

ə	kort ö-liknande ljud	*after* [a:´ftə]
əː	långt ö-liknande ljud	*service* [səː´viss]
θ	tonlöst läspljud	*thing* [θing]
ð	tonande läspljud	*the* [ðə]
w	konsonantliknande o-ljud	*way* [wej], *one* [wann]

Obs! Vokalljudet i love, cup etc., som i regel återges med tecknet ʌ, har något oegentligt återgivits med a, alltså [lavv], [kapp], detta för att så långt det över huvud taget är möjligt underlätta användningen av uttalsbeteckningarna.

Förkortningar

adj. adjektiv *adv.* adverb *Am.* amerikansk engelska *a p.* a person *bildl.* bildligt *imperf.* imperfektum *interj.* interjektion *konj.* konjunktion *mat.* matematik *mil.* militärt *ngn* någon *ngt* något *o.s.* oneself *perf. part.* perfekt particip *pl* pluralis *prep.* preposition *pron.* pronomen *s.b.* somebody *sg* singularis *sl.* slang *s.o.* someone *s.th.* something *subst.* substantiv *ung.* ungefär *vard.* vardagligt *äv.* även.

Övriga förkortningar torde inte kräva förklaring.

Svensk-engelska delen

à 2 *biljetter à* 1 *pund* 2 tickets at 1 pound [to: tikk'its ət wann' pao'nd]; 3 *à* 4 *dagar* 3 or 4 days [θri:' ə få:' dej'z] **AB** Ltd. [limm'itidd]; *Am.* Inc. [inkå:'pərejtid] **abborre** perch [pətʃ] **abdikera** abdicate [äbb'dikejt] **abnorm** abnormal [äbnå:'məl] **abonnemang** subscription [səbskripp'ʃən] **abonnent** subscriber [səbskraj'bə] **abonnera** subscribe [səbskraj'b] (*på* to); *abonnerad buss* hired bus [haj'əd bass'] **abort** abortion [əbå:'ʃən] **abrupt** abrupt [əbrapp't] **absolut** (*adj.*) absolute [äbb'səlo:t]; (*adv.*) absolutely [-li] **absolutist** teetotaller [ti:tåo'tlə] **abstrakt** abstract [äbb'sträkkt] **absorbera** absorb [əbså:'b] **acceleration** acceleration [äkselərej'ʃən] **accelerera** accelerate [aksell'ərejt] **accent** accent [äkk'sənt] **acceptabel** acceptable [äksepp'təbl] **acceptera** accept [äksepp't] **accessoarer** accessories [aksess'əriz] **accis** excise [eksaj'z] **aceton** acetone [ass'itåon] **acklimatisera sig** become acclimatized [bikamm' əklaj'mətajzd] **ackompanjera** accompany [əkamm'pəni] **ackord** (*musik*) chord [kå:d]; *arbeta på ackord* work at piece-rates [wə:'k ətt pi:'srejts] **ackordsarbete** piecework [pi:'swə:k] **ackumulera** accumulate [əkjo:'mjolejt] **a conto** on account [ånn åkao'nt] **addera** add up [ädd' app'] **addition** addition [ədisj'ən] **adel** nobility [nəbill'itti] **adelsman** nobleman [nåo'bəlmən] **aderton** eighteen [ej'ti:n] **adjunkt** assistant master [əsiss'tənt ma:'stə] **adjö** good-bye [goddbaj'] **adlig** noble [nåo'bl] **administration** administration [ədminnistrej'ʃən] **administrera** administrate [ədminn'istrejt] **adoptera** adopt [ədäpp't] **adoption** adoption [ədäpp'ʃən] **adoptivbarn** adopted child [ədäpp'tidd tsjajld] **adoptivföräldrar** adoptive parents [ədäpp'tiv pärr'ənts] **adress** address [ədress'] **adressat** addressee [ədresi:'] **adressera** address [ədress'] **adressförändring** change of address [tsjej'ndsj əvv ədress'] **adresskalender** directory [direkk'təri] **adresslapp** address label [ədress' lej'bl] **advent** Advent [add'vənt] **advokat** lawyer [lå:'jə] **advokatbyrå** lawyer's office [lå:'jəz åff'iss] **aerogram** aerogram [ä:'rəgrämm] **affekterad** affected [əfekk'tidd] **affektionsvärde** sentimental value [sentimment'l vall'jo:] **affisch** poster [påo'stə] **affär** (*butik*) shop [sjåpp]; *affärer* business [bizz'niss]; *en dålig affär* a bad bargain [ə bädd' ba:'ginn]; *en fin affär* a bargain [ə ba:'ginn]; *göra affär av* make a fuss about [mejk ə fass' əbao't] **affärsbiträde** shop-assistant [sjåpp'əsistənt] **affärsgata** shopping street [sjåpp'ing stri:t] **affärsinnehavare** shopkeeper [sjåpp'ki:pə] **affärsman** businessman [bizz'nissmən] **affärsresa** business trip [bizz'niss tripp] **affärstid** business hours [bizz'niss ao'əz] **Afrika** Africa [äff'rikə] **afrikansk**

afro-asiatisk — allmän

African [äff'rikən] **afro-asiatisk** Afro-Asian [äff'roej'sjən] **afton** evening [i:'vning] **aftongudstjänst** evensong [i:'vənsång] **agave** agave [əgej'vi] **aga** flog [flågg], *subst.* flogging **agent** agent [ej'dsjənt] **agentur** agency [ej'dsjənsi] **agera** act [äkkt] **agg** grudge [graddsj] **aggregat** unit [jo:'nitt] **aggression** aggression [əgresj'ən] **aggressiv** aggressive [əgress'ivv] **aggressivitet** aggressiveness [əgress'ivvniss] **agitation** agitation [äddsjitej'-sjən] **agitator** agitator [ädd'sjitejtə] **agitera** agitate [ädd'sjitejt] **agn 1** (*på säd*) husk [hassk] **2** (*bete*) bait [bejt] **agronom** graduate of agricultural college [grädd'joitt əvv ägrikall'tsjərəl kåll'idsj] **ajournera** adjourn [ədsjə:'n] **akademi** academy [əkädd'əmi] **akademiker** university graduate [jo:nivə:'sitti grädd'joitt] **akademisk** university ... [jo:nivə:'sitti], academic [äkkədemm'ikk] **akrobat** acrobat [äkk'rəbätt] **akt 1** act [äkkt] **2** *ge akt på* pay attention to [pej ətenn'sjən to:]; *ta sig i akt* be on one's guard [bi: ånn wannz ga:'d] **akta** be careful with [bi: kä:'əfəll wið]; *akta sig* take care [tejk kä:'ə] **aktad** respected [rispekk'tidd] **akter** stern [stə:n] **aktersnurra** outboard motor [ao'tbå:'d måo'tə] **aktie** share [sja:'ə] **aktiebolag** limited company [limm'itidd kamm'pəni] **aktieägare** shareholder [sjä:'ə-håoldə] **aktion** action [äkk'sjən] **aktiv** active [äkk'tivv] **aktivera** activate [äkk'tivejt] **aktivitet** activity [äkktivv'itti] **aktning** respect [rispekk't] **aktsam** careful [ka:'əfəll] **aktualisera** (*föra på tal*) bring to the fore [bring' to ðə få:']; (*modernisera*) bring up to date [bring' app to dej't] **aktualitet** topicality [tåppikäll'itti] **aktuell** of current interest [əvv karr'ənt in'trest] **aktör** actor [äkk'tə] **akustik** acoustics [əko:'stikks] **akut** acute [əkjo:'t] **akvarell** watercolour [wå:'təkallə] **akvarium** aquarium [əkwä:'əriəm] **akvavit** aquavit [äkk'vəvitt] **al** alder [å:'ldə] **aladåb** aspic [ass'pikk] **alarm, alarmera** alarm [əla:'m] **Albanien** Albania [älbej'njə] **album** album [all'bəm] **aldrig** never [nevv'-ə] **alfabet** alphabet [all'fəbitt] **alg** alga [all'gə] **algebra** algebra [all'dsjibrə] **Algeriet** Algeria [äldsji:'əriə] **alibi** alibi [ăll'ibaj] **alkohol** alcohol [äll'kəhåll] **alkoholhaltig** alcoholic [ällkəhåll'ikk] **alkoholist** alcoholic [ällkəhåll'ikk] **all** (å:l]; (*varje*) every [evv'ri]; *for all del!* not at all! [nått ətt å:'l], don't mention it! [dåo'nt menn'sjən itt] **alla** [å:l]; (*varenda en*) everybody [evv'ribăddi], everyone [evv'riwann] **alldeles** quite [kwajt] **allehanda** all sorts of [å:'l så:'ts əvv] **allé** avenue [ăvv'injo:] **allergi** allergy [äll'ədsji] **allergisk** allergic [ələ:'dsjikk] **allesammans** all of them [å:'l əvv ðəm], all of us [å:'l əvv ass] **allhelgonadag(en)** All Saints' Day [å:'l sej'nts dej] **allians** alliance [əlaj'əns] **alliera sig** ally o.s. [əlaj' wannsell'f] **allierad** allied [əlaj'd]; *de allierade* the allies [ði: äll'ajz] **alligator** alligator [äll'igejtə] **allmoge** country people [kann'tri pi:'pl] **allmosa** alms [a:mz] **allmän** (*vanlig*) common [kåmm'ən]; (*gemensam*) general [dsjenn'ərəl]; (*offentlig*) public [pabb'likk]; (*gängse*) current [karr'ənt]

allmänbildad well-informed [well'infå:md] **allmängiltig** generally applicable [dsjenn'ərəli äpp'likəbl] **allmänhet** *allmanheten* the public [ðə pabb'likk]; *i allmanhet* in general [inn dsjenn'ərəl], as a rule [äzz ə ro:'l] **allra** of all [avv å:'l]; very [verr'i] **alls** at all [ätt å:'l] **allsidig** all round [å:'l raoʻnd] **allsmäktig** almighty [ålmaj'ti] **allström** universal current [joːnivaːˈsəl karrˈənt] **allsång** community singing [kəmjuːˈnitti singˈing] **allt** all [å:l], everything [evv'riθing]; *allt som allt* all told [å:'l tåo'ld]; *när allt kommer omkring* after all [a:'ftər å:'l] **allteftersom** as [äzz] **alltför** too [to:] **alltid** always [å:'lwəz]; *for alltid* for ever [fər evv'ə] **alltifrån** ever since [evv'ə sinn's] **alltigenom** through and through [θroː' ənn θroː'] **allting** everything [evv'riθing] **alltjämt** still [still] **alltmer(a)** more and more [må:'r ənn må:'] **alltsammans** all [å:l] **alltsedan** dess ever since then [evv'ə sins ðenn'] **alltså** accordingly [əkå:'dingli], thus [ðäss] **allvar** seriousness [siːˈəriəsniss]; *mena allvar* be serious [biː siːˈəriəs] **allvarlig, allvarsam** serious [siːˈəriəs] **alm** elm [ellm] **almanacka** almanac [å:'lmänäkk] **alpin** alpine [äl'pajn] **alpinist** alpinist [äll'pinist] **alster** product [prådd'əkt] **alstra** produce [prədjoː's] **alstring** production [prədakk'sjən] **altan** balcony [ball'kəni] **altare** altar [å:l'tə] **alternativ** alternative [å:ltəːˈnətivv] **altröst** contralto [kəntrå:'ltåo] **aluminium** aluminium [älljominn'jəm] **amalgam** amalgam [əmäll'gəm] **amanuens** assistant university teacher [əsissˈtənt joːniveːˈsitti tiːˈtsjə] **amatör** amateur [ämmˈətə] **amatörmässig** amateurish [ämmətəːˈrisj] **ambassad** embassy [emm'bəsi] **ambassadör** ambassador [ämmbassˈədə] **ambition** ambition [ämmbisjˈən] **ambitiös** ambitious [ämmbisj'əs] **ambulans** ambulance [ämm'bjolans] **Amerika** America [əmerr'ikə] **amerikan(sk)** American [əmerr'ikən] **ametist** amethyst [ämm'iθist] **amiral** admiral [ädd'mərəl] **amma** nurse [nəːs] **ammoniak** ammonia [əmåoˈnjə] **ammunition** ammunition [ämmjonisjˈən] **amnesti** amnesty [ämm'nesti] **amortera** pay off by instalments [pej å:'f baj inst‑tå:'lmənts] **ampel** hanging flower-basket [häng'ing flaoˈəba:skitt] **ampull** ampoule [ämm'po:l] **amputation** amputation [ämmpjotej'sjən] **amputera** amputate [ämm'pjotejt] **amulett** amulet [ämm'jolitt] **an** *av och an* up and down [app' ənn daoʻn] **ana** have a feeling [havv' ə fiːˈling] **analfabet** illiterate [illittˈəritt] **analfabetism** illiteracy [illittˈərəsi] **analogi** analogy [ənäll'ədsji] **analogisk** analogical [ännəlådd'sjikal] **analys** analysis [ənall'əsiss] **analysera** analyse [änn'əlajs] **ananas** pineapple [paj'näppl] **anarki** anarchy [änn'əki] **anatomi** anatomy [ənätt'əmi] **anbefalla** enjoin (påbjuda) recommend [rekəmenn'd] **anbelanga** *vad mig anbelangar* as far as I am concerned [əzz faː'r əzz aj' ämm kənsəːˈnd] **anblick** sight [sajt]; *vid forsta anblicken* at first sight [ett fəːˈst sajˈt] **anbringa** place [plejs] **anbud** *(kop-)* bid [bidd]; *(salj-)* offer [åff'ə] **and** wild duck [waj'ld dakk']

anda — anmärka

anda (*andedräkt*) breath [breθ]; (*stämning*) spirit [spirr'itt] **andakt** devotion [divåo'sjən] **andas** breathe [bri:ð] **ande** spirit [spirr'itt] **andedräkt** breath [breθ] **andel** share [sjä:'ə] **andetag** breath [breθ] **andfådd** out of breath [ao't əvv breθ] **andhämtning** breathing [bri:'ðing], respiration [ressparej'sjən] **andlig** (*själslig*) spiritual [spirr'itsjoəl]; (*psykisk*) intellectual [intilekk'tsjoəl], mental [menn'tl] **andlös** breathless [breθ'liss] **andning** breathing [bri:'ðing], respiration [ressparej'sjən] **andningsorgan** respiratory org. [risspaj'ərətri å:'gən] **andra** second [sekk'ənd] **andrahands-** second-hand [sekk'əndhänn'd] **andraklassbiljett** second-class ticket [sekk'əndkla:'s tikk'itt] **andre** second [sekk'ənd] **andrum** breathing-space [bri:'ðingspejs] **anekdot** anecdote [änn'ikdåot] **anemi** anaemia [əni:'mjə] **anemon** anemone [ənemm'əni] **anfall** attack [ətäkk']; (*sjukdoms- etc.*) fit [fitt] **anfalla** attack [ətäkk'] **anfordran** *vid anfordran* on demand [ånn dima:'nd] **anföra** (*leda*) lead [li:d]; (*framhålla*) state [stejt] **anförande** (*yttrande*) statement [stej'tmənt]; speech [spi:tsj] **anförare** leader [li:'də] **anförtro** entrust [intrass't] **anförvant** relation [rilej'sjən] **ange** (*uppge*) inform [infå:'m]; (*anmäla för myndighet*) report [ripå:'t] **angelägen** (*om sak*) urgent [ə:'dsjənt]; (*om person*) anxious [äng'ksjəs] **angelägenhet** (*sak*) matter [mätt'ə], affair [əfä:'ə] **angenäm** pleasant [plezz'nt] **angiva** se *ange* **angivare** informer [infå:'mə] **anglosaxisk** Anglo-Saxon [äng'glåo säkk'sən] **angrepp, angripa** attack [ətäkk'] **angripare** assailant [əsej'lənt] **angränsande** adjacent [ədsjej'sənt] **angå** *det angår dig inte* it's none of your business [itts nann' əvv jå:' bizz'niss] **anhalt** halt [hå:lt] **anhålla** (*arrestera*) arrest [əress't]; (*begära*) ask [a:sk] **anhållan** request [rikwess't] **anhållande** arrest [əress't] **anhängare** follower [fåll'åoə] **anhörig** relative [rell'ətivv] **anilin** aniline [änn'ili:n] **aning** (*förkänsla*) presentiment [prizenn'timənt]; (*föreställning*) notion [nåo'sjən]; *en aning* (*en smula*) a little [ə litt'l] **anka** duck [dakk] **ankare** anchor [äng'kə] **ankarplats** anchorage [äng'kəriddsj] **ankel** ankle [äng'kl] **anklaga** accuse [əkjo:'z] **anklagelse** accusation [äkjozej'sjən] **anknyta** attach [ətätt'sj] **anknytning** connection [kənekk'sjən] **ankomma** (*anlända*) arrive [əraj'v]; (*bero*) depend [dipenn'd] **ankomst** arrival [əraj'vəl] **ankra** anchor [äng'kə] **anlag** talent [tall'ənt] **anlagsprov** aptitude test [äpp'titjo:d tess't] **anledning** reason [ri:'zn] (*till* for [få:], of [åvv]); *med anledning av* on account of [ånn əkao'nt əvv] **anlita** apply to [əplaj' to:]; (*tillgripa*) resort to [rizå:'t to:] **anlägga** (*bygga*) build [bild] **anläggning** (*byggnad*) building [bill'ding] **anlända** arrive [əraj'v] **anmana** demand [dima:'nd] **anmaning** request [rikwess't] **anmoda, anmodan** request [rikwess't] **anmäla** (*meddela*) announce [ənao'ns]; (*rapportera*) report [ripå:'t] **anmälan** report [ripå:'t] **anmälningsavgift** registration fee [redsjistrej'sjən fi:'] **anmärka** (*klandra*)

anmärkning — anstånd

find fault [faj'nd få:'lt] **anmärkning** (*yttrande*) comment [kåmm'ənt]; (*klander*) objection [əbdsjekk'sjən] **anmärkningsvärd** remarkable [rima:'kəbl] **annalkande** (*subst.*) approach [əpråo'tsj]; (*adj.*) approaching [əpråo'tsjing] **annan** other [að'ə]; *en annan* another [ənað'ə], somebody else [samm'bədi ell's]; *alla andra* all the others [å:'l ði að'əz], everybody else [evv'ribåddi ell's]; *ingen annan* nobody else [nåo'bədi ell's]; *någon annan* somebody else [samm'bədi ell's] **anndag** *anndag jul* Boxing-day [båkk'singdej]; *annandag pingst* Whit-Monday [witt'mann'di]; *annandag påsk* Easter Monday [i:'stə mann'di] **annanstans** elsewhere [ell'swä:'ə]; *ingen annanstans* nowhere else [nåo'wä:ə ell's] **annars** otherwise [að'əwajz], or (else) [å:' (ell's)] **annat** (*jfr annan*); *inte annat än jag vet* as far as I know [əzz fa:' əzz aj' nåo]; *hon kunde inte annat än skratta* she could not help laughing [sji kodd nått hell'p la:'fing] **annons** advertisement [ədvə:'tismənt] **annonsbyrå** advertising agency [ädd'vətajzing ej'dsjənsi] **annonsera** (*genom annons*) advertise [ädd'vətajz]; (*tillkännage*) announce [ənåo'ns]; **annonsering** advertising [ädd'vətajzing] **annorlunda** (*adv.*) otherwise [að'əwajz]; (*adj.*) different [diff'rənt] **annuitetslån** instalment credit [instä:'lmənt krədd'itt] **annullera** cancel [känn'səl] **anonym** anonymous [ənänn'iməs] **anonymitet** anonymity [ännənimm'itti] **anor** ancestry [änn'sistri] **anorak** anorak [änn'əräkk] **anordna** arrange [ərej'ndsj] **anordning** (*apparat*) apparatus [äppərej'təs] **anpassa** adapt [ədäpp't] **anpassning** adaptation [ädäptej'sjən] **anrika** enrich [inrit'sj] **anropa** call [kå:l] **anrätta** prepare [pripä:'ə] **anrättning** (*rätt*) dish [disj] **ansa** tend [tennd] **ansats** (*början*) start [sta:t]; (*försök*) attempt [ətemm'pt] **anse** (*mena*) think [θingk]; (*betrakta*) consider [kənsidd'ə], regard [riga:'d] **ansedd** (*aktad*) esteemed [isti:'md] **anseende** reputation [repjotej'sjən]; esteem [isti:'m] **ansenlig** considerable [kənsidd'ərəbl] **ansikte** face [fejs] **ansjovis** anchovy [änn'tsjəvi] **anskaffa** acquire [əkwaj'ə] **anskaffningskostnad** acquisition cost [äkwizisj'ən kåss't] **anslag** (*kungörelse*) notice [nåo'tiss]; (*penningmedel*) provision [prəvisj'ən]; (*komplott*) design [dizaj'n]; (*musik*) touch [tattsj] **anslagstavla** notice-board [nåo'tissbå:d] **ansluta** connect [kənekk't]; *ansluta sig till ett parti* join a party [dsjåj'n ə pa:'ti] **anslutning** connection [kənekk'sjən] **anslå** (*anvisa*) assign [əsaj'n]; (*pengar*) grant [gra:nt]; (*musik*) strike [strajk] **anspela** allude [əlo:'d] (*på* to) **anspelning** allusion [əlo:'sjən] **anspråk** claim [klejm]; *göra anspråk på* lay claim to [lejj klej'm to:] **anspråksfull** pretentious [pritenn'sjəs] **anspråkslös** modest [mådd'ist] **anstalt** (*institution*) institution [institjo:'sjən] **anstrykning** (*skiftning*) tinge [tinndsj]; (*tycke*) touch [tattsj] **anstränga** strain [strejn]; *anstränga sig* exert o.s. [iggzə:'t wannsell'f] **ansträngande** strenous [strenn'joəs] **ansträngning** effort [eff'ət] **anstå** (*uppskjutas*) wait [wejt] **anstånd** delay

anställa — arbetsmarknad

[dilej'] **anställa** employ [immplåj']; (*företaga*) make [mejk] **anställd** employee [emmplåji:'] **anställning** employment [immplåj'mənt] **anständig** respectable [rispekk'təbl] **anstöt** offence [əfenn's] **ansvar** responsibility [rispånsəbill'itti] **ansvarig** responsible [rispånn'səbl] **ansvarighetsförsäkring** liability insurance [lajəbill'itti insjo'ərəns] **ansvarsfull** responsible [rispånn'səbl] **ansvarslös** irresponsible [irrispånn'səbl] **ansätta** press [press] **ansöka om** apply for [əplaj' få:] **ansökan** application [äpplikej'sjən] **antaga** (*mottaga*) take [tejk], accept [əksepp't]; (*förmoda*) assume [əs-jo:'m], suppose [səpåo's] **antagande** (*förmodan*) assumption [əsamm'psjən] **antagligen** probably [pråbb'əbli] **antagonist** antagonist [änntägg'ənist] **antal** number [namm'bə] **Antarktis** the Antarctic [ðə: änta:'ktikk] **antasta** molest [məless't] **anteckna, anteckning** note [nåot] **anteckningsbok** notebook [nåo'tbokk] **antenn** (*radio-*) aerial [ä:'əriəl]; *zool.* antenna [änntenn'ə] **antibiotika** antibiotics [änn'tibajått'iks] **antik** antique [äntti:'k] *antiken* classical antiquity [kläss'ikəl änntikk'witti] **antikropp** antibody [änn'tibåddi] **antikvariat** second-hand bookshop [sekk'əndhännd bokk'sjäpp] **antikvitet** antiquity [änntikk'witti] **antikvitetshandlare** antique dealer [änntti:'k di:'lə] **antilop** antelope [änn'tilåop] **antingen ... eller** (*ettdera*) either ... or [aj'ðə å:']; (*vare sig*) whether ... or [weð'ə å:'] **antisemitism** anti-semitism [änn'ti-semmitizm] **antiseptisk** antiseptic [änntisepp'tikk] **antologi** anthology [änntåll'ədsji] **anträffa** find [fajnd] **antyda** suggest [sədsjess't] **antydan** (*vink*) insinuation [insinjoej'sjən]; (*ansats*) suggestion [sədsjess'tsjən] **anvisa** (*visa*) show [sjåo] **anvisning** direction [direkk'sjən], instruction [instrakk'sjən] **använda** use [jo:z] **användbar** useful [jo:'sfoll] **användning** use [jo:'s] **apa** monkey [mang'ki]; *apa efter* ape [ejp] **apatisk** apathetic [äppəθett'ikk] **apelsin** orange [årr'indsj] **apostel** apostle [əpåss'l] **apotek** pharmacy [fa:'məssi] **apparat, apparatur** apparatus [äppərej'təs] **applicera** apply [əplaj'] **applåd** applause [əplå:'z] **applådera** applaud [əplå:'d] **appretur** finishing [finn'isjing] **aprikos** apricot [ej'prikått] **april** April [ej'prəl] **apropå** talking of ... [tå:'king əvv] *helt apropå* incidentally [insidenn'tli] **aptit** appetite [äpp'itajt] **aptitretande** appetizing [äpp'itajzing] **arab** [ärr'əb] **Arabien** Arabia [ərej'bjə] **arabisk** Arabian [ərej'bjən] **arbeta** work [wə:k] **arbetare** worker [wə:'kə] **arbetarparti** Labour Party [lej'bə pa:'ti] **arbetarrörelse** labour movement [lej'bə mo:'vmənt] **arbete** work [wə:k] **arbetsam** laborious [lə:bə'riəs] **arbetsdag** working day [wə:'king dej] **arbetsför** fit for work [fitt' fə wə:'k] **arbetsförmedling** employment exchange [immplåj'mənt iksstsjej'ndsj] **arbetsgivare** employer [implåj'ə] **arbetsgrupp** team [ti:m] **arbetskraft** labour [lej'bə] **arbetsledare** foreman [få:'mən] **arbetslös** unemployed [ann'implåj'd] **arbetslöshet** unemployment [ann'implåj'mənt] **arbetsmarknad**

arbetsplats — auktionsförrättare

labour market [lej'bə ma:'kitt] **arbetsplats** place of work [plej's əvv wə:'k] **arbetsrum** workroom [wə:'kromm] **arbetstagare** employee [emmplåji:'] **arbetsterapeut** occupational therapist [åkkjopej'sjənl θerr'əpist] **arbetstid** working hours [wə:'king ao'əz] **arbetstillstånd** work permit [wə:'k pə:'mitt] **arbetsuppgift** task [ta:sk] **arg** angry [äng'gri] **Argentina** Argentine [a:'dsjəntajn] **argumentera** argue [a:'gjo:] **ark** sheet [sji:t] **arkad** arcade [a:'kej'd] **arkebusera** shoot [sjo:t] **arkeologi** archaeology [a:kiåll'ədsji] **arkipelag** archipelago [a:kipell'igåo] **arkitekt** architect [a:'kitekkt] **arkitektur** architecture [a:'kitekktsjə] **arkiv** archives [a:'kajvz] **arkivera** file [fajl] **arktisk** Arctic [a:'ktikk] **arm** (*subst.*) arm [a:m] **armband** bracelet [brej'slitt] **armbandsur** wrist-watch [riss'twåttsj] **armbåge** elbow [ell'båo] **armé** army [a:'mi] **armera** (*försöka*) reinforce [ri:infå:'s] **armstöd** (*på stol*) arm [a:m] **armsvett** underarm perspiration [ann'dəa:'m pə:spərej'sjən] **arrangemang** arrangement [ərej'ndsjmənt] **arrangera** arrange [ərej'ndsj] **arrangör** arranger [ərej'ndsjə] **arrendator** tenant [tenn'ənt] **arrende, arrendera** lease [li:s] **arrest** custody [kass'tədi] **arrestera** arrest [əress't] **art** (*sort*) kind [kajnd]; *biol.* species [spi:'sji:z] **arta sig** shape [sjejp] **artig** polite [pəlaj't] **artificiell** artificial [a:tifisj'əl] **artikel** article [a:'tikl] **artilleri** artillery [a:till'əri] **artist** artist [a:'tist] **arton** eighteen [ej'ti:'n] **artonde** eighteenth [ej'ti:'nθ] **artonhundratalet** the nineteenth century [ðə naj'nti:nθ senn'tsjəri] **arv** inheritance [inherr'ittəns] **arvlös** disinherited [diss'inherr'itidd] **arvode** fee [fi:] **arvsanlag** gene [dsji:n] **arvsskatt** death duty [deθ' djo:ti] **as** carcass [ka:'kəs] **asfalt, asfaltera** asphalt [äss'fallt] **asiatisk** Asiatic [ejsjiätt'ikk] **Asien** Asia [ej'sjə] **ask 1** (*träd*) ash [äsj] **2** (*låda*) box [båkks] **aska** ashes [äsj'izz] **askfat** ashtray [äsj'trej] **asp** asp [ässp] **aspekt** aspect [äss'pekt] **aspirin** aspirin [äss'pərinn] **assiett** small plate [små:'l plej't] **assimilera** assimilate [əsimm'ilejt] **assistent** assistant [əsiss'tənt] **assistera** assist [əsiss't] **association** association [əsåosiej'sjən] **associera** associate [əsåo'sijejt] **astma** asthma [äss'mə] **astrologi** astrology [əstråll'ədsji] **astronaut** astronaut [äss'trənå:t] **astronomi** astronomy [əstrånn'əmi] **asymmetrisk** asymmetrical [ässimett'rikəl] **ateist** atheist [ej'θiist] **ateljé** studio [stjo:'diåo] **Atlanten** the Atlantic [ði: ətlänn'tikk] **atlas** atlas [ätt'ləs] **atmosfär** atmosphere [ätt'məsfiə] **atmosfärisk** atmospheric [ättməsferr'ikk] **atom** atom [ätt'əm] **atombomb** atom bomb [ätt'əm båmm] **atomenergi** nuclear energy [njo:'kliə enn'ədsji] **att** (*infinitivmärke*) to [to:]; (*konj.*) that [ðätt] **attack, attackera** attack [ətäkk'] **attentat** attempt [ətemm't] (*mot någon* on a person's life [ån ə pə:'sənz laj'f]) **attestera** attest [ətess't] **attityd** attitude [ätt'itjo:d] **attrahera** attract [əträkk't] **attraktion** attraction [əträkk'sjən] **attraktiv** attractive [əträkk'tiv] **audiens** audience [å:'djəns] **augusti** August [å:'gəst] **auktion** auction [å:'ksjən] **auktionsförrättare** auctioneer [å:ksjəni:'ə] **auktorisera** authorize [å:'θərajz] **auktoritet** authority [å:θårr'itti] **Australien** Australia [åstrej'ljə] **australisk** Australian [åstrej'ljən] **autentisk** authentic [å:θenn'tikk] **autograf** autograph [å:'təgra:f] **automat** automatic machine [å:təmätt'ikk məsji:'n] **automatisera** automate [å:'təmejt] **automatisk** automatic [å:təmätt'ikk] **av** (adj.) of [åvv]; (betecknande medlet) by [baj]; (betecknande orsak) for [få:], out of [aot avv]; (adv.) (bort, i väg) off [å:f] **avancera** advance [ədvɑ:ns] **avbeställa** cancel [känn'səl], countermand [kaontəmɑ:nd'] **avbetalning** instalment [instå:'lmənt]; köpa på avbetalning buy on the instalment plan [baj' ånn ði instå:'lmənt plänn'] **avbilda** reproduce [ri:prədjo:'s] **avbildning** reproduction [ri:prədakk'sjən] **avblåsning** stoppage of game [ståpp'iddsj avv gej'm] **avbrott** (uppehåll) break [brejk]; (upphörande) stop [ståpp] **avbryta** interrupt [intərapp't] **avbytare** replacement [riplej'smənt]; (vid mortävling) co-driver [kåo'draj'və] **avböja** decline [diklaj'n] **avdelning** (del) part [pa:t]; (av företag) division [divisj'ən]; (sjukhus-) ward [wå:d] **avdelningschef** departmental manager [di:pa:tmenn'tl männ'iddsjə] **avdrag** deduction [didakk'sjən]; allowance [əlɑo'əns] **avel** breeding [bri:'ding] **avelsdjur** breeder [bri:'də] **aveny** avenue [ävv'injo:] **avfall** waste [wejst]; (köks-) garbage [ga:'biddsj] **avfatta** word [wə:d]; (avtal) draw up [drå:' app'] **avfolkning** depopulation [di:påpp'jolej'sjən] **avfrosta** defrost [di:fråss't] **avfyra** fire [faj'ə] **avfärd** departure [dipa:'tsjə] **avfärda** dismiss (dissmiss'] **avföring** evacuation [ivakkjoej'sjən] **avföringsmedel** purgative [pə:'gətivv] **avgas** exhaust [iggzå:'st] **avgasrör** exhaust pipe [iggzå:'st paj'p] **avge** (ge ifrån sig) emit [imitt']; (avlägga) give [givv] **avgift** charge [tsja:dsj]; fee [fi:] **avgjord** decided [disaj'didd] **avgrund** abyss [əbiss'] **avgränsa** demarcate [di:'ma:kejt] **avguda** idolize [aj'dəlajz] **avgå** leave [li:v], start [sta:t] **avgång** departure [dipa:'tsjə] **avgöra** decide [disaj'd] **avgörande** decision [disisj'ən] **avhandling** treatise [tri:'tiz]; (akademisk) thesis [θi:'sis] **avhjälpa** remedy [remm'iddi] **avhålla** prevent [privenn't]; avhålla sig från keep away from [ki:'p əwej' fråmm'] **avhämtning** collection [kəlekk'sjən] **avi** advice [ədvajs'] **avig** inside out [inn'sajd ɑo't] **avigsida** wrong side [rång' saj'd] **avisera** advice [ədvajs'] **avkall** ge avkall på renounce [rinɑo'ns] **avkastning** proceeds [prɑo'si:dz] **avkomma** offspring [å:ff'spring] **avkoppling** (avspänning) relaxation [ri:läksej'sjən] **avkrok** out-of-the-way spot [ɑo'təvðəwej' spått'] **avkunna** pronounce [prənɑo'ns] **avkylning** cooling [ko:'ling] **avlastning** unloading [ann'lɑo'ding] **avleda** divert [dajve:'t]; (vatten) drain [drejn] **avlida** expire [ikkspaj'ə] **avliden** deceased [disi:'st] **avliva** put ... to death [pott' tə deθ'] **avlopp** sewer [sjo:'ə], drain [drejn] **avlossa** fire [faj'ə] **avlyssna** listen to [liss'n to:] **avlyssning** wire-tapping [waj'täpping] **avlång** oblong [åbb'lång] **avlägga** make; avlägga rapport report [ripå:'t]

avlägsen — avtjäna

avlägsen distant [diss'tənt] **avlägsna** remove [rimo:'v]; *avlägsna sig* go away [gåo' əwej'], leave [li:v] **avlämna** deliver [dilivv'ə] **avläsa** read [ri:d] **avlöning** pay [pej] **avlöningsdag** pay-day [pej'dej] **avlöpa** (*utfalla*) turn out [tə:'n aot'] **avlösa** relieve [rili:'v] **avlösning** relieving [rili:'ving] **avmattas** grow weak [gråo' wi:'k] **avmattning** flagging [flägg'ing] **avpassa** fit [fitt] **avreagera sig** let off steam [lett' å:'f sti:'m] **avregistrera** deregister [diredd'sjistə] **avresa** (*subst.*) departure [dipa:'tsjə] **avresedag** day of departure [dejj' əvv dipa:'tsjə] **avringning** ring-off [ring'å:'f] **avrunda** round [raond] **avråda** *avråda ngn från ngt* advise s.b. against s.th. [ədvaj'z samm'bədi əgenn'st samm'θing] **avräkning** deduction [didakk'sjən] **avrätta** execute [ekk'sikjo:t] **avrättning** execution [ekksikjo:'sjən] **avsaknad** *vara i avsaknad av* lack [läkk] **avse** mean [mi:'n], intend [intenn'd] **avseende** (*hänseende*) respect [risspekk't]; *med avseende på* with regard to [wiðˇ riga:d to:] **avsevärd** considerable [kənsidd'ərəbl] **avsides** aside [əsaj'd] **avsikt** intention [intenn'sjən], purpose [pə:'pəs]; *ha for avsikt* intend [intenn'd]; *i avsikt att* for the purpose of [fə ðə pə:'pəs əvv]; *med avsikt* on purpose [ånn pə:'pəs] **avsiktlig** intentional [intenn'sjənl] **avskaffa** abolish [əbåll'isj] **avsked** dismissal [dissmiss'əl]; *ta avsked från* resign [rizajn']; *ta avsked av* say farewell to [sej' fəəwell' to:] **avskeda** dismiss [dissmiss'] **avskedsansökan** resignation [rezignej'sjən] **avskild** secluded [siklo:'didd] **avskildhet** retirement [ritaj'əmənt] **avskilja** separate [sepp'ərejt] **avskjuta** fire [faj'ə] **avskrift** copy [kåpp'i] **avskräcka** frighten [fraj'tn]; discourage [disskarr'iddsj] **avskräde** refuse [reff'jo:s] **avsky** detest [ditess't]; disgust [dissgass't] **avskyvärd** abominable [əbåmm'inəbl] **avslag** refusal [rifjo:'zəl] **avslagen** (*om dryck*) stale [stejl] **avsluta** finish [finn'isj] **avslutning** end [ennd] **avslöja** disclose [dissklåo'z] **avslöjande** disclosure [dissklåo'sjə] **avsmak** dislike [disslaj'k] **avsmalnande** narrowing [närr'åoing] **avsnitt** sector [sekk'tə] **avspark** kick-off [kikk'å:'f] **avspegla sig** be reflected [bi: riflekk'tidd] **avspänd** relaxed [rilakk'st] **avspärra** bar [ba:] **avstanna** stop [ståp] **avstavning** division into syllables [divisj'ən inn'tə sill'əblz] **avstå**, **avstå från** give up [givv' app'] **avstånd** *på avstånd* at a distance [ätt ə diss'təns], (*i fjärran*) in the distance [inn ðə diss'təns] **avståndsmätare** range-finder [rejnˇdsjfajnðə] **avsvimmad** in a swoon [inn ə swo:'n] **avsvärja (sig)** abjure [əbdsjo:'ə] **avsäga sig** renounce [rinaoˇns] **avsända** send [sennd] **avsändare** sender [senn'də] **avsätta** dismiss [dissmiss']; (*varor*) sell [sell] **avsättning** dismissal [dissmiss'əl]; (*varors*) sale [sejl] **avtaga** (*minska*) decrease [di:kri:'s] **avtagbar** removable [rimo:'vəbl] **avtagsväg** turn [tə:n] **avtal** agreement [əgri:'mənt] **avtala** (*överenskomma om*) agree upon [əgri:' əpånn], (*tid*) fix [fikks] **avteckna sig** stand out [stannˇd aoˇt] **avtjäna** work on [wə:'k ånn] **avtorka** wipe [wajp] **avtryck** imprint [imm'print] **avtrycka-re** (*på gevär*) trigger [trigg'ə]; (*på kamera*) shutter lever [sjatt'ə li:'və] **avträda** give up [giv'v' app'] **avträde** privy [priv̇v'i] **avtvinga** *avtvinga ngn ngt* extort s.th. from s.b. [ikkstå:'t samm'-θing fråmm samm'bədi] **avtåga** march off [ma:'tsj å:'f] **avtäcka** uncover [annkavv'ə]; (*staty*) unveil [annvej:'l] **avund, avundas** envy [enn'vi] **avundsjuk** envious [enn'viəs] **avundsjuka** envy [enn'vi] **avvakta** await [əwej:t] **avvaktan** *i avvaktan på* while waiting for [waj'l wej'ting få:'] **avvara** spare [spä:'ə] **avveckla** wind up [waj'nd app'] **avverka** (*hugga*) fell [fell]; (*slutföra*) accomplish [əkåmm'plisj] **avvika** (*från ämne*) digress [dajgress']; (*rymma*) abscond [əbskånn'd] **avvikelse** digression [dajgresj'ən] **avvisa** send away [senn'd əwej:]; (*förslag*) reject [rid-sjekk't] **avvåg** *komma på avvägar* go astray [gåo' əstrej] **avväga** balance [ball'əns] **avväpna** disarm [dissa:'m] **avvärja** ward off [wå:'d åff:] **ax** (*på växt*) spike [spajk]; (*sädes-*) ear [iə]; (*nyckel-*) bit [bitt] **axel 1** (*hjul-*) axle [äkk'sl] **2** (*skuldra*) shoulder [sjåo'ldə] **axelband** shoulder-strap [sjåo'ldəstrapp] **axeltryck** axle load [äkk'sl låod] **axelväska** satchel [satt'sjəl] **babord** port [på:t]; *om babord* to port [to på:'t] **babian** baboon [bəbo:'n] **bacill** bacillus [bəsill'əs] **back 1** (*öl-*) crate [krejt] **2** *sport.* back [bäkk] **backa** reverse [rivə:'s] **backe** hill [hill]; *sakta i backarna!* easy does it! [i:'zi dazz'itt] **backhoppning** ski-jumping [ski:'-dsjamming] **backlykta** reversing light [rivə:'sing lajt] **backspegel** driving mirror [draj'ving mirr'ə] **bad** bath [ba:θ]; (*utomhus*) bathe [bejð] **bada** take a bath [tejk ə ba:'θ]; (*utomhus*) bathe [bejð], take a swim [tejk ə swimm'] **badbyxor** swimming-trunks [swimm'ingtrangks] **badda** bathe [bejð] **baddräkt** bathing suit [bej'ðing sjo:t] **badhandduk** bath towel [ba:'θ taoəl] **badkappa** bath-robe [bəsill'əs] **badkar** bath [ba:θ] **badlakan** bath towel [ba:'θ taoəl] **badmössa** bathing-cap [bej'ðingkäpp] **badort** seaside resort [si:'sajd rizå:'t] **badrum** bathroom [ba:'θ-romm] **badstrand** beach [bi:tsj] **badvatten** bath-water [ba:'θ-wå:tə] **bagage** luggage [lagg'iddsj] **bagare** baker [bej'kə] **bagatell** trifle [trajfl] **bageri** baker's (shop) [bej'kəz (sjåpp)] **bak** at the back [ätt ðə bäkk']; *bak och fram* the wrong way round [ðə rång' wej' rao'nd] **baka** bake [bejk] **bakben** hind leg [haj'nd legg] **bakelse** pastry [pej'stri] **bakgrund** background [bäkk'graond] **bakhjul** rear wheel [ri:'ə wi:'l] **bakhåll** ambush [ämm'bosj] **bakifrån** from behind [fråmm bihaj'nd] **baklykta** rear light [ri:'ə lajt] **baklås** *dörren har gått i baklås* the lock has jammed [ðə låkk' hazz dsjamm'd] **baklänges** backwards [bäkk'-wədz] **bakning** baking [bej'king] **bakom** behind [bihaj'nd] **bakpå** (*adv.*) behind [bihaj'nd]; (*prep.*) at the back of [att ðə bäkk' əvv] **bakre** back [bäkk] **bakslag** (*reaktion*) reverse [rivə:'s] **baksmälla** hangover [häng'åovə] **baktala** slander [sla:'ndə] **baktanke** secret motive [si:'kritt måo'tivv]

bakterie bacterium [bäkkti:'əriəm] **baktill** behind [bihaj'nd] **bakväg** back way [bäkk'wej] **bakvänd** the wrong way round [ðə rång' wej' rao'nd]; (befängd) absurd [əbsə:'d] **bakåt** backward(s) [bäkk'wəd(z)] **bal** ball [bå:l] **balans, balansera** balance [bäll'əns] **balett** ballet [bäll'e] **balja** tub [tabb] **balk** beam [bi:m] **balkong** balcony [bäll'kəni] **ballong** balloon [bəlo:'n] **balsamera** embalm [imba:'m] **balustrad** balustrade [bälləstrej'd] **bambu** bamboo [bämmbo:'] **bana** path [pa:θ]; astron. orbit [å:'bitt]; (levnads-) career [kəri:'ə]; sport. track [träkk] **banal** banal [bəna:'l] **banan** banana [bəna:'nə] **banbrytande** pioneering [pajəni:'əring] **band** band [bännd]; (prydnads-) ribbon [ribb'ən]; (bok-) binding [baj'nding]; (volym) volume [våll'jomm]; (ngt som sammanbinder) tie [taj], bond [bånnd]; lägga band på sig restrain oneself [ristrej'n wannsell'f] **bandage** bandage [bänn'didsj] **bandit** bandit [bänn'ditt] **bandspelare** tape recorder [tej'p rikå:'də] **bang** (överljudsknall) sonic bang [sånn'ikk bäng'] **bank** bank [bängk]; sätta in på banken deposit at the bank [dipäzz'itt ətt ðə bäng'k] **bankbok** pass book [pa:s book] **bankett** banquet [bäng'kwitt] **bankfack** safe-deposit box [sej'fdipäzzitt båkk's] **bankir** banker [bäng'kə] **bankkonto** bank account [bäng'k əkao'nt] **bankkontor** bank office [bäng'k åff'iss] **banta** slim [slimm] **banvakt** lineman [laj'nmən] **banvall** embankment [imbäng'kmənt] **bar 1** (utskänkningsställe) bar [ba:]. **2** (naken) bare [bä:ə]; naked [nej'kidd] **bara** only (åo'nli) **barack** barracks [bärr'əks] **barbar** barbarian [ba:bä:'əriən] **barbarisk** barbaric [ba:bärr'ikk] **barberare** barber [ba:'bə] **barfota** bare-foot [bä:'əfott] **barhuvad** bare-headed [bä:'əhedd'idd] **bark** bark [ba:k] **barkbåt** bark boat [ba:'k båot] **barmhärtig** merciful [mə:'sifoll] **barmhärtighet** mercy [mə:'si] **barn** child [tsjajld] (pl children [tsjill'drən]) **barnadödlighet** infant mortality rate [inn'fənt må:täll'itti rejt] **barnavård** child welfare [tsjjld well'fä:ə] **barnavårdsnämnd** child welfare committee [tsjjld well'fä:ə kəmitt'i] **barnbarn** grandchild [gränn'tsjajld] **barnbegränsning** birth control [bə:'θkəntråo'l] **barnbidrag** child allowance [tsjajld əlao'əns] **barndom** childhood [tsjajld'hodd] **barnförbjuden** for adults only [fər ädd'əlts åo'nli] **barnkammare** nursery [nə:'sri] **barnläkare** children's specialist [tsjill'drəns spesj'əlist] **barnmorska** midwife [midd'wajf] **barnsjukdom** children's disease [tsjill'drəns dizi:'z] **barnsköterska** nurse [nə:s] **barnslig** childish [tsjajl'disj] **barnsäker** child-proof [tsjajl'dpro:f] **barnvagn** pram [prämm], perambulator [prämm'-bjolejtə] **barnvakt** baoy-sitter [bej'bisittə] **baron** baron [bärr'ən]; (eng. titel) Lord [lå:d] **barr** needle [ni:'dl] **barra** shed its needles [sjedd' itts ni:'dlz] **barrskog** coniferous forest [kåoniff'ərəs fårr'ist] **barrträd** conifer [kåo'nifə] **barsk** harsh [ha:sj] **bas 1** (musik) bass [bejs] **2** (arbetsförman) foreman [få:'mən]; boss [båss] **3** (matematik o. kemi) base [bejs] **basera sig på**

basfiol — begäran

be based upon [bi: bej'st əpånn'] **basfiol** double-bass [dabb'l-bej's]; **basis** basis [bej'siss] **bassäng** basin [bejsn]; (*bad-*) swimming-pool [swimm'ingpo:l]; **bast** bast [bässt] **bastu** sauna [sao'nə]; *bada bastu* take a sauna [tejk ə sao'nə]; **bastuba** bass tuba [bej's tjo:'bə]; **basun** trombone [tråmmbåo'n] **batik** batik [bätt'ikk] **batong** truncheon [trann'tsjən] **batteri** battery [bätt'əri] **batteriradio** battery receiver [bätt'əri risi:'və] **be** (*anhålla*) ask [a:sk] (*om* for [få:]); (*författa bön*) pray [prej]; **beakta** pay attention to [pej ətenn'sjən to:]; *observe* [əbbzə:'v] **bearbeta** work [wə:k]; (*jord*) cultivate [kall'tivejt]; (*bok*) revise [rivaj'z]; **bebo** inhabit [inhäbb'itt]; **beboelig** inhabitable [inhäbb'ittəbl] **bebygga** build on [bill'ånn] **bebyggelse** buildings [bill'dings] **beckasin** snipe [snajp]; **bedja** se **be bedraga** deceive [disi:'v] **bedragare** impostor [impåss'tə] **bedrift** exploit [ekk'splåjt] **bedriva** carry on [kärr'i ånn'] **bedrägeri** fraud [fråd] **bedrövelse** distress [disstress'] **bedrövlig** deplorable [diplå:'rəbl] **bedårande** charming [tsja:'ming] **bedöma** judge [dsjaddsj] **bedömande** judging [dsjadd'sjing] **bedöva** make unconscious [mejk ankånn'sjəs]; *lak.* anaesthetise [änni:'sθitajz]; **bedövningsmedel** anaesthetic [ännisθett'ikk] **befalla, befallning** order [å:'də] **befara** fear [fi:'ə] **befatta sig med** concern [kənsə:'n]; **befattning** post [påost], appointment [əpåj'ntmənt] **befinna sig** (*vara*) be [bi:]; (*känna sig*) feel [fi:l] **befintlig** existing [iggziss'ting] **befogad** justifiable [dsjass'tifajəbl] **befogenhet** authority [å:θårr'itti] **befolkning** population [påpploje(j)sjən] **befordra** (*sända*) forward [få:'wəd], send [sennd]; (*främja*) promote [prəmåo't] **befordran** promotion [prəmåo'sjən] **befria** set free [sett fri:']; liberate [libb'ərejt]; (*från löfte o.d.*) release [rili:'s] **befrielse** (*frigörelse*) liberation [libbərej'sjən]; (*frikallande*) exemption [iggzemm'psjən]; (*lättnad*) relief [rili:'f] **befrielsekrig** war of liberation [wå:'r əvv libbərej'sjən] **befrukta** fertilize [fə:'tilajz] **befruktning** fertilization [fə:tilajzej'sjən] **befrämja** promote [prəmåo:'nd] **befäl** command [kəma:nd]; *befalet* the officers [ði åff'issəz] **befälhavare** commander [kəma:'ndə] **befästa** fortify [få:'tifaj]; *bildl.* consolidate [kənsåll'idejt] **begagna** use [jo:z]; *begagna sig av* (*använda*) make use of [mejk jo:'s əvv], (*dra fördel av*) profit by [pråff'itt baj] **begagnad** used [jo:zd]; *second-hand* [sekk'əndhänn'd] **begeistrad** enthusiastic [innθjo:ziass'tikk] **bege sig, begiva sig** go [gåo] **begrava** bury [berr'i] **begravning** funeral [fjo:'nərəl]; (*jordfästning*) burial [berr'iəl] **begrepp** conception [kənsepp'sjən], idea [ajdi:'ə] **begripa** understand [anndəstänn'd] **begriplig** intelligible [inntell'idsjəbl] **begrunda** ponder [pånn'də] **begränsa** bound [baond]; (*inskränka*) limit [limm'itt] **begränsning** limitation [limmitej'sjən] **begå** commit [kəmitt'] **begåvad** gifted [giff'tidd], clever [klevv'ə] **begåvning** talent [täll'ənt], gift [gifft] **begär** desire [dizaj'ə] **begära** ask [a:sk] **begäran** request [rikwess't]

begärlig ... in demand [inn dima:'nd] **behag** pleasure [plesj'ə]; charm [tsja:m] *efter behag* at pleasure [ätt plesj'ə] **behaga** (*tilltala*) please [pli:z]; (*verka tilldragande*) attract [əträkk't] **behaglig** pleasant [plezz'nt]; (*tilltalande*) attractive [əträkk'tivv] **behandla** treat [tri:t]; deal with [di:'l wið]; (*hantera*) handle [hänn'dl] **behandling** treatment [tri:'tmənt] **behov** want [wånnt'], need [ni:d] **behovsprövning** means test [mi:'nz tesst] **behå** bra [bra:] **behålla** keep [ki:p] **behållare** container [kəntejn'ə] **behållning** remainder [rimejn'də] **behändig** handy [hänn'di] **behärska** control [kəntråo'l]; (*dominera*) command [kəma:'nd]; *behärska sig* control o.s. [kəntråo'l wannsell'f] **behärskning** control [kəntråo'l] **behörig** qualified [kwåll'ifajd] **behöva** need [ni:d] **behövande** needy [ni:'di] **behövas** be needed [bi: ni:'didd], be necessary [bi: ness'isəri] **beige** beige [bejsj] **bekant** (*känd*) known [nåon]; well-known [well'nåo'n]; (*personligen bekant*) acquainted [əkwej'ntidd]; *en bekant* an acquaintance [ənn əkwej'ntəns], a friend [ə frenn'd] **bekantskap** acquaintance [əkwej'ntəns]; *göra bekantskap med* become acquainted with [bikamm' əkwej'ntidd wið] **beklaga** be sorry for [bi: sårr'i få:], pity [pitt'i]; *beklaga sig* complain [kəmplej'n] (*över av* [åvv]; *för* to [to:]) **beklaglig** regrettable [rigrett'əbl] **bekosta** pay for [pej' få:] **bekostnad** expense [ikkspenn's]; *på bekostnad av* at the expense of [ät ði: ikkspenn's əvv] **bekräfta** confirm [kənfə:'m] **bekräftelse** confirmation [kånnfəmej'sjən] **bekväm** comfortable [kamm'fətəbl] **bekvämlighet** convenience [kənvi:'njəns] **bekymmer** anxiety [ängzaj'əti], worry [warr'i] **bekymmersam** anxious [äng'ksjəs] **bekymmerslös** light-hearted [laj'tha:'tidd] **bekymra** trouble [trabb'l], worry [warr'i] **bekämpa** fight against [fajt' əgejnst] **bekänna** confess [kənfess'] **bekännelse** confession [kənfej'ən] **belasta** load [låod] **belevad** well-bred [well'bredd'] **Belgien** Belgium [bell'dsjəm] **belgisk** Belgian [bell'dsjən] **belopp** amount [əmao'nt] **belysa** illuminate [illjo:'minejt] **belysning** lighting [lajt'ing] **belåten** content [kəntenn't]; satisfied [sätt'isfajd] **belåtenhet** contentment [kəntenn'tmənt]; satisfaction [sättisfäkk'sjən] **belägen** situated [sitt'joejtidd] **beläggning** coat [kåot] **belägra** besiege [bissi:'dsj] **belägring** siege [si:dsj] **beläst** well-read [well'redd'] **belöna, belöning** reward [riwä:'d] **belöpa sig till** amount to [əmao'nt to:] **bemärkelse** sense [senns] **bemästra** master [ma:'stə] **bemöda sig** try hard [traj' ha:'d] **bemöta** (*behandla*) treat [tri:t]; (*besvara*) answer [a:'nsə] **ben** (*i kroppen*) bone [båon]; (*lem*) leg [legg] **bena 1** (*subst.*) parting [pa:'ting]; **2** (*bena fisk*) bone [båon] **benbrott** fracture [fräkk'tsjə] **bensin** petrol [pett'rəl], *Am*. gas [gäss] **bensinstation** filling station [fill'ing stej'sjən] **bensintank** petrol tank [pett'rəl tängk] **benåda** pardon [pa:'dn] **benägen** inclined [inklaj'nd] **benägenhet** inclination [inklinej'sjən], tendency [tenn'dənsi] **benämning**

beordra — bestick

name [nejm] (*på* for [få:]) **beordra** order [å:'də] **beprövad** well-tried [well'traj'd] **bereda** (*tillreda*) prepare [pripä:'ə]; (*förorsaka*) cause [kå:z]; *beredd på* prepared for [pripä:'əd fä:]; *bereda sig* prepare o.s. [pripä:'ə wannsellf] (*på* for [få:]) **beredskap** military preparedness [mill'itəri pripä:'ədniss]; *i beredskap* in readiness [inn redd'iniss], ready [redd'i]; *ha ngt i beredskap* have s.th. up one's sleeve [hävv samm'θing app wannz sli:'v] **berest** travelled [trävv'ld]; *vara mycket berest* have travelled a great deal [hävv trävv'ld ə grej:t di:'l] **berg** mountain [mao'ntinn] **bergbestigare** climber [klaj'mə] **berggrund** bedrock [bedd'-råkk'] **bergig** mountainous [mao'ntinəs]; rocky [råkk'i] **bergkristall** crystal [kriss'tl] **berg- och dalbana** switchback [switt'sjbäkk] **bergskedja** mountain chain [mao'ntinn tsjejn] **bergskreva** crevice [krevv'iss] **bergsluttning** mountain slope [mao'ntinn slåop] **berguv** eagle owl [i:'gl aol] **berika** enrich [innritt'sj] **berlock** charm [tsja:m] **bero** bero på be due to [bi: djo:' to:]; (*komma an på*) depend on [dipenn'd ånn] **beroende** (*subst.*) dependence [dipenn'dəns]; (*adj.*) dependent [dipenn'dənt] **berusa** intoxicate [intäk'sikejt] **beryktad** notorious [nåotå:'riəs] (*för* for [få:]) **beräkna** calculate [käll'kjolejt] **beräkning** calculation [källkjolej'sjən]; *ta med i beräkningen* take ... into consideration [tej:k intə kənsiddərej'sjən] **berätta** tell [tell] **berättelse** tale [tejl]; narrative [närr'ətivv] **berättiga** entitle [intaj'tl] **berättigande** justification [dsjasstifikej'sjən] **beröm** praise [prejz] **berömd** famous [fej'məs] **berömma** praise [prejz] **beröra** touch [tattsj]; *illa berörd* unpleasantly affected [annplezz'ntli əfekk'tidd] **beröring** contact [kånn'täkkt] **beröva** deprive [dipraj'v] **bese** see [si:] **besegra** conquer [kång'kə] **besiktiga** inspect [innspekk't] **besiktning** inspection [innspekk'sjən] **besiktningsinstrument** registration certificate [reddsjistrej'sjən sətiff'ikitt] **besinningslös** rash [räsj] **besitta** possess [pəzess'] **besittning** *ta i besittning* take possession of [tejk pəzesj'ən əvv] **besk** bitter [bitt'ə] **beskaffad** constituted [kånn'stitjo:tidd] **beskatta** tax [täkks] **beskattningsbar** taxable [täkk'səbl] **besked** answer [a:'nsə]; *ge besked* give an answer [givv ənn a:'nsə]; *veta besked om* know about [nåo' əbaot] **beskickning** embassy [emm'bəsi] **beskriva** describe [diskraj'b] **beskrivning** description [diskripp'sjən] **beskydd** protection [prətekk'sjən] **beskydda** protect [prətekk't] **beskylla** accuse [əkjo:'z] (*för* for [åvv]) **beslag** (*metall- o.d.*) fittings [fitt'ingz]; (*kvarstad*) seizure [si:'sjə] **beslagta** confiscate [kånn'fisskejt] **beslut** decision [disisj'ən] **besluta** decide [disaj'd]; *besluta sig* decide [disaj'd] (*för* upon [əpånn']), make up one's mind [mejk app' wannz maj'nd] **beslutsam** resolute [rezz'əlo:t] **besläktad** related [rilej'tidd] **besparing** saving [sej'ving]; (*på plagg*) yoke [jåok] **bespruta sig på** look forward to [look' få:'wəd to:] **bespruta** spray [sprej] **bestick** (*mat-*) set of knife, spoon and fork [sett'

bestiga — betyg

ävv naj'f spo:'n ənn få:'k] **bestiga** (berg) climb [klajm]; (tron) ascend [əsenn'd]; (talarstol) mount [maont] **bestraffa** punish [pann'isj] **bestrida** contest [kəntess't] **beströ** strew [stro:] **bestyrka** confirm [kənfə:'m]; (intyga) attest [ətess't] **bestå** (vara) last (la:st]; (utgöras) consist [kənsiss't] (av of [ävv]) **beståndsdel** constituent [kənstitt'joənt] **beställa** order [å:'də]; (plats, biljett) book [bokk]; **beställa tid hos** make an appointment with [mej'k ənn əpåj'ntmənt wið] **beställning** order [å:'də] **bestämd** determined [ditə:'minnd]; (om tid) fixed [fikkst], appointed [əpåj'ntidd] **bestämdhet** determination [ditə:minnej'sjən]; **veta med bestämdhet** know for certain [nåo' fə sə:'tn] **bestämma** determine [ditə:'minn]; (fastställa) fix [fikks]; **bestämma sig** decide [disaj'd (för on [ånn], upon [əpånn']) **bestämmelse** (stadga) regulation [reggjolej'sjən]; (i kontrakt) stipulation [stippjolej'sjən] **bestämt** definitely [deff'inittli]; **veta bestämt** know for certain [nåo' fə sə:tn] **besvara** answer [a:'nsə] **besvikelse** disappointment [dissəpåj'ntmənt] **besviken** disappointed [dissəpåj'ntidd] (på in [inn]; över at [ätt]) **besvär** trouble [trabb'l] **besvära** trouble [trabb'l], bother [båð'ə] **besvärlig** troublesome [trabb'lsəm]; (ansträngande) trying [traj'ing] **besynnerlig** strange [strejndsj] **besätta** mil. occupy [åkk'jopaj] **besättning** (fartygs-, flyg-) crew [kro:] **besättningsman** one of the crew [wann' əvv ðə kro:'] **besök** visit [vizz'itt] (hos, i to [to:]); (vistelse) stay [stej] **besöka** visit [vizz'itt] (ngn) visit [vizz'itt], stay [stej] with [wið]) **besökare** visitor [vizz'ittə] **besökstid** visiting-hours [vizz'ittingao'əz] **beta 1** (om djur) graze [grejz] **2** (rotfrukt) beet [bi:t] **betacka sig** decline [diklaj'n] **betala** pay [pej]; (vara, arbete) pay for [pej' få:] **betalning** payment [pej'mənt] **betalningsvillkor** terms of payment [tə:mz əvv pej'mənt] **bete 1** (huggtand) tusk [tassk] **2** (för djur) pasture [pa:'stsjə] **3** (agn) bait [bejt] **bete sig** behave [bihej'v] **beteckna** represent [repprizenn't]; designate [dezz'ignejt] **beteckning** designation [dezzignej'sjən] **beteende** behaviour [bihej'vjə] **betesmark** pasture [pa:'stsjə] **betingelse** condition [kəndisj'ən] **betjäna** serve [sə:v] **betjäning** service [sə:'viss] **betjänt** footman [fott'mən] **betona** emphasize [emm'fəsajz] **betong** concrete [ånn'kri:t] **betoning** emphasis [emm'fəsiss], stress [stress] **betrakta** look at [look'ätt]; **betrakta ... som** regard ... as [riga:'d äzz] **betrodd** trusted [trass'tidd] **betryggande** reassuring [ri:əsjo:'əring] **beträffa** vad mig beträffar as far as I am concerned [əs fa:'r əs aj' əm kənsə:'nd] **beträffande** concerning [kənsə:'ning] **betsa** stain [stejn] **betsel** bridle [brajdl] **bett** (hugg) bite [bajt] **betungande** burdensome [bə:'dnsəm] **betvivla** doubt [daot] **betyda** mean [mi:n] **betydande** important [impå:'tənt]; (ansenlig) considerable [kənsidd'ərəbl] **betydelse** (innebörd) meaning [mi:'ning]; (vikt) importance [impå:'təns]; **det har ingen betydelse** it doesn't matter [itt dazz'nt mätt'ə] **betydlig** considerable [kənsidd'ərəbl] **betyg**

betänka — bittermandel

certificate [sətiff'ikejt]; (termins-) report [ripå:'t]; (vitsord) mark [ma:k] **betänka** consider [kənsidd'ə] **betänketid** time for consideration [taj'm fə kənsiddərej'sjən] **betänksam** deliberate [dilibb'əritt] **beundra** admire [ədmaj'ə] **beundran** admiration [äddmərej'sjən] **beundransvärd** admirable [ädd'mərəbl] **beundrare** admirer [ədmaj'rə] **bevaka, bevakning** guard [ga:d] **bevara** (bibehålla) preserve [prizə:'v]; (forvara) keep [ki:p] **beveka** (röra) move [mo:v] **bevilja** grant [gra:nt] **bevis** proof [pro:f] **bevisa** prove [pro:v] **bevista** attend [ətenn'd] **bevittna** witness [witt'niss] **beväpna** arm [a:m] **bi** bee [bi:] **bibehålla** keep [ki:p]; (upprätthålla) maintain [mejntej'n] **bibel** bible [baj'bl] **bibliotek** library [laj'brəri] **bibliotekarie** librarian [lajbrä:'əriən] **bidé** bidet [bi:'dej] **bidrag** contribution [kånntribjo:'sjən]; (penning-) allowance [əlao'əns] **bidraga** contribute [kəntribb'jot]; bidraga till aid [ejd], promote [prəmåo't] **bidragande** contributory [kəntribb'jotəri] **bidragsgivare** contributor [kəntribb'jotə] **bifall** (samtycke) assent [əsenn't]; (applåder) applause [əplå:'z] **bifalla** approve [əpro:'v]; (bevilja) grant [gra:nt] **bifallsrop** shout of approval [sjao't əvv əpro:'vəl] **biff, biffstek** (beef)steak [(bi:'f) stej'k] **biflod** tributary [tribb'jotəri] **bifoga** enclose [inklåo'z] **bikupa** beehive [bi:'hajv] **bil** car [ka:] **bila** travel by car [trävv'l baj ka:'] **bilaga** (i brev) enclosure [inklåo'sjə]; (i tidning) supplement [sapp'limennt] **bild** picture [pikk'tsjə] **bilda** (åstadkomma) form [få:m] **bildad** cultivated [kall'tivejtidd]; educated [edd'jokejtidd] **bilderbok** picture-book [pikk'tsjəbokk] **bildhuggare** sculptor [skall'ptə] **bildning** culture [kall'tsjə]; education [eddjokej'sjən] **bilfabrik** motor works [måo'tə wə:ks] **bilfirma** car dealer [ka:' di:lə] **bilfärd** car drive [ka:' drajv] **bilfärja** car ferry [ka:' ferri] **bilförare** driver [draj'və] **bilism** motorism [måo'tərizəm] **bilist** motorist [måo'tərisst] **biljard** billiards [bil'jədz] **biljett** ticket [tikk'itt]; biljettlucka booking-office [bokk'ing-åffiss]; (på teater) box-office [båkk'såffiss] **bilkarta** road map [råo'd mäpp] **bilkö** line of cars [laj'n əvv ka:'z] **billig** cheap [tsji:p] **bilolycka** motor accident [måo'tə äkk'sidənt] **biltävling** car race [ka:' rejs] **bilverkstad** garage [gärr'a:sj] **binda** (verb) bind [bajnd]; (knyta) tie [taj]; (subst.) roller [råo'lə]; elastisk binda elastic bandage [iläss'tikk bänn'diddsj] **bindestreck** hyphen [haj'fən] **biograf** cinema [sinn'imə]; Am. movies [mo:'viz]; gå på bio go to the cinema [gåo' tə ðə sinn'imə] **biografi** biography [bajågg'rəfi] **biologi** biology [bajåll'ədsji] **bisak** matter of secondary importance [mätt'ə əvv sekk'əndəri impå:'təns] **biskop** bishop [bisj'əp] **bismak** (extraneous) flavour [(ekkstrej'njəs) flej'və] **bister** grim [grimm] **bisting** bee-sting [bi:'-sting] **bistå** assist [əsiss't] **bistånd** assistance [əsiss'təns] **bit** piece [pi:s] **bita, bitas** bite [bajt] **biträde** (medhjälpare) assistant [əsiss'tənt] **bitsocker** lump sugar [lamm'p sjogg'ə] **bitter** bitter [bitt'ə] **bitterhet** bitterness [bitt'əniss] **bittermandel** bitter

bitti — blommig

almond [bitt'ə a:'mənd] **bitti** *i morgon bitti* (early) to-morrow morning [(ə:'li) təmårr'åo må:'ning] **bitvis** bit by bit [bitt' baj bitt'] **biverkningar** *pl* secondary effects [sekk'ndəri ifekk'ts] **bjuda** (*befalla; på auktion*) bid [bidd] (*er-*) offer [åff'ə] (*undfägna med*) treat to [tri:'t to:], (*in-*) invite [invajt']; *bjuda ngn på lunch* invite s.b. to lunch [invaj't samm'bədi tə lann'tsj]; *bjuda ngn på middag på restaurang* invite s.b. out for dinner [invaj't samm'bədi aot fə dinn'ə]; *bjuda till* try [traj] **bjudning** (*kalas*) party [pa:'ti] **bjudningskort** invitation card [invitej'sjən ka:d] **bjälke** beam [bi:m] **bjällra** bell [bell'] **björk** birch [bə:tsj] **björn** bear [bä:ə] **björnbär** blackberry [bläkk'bəri] **blad** leaf [li:f] (*pappers-*) sheet [sji:t]; (*kniv-, år- o.d.*) blade [blejd] **blad among(st)** [əmang'(st)]; *bland andra* among others [əmang að'əz]; *bland annat* among other things [əmang að'ə θing'z] **blanda** mix [mikks]; *blanda sig i* meddle in [medd'l inn]; *blanda till* mix [mikks] **blandning** mixture [mikk'stsjə] **blank** shiny [sjaj'ni] **blankett** form [få:m]; *fylla i en blankett* fill in a form [fill' inn' ə få:m'] **blanksliten** shiny [sjaj'ni] **blazer** jacket [dsjäkk'itt] **blek** pale [pejl] **bleka** bleach [bli:tsj] **blekna** turn pale [tə:'n pej'l] **bli** (*hjälpverb*) be [bi:]; *vard.* get [gett]; (*självst. verb*) be [bi:]; become [bikamm']; (*för-*) remain [rimej'n]; *bli av* take place [tej'k plej:s]; *bli av med* get rid of [gett ridd' əvv]; *bli efter* drop behind [dråpp' bihaj'nd]; *bli kvar* remain [rimej'n]; *bli över* be left [bi:' lefft']; *låt bli!* don't [dåont] **blick** look [lokk]; (*hastig*) glance [gla:ns]; *kasta en blick på* look at [lokk' ätt] **blid** mild [majld] **blidka** appease [əpi:'z] **blind** blind [blajnd] (*för* to [to:]) **blindbock** blindman's-buff [blaj'ndmännzbaff'] **blindskrift** braille [brejl] **blindtarm** appendix [əpenn'dikks] **blindtarmsinflammation** appendicitis [əpenndisaj'tiss] **blink** twinkling [twing'kling] **blinka** blink [blingk] **bliva** se bli **blivande** future [fjo:'tsjə] **blixt** lightning [laj'tning]; *en blixt* a flash of lightning [ə flasj' əvv laj'tning] **blixtlås** zip fastener [zipp' fa:snə] **blixtnedslag** stroke of lightning [strå'ok əvv laj'tning] **blixtra** *det blixtrar* there is (a flash of) lightning [ðr izz (ə flasj' əvv) laj'tning]; (*bildl.*) flash [flasj] **blixtsnabb** swift as lightning [swiff't əz laj'tning] **block** block [blåkk]; (*skriv-*) pad [pädd] **blockera** blockade [blåkkej'd] **blockflöjt** recorder [rikå:'də] **blod** blood [bladd] **bloda ner** stain with blood [stej'n wið bladd'] **blodbrist** anaemia [əni:'mjə] **blodförgiftning** blood-poisoning [bladd'påjzning] **blodgrupp** blood group [bladd' gro:p] **blodig** bloody [bladd'i] **blodpropp** blood-clot [bladd'klått] **blodprov** blood test [bladd' tesst] **blodpudding** black-pudding [bläkk'podd'ing] **blodtryck** blood pressure [bladd'presj'ə] **blom** blossom [blåss'əm]; *stå i blom* be in bloom [bi:' inn blo:'m] **blomkruka** flower-pot [flao'əpått] **blomkål** cauliflower [kåll'iflaoə] **blomma** flower [flao'ə] **blommig** flowery

blomsterhandel — bordslampa

[flao·əri] **blomsterhandel** florist's [flårr·ists] **blomstra** blossom [blåss·am] **blond** blond, *(fem.)* blonde [blånnd] **blondin** blonde [blånnd] **bloss** *(fackla)* torch [tå:tsj]; *(på cigarr o.d.)* puff [paff] **blossa** blaze [blejz] **blott** *(adv.)* only [åo·nli]; *(adj.)* mere [mi:·ə] **blotta** lay ... bare [lej· bä:·ə]; *(röja)* disclose [disskloː·z] **bluff, bluffa** bluff [blaff] **blund** inte få en blund i ögonen not get a wink of sleep [nått· gett· ə wing·k əvv sli:·p] **blunda** shut one's eyes [sjatt· wannz aj·z] **blus** blouse [blaoz] **bly, blyerts** lead [ledd] **blyertspenna** (lead-)pencil [(ledd·)penn·sl] **blyg** shy [sjaj] **blygsam** modest [mådd·ist] **blå** blue [blo:] **blåbär** bilberry [bill·bəri] **blåmärke** bruise [bro:z] **blåsa 1** *(subst.)* (hud-) blister [bliss·tə]; (luft-) bubble [babb·l] **2** *(verb)* blow [blåo] **blåsig** windy [winn·di] **blåsippa** hepatica [hipatt·ikkə] **blåskatarr** inflammation of the bladder [inflamej·sjən əvv ðə bladd·ə] **blåögd** blue-eyed [blo:·aj·d] **bläck** ink [ingk] **bläckfisk** cuttle-fish [katt·lfisj] **bläckpenna** pen [penn] **bläddra** turn over the leaves [tə:·n åo·və ðə li:·vz] **blända** blind [blajnd] **bländare** *(kamera-)* diaphragm [daj·əfrämm] **blänka** shine [sjajn] **blöda** bleed [bli:d] **blöja** nappy [näpp·i] **blöjbyxor** baby pants [bej·bi pännts] **blöt** wet [wett] **bo** *(verb)* live [livv]; *(subst.)* (fågel-) nest [nesst]; satta bo settle [sett·l] **bock** he-goat [hi:·gåo·t]; **bocka** *(buga)* bow [bao]; *bocka sig för* bow to [bao· to:]; *bocka för* (markera) tick [tikk] **bofast** resident [rezz·idənt] **bofink** chaffinch [tsjaff·intsj] **bog** *(på djur)* shoulder [sjåo·ldə]; *(på fartyg)* bow [bao] **bogsera** tow [tåo] **bogserbåt** tug [tagg] **bogsering** towing [tåo·ing] **bohag** household goods [hao·shåold goddz] **boj** buoy [båj] **bojkott, bojkotta** boycott [båj·kət] **bok 1** book [bokk] **2** *(träd)* beech [bi:tsj] **boka, bokföra** book [bokk] **bokföring** book-keeping [bokk·ki:ping] **bokförlag** publishing company [pabb·lisjing kamm·pəni] **bokförläggare** publisher [pabb·lisjə] **bokhandel** book-shop [bokk·sjåpp] **bokhandlare** bookseller [bokk·sellə] **bokhylla** bookcase [book·kejs] **bokmärke** bookmark [bokk·ma:k] **bokslut** göra bokslut balance the books [bäll·əns ðə bokk·s] **bokstav** letter [lett·ə] **bokstavera** spell [spell] **bokstavligen** literally [litt·ərəli] **bokstavslås** permutation lock [pə:mjotej·sjən låkk] **bolag** company [kamm·pəni]; *Am.* corporation [kå:pərej·sjən] **bolagsstämma** annual meeting of shareholders [änn·joəl mi:·ting əvv sjä:·əhåoldəz] **boll** ball [bå:l] **bolla** play ball [plej· bå:·l] **bom 1** *(stång)* bar [ba:] **2** *(felskott)* miss [miss] **bomb, bomba** bomb [båmm] **bomma** miss [miss] **bomull** cotton [kått·n]; *(förbands-)* cotton-wool [kått·nwoll] **bomullsklänning** cotton dress [kått·n dress] **bomullstyg** cotton fabric [kått·n fäbb·rikk] **bona** wax [wäkks] **bonde** farmer [fa:·mə]; *(schack-)* pawn [på:n] **bondgård** farm [fa:m] **bord 1** table [tej·bl] **2** *sjö.* board [bå:d] **bordduk** table cloth [tej·bl klåθ] **borde** ought to [å:·t to:], should [sjodd] **bordlägga** postpone [påostpåo·n] **bordslampa** table-lamp

bordsskiva — bredvid

[tej'bllämmp] **bordsskiva** table-top [tej'bltåpp] **bordtennis** table tennis [tej'bl tennis] **borg** castle [ka:'sl] **borgare** citizen [sitt'izn] **borgen** security [sikjo'əritti]; *gå i borgen för* stand surety for [ständd sjo'əti få:] **borgensförbindelse** personal guarantee [pə:'snl gärrənti:'] **borgensman** guarantor [gärrəntå:'] **borgenär** creditor [kredd'ittə] **borgerlig** civil [sivv'l]; *de borgerliga partierna* the Liberals and Conservatives [ðə libb'ərəlz ənd kənsə:'vətivvz] **borgmästare** mayor [mä:'ə] **borr** bore [bå:'r]; (*drill-*) drill [drill] **borra** bore [bå:']; drill [drill] **borst** bristle [briss'l] **borsta, borste** brush [brasj] **borsyra** boric acid [bå:'rikk äss'idd] **bort** away [əwej']; *gå bort* go out [gåo' ao't] **borta** away [əwej']; (*försvunnen*) gone [gånn]; (*ej tillfinnandes*) missing [miss'ing]; *där borta* over there [åo'və ðä:'ə] **bortbjuden** invited out [invaj'tidd ao't] **bortförklara** explain away [ikksplej'n əwej'] **bortförklaring** prevarication [privvärrikej'sjən] **bortglömd** forgotten [fəgått'n] **bortkastad** thrown away [θråo'n əwej'] **bortkommen** lost [låsst] **bortom** beyond [bijånn'd] **bortre** further [fə:'ðə] **bortrest** *han är bortrest* he is away [hi:' izz' əwej'] **bortse från** disregard [diss'riga:d] **bortskämd** spoilt [spåjlt] **bortåt** (*prep*) towards [təwå:'dz]; (*adv., nästan*) nearly [ni:'əli] **bosatt** resident [rezz'idənt] **boskap** cattle [kätt'l] **boskapsskötsel** cattle-breeding [kätt'l bri:ding] **bostad** dwelling [dwell'ing]; (*våning*) flat [flätt]; *fast bostad* permanent address [pə:'mənənt ədress'] **bostadsbrist** housing shortage [hao'zing sjå:'tiddsj] **bostadskö** housing queue [hao'zing kjo:'] **bosätta sig** settle [sett'l] **bot** remedy [remm'iddi]; *råda bot för* remedy [remm'iddi] **bota** cure [kjo:'ə] **botanik** botany [bått'əni] **botanisk** botanical [bətänn'ikəl] **botemedel** remedy [remm'iddi] **botten** bottom [bått'əm]; *gå till botten med ngt* get to the bottom of s.th. [gett' tə ðə bått'əm əvv samm'θing]; *i grund och botten* at heart [ətt ha:'t]; *på nedre botten* on the ground floor [ånn ðə graon'd flå:'] **bottenfärg** ground [graond] **bottenvåning** ground-floor [graon'dflå:'] **bottna** reach the bottom [ri:'tsj ðə bått'əm]; *det bottnar i* it originates in [itt əridd'sjinejts inn] **bov** crook [krokk] **boxare** boxer [båkk'sə] **boxas** box [båkks] **boxning** boxing [båkk'sing] **bra** good [good]; (*frisk*) well [well]; *jag mår inte bra* I am not feeling well [aj ämm nått' fi:'ling well']; *se bra ut* be good-looking [bi: godd'lokk'ing]; *tycka bra om* like very much [lajk verr'i matt'sj] **bragd** exploit [ekk'splåjt] **brak** crash [kräsj] **brand** fire [faj'ə] **brandgul** orange [årr'indsj] **brandkår** fire-brigade [faj'əbrigejd] **brandsegel** jumping sheet [dsjamm'ping sji:t] **brandsoldat** fireman [faj'əmən] **brandstege** fire-ladder [faj'əläddə] **bransch** line [lajn] **brant** (*subst.*) precipice [press'ipiss]; (*adj.*) steep [sti:p] **brasa** fire [faj'ə] **bravo** bravo! [bra:'våo'] **bred** broad [brå:d], wide [wajd] **breda** spread [spredd] **bredd** breadth [breddθ], width [widdθ] **bredda** broaden [brå:'dn], make wider [mejk waj'də] **bredvid**

brev — bråttom 26

beside [bisaj'd], by [baj]; *här bredvid* close by here [klåo'z baj hi:'ə] **brev** letter [lett'ə] **brevbärare** postman [påo'stmən] **brevkort** postcard [påo'stka:d] **brevlåda** letter-box [lett'əbåkks] **brevpapper** note-paper [nåo'tpejpə] **brevväxla** correspond [kårrispånn'd] **bricka** tray [trej] **briljant** brilliant [brill'jənt] **briljera** show off [sjåo' å:'f] **bringa 1** *(av kött)* brisket [briss'kitt] **2** *(verb)* bring [bring] **brinna** burn [bə:n] **bris** breeze [bri:z] **brist** lack [läkk], shortage [sjå:'tidsj]; *lida brist på* be short of [bi:' sjå:'t əvv] **brista** *(sprängas)* burst [bə:st]; *(gå sönder)* break [brejk]; *brista i gråt* burst into tears [bə:'st inntə ti:'əz] **bristfällig** defective [difekk'tivv] **brits** bunk [bangk] **britterna** the British [ðə britt'isj] **brittisk** British [britt'isj] **bro** bridge [briddsj] **brock** hernia [hə:'njə] **broder** brother [braðˈə] **brodera** embroider [imbråj'də] **brokig** motley [måttˈli] **broms, bromsa** brake [brejk] **bromsband** brake lining [brej'k laj'ning] **brons** bronze [brånnz] **bror** brother [braðˈə] **brorson** nephew [nevv'jo:] **brosch** brooch [bråotsj] **broschyr** booklet [bokk'litt] **brosk** cartilage [ka:'tiliddsj] **brott** *(brytning)* break [brejk]; *(förbrytelse)* crime [krajm] **brottare** wrestler [ress'lə] **brottas** wrestle [ress'l] **brottning** wrestling [ress'ling] **brottslig** criminal [krimm'innl] **brottslighet** criminality [krimminäll'itti] **brottsling** criminal [krimm'innl] **brud** bride [brajd] **brudgum** bridegroom [braj'dgromm] **brudklänning** wedding-dress [wedd'ingdress] **brudpar** bridal couple [braj'dl kappl] **bruk** *(användning)* use [jo:s]; *(sed)* custom [kass'təm] **bruka** *(begagna)* use [jo:z]; *(ha för vana)* be in the habit of [bi:' inn ðə häbb'itt əvv]; *jag brukar äta lunch kl. 12* I usually have lunch at twelve o'clock [aj jo:'sjoəli hävv lann'tsj ətt twell'v əklåkk']; *brukade* used to [jo:'st to:] **bruklig** customary [kass'təməri] **bruksanvisning** directions for use [direkk'sjənz fə jo:'s] **brun** brown [braon] **brunn** well [well] **brusa** roar [rå:]; *brusa upp* flare up [flä:'ə app'] **brutal** brutal [bro:'tl] **bruten** broken [bråo'kən] **brutto** gross [gråos] **bry** *bry sig om* mind [majnd], *(tycka om)* care [kä:'ə]; *det är inget att bry sig om* that's nothing to worry about [ðätt's nə'ðˈing tə warr'i əbao't] **brygga 1** *(subst.)* bridge [briddsj] **2** *(verb)* brew [bro:]; *(kaffe)* percolate [pə:'kəlejt] **bryggeri** brewery [bro:'əri] **bryna** brown [braon] **brysselkål** Brussels sprouts [brass'lspraoˈts] **bryta** break [brejk]; *bryta av* break [brejk]; *bryta på tyska* speak with a German accent [spi:'k wið ə dsjə:'mən äkk'sənt] **brytarspets** contact-breaker point [kånn'täktbrejkə påjnt] **brytböna** French bean [frenn'tsj bi:'n] **brytning** *(i uttal)* accent [äkk'sənt] **brådska** *(subst. o. verb)* hurry [harr'i] **brådskande** urgent [ə:'dsjənt] **bråk** *mat.* fraction; [fråkk'sjən] *(buller)* noise [nåjz]; **bråka** *(stoja)* be noisy [bi: nåj'zi]; *(krångla)* make difficulties [mejk diff'ikəltizz] **bråkdel** fraction [fråkk'sjən] **bråkig** *(bullersam)* noisy [nåj'zi]; *(om barn)* fidgety [fidd'sjitti] **brås på** take after [tej'k a:'ftə] **bråttom** *ha bråttom* be in a hurry [bi:' inn ə

bräcka break [brejk]; (*övertrumfa*) crush [krasj]; (*steka*) fry [fraj] **bräcklig** fragile [frädd'sjajl] **bräde** board [båːd] **bräka** bleat [bliːt] **bränna** burn [bəːn]; *branna vid* burn [bəːn] **brännas** burn [bəːn]; (*om nässla*) sting [sting] **brännbar** combustible [kəmbass'təbl]; *bildl.* controversial [kånntrəvəˑ'sjəl] **brännblåsa** blister [bliss'tə] **brännhet** burning hot [bəː'ning hått'] **bränning** (*i sjön*) breaker [brej'kə] **brännmärka** brand [brännd] **brännsår** burn [bəːn] **brännvidd** focal length [fåo'kəl lengˑ'θ] **brännvin** schnapps [sjnäpps] **brännässla** stinging nettle [stingˑ'ing nettˑ'l] **bränsle** fuel [fjoːˑəl] **brätte** brim [brimm] **bröd** bread [bredd]; *rostat bröd* toast [tåost] **brödrost** toaster [tåoˑ'stə] **brödskiva** slice of bread [slajˑ's əvv bredd'] **bröllop** wedding [weddˑ'ing] **bröllopsresa** honeymoon [hannˑ'imoːn] **bröst** breast [bresst]; (*-korg*) chest [tsjesst] **bröstkorg** chest [tsjesst] **bröstsim** breast-stroke [bressˑ'tstråoˑ'k] **bubbla** (*subst. o. verb*) bubble [babbˑ'l] **buckla** (*subst.*) (*upphöjning*) boss [båss]; (*inbuktning*) dent [dennt]; (*verb*) buckle [bakkˑ'l]; **bud** (*an-*) offer [åffˑ'ə]; (*auktions-*) bid [bidd]; (*underrättelse*) message [messˑ'iddsj]; (*-bärare*) messenger [messˑ'indsjə]; *skicka bud efter* send for [sennˑ'd fåː] **budget** budget [baddˑ'sjitt] **budskap** message [messˑ'iddsj] **buffel** buffalo [baffˑ'ələo] **buga, buga sig bow** [båo] (*för* to [toː]) **buk** belly [bellˑ'i] **bukett** bouquet [bokkˑ'ej] **bukt** (*böjning*) bend [bennd]; (*vik*) bay [bej], (*liten*) cove [kåov]; *få bukt med* manage [männˑ'iddsj] **bukta sig** bend [bennd] **buktig** bulging [ballˑ'dsjing] **bula** bump [bammp] **buljong** clear soup [kliːˑ'ə soːˑ'p], meat broth [miˑˑt bråθ] **buljongtärning** beef cube [biːˑ'f kjoːˑ'b] **bulle** bun [bann] **buller** noise [nåjz] **bullra** make a noise [mejk ə nåjˑ'z] **bult** bolt [båolt] **bulta** (*knacka*) knock [nåkk]; (*dunka*) thump [θammp] **bunden** bound [baond] **bundsförvant** ally [allˑ'aj] **bunke** bowl [båol] **bunt** packet [päkkˑ'itt]; bundle [bannˑ'dl] **bunta** *bunta* (*ihop*) make ... up into packets [mejk appˑ' inntə päkkˑ'itts] **bur** cage [kejdsj] **burdus** abrupt [əbrappˑ't] **burfågel** cagebird [kej'dsjbəːd] **burk** pot [pått]; (*sylt-*) jar [dsjaː] **busig** rowdy [raoˑ'di] **buske** bush [bosj]; (*liten*) scrub [skrabb] **buss** bus [bass]; (*turist-*) coach [kåotsj] **busschaufför** bus driver [bassˑ' drajvə] **busshållplats** bus stop [bassˑ' ståpp] **butelj** bottle [båttˑ'l] **butik** shop [sjåpp]; *Am.* store [ståː] **by** village [villˑ'iddsj] **bygd** district [dissˑ'trikkt] **bygel** bow [båo] **bygga** build [billd] **bygge** building [billˑ'ding] **byggmästare** building contractor [billˑ'ding kəntrakkˑ'tə] **byggnad** (*hus*) building [billˑ'ding]; (*konstruktion*) construction [kənstrakkˑ'sjən] **byggnadsställning** scaffold [skäffˑ'əld] **byrå** (*möbel*) chest of drawers [tsjessˑ't əvv dråːˑ'z]; *Am.* bureau [bjoəråoˑ']; (*ämbetsverk etc.*) office [åffˑ'iss] **byråkrati** bureaucracy [bjorăkkˑ'rəsi]; *vard.* red tape [reddˑ' tejˑ'p] **byrålåda** drawer [dråːˑ'] **bysthållare** brassière [brässˑ'iäːə] **byta** change [tsjejndsj] **byte** exchange [ikkstsjej'ndsj]; (*rov*) booty [båoˑ'ti]; (*rovdjurs o. bildl.*) prey

byxdress — centralvärme 28

[prej] **byxdress** trouser suit [traoˈzə sjoːt] **byxor** trousers [traoˈzəz], pants [pännts]; (*damunder-*) panties [pännˈtizz] **båda** both [båoθ]; (*obetonat*) the two [ðə toːˈ] **både** both [båoθ] **båge** (*vapen*) bow [båo]; (*i matematik*) arc [aːk]; (*valv o.d.*) arch [aːtsj]; (*glasögon*) frame [frejm] **bågna** sag [sägg] **bågskytte** archery [aːˈtsjəri] **bål** (*kropp*) trunk [trangk]; (*brasa*) bonfire [bånnˈfajə] **bår** (*lik-*) bier [biːˈə]; (*sjuk-*) stretcher [strettˈsjə] **bård** border [båːˈdə] **båt** boat [båot] **bäck** brook [brokk]; *Am.* creek [kriːk] **bäcken** (*kroppsdel*) pelvis [pellˈviss]; (*sång-*) bed-pan [beddˈpänn]; (*instrument*) cymbals [simmˈbəlz] **bädd** bed [bedd] **bädda** make a bed [mejk ə beddˈ] **bägare** cup [kapp] **bägge** both [båoθ] **bälte** belt [bellt] **bända** prize [prajz] (*upp* open [åoˈpən]) **bänk** seat [siːt]; (*väggfast*) bench [benntsj]; (*skol-*) desk [dessk] **bär** berry [berrˈi] **bära** carry [kärrˈi]; (*kläder*) lead [liːd]; *bär hit böckerna!* bring the books! [bringˈ mi ðə bokkˈs]; *bär ut det!* take it out! [tejkˈ itt aoˈt]; *bära sig åt* behave [bihejˈv] **bärare** bearer [bäːˈərə]; (*stadsbud*) porter [påːˈtə] **bärga** save [sejv]; (*fartyg o.d.*) salve [sällv]; (*skörda*) harvest [haːˈvisst] **bärgningsbil** breakdown lorry [brejˈkdaon lårrˈi]; *Am.* wrecking truck [rekkˈing trakkˈ] **bärnsten** amber [ämmˈbə] **bäst** best [besst]; *i bästa fall* at best [att besstˈ]; *det är bäst vi går* we had better go [wi hädd bettˈə gåo]; *förste bäste* the first that comes [ðə fəːˈst ðət kammˈz]; *göra sitt bästa* do one's best [doːˈ wannz bessˈt] **bättra** bättra *på* touch up [tattˈsj app]; *bättra sig* mend [mennd] **bättre** better [bettˈə] **bäver** beaver [biːˈvə] **böckling** smoked Baltic herring [småoˈkt båːˈltikk herrˈing] **böja** bend [bennd]; (*huvudet*) bow [båo] **böjd** bent [bennt] **böjelse** inclination [inklinejˈsjən] **böjlig** flexible [flekkˈsəbl] **böld** boil [båjl] **bölja** (*subst.*) billow [billˈåo]; (*verb*) undulate [annˈdjolejt] **bön** (*anhållan*) request [rikwessˈt] (*om for* [fåː]); (*religiöst*) prayer [präːˈə] **böna** bean [biːn] **bönfalla** plead [pliːd] (*om for* [fåː]) **bör** ought to [åːˈt toː], should [sjodd] **börda** burden [bəːˈdn] **bördig** fertile [fəːˈtajl] **börja** begin [biginˈ]; start [staːt]; *till att börja med* to begin with [tə biginnˈ wið] **början** beginning [biginnˈing]; start [staːt]; *från första början* from the very beginning [fråmm ðə verrˈi biginnˈing] **börs** (*portmonnä*) purse [pəːs]; (*fond-*) exchange [ikkstsjejˈndsj] **bössa** gun [gann] **böta** pay a fine [pejˈ ə fajˈn] **böter, bötfälla** fine [fajn] **campa** camp [kämmp] **camping** camping [kämmˈping] **campingplats** camping ground [kämmˈping graond] **cancer** cancer [kännˈsə] **cell** cell [sell] **cellkärna** nucleus [njoːˈkliəs] **cellstoff** cellulose wadding [sellˈjoləos wåddˈing] **cellulosa** cellulose [sellˈjoləos] **cement** cement [simennˈt] **censur** censorship [sennˈsəsjipp] **center** centre [sennˈtə] **centiliter** centilitre [sennˈtiliːtə] **centimeter** centimetre [sennˈtimiːtə] **central** (*adj.*) central [sennˈtrəl] **centralisera** centralize [sennˈtrəlajz] **centralstation** central station [sennˈtrəl stejˈsjən] **centralvärme** central heating

centrifugera — dammsugare

[senn'trəl hi:'ting] **centrifugera** centrifuge [senn'trifjo:dsj]; (*tvätt*) spin-dry [spinn'draj] **centrum** centre [senn'tə] **cerat** cerat [si:'ərit] **ceremoni** ceremony [serr'imæni] **certifikat** certificate [sətiff'ikitt] **champinjon** mushroom [masj'romm] **chans** chance [tsja:ns] **charkuteri** pork-butcher's [på:'kbott'sjəz] **charm** charm [tsja:m] **chaufför** driver [draj'və] **check** cheque [tsjekk] (*på* for [få:]) **checkhäfte** cheque book [tsjekk'bokk] **chef** manager [männ'iddsjə] (*för* of [əvv]); *vard.* boss [båss] **chefredaktör** editor-in-chief [edd'itə inn tsji:'f] **chock, chockera** shock [sjåkk] **choklad** chocolate [tsjåkk'litt] **chokladkaka** bar of chocolate [ba:'r əvv tsjåkk'litt] **cigarr** cigar [siga:'] **cigarrett** cigarette [siggərett'] **cigarrettpaket** packet of cigarettes [påkk'itt əvv siggərett's] **cigarrettändare** lighter [laj'tə] **cirka** about [əbao't] **cirkel** circle [sə:'kl] **cirkulera** circulate [sə:'kjolejt] **cirkus** circus [sə:'kəs] **cistern** tank [tångk] **citat** quotation [kwåotej'sjən] **citera** quote [kwåot] **citron** lemon [lemm'ən] **city** centre [senn'tə] **civil** civil [sivv'l] **civilekonom** Bachelor of Economic Science [bätt'sjələ əvv i:kənämm'ikk saj'əns]; *Am.* Master of Business Administration [ma:'stə əvv bizz'niss ədminnistrei'sjən] **civilingenjör** graduate engineer [grädd'joitt enndsjini:'ə] **civilisation** civilization [sivvilajzej'sjən] **civiliserad** civilized [sivv'ilajzd] **civilperson** civilian [sivill'jən] **civilstånd** civil status [sivv'l stej'təs] **curry** curry-powder [karr'ipaodə] **cykel** bicycle [baj'sikkl]; *vard.* bike [bajk] **cykla** cycle [saj'kl]; *vard.* ride a bike [rajd ə baj'k] **cyklist** cyclist [saj'klist] **cyklopöga** skin-diver's mask [skinn'dajvəz ma:sk] **cylinder** cylinder [sill'ində] **cynisk** cynical [sinn'ikəl] **dadel** date [dejt] **dag** day [dej]; *endera dagen* one of these days [wann' əvv ði:'z dej'z]; *dag för dag* day by day [dej' baj dej']; *var fjortonde dag* every fortnight [evv'ri få:'tnajt]; *de närmaste dagarna* the next few days [ðə nekk'st fjo:' dej'z]; *i dag* today [tədej']; *i våra dagar* in our days [inn ao'ə dej'z]; *på dagarna* in the daytime [inn ðə dej'tajm]; *mitt på ljusa dagen* in broad daylight [inn brå:'d dej'lajt] **dagbok** diary [daj'əri] **dager** daylight [dej'lajt] **dagg** dew [djo:] **daggmask** earthworm [ə:'θwə:m] **daghem** day nursery [dej' nə:'sri] **daglig** daily [dej'li]; *dagligt tal* everyday speech [evv'ridej spi:'tsj] **dagligen** daily [dej'li] **dags** *hur dags?* at what time? [ätt wått' tajm'] **dagsnyheter** today's news [tədej'z njo:'z] **dagstidning** daily paper [dej'li pej'pə] **dagtraktamente** daily allowance [dej'li əlao'əns] **dal** valley [väll'i] **dalgång** glen [glenn] **dam** lady [lej'di]; (*i kortspel*) queen [kwi:n] **dambinda** sanitary towel [sänn'itəri tao'əl]; *Am.* sanitary napkin [sänn'itəri näpp'kinn] **damfrisering** ladies' hairdressers [lej'dizz hä:'ədressəz] **damkläder** women's wear [wimm'innz wä:ə] **damm 1** (*vattensamling*) pond [pånnd]; (*fördämning*) dam [dämm] **2** (*stoft*) dust [dasst] **damma** dust [dasst]; (*avge damm*) raise a dust [rej'z ə dass't] **dammig** dusty [dass'ti] **dammsugare**

dammtrasa — deodorant

vacuum cleaner [väkk'joəm kli:'nə] **dammtrasa** duster [dass'tə] **damtoalett** ladies' cloak-room [lej'dizz klåo'kromm] **Danmark** Denmark [denn'ma:k] **dans, dansa** dance [da:ns] **dansk** Danish [dej'nisj] **dansmusik** dance-music [da:'nsmjo:zikk] **dansör, dansös** dancer [da:'nsə] **darra** tremble [tremm'bl] **datamaskin** computer [kəmpjo:'tə] **datera, datum** date [dejt] **de** (best art.) the [ðə, ði]; (pron) they [ðej]; **de själva** they themselves [ðej' ðəmsell'vz]; **de där** those [ðåoz]; **de här** these [ði:z] **debatt, debattera** debate [dibej't] **debet, debitera** debit [debb'itt] **debutera** make one's début [mej'k wannz dej'bo:] **december** December [disemm'bə] **decennium** decade [dekk'ejd] **decentralisera** decentralize [di:senn'trəlajz] **decimalkomma** decimal point [dess'iməl påj'nt] **defekt** defect [difekk't] **definiera** define [difaj'n] **definition** definition [deffinisj'ən] **definitiv** definite [deff'initt] **deformera** deform [difå:'m] **deg** dough [dåo] **degenererad** degenerate [didsjenn'əritt] **degradera** degrade [digrej'd] **deklamera** recite [risaj't] **deklaration** declaration [dekklərej'sjən] **deklarera** declare [dikla:'ə] **dekoration** decoration [dekkərej'sjən] **dekorativ** decorative [dekk'ərətivv] **dekorera** decorate [dekk'ərejt] **del** part [pa:t]; *en hel del böcker* a great many books [ə grej:t menn'i bokk's]; *en hel del fel* quite a lot of mistakes [kwaj:t ə lått' əvv misstej'ks]; *en hel del besvär* a good deal of trouble [ə godd' di:'l əvv trabb'l]; *i en del fall* in some cases [inn samm' kej'sizz]; *större delen* most of [måo'st əvv]; *till stor del* largely [la:'dsjli]; *ta del av* acquaint o.s. with [əkwej'nt wannsell'f wið]; *för all del!* don't mention it! [dåo'nt menn'sjən itt] **dela** (*i delar*) divide [divaj'd]; (*sinsemellan*) share [sjä:'ə]; *dela lika* go shares [gåo' sjä:'əz]; *dela ut* distribute [disstribb'jo:t], (*post*) deliver [dilivv'ə], (*order*) issue [iss'jo:]; *dela sig* divide [divaj'd]; (*gå isär*) part [pa:t] **delaktighet** participation [pa:tissipej'sjən] **delegat** delegate [dell'igitt] **delge** inform [infå:'m] (*ngn ngt* s.b. of s.th. [samm'bədi əvv samm'θing]) **delikat** delicate [dell'ikitt] **delikatess** delicacy [dell'ikəsi] **delning** division [divisj'ən], partition [pa:tisj'ən] **dels** partly [pa:'tli] **deltaga** take part [tejk pa:'t], participate [pa:tiss'ipejt] **deltagande** participation [pa:tissipej'sjən]; (*medkänsla*) sympathy [simm'pəθi]; *de deltagande* those taking part [ðåo'z tej'king pa:'t], (*i tävling o.d.*) the competitors [ðə kəmpett'itəz] **deltagare** participant [pa:tiss'ipənt] **deltid** part-time [pa:'ttajm] **delvis** partly [pa:'tli] **delägare** partner [pa:'tnə] **dem** them [ðemm]; *dem själva* themselves [ðəmsell'vz] **dementera** deny [dinaj'] **demokrati** democracy [dimåkk'rəsi] **demonstrant** demonstrator [demm'ənstrejtə] **demonstration** demonstration [demənstrej'sjən] **demonstrera** demonstrate [demm'ənstrejt] **den** (*best. art.*) the [ðə, ðɪ], (*pron.*) it [itt]; *den där* that [ðätt]; *den här* this [ðiss]; *den som* anyone who [enn'iwann ho:'] **denne** this [ðiss] **densamme** the same [ðə sej'm] **deodorant** deodorant [di:åo'dərənt] **departement** department [dipa:'tmənt] **deponera** deposit [dipázz'itt] **depression** depression [dipresj'ən] **deprimera** depress [dipress''] **deras** (*foren.*) their [ðä:'əz]; (*självst.*) theirs [ðä:'əz] **desamma** the same [ðə sejm] **desillusionerad** disillusioned [dissillo:'sjənd] **desperat** desperate [dess'pəritt] **dess** its [itts]; *innan* (*till*) *dess* before (till) then [bifå:' (till) ðenn'] **dessa** (*de här*) these [ði:z]; (*de där*) those [ðåoz] **dessert** sweet [swi:t] **dessförinnan** before then [bifå:' ðenn'] **dessutom** besides [bisåj'dz] **desto** *desto bättre* all the better [å:'l ðə bett'ə]; *icke desto mindre* nevertheless [nevvəðəless']; *ju förr desto hellre* the sooner the better [ðə so:'nə ðə bett'ə] **det** *best. art.* the [ðə, ði]; *pers. pron* it [itt]; *det är mycket folk här* there are a lot of people here [ðr a:' ə lått' əvv pi:'pl hi:'ə]; *jag tror det* I think so [aj θing'k såo] **detalj** detail [di:'tejl]; *närmare detaljer* further details [fə:'ðə di:'tejlz] **detaljerad** detailed [di:'-tejld] **detektiv** detective [ditekt'ivv] **detektivroman** detective story [ditekt'ivv stå:'ri] **detsamma** the same [ðə sejm]; *det gör detsamma* it doesn't matter [itt dazz'nt matt'ə]; *tack, detsamma!* thanks, and the same to you! [θang'ks, ænd ðə sejm tə jo:'] **detta** this [ðiss]; *före detta* former [få:'mə] **diabetiker** diabetic [dajəbett'ikk] **diagnos** diagnosis [dajəgnåo'siss] **dialekt** dialect [daj'əlekkt] **dialog** dialogue [daj'əlågg] **diamant** diamond [daj'əmənd] **diameter** diameter [dajämm'ittə] **diapositiv** transparency [tränspäz'ərənsi] **diarré** diarrhoea [dajəri:'ə] **dieselmotor** diesel engine [di:'zəl enn'dsjinn] **diet** diet [daj'ət]; *hålla diet* be on a diet [bi: ånn ə daj'ət] **differentiera** differentiate [diffərənn'sjiejt] **dig** you [jo:]; *yourself* [jə'sell'f] **digna** sink down [sing'k daoʹn] **dike** ditch [dittsj] **dikt** poem [påo'imm] **diktamen** dictation [dikktej'sjən] **diktare** poet [påo'itt] **diktator** [dikktej'tə] **diktatur** dictatorship [dikktej'təsjipp] **diktera** dictate [dikktej't] **dikteringsmaskin** dictaphone [dikk'təfåon] **diktning** writing [raj'ting] **dill** dill [dill] **dimension** dimension [dimenn'sjən] **dimma** mist [misst]; (*tjocka*) fog [fågg] **din** (*foren.*) your [jå:]; (*självst.*) yours [jå:z]; *de dina* your people [jå:' pi:'pl] **diplomatisk** diplomatic [dipplemätt'ikk] **direkt** direct [direkk't] **direktion** direction [direkk'sjən]; *management* [männ'iddsjmənt] **direktiv** directions [direkk'sjəns] **direktör** director [direkk'tə]; (*affärschef*) manager [männ'iddsjə]; *Am.* vice president [vaj's prezz'idənt] **dirigent** conductor [kəndakk'tə] **dirigera** direct [direkk't]; *mus.* conduct [kəndakk't] **disciplin** discipline [diss'iplinn] **disig** hazy [hej'zi] **disk 1** (*butiks-*) counter [kao'ntə]; (*bar-*) bar [ba:] **2** (*diskning*) washing-up [wåsj'ing app']; (*föremål*) dishes [disj'izz] **diska** wash up [wåsj' app']; *Am.* wash the dishes [wåsj' ðə disj'izz] **diskbrock** slipped disc [slipp't disk'k] **diskbänk** sink [singk] **diskret** discreet [disskri:'t] **diskriminera** discriminate [disskrimm'inejt] **disktrasa** dish-cloth [disj'klåθ] **diskus** disc(us) [diss'k(əs)] **diskussion**

diskutera — drag

discussion [disskasj'ən] **diskutera** discuss [disskass'] **diskvalificera** disqualify [disskwåll'ifaj] **dispens** exemption [iggzemm'psjən] **disponera** disponera (över) have ... at one's disposal [hävv' ətt wannz disspåo'zəl] **disponerad** disposed [disspåo'zd] **disposition** disposition [disspəzisj'ən]; *stå till ngns disposition* be at a p.'s disposal [bi:' ətt ə pə:'snz disspåo'zəl] **dispyt** dispute [disspjo:'t] **distans** distance [diss'təns] **distrahera** distract [dissträkk't]; *distraherad* distraught [disstrå:'t] **distribuera** distribute [disstribb'jo:t] **distribution** distribution [disstribbjo:sj'ən] **distrikt** district [diss'trikkt] **dit** there [ðä:'ə] **ditt** se din **dittills** till then [tʃö enn'] **ditåt** in that direction [inn ðätt' direkk'sjən]; *någonting ditåt* something like that [samm'θing lajk ðätt'] **diverse** various [vä:'əriəs] **dividera** divide [divaj'd] (*med* by [baj]).

djungel jungle [dsjang'gl] **djup** (*subst.*) depth [deppθ]; (*adj.*) deep [di:p] **djupfrysa** deep-freeze [di:'pfri:'z] **djupsinnig** deep [di:p]; profound [prəfao'nd] **djupskärpa** (*foto.*) depth of field [deppʹθ əvv fi:'ld] **djur** animal [änn'iməl] **djurpark** zoological gardens [zåəoládd'sjikəl ga:dnz] **djärv** bold [båold]; intrepid [intrepp'idd] **djärvhet** boldness [båo'ldniss]; intrepidity [intripidd'itti] **djävlig** devilish [devv'lisj] **djävul** devil [devv'l] **docent** senior lecturer [si:'njə lekk'tsjərə]; *Am.* assistant professor [əsiss'tənt prəfess'ə] **dock** yet [jett] **docka 1** (*leksak*) doll [dåll] **2** (*för fartyg*) dock [dåkk] **dockskåp** doll's house [dåll'z haos] **dockteater** puppet-show [papp'ittsjåo] **doft** scent [sennt] **dofta** smell [smell] **doktor** doctor [dåkk'tə] **dokument** document [dåkk'jomənt] **dokumentärfilm** documentary (film) [dåkkjomenn'təri (film)] **dold** hidden [hidd'n] **dolk** dagger [dägg'ə] **dom 1** judg(e)ment [dsjadd'sjmənt]; (*utslag*) verdict [və:'dikkt] **2** (*kyrka*) cathedral [kəθi:'drəl] **domare** judge [dsjaddsj]; (*i sporttävling*) umpire [amm'pajə]; (*i fotboll*) referee [reffəri:'] **domherre** bullfinch [boll'finntsj] **dominans** domination [dåmminej'sjən] **dominera** dominate [dåmm'inejt] **domkraft** jack [dsjäkk] **domkyrka** cathedral [kəθi:'drəl] **domstol** court [kå:t]; tribunal [trajbjo:'nl] **donation** donation [dåonej'sjən] **donera** donate [dåonej't] **dop** baptism [bäpp'tizəm]; (*barn-, fartygs-*) christening [kriss'ning] **dopfunt** baptismal font [bäpptizz'məl fånnt] **dopp** dip [dipp] **doppa** dip [dipp]; *doppa sig* have a dip [hävv' ə dipp'] **dopping** grebe [gri:b] **dos** dose [dåos] **dosa** box [båkks] **dosera** dose [dåos] **dotter** daughter [då:'tə] **dotterbolag** subsidiary company [səbsidd'jəri kamm'pəni] **dotterdotter** granddaughter [gränn'då:tə] **dotterson** grandson [gränn'sann] **dov** dull [dall] **dra** draw [drå:]; pull [poll]; *dra sig för ngt* be afraid of s.th. [bi:' əfrej'd əvv samm'θing]; *dra sig tillbaka* retire [ritaj'ə]; *dra till sig* (*attrahera*) attract [əträkk't]; *dra upp klockan* wind up the clock [wajnd app' ðə klåkk'] **drabba** hit [hitt]; (*hända ngn*) happen to [häpp'ən to:]; *drabbas av en olycka* meet with misfortune [mi:'t wið missfå:'tsjən] **drag** (*-ande*) pull

[poll]; (*i spel o. bildl.*) move [mo:v]; (*luft-*) draught [dra:ft], Am. draft [dra:ft]; (*anlets-*) feature [fi:tsjə]; (*karaktärs-*) trait [trejt] **draga** se dra **dragga** drag [drägg] **dragning** draw [drå:]; (*böjelse*) tendency [tenn'dənsi] **dragningskraft** attraction [əträkk'sjən]; (*tyngdkraft*) force of gravity [få:s əvv grävv'itti] **dragningslista** lottery prize-list [lått'əri prajz'lisst] **dragspel** accordion [əkå:'djən] **drake** dragon [drägg'ən] (*leksak*) kite [kajt] **drama, dramatik** drama [dra:'mə] **dramatisk** dramatic [drəmätt'ikk] **dramatisera** dramatize [drämm'ətajz] **draperi** drapery [drej'pəri] **dras med** (*utstå*) put up with [pott' app' wið] **dregla** dribble [dribb'l] **dressera** train [trejn] (*till for* [få:]) **dressyr** training [trej'ning] **dribbla** dribble [dribb'l] **dricka** drink [dringk]; (*intaga*) have [hävv], take [tejk]; *dricka ur* finish [finn'isj] **dricks** tip [tipp]; *ge dricks* tip [tipp] **drift** (*gång*) running [rann'ing], operation [åppərej'sjən]; (*instinkt*) instinct [inn'stingkt] **driva** (*subst.*) drift [drifft]; (*verb*) drive [drajv]; (*om fartyg*) drift [drifft]; *driva med* poke fun at [påo:k fann' ätt]; *driva igenom* force through [få:s θro:']; *driva på* urge ... on [ə:'dsj ånn'] **drivkraft** motive power [måo'tivv pao'ə] **drog** drug [dragg] **droppa** (*falla i droppar*) drip [dripp]; (*hälla droppvis*) drop [dråpp] **droppe** drop [dråpp] **droppvis** drop by drop [dråpp' baj dråpp'] **droska** cab [käbb] **drottning** queen [kwi:n] **drucken** drunk [drangk] **drunkna** be drowned [bi: draoˈnd] **druva** grape [grejp] **druvsocker** grape-sugar [grej'psjoggə] **dryck** drink [dringk]; *mat och dryck* meat and drink [mi:t ənn dring'k] **dryg** (*som räcker länge*) lasting [la:'sting]; (*rågad*) heaped [hi:pt]; (*högfärdig*) stuck-up [stakk'app'] **drypa** (*hälla droppvis*) drop [dråpp]; (*ge ifrån sig vätska*) drip [dripp] **dråp** manslaughter [männ'slå:tə] **dräkt** dress [dress]; (*jacka o. kjol*) suit, costume [sjo:'t, kåss'tjo:m] **dränera** drain [drejn] **dränka** drown [draon] **dräpa** slay [slej] **dröja** (*låta vänta på sig*) be late [bi: lej't]; (*vara sen*) be long [bi:' lång]; (*vänta med*) wait [wejt]; (*stanna kvar*) stop [ståpp]; *det dröjer länge innan* it will be a long time before [itt will bi:' ə lång' tajˈm bifå:'] **dröjsmål** delay [dilej'] **dröm, drömma** dream [dri:m] **du** you [jo:] **dubbel** double [dabb'l] **dubbelrum** double room [dabb'l romm] **dubbelsäng** double bed [dabb'l bedd] **dubblett** (*kopia*) duplicate [djo:'plikitt] **duett** duet [djoett'] **duga** do [do:]; be suitable [bi: sjo:'təbbl] (*till for* [få:]); *det duger* that will do [ðatt' will do:'] **dugg** *inte ett dugg* not a bit [nått ə bitt'] **duggregn** drizzle [drizz'l] **duglig** able [ej'bl]; capable [kej'pəbl] **duk** cloth [klåθ] **duka 1** lay the table [lej' ðə tej'bl]; *duka av* clear the table [kli:' ðə tej'bl]; *duka fram* put ... on the table [pott' ånn ðə tej'bl] **2** *duka under* succumb [səkamm'] **duktig** able [ej'bl]; capable [kej'pəbl] **dum** stupid [stjo:'pidd]; (*obetänksam*) silly [sill'i] **dumhet** stupidity [stjopidd'itti]; foolishness [fo:'lisjniss] **dun** down [daon] **dunder, dundra** thunder [θann'də] **dunk** (*be-*

dunka — dörrnyckel

hållare) can [känn] **dunka** throb [θråbb] **dunkel** (*adj.*) dusky [dass'ki]; (*subst.*) dusk [dassk] **duns** bump [bammp] **dusch** shower [sjao'ə]; **duscha** have a shower [hävv' ə sjao'ə] **dussin** dozen [dazz'n] **duva** pigeon [pidd'sjinn] **dvärg** dwarf [dwå:f] **dygd** virtue [və:'tjo:] **dygn** day and night [dej' ənn naj't] **dyka** dive [dajv]; *dyka upp* emerge [imə:'dsj], (*bildl.*) crop up [kråpp' app'] **dykare** diver [daj'və] **dykning** dive [dajv] **dylik** of that kind [əvv ðätt' kaj'nd], similar [simm'ilə]; *eller dylikt* or the like [å: ðə lajk'] **dyna** cushion [kosj'ən] **dynamisk** dynamic [dajnämm'ikk] **dynamit** dynamite [daj'nəmajt] **dyr** dear [di:'ə], (*kostsam*) expensive [ikkspenn'sivv] **dyrbar** expensive [ikkspenn'sivv]; (*värdefull*) precious [presj'əs] **dyrka** (*tillbedja*) worship [wə:'sjipp] **dyrkan** worship [wə:'sjipp] **dyster** gloomy [glo:'mi]; (*till sinnes*) melancholy [mell'ənkəli] **dyvåt** soaking wet [såo'king wett'] **då** (*konj*) when [wenn]; (*adv*) then [ðenn]; *då och då* now and then [nao' ənn ðenn'] **dåförtiden** at that time [ätt ðätt' taj'm] **dålig** bad [bädd]; (*sjuk*) ill [ill] **dån, dåna** roar [fo:']; *thunder* [θənn'də] **dåraktig** foolish [fo:'lisj] **dåre** fool [fo:'l] **dårskap** folly [fåll'i] **dåsig** drowsy [draoˈzi] **dåvarande** the ... of that time [ðə əvv ðätt' taj'm], then [ðenn] **däck** (*fartygs-*) deck [dekk]; (*bil-*) tyre [taj'ə] **däggdjur** mammal [mämm'əl] **dämma** dam [dämm] **dämpa** moderate [måddˈərejt]; (*ljud*) muffle [maff'l] **där** (*rel. adv.*) where [wä:'ə]; (*demonstr. adv.*) there [ðä: ə]; *så där* like that [lajk ðätt']; *där borta* over there [åo'və ðä:'ə] **därav** of that [əvv ðätt'] **därefter** after that [a:'ftə ðätt'] **däremot** on the other hand [ånn ði að'ə hänn'd]; (*tvärtom*) on the contrary [ånn ðə kånn'trəri]; *då däremot* whereas [wä:əräzz'] **därför** therefore [ðä:'əfå:]; *därför att* because [bikåzz']; *det var därför som* that is why [ðätt' izz waj'] **däribland** among them [əmang' ðemm'] **därifrån** from there [fråmm ðä:'ə] **därigenom** thereby [ðə:'əbaj'] **därjämte** besides [bisaj'dz] **därmed** by that [baj' ðätt']; *i samband därmed* in this connection [inn ðiss' kənekk'sjən]; *därmed är inte sagt att* that is not to say that [ðätt' izz nått' tə sej' ðätt'] **därpå** after that [a:'ftə ðätt']; then [ðenn] **därtill** to that [to ðätt'] **därutöver** above that [əbavv' ðätt'] **därvid** at that [ätt ðätt'] **dö** die [daj] **död** (*subst.*) death [deθ]; (*adj.*) dead [dedd]; *den döde* the dead man [ðə dedd' männ'] **döda** kill [kill] **dödlig** deadly [dedd'li], mortal [må:'tl] **dödsannons** obituary notice [əbitt'joəri nåo'tiss] **dödsbo** estate of a deceased person [isstej't əvv ə disi:'st pə:'sn] **dödsbädd** deathbed [deθ'bedd] **dödsdom** death sentence [deθ' senn'təns] **dödsfall** death [deθ] **dödsoffer** victim [vikk'timm] **dödsolycka** fatal accident [fej'tl äkk'sidənt] **dölja** hide [hajd] **döma** (*be-*) judge [dsjaddsj]; (*avkunna dom över*) sentence [senn'təns]; (*i fotboll*) referee [refføri:']; (*i tennis*) umpire [amm'pajə] **döpa** baptize [bäpptaj'z]; (*barn, fartyg*) christen [kriss'n] **dörr** door [då:] **dörrhandtag** door handle [då:' hänndl] **dörrnyckel**

dörröppning — eldfara

door-key [då:'ki:] **dörröppning** doorway [då:'wej] **döv** deaf [deff] **dövstum** deaf and dumb [deff' ənn damm'] **ebb** ebb [ebb]; *det är ebb* it is low tide [itt izz låo' taj'd] **ed** oath [åoθ]; *gå ed på* take an oath upon [tej'k ənn åo'θ əpånn'] **effekt** effect [ifekk't] **effektfull** striking [straj'king] **effektförvaring** left-luggage office [leff'tlagg'iddsj åff'iss] **effektiv** effective [ifekk'tivv]; (*om person*) efficient [ifisj'ənt] **effektivitet** efficiency [ifisj'ənsi] **efter** (*adj. o. adv.*) after [a:'ftə]; (*bakom äv.*) behind [bihaj'nd] **efterbilda** imitate [imm'itejt] **efterforska** search for [sə:'tsj få:] **efterfrågan** demand [dima:'nd] (*på* for [få:]) **efterföljare** follower [fåll'åoə] **eftergift** concession [kənsesj'ən] **eftergivenhet** indulgence [indall'dsjəns] **efterkommande** (*subst.*) descendants [disenn'dənts] **efterlevande** (*subst.*) survivor [səvajv'ə] **efterlikna** imitate [imm'itejt] **efterlämna** leave [li:v] **efterlängtad** longed for [lång'd få:] **eftermiddag** *på eftermiddagen* in the afternoon [inn ði a:ftənoo:'n] **efternamn** surname [sə:'nejm] **efterrätt** sweet [swi:t] **eftersom** as [ązz], since [sinns] **eftersträva** aim at [ej'm ätt] **eftersända** (*skicka vidare*) forward [få:'wəd] **eftersökt** in great demand [inn grej't dima:'nd] **eftertanke** reflection [riflekk'sjən]; *vid närmare eftertanke* on second thoughts [ånn sekk'ənd θå:'ts] **eftertryck** (*kraft*) energy [enn'ədsji]; (*betoning*) stress [stress] **efterträda** succeed [səksi:'d] **efterträdare** successor [səksess'ə] **efteråt** afterwards [a:'ftəwədz] **egen** own [åon] **egendom** property [pråpp'əti]; *fast* (*los*) *egendom* real (personal) estate [ri:'əl (pə:'snl) issetej't] **egendomlig** peculiar [pikjo:'ljə], strange [strejndsj] **egendomlighet** peculiarity [pikjo:liärr'itti], strangeness [strej'ndsjniss] **egenkär** conceited [kənsi:'tidd] **egenmäktig** arbitrary [a:'bitrəri]; *egenmäktigt förfarande* unlawful interference [ann'lå:'full inntəfi:'ərəns] **egennamn** proper name [pråpp'ə nejm] **egenskap** (*beskaffenhet*) quality [kwåll'itti] **egentlig** real [ri:'əl] **egentligen** really [ri:'əli] **egg** edge [eddsj] **egga** incite [insajt'] **egoistisk** egoistical [egåoiss'tikkəl] **Egypten** Egypt [i:'dsjippt] **egyptisk** Egyptian [i:dsjipp'sjən] **ej** sie inte; *ej heller* nor [nå:] **ek** oak [åok] **eka 1** *subst.* skiff [skiff] **2** *verb* echo [ekk'åo] **eker** spoke [spåok] **ekipage** carriage [kärr'iddsj] **ekipera** equip [ikwipp'] **eko** echo [ekk'åo] **ekollon** acorn [ej'kå:n] **ekolod** echo-sounder [ekk'åosaondə] **ekonom** economist [ikånn'əmist] **ekonomi** economy [ikånn'əmi]; (*affarstallning*) financial position [fajnann'sjəl pəzisj'ən] **ekonomisk** economic [i:kənəmm'ikk]; (*penning-*) financial [fajnänn'sjəl] **ekorre** squirrel [skwirr'əl] **eksem** eczema [ekk'simmə] **ekvation** equation [ikwej'sjən] **ekvator** equator [ikwej'tə] **elak** evil [i:'vl], wicked [wikk'idd]; (*stygg*) naughty [nå:'ti] **elastisk** elastic [iläss'tikk]; *elastisk binda* elastic bandage [iläss'tikk bänn'diddsj] **eld** fire [faj'ə]; *fatta eld* catch fire [kätt'sj faj'ə] **elda** (*göra upp eld*) light a fire [laj't ə faj'ə]; (*uppvärma*) heat [hi:t]; (*egga*) rouse [raoz] **eldfara** danger of fire [dej'ndsjə

eldfarlig — engångskostnad 36

əvv faj'ə] **eldfarlig** inflammable [inflämm'əbl] **eldfast** fireproof [faj'əpro:f] **eldig** fiery [faj'əri] **eldröd** red as fire [redd' əzz fai'ə] **eldsläckare** fire-extinguisher [faj'ərikkstinggwisjə] **eldstad** fireplace [faj'əplejs] **eldsvåda** fire [faj'ə]; *vid eldsvåda* in case of fire [inn kej's əvv faj'ə] **elefant** elephant [ell'ifənt] **elegant** elegant [ell'igənt]; stylish [staj'lisj] **elektricitet** electricity [ilekktriss'itti] **elektriker** electrician [ilekktrisj'ən] **elektrisk** electric [ilekk'trikk] **elektronik** electronics [ilekktrånn'ikks] **element** element [ell'imənt]; *(värme-)* radiator [rej'diejtə] **elementär** elementary [ellimenn'təri] **elev** pupil [pjo:'pl] **elfenben** ivory [aj'vəri] **elfte** eleventh [ilevv'nθ] **eliminera** eliminate [ilimm'inejt] **elit** elite [ejli:'t] **eller** or [å:]; *antingen ... eller* either ... or [aj'ðə å:']; *eller dylikt* or something like that [å: samm'θing lajk ðätt']; *eller också* or [å:]; *varken ... eller* neither ... nor [naj'ðə ... nå:'] **elva** eleven [ilevv'n] **elverk** electricity board [ilekktriss'itti bå:d] **elände** misery [mizz'əri] **eländig** miserable [mizz'ərəbl] **emalj**, **emaljera** enamel [inämm'əl] **emballage** packing [päkk'ing], wrapping [räpp'ing] **emballera** pack [päkk] **emedan** *(därför att)* because [bikåzz']; *(eftersom)* as [azz], since [sinns] **emellan** *(prep)* *(om två)* between [bitwi:'n]; *(om flera)* among [əmang']; *(adv)* between [bitwi:'n] **emellanåt** occasionally [əkej'sjnəli] **emellertid** however [haoevv'ə] **emigrant** emigrant [emm'igrənt] **emigrera** emigrate [emm'igrejt] **emot** *se mot; mitt emot* opposite [åpp'əzitt]; *inte mig emot* I have no objection [aj' hävv nåo' əbbdsjekk'sjən] **emotse** look forward to [lokk' få:'wədd to:'] **emottaga** receive [risi:'v] **en 1** *(buske)* juniper [dsjo:'nipə] **2** *(räkn.)* one [wann]; *en gång* once [wanns]; *(obest. art.)* a [ə], an [ənn]; one [wann] **ens egen** one's own [wannz åo'n]; *den ene ... den andre* (the) one ... the other [(ðə) wann' ði að'ə] **ena** unite [jo:naj't] **enas** agree [əgri:'] *(om en* [ånn]) **enastående** unique [jo:ni:'k] **enbart** merely [mi:'əli] **enda** only [åo'nli]; *inte en enda blomma* not a single flower [nått' ə sing'gl flao'ə] **endast** only [åo'nli] **endera** one [wann]; *endera dagen* one of these days [wann' əvv ði:'z dej'z] **endiv(sallad)** chicory [tsjikk'əri] **energi** energy [enn'ədsji] **energisk** energetic [ennədsjett'ikk] **enervera ngn** get on a p.'s nerves [gett' ånn ə pə:'snz nə:'vz] **enfaldig** silly [sill'i] **enfamiljshus** self-contained house [sell'fkəntej'nd] **enformig** monotonous [mənått'nəs] **enfärgad** one-coloured [wann'kall'əd] **engagemang** engagement [inngej'dsjmənt] **engagera** engage [ingej'dsj] **engelsk** English [ing'glisj] **engelska** *(språk)* English [ing'glisj]; *(kvinna)* Englishwoman [ing'glisjwomən] **engelsk-svensk** Anglo-Swedish [äng'glåoswi:'disj] **engelsman** Englishman [ing'glisjmən]; *engelsmännen (nationen)* the English [ði:' ing'glisj], *(några engelsmän)* the Englishmen [ði:' ing'glisjmən] **engångsförpackning** expendable package [ikkspenn'dəbl päkk'idsj] **engångsglas** non-returnable bottle [nånn'ritə'nəbl bått'l] **engångskostnad** once-for-all cost

enhet — etsa

[wanns fərå:'l kåss't] **enhet** unity [jo:'nitti]; unit [jo:'nitt] **enhetlig** uniform [jo:'nifå:m] **enhällig** unanimous [jonänn'iməs] **enig** (enad) united [jo:naj'tidd]; (ense) of one opinion [ə vann' əpinn'jən] **enighet** unity [jo:'nitti] **enkel** (mots. dubbel) single [sing'gl]; (mots. tillkrånglad) simple [simm'pl]; helt enkelt simply [simm'pli] **enkelhet** simplicity [simmpliss'itti] **enkom** purposely [pə:'pəsli] **enkrona** en enkrona a one-krona [ə wann'kråo'nə] **enlighet** i enlighet med in accordance with [inn əkå:'dəns wið] **enligt** according to [əkå:'ding to:] **enorm** enormous [inå:'məs] **ens** inte ens not even [nått i:'vən]; med ens all at once [å:'l ətt wann's] **ensak** det är min ensak it is my affair [itt izz maj' əfä:'ə] **ensam** (allena) alone [əlåo'n]; lonely [låo'nli]; (-stående) solitary [såll'itəri] **ensamhet** loneliness [låo'nliniss]; solitude [såll'itjo:d] **ense** bli ense om agree upon [əgri:' əpånn'] **ensidig** one-sided [wann'saj'didd] **enskild** (privat) private [praj'vitt]; (enstaka) individual [individd'joəl]; (särskild) specific [spisiff'ikk] **enslig** solitary [såll'itəri] **enstaka** separate [sepp'ritt]; (sporadisk) occasional [əkej'sjənl]; någon enstaka gång once in a while [wanns' inn ə waj'l] **entonig** monotonous [mənått'nəs] **entré** entrance [enn'trəns] **entusiasm** enthusiasm [inθjo:'ziäzzəm] **entusiastisk** enthusiastic [inθjo:ziäss'tikk] **envis** stubborn [stabb'ən] **envisas** be obstinate [bi: åbb'stinitt] **epidemi, epidemisk** epidemic [epidemm'ikk] **epileptiker** epileptic [epilepp'tikk] **episod** episode [epp'isåod] **epok** epoch [i:'påkk] **er** (pers. pron) you [jo:]; er (själv) yourself [jå:sell'f]; (själva) yourselves [jå:sell'vz]; (poss. pron) your [jå:], (självst.) yours [jå:z] **erbjuda** offer [åff'ə]; (förete) present [prizenn't]; erbjuda sig offer [åff'ə] **erbjudande** offer [åff'ə] **erfara** (få veta) learn [lə:n]; (röna) experience [ikkspi:'əriəns] **erfaren** experienced [ikkspi:'əriənst]; (kunnig) skilled [skilld] **erfarenhet** experience [ikkspi:'əriəns] **erforderlig** requisite [rekk'wizzitt] **erfordra** require [rikwaj'ə], om så erfordras if necessary [iff ness'isəri] **erhålla** receive [risi:'v], get [gett] **erinra** remind [rimaj'nd]; erinra sig remember [rimemm'bə] **erkänna** acknowledge [əknnåll'iddsj] **erkännande** acknowledgement [əknnåll'iddsjmənt] **erlägga** pay [pej] **erotisk** erotic [irått'ikk] **ersätta** (gottgöra) compensate [kåmm'pensejt]; (byta ut) replace [riplej's], substitute [sabb'stitjo:t]; (efterträdare) successor [səksess'ə] **ersättning** compensation [kåmmpensej'sjən]; (betalning) remuneration [rimjo:nərej'sjən] **ertappa** catch [kättsj] **erövra** conquer [kång'kə] **erövring** conquest [kång'kwesst] **eskimå** Eskimo [ess'kimåo] **eskort** escort [ess'kå:t] **eskortera** escort [iskå:'t] **essä** essay [ess'ej] **estetisk** aesthetic [i:sθett'ikk] **estrad** platform [plätt'få:m] **etablera** establish [istäbb'lisj] **etablissemang** establishment [istäbb'lisjmənt] **etage** stor(e)y [stå:'ri]; Am. floor [flå:] **etapp** stage [stejdsj]; (vägsträcka) day's march [dej'z ma:'tsj] **etikett** label [lej'bl]; (umgängesformer) etiquette [ettikett'] **etisk** ethical [eθ'ikəl] **etsa** etch [ettsj]

etsning — fall

etsning etching [ett'sjing] **ett** (*räkn.*) one [wann]; (*obest. art.*) a [ə], an [änn, ənn]; one [wann] **etta** one [wann] **etui** case [kejs] **Europa** Europe [jo:'ərəp] **europé, europeisk** European [joərəpi:'ən] **evakuera** evacuate [ivákk'joejt] **evangelium** gospel [gåss'pəl] **evenemang** event [ivenn't] **eventuell** (if) any [(iff) enn'i], possible [påss'əbl] **eventuellt** possibly [påss'əbli], perhaps [pəhapp's] **evig** eternal [itə:'nl] **evighet** eternity [itə:'nitti]; *i evighet* for ever [fərevv'ə] **evigt** *for evigt* for ever [fərevv'ə] **exakt** exact [iggzákk't] **exakthet** exactness [iggzákk'tniss] **examen** examination [iggzámminej'sjən]; (*akademisk*) degree [digri:'] **exekution** execution [ekksikjo:'sjən] **exempel** example [iggzá:'mpl]; (*inträffat fall*) instance [inn'stəns]; *till exempel* for instance [frinn'stəns] **exemplar** copy [kåpp'i]; (*djur, växt*) specimen [spess'iminn] **exercis** drill [drill] **exil** exile [ekk'sajl] **existens** existence [iggziss'təns] **existera** exist [iggziss't] **exklusiv** exclusive [ikksklo:'sivv] **exklusive** excluding [ikksklo:'ding] **expandera** expand [ikkspánn'd] **expansion** expansion [ikkspánn'sjən] **expediera** dispatch [disspátt'sj]; (*betjäna*) attend to [ətenn'd to:] **expedit** shop assistant [sjåpp'əsiss'tənt] **expedition** (*lokal*) office [åff'iss]; (*forsknings- o. mil.*) expedition [ekkspidisj'ən] **experiment** experiment [ikksperr'imənt] **experimentera** experiment [ikksperr'imənt] **expert** expert [ekk'spə:t] **exploatera** exploit [ikksplåj't] **explodera** explode [ikksplåo'd] **explosion** explosion [ikksplåo'sjən] **exponera** (*utställa*) exhibit [iggzibb'itt]; (*foto*) expose [ikkspåo'z] **exponering** exposure [ikkspåo'sjə] **export** export [ekk'spå:t] **exportera** export [ikkspå:'t] **expressbrev** express letter [ikkspress' lett'ə], *Am.* special delivery letter [spesj'əl diliv'əri lett'ə] **extas** ecstasy [ekk'stəsi] **exteriör** exterior [ekksti:'əriə] **extra** extra [ekk'strə] **extrakt** extract [ekk'strákkt] **extranummer** (*tidning*) special issue [spesj'əl iss'jo:]; (*utöver programmet*) extra item [ekk'strə aj'temm] **extratåg** special (train) [spesj'əl (trejn)] **extrem** extreme [ikkstri:'m] **fabricera** manufacture [männjofákk'tsjə] **fabrik** factory [fákk'təri]; works [wə:ks]; *Am.* plant [pla:nt] **fabrikat, fabrikation** manufacture [männjofákk'tsjə] **fabrikör** factory owner [fákk'təri åo'nə] **fack** (*förvaringsrum*) partition [pa:tisj'ən]; (*gren*) line [lajn] **fackförbund** federation of trade unions [feddərej'sjən əvv trej'd jo:'njənz] **fackförening** trade [trej'd] (*Am.* labor [lej'bə]) union [jo:'njən] **fackla** torch [tå:tsj] **facklig** professional [prəfesj'ənl]; (*fackförenings-*) (*attributivt*) trade-union [trej'd jo:'njən] **fackman** professional [prəfesj'ənl]; specialist [spesj'əlist] **fadd** flat [flatt] **fader** father [fa:'ðə] **faggorna** *vara i faggorna* be imminent [bi: imm'inənt] **faktisk** real [ri:'əl] **faktiskt** really [ri:'əli] **faktor** factor [fákk'tə] **faktum** fact [fákkt] **faktura** invoice [inn'våjs]; (*på ett belopp för an amount* [få:' ənn əmao'nt]) **fakturera** invoice [inn'våjs] **fakultet** faculty [fákk'əlti] **falk** falcon [få:'lkən] **fall** (*av falla*)

falla — fastställa

fall [få:l]; (händelse) case [kejs]; i alla fall in any case [inn enn'i kej·s]; i annat fall otherwise [að'əwajz]; i bästa fall at best [ätt bess't]; i så fall in that case [inn ðått kej·s]; i värsta fall if the worst comes to the worst [iff ðə wə:·st kamm·z tə ðə wə:·st] **falla** fall [få:l]; falla till foga yield [ji:ld]; falla ur minnet escape one's memory [isskej·p wannz memm·əri]; falla ihop collapse [kəläpp·s]; det föll mig aldrig in it never occurred to me [itt nevv·ər əkə:·d tə mi:]; det föll sig så att it so happened that [itt såo· häpp·ənd ðått] **fallenhet** gift [gifft] **fallfärdig** tumbledown [tamm·bldaon] **fallskärm** parachute [pärr·əsjo:t] **falsk** false [få:ls] **falskhet** falseness [få:·lsniss] **familj** family [fämm·illi] **famla** grope [gråop] (efter for [få:]) **famn** arms [a:mz]; (fång) armful [a:·mfoll]; (mått) fathom [fåð·əm] **fan** the devil [ðə devv·l]; fy fan! hell! [hell] **fana** banner [bänn·ə] **fanatisk** fanatic [fənätt·ikk] **fantasi** imagination [imäddsjinej·sjən] **fantasifull** imaginative [imädd·sjinətivv] **fantasilös** unimaginative [ann·imädd·sjinətivv] **fantastisk** fantastic [fänntäss·tikk] **fantisera** indulge in day-dreams [inndall·dsj inn dej·dri:mz] **far** father [fa:·ðə] **fara 1** (subst.) danger [dej·ndsjə] **2** (verb) go [gåo]; (färdas) travel [trävv·l]; fara illa be badly treated [bi: bädd·li tri:·tidd] **farbror** uncle [ann·kl] **farfar** grandfather [gränn·dfa:ðə] **farfarsfar** great grandfather [grej·tgränn·dfa:ðə] **farhåga** apprehension [äpprihenn·sjən] **farkost** vessel [vess·l] **farled** channel [tsjann·l] **farlig** dangerous [dej·ndsjrəs] **farmacevt** dispenser [disspenn·sə] **farmor** grandmother [gränn·maðə] **farmorsmor** great grandmother [grej·tgränn·maðə] **fars** farce [fa:s] **fart** speed [spi:d]; ta fart get a start [gett· ə sta:·t] **fartbegränsning** speed limit [spi:·d limmitt] **fartyg** ship [sjipp] **farvatten** waters [wå:·təzz] **farväl** farewell [fä:·əwell·] **fas** phase [fejz] **fasa** (subst.) horror [hårr·ə]; (verb) shudder [sjadd·ə] (för at [ätt]) **fasad** façade [fəsa:d] **fasan** pheasant [fezz·nt] **fascinera** fascinate [fäss·inejt] **fascinerande** fascinating [fäss·inejting] **fascism** Fascism [fäsj·izəm] **fasett** facet [fäss·itt] **fason** (form) shape [sjejp]; (sätt) way [wej] **fast 1** (konj.) though [ðåo] **2** (adj.) (mots. lös) firm [fə:m]; (-gjord) fixed [fikkst]; (mots. flyttbar) stationary [stej·sjnəri]; (mots. flytande) solid [såll·idd]; fast bostad permanent address [pə:·mənənt ədress·]; bli fast get caught [gett· kå:·t] **fasta 1** (subst.) fastan Lent [lennt]; (adj.) på fastande mage on an empty stomach [ånn ənn emm·pti stamm·ək] **2** ta fasta på bear ... in mind [bä:·ə inn majnd] **faster** aunt [a:nt] **fastighet** (hus) house [haos]; (jordagods) landed property [länn·didd pråpp·əti] **fastighetsmäklare** estate agent [isstej·t ej·dsjənt] **fastland** (i mots. t. öar) mainland [mej·nlənd] **fastna** get caught [gett· kå:·t]; (i ngt klibbigt o. om pers.) get stuck [gett· stakk·]; fastna för decide on [disaj·d ånn] **fastsatt** fixed [fikkst] **fastslå** (fastställa) establish [isstäbb·lisj] **fastställa** (bestämma) fix [fikks]; (konstatera) establish [isstäbb·lisj]

fastän — filmrulle

fastän although [å:låôo`] **fat** dish [disj]; (*te*-) saucer [så:`sə]; (*bunke*) basin [bej`sn] **fatal** fatal [fej`tl]; **fatt 1** *hur är det fatt?* what's the matter? [wått`s ðə mätt`ə] **2** *få fatt i* get hold of (gett` håo`ld əvv) **fatta** (*ta tag i*) grasp [gra:sp], seize [si:z]; (*börja hysa*) conceive [kənsi:`v]; *fatta ett beslut* make a decision [mej`k ə disisj`ən]; (*begripa*) understand [anndəstann`d]; *fatta sig kort* be brief [bi: bri:`f] **fattas** (*föreligga brist på*) be wanting [bi: wånn`ting]; (*saknas*) be missing [bi: miss`ing]; *vad fattas dig?* what is the matter? [wått` izz ðə mätt`ə] **fattig** poor [po:`ə] **fattigdom** poverty [påvv`əti] **fattning** (*grepp*) hold [håold], grip [gripp]; (*besinning*) self-possession [sell`fpəzesj`ən]; composure [kəmmpåo:`sjə]; *förlora fattningen* lose one's head [lo:`z wanns hedd`] **fatöl** draught beer [dra:ft bi:`ə] **fauna** fauna [få:`nə] **favorit** favourite [fej`vəritt] **feber** fever [fi:`və]; *ha feber* have a temperature [havv` ə temm`prittsjə] **feberfri** *vara feberfri* have no temperature [havv` nåo` temm`prittsjə] **febrig** feverish [fi:`vərisj] **februari** February [febb`roəri] **feg** cowardly [kao`ədli] **feghet** cowardice [kao`ədiss] **fel** (*subst.*) fault [få:lt]; (*misstag*) mistake [misstej`k]; *göra ett fel* make a mistake [mej`k ə misstej`k]; *ha fel* be wrong [bi: rång`]; (*adj.*) wrong [rång]; (*adv.*) *ta fel* make a mistake [mej`k ə misstej`k] **felaktig** wrong [rång], faulty [få:`lti] **felfri** faultless [få:`ltliss] **felparkering** parking offence [pa:`king əfenn`s] **felsteg** false step [få:`ls stepp`] **felsägning** slip of the tongue [slipp` əvv ðə tang`] **fem, femma** five [fajv] **femte, femtedel** fifth [fiffθ] **femtio** fifty [fiff`ti] **femtionde** fiftieth [fiff`tiiθ] **femton** fifteen [fiff`ti:`n] **femtonde** fifteenth [fiff`ti:`nθ] **fena** fin [finn] **fenomen** phenomenon [finåmm`inən] **fenomenal** phenomenal [finåmm`inl] **ferier** holidays [håll`ədizz] **ferieskola** summer school [samm`ə sko:l] **fernissa** varnish [va:`nisj] **fest** festival [fess`təvəl]; (*bjudning*) party [pa:`ti] **festa** feast [fi:st] **festival** festival [fess`təvəl] **festlig** festive [fess`tivv] **fet** fat [fätt]; (*om kött*) fatty [fätt`i] **fetma** fatness [fätt`niss] **fett** fat [fätt]; (*smörj-*) grease [gri:s] **fettbildande** fattening [fätt`ning] **fetvadd** unrefined cotton wool [ann`rifajnd kått`n wooll] **fiasko** fiasco [fiäss`kåo]; *göra fiasko* be a fiasco [bi: ə fiäss`kåo] **fiber** fibre [faj`bə] **ficka** pocket [påkk`itt] **fickkniv** pocket-knife [påkk`ittnajf] **ficklampa** torch [tå:tsj]; *Am.* flashlight [fläsj`lajt] **ficktjuv** pickpocket [pikk`påkkitt] **fiende** enemy [enn`immi] (*till* of [əvv]) **fiendskap** enmity [enn`mitti], hostility [håsstill`itti] **fientlig** hostile [håss`tajl] **figur** figure [figg`ə] **figurera** (*förekomma*) figure [figg`ə] **fikon** fig [figg] **fil 1** (*rad*) row [råo]; (*kör-*) lane [lejn] **2** (*verktyg*) file [fajl] **fila** file [fajl] **filé** fillet [fill`itt] **filial** branch [bra:ntsj] **film** film [fillm]; (*spel-*) (motion) picture [(måo`sjən) pikk`tsjə]; *Am. äv.* movie [mo:`vi] **filma** (take a [tej`k ə]) film [fillm]; (*upptröda i film*) act in a film [äkk`t inn ə fillm] **filmkamera** film camera [fill`m kämm`ərə] **filmrulle** (*kassett*

filmstjärna — flisa

med film) reel [ri:l] **filmstjärna** film star [fill'm sta:'] **filosof** philosopher [filåss'əfə] **filosofera** philosophize [filåss'əfajz] **filosofi** philosophy [filåss'əfi] **filt** (material) felt [fellt]; (säng-) blanket [bläng'kitt]; (res-) rug [ragg] **filter** filter [fill'tə] **fin** fine [fajn]; en fin affär a bargain [ə fi:' ba:'ginn] **final** (musik.) finale [fina:'li]; (sport.) final [faj'nl]; gå till finalen enter the finals [enn'tə ðə faj'nlz] **finanser** finances [fajnänn'sizz] **finansiera** finance [fajnänn's] **finansman** financier [fajnänn'siə] **finansminister** minister of finance [minn'istə əvv fajnänn's] **finess** finesse [finess']; finesser refinements [rifaj'nmənts] **finfördela** grind [grajnd] **finger** finger [fing'gə] **fingeravtryck** fingerprint [fing'gəprint] **fingerborg** thimble [θimm'bl] **fingra på** finger [fing'gə] **finklädd** dressed up [dress't app'] **finkänslig** delicate [dell'ikitt] **finkänslighet** delicacy [dell'ikəsi] **Finland** Finland [finn'lənd] **finna** find [fajnd]; finna sig i put up with (pott' app' wið) **finnas** be [bi:]; finnas kvar (återstå) be left [bi: left't], (finnas på samma plats) be still there [bi: still' ðä:'ə]; finnas till exist [iggziss't] **finne** Finn [finn] **2** (blemma) pimple [pimm'pl] **finsk** Finnish [finn'isj] **fiol** violin [vajəlinn'] **fira** celebrate [sell'ibrejt] **firma** firm [fə:m] **firmamärke** trade mark [trej'd ma:k] **fisk, fiska** fish [fisj] **fiskaffär** fishmonger's [fisj'manggəz] **fiskare** fisherman [fisj'əmən] **fiske** fishing [fisj'ing] **fiskebåt** fishing-boat [fisj'ingbåot] **fiskmås** common gull [kåmm'ən gall'] **fitta** cunt [kannt] **fixera** fix [fikks] **fjol** i fjol last year [la:'st jə:'] **fjorton** fourteen [få:'ti:'n] **fjorton dagar** a fortnight [ə få:'tnajt] **fjortonde** fourteenth [få:'ti:'nθ] **fjäder 1** (på fågel) feather [feð'ə] **2** (spärr-) spring [spring] **fjäll 1** (berg) mountain [mao'ntinn] **2** (på fisk) scale [skejl] **fjälla** (fisk) scale [skejl]; (flagna av) peel [pi:l] **fjärd** bay [bej] **fjärde, fjärdedel** fourth [få:θ] **fjäril** butterfly [batt'əflaj] **fjärilshåv** butterfly-net [batt'əflaj nett] **fjärilsim** butterfly stroke [batt'əflaj språok] **fjärran** Fjärran östern the Far East [ðə fa:' i:'st]; i fjärran in the distance [inn ðə diss'təns] **fjäska** make a fuss [mejk ə fass'] (for of [əvv]) **fladdermus** bat [bätt] **fladdra** flutter [flatt'ə]; (om fågel) flit [flitt]; (om låga) flicker [flikk'ə] **flaga** (subst.) flake [flejk]; (verb) shed flakes [sjedd flej'ks] **flagga** (subst.) flag [flägg]; (verb) fly (the flag) [flaj'] (ðə flägg')] **flaggstång** flag-pole [flägg'påol] **flagna** flake [flejk] **flak** (last-) platform [plätt'få:m] **flamma** (subst. o. verb) flame [flejm] **flanell** flannel [flann'l] **flanera** stroll about [språo'l əbao't] **flankera** flank [flängk] **flaska** bottle [bått'l] **flat** flat [flätt] **flaxa** flutter [flatt'ə] **flera** (mera) more [må:]; (åtskilliga) many [menn'i]; several [sevv'rəl] **flerdubbel** multiple [mall'tipl] **flerstädes** in several places [inn sevv'rəl plej'sizz] **flertal** majority [mədsjårr'itti]; ett flertal several [sevv'rəl] **flesta de flesta** most [måost] **flexibel** flexible [flekk'sibl] **flicka** girl [gə:l] **flik** flap [fläpp] **flimra** quiver [kwivv'ə] **flinga** flake [flejk] **flinta** flint [flinnt] **flintskallig** bald [bå:ld] **flisa** splinter

flit — folkvandring

[splinn'tə] **flit** diligence [dill'idsjəns]; (*arbetsiver*) industry [inn'dəstri]; *med flit* on purpose [ånn pə:'pəs] **flitig** diligent [dill'idsjənt]; (*idog*) industrious [indass'triəs] **flock** (*av fåglar, får o.d.*) flock [flåkk]; (*av vargar*) pack [påkk] **flocka sig** flock [flåkk] **flod** river [rivv'ə]; (*högvatten o. bildl.*) flood [fladd] **flodhäst** hippopotamus [hippəpått'əməs] **flora** flora [flå:'rə] **flott 1** (*adj.*) (*elegant*) stylish [stajˈlisj]; (*frikostig*) generous [dsjenn'ərəs] **2** (*subst.*) grease [gri:s]; (*stek-*) dripping [dripp'ing] **flotta** navy [nej'vi] **flotte** raft [ra:ft] **flottfläck** grease spot [gri:'s spått] **flottig** greasy [gri:'zi] **fluga** fly [flaj] **flundra** flounder [flao'ndə] **fly** fly [flaj] **flyg** *med flyg* by air [baj ä:'ə] **flyga** fly [flaj] **flygare** flyer [flaj'ə]; (*förare*) pilot [paj'lət] **flygbolag** airline (company) [ä:'əlajn (kamm'pəni)] **flygel** wing [wing]; *mus.* grand piano [gränn'd pjann'åo] **flygning** flying [flaj'ing]; (*flygtur*) flight [flajt] **flygolycka** air(craft) crash [ä:'ə(kra:ft) krass] **flygplan** aircraft [ä:'əkra:ft]; aeroplane [ä:'ərəplejn] **flygplats** airport [ä:'əpå:t] **flygpost** airmail [ä:'əmejl] **flygtur** flight [flajt] **flygvapen** air force [ä:'ə få:s] **flygvärdinna** air hostess [ä:'ə håo'stiss] **flykt** flight [flajt]; (*rymning*) escape [isskej'p] **flykting** refugee [reffjodsji:'] **flyta** (*mots. sjunka*) float [flåot]; (*rinna o.d.*) flow [flåo]; (*om tårar*) run [rann] **flytande** (*i vätskeform*) fluid [flo:'idd]; *tala engelska flytande* speak English fluently [spi:'k ing'glisj flo:'əntli] **flytta, flytta sig** move [mo:v] **flyttfågel** migratory bird [maj'grətəri bə:'d] **flyttlass** vanload of furniture [vänn'låod əvv fə:'nitsjə] **flyttning** moving [mo:'ving], removal [rimo:'vəl] **flytväst** life jacket [lajf dsjäkk'itt] **fläck** spot [spått] **fläcka ner** stain [stejn] **fläckfri** stainless [stej'nliss] **fläckig** spotted [spått'idd] **fläckurtagningsmedel** stain remover [stej'n rimo:'və] **fläkt** (*vindpust*) breath [breθ]; (*apparat*) fan [fänn] **fläkta** fan [fänn] **fläktrem** fan belt [fänn' bellt] **flämta** pant [pännt] **fläsk** pork [på:k] **fläskfilé** fillet of pork [fill'itt əvv på:'k] **fläskkarré** loin of pork [låj'n əvv på:'k] **fläskkotlett** pork chop [på:'k tsjåpp] **fläta** (*subst. o. verb*) plait [plätt] **flöda** flow [flåo] **flöjt** flute [flo:t] **flörta** flirt [flə:t] **flöte** float [flåot] **fnittra** giggle [giggˈl] **fnysa** snort [snå:t] **foder 1** (*kreatursfoda*) feed(ing stuff) [fi:'d(ing staff)] **2** (*i kläder o.d.*) lining [laj'ning] **fodra** (*ge foder*) feed [fi:d]; (*sätta i foder*) line [lajn] **fodral** case [kejs] **fog 1** (*skäl*) reason [ri:'zn] **2** (*skarv*) joint [dsjåjnt] **foga** *foga ihop* join [dsjåjn]; *foga sig* give in [givv' inn']; *foga sig i* resign o.s. to [rizaj'n wannsell'f to:] **foglig** amenable [əmi:'nəbl] **fokus** focus [fåo'kəs] **folie** foil [fåjl] **folk** people [pi:'pl] **folkdans** folk-dance [fåo'kda:ns] **folkhögskola** folk high-school [fåo'k haj'sko:l] **folklig** popular [påpp'jolə] **folkmassa** crowd of people [krao'd əvv pi:'pl] **folkmängd** population [påppolej'sjən] **folkomröstning** referendum [reffərenn'dəm] **folkpension** national old-age or disablement pension [näsj'ənl åo'ldejdsj å:dissej'blmənt penn'sjən] **folkvandring** migration [majgrej'sjən]

folkvisa folk-song [fåo'ksång] **fond 1** (*bakgrund*) background [bäkk'graond] **2** (*kapital*) fund [fannd] **fontän** fountain [fao'ntinn] **forcera** speed up [spi:'d app'] **fordom** formerly [få:'məli] **fordon** vehicle [vi:'ikl] **fordra** demand [dima:'nd]; (*er-*) require [rikwaj'ə] **fordran** demand [dima:'nd]; (*penning-*) claim [klejm] **fordrande** exacting [iggzäkk'ting] **fordras** be required [bi: rikwaj'əd] **fordringsägare** creditor [kredd'ittə] **forell** river trout [rivv'ə traot] **form** form [få:m]; **forma** form [få:m]; shape [sjejp] **formalitet** formality [få:mäll'itti] **format** size [sajz] **formbröd** tin loaf [tinn' låof] **formel** formula [få:'mjollə] **formell** formal [få:'məl] **formgivare** designer [dizaj'nə] **formsak** matter of form [mätt'ə əvv få:'m] **formulera** formulate [få:'mjolejt] **formulering** formulation [få:mjolej'sjən] **formulär** form [få:m] **fornminne** ancient monument [ej'nsjənt månn'jəmənt] **forntiden** antiquity [änntikk'witti] **fors** rapids [räpp'idz] **forsa** rush [rasj] **forska** search [sə:tsj] (*efter* for [få:]) **forskare** scientist [saj'əntist] **forskning** research [risə:'tsj] **forskningsresande** explorer [ikksplå:'rə] **forsla** transport [trännspå:'t] **fort** fast [fa:st] **fortfarande** still [still] **fortkörning** speeding (offence) [spi:'ding (əfenn's)] **fortplanta sig** propagate [pråpp'əgejt] **fortplantning** propagation [pråppəgej'sjən] **fortsätta** continue [kənntinn'jo]; go on [gåo' ånn'] **fortsättning** continuation [kənntinnjoej'sjən]; *i fortsättningen* in future [inn fjo:'tsjə] **fosterland** (native) country [(nej'tivv) kann'tri] **fostra** bring up [bring' app'] **fostran** bringing up [bring'ing app'] **fot** foot [fott]; *stå på god fot med* be on a friendly footing with [bi: ånn ə frenn'dli fott'ing wið]; *på stående fot* instantly [inn'stənntli]; *gå till fots* go on foot [gåo' ånn fott'], walk [wå:k] **fotboll** football [fott'bå:l] **fotbollsspelare** football player [fott'bå:l plejə] **fotbroms** brake [brejk] **fotfäste** foothold [fott'håold] **fotgängare** pedestrian [pidess'triən] **fotknöl** ankle [äng'kl] **foto** photo [fåo'tåo] **fotogen** paraffin [pärr'əfinn]; *Am.* kerosene [kerr'əsi:n] **fotograf** photographer [fətågg'rəfə] **fotografera, fotografi** photograph [fåo'təgra:f] **fotsteg** (foot)step [(fott')stepp] **foxterrier** fox-terrier [fåkk'sterriə] **fragment** fragment [frägg'mənt] **frakt** freight [frejt]; (*skeppslast*) cargo [ka:'gåo] **frakta** transport [trännspå:'t] **fraktgods** goods [goddz]; *Am.* freight [frejt] **fram** (*-åt, vidare*) on [ånn], along [əlång'], (*i dagen*) out [aot], (*fram till*) up (to) (app (to:)), (*till målet*) there [ðä:'ə]; *fram och tillbaka* there and back [ðä:'ə ənn bäkk'], (*av o. an*) to and fro [to:' ənn fråo']; *rakt fram* straight on [strejt'ånn]; *ända fram* all the way there [å:l ðə wej' ðä:'ə]; *fram på dagen* later in the day [lej'tə inn ðə dej'] **frambringa** bring forth [bring' få:'θ] **framfusig** pushing [posj'ing] **framför** before [bifå:'], in front of [inn frann't əvv]; *framför allt* above all [əbavv' å:l'] **framföra** (*uppföra*) present [prizenn't], (*överbringa*) convey [kənvej'] **framförande** (*av föredrag o.d.*) delivery [dilivv'əri]; (*av musik*) per-

framgå — frihet

formance [pəfå:'məns] **framgå** be clear [bi: kli:'ə] **framgång** success [səksess'] **framgångsrik** successful [səksess'foll] **framhjul** front wheel [frann't wi:l] **framhjulsdrift** front wheel drive [frann't wi:'l drajv] **framhjulsinställning** alignment of front wheels [əlaj'nmənt əvv frann't wi:lz] **framhålla** (framhäva) give prominence to [givv' prå'mm'inəns to:]; (påpeka) point out [påj'nt ao't] **framhäva** hold up [håo'ld app'] **framifrån** from the front [fråmm ðə frann't] **framkalla** (film) develop [divell'əp]; (förorsaka) cause [kå:z] **framkallning** (av film) developing [divell'əping] **framkomlig** passable [pa:'səbl] **framkomma** come out [kamm' ao't] **framkomst** arrival [ərajv'əl] **framlykta** head light [hedd' lajt] **framlägga** (planer o.d.) put forward [pott få:'wəd] **framlänges** forwards [få:'wədz] **framme** (vid målet) there [ðä:'ə]; (framlagd o.d.) out [aot]; hålla sig framme push o.s. forward [posj' wannsell'f få:'wəd] **framsida** front [frannt] **framsteg** progress [prå̊o'gress]; göra framsteg make progress [mejk' prå̊o'gress] **framstå** stand out [stänn'd ao't] **framstående** prominent [pråmm'inənt] **framställa** (återge) represent [reprizen't]; (skildra) describe [disskraj'b]; (tillverka) produce [prədjo:s'] **framställning** (i bild) representation [reprizenntej'sjən]; (skildring) description [disskripp'sjən]; (tillverkning) production [prədakk'sjən] **framtand** front tooth [frann't to:th] **framtid** future [fjo:'tsjə]; för all framtid for all time [fr å:'l tajm']; för framtiden in (for the) future [inn (få: ðə) fjo:'tsjə] **framtill** in front [inn frann't] **framträda** appear [əpi:'ə] **framträdande** (subst.) appearance [əpi:'ərəns]; (adj.) prominent [pråmm'inənt] **framåt** ahead [əhedd']; on [ånn], onwards [ånn'wədz] **framåtskridande** progress [prå̊o'gress] **franc** franc [frängk] **frankera** stamp [stämmp] **Frankrike** France [fra:ns] **frans** fringe [frinndsj] **fransig** frayed [frejd] **fransk** French [frenntsj] **franska** (språk) French [frenntsj]; (små franska) French roll [frenn'tsj råol] **fransman** Frenchman [frenn'tsjmən]; fransmännen the French [ðə frenn'tsj] **fransyska** Frenchwoman [frenn'tsjwommən] **fras** phrase [frejz] **frasig** crisp [krissp] **fred** peace [pi:s]; hålla fred keep the peace [ki:'p ðə pi:'s]; lämna ngn i fred leave s.b. alone [li:'v samm'bədi əlåo'n] **fredag** Friday [fraj'di] **fredlig** peaceful [pi:'sfoll] **frekvens** frequency [fri:'kwənsi] **fresk** fresco [fress'kåo] **fresta** tempt [temmpt] **frestelse** temptation [temmptej'sjən] **fri** free [fri:]; det står dig fritt att you are free to [jo:' ə fri:'to:]; fri idrott athletics [əθlett'ikks] **fria** propose [prəpåo'z] **friare** suitor [sjo:'tə] **fribiljett** free ticket [fri:' tikk'itt] **frid** peace [pi:s] **fridfull** peaceful [pi:'sfoll] **frieri** proposal [prəpåo'zəl] **frige, frigivning** release [rili:'s] **frigjord** emancipated [imänn'sipejtidd] **frigöra sig** free o.s. [fri:' wannsell'f] **frigörelse** liberation [libbərej'sjən] **frihamn** free port [fri:'på:t] **frihandelsområde** free trade area [fri:' trejd ä:'əriə] **frihet** freedom [fri:'dəm]; liberty

friidrott athletics [aθlett'ikks] **frikadell** forcemeat ball [få:'smi:t bå:'l] **frikassé** fricassee [frikkəsi:'] **frikoppling** slipping clutch [slipp'ing klatt'sj] **frikostig** generous [dsjenn'ərəs] **friktion** friction [frikk'sjən] **frikänna** acquit [əkwitt'] **friluftsliv** outdoor life [ao'tdå: laj'f] **frimodig** frank [frängk] **frimärke** stamp [stämmp] **frimärkssamlare** stamp-collector [stämm'pəlekktə] **frisk** (*ej sjuk*) well [well]; (*ej sjuklig*) healthy [hell'θi]; (*sund*) sound [saond]; *frisk och kry* hale and hearty [hej'l ənd ha:'ti]; *frisk luft* fresh air [fresj ä:'ə] **friska upp** refresh [rifresj'] **frisksportare** keep-fit enthusiast [ki:'pfitt' innðjo:'ziässt] **frispark** free kick [fri:' kikk'] **frispråkig** outspoken [aotspåo'kən] **frist** respite [ress'pajt] **fristående** detached [ditätt'sjt] **frisyr** hair style [hä:ə stajl] **frisör** hairdresser [hä:'ədressə] **fritid** spare time [spä:'ə tajm] **frivillig** voluntary [våll'əntəri] **frivolt** somersault [samm'əså:lt] **frodas** thrive [θrajv] **from** pious [paj'əs] **front** front [frannt] **frontalkrock** head-on collision [hedd'ånn' kəlisj'ən] **frossa 1** (*subst.*) *ha frossa* have the shivers [hävv' ðə sjivv'əz] **2** (*verb*) gorge [gå:dsj] **frost** frost [fråsst] **frotté** terry cloth [terr'i klåθ] **frottéhandduk** Turkish towel [tə:'kisj tao'əl] **frottera** rub [rabb] **fru** (*gift kvinna*) married woman [märr'idd womm'ən] (*hustru*) wife [wajf]; (*titel*) Mrs. [miss'izz] **frukost** breakfast [brekk'fəst]; *äta frukost* have breakfast [hävv' brekk'fəst] **frukt** fruit [fro:t] **frukta** fear [fi:ə] **fruktaffär** fruit-shop [fro:'tsjåpp] **fruktan** fear [fi:ə] **fruktansvärd** terrible [terr'əbl] **fruktbar** fertile [fə:'tajl] **fruktkonserver** tinned (*Am.* canned [kännd]) fruit [tinn'd fro:'t] **fruktlös** fruitless [fro:'tliss] **fruktträdgård** orchard [å:'tsjəd] **frusen** frozen [fråo'zn], (*kall*) cold [kåold] **frysa** (*till is*) freeze [fri:z], (*känna kyla*) be cold [bi: cåo'ld] **frysbox** deep-freeze [di:'pfri:z] **fråga** (*subst.*) question [kwess'tsjən]; *i fråga om* as to [ä:zz to:], regarding [riga:'ding]; (*verb*) ask [a:sk] (*om* about [əbao't]); *fråga efter ngn* ask for s.b. [a:'sk fə samm'bədi] **frågetecken** question-mark [kwess'-tsjəma:k] **från** from [fråmm] **frångå** (*ändra*) relinquish [riling'-kwisj] **frånsett** (*att*) apart from (the fact that) [əpa:'t fråmm (ðə fäkk't ðatt')] **frånsäga sig** decline [diklaj'n] **fråntaga** deprive [dipraj'v] **frånvarande** absent [äbb'sənt] **frånvaro** absence [äbb'səns] **fräck** impudent [imm'pjodənt], (*vard.*) cheeky [tsji:'ki] **fräknig** freckled [frekk'ld] **frälsning** salvation [sällvej'sjən] **frälsningsarmén** the Salvation Army [ðə sällvej'sjən a:'mi] **främja** further [fə:'ðə], (*utlänning*) promote [prəmåo't] **främling** stranger [strej'ndsjə], (*utlänning*) foreigner [fårr'innə] **främmande** (*subst.*) guests [gessts] (*adj.*) (*utländsk*) foreign [fårr'inn], (*okänd*) strange [strejndsj] **främre** fore [få:]; front [frannt] **främst** foremost [få:'måost], (*om ordning*) first [fə:st], (*framför allt o.d.*) principally [prinn'səpli] **främsta** foremost [få:'måost], (*om ordning*) first [fə:st] **frän** rank [rängk] **fräsa** hiss [hiss], (*om katt*) spit [spitt]; (*i stekpanna*) sizzle [sizz'l], (*snyta sig*)

fräsch — fångst

blow one's nose [blåo' wannz nåo'z] **fräsch** fresh [fresj] **fräscha upp** freshen up [fresj'n app'] **fräta** corrode [kəråo'd]; *bildl.* fret [frett] **frö** seed [si:d]; **frö sig** go to seed [gåo' to si:'d] **fröjd** joy [dsjaj]; **fröken** unmarried woman [ann'märr'idd womm'ən]; *(titel)* Miss [miss]; *Fröken Ur* speaking clock [spi:'king klåkk']; *Fröken Väder* telephone weather forecast [tell'ifåon weð'ə få:'ka:st] **fukt, fuktig** damp [dämmp] **ful** ugly [agg'li] **full** full [foll]; *(drucken)* drunk [drangk]; *till fullo* fully [foll'i] **fullborda** complete [kəmmpli:'t] **fullfölja** *(slutföra)* complete [kəmmpli:'t]; *(fortsätta)* continue [kəntinn'jo:] **fullgöra** *(utföra)* carry out [kärr'i ao't]; *(plikt)* perform [pəfå:'m] **fullkomlig** perfect [pə:'fikkt] **fullmakt** authorization [å:θərajzej'sjən]; *(dokument)* letter of attorney [lett'ə avv ətə:'ni]; *(vid röstning)* proxy [pråkk'si] **fullmåne** full moon [foll' mo:'n] **fullsatt** *(om lokal o.d.)* full [foll] **fullständig** complete [kəmmpli:'t]; total [tåo'tl] **fullträff** direct hit [direkk't hitt'] **fullvuxen** full-grown [foll'gråo'n]; *en fullvuxen* a grown-up [ə gråo'napp] **fulländning** perfection [pəfekk'sjən] **fundera** think [θink] **funderingar** thoughts [θå:ts], reflections [riflekk'sjəns] **fundersam** thoughtful [θå:'tfoll] **fungera** work [wə:k], function [fang'ksjən] **funktion** function [fang'ksjən]; *i (ur) funktion* in (out of) operation [inn (ao't avv) åpperej'sjən] **funktionell** functional [fang'ksjənl] **funktionär** official [əfisj'əl] **fura** pine [pajn] **furste** prince [prins] **furstendöme** principality [prinsipäll'itti] **furstinna** princess [prinsess'] **furstlig** princely [prinn'sli] **fuska** cheat [tsji:t] **fylla** fill up [fill]; *fylla i* fill up [fill' app']; *han fyller 25 år i morgon* he will be 25 tomorrow [hi: will bi: twenn'tifaj'v təmårr'åo] **fylleri** drunkenness [drang'kəniss] **fyllerist** drunkard [drang'kəd] **fyllig** *(om pers.)* plump [plammp] **fynd** find [fajnd] **fyr** lighthouse [laj'thaos] **fyra** four [få:] **fyrdubbel** fourfold [få:'fåold] **fyrkant, fyrkantig** square [skwä:'ə] **fyrklöver** four-leaf clover [få:'li:'f klåo'və] **fyrtaktsmotor** four-stroke engine [få:'ståo'k enn'dsjinn] **fyrtio** forty [få:'ti] **fyrtionde** fortieth [få:'tiiθ] **fyrverkeri** fireworks [faj'əwə:ks] **fysik** *(vetenskap)* physics [fizz'ikks]; *(kroppsbeskaffenhet)* physique [fizi:'k] **fysiker** physicist [fizz'isist] **fysisk** physical [fizz'ikəl] **få** **1** *(pron.)* few [fjo:']; *några få* a few [ə fjo:'] **2** *(verb)* receive [risi:'v], get [gett]; *få betalt* be paid [bi: pej'd]; *få ngn att göra ngt* get s.b. to do s.th. [gett' samm'bədi tə do: samm'θing]; *jag får inte glömma* I must not forget [aj mass't nått' fəgett']; *får jag tala med* can I speak to [känn aj' spi:'k to:]; *vi får väl se* we'll see [wi:'ll si:] **fåfäng** vain [vejn] **fåfänga** vanity [vänn'itti] **fågel** bird [bə:'d] **fågelbo** nest [bə:'dz nesst] **fågelbur** bird-cage [bə:'dkejdsj] **fågelholk** nesting-box [ness'tingbåkks] **fågelunge** young bird [jang' bə:'d] **fågelvägen** as the crow flies [azz ðə kråo' flaj'z] **fåll, fålla** hem [hemm] **fånga** catch [kättsj]; *ta till fånga* capture [käpp'tsjə] **fånge** prisoner [prizz'nə] **fångenskap** captivity [käpptivv'itti] **fångst** (*byte*) catch [kättsj]; (*fiskares*) draught [dra:ft] **fånig** idiotic [iddiått'ikk] **får** sheep [sji:p] **fåra** furrow [farr'åo] **fårkött** mutton [matt'n] **fårstek** leg of mutton [legg' əvv matt'n] **fåtal** *ett fåtal* a few [ə fjo:] **fåtalig** few [fjo:] **fåtölj** armchair [a:'mtjsä:'ə] **fäkta** fence [fenns] **fälg** rim [rimm] **fäll** fell [fell] **fälla 1** (*subst.*) trap [träpp] **2** (*verb*) fell [fell]; (*slå omkull*) knock down [nåkk' dao'n]; (*sänka*) lower [låo'ə]; (*tårar*) shed [sjedd]; *falla ihop* fold up [fåo'ld app']; *falla ner* let down [lett' dao'n] **fällkniv** clasp-knife [kla:'spnajf] **fällstol** (*vilstol*) deck-chair [dekk'tsjä:'ə] **fält** field [fi:ld] **fälttåg** campaign [kämmpej'n] **fängelse** prison [prizz'n]; jail [dsjejl]; (*straff*) imprisonment [immprizz'nmənt] **fängelsestraff** imprisonment [immprizz'nmənt] **fängsla** (*fjättra*) fetter [fett'ə]; (*sätta i fängelse*) imprison [immprizz'n]; *bildl.* fascinate [fäss'inejt] **färd** journey [dsjə:'ni]; (*till sjöss*) voyage [våj'idsj]; *vara i fard med att göra ngt* be busy doing s.th. [bi: bizz'i do:'ing samm'θing] **färdas** travel [trävv'l] **färdig** finished [finn'isjt]; (*klar*) ready [redd'i]; *få ... fardig* get ... done [gett' dann']; *gora ... fardig* get ... ready [gett' redd'i] **färdledare** guide [gajd] **färdväg** route [ro:t] **färg** colour [kall'ə]; (*målar*) paint [pejnt] **färga** colour [kall'ə]; (*textil o.d.*) dye [daj]; *farga av sig* lose its colour [lo:'z itts kall'ə] **färgband** typewriter ribbon [taj'prajtə ribb'ən] **färgblind** colour-blind [kall'əblajnd] **färgfilm** colour film [kall'ə film] **färgglad** gay [gej] **färja** ferry [ferr'i] **färjförbindelse** ferry service [ferr'i sə:'viss] **färsk** (*ej gammal*) new [njo:]; (*ej skamd, konserverad*) fresh [fresj]; (*ej torkad*) green [gri:n] **färskvaror** perishable goods [perr'isjəbl goddz] **fästa** fasten [fa:'sn], fix [fikks]; *fasta sig vid ngn* become attached to s.b. [bikamm' ətätt'sjt to: samm'bədi] **fäste** hold [håold]; *bildl.* stronghold [strång'håold] **fästing** tick [tikk] **fästman** fiancé [fia:'nsej] **fästmö** fiancée [fia:'nsej] **fästning** fort [få:t] **föda** (*subst.*) food [fo:d]; (*verb*) give birth to [givv' bə:'θ to:]; (*ge näring åt*) feed [fi:d]; *fodas* be born [bi: bå:'n] **född** born [bå:n] **födelse** birth [bə:θ] **födelsedag** birthday [bə:'θdej] **födelsekontroll** birth control [bə:'θ kəntråo'l] **födelseort** place of birth [plej's əvv bə:'θ] **födelseår** year of birth [jə:' əvv bə:'θ] **födoämne** food [fo:d] **föga** little [litt'l] **föl** foal [fåol] **följa** (*folja efter*) follow [fåll'åo]; (*ledsaga*) accompany [əkamm'pəni] **följaktligen** accordingly [əkå:'dingli] **följande** following [fåll'åoing]; *på varandra följande* successive [səksess'ivv] **följas åt** go together [gåo' təgeð'ə] **följd** consequence [kånn'sikwəns]; (*racka*) succession [səksesj'ən]; *i följd* running [rann'ing] **följdsjukdom** complication [kåmmplikej'sjən] **följe** suite [swi:t] **följeslagare** companion [kəmpänn'jən] **följetong** serial [si:'əriəl] **fönster** window [winn'dåo] **fönsterbräde** window-sill [winn'dåosill] **fönsterlucka** shutter [sjatt'ə] **fönsterruta** window-pane [winn'dåopejn] **för 1** (*subst.*) stem [stemm] **2** (*adv.*) too [to:]; *for och emot* for and against [få:' ənd əgenn'st]; (*prep.*)

föra — fördelaktig

for [få:]; *(framför)* before [bifå:']; *för alltid* for ever [fərevv'ə]; *för ett år sedan* one year ago [wann' jə:' əgåo']; *för länge sedan* long ago [lång' əgåo'], *(konj.)* for [få:]; *för att* so that [såo'ðätt'], to [to:]; *för att inte tala om* not to mention [nått' tə menn'sjən]; *för så vitt* provided [prəvaj'didd] **föra** *(ta med sig)* *(hit)* bring [bring], *(dit)* take [tejk]; *(bära)* carry [kärr'i]; *(leda)* lead [li:d] **förakt** contempt [kəntemm'pt] **förakta** despise [disspaj'z]; *(försmå)* disdain [dissdej'n] **föranleda** give rise to [givv' raj'z to:], lead to [li:'d to:]; *känna sig föranledd att* feel impelled to [fi:'l impell'd to:] **förare** *(bil- etc.)* driver [draj'və]; *(flyg-)* pilot [paj'lət]; *(vägvisare)* guide [gajd] **förarga** annoy [ənåj']; *bli förargad* be annoyed [bi:' ənåj'd] *(över at* [ätt]) **förarglig** annoying [ənåj'ing] **förarhytt** cockpit [kåkk'pitt] **förarsäte** driver's seat [draj'vəz si:t] **förband** *(bandage)* bandage [bänn'diddsj]; *(militärt)* unit [jo:'nitt]; *första förbandet* first-aid bandage [fə:'stejd bänn'diddsj] **förbanna** curse [kə:s]; *bli förbannad på ngn* get furious with s.b. [gett' fjo:'əriəs wið samm'bədi] **förbannelse** curse [kə:s] **förbaskad** confounded [kənfaondidd] **förbehåll** reserve [rizə:'v] **förbehålla sig** *(betinga sig)* reserve for (to) [rizə:'v få: (to:)]; *(kräva)* demand [dima:'nd] **förbehållslös** unconditional [ann'kəndisj'ənl] **förbereda** prepare [pripä:'ə] **förberedelse** preliminary [prilimm'inəri] **förberedelser** preparation [preppərej'sjən] **förbi** past [pa:st] **förbifart** *i förbifarten* in passing [inn pa:'sing] **förbigå** pass over [pa:'s åo'və] **förbigående** *i förbigående* by the way [baj ðə wej'] **förbinda** *(sår)* bandage [bänn'diddsj]; *(förena)* join [dsjåjn] **förbindelse** connection [kənekk'sjən]; *(samfärdsel)* communication [kəmjo:nikej'sjən]; *(förpliktelse)* obligation [åbbligej'sjən] **förbise** overlook [åovəlokk'] **förbiseende** oversight [åo'vəsajt] **förbjuda** forbid [fəbidd']; *(om myndighet o.d.)* prohibit [prəhibb'itt] **förbli** remain [rimej'n] **förbluffande** amazing [əmej'zing] **förblöda** bleed to death [bli:'d tə de'θ] **förbruka** consume [kənsjo:'m]; *(pengar)* spend [spennd] **förbrukning** consumption [kənsamm'psjən] **förbrylla** confuse [kənnfjo:'z] **förbrytare** criminal [krimm'innl] **förbrytelse** crime [krajm] **förbränning** combustion [kəmbass'tsjən] **förbränningsmotor** internal combustion engine [inntə:'nl kəmbass'tsjən enn'dsjinn] **förbud** prohibition [pråoibisj'ən] **förbund** alliance [əlaj'əns], union [jo:'njən]; *(förening)* federation [feddərej'sjən], association [əsåosiej'sjən] **förbunden** *(förenad)* connected [kənekk'tidd]; *(förpliktad)* bound [baond]; *vara ngn mycket förbunden* be very much obliged to s.b. [bi:' verr'i mattsj əblaj'dsjd tə samm'bədi] **förbundskansler** Federal Chancellor [fedd'ərəl tsja:'nslə] **förbytas** change [tsjejndsj] *(i* into [inn'to]) **förbättra** improve [immpro:'v] **förbättring** improvement [immpro:'vmənt]; *(av hälsan)* recovery [rikavv'əri] **fördel** advantage [əddva:'ntiddsj]; *dra fördel av* benefit by [benn'ifitt baj] **fördela** distribute [disstribb'jo:t] **fördelaktig** advantageous [äddvəntej'dsjəs] **fördelning** distribution [disstribjo:'sjən] **fördjupa** deepen [di:'pən]; *fördjupa sig i* enter deeply (into) [enn'tə di:'pli (inn'to)] **fördjupning** depression [dipresj'ən] **fördom** prejudice [predd'sjodiss] **fördomsfri** unprejudiced [annpredd'sjodiss't] **fördrag** treaty [tri:'ti] **fördraga** bear [bä:'ə] **fördragsamhet** tolerance [tåll'ərəns] **fördriva** drive away [draj'v əwej']; *fördriva tiden* while away the time [waj'l əwej' ðə tajˈm] **fördröja** delay [dilej'] **fördubbla** double [dabb'l] **fördunkla** darken [da:'kən] **fördärv, fördärva** ruin [ro:'inn] **fördöma** condemn [kəndemm'] **före** before [bifå:'] **förebild** model [mådd'l] **förebrå, förebråelse** reproach [riprå'otsj] **förebygga** prevent [privenn't] **föredra** prefer [prifä:'] (*framför* to [to:]) **föredrag** discourse [disskå:'s]; (*forelasning*) lecture [lekk'tsjə] **föredragshållare** lecturer [lekk'tsjərə] **föredöme** example [iggza:'mpl] **föredömlig** model [mådd'l] **förefalla** (*tyckas*) seem [si:m] **föregå** (*intraffa tidigare*) precede [pri:si:'d]; *föregå med gott exempel* set an example [sett' ənn iggza:'mpl] **föregående** preceding [pri:si:'ding], previous [pri:'vjəs] **föregångare** precursor [prikə:'sə]; (*foretradare*) predecessor [pri:'disessə] **föregångsman** pioneer [pajəni:'ə] **förekomma** (*foregripa*) anticipate [änntiss'ipejt]; (*handa*) occur [əkə:'] **förekommande** occuring [əkə:'ring]; *ofta forekommande* frequent [fri:'kwənt] **förekomst** occurrence [əkarr'əns] **föreligga** exist [iggziss't], be [bi:] **föreläsa, föreläsning** lecture [lekk'tsjə] **föremål** object [åbb'dsjikkt]; (*amne*) subject [sabb'dsjikkt] (*for* of [ävv']) **förena** unite [jo:najˈt]; (*forbinda*) join [dsjåjn]; *forena sig* unite [jo:najˈt] **förening** union [jo:'njən]; association [əsåosiej'sjən]; *i forening med* in combination with [inn kåmmbinej'sjən wið] **förenkla** simplify [simm'plifaj] **föresats** purpose [pə:'pəs] **föreskrift** direction [direkk'sjən] **föreslå** propose [prəpåo'z], suggest [sədsjess't] **förestå** be head of [bi: hedd' əvv']; (*affar e.d.*) manage [männ'iddsj]; (*stunda*) be near [bi: ni:'ə] **föreståndare** manager [männ'iddsjə] **föreställa** represent [repprizenn't]; *forestalla sig* imagine [imädd'sjinn] **föreställning** representation [repprizenntej'sjən]; (*teater- o.d.*) performance [pəfå:'məns]; *gora sig en foreställning om* form a conception of [få:'m ə kənsepp'sjən əvv'] **föresätta sig** set one's mind on [sett' wannz maj'nd ånn] **företag** enterprise [enn'təprajz]; (*affars-*) company [kamm'pəni] **företaga, företaga sig** undertake [anndətej'k] **företagsamhet** enterprise [enn'təprajz] **företagsdemokrati** industrial democracy [indass'striəl dimåkk'rəsi] **företagsekonomi** business economics [bizz'niss i:kənåmm'ikks] **företal** preface [preff'iss] **förete** (*uppvisa*) show [sjåo]; (*erbjuda*) present [prizenn't] **företeelse** phenomenon [finåmm'inən] **företräda** (*gå fore*) precede [pri:si:'d]; (*representera*) represent [repprizenn't] **företrädare** predecessor [pri:'disessə] **företräde** preference [preff'ərəns] (*överlagsenhet*) superiority [s-jopiəriärr'itti] (*framfor* to [to:]) **företrä-**

förevändning — förlag 50

desvis preferably [preff'ərəbli] **förevändning** pretext [pri:'-tekkst] **förfall** decay [dikej'] **förfalla** decay [dikej']; (*om byggnad o.d.*) go to ruin [gåo' to: ro:'inn]; (*om patent, fordran o.d.*) lapse [läpps] **förfalska** falsify [få:'lsifaj] **förfalskning** falsification [få:'lsifikej'sjən] **förfara** proceed [prəsi:'d] **förfaras** be wasted [bi: wej'stidd] **förfaringssätt** procedure [prəsi:'dsjə] **författa** write [rajt] **författare** author [å:'θə] **författning** constitution [kännstitjo:'sjən] **förfela** miss [miss] **förfluten** past [pa:st]; *det förflutna* the past [ðə pa:'st] **förflyta** pass [pa:s] **förflytta, förflytta sig** move [mo:v] **förfoga** forfoga över have at one's disposal [hävv' ətt wannz disspåo'zəl] **förfogande** disposal [disspåo'zəl] **förfriskning** refreshment [rifresj'mənt] **förfrysa** get frost-bitten [gett' fråss'tbittn] **förfrågan** inquiry [innkwaj'əri] **förfäder** ancestors [änn'sisstəz] **förfäran** terror [terr'ə] **förfärlig** terrible [terr'əbl]; (*vard. oerhörd*) terrific [təriff'ikk] **förfölja** pursue [pəs-jo:'] **förföljelse** pursuit [pəs-jo:'t] **förföra** seduce [sidjo:'s] **förgasare** carburettor [ka:bjorettə] **förgifta** poison [påj'zn] **förgiftning** poisoning [påj'zning] **förgylla** gild [gilld] **förgå** pass [pa:s]; *förgå sig* forget o.s. [fəgett' wannsellf'] **förgäves** in vain [inn vej'n] **förgöra** destroy [disstråj'] **förhand** *på förhand* beforehand [bifå:'hännd], in advance [inn ədva:'ns] **förhandla** negotiate [nigåo'sjiejt] **förhandling** negotiation [nigåosjiej'sjən] **förhinder** *få förhinder* be prevented from going (coming) [bi: privenn'tidd fråmm gåo'ing (kamm'ing)] **förhindra** prevent [privenn't] **förhoppning** expectation [ekkspekktej'sjən] **förhoppningsfull** hopeful [håo'pfoll] **förhålla sig** (*förbli*) keep [ki:p]; *hur förhåller det sig med?* how are things with? [hao' a: θing'z wið] **förhållande** conditions (*pl.*) [kəndisj'ənz]; (*inbördes ställning*) relationship [rilej'sjənsjipp]; (*proportion*) proportion [prəpå:'sjən] **förhållandevis** proportionally [prəpå:'sjnittli] **förhärskande** predominant [pridämm'inənt] **förhör** examination [iggzämminej'sjən]; (*utfrågning*) interrogation [interrəgej'sjən]; (*rättsligt*) inquest [inn'kwesst] **förhöra** examine [iggzamm'inn]; interrogate [innterr'əgejt] **förinta** annihilate [ənaj'əlejt] **förkasta** reject [ridsjekk't] **förklara** explain [ikksplej'n]; (*tillkännage*) declare [dikla:'ə]; (*uppge*) state [stejt] **förklaring** explanation [ekksplənej'sjən]; (*tillkännagivande*) declaration [dekklərej'sjən] **förkläda** disguise [dissgaj'z] (*till as* [azz]) **förkläde** apron [ej'prən] **förknippa** associate [əsåo'sjiejt] **förkorta** shorten [sjå:'tn]; (*ord e.d.*) abbreviate [əbri:'viejt] **förkunna** announce [ənao'ns] **förkunskaper** previous knowledge [pri:'vjəs nåll'iddsj] **förkyla sig** catch a cold [kätt'sj ə kåo'ld] **förkyld** *bli förkyld* catch a cold [kätt'sj ə kåo'ld]; *vara förkyld* have a cold [hävv' ə kåo'ld] **förkylning** cold [kåold] **förkärlek** predilection [pri:dilekk'sjən] **förköp** advance booking [ədva:'ns bokk'ing]; *Am.* reservation [rezzəvej'sjən] **förkörsrätt** right of way [rajt əvv wej'] **förlag** publishing house [pabb'-

förlama — förråda

lisjing haos] **förlama** paralyse [pärr'əlajz] **förlamning** paralysis [pəräll'isiss] **förleda** entice [intaj's] (*till* into [inn'to]) **förlika sig** become reconciled [bikamm' rekk'ənsajld] **förlisa** be wrecked [bi:rekk't] **förlita sig på** (*ngn*) trust in s.b. [trass't inn samm'bədi], (*ngt*) rely on s.th. [rilaj' ånn samm'θing] **förlopp** lapse [läpps]; (*utveckling*) course [kå:s] **förlora** lose [lo:z] **förlossning** delivery [dilivv'əri] **förlovad** engaged [inngej'dsjd] **förlova sig** become engaged [bikamm' inngej'dsjd] (*med* to [to:]) **förlovning** engagement [inngej'dsjmənt] **förlust** loss [låss] **förlåta** forgive [fəgivv']; *förlåt!* (I am) sorry! [(aj əm) sårr'i] **förlåtelse** forgiveness [fəgivv'niss] **förlägen** embarrassed [immbärr'əst] **förlägenhet** embarrassment [immbärr'əsmənt] **förlägga** (*slarva bort*) mislay [misslej']; (*placera*) locate [ləkej't] **förläggare** publisher [pabb'lisjə] **förlänga** lengthen [leng'θən] **förman** foreman [få:'mən] **förmana** (*råda o. varna*) warn [wå:n]; (*tillrättavisa*) admonish [ədmånn'isj] **förmedla** mediate [mi:'diejt] **förmiddag** morning [må:'ning]; *på förmiddagen* in the morning [inn ðə må:'ning] **förminska** diminish [diminn'isj] **förminskning** reduction [ridakk'sjən] **förmoda** suppose [səpåo'z] **förmodan** supposition [sappəzisj'ən] **förmodligen** presumably [prizjo:'məbli] **förmyndare** guardian [ga:'djən] **förmå** (*kunna, orka*) be able to [bi: ej'bl to:]; *formå ngn att* induce s.b. to [inndjo:'s samm'bədi to:] **förmåga** (*kraft*) power [pao'ə]; (*prestations-*) capacity [kəpass'itti]; (*fallenhet*) faculty [fakk'əlti]; (*duglighet*) ability [əbill'itti] **förmån** advantage [ədva:'ntiddsj] **förmånlig** advantageous [äddvəntej'dsjəs] **förmögen** (*rik*) wealthy [well'θi] **förmögenhet** fortune [få:'tsjən] **förmörka** darken [da:'kən] **förnamn** Christian name [kriss'tjən nej'm] **förnedring** humiliation [hjo:milliej'sjən] **förneka** deny [dinaj'] **förnimma** perceive [pəsi:v'] **förnuft** reason [ri:'zn]; *sunt förnuft* common sense [kåmm'ən senn's] **förnuftig** reasonable [ri:'znəbl] **förnya** renew [rinjo:'] **förnäm** noble [nåo'bl]; (*högdragen*) lofty [låff'ti] **förnämlig** distinguished [disstingg'wisjt] **förnärma** offend [əfenn'd] **förnödenheter** necessities [nisess'itizz] **förolyckas** meet with an accident [mi:t wið ənn akk'sidənt] **förolämpa** insult [insall't] **förolämpning** insult [inn'sallt] **förord** preface [preff'iss] **förordning** ordinance [å:'dinəns] **förorena** contaminate [kəntämm'inejt] **förorening** pollution [pəlo:'sjən] **förorsaka** cause [kå:z] **förort** suburb [sabb'ə:b] **förpackning** package [päkk'iddsj] **förplikta sig** bind o.s. [baj'nd wannsell'f] **förpliktelse** (*plikt*) duty [djo:'ti]; (*forbindelse*) engagement [inngej'dsjmənt] **förplägning** entertainment [entətej'nmənt] **förr** (*förut*) before [bifå:']; (*fordom*) formerly [få:'məli]; (*tidigare*) sooner [so:'nə], earlier [ə:'liə]; (*hellre*) rather [ra:'ðə] **förre** the former [ðə få:'mə]; (*senaste*) (the) last [(ðə) la:st] **förresten** besides [bisaj'dz] **förrgår** the day before yesterday [ðə dej' bifå:' jess'tədi] **förråd** store [stå:] **förråda** betray [bitrej'] **förrädare** traitor [trej'tə] **förräderi** treachery [trett'sjəri] **förrädisk** treacherous [trett'sjərəs] **förrän** before [bifå:']; *icke förran* not until (till) [nått' əntill' (till)] **förrätt** first course [fə:'st kå:'s] **försaka** go without [gåo' wiðao't] **församling** *(personer)* assembly [əsemm'bli]; *(möte)* meeting [mi:'ting]; *(socken)* parish [pärr'isj]; *(menighet)* congregation [kånggrigej'sjən] **förse** furnish [fə:'nisj] **förseelse** offence [əfenn's] **försegla** seal [si:l] **försena** delay [dilej']; *vara försenad* be late [bi: lej't] **försiggå** take place [tejk plej's] **försiktig** cautious [kå:'sjəs]; *(aktsam)* careful [kä:'əfoll] **försiktighet** caution [kå:'sjən]; *(aktsamhet)* care [kä:'ə] **försiktighetsåtgärd** precaution [prikå:'sjən] **försilvra** silver [sill'və] **förskingra** embezzle [immbezz'l] **förskola** nursery school [nə:'sri sko:'l] **förskollärare** nursery-school teacher [nə:'srisko:'l ti:'tsjə] **förskott** advance payment [ədva:'ns pej'mənt] **förskräckelse** fright [frajt] **förskräcklig** dreadful [dredd'foll], frightful [fraj'tfoll] **förskärare** carving-knife [ka:'vingnajf] **försköna** embellish [immbell'isj] **förslag** proposal [prəpåo'zəl]; *Am.* proposition [pråppəzisj'ən] **förslå** suffice [səfajs] **försmak** foretaste [få:'tejst] **försmå** disdain [dissdej'n] **försona** *(förlika)* reconcile [rekk'ənsajl] **försorg** *dra försorg om* provide for [prəvaj'd få:']; *genom ngns försorg* through s.b. [θro:' samm'bədi] **försova sig** oversleep [åo'vəsli:'p] **förspel** prelude [prell'jo:d] **försprång** start [sta:t] **först** [fə:st]; *(inte förran)* not until (till) [nått' əntill' (till)]; *först och främst* first of all [fə:'st əvv å:'l]; *först nu* not until now [nått' əntill' nao'] **första** first [fə:st]; *för det första* in the first place [inn ðə fə:'st plej's]; *från första början* from the very beginning [frămm ðə verr'i biginn'ing]; *första bästa* the first that comes along [ðə fə:'st ðătt kamm'z əlǎng'] **förstad** suburb [sabb'ə:b] **förstatliga** nationalize [năsj'nəlajz] **förstavelse** prefix [pri:'fikks] **förstklassig** first-class [fə:'stklà:'s] **förstnämnda** the first-mentioned [ðə fə:'stmenn'sjənd] **förstora** enlarge [innla:'dsj] **förströelse** diversion [dajvə:'sjən] **förstulen** furtive [fə:'tivv] **förstå** understand [ănndəstănn'd]; *det förstås!* that is clear! [ðătt' izz kli:'ə]; *förstå sig på* understand [ănndəstănn'd] **förståelig** understandable [ănndəstănn'dəbl] **förståelse** understanding [ănndəstănn'ding] **förstånd** *(tankeförmåga)* intellect [inn'tilekkt]; *(sunt förnuft)* (common) sense [kămm'ən senn's]; *det övergår mitt förstånd* it is beyond me [itt izz bijănn'd mi:']; *efter bästa förstånd* to the best of one's ability [to: ðə bess't əvv wannz əbill'itti] **förståndig** *(klok)* wise [wajz]; *(förnuftig)* sensible [senn'səbl] **förstås** of course [əvv kå:'s] **förstärka** strengthen [streng'θən] **förstärkning** strengthening [streng'θəning] **förstöra** destroy [disstråj'] **förstörelse** destruction [disstrakk'sjən] **försumma, försummelse** neglect [niglekk't] **försvaga** weaken [wi:'kən] **försvagas** grow weak [gråo' wi:'k] **försvagning** weakening [wi:'kning] **försvar** defence [difenn's]

försvara defend [difenn'd] **försvarsadvokat** counsel for the defence [kao'nsəl få: ðə difenn's] **försvinna** disappear [dissəpi:'ə]; (plötsligt) vanish [vänn'isj] **försvåra** make ... difficult [mej'k diff'ikəlt] **försynt** considerate [kənsidd'əritt] **försäga sig** let the cat out of the bag [lett' ðə kätt' ao't ävv ðə bägg'] **försäkra** (betyga) assure [əsjo:'ə]; (assurera) insure [innsjo:'ə]; försäkra sig (förvissa sig) make sure [mej'k sjo:'ə] (om ngt of s.th. [ävv samm'θing]) **försäkran** assurance [əsjo:'ərəns] **försäkring** (brand-, liv-) insurance [innsjo:'ərəns] **försäkringsbolag** insurance company [innsjo:'ərəns kamm'pəni] **försäljare** salesman [sej'lzmən] **försäljning** sale [sejl] **försäljningsvillkor** terms of sale [tə:'mz ävv sej'l] **försämra, försämras** deteriorate [diti:'ərejt] **försök** attempt [ətemm'pt]; effort [eff'ət] **försöka** try [traj]; försöka sig på try one's hand at [traj' wannz hänn'd ätt] **försörja** support [səpå:'t] **förta(ga)** (hindra) take away [tej'k əwej']; (dämpa) deaden [dedd'n]; forta sig overwork o.s. [åo'vəwə:'k wannsell'f] **förtal** slander [sla:'ndə] **förteckning** list [lisst] **förtid** i förtid prematurely [premmətjo:'əli] **förtjusande** charming [tsja:'ming] **förtjusning** enchantment [inntsja:'ntmənt] **förtjust** (intagen) charmed [tsja:md] (i with [wið]); (mycket glad) delighted [dilaj'tidd] (över with [wið]) **förtjäna** earn [ə:n]; (vara värd) deserve [dizə:'v] **förtjänst** (inkomst) earnings [ə:'ningz]; (vinst) profit [pråff'itt]; (merit) merit [merr'itt] **förtroende** confidence [kånn'fidəns] (for in [inn]) **förtrogen** familiar [fəmill'jə] **förtrolig** intimate [inn'timitt]; (konfidentiell) confidential [kånnfidenn'sjəl] **förtrolla** enchant [inntsja:'nt] **förtrollning** enchantment [inntsja:'ntmənt] **förtryck** oppression [əpresj'ən] **förträfflig** excellent [ekk'sələnt] **förtulla** declare [diklä:'ə] **förtvivlad** in despair [inn disspä:'ə] **förtvivlan** despair [disspä:'ə] (över at [ätt]) **förtydliga** make ... clear(er) [mej'k kli:'ə(rə)] **förtära** eat [i:t]; consume [kəns-jo:'m] **förtäring** consumption [kənsamm'psjən] **förtöja** moor [mo:'ə] **förundras** wonder [wann'də] **förut** before [bifå:']; (förr) formerly [få:'məli] **förutom** besides [bisaj'dz] **förutsatt att** provided [prəvaj'didd] **förutse** foresee [få:si:'] **förutseende** foresight [få:'sajt] **förutsäga** predict [pridikk't] **förutsägelse** prediction [pridikk'sjən] **förutsätta** assume [əs-jo:'m], presume [prizjo:'m] **förutsättning** assumption [əsamm'psjən], presumption [prizamm'psjən]; (villkor) condition [kəndisj'ən]; (erforderlig egenskap) qualification [kwållifikej'sjən]; under förutsättning att on condition that [ånn kəndisj'ən ðätt'] **förutvarande** (forra) former [få:'mə]; (foregående) previous [pri:'vjəs] **förvalta** administer [ədminn'istə] **förvaltare** administrator [ədminn'istrejtə]; (av lantgods) steward [stjo:'əd] **förvaltning** administration [ədminnistrej'sjən], management [männ'iddsjmənt] **förvandla** transform [trännsfå:'m] **förvandlas** turn [tə:n] (till into [inn'to) **förvandling** transformation [trännsfəmej'sjən] **förvar** custody [kass'tədi] **förvara** keep

förvarning — gatlykta 54

[ki:p] **förvarning** notice [nåo'tiss] **förverkliga** realize [ri:'əlajz] **förverkligande** realization [riəlajzej'sjən] **förvirra** confuse [kənfjo:'z]; (förbrylla) bewilder [biwill'də] **förvirring** confusion [kənfjo:'sjən] **förvisa** banish [bänn'isj] **förvissa sig** make sure [mej'k sjo:'ə] **förvissning** assurance [əsjo:'ərəns]; *i förvissning om* in the assurance of [inn ði əsjo:'ərəns əvv] **förvisso** (visserligen) certainly [sə:'tnli]; (utan tvivel) for certain [fə sə:'tn] **förvåna** surprise [səpraj'z]; *förvåna sig över* be surprised at [bi: səpraj'zd ätt] **förvånansvärd** surprising [səpraj'zing] **förvåning** surprise [səpraj'z] **förväg** *i förväg* in advance [inn ədva:'ns] **förväntan, förväntning** expectation [ekkspekktej'sjən]; *över förväntan bra* better than expected [bett'ə ðänn ikkspekk'tidd] **förvärra** make ... worse [mej'k wə:'s] **förvärras** grow worse [gråo' wə:'s] **förvärva** acquire [əkwaj'ə] **förvärvsarbetande** wage-earning [wej'dsjə:ning] **förväxla** confuse [kənfjo:'z] **förväxling** confusion [kənfjo:'sjən] **föråldrad** out-of-date [ao'tävvdej't] **förädla** (djur-, växt-) improve [imppro:'v]; (råvara) refine [rifaj'n] **förälder** parent [pä:'ərənt] **föräldralös** orphan [å:'fən] **föräldrar** parents [pä:'ərənts] **förälskad** in love [inn lavv'] (i with [wið]) **förälska sig** fall in love [få:l' inn lavv'] (i with [wið]) **förändra, förändras** change [tsjejndsj]; alter [å:'ltə] **förändring** change [tsjejndsj]; alteration [å:ltərej'sjən] **föräta sig** overeat [åo'vəri:'t] **föröva** commit [kəmitt'] **fötter** feet [fi:t] **gadd** sting [sting] **gaffel** fork [få:k] **gala** crow [kråo]; (om gök) call [kå:l]; **galen** mad [mädd]; vard. crazy [krej'zi] **galge** gallows [gäll'åoz]; (klädhängare) hanger [hang'ə] **galla** gall [gå:l] **galler** grating [grej'ting] **galleri** gallery [gall'əri] **gallra** (plantor) thin out [θinn' ao't]; (skog) thin [θinn] **gallskrika** yell [jell] **gallsten** gall-stone [gå:l'stäon] **gallstensanfall** biliary colic [bill'jəri kåll'ikk] **galon** plastic-coated fabric [pläss'tikk-kåo'tidd fäbb'rikk] **galopp, galoppera** gallop [gäll'əp] **galosch** galosh [gəläsj'] **gammal** old [åold]; (ej färsk, om bröd o.d.) stale [stejl] **gammaldags, gammalmodig** old-fashioned [åo'ldfäsj'ənd] **ganska** (mycket) very [verr'i]; (tämligen) fairly [fä:'əli]; *ganska mycket* (som adj.) a great deal of [ə grej't di:'l əvv], (som adv.) very much [verr'i mattsj], a great deal [ə grej't di:'l] **gap** mouth [maoθ]; (djurs) jaws [dsjå:z] **gapa** open one's mouth [åo'pən wannz maoʼθ] **gapskratt** roar of laughter [rå:' əvv la:'ftə] **gapskratta** roar with laughter [rå:' wið la:'ftə] **garage** garage [gärr'a:dsj] **garantera** guarantee [gärrənti:'], warrant [wårr'ənnt] **garanti** guarantee [gärrənti:'] **garderob** wardrobe [wå:'dråob] **gardin** curtain [kə:'tn] **garn** yarn [ja:n] **garnera** (kläder) trim [trimm]; (mat) garnish [ga:'nisj] **gas, gasa** gas [gäss] **gasbinda** gauze bandage [gå:'z bänn'diddsj] **gasol** bottled gas [bått'ld gäss'] **gaspedal** accelerator [əkksell'ərejtə] **gassa** be blazing [bi: blej'zing] **gasspis** gas-cooker [gäss'kokkə] **gata** street [stri:t]; *på gatan* in the street [inn ðə stri:'t] **gatlykta** street lamp [stri:'t lämmp] **gatukorsning** crossing [kråss'ing] **gavel** gable [gej'bl] **ge** give [givv]; *kortsp.* deal [di:l]; *ge bort* give away [givv' əwej']; *ge efter* yield [ji:ld] (*för* to [to:]); *ge ut* (*pengar*) spend [spennd], (*publicera*) publish [pabb'lisj], (*utfärda*) issue [iss'jo:]; *ge sig* give o.s. [givv' wannsell'f], (*erkänna sig besegrad*) yield [ji:ld], surrender [sərenn'də]; *ge sig av* set out [sett ao't], (*bege sig i väg*) be off [bi:' å:f]; *ge sig ut för att vara* pretend to be [pritenn'd tə bi:] **gedigen** solid [såll'idd] **gehör** ear [i:'ə]; *efter gehör* by ear [baj i:'ə]; *vinna gehör* meet with sympathy [mi:'t wið simm'pəθi] **gelé** jelly [dsjell'i] **gemen** (*nedrig*) low [låo], mean [mi:n] **gemensam** common [kåmm'ən] (*för* to [to:]); (*för två el. flera*) joint [dsjåjnt] **gemensamhet** community [kəmjo:'nitti] **gemensamt** in common [in kåmm'ən] **gemenskap** community [kəmjo:'nitti] **gemytlig** good-natured [godd'nej'tsjəd] **genant** embarrassing [immbärr'əsing] **genast** at once [ətt wann's] **genera** (*besvära*) bother [båð'ə], trouble [trabb'l]; (*göra förlägen*) be embarrassing to [bi: immbärr'əsing to:] **generad** embarrassed [immbärr'əst] **general** general [dsjenn'ərəl] **generalisera** generalize [dsjenn'ərəlajz] **generalrepetition** dress rehearsal [dress' rihə:'səl] **generation** generation [dsjennəraj'sjən] **generator** generator [dsjenn'ərejtə] **generell** general [dsjenn'ərəl] **generös** generous [dsjenn'ərəs] **gengäld** *i gengäld* in return [inn ritə:'n] **geni** genius [dsji:'njəs] **genial** brilliant [brill'jənt] **genljuda** reverberate [rivə:'bərejt] **genom** through [θro:'] **genomblöt** soaking wet [såo'king wett] **genombrott** break through [brej'k θro:'] **genomdriva** force ... through [få:'s θro:'] **genomfart** passage [päss'iddsj] **genomföra** carry ... through [kärr'i θro:'] **genomgå** go through [gåo' θro:'] **genomgång** going through [gåo'ing θro:']; (*väg o.d.*) passage [päss'iddsj] **genomresa** journey through [dsjə:'ni θro:'] **genomskinlig** transparent [trännspä:'ərənt] **genomskåda** see through [si:' θro:'] **genomskärning** (*tvärsnitt*) cross section [kråss' sekk'sjən] **genomsnitt** (*medeltal*) average [ävv'əriddsj]; *i genomsnitt* on average [ånn ävv'əriddsj] **genomsnittlig** average [ävv'əriddsj] **genomtränga** penetrate [penn'itrejt] **genomträngande** (*om blåst, blick*) piercing [pi:'əsing]; (*om lukt, röst*) penetrating [penn'itrejting] **genomtänkt** well thought-out [well' θå:'taot] **genomvåt** wet through [wett' θro:'] **genre** genre [sja:'ngrə] **gensvar** response [rispånn's] **gentemot** against [əgenn'st] **gentjänst** service in return [sə:'viss inn ritə:'n] **genuin** genuine [dsjenn'joinn] **genväg** short cut [sjå:'t katt'] **geografi** geography [dsjiågg'rəfi] **geografisk** geographical [dsjiəgräff'ikəl] **geologi** geology [dsjiåll'ədsji] **geometri** geometry [dsjiåmm'ittri] **gerilla** guerrilla [gərill'ə] **gest** gesture [dsjess'tsjə] **gestalt** figure [figg'ə]; (*form*) shape [sjejp] **get** goat [gåot] **geting** wasp [wåssp] **gevär** rifle [raj'fl]; gun [gann] **giffel** croissant [kroa:sa:'ng] **gift 1** (*subst.*) poison [påj'zn] **2** (*adj.*) married [märr'idd]

gifta — god 56

(*med* to [to:]) **gifta** *gifta bort* give away in marriage [givv əwej' inn märr'iddsj]; *gifta sig* marry [märr'i] **giftermål** marriage [märr'- iddsj] **giftig** poisonous [påj'znəs] **gilla** approve of [əpro:'v əvv] **gillande** approval [əpro:'vəl] **giltig** valid [vall'idd] **giltighetstid** period of validity [pi:'əriəd əvv vəlidd'itti] **gin** gin [dsjinn] **gips** plaster [pla:'stə] **gipsa** put ... in plaster [pott' inn pla:'stə]; (*friare*) turn [tə:n] **giraff** giraffe [dsjira:'f] **girera** transfer [trännsfə:'] **girig** avaricious [əvvərisj'əs] **gissa, gissa sig till** guess [gess] **gisslan** hostage [håss'tiddsj] **gissning** guess [gess] **gitarr** guitar [gita:'] **giv** deal [di:l] **giva** *se giva* **givande** profitable [pråff'itəbl] **givare** giver [givv'ə] **given** given [givv'n]; (*avgjord*) clear [kli:'ə]; *ta för givet* take it for granted [tej'k itt fə gra:'ntidd] **givetvis** of course [əvv kå:'s] **givmild** generous [dsjenn'ərəs] **gjuta** cast [ka:st] **gjutjärn** cast iron [ka:'st aj'ən] **glaciär** glacier [gläss'jə] **glad** (*gladlynt*) cheerful [tsji:'əfoll]; (*upprymd*) merry [merr'i]; happy [häpp'i] **glans** sheer [lass'tə]; (*prakt*) magnificence [mäggniff'issns] **glansig** lustrous [lass'trəs] **glappa** be loose [bi: lo:'s] **glas** glass [gla:s] **glasbruk** glassworks [gla:'swə:ks] **glass** ice-cream [aj'skri:'m] **glasyr** glazing [glej'zing]; (*på porslin*) glaze [glejz] **glasögon** glasses [gla:'sizz], spectacles [spekk'təkklz] **glatt** smooth [smo:ð], (*hal*) slippery [slipp'əri] **gles** (*ej tät*) thin [θinn] **glesbygd** thinly populated area [θinn'li pǎpp'joletidd ä:'əriə] **glida** glide [glajd]; (*över ngt hårt*) slide [slajd]; *glida undan* slip away [slipp' əwej'] **glidflygplan** glider [glaj'də] **glimma** gleam [gli:m] **glimt** gleam [gli:m]; (*skymt*) glimpse [glimmps] **glittra** glitter [glitt'ə] **glo** stare [stä:'ə] (*på* at [att]) **glob** globe [glåob] **glosa** word [wə:d] **glugg** hole [håol] **glupsk** greedy [gri:'di] **glädja** make ... happy [mej'k häpp'i]; *det glader mig* I am so glad [aj əm såo' glädd']; *glädja sig åt* be glad at [bi: glädd' ätt]; look forward to [lokk' få:'wəd to:] **glädjande** pleasant [plezz'nt] **glädje** joy [dsjåj] (*över* at [att]); pleasure [plesj'ə], delight [dilajt'] **glädjeämne** subject for rejoicing [sabb'dsjikkt fǎ: ridsjǎj'sing] **glänsa** shine [sjajn] **glänt** *stå på glänt* stand ajar [stänn'd ədsja:'] **glöd** embers [emm'bəz]; (-*ande sken o. bildl.*) glow [glåo]; (*hetta*) heat [hi:t] **glöda** glow [glåo] **glödlampa** bulb [ballb] **glömma** forget [fəgett'] **glömsk** forgetful [fəgett'- foll] **glömska** oblivion [əblivv'iən] **gnaga** gnaw [nå:] **gnida** rub [rabb] **gnissel, gnissla** screech [skri:tsj]; (*om gångjärn e.d.*) creak [kri:k]; (*om hjul e.d.*) squeak [skwi:k] **gnista** spark [spa:k] **gnistra** emit sparks [imitt' spa:'ks]; (*blixtra*) sparkle [spa:'kl] **gnola** hum [hamm] **gnugga** rub [rabb] **gnutta** tiny bit [taj'ni bitt'] **gnägga** neigh [nej] **gnäll, gnälla** whine [wajn] **gobeläng** tapestry [täpp'isstri] **god** good [godd]; *god dag!* good morning (afternoon, evening)! [goddmå:'ning (a:'ftəno:'n, i:'vning)], (*vid första mötet med ngn*) how do you do! [hao' djodo:']; *var så god!* (*när man ger ngt*) here you are! [hi:'ə jo a:'],

godhet — grosshandel

(*ta för er*) help yourself, please! [hell'p jå:sell'f pli:z]; *var så god och ... please ...* [pli:z] **godhet** goodness [godd'niss] **godkänd** approved [əpro:'vd] **godkänna** approve [əpro:'v]; (*i examen*) pass [pa:s] **godkännande** approval [əpro:'vəl] **godo** *i godo* amicably [ämm'ikəbli]; *hålla till godo med* put up with [pott' app' wið] **gods** (*varor*) goods [goddz]; (*jorda-*) estate [isstej't] **godståg** goods train [godd'ztrejn] **godsägare** estate owner [isstej't åonə] **godta** accept [əksepp't] **godtrogen** credulous [kredd'joləs] **godtycke** discretion [disskresj'ən] **godtycklig** arbitrary [a:'bitrəri] **golf** golf [gållf] **golv** floor [flå:] **golvväxel** floor gearshift [flå:' gi:'əsjifft] **gondol** gondola [gånn'dələ] **gorilla** gorilla [gərill'ə] **gosse** boy [båj] **gott** (*jfr god*); *gott om* plenty of [plenn'ti əvv]; *lukta gott* smell nice [smell' naj's]; *sova gott* sleep well [sli:'p well']; *kort och gott* briefly [bri:'fli]; *gora så gott man kan* do one's best [do:' wannz bess't]; *så gott som* practically [prakk'tikkli] **gottgöra** make good [mejk godd'] **gottgörelse** compensation [kåmmpennsej'sjən]; (*betalning*) remuneration [rimjo:nərej'sjən] **grabb** boy [båj] **graciös** graceful [grej'sfoll] **grad** degree [digri:']; (*rang*) rank [rängk]; *i hog grad* to a great extent [to ə grej't ikkstenn't] **gradera** graduate [grädd'joejt] **gradering** graduation [gräddjoej'sjən] **gradvis** gradually [grädd'joəli] **grafik** (*grafiska blad*) prints [prinnts] **gram** gram(me) [grämm] **grammatik** grammar [grämm'ə] **grammofon** gramophone [grämm'əfåon]; *Am.* phonograph [fåo'nəgra:f] **grammofonskiva** record [rekk'å:d] **gran** fir [fə:], spruce [spro:s] **granat** (*ädelsten*) garnet [ga:'nitt]; *mil.* shell [sjell] **granit** granite [gränn'itt] **grann** (*brokig*) gaudy [gå:'di]; (*ståtlig*) finelooking [faj'nlokking] **granne** neighbour [nej'bə] **grannland** neighbouring country [nej'bəring kann'tri] **grannskap** neighbourhood [nej'bəhodd] **granska** examine [iggzämm'inn] **granskning** examination [iggzämminej'sjən] **gratinera** bake in a gratin-dish [bej'k in ə gratt'angdisj] **gratis** free [fri:'] **grattis** congratulations [kəngrättjolej'sjənz] **gratulation** congratulation [kəngrättjolej'sjən] **gratulera** congratulate [kəngrätt'jolejt] **gratäng** grating [grätt'äng] **grav** grave [grejv]; (*murad e.d.*) tomb [to:m] **gravera** engrave [inngrej'v] **gravid** pregnant [pregg'nənt] **gravlax** raw spiced salmon [rå:' spaj'st sämm'ən] **grejor** things [θingz] **grek, grekisk** Greek [gri:k] **Grekland** Greece [gri:s] **gren, grena sig** branch [bra:ntsj] **grepp** grasp [gra:sp] **greve** count [kaont] **grevinna** countess [kao'ntiss] **grevskap** county [kao'nti] **grill, grilla** grill [grill] **grillbar** rotisserie [råotiss'əri:] **grimas** grimace [grimej's] **grimasera** pull faces [poll' fej'sizz] **grina** (*gråta*) whine [wajn] **grind** gate [gejt] **gripa** seize [si:z]; (*tjuv e.d.*) catch [kättsj]; *gripa sig an med* set about [sett' əbao't] **gris** pig [pigg] **gro** germinate [dsjə:'minejt] **groda** frog [frågg] **grodman** frogman [frågg'mən] **grogg** whisky and soda [wiss'ki ənn såo'də] **grop** pit [pitt] **grosshandel** wholesale trade

grosshandlare — guldfisk 58

[håoˈlsejl trejd] **grosshandlare, grossist** wholesale dealer [håoˈlsejl diːˈlə] **grotesk** grotesque [gråotessˈk] **grotta** cave [kejv]; cavern [kavvˈən] **grov** coarse [kåːs]; (*om yta o. bildl.*) rough [raff]; *i grova drag* in rough outline [inn raff aoˈtlajn] **grovarbetare** unskilled worker [annˈskillˈd wəːˈkə] **grovlek** thickness [θikkˈniss] **grubbla** brood [broːd] **grumlig** muddy [maddˈi] **grund 1** *subst.* (*botten*) ground [graond]; (*underlag*) foundation [faondejˈsjən]; (*orsak*) cause [kåːz]; *på grund av* on account of [ånn əkaoˈnt əvv] **2** (*sand- o.d.*) bank [bängk]; (*klipp-*) sunk rock [sangˈk råkkˈ]; *gå på grund* run aground [rannˈ əgraoˈnd] **3** (*adj.*) shallow [sjallˈåo] **grunda** found [faond]; establish [isstabbˈlisj]; (*stödja*) base [bejs] **grundare** founder [faoˈndə] **grundavgift** basic charge [bejˈsikk tsjaːˈdsj] **grundforskning** basic research [bejˈsikk risəːˈtsj] **grundlag** constitution [kånnstitjoːˈsjən] **grundlig** thorough [θarrˈə] **grundlägga** found [faond] **grundläggande** (*adj.*) fundamental [fanndəmennˈtˈl] **grundsats** principle [prinnˈsəpl] **grundskola** *ung.* comprehensive school [kåmmprihennˈsivv skoːˈl] **grundval** foundation [faondejˈsjən]; (*bildl. äv.*) basis [bejˈsiss] **grundämne** element [ellˈimənt] **grupp, gruppera** group [groːp] **grus** gravel [grävvˈəl] **gruva** mine [majn] **gruvarbetare** miner [majˈnə] **gry** dawn [dåːn] **grym** cruel [kroːˈəl] **grymhet** cruelty [kroːˈəlti] **gryn** grain [grejn] **gryning** dawn [dåːn] **gryta** pot [pått] **grytlapp** saucepan holder [såːˈspən håoˈldə] **grå** grey [grej]; (*i sht Am.*) gray [grej] **gråhårig** grey-haired [grejˈhåːˈəd] **gråsparv** sparrow [spärrˈåo] **gråsäl** grey seal [grejˈ siːˈl] **gråta** cry [kraj]; weep [wiːp] (*av for* [fåː]) **grädda** bake [bejk] **grädde** cream [kriːm] **gräl** quarrel [kwårrˈəl] **gräla** quarrel [kwårrˈəl]; *gräla på ngn* scold s.b. [skåoˈld sammˈbədi] **gräma sig** grieve [griːv] **gränd** alley [allˈi] **gräns** *geogr.* boundary [baoˈndəri]; *polit.* frontier [frannˈtjə]; (*friare*) border-line [båːˈdəlajn]; (*yttersta*) limit [limmˈitt] **gränsa till** border on [båːˈdə ånn] **gränslös** boundless [baoˈndliss]; (*ofantlig*) tremendous [trimennˈdəs] **gränsområde** border district [båːˈdə dissˈtrikkt] **gräs** grass [graːs] **gräsbevuxen** grass-grown [graːˈsgråoˈn] **gräshoppa** grasshopper [graːˈsshåpə] **gräsklippare** lawn-mower [låːˈnmåoə] **gräslig** horrid [hårrˈidd]; terrible [terrˈəbl] **gräslök** chive [tsjajv] **gräsmatta** lawn [låːn] **gräva** dig [digg] **grävskopa** bucket [bakkˈitt] **grön** green [griːn] **Grönland** Greenland [griːˈnlənd] **grönsaker** vegetables [veddˈsjitəblz] **grönsaksaffär** greengrocer's [griːˈngråosəz] **grönska** (*subst.*) verdure [vəːˈdsjə]; (*verb*) be green [biː griːˈn] **gröt** porridge [pårrˈiddsj] **gubbe** old man [åoˈld männˈ] **gud** god [gådd]; *för Guds skull!* for goodness' sake! [fə goddˈniss sejˈk] **gudfruktig** devout [divaoˈt] **gudinna** goddess [gåddˈiss] **gudomlig** divine [divajˈn] **gudskelov** thank goodness [θängˈk goddˈniss] **gudstjänst** service [səːˈviss] **gul** yellow [jellˈåo] **gula** yolk [jåok] **guld** gold [gåold] **guldfisk** goldfish [gåoˈldfisj]

guldgrävare — gälla

guldgrävare gold-digger [gåo'lddiggə] **gullregn** laburnum [ləbə:'nəm] **gullviva** cowslip [kao'slipp] **gulsot** jaundice [dsjå:'ndiss] **gumma** old woman [åo'ld womm'ən] **gummi** rubber [rabb'ə] **gummiband** rubber band [rabb'ə bann'd] **gummistövlar** rubber-boots [rabb'əbo:ts] **gunga** swing [swing] **gungbräde** see-saw [si:'så:] **gungstol** rocking-chair [råkk'ingtsjä:ə] **gunst** favour [fej'və] **gunstling** favourite [fej'vəritt] **guppa** jolt [dsjåolt] **gurgla sig** gargle [ga:'gl] **gurka** cucumber [kjo:'kəmbə] **guvernör** governor [gavv'ənə] **gylf** fly [flaj] **gyllene** golden [gåo'ldən] **gymnasium** upper secondary school [app'ə sekk'əndəri sko:'l]; *Am.* senior high school [si:'njə haj' sko:'l] **gymnastik** gymnastics [dsjimmnäss'tikks] **gymnastisera** do gymnastics [do: dsjimmnäss'tikks] **gynekolog** gynaecologist [gajnikåll'ədsjist] **gynna** favour [fej'və] **gynnsam** favourable [fej'vərəbl] **gyttja** mud [madd] **gyttjig** muddy [madd'i] **gå** (*mots. åka*) walk [wå:k] (*mots. stanna, stå*) go [gåo]; (*av-*) start [sta:t], leave [li:v]; *gå ur vägen för ngn* get out of a p.'s way [gett' ao't əvv ə pə:'snz wej']; *gå an* be all right [bi: å:'l rajt']; *gå av* (*stiga av*) get out [gett' ao't], (*brista*) break [brejk], (*om skott*) go off [gåo' å:'f]; *gå efter* walk behind [wå:'k bihaj'nd], (*om klocka*) be slow [bi: slåo'], (*hämta*) go and fetch [gåo' ənn fett'sj]; *gå ifrån* leave [li:v]; *gå isar* come apart [kamm' əpa:'t]; *gå om ngn* overtake s.b. [åovətej'k samm'bədi]; *gå omkull* (*om företag*) go bankrupt [gåo' bang'krəpt], *gå sönder* be broken [bi: bråo'kən], (*om maskin o.d.*) break down [brejk dao'n]; *gå till* (*handa*) happen [häpp'ən]; *gå upp* go up [gåo' app'], (*stiga upp*) rise [rajz]; *gå upp mot* come up to [kamm' app' to:]; *gå ut och gå* go for a walk [gåo' fər ə wå:'k]; *gå åt* (*ta slut*) be used up [bi: jo:'zd app'], (*behövas*) be needed [bi: ni:'didd] **gång 1** (*sätt att gå*) walk [wå:k]; (*motts o.d.*) running [rann'ing]; *i full gång* well under way [well' ann'də wej']; *få ... i gång* get ... going [gett' gåo'ing]; *hålla i gång* keep going [ki:'p gåo'ing]; *komma i gång* get started [gett' sta:'tidd]; *sätta i gång* start going [sta:'t gåo'ing]; *vara i gång* be running [bi: rann'ing] **2** (*väg*) path [pa:θ]; (*korridor*) passage [pass'iddsj] **3** (*tillfälle*) time [tajm]; *en gång* once [wanns]; *en gång till* once more [wann's må:']; *för en gångs skull* for once [få:' wann's]; *på en gång* (*samtidigt*) at the same time [ätt ðə sej'm taj'm], (*plötsligt*) suddenly [sadd'nli]; *gång på gång* time and again [taj'm ənd əgenn']; *ngn gång* some time [samm' taj'm]; *två gånger* twice [twajs]; *tre gånger* three times [θri:' taj'mz] **gångbana** pavement [pej'vmənt] **gångjärn** hinge [hinndsj] **går** *i går* yesterday [jess'tədi]; *i går morse* yesterday morning [jess'tədi må:'ning] **gård** (*kringbyggd*) yard [ja:d]; (*bak-*) backyard [bakk'ja:'d]; (*bond-*) farm [fa:m] **gårdagen** yesterday [jess'tədi] **gårdsplan** courtyard [kå:'tja:'d] **gås** goose [go:s] **gåta** riddle [ridd'l] **gåtfull** mysterious [misstii'əriəs] **gåva** gift [gifft] **gädda** pike [pajk] **gäl** gill [gill] **gäll** shrill [sjrill] **gälla** (*vara giltig*) be valid

gällande — halv

[bi: vällˈidd]; (anses) pass [paːs]; *vad gäller saken?* what is it about? [wåttˈ izz itt əbaoˈt]; *nu gäller det at* now we have got to [naoˈ wiː hävˈ gåttˈ toː] **gällande** valid [vallˈidd]; *göra gällande* (*påstå*) assert [əsəːˈt], *göra sig gällande* assert o.s. [əsəːˈt wannsellˈf] **gäng** gang [gäng] **gängse** current [karrˈənt] **gärdsgård** fence [fenns] **gärna** gladly [glädˈli]; willingly [willˈingli]; *ja, gärna (för mig)!* by all means! [baj åːˈl miːˈnz] **gärning** (*handling*) act [äkkt]; (*syssla*) work [wəːk] **gärningsman** culprit [kallˈprit] **gäspa** yawn [jåːn] **gäspning** yawning [jåːˈning]; *en gäspning* a yawn [ə jåːˈn] **gäst** guest [gesst] **gästa** visit [vizzˈitt] **gästfri** hospitable [håssˈpitəbl] **gästfrihet** hospitality [håsspitallˈitti] **gästrum** spare room [späːˈə room] **gästspel** special performance [spesjˈəl pəfåːˈməns] **göda** (*djur*) fatten [fattˈn]; (*jord, växter*) fertilize [fəːˈtilajz] **gödning** fertilizing [fəːˈtilajzing] **gödsel** manure [mənjoːˈə], dung [dang] **gödselstack** dunghill [dangˈhill] **gödsla** manure [mənjoːˈə], fertilize [fəːˈtilajz] **gök** cuckoo [kokkˈoː] **gömma, gömma sig** hide [hajd] **göra** do [doː]; make [mejk]; *göra sitt bästa* do one's best [doː wannz bessˈt]; *det gör ingenting!* it doesn't matter! [itt dazzˈnt mättˈə]; *göra om (på nytt)* do ... over again [doːˈ åoˈvə əgennˈ], (*upprepa*) repeat [ripiːˈt], (*ändra*) alter [åːˈltə]; *göra upp (förslag)* draw up [dråːˈ app]; *göra sig av med* get rid of [gettˈ riddˈ əvv]; *göra sig till* be affected [biː əfekkˈtidd] **görningen** *ngt är i görningen* s.th. is brewing [sammˈθing izz broːˈing] **göromål** work [wəːk] **gös** pike-perch [pajˈkpəːtsj] **ha** have [hävv]; (*mera vard.*) have got [hävvˈ gåttˈ]; *ha rätt* be right [biː rajtˈ]; *ha ledigt* be free [biː friːˈ]; *ha roligt* have a good time [hävvˈ ə goddˈ tajˈm]; *vad vill ni ha?* what do you want? [wåttˈ do jo wånntˈ]; *ha bort (förlägga)* mislay [misslejˈ]; *vad har du för dig?* what are you doing? [wåttˈ aː jo doːˈing]; *ha för sig (inbilla sig)* imagine [imäddˈsjinn]; *ha på sig* have ... on [hävvˈ ånnˈ]; *ha sönder* break [brejk] **hack** notch [nåttsj] **hacka** (*subst.*) pick [pikk]; (*verb*) hoe [håo]; (*kött o.d.*) chop [tsjåpp] **hackspett** woodpecker [woddˈpekkə] **hagel** (*iskorn, koll.*) hail [hejl]; (*blykula*) shot [sjått] **hagla** hail [hejl] **hagtorn** hawthorn [håːˈθåːn] **haj** shark [sjaːk] **haka 1** (*verb*) hook [hokk]; *haka av* unhook [annˈhokkˈ] **2** (*subst.*) chin [tsjinn] **hake** hook [hokk] **haklapp** bib [bibb] **hal** slippery [slippˈəri] **hala** haul [håːl] **halka** (*subst.*) slipperiness [slippˈəriniss] (*verb*) slip [slipp], slide [slajd] **hall** hall [håːl] **hallon** raspberry [raːˈzbəri] **hallå** hallo [həlåoˈ] **halm** straw [tråː] **hals** neck [nekk]; (*strupe*) throat [θråot]; *hals över huvud* head over heels [heddˈ åovə hiːˈlz]; *ha ont i halsen* have a sore throat [hävvˈ ə såːˈ θråoˈt] **halsband** necklace [nekkˈliss] **halsduk** scarf [skaːf] **halster** gridiron [griddˈajən] **halstra** grill [grill] **halt 1** *subst.* (*kvantitet*) content [kånnˈtennt]; **2** (*uppehåll*) halt [håːlt] **3** (*adj.*) lame [lejm] **halta** limp [limmp] **halv** half [haːf]; *klockan är halv ett* it is half

halva — hav

past twelve [itt izz ha:'f pa:'st twell'v] **halva** half [ha:f] **halvera** halve [ha:v] **halvtimme** half-hour [ha:'fao'ə]; *en halvtimme* half an hour [ha:f ənn ao'ə] **halvvägs** half way [ha:'f wej'] **halvår** six months [sikk's mann'θs] **halvö** peninsula [pinninns'jolə] **hammare** hammer [hämm'ə] **hamn** harbour [ha:'bə]; (*-stad, mål för resa*) port [på:t] **hamna** land [lännd] **hamnstad** port [på:t] **hamra** hammer [hämm'ə] **han** he [hi:] **hand** hand [hännd]; *ha hand om* be in charge of [bi: inn tsja:'dsj əvv]; *ta hand om* take charge of [tejk tsja:'dsj əvv]; *efter hand* gradually [grädd'joəli]; *efter hand som* as [azz]; *för hand* by hand [baj hänn'd]; *i första hand* in the first place [inn ðə fə:'st plejs]; *till hands* at hand [ätt hänn'd] **handarbete** needlework [ni:'dlwə:k] **handbagage** hand-luggage [hänn'dlaggiddsj] **handbojor** handcuffs [hänn'dkaffs] **handbok** handbook [hänn'dbokk] **handbroms** handbrake [hänn'dbrejk] **handduk** towel [tao'əl] **handel** trade [trejd]; (*i sht internationell*) commerce [kåmm'ə:s] **handelsbod** shop [sjåpp] **handelsfartyg** merchant vessel [mə:'tsjənt vess'l] **handelsflotta** merchant navy [mə:'tsjənt nej'vi] **handelskorrespondens** commercial correspondence [kəmə:'sjəl kårrispånn'dəns] **handfat** basin [bej'sn]; *Am.* washbowl [wåsj'båol] **handflata** palm [pa:m] **handgjord** hand-made [hänn'dmej'd] **handha** have charge of [hävv' tsja:'dsj əvv] **handikapp** handicap [hänn'-dikäpp] **handla** (*göra uppköp*) shop [sjåpp]; (*göra affärer*) trade [trejd], deal [di:l] (*med in* [inn]); (*bete sig*) act [äkkt]; *handla om* (*ha till innehåll*) deal with [di:'l wið], (*vara fråga om*) be a question of [bi: ə kwess'tsjən əvv] **handlag** *ha gott handlag med* have a good hand with [hävv' ə godd' hänn'd wið] **handlande** shopkeeper [sjåpp'ki:pə]; (*köpman*) tradesman [trej'dzmən] **handled** wrist [risst] **handling** (*garning*) action [äkk'sjən]; (*dokument*) document [dåkk'joment] **handlägga** handle [hänn'dl] **handpenning** down-payment [dao'npejmənt] **handskas med** (*hantera*) handle [hänn'dl]; (*behandla*) treat [tri:t] **handske** glove [glavv] **handskrift** (*manuskript*) manuscript [männ'joskrippt] **handskriven** hand-written [hänn'drittn] **handstil** handwriting [hänn'drajting] **handtag** handle [hänn'dl] **handväska** handbag [hänn'dbägg] **hane** male [mejl] **hangar** hangar [häng'ə] **hans** his [hizz] **hantera** handle [hänn'dl] **hantverk** handicraft [hänn'-dikra:ft]; (*yrke*) trade [trejd] **hantverkare** craftsman [kra:'ftsmən] **hare** hare [hä:ə] **haricots verts** haricot beans [härr'ikåo bi:nz] **harmoni** harmony [ha:'məni] **harmonisk** harmonious [ha:-måo'njəs] **harpa** harp [ha:p] **harpun** harpoon [ha:po:'n] **hasard** chance [tsja:ns] **hasselnöt** hazelnut [hej'zlnatt] **hast** haste [hejst]; *i hast* in a hurry [inn ə harr'i] **hastig** rapid [räpp'idd] **hastighet** speed [spi:d]; *med en hastighet av* at a rate of [ätt ə rej't əvv] **hastighetsbegränsning** speed limit [spi:'d limm'itt] **hastighetsmätare** speedometer [spidåmm'ittə] **hat** hatred [hej't-ridd] **hata** hate [hejt] **hatt** hat [hätt] **hav** sea [si:]; *till havs*

hava — hemsk 62

(*riktning*) to sea [to: si:'], (*befintlighet*) at sea [ätt si:'] **hava** *se ha* **havandeskap** pregnancy [pregg'nənsi] **haveri** (*förlisning*) shipwreck [sjipp'rekk] **havre** oats. [åots] **havregryn** hulled oats [hall'd åo'ts] **havstulpan** sea-acorn [si:'ejkå:n] **havsörn** white-tailed eagle [waj'ttej'ld i:'gl] **hed** moor [mo:'ə] **heder** honour [ånn'ə] **hederlig** honourable [ånn'ərəbl]; (*ärlig*) honest [ånn'isst] **hedersgäst** guest of honour [gess't əvv ånn'ə] **hedersord** word of honour [wə:'d əvv ånn'ə] **hedning, hednisk** heathen [hi:'ðən] **hedra** honour [ånn'ə] **hej** hallo! [həlåo']; (*adjö*) cheerio! [tsji:'əriåo'] **hejarklack** claque [klakk] **hejda** stop [ståpp] **hekto** hectogram [hekk'tåogrämm] **hel** whole [håol]; entire [inntaj'ə]; *hela dagen* all day [å:'l dej']; *en hel del* a great deal [ə grej't di:'l], quite a lot [kwaj't ə lått'] *på det hela taget* on the whole [ånn ðə håo'l] **helautomatisk** fully automatic [foll'i å:təmätt'ikk] **helg** festival [fess'təvəl] **helgdag** holy-day [håo'lidej'] (*ledighetsdag*) holiday [hål'lədi] **helgeflundra** halibut [hall'ibət] **helgon** saint [sejnt] **helhet** entirety [inntaj'əti]; *i sin helhet* as a whole [azz ə håo'l] **helhetsintryck** general impression [dsjenn'ərəl impresj'ən] **helig** holy [håo'li] **helikopter** helicopter [hell'ikäpptə] **heller** either [aj'ðə]; *ej heller* nor [nå:] **helljus** (*på bil*) headlight [hedd'lajt] **hellre** rather [ra:'ðə]; sooner [so:'nə] **helnykterist** total abstainer [tåo'tl əbstej'nə] **helpension** full board and lodging [foll' bå:'d ənn lådd'sjing] **helsiden** pure silk [pjo:'ə sill'k] **helspänn** *på helspänn* on tenterhooks [ånn tenn'təhokks] **helst** preferably [preff'ərəbli]; *allra helst* most of all [måo'st əvv å:'l]; *hur som helst* anyhow [enn'ihao]; *ingen som helst* risk no risk whatever [nåo' riss'k wåttevv'ə]; *i vilket fall som helst* anyhow [enn'ihao]; *när som helst* (at) any time [(ätt) enn'i taj'm]; *vad som helst* anything [enn'iθing]; *vem som helst* anybody [enn'ibåddi], anyone [enn'iwann] **helt** entirely [inntaj'əli]; *helt och hållet* altogether [å:ltəgeð'ə], completely [kəmpli:'tli]; *helt enkelt* simply [simm'pli] **heltäckande matta** fitted carpet [fitt'idd ka:'pitt] **helvete** hell [hell] **helylle** all wool [å:'l woll'] **hem** home [håom] **hemarbete** home-work [håo'mwə:k] **hembiträde** domestic servant [dəmess'tikk sə:'vənt] **hembygd** native place [nej'tivv plej's] **hemfärd** journey home [dsjə:'ni håo'm] **hemgjord** home-made [håo'mmej'd] **hemifrån** from home [fråmm håo'm] **hemkomst** return home [ritə:'n håo'm] **hemland** native country [nej'tivv kann'tri] **hemlig** secret [si:'kritt] **hemlighet** secret [si:'kritt]; *i hemlighet* in secret [inn si:'kritt] **hemlighetsfull** mysterious [missti:'əriəs] **hemlighålla** keep ... secret [ki:'p si:'kritt] **hemlängtan** homesickness [håo'msikkniss] **hemma** at home [ätt håo'm] **hemmafru** housewife [håo'mswajf] **hemmahörande i** native of [nej'tivv əvv] **hemmaplan** home ground [håo'm graond] **hemorrojder** h(a)emorrhoids [hemm'ərəjdz] **hemort** legal domicile [li:'gəl dåmm'isajl] **hemresa** journey home [dsjə:'ni håo'm] **hemsk** ghastly [ga:'stli]; *vard.* (*väldig*)

hemslöjd — hjärtinfarkt

awful [å:'foll] **hemslöjd** hand(i)craft [hänn'd(i)kra:ft] **hemtrevlig** nice and comfortable [naj's ənn kamm'fətəbl] **hemväg** way home [wej' håo'm] **hemåt** homewards [håo'mwədz] **henne** her [hə:] **hennes** (*foren.*) her [hə:]; (*självst.*) hers [hə:z] **herde** shepherd [sjepp'əd] **hermelin** ermine [ə:'minn] **herr** (*framför namn*) Mr. [miss'tə] **herre** gentleman [dsjenn'tlmən]; *bli herre över* gain the mastery of [gej'n ðə ma:'stəri əvv]; *Herren* the Lord [ðə lå:'d] **herrgård** manor-house [männ'əhaos] **herrkläder** men's wear [menn'z wä:'ə] **herrskap** (*herre o. fru*) master and mistress [ma:'stə ənn miss'triss]; *mitt herrskap!* ladies and gentlemen! [lej'dizz ənn dsjenn'tlmən] **herrtoalett** men's lavatory [menn'z lävv'ətəri]; *Am.* men's room [menn'z romm'] **hertig** duke [djo:k] **hertiginna** duchess [datt'sjiss] **hes** hoarse [hå:s] **het** hot [hått] **heta** be called [bi: kå:'ld]; *jag heter Kate* my name is Kate [maj' nejm izz kej't]; *vad heter det på tyska?* what is the German for it? [wått' izz ðə dsjə:'mən få: itt] **hetsa** bait [bejt]; (*uppegga*) incite [innsajt'] **hetsig** hot [hått], fiery [faj'əri]; (*jäktig*) bustling [bass'ling] **hetta** heat [hi:t] **hicka** (*subst. o. verb*) hiccup [hikk'app]; *ha hicka* have the hiccups [hävv' ðə hikk'apps] **himmel** sky [skaj] **hinder** obstacle [åbb'stəkl] (*för, mot* to [to:]) **hindra** (*för-*) prevent [privvenn't]; (*hejda*) stop [ståpp] **hingst** stallion [ställ'jən] **hink** bucket [bakk'itt] **hinna 1** (*biol.*) membrane [memm'brejn]; (*mycket tunn*) film [fillm] **2** (*komma i tid*) be in time [bi: inn taj'm]; (*ha el. få tid*) have time [hävv' taj'm]; *h. fatt* catch up with [kättsj app' wið]; *h. fram* arrive [ərajv']; *h. med* (*tåget etc.*) catch [kättsj] **hiss** lift [lifft]; *Am.* elevator [ell'ivejtə] **hissa** hoist [håjst] **hissna** feel dizzy [fi:'l dizz'i] **historia** history [hiss'təri]; (*berättelse*) story [stå:'ri] **historisk** historical [hisstårr'ikəl] **hit** here [hi:'ə] **hitta** (*finna*) find [fajnd]; (*hitta vägen*) find the way [faj'nd ðə wej']; *hitta på* make up [mej'k app'], (*uppfinna*) invent [invenn't] **hittegodsmagasin** lost property office [låss't pråpp'əti åff'iss] **hittelön** reward [riwå:d'] **hittills** till now [till nao']; so far [såo' fa:'] **hitåt** this way [ðiss' wej'] **hjord** herd [hə:d] **hjort** (*kron-*) red deer [redd' di:'ə]; (*dov-*) fallow-deer [fäll'åodi:ə] **hjortron** cloudberry [klao'dberri] **hjul** wheel [wi:l] **hjälm** helmet [hell'mitt] **hjälp** help [hellp]; *med hjälp av* with the help of [wið ðə hell'p əvv] **hjälpa, hjälpa till** help [hellp] **hjälpas** *det kan inte hjälpas* it can't be helped [itt ka:'nt bi: hell'pt]; *hjälpas åt* help each other [hell'p i:'tsj að'ə] **hjälplös** helpless [hell'pliss] **hjälpmedel** aid [ejd] **hjälpsam** helpful [hell'pfoll] **hjälte** hero [hi:'əråo] **hjältinna** heroine [herr'åoinn] **hjärna** brain [brejn]; *bry sin hjärna* rack one's brains [räkk' wannz brej'nz] **hjärnblödning** cerebral h(a)emorrhage [serr'ibrəl hemm'əriddsj] **hjärnskada** brain injury [brej'n inn'dsjəri] **hjärnskakning** concussion [kənkasj'ən] **hjärta** heart [ha:t] **hjärtattack** heart attack [ha:'t ətakk'] **hjärter** hearts [ha:ts] **hjärtfel** heart disease [ha:'t dizi:'z] **hjärtinfarkt** myocar-

hjärtlig — hungersnöd 64

dial infarction [majəka:ˈdiəl infaˈksjən] **hjärtlig** hearty [haːˈti]; *hjärtliga hälsningar* kind regards [kajˈnd rigaːˈdz]; *hjärtliga lyckönskningar* sincere congratulations [sinssiːˈə kəngrättjolejˈsjənz]; *hjärtligt tack* hearty thanks [haːˈti θäŋˈks] **hjärtlös** heartless [haːˈtliss] **hjässa** crown [kraon] **hobby** hobby [håbbˈi] **holländare** Dutchman [dattˈsjmən] **holländsk** Dutch [dattsj] **holme** islet [ajˈlitt] **homosexuell** homosexual [håoˈmåosekkˈsjoəl] **hon** she [sjiː] **hona** female [fiːˈmejl] **honom** him [himm] **honorar** fee [fiː]; *(författares äv.)* royalty [råjˈəlti] **honung** honey [hannˈi] **hop** heap [hiːp] *(med of (åvv))*; *(av människor)* crowd [kraod] **hopa** heap up [hiːˈp app]; *hopa sig (om saker)* accumulate [əkjoːˈmjolejt] **hopfällbar** folding [fåoˈlding], collapsible [kəläppˈsəbl] **hopp** *(forhoppning)* hope [håop] *(om of (åvv))*; *(språng)* jump [dsjammp] **hoppa** jump [dsjammp]; *hoppa över* jump over [dsjammˈp åoˈvə], *(bildl.)* skip [skipp] **hoppas** hope [håop] *(på for [fåː])*; *jag hoppas det* I hope so [aj håoˈp såo] **hoppfull** hopeful [håoˈpfoll] **hopplös** hopeless [håoˈpliss] **hopprep** skipping-rope [skippˈingråop] **horisont** horizon [həraj:ˈzn] **hormon** hormone [håːˈmåon] **horn** horn [håːn] **hornhinna** cornea [kåːˈniːə] **horoskop** horoscope [hårrˈəskåop] **hortensia** hydrangea [hajdrejˈndsjə] **hos** with [wið]; *(i ngns hus o.d.)* at [ätt]; *(bredvid)* by [baj] **hosta** *(subst. o. verb)* cough [kåff] **hostmedicin** cough-medicine [kåffˈmeddˈsinn] **hot** threat [θrett] **hota** threaten [θrettˈn] **hotell** hotel [håotellˈ] **hotellrum** hotel room [håotellˈ rommˈ]; *beställa hotellrum* make a reservation at a hotel [mejˈk ə rezzəvejˈsjən ätt ə håotellˈ] **hotelse** threat [θrett] **hov 1** *(på djur)* hoof [hoːf] **2** *(furstes)* court [kåːt]; *vid hovet* at court [ätt kåːˈt] **hovmästare** head waiter [heddˈwejtə] **hovrätt** court of appeal [kåːˈt əvv əpiːˈl] **hovtång** large pincers [laːˈdsj pinnˈsəz] **hud** skin [skinn]; *(av större djur)* hide [hajd] **hudkräm** skin-cream [skinnˈkriːm] **hugg** cut [katt]; *(med spetsen av ngt)* stab [stäbb] **hugga** cut [katt]; *(med vapen el. verktyg)* cut [katt]; stab [stäbb], *(om djur)* bite [bajt] **huggorm** viper [vajˈpə] **huj** *i ett huj* in a flash [innˈ ə fläsjˈ] **huk** *sitta på huk* squat [skwått] **hull** *lägga på hullet* put on weight [pottˈ ånnˈ wejˈt]; *med hull och hår* completely [kəmpliːˈtli] **huller om buller** pell-mell [pellˈmellˈ] **hum** *ha litet hum om* have some idea of [hävvˈ sammˈ ajdiːˈə əvv] **human** humane [hjoːmejˈn] **humanitet** humanity [hjoːmännˈitti] **humla** bumble-bee [bammˈblbiː] **humle** hop [håpp] **hummer** lobster [låbbˈstə] **humor** humour [hjoːˈmə] **humoristisk** humorous [hjoːˈmərəs] **humör** temper [temmˈpə]; mood [moːd]; *på gott (dåligt) humör* in a good [bad] temper [innˈ ə goddˈ (bäddˈ) temmˈpə] **hund** dog [dågg]; *röda hund* German measles [dsjəːˈmən miːˈzlz] **hundkapplöpning** greyhound-racing [grejˈhaondrejsing] **hundra** hundred [hannˈdrəd] **hundratal** *ett hundratal* about a hundred [əbaoˈt ə hannˈdrəd] **hundratals** hundreds [hannˈdrədz] **hunger** hunger [hangˈgə] **hungersnöd**

hungra — håll

famine [fämm'inn] **hungra** be hungry [bi: hang'gri]; (bildl.) hunger [hang'gə] (efter for [få:]); *hungra ihjäl* starve to death [sta:'v tə deθ] **hungrig** hungry [hang'gri] **hur** how [hao]; *hur så?* why? [waj]; *hur sa?* what did you say? [wått' didd jo sej']; *eller hur?* isn't that so? [izz'nt δätt' såo'], don't you think? [dåo'nt jo θing'k] **hurra** hurrah! [hora:'] **hurrarop** cheer [tsji:'ə] **huruvida** whether [weδ'ə] **hus** house [haos] **husbonde** master [ma:'stə] **husdjur** domestic animal [dəmess'tikk änn'iməl] **husgeråd** household utensils [hao'shåold jotenn'slz] **hushåll** (*arbetet i ett hem*) housekeeping [hao'ski:ping]; (*familj*) household [hao's-håold] **hushålla** keep house [ki:'p hao's]; (*vara sparsam*) economize [i:kånn'əmajz] **hushållerska** housekeeper [hao'ski:pə] **hushållsarbete** housework [hao'swə:k] **huslig** domesticated [dəmess'tikejtidd] **husmor** housewife [hao'swajf] **hustru** wife [wajf] **husvagn** caravan [kärrəvänn'] **huttra** shiver [sjivv'ə] **huv** hood [hodd]; (*skrivmaskins- etc.*) cover [kavv'ə]; (*motor-*) bonnet [bånn'itt] **huva** hood [hodd] **huvud** head [hedd] **huvudbonad** headgear [hedd'gi:ə] **huvudbyggnad** main building [mej'n bill'ding] **huvudgata** main street [mej'n stri:t] **huvudkontor** head office [hedd' åff'iss] **huvudkudde** pillow [pill'åo] **huvudled** major road [mej'dsjə råod] **huvudperson** principal figure [prinn'səpəl figg'ə]; (*i roman o.d.*) principal character [prinn'səpəl kärr'iktə] **huvudroll** leading part [li:'ding pa:t] **huvudsak** *huvudsaken* the main thing [δə mej'n θing'] **huvudsaklig** principal [prinn'səpəl], chief [tsji:f] **huvudstad** capital [käpp'ittl] **huvudvärk** headache [hedd'ejk] **hy** complexion [kəmplekk'sjən] **hyacint** hyacinth [haj'əsinnθ] **hycklare** hypocrite [hipp'əkritt] **hyckleri** hypocrisy [hipåkk'rəsi] **hydda** hut [hatt] **hygglig** decent [di:'snt] **hygien** hygiene [haj'dsji:n] **hygienisk** hygienic [hajdsji:nikk] **hylla 1** *subst.* shelf [sjell'f]; (*bagage-, sko- o.d.*) rack [räkk] **2** *verb* (*uppvakta*) pay homage to [pej' håmm'iddsj to:] **hyllning** congratulations [kəngrättjolej'-sjənz] **hylsa** case [kejs] **hymn** hymn [himm] **hypnos** hypnosis [hippnåo'siss] **hypnotisera** hypnotize [hipp'nətajz] **hypotes** hypothesis [hajpåθ'isiss] **hyra** (*subst. o. verb*) rent [rennt]; ([*för*] *bil, båt e.d.*) hire [haj'ə] **hyresgäst** tenant [tenn'ənt]; (*inneboende*) lodger [låddsjə] **hyreshus** block of flats [blåkk' əvv flätt's]; *Am.* apartment house [əpa:'tmənt haos] **hyresvärd** landlord [länn'lå:d] **hysa** house [haos]; (*nära, bära*) entertain [enntətej'n] **hyska** eye [aj] **hysterisk** hysteric [hissterr'ikk] **hytt** cabin [käbb'inn] **hyttplats** berth [bə:θ] **hyvel, hyvla** plane [plejn] **hål** hole [håol] **håla** cave [kejv]; (*djurs o. bildl.*) den [denn] **hålfotsinlägg** arch support [a:'tsj səpå:'t] **hålkort** punch card [pann'tsj ka:d] **håll** (*avstånd*) distance [diss'təns]; (*riktning*) direction [direkk'sjən]; (*häftig smärta*) stitch [stittsj]; *på nära håll* close at hand [klåo's ätt hänn'd]; *på annat håll* elsewhere [ell'swä:'ə]; *åt andra hållet* the other way [δi aδ'ə wej]

hålla — händig

hålla hold [håold]; (*bibe-*) keep [ki:p]; (*ej gå sönder*) hold [håold]; (*om kläder*) wear [wä:'ə]; *hålla av* be fond of [bi: fånn'd əvv]; *hålla ihop* hold (keep) together [håo'ld (ki:'p) təgeð'ə]; *hålla med ngn* agree with s.b. [əgri:' wið samm'bədi]; *hålla på med* be busy with [bi: bizz'i wið]; *hålla på att kvavas* be on the point of choking [bi: ånn ðə påj'nt əvv tsjåo'king]; *hålla sig vaken* keep awake [ki:'p əwej'k]; *jag kunde inte hålla mig för skratt* I couldn't help laughing [aj kudd'nt hell'p la:'fing] **hållare** holder [håo'ldə] **hållbar** (*varaktig*) durable [djo:'ərəbl] **hållning** (*kropps-*) carriage [kärr'iddsj]; (*beteende*) attitude [ått'itjo:d] **hållplats** stop [ståpp] **hån** scorn [skå:n] **håna** put ... to scorn [pott' tə skå:'n] **hånfull** scornful [skå:'nfoll] **hånle** smile scornfully [smaj'l skå:'nfolli] **hånleende** scornful smile [skå:'nfoll smaj'l] **hår** hair [hä:'ə] **hårband** hair-ribbon [hä:'əribbən] **hårborste** hairbrush [hä:'əbrasj] **hård** hard [ha:d]; (*om ljud*) harsh [ha:sj]; (*påfrestande*) tough [taff]; *hård i magen* constipated [kånn'stipejtidd] **hårdhänt** rough [raff] **hårdkokt** hard-boiled [ha:'dbåjl'd] **hårdna** harden [ha:'dn] **hårdsmält** difficult to digest [diff'ikəlt to daj'dsjesst] **hårfrisörska** ladies' hairdresser [lej'dizz hä:'ədressə] **hårnål** hairpin [hä:'əpinn] **hårspänne** hair-slide [hä:'əslajd] **hårstrå** hair [hä:'ə] **hårvatten** hair tonic [hä:'ə tånn'ikk] **håv** landing-net [lännd'ingnett] **häck** hedge [heddsj]; *sport.* hurdle [hə:dl] **häcka** breed [bri:d] **hädanefter** from now on [fråmm nao' ånn'] **hädelse** blasphemy [blass'fimi] **häfte** booklet [bokk'litt] **häftig** (*våldsam*) violent [vaj'ələnt]; (*obehärskad*) vehement [vi:'imənt]; (*om smärta*) sharp [sja:'p] **häftplåster** adhesive plaster [əddhi:'sivv pla:'stə] **häftstift** drawing-pin [drå:'ingpinn]; *Am.* thumbtack [θamm'täkk] **hägg** bird-cherry [bə:'dtsjerri] **häkta** arrest [əress't] **häkte** custody [kass'tədi] **häktning** arrest [əress't] **häl** heel [hi:l] **hälft** half [ha:f] **hälla** pour [på:] **helleflundra** halibut [häll'ibətt] **hälsa 1** (*subst.*) health [hellθ] **2** (*verb*) greet [gri:t]; *hälsa hem!* remember me to your family! [rimemm'bə mi: to jå: fämm'illi]; *hälsa henne!* give her my regards [givv' hə: maj' riga:'dz]; *hälsa på* (*besöka*) go and see [gåo' ənn si:'] **hälsning** greeting [gri:'ting]; *hjärtliga hälsningar* kind regards [kaj'nd riga:'dz] **hälsosam** wholesome [håo'ləsm] **hälsovårdsnämnd** public health committee [pabb'likk hell'θ kəmitt'i] **hämma** (*hejda*) check [tsjekk] **hämmad** inhibited [inhibb'itidd] **hämnas** avenge [əvenn'dsj] **hämnd** revenge [rivenn'dsj] **hämning** (*psyk.*) inhibition [innhibisj'ən] **hämta** fetch [fettsj]; *hämta sig* recover [rikavv'ə] **hända** happen [häpp'ən]; *det kan nog hända* that may be (so) [ðått' mej' bi: (såo)] **händelse** occurrence [əkarr'əns]; (*betydelsefull*) event [ivenn't]; (*episod*) incident [inn'sidənt]; (*tillfällighet*) coincidence [kåoinn'sidəns]; *av en ren händelse* quite by chance [kwaj't baj tsja:'ns]; *i alla händelser* at all events [ätt å:'l ivenn'ts] **händelserik** eventful [ivenn'tfoll] **händelsevis** by chance [baj tsja:'ns] **händig** handy [hänn'di]

hänföra (*fora ... till*) assign [əsaj'n]; (*tjusa*) carry away [kärr'i əwej']; *hänföra sig till* have reference to [hävv' reff'rəns to:] **hänförelse** rapture [räpp'tsjə] **hänga** hang [häng]; (*bero*) depend [dipenn'd] (*på* on [ånn]) **hängare** (*krok*) hook [hokk]; (*i kläder*) hanger [häng'ə] **hängiven** devoted [diväo'tidd] **hänglås** padlock [pädd'låkk] **hängslen** braces [brej'sizz]; *Am.* suspenders [səspenn'daz] **hänseende** *i vissa hänseenden* in certain respects [inn sə:'tn risspekk'ts] **hänsyn** consideration [kənsiddərej'sjən]; regard [riga:'d]; *ta hänsyn till* take ... into consideration [tej'k inn'to kənsiddərej'sjən]; *med hänsyn till* with regard to [wið riga:'d to:], (*i betraktande av*) in view of [inn vjo:' əvv]; *utan hänsyn till* regardless of [riga:'dliss əvv] **hänsynsfull** considerate [kənsidd'ərïtt] **hänsynslös** inconsiderate [innkənsidd'ərïtt] **hänvisa** refer [rifə:'] **hänvisning** reference [reff'rəns] **häpen** amazed [əmej'zd] **häpenhet** amazement [əmej'zmənt] **häpnadsväckande** amazing [əmej'zing] **här 1** (*subst.*) army [a:'mi] **2** (*adv.*) here [hi:'ə] **härav** from this [fråmm ðiss'] **härbärgera** lodge [låddsj] **härda** temper [temm'pə]; (*göra motståndskraftigare*) harden [ha:'dn] **härefter** after this [a:'ftə ðiss'] **härifrån** from here [fråmm hi:'ə] **härigenom** through here [θro:' hi:'ə]; *bildl.* owing to this [åo'ing to: ðiss'] **härja** ravage [ravv'iddsj] **härleda** derive [diraj'v] **härlig** glorious [glå:'riəs]; splendid [splenn'didd] **härma** imitate [imm'itejt] **härmed** with this [wið ðiss'] **häromdagen** the other day [ði ȧð'ə dej'] **härröra från** come from [kamm' fråmm] **härska** rule [ro:l] **härskare** ruler [ro:'lə] **härsken** rancid [rann'sidd] **härstamma från** be descended from [bi: disenn'didd fråmm] **härstamning** descent [disenn't]; (*ursprung*) origin [årr'idsjinn] **härtill** to this [to: ðiss'] **härvidlag** in this respect [inn ðiss' rispekk't] **häst** horse [hå:s]; *sitta till häst* be on horseback [bi: ånn hå:'sbakk] **hästkapplöpning** horse-racing [hå:'srejsing] **hästkraft** horse-power [hå:'spaoə] **häva** heave [hi:v]; (*påstå*) maintain [mejntej'n]; *hävda sig* hold one's own [håo'ld wannz åo'n] **hävstång** lever [li:'və] **häxa** witch [wittsj] **hö** hay [hej] **höft** hip [hipp]; *på en höft* at random [ätt rann'dəm] **hög 1** (*subst.*) heap [hi:p] **2** (*adj.*) high [haj] **högaktningsfullt** (*i brev*) Yours faithfully [jå:z fejθ'folli], *Am.* Very truly yours [verr'i tro:'li jå:'z] **höger** right [rajt] **högerparti** conservative party [kənsə:'vətivv pa:'ti] **högfärdig** conceited [kənsi:'tidd] **höghus** multi-storey building [mall'tistå:'ri bill'ding] **högkonjunktur** boom [bo:m] **högkvarter** headquarters [hedd'kwå:'təz] **högljudd** loud [laod]; noisy [nåj'zi] **högmodig** haughty [hå:'ti] **högmässa** morning service [må:'ning sə:'viss]; (*katolsk*) high mass [haj' mass'] **högskola** university [jo:nivə:'sitti], college [kåll'iddsj] **högslätt** table land [tej'bllännd] **högst** highest [haj'ist]; *i hogsta grad* in the highest degree [inn ðə haj'ist digri:'] **högsäsong** peak season [pi:'k si:'zn] **högt** high [haj]; highly [haj'li] **högtalare** loud-speaker

högtid — illusion 68

[laoˈdspiːkə] **högtid** festival [fessˈtəvəl] **högtidlig** solemn [sållˈəm] **högtidlighet** solemnity [səlemmˈnitti] **höja** raise [rejz] **höjd** height [hajt]; *på sin höjd* at the most [att ðə måoˈst]; *det är väl höjden!* that's the limit! [ðättˈs ðə limmˈitt] **höjdhopp** high jump [hajˈ dsjammˈp] **höjdpunkt** climax [klajˈmäkks]; peak [piːk] **höjning** raising [rejˈzing] **hök** hawk [håːk] **höna** hen [henn] **höns** fowls [faolz] **höra** (*räknas*) belong [bilångˈ] (*till* to [toː]); (*uppfatta ljud*) hear [hiːə]; (*få höra*) hear [hiːə]; *höra på* listen [lissˈn] **hörbar** audible [åːˈdəbl] **hörn** corner [kåːnə] **hörsel** hearing [hiːəring] **höst** autumn [åːtəmm]; *Am.* fall [fåːl]; *i höst* this autumn [ðissˈ åːtəmm], (*nästkommande*) next autumn [nekkˈst åːtəmm]; *i hostas* last autumn [laːst åːtəmm] **hövding** chief [tsjiːf] **hövlig** civil [sivvˈl], polite [pəlajtˈ] **i** in [inn], (*framför namn på mindre orter*) at [ätt]; (*tidsslangd*) for [fåː] **iaktta(ga)** observe [əbzəːˈv] **iakttagare** observer [əbzəːˈvə] **iakttagelse** observation [åbbzəˈvejˈsjən] **ibland** sometimes [sammˈtajmz]; *mitt ibland* amid[st] [əmiddˈ(st)] **icke** not [nått]; *icke desto mindre* nevertheless [nevvəðəlessˈ] **idag** today [tədejˈ] **idé** idea [ajdiːˈə] **ideal** ideal [ajdiːˈəl] **idealisera** idealize [ajdiˈəlajz] **idealisk** ideal [ajdiːˈəl] **ideell** idealistic [ajdiəlissˈtikk] **ideligen** perpetually [pəpettˈjoəli] **identifiera** identify [ajdennˈtifaj] **identisk** identical [ajdennˈtikəl] **identitet** identity [ajdennˈtitti] **identitetskort** identity card [ajdennˈtitti kaːd] **ideologi** ideology [ajdiållˈədsji] **idiot** idiot [iddˈiət] **idiotisk** idiotic [iddiättˈikk] **idka** carry on [kärrˈi ånn] **idol** idol [ajˈdl] **idrott** sports [spåːts] **idrotta** go in for sport [gåoˈ innˈ fə spåːˈt] **idrottsman** athlete [äθˈliːt] **idrottsplats** sports ground [spåːˈts graond] **idrottstävling** sports meeting [spåːˈts miːting] **idyll** idyll [iddˈill] **idyllisk** idyllic [ajdillˈikk] **ifall** if [iff] **ifrågasätta** question [kwessˈtsjən] **ifrån** *se från; komma ifrån* (*bli fri el. ledig*) get off [gettˈ åːf] **igelkott** hedgehog [heddˈsjhågg] **igen** again [əgennˈ] **igenkännande** recognition [rekkəgnisjˈən] **igenom** through [θroː] **ignorera** ignore [iggnåːˈ] **igång** *se gång 1* **igår** yesterday [jessˈtədi] **ihjäl** to death [tə deθˈ], *slå ihjäl* kill [kill] **ihop** together [təgeðˈə]; *falla ihop* shut up [sjattˈ app] **ihåg** *komma ihåg* remember [rimemmˈbə] **ihålig** hollow [hållˈåo] **ihållande** prolonged [prəlångˈd] **ikapp** *springa ikapp med ngn* run a race with s.b. [rannˈ ə rejˈs wið sammˈbədi]; *hinna ikapp ngn* catch s.b. up [kättˈsj sammˈbədi app] **ikläda** dress [dress] **ilasta** load [låod] **ilgods** express goods [ikksspressˈ goddz] **illa** badly [bäddˈli]; *låta illa* sound bad [saoˈnd bäddˈ]; *göra sig illa* hurt oneself [həːˈt wannsellˈf]; *lukta* (*smaka*) *illa* have a nasty smell (taste) [hävvˈ ə naːˈsti smell' (tejˈst)]; *må illa* feel poorly [fiːˈl poːˈəli], (*vilja kräkas*) feel sick [fiːˈl sikkˈ]; *ta illa upp* take it amiss [tejˈk itt əmissˈ] **illamående** (*adj.*) poorly [poːˈəli]; *känna sig illamående* (*ha kväljningar*) feel sick [fiːˈl sikkˈ] **illegal** illegal [illiːˈgəl] **illojal** disloyal [dissˈlåjˈəl] **illuminera** illuminate [illjoːˈminejt] **illusion**

illusion [illo:'sjən] **illustration** illustration [illəstrej'sjən] **illustrera** illustrate [ill'əstrejt] **ilska** anger [äng'gə], rage [rejdsj] **ilsken** angry [äng'gri] **imitera** imitate [imm'itejt] **imma** (ånga) mist [misst]; (beläggning) steam [sti:m] **immigrera** immigrate [imm'igrejt] **immun** immune [imjo:'n] **imperialism** imperialism [impi:'əriəlizzəm] **imperium** empire [emm'pajə] **imponera** make an impression [mej'k ənn immpresj'ən] **imponerande** impressive [immpress'ivv] **impopulär** unpopular (ann'pápp'jolə] **import, importera** import [imm'pá:t] **impregnera** impregnate [imm'- preggnejt] **improvisera** improvise [imm'prəvajz] **impuls** impulse [imm'palls] **impulsiv** impulsive [immpall'sivv] **in** in [inn]; in i into [inn'to] **inackordera** board and lodge [bå:'d ənn lådd'sj]; vara inackorderad board and lodge [bå:'d ənn lådd'sj] **inackordering** board and lodging [bå:'d ənn lådd'sjing]; (person) boarder [bå:'də] **inandas** inhale [innhej'l] **inbegripa** comprise [kəmpraj'z] **inberäkna** include [innklo:'d] **inbilla** inbilla ngn ngt make s.b. believe s.th. [mej'k samm'bədi bili:'v samm'θing]; inbillad imagined [imädd'sjinnd]; inbilla sig imagine [imädd'- sjinn] **inbillning** imagination [imäddsjinej'sjən] **inbjuda** invite [innvaj't] **inbjudan** invitation [innvitej'sjən] **inbjudningskort** invitation card [innvitej'sjən ka:d] **inblandning** interference [inntəfi:'ərəns] **inblick** insight [inn'sajt] **inbringa** yield [ji:ld] **inbrott** (under dagen) housebreaking [hao'sbrejking]; (under natten) burglary [bə:'gləri]; göra inbrott hos ngn break into a p.'s house [brej'k inn'to ə pə:'snz hao's] **inbrottsförsäkring** burglary insurance [bə:'gləri innsjo:'ərəns] **inbunden** (om bok) bound [baond] **inbördes** mutual [mjo:'tjoəl] **inbördeskrig** civil war [sivv'l wå:'] **indela** divide [divaj'd] **index** index [inn'dekks] **indian, indiansk** Indian [inn'djənn] **indicium** circumstantial evidence [sə:kəmstänn'sjəl evv'idəns] **Indien** India [inn'djə] **indier** Indian [inn'djən] **indignation** indignation [inndiggnej'sjən] **indignerad** indignant [inndigg'nənt] **indirekt** indirect [inndirekk't] **indisk** Indian [inn'djən] **individ, individuell** individual [inn- dividd'joəl] **industri** industry [inn'dəstri] **industrialisering** industrialization [inndəstriəlajzej'sjən] **industriarbetare** industrial worker [inndəss'triəl wə:'kə] **industriell** industrial [inndəss'- triəl] **ineffektiv** ineffective [innifekk'tivv]; (om person) inefficient [innifisj'ənt] **inemot** (om tid) towards [təwå:'dz]; (om antal o.d.) nearly [ni:'əli] **infall** (påhitt) idea [ajdi:'ə]; (nyck) whim [wimm] **infart** approach [əpråo'tsj] **infektion** infection [innfekk'sjən] **infinna sig** appear [əpi:'ə] **inflammation** inflammation [inn- fləmej'sjən] **inflation** inflation [innflej'sjən] **influensa** influenza [innfloenn'zə]; (vard.) flu [flo:] **inflytande** influence [inn'floəns] (på ngn with s.b. [wið samm'bədi]) **inflytelserik** influential [innfloenn'sjəl] **information** information [innfəmej'sjən] **informell** informal [innfå:'məl] **informera** inform [innfå:'m] **infria** redeem [ridi:'m] **infödd, inföding** native [nej'tivv] **inför** before

införa — inrikespolitik 70

[bifå:'] **införa** introduce [inntrədjo:'s] **införliva** incorporate [innkå:'pərejt] **ingalunda** by no means [baj nåo' mi:'nz] **ingefära** ginger [dsjinn'dsjə] **ingen** (foren.) no [nåo], (självst.) nobody [nåo'bədi], no one [nåo' wann']; **inga** (foren.) no [nåo], (självst.) none [nann]; **ingendera** neither [naj'ðə] **ingenjör** engineer [enndsjini:'ə] **ingenstans** nowhere [nåo'wä:ə] **ingenting** nothing [naθ'ing] **ingrediens** ingredient [inngri:'djənt] **ingrepp** (bildl.) interference [inntəfi:'ərəns]; (operation) operation [åppərej'sjən] **ingripa** intervene [inntəvi:'n] **ingripande** intervention [inntəvenn'sjən] **ingå i** be part of [bi: pa:'t əvv] **ingående** (grundlig) thorough [θarr'ə] **ingång** entrance [enn'trəns] **inhemsk** domestic [dəmess'tikk] **inhägna** enclose [innklåo'z] **inhägnad** enclosure [innklåo'sjə] **inifrån** (adv.) from within [fråmm wiðinn']; (prep.) from the interior of [fråmm ðə innti:'əriə əvv] **initial** initial [inisj'əl] **initiativ** initiative [inisj'iətivv] **injektion** injection [inndsjekk'sjən] **injektionsspruta** hypodermic syringe [hajpədə'mikk sirr'inndsj] **inkalla** call in [kå:'l inn']; (möte e.d.) summon [samm'ən]; (mil.) call up [kå:'l app'] **inkassera** collect [kəlekk't] **inkludera** include [innklo:'d] **inklusive** ... included [innklo:'didd] **inkompetent** incompetent [innkåmm'pitənt] **inkomst, inkomster** income [inn'kəm] **inkonsekvent** inconsistent [innkənsiss'tənt] **inkräkta** trespass [tress'pəs] **inkräktare** trespasser [tress'pəsə] **inkubationstid** incubation period [innkjobej'sjən pi:'əriəd] **inkvartera** (mil.) billet [bill'itt]; (friare) accommodate [əkåmm'ədejt] **inköp** purchase [pə:'tsjəs] **inköpspris** cost price [kåss't prajs] **inlaga** (skrift) petition [pitisj'ən] **inleda** open [åo'pən] **inledande** (adj.) introductory [inntrədakk'təri] **inledning** introduction [inntrədakk'sjən] **inlevelse** feeling [fi:'ling]; insight [inn'sajt] **inlopp** entrance [enn'trəns] **inlåta sig i (på)** enter into [enn'tə inn'to] **inlägg** (i diskussion) contribution [kånntribjo:'sjən] **inlösa** (check e.d.) cash [käsj] **innan** before [bifå:']; **innanför** inside [inn'saj'd] **innanlår** thick flank [θikk' fläng'k] **inne** inside [inn'saj'd]; (inomhus) indoors [inn'då:'z] **inneboende** (subst.) lodger [låddsjə] **innebära** imply [impplaj'], mean [mi:n] **innebörd** signification [siggnifikej'sjən] **innehavare** possessor [pəzess'ə] **innehåll** contents [kånn'tennts] **innehålla** contain [kəntej'n] **innerst inne** farthest in [fa:'ðisst inn']; (bildl.) at heart [ätt ha:'t] **innersta** innermost [inn'əmåost] **innerstad** city centre [sitt'i senn'tə] **innesluta** enclose [innklåo'z] **inofficiell** unofficial [ann'əfisj'əl] **inom** within [wiðinn']; (om) in [inn]; inom kort shortly [sjå:'tli] **inomhus** indoors [inn'då:'z] **inrama** frame [frejm] **inre** (adj.) inner [inn'ə] (subst.) inside [inn'saj'd] **inreda** fit up [fitt' app'] **inregistrera** register [redd'sjisstə] **inresetillstånd** entry permit [enn'tri pə:'mitt] **inrikes** (adv.) in the country [inn' ðə kann'tri] (adj.) inland [inn'lənd]; domestic [dəmess'tikk] **inrikesflyg** domestic aviation [dəmess'tikk ejviej'sjən] **inrikespolitik** do-

71   **inrikta — intill**

mestic policy [dəmess'tikk pålĺ'issi] **inrikta** (bildl.) direct [direkk't] **inrådan** på min inrådan on my advice [ånn maj' ədvaj's] **inrätta** (anlägga) establish [isstabb'lisj]; (ordna) arrange [ərej'ndsj] **inrättning** (anstalt) establishment [isstabb'lisjmənt] **insamling** collection [kəlekk'sjən] **insats** (i spel, företag o.d.) stake [stejk]; (prestation) achievement [ətsji:'vmənt] **inse** see [si:]; realize [ri:'əlajz] **insekt** insect [inn'sekkt] **insektsmedel** insecticide [innsekk'tisajd] **insida** inside [inn'sajd] **insikt** knowledge [nåll'iddsj] **insinuera** insinuate [innsinn'joejt] **insistera** insist [innsiss't] **insjö** lake [lejk] **inskjuta** put in [pott' inn']; (införa) insert [innsə:'t] **inskrift, inskription** inscription [innskripp'sjən] **inskränka** (begränsa) restrict [risstrikk't]; (minska) reduce [ridjo:'s] **inskränkning** restriction [risstrikk'sjən]; reduction [ridakk'sjən] **inslag** (bildl.) element [ell'imənt] **inslagen** (om paket) wrapped-up [räpp'tapp'] **inspektera** inspect [innspekk't] **inspektör** inspector [innspekk'tə] **inspelning** recording [rikå:'ding]; (film-) production [prədakk'sjən] **inspiration** inspiration [innspərej'sjən] **inspirera** inspire [innspaj'ə] **inspärra** shut ... up [sjatt' app'] **installera** install [innstå:'l] **insteg** vinna insteg gain a footing [gej'n ə fott'ing] **instinkt** instinct [inn'stingkt] **institut** institute [inn'stitjo:t] **institution** institution [innstitjo:'sjən] **instruktion** instruction [innstrakk'sjən] **instruktör** instructor [innstrakk'tə] **instrument** instrument [inn'strəmənt] **instrumentbräde** instrument panel [inn'strəmənt pänn'l] **inställa** (avpassa) adjust [ədsjass't]; (upphöra med) cancel [känn'səl]; (betalningar) suspend [səspenn'd] **inställning** adjustment [ədsjass'tmennt]; bildl. attitude [ätt'itjo:d] **instämma** (jur.) summon ... to appear [samm'ən to: əpi:'ə]; (samtycka) agree [əgri:'] **instängd** shut up [sjatt' app']; (unken) stuffy [staff'i] **insulin** insulin [inn's-jolinn] **insändare** letter to the editor [lett'ə to ði edd'itə] **insätta** put in [pott' inn']; (i bank) deposit [dipázz'itt] **inta(ga)** take in [tej'k inn']; (inmundiga) take [tejk]; (måltid) eat [i:t], have [hävv]; (ta i besittning) take [tejk] **intagande** (adj.) attractive [ətrakk'tivv] **inte** not [nått]; inte sant? don't you think so? [dåo'nt jo ðing'k såo'] **inteckning** mortgage [må:'giddsj] **intellektuell** intellectual [inntilekk'tjoəl] **intelligens** intelligence [intell'idsjəns] **intelligent** intelligent [inntell'idsjənt] **intendent** (föreståndare) manager [männ'iddsjə]; (vid museum) keeper [ki:'pə] **intensifiera** intensify [inntenn'sifaj] **intensitet** intensity [inntenn'sitti] **intensiv** intense [inntenn's] **interiör** interior [inti:'əriə] **intermezzo** interlude [inn'tələ:d]; (bildl.) incident [inn'sidənt] **intern** (adj.) internal [inntə:'nl] **internationell** international [inntə:nasj'ənl] **internatskola** boarding-school [bå:'dingsko:l]; (i England) public school [pabb'likk sko:l] **intervention** intervention [inntəvenn'sjən] **intervju, intervjua** interview [inn'təvjo:] **intet** se ingen; nothing [naθ'ing]; (intighet) nothingness [naθ'ingniss] **intill** next to [nekk'st to:]; (emot)

intim — Japan 72

against [əgenn'st]; *nära intill* close to [klåo's to:] **intim** intimate [inn'timitt] **intolerant** intolerant [inntåll'ərənt] **intressant** interesting [inn'trissting] **intresse** interest [inn'trisst] **intressera** interest [inn'trisst]; **intresserad av** (*för*) interested in [inn'trisstidd ınn] **intrig** intrigue [inntri:'g] **introducera** introduce [inntrədjo:'s] **introduktion** introduction [inntrədakk'sjən] **intryck** *bildl.* impression [immpresj'ən]; (*märke*) impress [imm'press] **inträde** entrance [enn'trəns]; *i sht bildl.* entry [enn'tri] **inträdesbiljett** admission-ticket [əddmisj'ən tikk'itt] **inträdesprov** entrance examination [enn'trəns iggzämminej'sjən] **inträffa** (*handa*) happen [häpp'ən]; (*infalla*) occur [əkə:'] **intuition** intuition [inntjoisj'ən] **intyg** certificate [sətiff'ikitt] **intyga** (*skriftligen*) certify [sə:'tifaj]; (*bekrafta*) affirm [əfə:'m] **inuti** inside [inn'saj'd] **inval** election [ilekk'sjən] **invalid** disabled person [dissej'bld pə:'sn] **invaliditet** disability [dissəbill'itti] **invandrare** immigrant [imm'igrənt] **invandring** immigration [immigrej'sjən] **invasion** invasion [innvej'sjən] **inveckla** involve [innvåll'v] **invecklad** involved [innvåll'vd]; (*svårlost*) complicated [kåmm'plikejtidd] **inventarier** effects [ifekk'ts] **inverka** have an effect [hävv' ənn ifekk't] **inverkan** influence [inn'floəns] **invid** by [baj] **inverkan** influence [inn'floəns] **investering** investment [innvess'tmənt] **inviga** (*t.ex. kyrka*) consecrate [kånn'sikrejt]; (*skola*) inaugurate [innä:'gjorejt] **invigning** consecration [kånnsikrej'sjən]; inauguration [innä:gjorej'sjən] **invitera** invite [innvajt'] **invånare** inhabitant [innhäbb'itənt] **invända** object [əbdsjekk't] **invändig** internal [innta:'nl] **invändning** objection [əbdsjekk'sjən] **invärtes** internal [innta:'nl] **inåt** (*prep.*) towards the interior of [təwä:'dz ði innti:'əriə əvv]; (*adv.*) inwards [inn'wədz] **inälvor** bowels [baʊ'əlz] **Irland** Ireland [aj'ələnd] **irländare** Irishman [aj'ərisjmən] **irländsk** Irish [aj'ərisj] **ironi** irony [aj'ərəni] **ironisk** ironic [ajrånn'ikk] **irra** wander [wånn'də] **irritera** irritate [irr'itejt] **is** ice [ajs] **isbjörn** polar bear [pöʊ'lə bä:'ə] **isbrytare** ice-breaker [aj'sbrejkə] **iscensättning** staging [stej'dsjing] **ischias** sciatica [sajätt'ikkə] **ishockey** ice-hockey [aj'shåkk'i] **isig** icy [aj'si] **iskall** ice-cold [aj'skåo'ld] **Island** Iceland [aj'slənd] **isländsk** Icelandic [ajslänn'dikk] **isolera** isolate [aj'səlejt] **Israel** Israel [izz'rejəl] **istapp** icicle [aj'sikkl] **ister** lard [la:d] **isär** apart [əpa:'t] **Italien** Italy [itt'əli] **italienare, italiensk** Italian [itäll'jən] **itu** in two [inn to:']; *ta itu med* set about [sett' əbəo't] **iver** eargerness [i:'gəniss]; (*nit*) ardour [a:'də] **ivrig** eager [i:'gə]; (*angelägen*) anxious [äng'ksjəs]; **iögon(en)fallande** striking [straj'king] **ja** yes [jess]; *ja visst!* (yes) certainly [(jess') sə:'tnli] **jacka** jacket [dsjakk'itt] **jag** I [aj]; *det är jag* it is me [itt izz mi:'] **jaga** hunt [hannt]; (*förfolja*) chase [tsjejs]; (*med gevär*) shooting [sjo:'ting]; (*förföljande*) pursuit [pəs-jo:'t]; (*letande*) hunt [hannt] **jaktplan** fighter plane [faj'tə plejn] **jama** mew [mjo:'] **januari** January [dsjänn'joəri] **Japan** Japan [dsjə-

japan — järnhandel

pann´] **japan, japansk** Japanese [dsjäppəni:´z] **jaså** oh! [åo], indeed! [inndi:d´] **jetplan** jet plane [dsjett´ plejn] **jo** yes [jess] **jobb** work [wə:k], job [dsjåbb] **jobba** work [wə:k] **jod** iodine [aj´ədi:n] **jolle** dinghy [ding´gi] **jollra** babble [bäbb´l] **jonglera** juggle [dsjagg´l] **jord** earth [ə:θ]; (*mark*) ground [graond] **jordbruk** agriculture [ägg´rikalltsjə] **jordbrukare** farmer [fa:´mə] **jordbävning** earthquake [ə:´θkwejk] **jordfästning** burial service [berr´iəl sə:´viss] **jordglob** (terrestrial) globe [tiress´triəl glåob] **jordgubbe** strawberry [strå:´bəri] **jordisk** earthly [ə:´θli] **jordmån** soil [såjl] **jordnöt** peanut [pi:´natt] **jordärtskocka** Jerusalem artichoke [dsjəru:´sələm a:´titsjåok] **jourhavande läkare** doctor on duty [dåkk´tə ånn djo:´ti] **journal** journal [dsjə:´nl]; (*sjukhus-*) case record [kej´s rekk´å:d] *film.* newsreel [njo:´zri:l] **journalfilm** newsreel [njo:´zri:l] **journalist** journalist [dsjə:´nnəlisst] **ju** why [waj]; (*som du vet*) you know [jo nåo´]; *ju förr desto bättre* the sooner the better [ðə so:´nə ðə bett´ə] **jubel** rejoicing [ridsjåj´sing] **jubileum** jubilee [dsjo:´bili:] **jubla** shout for joy [sjao´t fə dsjåj´] **jude** Jew [dsjo:] **judinna** Jewish woman [dsjo:´isj womm´ən] **judisk** Jewish [dsjo:´isj] **Jugoslavien** Jugoslavia [jo:gåosla:´vjə] **jugoslav, jugoslavisk** Jugoslavian [jo:gåosla:´vjən] **jul** Christmas [kriss´məs]; *god jul!* A Merry Christmas! [ə merr´i kriss´məs] **julafton** Christmas Eve [kriss´məs i:´v] **julgran** Christmas tree [kriss´məs tri:] **juli** July [dsjo:laj´] **julklapp** Christmas present [kriss´məs prezz´nt] **jullov** Christmas holidays [kriss´məs håll´ədizz] **julsång** Christmas carol [kriss´məs kärr´əl] **jultomten** Father Christmas [fa:´ðə kriss´məs] **jumper** jumper [dsjamm´pə] **jungfru** virgin [və:´dsjinn] **jungfruresa** maiden voyage [mej´dn våj´idsj] **juni** June [dsjo:n] **juridik** law [lå:] **juridisk** juridical [dsjoəridd´ikəl] **jurist** lawyer [lå:´jə] **jury** jury [dsjo:´əri] **just 1** (*adv.*) just [dsjasst]; *exactly* [iggzakk´tli]; *just det!* that's exactly it! [ðatt´s iggzakk´tli itt´] **2** (*adj.*) fair [fä:´ə] **justera** adjust [ədsjass´t] **justering** adjustment [ədsjass´tmennt] **juvel** jewel [dsjo:´əl] **juvelerare** jeweller [dsjo:´ələ] **juver** udder [add´ə] **jägare** hunter [hann´tə] **jäklar!** damn! [dämm] **jäkt** hurry [harr´i] **jäkta** be in a hurry [bi: inn ə harr´i] **jäktad** hurried [harr´idd] **jäktig** hectic [hekk´tikk] **jämföra** compare [kəmpä:´ə] **jämförelse** comparison [kəmpärr´issn] **jämförelsevis** comparatively [kəmpärr´ətivvli] **jämlike** equal [i:´kwəl] **jämlikhet** equality [i:kwåll´itti] **jämn** (*om yta*) even [i:´vən]; (*slät*) smooth [smo:ð]; (*oavbruten*) continuous [kəntinn´joəs]; (*mots. udda*) even [i:´vən] **jämna** level [levv´l], even out [i:´vən ao´t] **jämnhöjd** *i jämnhöjd med* on a level with [ånn ə levv´l wið] **jämnmod** equanimity [i:kwənimm´itti] **jämnårig** of the same age [əvv ðə sej´m ej´dsj] (*med* as [äzz]) **jämra sig** wail [wejl] **jäms med** at the level of [att ðə levv´l əvv] **jämsides** side by side [sajd baj sajd] **jämt** always [å:´lwəz] **jämvikt** (*av. bildl.*) balance [bäll´əns] **järn** iron [aj´ən] **järnek** holly [håll´i] **järnhandel** ironmonger's

järnväg — kapa 74

[aj'ənmanggəz] **järnväg** railway [rej'lwej]; *Am.* railroad [rej'lråod] **järnvägsknut** railway junction [rej'lwej dsjang'ksjən] **järnvägsspår** railway track [rej'lwej träkk] **järnvägsstation** railway station [rej'lwej stej'sjən] **järv** wolverine [woll'vəri:n] **jäsa** ferment [fə:menn't] **jäsning** fermentation [fə:menntej'sjən] **jäst** yeast [ji:st] **jätte** giant [dsjaj'ənt] **jättelik** gigantic [dsjajgänn'tikk] **jökel** glacier [glass'jə] **jösses!** good heavens! [godd' hevv'nz] **kabaré** cabaret [kàbb'ərej] **kabel** cable [kej'bl] **kafé** café [käff'ej] **kaffe** coffee [kåff'i]; *koka kaffe* make coffee [mej'k kåff'i] **kaffekopp** coffee-cup [kåff'ikapp] **kaj** quay [ki:] **kaja** jackdaw [dsjakk'då:] **kajuta** cabin [käbb'inn] **kaka** cake [kejk]; (*små-*) biscuit [biss'kitt], *Am.* cookie [kokk'i] **kakao** cacao [kəka:'åo]; (*dryck*) cocoa [kåo'kåo] **kakel** tile [tajl] **kakelugn** tiled stove [taj'ld ståo'v] **kaktus** cactus [käkk'təs] **kal** bare [ba:'ə] **kalas** party [pa:'ti] **kalender** calendar [käll'inndə] **kalk** lime [lajm] **kalkon** turkey [tə:'ki] **kalksten** limestone [laj'mståon] **kalkyl** calculation [källkjolej'sjən] **kalkylera** calculate [käll'kjolejt] **kall** cold [kåold] **kalla** call [kå:l]; *så kallad* so-called [såo'kå:'ld] **kallelse** summons [samm'ənz] **kallna** cool [ko:l]; (*om mat e.d.*) get cold [gett' kåo'ld] **kalori** calorie [käll'əri] **kalsonger** underpants [ann'dəpännts] **kalv** calf [ka:f]; *kokk. veal* [vi:l]; *kalvar* calves [ka:vz] **kalvkotlett** veal chop [vi:'l tsjåpp] **kalvskinn** calfskin [ka:'fskinn] **kam** comb [kåom] **kamaxel** camshaft [kämm'sja:ft] **kamel** camel [kämm'əl] **kamera** camera [kamm'ərə] **kamin** stove [ståov] **kamma** comb [kåom] **kammare** room [romm]; *Engl. polit.* house [haos] **kammarmusik** chamber music [tsjej'mbə mjo:'zikk] **kamning** combing [kåo'ming] **kamomill** wild camomile [waj'ld kämm'əmajl] **kamouflage, kamouflera** camouflage [kämm'ofla:sj] **kamp** struggle [stragg'l] **kampanj** campaign [kämmpej'n] **kampare** *se campare* **kamrat** fellow [fell'åo] **kamratlig** friendly [frenn'dli] **kamratskap** companionship [kəmpann'jənsjipp] **kamrer** accountant [əkao'ntənt] **kan** can [känn], may [mej]; *kan inte* cannot [känn'ått], may not [mej' nått] **kana** slide [slajd]; *åka kana* slide [slajd] **Kanada** Canada [känn'ədə] **kanadensare, kanadensisk** Canadian [kənej'djən] **kanal** (*naturlig*) channel [tsjänn'l]; (*grävd*) canal [kənäll'] **Kanarieöarna** the Canary Islands [ðə kənä:'əri aj'ləndz] **kandidat** candidate [känn'didett] **kanel** cinnamon [sinn'əmən] **kanhända** perhaps [pəhapp's] **kanin** rabbit [räbb'itt] **kanna** (*kaffe- etc.*) pot [pått]; (*gradd-*) jug [dsjagg] **kannibal** cannibal [känn'ibəl] **kannring** piston ring [piss'tən ring] **kanon** gun [gann] **kanonskott** gun-shot [gann'sjått] **kanot** canoe [kənoː'] **kanske** perhaps [pəhapp's] **kansler** chancellor [tsja:'nsələ] **kansli** secretariat(e) [sekkrətà:'əriət] **kant, kanta** edge [eddsj] **kantarell** chanterelle [tsjänntərell'] **kantra** turn over [tə:'n åo'və] **kantstött** chipped [tsjippt] **kaos** chaos [kej'åss] **kapa** capture

kapacitet — kategori

[käpp'tsjə]; (flygplan) hijack [haj'dsjäkk] **kapacitet** capacity [kəpäss'itti] **kapell** orchestra [å:'kisstrə], band [bännd]; (overdrag) cover [kavv'ə]; (kyrkobyggnad) chapel [tsjäpp'əl] **kapital** capital [käpp'ittl] **kapitalism** capitalism [käpp'itəlizəm] **kapitalplacering** investment [innvess'tmənt] **kapitel** chapter [tsjäpp'tə] **kapitulation** capitulation [kəpittjolej'sjən] **kapitulera** surrender [sərenn'də] **kappa** coat [kåot] **kapplöpning** racing [rej'sing] **kapplöpningsbana** (häst-) race-course [rej'skå:s], Am. race track [rej's träkk] **kapplöpningshäst** race-horse [rej'shå:s] **kapprodd** boat-racing [båo'trejsing] **kapprum** cloak-room [klåo'kromm] **kappsegling** yacht-racing [jått'rejsing] **kappseglingsbåt** racing-boat [rej'singbåot] **kappsäck** suit-case [s-jo:'tkejs] **kaprifol** honeysuckle [hann'isäkkl] **kapris** (krydda) capers [kej'pəz] **kapsejsa** capsize [käppsaj'z] **kapsel** capsule [käpp's-jo:l] **kapsyl** cap [käpp] **kapten** captain [käpp'tinn] **kapuschong** hood [hodd] **kar** vat [vätt]; (bad-) bath tub [ba:'θ tabb] **karaff** decanter [dikann'tə] **karakterisera** characterize [kärr'ikktərajz] **karakteristisk** characteristic [kärriktəriss'tikk] (för of [əvv]) **karaktär** character [kärr'ikktə] **karamell** sweet [swi:t] **karantän** quarantine [kwärr'ənti:n] **karbonpapper** carbon paper [ka:'bən pejpə] **kardinal** cardinal [ka:'dinl] **kardanknut** universal joint [jo:nivə:'səl dsjåj'nt] **kardemumma** cardamom [ka:'dəməm] **karg** barren [bärr'ən] **karies** caries [kä:'əri:z] **karikatyr, karikera** caricature [kärrikkətjo:'ə] **karl** man [männ] **karmstol** armchair [a:'mtsja:'ə] **karneval** carnival [ka:'nivəl] **karosseri** (car) body [(ka:') båddi] **karott** deep dish [di:'p disj] **karriär** career [kəri:'ə] **kart** unripe fruit [ann'raj'p fro:'t] **karta** map [mäpp] (över of [åvv]) **kartlägga** map [mäpp]; (bildl.) map out [mäpp' ao't] **kartong** (styvt papper) cardboard [ka:'dbå:d]; (pappask) cardboard box [ka:'dbå:d båkks] **kartotek** card index [ka:'d inndekks] **karusell** merry-go-round [merri'gåoraond] **kasern** barracks [bärr'əks] **kasino** casino [kəsi:'nåo] **kasperteater** Punch-and-Judy show [pann'tsjəndsjo:'di sjåo] **kassa** (penningförråd) cash [käsj]; (-låda) cash-box [käsj'båkks]; (i butik) cash desk [käsj' dessk]; (i bank) cashier [käsji:'ə] **kassaapparat** cash register [käsj' redd'sjisstə] **kassarabatt** cash discount [käsj' diss'kaont] **kasse** string-bag [string'bägg]; (pappers-) carrier bag [kärr'iə bägg] **kassera** reject [ridsjekk't]; (kasta bort) discard [disska:'d] **kassettbandspelare** cassette tape-recorder [käsett' tejp'rikå:də] **kassör** cashier [käsji:'ə] **kast, kasta** throw [θråo] **kastanje** chestnut [tsjess'natt] **kastanjett** castanet [kässtənett'] **kastrull** saucepan [så:'spən] **kastspö** casting-rod [ka:'stingrådd] **katalog** catalogue [kätt'əlågg] **katapultstol** ejection seat [i:dsjekk'sjən si:'t] **katarr** catarrh [kəta:'] **katastrof** catastrophe [kətäss'trəfi] **katastrofal** catastrophic [kättəsträff'ikk] **kateder** teacher's desk [ti:'tsjəz dess'k] **katedral** cathedral [kəθi:'drəl] **kategori** category

katolik — klia 76

[kätt'igəri] **katolik, katolsk** Catholic [käθ'əlikk] **katt** cat [kätt] **kattunge** kitten [kitt'n] **kautschuk** (radergummi) Am. (india-) rubber [(inn'djə) rabb'ə], eraser [irej'zə] **kavaj** jacket [dsjäkk'itt] **kavajkostym** lounge suit [lao'ndsj s-jo:t] **kavaljer** cavalier [kävvəli:ə]; (bords-) partner [pa:'tnə] **kavalkad** cavalcade [kavvəlkej'd] **kavalleri** cavalry [kävv'əlri] **kavat** plucky [pläkk'i] **kavel** rolling-pin [råo'lingpinn] **kaviar** caviar(e) [kävv'ia:] **kavla** roll [råol] **kedja** chain [tsjejn]; sport. forward-line [få:'wədlajn] **kejsardöme** empire [emm'pajə] **kejsare** emperor [emm'pərə] **kejsarinna** empress [emm'priss] **kejserlig** imperial [immpi:'əriəl] **kela** pet [pett] **kemi** chemistry [kemm'isstri] **kemikalier** chemicals [kemm'ikəlz] **kemisk** chemical [kemm'ikəl] **kemist** chemist [kemm'isst] **kemtvätt** dry cleaning [draj' kli:'ning]; (lokal) dry cleaner's [draj' kli:'nəz] **keramik** ceramics [sirämm'-ikks] **kex** biscuit [biss'kitt] **kika** peep [pi:p] **kikare** binoculars [binäkk'joləz] **kikhosta** whooping-cough [ho:'pingkäff] **kil** wedge [weddsj] **kila** nu kilar jag! I'll be off now! [aj'l bi: å:'f nao] **kilo** kilo [ki:'låo] **kilometer** kilometre [kill'əmi:tə] **Kina** China [tsjaj'nə] **kind** cheek [tsji:k] **kindtand** molar [måo'lə] **kines, kinesisk** Chinese [tsjaj'ni:'z] **kinkig** petulant [pett'jolənt]; (fordrande) particular [pətikk'jolə] **kiosk** kiosk [kiäss'k] **kirurg** surgeon [sə:'dsjən] **kisa** screw up one's eyes [skro:' app' wannz aj'z] **kiselsten** pebble [pebb'l] **kissa** wee-wee [wi:'wi:'] **kissekatt** pussy(-cat) [poss'i(kätt)] **kista** chest [tsjesst]; (lik-) coffin [käff'inn] **kitt** cement [simenn't] **kittla** tickle [tikk'l] **kittlig** ticklish [tikk'lisj] **kivas** contend [kəntenn'd] **kjol** skirt [skə:t] **klack, klacka** heel [hi:l] **kladd** rough copy [raff' käpp'i] **kladdig** sticky [stikk'i] **klaff** flap [fläpp] **klaga** complain [kəmplej'n]; (jämra) lament [ləmenn't] **klagan** complaint [kəmplej'nt]; (jämmer) lament [ləmenn't] **klagomål** complaint [kəmplej'nt]; (reklamation) claim [klejm] **klampa** tramp [trämmp] **klamra sig** cling [kling] **klander, klandra** blame [blejm] **klang** ring [ring] **klapp** tap [täpp]; (smeksam) pat [pätt] **klappa** tap [täpp]; pat [pätt]; (om hjärtat) beat [bi:t]; klappa händerna clap one's hands [kläpp' wannz hänn'dz] **klar** clear [kli:ə]; (om farg) bright [brajt]; (fardig) ready [redd'i]; få klart för sig get a clear idea of [gett' ə kli:'ə ajdi:'ə əvv] **klara** (reda upp) settle [sett'l]; (strupen) clear [kli:'ə]; klara sig get off [gett' å:'f], (reda sig) manage [männ'iddsj]; klara av clear off [kli:'ə å:'f] **klarhet** clearness [kli:'əniss] **klarinett** clarinet [klärrinett'] **klarna** (om vädret) clear up [kli:'ə app']; bild!. become clear(er) [bikamm' kli:'ə(rə)]; (ljusna) brighten [braj'tn] **klarvaken** wide awake [wajd' əwej'k] **klase** bunch [banntsj] **klass** class [kla:s] **klassiker** classic [kläss'ikk] **klassisk** classical [kläss'ikəl] **klasskamrat** class-mate [kla:'smejt] **klassrum** class-room [kla:'sromm] **klaviatur** keyboard [ki:'bå:d] **klen** feeble [fi:'bl] **kletig** messy [mess'i] **klia** itch [ittsj]; klia sig scratch o.s. [skrätt'sj wannsell'f]

klibbig — knubbig

klibbig sticky [stikk'i] **klick** pat [pätt] **klicka** misfire [miss'faj'ə] **klient** client [klaj'ənt] **klimat** climate [klaj'mitt] **klimax** climax [klaj'mäkks] **klimp** lump [lammp] **klimpa sig** get lumpy [gett' lamm'pi] **klinga 1** (subst.) blade [blejd] **2** (verb) ring [ring] **klinik** clinic [klinn'ikk] **klippa 1** (verb) cut [katt]; (gräs o.d.) mow [måo]; (biljett) punch [panntsj]; **2** (subst.) rock [råkk] **klippig** rocky [råkk'i] **klister, klistra** paste [pejst] **kliva** stride [strajd] **klo** claw [klå:] **kloak** sewer [sjo:'ə] **klocka** (ring-) bell [bell]; (vagg- o.d.) clock [klåkk]; (armbands-) watch [wåttsj]; hur mycket är klockan? what time is it? [wått taj'm izz itt]; klockan är fem it is five [itt izz faj'v] **klockstapel** detached bell-tower [ditätt'sjt bell'taoə] **klok** wise [wajz]; (vid sina sinnen) sane [sejn] **klosett** closet [klåzz'itt] **kloss** block [blåkk] **kloster** (nunne-) convent [kånn'vənt]; (munk-) monastery [månn'əstri] **klot** ball [bå:l] **klottra** scrawl [skrå:l] **klubb** club [klabb] **klubba** club [klabb] **klubbjacka** blazer [blej'zə] **klucka** cluck [klakk] **kludda** daub [då:b] **klump** lump [lammp] **klumpig** clumsy [klamm'zi] **klunga** cluster [klass'tə] **klunk** draught [dra:ft] **kluven** split [splitt] **klyfta** (bergs-) gorge [gå:dsj]; (apelsin-) segment [segg'mənt] **klyva** split [splitt] **klåda** itch [ittsj] **klä se klä(da)** **kläcka** hatch [hättsj] **klä(da)** clothe [klåoð]; dress [dress]; (passa) suit [sjo:t]; klä sig dress [dress]; klä av (sig) undress [ann'dress]; klä om sig change [tsjejndsj]; klä på sig dress [dress] **kläder** clothes [klåoðz] **klädhängare** clothes-hanger [klåo'özhangə] **klädnypa** clothes-peg [klåo'özpegg] **klädsam** becoming [bikamm'ing] **klädsel** dress [dress] **klädskåp** wardrobe [wå:'dråob] **klädstreck** clothes-line [klåo'özlajn] **klämma 1** (subst.) (knipa) pinch [pinntsj]; (hår-, pappers- e.d.) clip [klipp] **2** (verb) squeeze [skwi:z] **klämta** toll [tåoll] **klängväxt** climbing plant [klaj'ming pla:'nt] **klänning** dress [dress] **klättra** climb [klajm] **klösa** scratch [skrättsj] **klöver** (ort) clover [klåo'və]; (i kortspel) club(s) [klabb(z)] **knacka** tap [täpp]; (på dörr) knock [nåkk] **knackning** knock [nåkk] **knagglig** bumpy [bamm'pi] **knaka** crack [kräkk] **knall** report [ripå:'t]; (äsk-) peal [pi:l] **knalipulver** detonating-powder [dett'åonejting pao'də] **knapp 1** (subst.) button [batt'n]; (på lock e.d.) knob [nåbb] **2** (adj.) scanty [skänn'ti] **knappast** scarcely [skä:'əsli], hardly [ha:'dli] **knapphål** buttonhole [batt'nhåol] **knappnål** pin [pinn] **knappt** scantily [skänn'tilli]; (nätt o. jämnt) barely [bä:'əli]; knappt ... förrän scarcely ... before [skä:'əsli bifå:'] **knaprig** crisp [krissp] **knark** dope [dåop] **knarkare** drug addict [dragg'ädd'ikkt] **knarra** creak [kri:k] **knastra** crackle [kräkk'l] **knekt** (i kortspel) jack [dsjäkk] **knep** trick [trikk] **knippa** bunch [banntsj] **kniv** knife [najf] **knoga** labour [lej'bə] (med at [att]) **knoge** knuckle [nakk'l] **knop** knot [nått] **knopp** (blom-) bud [badd]; (knapp) knob [nåbb] **knoppas** bud [badd] **knota** grumble [gramm'bl] (över at [att]) **knott** gnat [nätt] **knubbig**

knuff — kommentera 78

plump [plammp] **knuff, knuffa, knuffas** push [posj] **knulla** fuck [fakk] **knusslig** niggardly [nigg'ədli] **knut** knot [nått] **knutpunkt** junction [dsjang'ksjən] **knycka** jerk [dsjə:k]; (*stjäla*) pinch [pinntsj] **knysta** utter a sound [att'ə ə sao'nd] **knyta** tie [taj] **knyte** bundle [bann'dl] **knytkalas** *ung.* Dutch treat [datt'sj tri:t] **knytnäve** fist [fisst] **knåda** knead [ni:d] **knä** knee [ni:] **knäböja** kneel [ni:l] **knäck** toffee [tåff'i] **knäckebröd** crispbread [kriss'pbredd'] **knäpp** click [klikk] **knäppa** button [batt'n]; (*spänne, händerna*) clasp [kla:sp]; *knäppa upp* unbutton [ann'batt'n]; *knappa igen* button (up) [batt'n (app')]; *knäppa på* (*elektr.*) switch on [switt'sj ånn'] **knäppning** buttoning [batt'ning] **knäskål** knee-cap [ni:'käpp] **knöl** bump [bammp]; (*drummel*) swine [swajn] **ko** cow [kao] **koagulera** coagulate [kåoägg'joləjt] **kobbe** islet [aj'litt] **kock** cook [kokk] **koffert** trunk [trangk] **kofta** cardigan [ka:'digən] **kofångare** bumper [bamm'pə] **koj** (*häng-*) hammock [hämm'ək] **koja** cabin [käbb'inn] **koka** boil [båjl]; (*tillreda mat*) cook [kokk]; (*t.ex. gröt, kaffe*) make [mejk] **kokbok** cookery-book [kokk'əribokk] **kokerska** cook [kokk] **kokhet** boiling hot [båj'ling hått'] **kokosnöt** coconut [kåo'kənatt] **kokplatta** hot-plate [hått'plejt] **koks** coke [kåok] **koksalt** salt [så:lt] **kokt** boiled [båjld] **kol** carbon [ka:'bən]; (*bränsle*) coal [kåol] **kola** caramel [kärr'əmell] **kolgruva** coal-mine [kåo'lmajn] **kolhydrat** carbohydrate [ka:'båohaj'drejt] **kolik** colic [kåll'ikk] **kolja** haddock [hädd'ək] **kollega** colleague [kåll'i:g] **kollektiv** (*subst. o. adj.*) collective [kəlekk'tivv] **kolli** package [päkk'iddsj] **kollidera** collide [kəlaj'd] **kollision** collision [kəlisj'ən] **kolmörk** pitch dark [pitt'sj da:'k] **koloni** colony [kåll'əni] **kolonisera** colonize [kåll'ənajz] **kolonn** column [kåll'əm] **kolossal** colossal [kəläss'l] **koloxid** carbon monoxide [ka:'bən månåkk'sajd] **kolsvart** coal-black [kåo'lbläkk'] **kolsyra** carbonic acid [ka:bånn'ikk äss'idd] **koltablett** charcoal tablet [tsja:'kåol täbb'litt] **koltetraklorid** carbon tetrachloride [ka:'bən tett'rəklå:'rajd] **koltrast** black-bird [bläkk'bə:d] **kolumn** column [kåll'əm] **kolv** butt [batt]; (*glas-*) retort [ritå:'t] **kombination** combination [kåmmbinej'sjən] **kombinera** combine [kəmmbaj'n] **komedi** comedy [kåmm'iddi] **komet** comet [kåmm'itt] **komfortabel** comfortable [kamm'fətəbl] **komiker** comic actor [kåmm'ikk äkk'tə] **komisk** comic [kåmm'ikk] **komma 1** (*subst.*) comma [kåmm'ə] **2** (*verb*) come [kamm]; *komma att* shall [sjall], will [will]; *det kommer sig av att* it is due to the fact that [itt izz djo:' tə ðə fäkk't ðätt']; *hur kommer det sig att* how is it that [hao' izz itt ðätt']; *komma bort* (*gå förlorad*) get lost [gett' låss't]; *komma sig för med att* bring o.s. to [bring' wannsell'f tə] **kommando** command [kəma:'nd] **kommandobrygga** bridge [briddsj] **kommendera** command [kəma:'nd] **kommentar** commentary [kåmm'əntəri]; *kommentarer* comment [kåmm'ennt] **kommentera** comment on [kåmm'ennt

kommersiell commercial [kəməːˈsjəl] **kominister** assistant vicar [əsisˈstənt vikkˈə] **kommissarie** superintendent [sˌjoːprinntennˈdənt] **kommission** commission [kəmisjˈən] **kommitté** committee [kəmittˈi] **kommun** municipality [mjoːnisipalˈitti] **kommunal** municipal [mjoːnissˈipəl] **kommunalskatt** local taxes [lɑ̊ːkəl takkˈsizz] **kommunikationsmedel** means of communication [miːnz əvv kəmjoːnikejˈsjən] **kommuniké** communiqué [kəmjoːˈnikej] **kommunist** Communist [kammˈjonisst] **kompakt** compact [kəmpakkˈt] **kompani** company [kammˈpəni] **kompanjon** partner [paːˈtnə] **kompass** compass [kammˈpəs] **kompensation** compensation [kåmmpennsejˈsjən] **kompensera** compensate [kammˈpennsejt] **kompetent** competent [kammˈpitənt] **komplett, komplettera** complete [kəmmpliːˈt] **komplex** (av hus o.d.) block [blåkk]; psykol. complex [kammˈplekks] **komplicera** complicate [kammˈplikejt] **komplimang** compliment [kammˈplimənt] **komplott** plot [plått] **komponera** compose [kəmpåoˈz] **komposition** composition [kåmmpəzisjˈən] **kompositör** composer [kəmmpåoˈzə] **kompress** compress [kammˈpress] **komprimera** compress [kəmmpressˈ] **kompromettera, kompromiss, kompromissa** compromise [kammˈprəmajz] **koncentration** concentration [kånnsenntrejˈsjən] **koncentrera (sig)** concentrate [kånnˈsenntrejt] **koncept** draft [draːft] **koncern** concern [kənsəːn] **kondensator** condenser [kənˈdennˈsə] **kondition** condition [kəndisjˈən] **konditori** confectioner's [kənfekkˈsjənəz] **kondom** condom [kånnˈdəm] **konduktör** ticket-collector [tikkˈittkəlekkˈtə], (tåg-) guard [gaːd] **konfekt** assorted sweets and chocolates [əsåːˈtidd swiːˈts ən tsjåkkˈəlitts] **konfektion** ready-made clothing [reddˈimejd klɑ̊oˈðiŋ] **konferencié** compère [kammˈpɛəə] **konferens** conference [kånnˈfərəns] **konferera** confer [kənfəːˈ] **konfirmation** confirmation [kånnfəmejˈsjən] **konflikt** conflict [kånnˈflikkt] **kongress** congress [kåŋˈgress] **konjak** brandy [brännˈdi] **konjunkturer** business conditions [bizzˈniss kəndisjˈənz] **konkret** concrete [kånnˈkriːt] **konkurrens** competition [kåmmpitisjˈən] (om for [fåːˈ]) **konkurrenskraftig** competitive [kəmpettˈitivv] **konkurrent** competitor [kəmpettˈittə] **konkurrera** compete [kəmpiːˈt] **konkurs** bankruptcy [bäŋˈkrəpsi] **konsekvens** consequence [kånnˈsikwəns] **konsekvent** consistent [kənsissˈtənt] **konsert** concert [kånnˈsət] **konserthus** concert hall [kånnˈsət håːˈl] **konserver** tinned goods [tinnˈd goddˈz] **konservativ** conservative [kənsəːˈvətivv] **konservburk** tin [tinn], Am. can [känn] **konservera** preserve [prizəːˈv]; (i burk) can [känn] **konservöppnare** tin-opener [tinnˈåopnə] **konsistens** consistency [kənsissˈtənsi] **konspiration** conspiracy [kənspirrˈəsi] **konst** art [aːt] **konstant** constant [kånnˈstənt] **konstapel** constable [kannˈstəbl] **konstatera** (fastställa) establish [isstabbˈlisj] **konstbevattning** artificial irrigation [aːtifisjˈəl irrigejˈsjən] **konstgjord**

konsthandel — korståg 80

artificial [a:'tifisj·əl] **konsthandel** art-dealer's [a:'tdi:ləz] **konsthantverk** handicraft [hänn'dikra:ft]; (varor) art wares [a:'twä:əz] **konsthistoria** history of art [hiss'təri əvv a:'t] **konstig** strange [strejndsj] **konstmuseum** art museum [a:'t mjo:zi:'əm] **konstnär** artist [a:'tisst] **konstnärlig** artistic [a:'tiss'tikk] **konstruera** construct [kənstrakk't] **konstruktion** construction [kənstrakk'sjən] **konstsiden** artificial silk [a:tifisj'əl sill'k] **konstutställning** art exhibition [a:'t ekksibisj'ən] **konstverk** work of art [wə:'k əvv a:'t] **konståkning** figure-skating [figg'əskejting] **konsul** consul [kånn'səl] **konsulat** consulate [a:'t mjo:zi'əm] (förkortad) **konsultera** consult [kənsəlt't] **konsumbutik** co-operative shop [kåoåpp'ərətiv sjåpp'] **konsument** consumer [kənsjo:'mə] **konsumtion** consumption [kənsəmm'psjən] **kontakt** (strömbrytare) switch [switsj]; få kontakt med get into touch with [gett inn'to tatt'sj wið] **kontakta** contact [kəntäkk't] **kontaktlins** contact lens [kånn'täkkt lennz] **kontant, kontanter** cash [käsj] **kontinent** continent [kånn'tinənt] **kontinental** continental [kånntinenn'tl] **konto** account [əkao'nt] **kontor** office [åff'iss] **kontorist** clerk [kla:k] **kontrakt** contract [kånn'träkkt] **kontrast** contrast [kånn'trässt] **kontroll** control [kəntråo'l] **kontrollant** controller [kəntråo'lə] **kontrollera** check [tsjekk]; control [kəntråo'l] **kontroversiell** controversial [kånntrəvə:'sjəl] **kontur** contour [kånn'to:ə] **konvalescent** convalescent [kånnvəless'nt] **kontroll** control [kəntråo'l] **konung** se kung **konventionell** conventional [kənvenn'sjənl] **konversation** conversation [kånnvəsej'sjən] **konversera** converse [kənvə:'s] **konvoj** convoy [kånn'våj] **kooperativ** co-operative [kåoåpp'ərətivv] **kopia** copy [kåpp'i]; (foto.) print [prinnt] **kopiera** (foto.) print [prinnt] **kopp** cup [kapp]; (kaffe of coffee [əvv kåff'i]) **koppar** copper [kåpp'ə] **kopparstick** copperplate [kåpp'əplejt] **koppel** (hund-) lead [li:d] **koppla** (tekn.) couple up [kapp'l app']; (elektr.) connect [kənekk't]; (tel.) connect up [kənekk't app']; koppla av (radio) switch off [switt'sj å:'f], (vila) relax [riläkk's] **koppling** (i bil) clutch [klattsj] **kor** choir [kwaj'ə] **korall** coral [kårr'əl] **koreografi** choreography [kårriåg'rəfi] **korg** basket [ba:'skitt] **korgboll** basketball [ba:'skittbå:l] **korint** currant [karr'ənt] **kork** cork [kå:k] **korkmatta** linoleum [linåo'ljəm] **korkskruv** corkscrew [kå:'kskro:] **korn** (frö) grain [grejn]; (säd) barley [ba:'li] **kornig** granular [gränn'jollə] **kornighet** (foto.) graininess [grej'niniss] **korp** raven [rej'vn] **korrekt** correct [kərekk't] **korrektur** proof [pro:f] **korrespondens** correspondence [kårrisspånn'dəns] **korrespondent** correspondent [kårrisspånn'dənt] **korrespondera** correspond [kårrisspånn'd] **korridor** corridor [kårr'idå:] **korruption** corruption [kərəpp'sjən] **kors, korsa** cross [kråss] **korsdrag** (through)draught [(θro:)dra:'ft] **korsett** corset [kå:'sitt] **korsning** crossing [kråss'ing] **korsord** crossword [kråss'wə:d] **korsstygn** cross-stitch [kråss'stittsj] **korståg** crusade [kro:sej'd] **kort 1** (subst.) card [ka:d]; *spela kort* play cards [plej' ka:'dz] **2** (adj.) short [sjå:'t]; (adv.) shortly [sjå:'tli] **kortbrev** letter-card [lett'əka:d] **kortbyxor** shorts [sjå:'ts] **kortege** cortège [kå:tej'sj] **kortfattad** brief [bri:f'] **kortfilm** short film [sjå:'t fill'm] **kortlek** pack of cards [päkk' əvv ka:'dz] **kortslutning** short-circuit [sjå:'tsə:'kitt] **kortsynt** short-sighted [sjå:'tsaj'tidd] **kortvarig** short [sjå:'t] **korv** sausage [såss'iddsj] **kosmetik** cosmetic [kåzzmett'ikk] **kost** food [fo:d] **kosta** cost [kåsst]; *vad kostar det?* how much is it? [hao' matt'sj izz itt] **kostnad** cost [kåsst] **kostym** suit [sjo:t] **kota** vertebra [və:'tibrə] **kotlett** cutlet [katt'litt] **kotte** cone [kåon] **krabba** crab [kräbb] **kraft** force [få:s]; (*styrka*) strength [strengθ]; (*elektr.*) power [pao'ə]; *träda i kraft* come into force [kamm' inn'tə få:'s] **kraftansträngning** exertion [iggzə:'sjən] **kraftfull** powerful [pao'əfoll] **kraftig** powerful [pao'əfoll]; (*om mat*) substantial [səbstänn'sjəl] **kraftlös** powerless [pao'əliss] **kraftverk** power station [pao'ə stej'sjən] **krage** collar [kåll'ə] **krama** (*pressa*) squeeze [skwi:z]; (*omfamna*) embrace [immbrej's] **kramp** cramp [krämmp] **kran** tap [täpp], *Am.* faucet [få:'sitt] **krans** wreath [ri:θ] **kransartär** coronary artery [kårr'ənəri a:'təri] **kras** *gå i kras* go to pieces [gåo' tə pi:'sizz] **krasch** crash [kräsj] **krasse** nasturtium [nəstə:'sjəm] **krater** crater [krej'tə] **kratta** (*subst. o. verb*) rake [rejk] **krav** demand [dima:'nd]; claim [klejm] **kreatur** (*farm*) animal [(fa:m) änn'iməl] **kreatursskötsel** stock-raising [ståkk'rejzing] **kredit, kreditera** credit [kredd'itt] **krets, kretsa** circle [sə:'kl] **krevad** explosion [ikkspåo:'sjən] **krig** war [wå:'] **kriga** make war [mej'k wå:'] **krigförande** belligerent [bilidd'sjərənt] **krigföring** warfare [wå:'fa:ə] **krigisk** warlike [wå:'lajk] **krigsfartyg** warship [wå:'sjipp] **krigsfånge** prisoner of war [prizz'nə əvv wå:'] **krigslist** stratagem [strätt'idsjəm] **krigsmakt** military power [mill'itəri pao'ə] **krigsutbrott** outbreak of war [ao'tbrejk əvv wå:'] **kriminalitet** criminality [krimminäll'itt] **kriminalroman** detective novel [ditekk'tivv nåvv'əl] **kriminell** criminal [krimm'innl] **kring** (a)round [(ə)rao'nd] **kringgå** (*bildl.*) get round [gett' rao'nd] **kringla** figure-of-eight biscuit [figg'ərəvejt biss'kitt] **kris** crisis [kraj'siss] **kristall** crystal [kriss'tl] **kristen** Christian [kriss'tjən] **kristendomen** Christianity [krisstiänn'itti] **Kristi himmelsfärdsdag** Ascension Day [əsenn'sjən dej] **kristlig** Christian [kriss'tjən] **Kristus** Christ [krajst] **krita** chalk [tsjå:k]; *när det kommer till kritan* when it comes to it [wenn itt kamm'z to itt] **kritik** criticism [kritt'isizzəm] **kritiker** critic [kritt'ikk] **kritisera** criticize [kritt'isajz] **kritisk** critical [kritt'ikəl] **krock** collision [kəllisj'ən] **krocka** collide [kəllaj'd] **krocket** croquet [kråo'kej] **krog** restaurant [ress'tərånnt] **krok** hook [hokk] **krokben** *sätta krokben för ngn* trip s.b. up [tripp' samm'bədi app'] **krokig** crooked [krokk'idd]; (*böjd*) bent [bennt] **krokodil** crocodile [kråkk'ədajl] **krokus** crocus [kråo'kəs] **kro-

krona — kunna 82

mosom chromosome [kråoˈməsåom] **krona** crown [kraon]; *krona eller klave?* heads or tails? [heddˈz ə tejˈlz] **kronisk** chronic [krånnˈikk] **kronologisk** chronologic [krånnəlåddˈsjikk] **kronprins** crown prince [kraoˈn prinnˈs] **kronärtskocka** artichoke [aːˈtitsjåok] **kropp** body [båddˈi] **kroppsarbete** manual labour [männˈjoəl lejˈbə] **kroppsbyggnad** (*fysik*) physique [fiziːˈk] **kroppslig** bodily [båddˈilli] **kroppsvisitera** search [səːtsj] **krossa** crush [krasj]; (*slå sönder*) smash [smäsj] **krucifix** crucifix [kroːˈsifikks] **kruka** pot [pått] **krus** jar [dsjaː] **krusa** crisp [krissp] **krusbär** gooseberry [gozzˈbəri] **krut** powder [paoˈdə] **kry** well [well] **krycka** crutch [krattsj] **krydda** (*subst.*) spice [spajs]; (*verb*) season [siːˈzn] **kryddpeppar** Jamaica pepper [dsjəmejˈkə peppˈə] **krympa** shrink [sjringk] **krympfri** unshrinkable [annˈsjringˈkəbl] **krypa** crawl [kråːl] **kryssa** beat [biːt] (*segla fram o. tillbaka*) cruise [kroːz] **kryssning** cruise [kroːz] **kråka** crow [kråo] **kråma sig** prance [praːns] **krångel** bother [båðˈə], trouble [trabbˈl] **krångla** make a bother [mejˈk ə båðˈə]; (*ej fungera*) be troublesome [biː trabbˈlsəm] **krånglig** troublesome [trabbˈlsəm] **kräfta** crayfish [krejˈfisj], *Am.* crawfish [kråːˈfisj]; (*sjukdom*) cancer [kännˈsə] **kräkas** be sick [biː sikkˈ] **kräla** crawl [kråːl] **kräldjur** reptile [reppˈtajl] **kräm** cream [kriːm] **kränka** (*lag e.d.*) violate [vajˈəlejt]; (*förolämpa*) insult [innsallˈt] **kränkning** violation [vajəlejˈsjən]; insult [innˈsallt] **kräsen** fastidious [fässtiddˈiəs] **kräva 1** *subst.* craw [kråː] **2** *verb* (*fordra*) demand [dimaːˈnd]; (*behöva*) require [rikwajˈə]; *kräva ngn på pengar* press s.b. for money [pressˈ sammˈbədi fə mannˈi], request s.b. to pay [rikwessˈt sammˈbədi tə pejˈ] **krök, kröka** bend [bennd] **krön** crest [kresst] **kröna** crown [kraon] **krönika** chronicle [krånnˈikkl] **kröning** coronation [kårrənejˈsjən] **kub** cube [kjoːb] **kubikmeter** cubic metre [kjoːˈbikk miːtə] **kudde** cushion [kosjˈən]; (*säng-*) pillow [pillˈåo] **kugga** reject [ridsjekkˈt] **kugge** cog [kågg] **kugghjul** cog-wheel [kåggˈwiːl] **kuk** cock [kåkk] **kul** funny [fannˈi] **kula** ball [båːl]; (*gevärs-*) bullet [bollˈitt]; (*leksak*) marble [maːˈbl]; *stöta kula* put the shot [pottˈ ðə sjåttˈ] **kuliss** wing [wing] **kull** (*av daggdjur*) litter [littˈə]; (*av fåglar*) hatch [hättsj] **kullager** ball bearing [båːˈl bäːəring] **kulle** hill [hill] **kullerbytta** somersault [sammˈəsåːlt] **kulmen** culmination [kallminejˈsjən] **kulminera** culminate [kallˈminejt] **kulspetspenna** ballpoint pen [båːˈlpåjnt pennˈ] **kulspruta** machine-gun [məsjiːˈngann] **kultiverad** cultivated [kallˈtivejtidd] **kultur** (*civilisation*) civilization [sivvilajzejˈsjən]; (*bildning*) culture [kallˈtsjə] **kulturell** cultural [kallˈtsjərəl] **kummin** caraway [kärrˈəwej] **kund** customer [kassˈtəmə] **kung** king [king] **kungadöme, kungarike** kingdom [kingˈdəm] **kunglig** royal [råjˈəl] **kunglighet** royalty [råjˈəlti] **kungöra** announce [ənaoˈns] **kungörelse** announcement [ənaoˈnsmənt] **kunna** (*veta, känna t.*) know [nåo]; (*vara i stånd att*) be able to [biː ejˈbl tə]

kunnig skilful [skill'foll] **kunskap** knowledge [nåll'iddsj] **kupé** compartment [kəmpa:'tmənt] **kupol** cupola [kjo:'pələ] **kupong** coupon [ko:'pånn]; (*mat- äv.*) voucher [vao'tsjə] **kupp** coup [ko:] **kur 1** (*skjul*) shed [sjedd] **2** (*behandling*) treatment [tri:'tmənt]; *göra ngn sin kur* court s.b. [kå:t samm'bədi] **kurator** welfare officer [well'fäə åff'isə]; (*sjukhus-*) almoner [a:'mənə] **kurera** cure [kjo:'ə] **kuriositet** curiosity [kjoəriåss'itti] **kurort** spa [spa:] **kurs** (*läro- o. sjö.*) course [kå:s]; (*valuta-*) rate [rejt] **kurtisera ngn** carry on a flirtation with s.b. [karr'i ånn ə flə:tej'sjən wið samm'bədi] **kurva** curve [kə:v] **kusin** cousin [kazz'n] **kuslig** dismal [dizz'məl] **kust** coast [kåost] **kuttra** coo [ko:] **kuva** subdue [səbdjo:'] **kuvert** envelope [enn'-viläop]; (*bords-*) cover [kavv'ə] **kvadrat** square [skwa:'ə] **kvadratmeter** square metre [skwa:'ə mi:'tə] **kval** pain [pejn]; (*ångest*) anguish [äng'gwisj] **kvalificera** qualify [kwåll'ifaj] **kvalifikation** qualification [kwållifikej'sjən] **kvalitet** quality [kwåll'itti] **kvalmig** suffocating [saff'əkejting] **kvantitet** quantity [kwånn'titti] **kvar** (*i behåll, kvarlämnad*) left [lefft]; (*efter de andra o.d.*) behind [bihaj'nd] **kvarleva** remnant [remm'nənt] **kvarlämnad** left behind [lefft bihaj'nd] **kvarn** mill [mill] **kvarstå** remain [rimej'n] **kvart** quarter of an hour [kwå:'tə əvv ənn ao'ə]; *en kvart i* (*över*) a quarter to (past) [ə kwå:'tə to: (pa:st)] **kvartal** quarter (of a year) [kwå:'tə (əvv ə jə:')] **kvarter** block [blåkk]; (*distrikt*) district [diss'trikkt] **kvartett** quartet [kwå:tett'] **kvartsfinal** quarter-final [kwå:'təfajnl] **kvarvarande** remaining [rimej'ning] **kvast** broom [bromm] **kvav** close [klåos]; (*instängd*) stuffy [staff'i] **kvick** quick [kwikk]; (*spirituell*) witty [witt'i] **kvicka på** hurry up [harr'i app'] **kvickhet** (*vickt yttrande*) witticism [witt'isizzəm], joke [dsjåok] **kvickna till** (*efter svimning*) come round [kamm' rao'nd] **kvicksilver** quicksilver [kwikk'sillvə] **kvinna** woman [womm'ən] **kvinnlig** female [fi:'-mejl]; (*som karakteriserar kvinnor*) feminine [femm'ininn] **kvissla** pimple [pimm'pl] **kvist** twig [twigg]; (*i sht avskuren*) spray [sprej]; (*i trä*) knot [nått] **kvitt** *bli kvitt ngn* get rid of s.b. [gett' ridd' əvv samm'bədi]; *vara kvitt* be quits [bi: kwitt's] **kvittera** receipt [risi:'t]; (*t.ex. belopp*) acknowledge [əknåll'iddsj] **kvitto** receipt [risi:'t] **kvittra** chirp [tsjə:p] **kväka** croak [kråok] **kvälja** *det kväljer mig* I feel sick [aj fi:'l sikk'] **kväljning** *få kväljningar* be sick [bi: sikk'] **kväll** evening [i:'vning]; (*natt*) night [najt] **kvällsmat** supper [sapp'ə] **kväva** choke [tsjåok], suffocate [saff'əkejt] **kväve** nitrogen [naj'tridsjən] **kvävning** suffocation [saffəkej'sjən], choking [tsjåo'king] **kyckling** chicken [tsjikk'inn] **kyla** (*subst.*) cold [kåold]; (*verb*) chill [tsjill] **kylare** cooler [ko:'lə]; (*på bil*) radiator [rej'diejtə] **kylarhuv** (*på bil*) bonnet [bånn'itt] **kylarvätska** anti-freeze [änn'tifri:'z] **kylig** chilly [tsjill'i] **kylskåp** refrigerator [rifridd'sjərejtə] **kypare** waiter [wej'tə] **kyrka** church [tsjə:tsj]; *gå i kyrkan* go to church [gåo' tə tsjə:'tsj]

kyrkklocka — köksträdgård 84

kyrkklocka church bell [tsjə·'tsj bell] **kyrkogård** cemetery [semm'ittri]; (*kring kyrka äv.*) churchyard [tsjə·'tsjja·'d] **kyrkoherde** rector [rekk'tə] **kyss, kyssa** kiss [kiss] **kåda** resin [rezz'inn] **kål** cabbage [käbb'iddsj] **kålrot** Swedish turnip [swi·'disj tə·'nipp] **kår** (*sammanslutning*) body [bådd'i]; (*mil. o. diplomatisk*) corps [kå:] **kåseri** chatty article [tsjätt'i a·'tikkl] **kåsör** (*tidnings-*) columnist [kåll'əmnist] **käck** (*oförfärad*) bold [båold]; (*hurtig*) spirited [spirr'itidd] **kägla** spela käglor play ninepins [plej· naj·'npinnz] **käke** jaw [dsjå:] **kälke** sledge [sleddsj], toboggan [təbågg·ən]; *åka kälke* sledge [sleddsj], toboggan [təbågg·ən] **källa** spring [spring]; (*bildl.*) source [så:s] **källare** cellar [sell'ə] **källarmästare** restaurant-keeper [ress'tərånnt ki:'-pə] **kä..npa** (*strida*) struggle [stragg'l] (*om* for [få:]); (*slåss*) fight [fajt], **kämpe** fighter [faj'tə]; (*stridande*) combatant [kåmm'bətənt] **känd** (*bekant*) known [nåon]; (*som man är förtrogen med*) familiar [fəmill'jə] **känga** boot [bo:t] **känguru** kangaroo [känggəro:'] **känn** *ha på känn att* have a feeling that [havv· ə fi:'ling öätt] **känna** feel [fi:l]; *känna av* (*efter*) feel [fi:l]; *kanna igen* recognize [rekk·'əggnajz]; *kanna på sig* have a feeling [havv· ə fi:'ling]; *känna till* know [nåo]; *känna sig* feel [fi:l] **kännare** connoisseur [kånnisə·']; (*sakkunnig*) expert [ekk'spə:t] **kännas** feel [fi:l]; *hur känns det?* how do you feel? [hao· do jo fi:'l]; *kannas vid* acknowledge [əkknåll'iddsj] **kännbar** (*förnimbar*) perceptible [pəsepp'təbl]; (*svår*) severe [sivi:'ə] **kännedom** knowledge [nåll'iddsj]; *få kännedom om* get to know [gett· tə nåo·] **kännetecken** mark [ma:k]; (*egenskap*) characteristic [kärrikktəriss'tikk] **känneteckna** characterize [kärr·ikktərajz] **känsel** feeling [fi:'l-ing] **känsla** feeling [fi:'ling]; (*kroppslig*) sensation [sennsej'-sjən] **känslig** sensitive [senn'sitivv] (*för* to [to:]); (*kanslofull*) full of feeling [foll· əvv fi:'ling] **känslolös** (*kroppsligt*) insensitive [innsenn'sitivv]; (*själsligt*) unfeeling [annfi:'ling] **käpp** stick [stikk] **kär** (*förälskad*) in love [inn lavv·]; (*avhållen*) dear [di:'ə] **kärl** vessel [vess'l]; (*förvarings-*) receptacle [risepp'təkl] **kärlek** love [lavv] (*till ngn* for s.b. [få: samm'bədi]) **kärleksbrev** love-letter [lavv'lettə] **kärleksfull** loving [lavv'ing] **kärlekshistoria, kärleksroman** love-story [lavv'stå:ri] **kärna** (*i frukt*) pip [pipp]; (*i stenfrukt*) stone [ståon]; (*i nöt o. bildl.*) kernel [kə:'nl] **kärnfysik** nuclear physics [njo:'kliə fizz'ikks] **kärnhus** core [kå:] **kärnkraft** nuclear power [njo:'kliə pao'ə] **kärnpunkt** the principal point [ðə prinn'səpəl påj'nt] **kärnreaktion** nuclear reaction [njo:'kliə ri:äkk'sjən] **kärnvapen** nuclear weapon [njo:'kliə wepp'-ən] **kärr** marsh [ma:sj]; (*sumpmark*) swamp [swåmmp] **kärra** cart [ka:t] **kärve** sheaf [sji:f] **kätting** chain [tsjejn] **kö** queue [kjo:], *Am.* line up [laj'n app]; *bilda kö* form a queue [få:'m ə kjo:']; *ställa sig i kö* queue up [kjo:· app·], *Am.* line up [laj'n app'] **köa** queue (up) [kjo:· (app·)], *Am.* line up [laj'n app'] **kök** kitchen [kitt'sjinn] **köksmästare** chef [sjeff] **köksträdgård**

köksväxt — landsbygd

kitchen garden [kitt'sjinn ga:dn] **köksväxt** vegetable [vedd'sjitəbl] **köl** keel [ki:l] **köld** cold [kåold] **Köln** Cologne [kəlåo'n] **kölvatten** wake [wejk] **kön** sex [sekks] **könsroll** the roles of the sexes [ðə råo'lz əvv ðə sekk'sizz] **köp 1** (*subst.*) purchase [pə:'tsjəs]; *ett gott köp* a bargain [ə ba:'ginn]; *på köpet* into the bargain [inn'to ðə ba:'ginn]; *till på köpet* in addition [inn ədisj'ən] **2** köpa buy [baj] **köpare** buyer [baj'ə] **Köpenhamn** Copenhagen [kåopnhej'gən] **köpkort** credit card [kredd'itt ka:d] **köpman** merchant [mə:'tsjənt] **köpslå** bargain [ba:'ginn] **kör 1** (*subst.*) (*pers.*) choir [kwaj'ə]; (*sång*) chorus [kå:'rəs] **2** *i ett kör* unceasingly [annsi:'singli] **köra** drive [drajv]; (*motor e.d.*) run [rann]; *köra om* overtake [åovətej'k]; *köra på* run into [rann' inn'to]; *köra ut ngn* turn s.b. out of the room [tə:'n samm'bədi ao't əvv ðə romm'] ; *köra över* (*bro e.d.*) cross [kråss], (*ngn*) run over [rann'åo'və] **körbana** roadway [råo'dwej] **körkort** driving licence [draj'ving laj'səns] **körsbär** cherry [tsjerr'i] **körsnär** furrier [farr'iə] **körtel** gland [glännd] **kött** flesh [flesj]; (*som födoämne*) meat [mi:t] **köttaffär** butcher's [bott'sjəz] **köttbulle** meat ball [mi:'t bå:l] **köttfärs** minced meat [minn'st mi:t], *Am.* ground meat [grao'nd mi:t] **laboratorium** laboratory [ləbårr'ətəri] **laborera** work with [wə:'k wið] **labyrint** labyrinth [läbb'ərinnθ] **lack** (*sigill*-) sealing-wax [si:'lingwäkks]; (*fernissa*) varnish [va:'nisj] **lacka** seal [si:l] **lackera** lacquer [läkk'ə] **lada** barn [ba:n] **ladda** load [låod] **ladugård** cow-house [kao'haos] **lag 1** (*förordning*) law [lå:] **2** (*avkok*) decoction [dikäkk'sjən] **3** (*arbets-, sportlag*) team [ti:m]; *göra ngn till lags* please s.b. [pli:'z samm'bədi] **laga** (*till-*) prepare [pripä:'ə]; (*reparera*) mend [mennd]; (*ombesörja*) arrange [ərej'ndsj] **lager 1** (*förråd*) stock [ståkk]; (*magasin*) warehouse [wä:'əhaoz]; (*varv*) layer [lej'ə]; (*färg-*) coat [kåot], *tekn.* bearing [bä:'əring]; *ha på lager* have in stock [hävv' inn ståkk'] **2** *bot.* laurel [lårr'əl] **lagerblad** bay leaf [bej' li:f] **laglig** lawful [lå:'foll]; (*rattmätig*) legitimate [lidsjitt'imitt], (*lagenlig*) legal [li:'gəl] **lagning** repairing [ripä:'əring] **lagom** just right [dsjass't rajt']; (*passande*) suitable [sjo:'təbl] **lagra** store [stå:] **lagring** storing [stå:'ring] **lagstiftning** legislation [leddsjisslej'sjən] **lagtävling** team competition [ti:'m kåmmpitisj'ən] **lagun** lagoon [ləgo:'n] **lakan** sheet [sji:t] **lake** burbot [bə:'bət] **lakrits** liquorice [likk'əriss] **lam** paralysed [pärr'əlajzd]; (*bildl.*) lame [lejm] **lamell** lamella [ləmell'ə] **lamellkoppling** disc-clutch [diss'klattsj] **lamm** lamb [lämm] **lammkotlett** lamb chop [lämm' tsjåpp] **lammstek** roast lamb [råo'st lämm'] **lammull** lamb's-wool [lämm'zwoll] **lampa** lamp [lämmp]; (*glöd-*) bulb [ballb] **lampskärm** lamp-shade [lämm'psjejd] **land** country [kann'tri]; (*motsats till sjö e.d.*) land [lännd]; *gå i land* go ashore [gåo' əsjå:']; *gå i land med* (*bildl.*) manage [männ'idsj] **landa** land [lännd] **landgång** gangway [gäng'wej] **landning** landing [länn'ding] **landsbygd** country(side) [kann'tri(saj'd)]

landsflykt exile [ekk'sajl] **landsförvisa** exile [ekk'sajl] **landskamp** international match [inntənäsj'ənl mätt'sj] **landskap** (*landsdel*) province [pråvv'inns]; (*ur natursynpunkt*) landscape [länn'skejp] **landslag** national team [näsj'ənl ti:m] **landsman** fellow-countryman [fell'åokann'trimən] **landsort** *i landsorten* in the provinces [inn ðə pråvv'insizz] **landstigning** landing [länn'ding] **landsväg** highway [haj'wej] **langare** bootlegger [bo:'tlegga]; (*narkotika-*) dope pedlar [dåo'p peddlə] **langust** spiny lobster [spaj'ni låbb'stə] **lansera** launch [lå:ntsj] **lantarbetare** farm worker [fa:'m wə:kə] **lantbruk** agriculture [ägg'rikalltsjə] **lantbrukare** farmer [fa:'mə] **lanterna** lantern [länn'tən] **lantgård** farm [fa:m] **lantlig** rural [ro:'ərəl] **lapa** lap [läpp] **lapp** (*tyg-*) piece [pi:s]; (*påsydd*) patch [pättsj]; (*pappers-*) slip [slipp] **lappa** patch [pättsj] **larm** din [dinn]; (*alarm*) alarm [əla:'m]; *slå larm* sound the alarm [sao'nd ði əla:'m] **larma** (*alarmera*) alarm [əla:'m]; (*bullra*) make a noise [mej'k ə nåj'z] **larv** caterpillar [kätt'əpillə] **lasarett** hospital [håss'pittl] **lass** load [låod] **lasso** lasso [läss'åo] **last** cargo [ka:'gåo]; (*belastning*) load [låod] **lasta** load [låod] **lastbil** lorry [lårr'i] **lastbåt** cargoship [ka:'gåosjipp] **lastning** loading [låo'ding] **lastrum** hold [håold] **lat** lazy [lej'zi] **lata sig** be lazy [bi: lej'zi] **latent** latent [lej'tənt] **latin** Latin [lätt'inn] **lav** lichen [laj'kenn] **lava** lava [la:'və] **lavemang** enema [enn'immə] **lavendel** lavender [lävv'inndə] **lavin** avalanche [ävv'əla:nsj] **lax** salmon [sämm'ən] **laxativ** purgative [pə:'gətivv] **le** smile [smajl] (*åt at* [ätt]) **led 1** (*väg o.d.*) way [wej]; (*far-*) passage [päss'iddsj] **2** (*fog*) joint [dsjåjnt]; (*länk*) link [lingk]; (*släktled*) generation [dsjennərej'sjən] (*mil.*) rank [rängk]; *gå ur led* get dislocated [gett' diss'ləkejtidd] **leda** (*föra*) lead [li:d]; (*väg-*) guide [gajd]; (*elström o.d.*) conduct [kəndakk't]; (*anföra*) conduct [kəndakk't] **ledamot** member [memm'bə] **ledande** leading [li:'ding] **ledare** leader [li:'də]; (*väg-*) guide [gajd]; (*företags-*) manager [männ'iddsjə]; (*tidningsartikel*) leader [li:'də] **ledgångsreumatism** rheumatoid arthritis [ro:'mətåjd a:θraj'tiss] **ledig** (*lätt o. ledig*) easy [i:'zi]; free [fri:]; (*om sittplats o.d.*) unoccupied [ann'åkk'jopajd]; (*om tjänst o.d.*) vacant [vej'kənt] **ledighet** (*från arbete*) time off [taj'm å:'f]; (*semester*) holiday [håll'ədi] **ledning** (*väg-*) guidance [gaj'dəns]; (*skötsel*) management [männ'iddsjmənt]; *elektr.* wire [waj'ə]; (*rör-*) pipe [pajp] **ledsaga** accompany [əkamm'pəni] **ledsam** (*tråkig*) boring [bå:'ring]; (*sorglig*) sad [sädd] **ledsen** sorry [sårr'i]; (*sorgsen*) sad [sädd] (*över about* [əbao't]) **ledstång** handrail [hänn'drejl] **ledtråd** clue [klo:] **leende** smile [smajl] **legation** legation [ligej'sjən] **legend** legend [ledd'sjənd] **legendarisk** legendary [ledd'sjəndəri] **legitim** legitimate [lidsjitt'imitt] **legitimationskort** identity card [ajdenn'titti ka:d] **legitimera** legitimate [lidsjitt'imejt]; *legitimera sig* prove one's identity [pro:'v wannz ajdenn'titti] **lejon** lion [laj'ən] **lek** game

[gejm]; (*-ande*) play [plej] **leka** play [plej] **lekkamrat** playmate [plej'mejt] **lekman** layman [lej'mən] **leksak** toy [tåj] **lekskola** nursery school [nə:'sri sko:l] **lektion** lesson [less'n] **lektor** senior master [si:'njə ma:'stə] **lektyr** reading [ri:'ding] **lem** limb [limm] **lemonad** lemonade [lemmənej'd] **len** (*mjuk*) soft [såfft]; (*slät*) smooth [smo:ð] **lena** soothe [so:ð] **leopard** leopard [lepp'əd] **lera** clay [klej] **lerig** clayey [klej'i] **leta** search [sə:tʃ] (*efter* for [fâ:]); *leta reda på* try to find [traj' tə faj'nd] **leva** live [livv] **levande** living [livv'ing] **leve** cheer [tsji:'ə] **levebröd** living [livv'ing] **lever** liver [livv'ə] **leverans** delivery [dilivv'əri] **leverantör** supplier [səplaj'ə] **leverera** (*tillhandahålla*) supply [səplaj']; (*avlämna*) deliver [dilivv'ə] **leverpastej** liver paste [livv'ə pejst] **levnad** life [lajf] **levnadskostnader** cost of living [kåss't əvv livv'ing] **levnadsstandard** standard of living [stänn'dəd əvv livv'ing] **levra sig** coagulate [kåoägg'jolejt] **lexikon** dictionary [dikk'sjənri] **lian** liana [li:ann'ə] **liberal** liberal [libb'ərəl] **liberalisera** liberalize [libb'ərəlajz] **liberalism** liberalism [libb'ərəlizzəm] **libretto** libretto [librett'åo] **licens** licence [laj'səns] **lida** suffer [saff'ə]; (*uthärda*) endure [inndjo:'ə] **lidande** suffering [saff'əring] **lidelse** passion [päsj'ən] **lidelsefull** passionate [päsj'ənitt] **lie** scythe [sajð] **liera sig** ally o.s. [əlaj' wannsell'f] **lifta** hitch-hike [hitt'sjhajk] **liftare** hitch-hiker [hitt'sjhajkə] **liga** (*förbrytarband*) gang [gäng]; (*sport.*) league [li:g] **ligga** lie [laj] **ligist** hooligan [ho:'ligən] **lik 1** (*subst.*) corpse [kå:ps] **2** (*adj.*) like [lajk]; (*om två el. flera*) alike [əlaj'k]; *han är sig inte lik* he is not at all himself [hi:' izz nått ått â:'l himmsell'f] **lika** (*i storlek e.d.*) equal [i:'kwəl] (*med* to [to:]); (*likvärdig*) equivalent [ikwivv'ələnt]; *de är lika stora* they are the same size [ðej' a: ðə sej'm saj'z] **likadan** of the same sort [əvv ðə sej'm sâ:'t] **likaså** also [â:'lsåo] **like** equal [i:'kwəl] **likgiltig** indifferent [inndiff'rənt] **likgiltighet** indifference [inndiff'rəns] **likhet** resemblance [rizemm'bləns] (*med* to [to:]); *i likhet med* in conformity with [inn kənfå:'mitti wið] **likkista** coffin [kåff'inn] **likna** resemble [rizemm'bl] **liknande** similar [simm'ilə]; *eller liknande* or the like [â:' ðə laj'k] **liksom** (*konj.*) like [lajk] (*adv.*) as if [äzz' iff'] **likström** direct current [direkk't karr'ənt] **likställd** equal [i:'kwəl] **likställdhet** equality [i:'kwåll'itti] **liktorn** corn [kâ:n] **likvidera** liquidate [likk'widejt] **likviditet** liquidity [likkwidd'itti] **likväl** nevertheless [nevvəðəless'] **likvärdig** equivalent [ikwivv'ələnt] **likör** liqueur [likjo:'ə] **lila** lilac [laj'lək] **lilja** lily [lill'i] **liljekonvalje** lily of the valley [lill'i əvv ðə väll'i] **lilla** small [smâ:l]; little [litt'l] **lillasyster** little sister [litt'l siss'tə] **lillfinger** little finger [litt'l fing'gə] **lim, limma** glue [glo:] **limpa** loaf [låof] **lin** flax [fläkks] **lina** rope [râop]; (*smalare*) cord [kâ:d]; *visa sig på styva linan* (*bildl.*) show off [sjâo' â:f] **linbana** ropeway [râo'pwej]; (*för skidåkare*) ski-lift [ski:'lifft] **lind** lime [lajm] **linda** wire [waj'ə]; *linda in* wrap up [räpp' app']

lindra — lossna 88

lindra (*mildra*) mitigate [mitt'igejt]; (*lugna*) soothe [so:ð] **lindrig** (*obetydlig*) slight [slajt]; (*mild*) mild [majld] **lindring** relief [rili:'f] **lingon** cowberry [kao'bəri] **linjal** ruler [ro:'lə] **linje** line [lajn] **linjera** rule [ro:l] **linka** limp [limmp] **linne** vest [vesst]; (*tyg*) linen [linn'inn] **linoleum** linoleum [linåo'ljəm] **lins** lens [lenns] **Lissabon** Lisbon [lizz'bən] **list** (*-ighet*) cunning [kann'ing]; (*bård*) border [bå:'də]; (*remsa*) strip [stripp] **lista** list [lisst] (*över* of [əvv]) **listig** cunning [kann'ing] **lita på** trust (in) [trass't (inn)] **liten** small [små:l], little [litt'l] **liter** litre [li:'tə] **litet** little [litt'l] **litteratur** literature [litt'ərittsjə] **litteraturhistoria** history of literature [hiss'təri əvv litt'ərittsjə] **litterär** literary [litt'ərəri] **liv** life [lajf]; (*ovåsen*) commotion [kəmåo'sjən] **livbåt** lifeboat [lajf'båot] **livbälte** lifebelt [lajf'belltt] **livförsäkring** life insurance [lajf innsjo:'ərəns] **livlig** lively [lajv'vli], (*t. temperamentet*) vivacious [vivej'sjəs] **livlös** lifeless [lajf'lliss] **livré** livery [livv'əri] **livrem** belt [bellt] **livrädd** terrified [terr'ifajd] **livräddning** life-saving [lajf'sejving] **livsfara** deadly peril [dedd'li perr'ill] **livsfarlig** perilous [perr'iləs] **livsföring** way of life [wej' əvv lajf] **livskraft** vital force [vajt'l få:s] **livsmedel** provisions [prəvisj'ənz] **livsmedelsbutik** food shop [fo:'d sjåpp] **livstid** lifetime [lajf'tajm] **livsåskådning** view of life [vjo:' əvv lajf] **ljud, ljuda** sound [saond] **ljuddämpare** (exhaust) silencer [(iggzå:'st) sajlənsə] **ljudlig** loud [laod] **ljudlös** noiseless [nåj'zliss] **ljudvall** sound barrier [sao'nd barr'iə] **ljuga** lie [laj] (*för* to [to:]) **ljum** lukewarm [lo:kwå:m] **ljumske** groin [gråjn] **ljung** heather [heð'ə] **ljus** (*subst.*) light [lajt]; (*stearin-* etc.) candle [känn'dl] (*adj.*) light [lajt]; (*lysande*) bright [brajt]; (*om hy, hår*) fair [fä:'ə] **ljusblå** light blue [lajt blo:'] **ljushårig** fair [fä:'ə] **ljusna** get light [gett lajt]; (*bildl.*) brighten [brajt'n] **ljusreklam** illuminated sign [illjo:'minejtidd sajn] **ljussken** shining light [sjaj'ning lajt] **ljusstake** candlestick [känn'dlstikk] **ljusstump** candle-end [känn'dlennd] **ljuv, ljuvlig** sweet [swi:t] **lock 1** (*hår-*) lock [låkk] **2** (*på kärl o.d.*) lid [lidd] **locka 1** (*göra lockig*) curl [kə:l] **2** (*förleda*) entice [inntajs']; (*fresta*) tempt [temmpt] **lockbete** lure [ljo:'ə] **lockig** curly [kə:'li] **lodjur** lynx [lingks] **lodrät** perpendicular [pə:pəndikk'jollə] **loge 1** barn [ba:n] **2** (*teater-*) box [båkks] **logi** accommodation [əkåmmədej'sjən]; *kost och logi* board and lodging [bå:'d ənn lådd'sjing] **logik, logisk** logic [lådd'sjikk] **lojal** loyal [låj'əl] **lokal** (*subst.*) place [plejs]; (*adj.*) local [låo'kəl] **lokalisera** locate [låokejt'] **lokalsinne** *ha lokalsinne* have a good sense of direction [hävv'ə godd' senn's əvv direkk'sjən] **lokförare** engine driver [enn'dsjinn drajv'ə]; (*på ellok*) motorman [måo'təmən] **lokomotiv** engine [enn'dsjinn] **londonbo** Londoner [lann'dənə] **lopp** run [rann]; (*tävling*) race [rejs]; *inom loppet av* within (the course of) [wiðinn' (ðə kå:'s əvv)] **loppa** flea [fli:] **loss** loose [lo:s] **lossa** (*lösa upp*) loose [lo:s]; (*urlasta*) unload [ann'låo'd] **lossna** come loose [kamm' lo:'s] **lots** pilot [paj'lət] **lott** (-sedel, öde, jord-) lot [lått]; dra lott om draw lots for [drå:' lått's få:] **lotteri** lottery [lått'əri] **lottsedel** lottery ticket [lått'əri tikk'itt] **lov** (tillåtelse) permission [pəmisj'ən]; (ferier) holiday [håll'ədi] **lova** promise [pråmm'iss] **lucka** (ugns- o.d.) door [då:]; (fönster-) shutter [sjatt'ə]; (källar-) flap [flapp]; (öppning) hole [håol]; (i minnet) blank [blängk] **ludd** fluff [flaff] **luden** hairy [hä:'əri] **luffare** tramp [trämmp] **luft** air [ä:'ə] **luftförorening** air pollution [ä:'ə pəlo:'sjən] **luftgevär** air-gun [ä:'əgann] **luftig** airy [ä:'əri] **luftkonditionering** air-conditioning [ä:'əkəndisjəning] **luftombyte** change of air [tsjej'ndsj əvv ä:'ə] **luftrör** windpipe [winn'pajp] **luftrörskatarr** bronchitis [bråŋkaj'tiss] **lugg 1** (ludd) nap [näpp]; (på sammet) pile [pajl] **2** (pann-) fringe [frinndsj] **lugn** (subst.) calm [ka:m]; (stillhet) quiet [kwaj'ət]; i lugn och ro in peace and quiet [inn pi:'s ənn kwaj'ət]; adj. calm [ka:m]; (stilla) quiet [kwaj'ət] **lugna** calm [ka:m]; lugna sig calm (down) [ka:'m (dao'n)] **lukt** smell [smell]; odour [åo'də] **lukta** smell [smell]; lukta gott smell nice [smell' naj's] **luktsinne** sense of smell [senn's əvv smell'] **luktärt** sweet pea [swi:'t pi:'] **lummig** thickly foliaged [θikk'li fåo'liiddsjd] **lump** rags [räggz] **lunch** lunch [lanntsj] **luncha** have lunch [havv lann'tsj] **lunga** lung [laŋ] **lunginflammation** pneumonia [njo:måo'njə] **lupp** pocket lens [påkk'itt lenns] **lur 1** (instrument) horn [hå:n] **2** (slummer) nap [näpp]; ligga på lur lie in wait [laj' inn wej't] **lura** (bedra) cheat [tsji:t]; (dupera) dupe [djo:p]; låta lura sig be taken in [bi:' tej'kən inn] **lurvig** rough [raff] **lus** louse [laos] **lust** inclination [innklinej'sjən]; ha lust att feel like [fi:'l lajk] **lustig** funny [fann'i] **lustjakt** yacht [jått] **lustspel** comedy [kåmm'iddi] **luta 1** (verb) lean [li:n]; (slutta) slope [slåop] **2** (subst.) lute [lo:t] **lutad** leaning [li:'ning] **lutning** inclination [innklinej'sjən]; (sluttning) slope [slåop] **lya** lair [lä:'ə] **lycka** happiness [häpp'- iniss]; lycka till! good luck! [godd' lakk'] **lyckad** successful [səksess'foll] **lyckas** succeed [səksi:d'], lyckas hitta manage to find [männ'iddsj tə faj'nd] **lycklig** happy [häpp'i]; (gynnad av lycka) fortunate [få:'tsjnitt]; lycklig resa! a pleasant journey! [ə plezz'nt dsjə:'ni] **lyckligtvis** fortunately [få:'tsjnittli] **lyckträff** stroke of luck [ströo'k əvv lakk'] **lyckönska** congratulate [kəngrätt'jolejt] **lyckönskan** congratulation [kəngrätjolej'sjən] **lyda** obey [əbej']; (ha viss lydelse) run [rann] **lydelse** wording [wə:'ding] **lydig** obedient [əbi:'djənt] **lydnad** obedience [əbi:'- djəns] **lyfta** lift [lifft]; (höja) raise [rejz] **lyftkran** crane [krejn] **lykta** lantern [länn'tən]; (gat-, bil- o.d.) lamp [lämmp] **lyktstolpe** lamp-post [lämm'påost] **lymfkörtel** lymph gland [limm'f glännd] **lynne** temperament [temm'pərəmənt] **lynnig** capricious [kəprisj'əs] **lyra** lyre [laj'ə] **lyrik** lyrics [lirr'ikks] **lyriker** lyric poet [lirr'ikk påo'itt] **lysa** shine [sjajn] **lysande** shining [sjaj'ning]; bildl. brilliant [brill'jənt] **lyse** light [lajt] **lysrör** fluorescent tube

lyssna — längre 90

[flo:əress'nt tjo:'b] **lyssna** listen [liss'n] (*på* to [to:]) **lyssnare** listener [liss'nə] **lyte** defect [difekk't] **lyx** luxury [lakk'sjəri] **lyxig** luxurious [laggzjo:'əriəs] **låda** box [båkks]; (*byrå- o.d.*) drawer [drå:ə] **låg** low [låo] **låga** flame [flejm] **lågtryck** depression [dipresj'ən] **lån** loan [låon] **låna** (*ut-*) lend [lennd] (*åt* to [to:]); (*få t. låns*) borrow [bårr'åo] (*av* from [fråmm]) **lång** long [lång]; (*om pers.*) tall [tå:l] **långbyxor** (long) trousers [(lång') trao'zəz] **långfinger** middle finger [midd'l fing'gə] **långfranska** French loaf [frenn'tsj låo'f] **långfredag** Good Friday [godd' fraj'di] **långgrund** (*om strand*) shelving [sjell'ving] **långsam** slow [slåo] **långt** (*rumsbetydelse*) far [fa:]; (*tidsbetydelse*) long [lång] **långtradare** transport lorry [trànn'spå:t lårr'i]; *Am.* freight truck [frej't trakk'] **långtråkig** very tedious [verr'i ti:djəs] **långvarig** of long duration [əvv lång' djoərej'sjən] **lår 1** (*låda*) (large) box [(la:'dsj) båkks'] **2** (*del av ben*) thigh [θaj] **lås** lock [låkk]; (*knappe*) clasp [kla:sp] **låsa** lock [låkk]; *låsa in* lock ... up [låkk' app']; *låsa upp* unlock [ann'låkk.']; *låsa sig ute* lock o.s. out [låkk' wannsell'f ao't] **låssmed** locksmith [låkk'smiθ] **låta 1** (*ljuda*) sound [saond]; *det låter som om* it seems as if [itt si:'mz əzz iff] **2** (*hjälpverb*) let [lett]; *låta bli ngt* leave s.th. alone [li:'v samm'- θing əlåo'n]; (*laga att*) have [havv]; get [gett]; (*förmå*) make [mejk]; *låta ngn vänta* keep s.b. waiting [ki:'p samm'bədi wej'ting] **låtsas** pretend [pritenn'd] **lä** lee [li:]; *i lä* to leeward [tə li:'wəd] **läcka** leak [li:k] **läcker** delicious [dilisj'əs] **läckerhet** delicacy [dell'ikəsi] **läder** leather [leð'ə] **läge** situation [sittjoej'sjən]; (*belägenhet*) site [sajt]; *i rätt läge* in place [inn plej's] **lägenhet** flat [flätt], *Am.* apartment [əpa:'tmənt] **läger** (*tält- o.d.*) camp [kämmp]; *slå läger* encamp [innkämm'p] **lägereld** camp-fire [kämm'pfajə] **lägga** put [pott]; (*i vågrät ställning*) lay [lej]; *lägga an på* aim at [ej'm ätt]; *lägga fram* put out [pott' ao't]; *lägga ifrån sig* put ... down [pott' dao'n]; *lägga till* (*tillfoga*) add [ädd]; *lägga upp* put ... up [pott' app'], (*klänning*) shorten [sjå:'tn], (*hår*) set [sett]; *lägga ut* lay out (lej' ao't]; *lägga sig* lie down [laj' dao'n], (*gå t. sängs*) go to bed [gåo' tə bedd']; *lägga sig i* interfere [inntəfi:'ə] **läglig** suitable [sjo:'təbl] **lägre** lower [låo'ə]; (*i värde o.d.*) inferior [innfi:'əriə] **lägst** lowest [låo'isst] **läka** heal [hi:l] **läkare** doctor [dåkk'tə] **läkarintyg** doctor's certificate [dokk'təz sətifi'kitt] **läkarvård** medical care [medd'ikəl kä:'ə] **läkas** heal [hi:l] **läkemedel** medicine [medd'sinn] **läktare** gallery [gäll'əri]; (*utomhus*) stand [stännd] **lämna** leave [li:v]; (*in-*) hand in [hänn'd inn']; *lämna ifrån sig* hand over [hänn'd åo'və]; *lämna igen* return [ritə:'n]; *lämna kvar* leave ... behind [li:'v bihaj'nd] **lämplig** suitable [sjo:'təbl] **län** county [kao'nti] **länga** row [råo] **längd** length [lengθ]; (*människas*) height [hajt]; *i längden* in the end [inn ði enn'd] **längdhopp** long jump [lång' dsjamm'p] **länge** long [lång]; *för länge sedan* long ago [lång' əgåo']; *än så länge* for the present [få: ðə prezz'nt] **längre** (*adj.*)

längsefter — magasinera

longer [lång'gə]; (högre) taller [tå:'lə]; (adv.) further [fə:'ðə], farther [fa:'ðə]; längre bort farther away [fa:'ðə əwej']; längre fram further on [fə:'ðə ånn'], (senare) later on [lej'tə ånn'] **längsefter, längsmed** along [əlång'] **längst** (adj.) longest [lång'gisst]; i det längsta as long as possible [äzz lång' äzz påss'əbl]; adv. farthest [fa:'ðisst], furthest [fə:'ðisst] **längta** long [lång] (efter for [få:']) **längtan** longing [lång'ing] (efter for [få:']) **länk** link [lingk] **länstol** armchair [a:'mtsjä:'ə] **läpp** lip [lipp] **läppstift** lipstick [lipp'stikk] **lär** (torde) am (are, is) likely to [ämm (a:, izz) laj'kli to:]; (påstås) am (are, is) said to [ämm (a:, izz) sedd' to:] **lära** (subst.) doctrine [dåkk'trinn]; (verb) (lära andra) teach [ti:tsj]; (lära sig) learn [lə:n] **lärare, lärarinna** teacher [ti:'tsjə] **lärd** learned [lə:'nidd] **lärdom** learning [lə:'ning] **lärjunge** pupil [pjo:'pl] **lärka** lark [la:k] **lärling** apprentice [əprenn'tiss] **lärobok** text-book [tekk'stbokk] **lärorik** instructive [innstrakk'tivv] **läsa** read [ri:d] **läsare** reader [ri:'də] **läsebok** reader [ri:'də] **läsekrets** readers [ri:'dəz] **läska** (med läskpapper) blot [blått]; läska sig refresh o.s. [rifresj' wannsell'f] **läskedryck** soft drink [säff't dringk] **läskpapper** blotting-paper [blått'ingpejpə] **läslig** legible [ledd'sjəbl] **läsning** reading [ri:'ding] **läspa** lisp [lissp] **läsår** school-year [sko:'ljə:] **läte** sound [saond]; (djurs) call [kå:l] **lätt** (mots. tung) light [lajt]; (mots. svår) easy [i:'zi] **lätta** (göra lättare) lighten [laj'tn]; (ge lättnad) be a relief [bi: ə rili:'f]; (om dimma o.d.) lift [lifft] **lättad** relieved [rili:'vd] **lätthet** lightness [laj'tniss]; easiness [i:'ziniss] **lättja** laziness [lej'ziniss] **lättläst** easy to read [i:'zi tə ri:d] **lättnad** relief [rili:'f] **lättsmält** easily digested [i:'zilli didsjess'tidd] **läxa** lesson [less'n]; (hemläxa) homework [håo'mwə:k] **lödder, löddra** lather [la:'ðə] **löfte** promise [pråmm'iss] **lögn** lie [laj] **lögnaktig** untruthful [ann'tro:'θfoll] **lögnare** liar [laj'ə] **löjlig** ridiculous [ridikk'joləs] **löjtnant** lieutenant [lefftenn'ənt] **lök** (blom-) bulb [ballb]; (gul etc.) onion [ann'jən] **lömsk** insidious [innsidd'iəs] **lön** (arbetares) wages [wej'dsjizz]; (tjänstemans o.d.) salary [säll'əri]; löna sig pay [pej]; det lönar sig inte it is no use [itt izz nåo' jo:s] **lönande** profitable [pråff'itəbl] **lönlös** useless [jo:'sliss] **lönn** maple [mej'pl] **lönsam** profitable [pråff'itəbl] **löntagare** (arbetare) wage-earner [wej'dsjə:nə]; (tjänsteman) salary-earner [säll'əriə:nə] **löpa** run [rann]; (om tik) be on heat [bi: ånn hi:'t] **löpare** runner [rann'ə] **löpning** running [rann'ing]; (kapp-) race [rejs] **löpsedel** placard [pläkk'a:d] **lördag** Saturday [sätt'ədi] **lös** loose [lo:s]; (ej hårt spänd) slack [släkk] **lösa** (tjudrat djur) untether [ann'teð'ə]; (lossa på) loose(n) [lo:'s(n)]; (knut o.d.) undo [ann'do:']; (gåta o.d.) solve [sållv] **lösgöra** detach [ditätt'sj] **löskokt** lightly boiled [laj'tli bäj'ld] **lösning** solution [səlo:'sjən] **löv** leaf [li:f] **lövträd** deciduous tree [disidd'joəs tri:] **madrass** mattress [mätt'riss] **magasin** (förrådshus) storehouse [stå:'haos]; (på vapen; tidskrift) magazine [mäggəzi:'n] **maga-**

mage — marsipan 92

sinera store [stå:] **mage** stomach [stamm'ək]; (*buk*) belly [bell'i]; *ha ont i magen* have stomach-ache [havv stamm'əkejk]; *vara hård i magen* be constipated [bi: kånn'stipejtidd] **mager** lean [li:n]; (*bildl.*) meagre [mi:'gə] **magi, magisk** magic [mädd'sjikk] **magister** schoolmaster [sko:'lma:stə] **magkatarr** catarrh of the stomach [kətə:' əvv ðə stamm'ək] **magnet** magnet [mägg'nitt] **magnetisk** magnetic [mäggnett'ikk] **magra** (get) thinner [(gett) θinn'ə] **maj** May [mej]; *första maj* May Day [mej'dej'] **majestät** majesty [mädd'sjissti] **majestätisk** majestic [mədsjess'tikk] **majonnäs** mayonnaise [mejənej'z] **major** major [mej'dsjə] **majoritet** majority [mədsjårr'itti] **majs** maize [mejz] **majskolv** corn-cob [kå:'nkåbb] **majstång** may-pole [mej'påol] **maka 1** (*verb*) move [mo:v] **2** (*subst.*) wife [wajf] **makalös** matchless [mätt'sjliss] **makaroner** macaroni [mäkkəråo'ni] **make** (*akta make*) husband [hazz'bənd]; (*en av ett par*) fellow [fell'åo]; (*like*) match [mättsj] **makrill** mackerel [mäkk'rəl] **makt** power [pao'ə]; *ha makten* be in power [bi: inn pao'ə] **maktlös** powerless [pao'əliss] **mal** (*insekt*) moth [måθ] **mala** grind [grajnd] **mallig** cocky [kåkk'i] **malm** ore [å:] **malör** mishap [miss'häpp] **mamma** mummy [maðʹə], *vard.* mummy [mamm'i] **man 1** (*subst.*) man [männ]; (*äkta man*) husband [hazz'bənd] **2** *pron.* one [wann], you [jo:]; (*folk*) people [pi:'pl] **3** *subst.* (*häst- o.d.*) mane [mejn] **mandat** (*som riksdagsman*) seat [si:t] **mandel** almond [a:'mənd] **mandolin** mandoline [männdəli:'n] **maner** manner [männ'ə] **manet** jelly-fish [dsjell'ifisj] **mangel, mangla** mangle [mäng'gl] **mani** mania [mej'njə], *vard.* craze [krejz] **manick** gadget [gädd'sjitt] **manifest, manifestera** manifest [männ'ifesst] **maning** appeal [əpi:'l] **manlig** (*av mankön*) male [mejl]; (*som anstår en man*) manly [männ'li] **mannekäng** (fashion) model [(fäsj'ən) mådd'l] **mannekänguppvisning** fashion show [fäsj'ən sjåo] **manschett** cuff [kaff] **manschettknapp** cuff-link [kaff'lingk] **mantel** mantle [männ'tl] **manufakturaffär** draper's shop [drej'pəz sjäpp] **manuskript** manuscript [männ'joskrippt] **manöver, manövrera** manœuvre [mənoː'və] **mapp** file [fajl] **mardröm** nightmare [naj'tmä:ə] **margarin** margarine [ma:dsjəri:'n] **marginal** margin [ma:'dsjinn] **Marie bebådelsedag** Lady Day [lej'di dej] **marin** navy [nej'vi] **marinad** marinade [märrinej'd] **marionett** puppet [papp'itt] **mark** ground [graond]; *på svensk mark* on Swedish soil [ånn swi:'disj såjl] **markant** striking [straj'king] **markatta** guenon [gənåo'n] **markera** mark [ma:k] **marketenteri** canteen [känntiː'n] **markis 1** sun-blind [sann'blajnd] **2** (*adelstitel*) marquess [ma:'kwiss] **markisinna** marchioness [ma:'sjəniss] **marknad, marknadsföra** market [(ma:'kitt] **marmelad** marmalade [ma:'mələjd] **marmor** marble [ma:'bl] **marockansk** Moroccan [mərăkk'ən] **Marocko** Morocco [məråkk'åo] **mars** March [ma:tsj] **marsch** march [ma:tsj] **marschall** torch [tå:tsj] **marschera** march [ma:tsj] **marsipan** marzipan

marskalk — medelstor

[maːzipänn'] **marskalk** marshal [maːˈʃəl] **marsvin** guinea-pig [ginnˈipigg] **martyr** martyr [maːˈtə] **marxistisk** Marxist [maːˈksisst] **maräng** meringue [mərängˈ] **mask 1** worm [wəːm] **2** (ansikts- o.d.) mask [maːsk] **maska** (subst.) stitch [stittsj]; (på strumpa) ladder [läddˈə] **maskera** mask [maːsk] **maskerad** masquerade [mässkərejˈd] **maskin** machine [məsjiːˈn] **maskinell** mechanical [mikännˈikəl] **maskineri** machinery [məsjiːˈnəri] **maskinskriverska** typist [tajˈpisst] **maskinskrivning** typing [tajˈping] **maskopi** vara i maskopi med be in collusion with [biːˈinn kəloːˈsjən wið] **maskot** mascot [mässˈkət] **maskros** dandelion [dännˈdilajən] **massa** mass [mäss]; en massa ... lots of ... [låttˈs əvv] **massage** massage [mässˈaːsj] **massaker, massakrera** massacre [mässˈəkə] **massera** massage [mässˈaːsj] **massiv** (adj.) solid [sållˈidd] **massmedia** mass media [mässˈ miːˈdjə] **massproduktion** mass production [mässˈ prədakkˈsjən] **massvis** in large numbers [inn laːˈdsj nammˈbəz] **mast** mast [maːst] **mat** food [foːd]; mat och husrum board and lodging [båːˈd ənn låddˈsjing] **mata** feed [fiːd] **matador** matador [mättˈədåː] **matbord** dining-table [dajˈningtejbl] **match** match [mättsj] **matematik** mathematics [mäθimättˈikks] **matematisk** mathematical [mäθimättˈikkˈikəl] **materia** matter [mättˈə] **material** material [mətiːˈəriəl] **materiel** materials [mətiːˈəriəlz] **matfett** cooking fat [kokkˈing fätt] **matförgiftning** food poisoning [foːˈd påjˈzning] **matiné** matinée [mättˈinej] **matlagning** cooking [kokkˈing] **matlust** appetite [äppˈitajt] **matros** able seaman [ejˈbl siːˈmən] **matsal** dining-room [dajˈningromm] **matsedel** menu [mennˈjoː] **matservis** dinner service [dinnˈə səːˈviss] **matsilver** table silver [tejˈbl sillˈvə] **matsmältning** digestion [didsjessˈtsjən] **matstrupe** œsophagus [iːsåffˈəgəs] **matsäck** packed lunch [päkkˈt lannˈtsj] **matt** (svag) weak [wiːk]; (glanslös) dull (dall] **matta** carpet [kaːˈpitt]; (mindre) rug [ragg]; (dörr- o.d.) mat [mätt] **mattas** get weak [gettˈ wiːk]; (om sken) get dim [gettˈ dimmˈ]; (om färg) fade [fejd] **matte** mistress [missˈtriss] **matvaror** provisions [prəvisjˈənz] **maximal** maximum [mäkkˈsiməm] **med** with [wið]; (vid kommunikationsmedel) by [baj] **medalj** medal [meddˈl] **medan** while [wajl] **medarbetare** collaborator [kəlabbˈərejtə] **medborgare** citizen [sittˈizzn] **medborgarskap** citizenship [sittˈizznsjipp] **medborgerlig** civil [sivvˈl] **medbrottsling** accomplice [əkåmmˈpliss] **meddela** (omtala) inform [innˈfåːˈm]; (kungöra e.d.) announce [ənaoˈns]; meddela sig communicate [kəmmjoːˈnikejt] **meddelande** (budskap) message [messˈiddsj]; (officiellt) announcement [ənaoˈnsmənt]; (anslag) notice [nåoˈtiss] **medel** means [miːnz] **medel-** medium [miːˈdjəm] **Medelhavet** the Mediterranean [ðə medditərejˈnjən] **medelklassen** the middle classes [ðə middˈl klaːˈsizz] **medelmåttig** medium [miːˈdjəm]; neds. mediocre [miːˈdiåokə] **medelpunkt** centre [sennˈtə] **medelst** by [baj] **medelstor** ... of medium size [əvv

medeltal — merarbete 94

mi:'djɐmm saj'z] **medeltal** average [ävv'əriddsj]; (*matematiskt*) mean [mi:n] **medeltemperatur** mean temperature [mi:'n temm'-prittsjə] **medeltida** medieval [meddi:'vəl] **medeltiden** the Middle Ages [ðə midd'l ej'dsjizz] **medelålders** middle-aged [midd'lej'dsjd] **medfödd** inborn [inn'bå:'n] **medföra** bring [bring]; (*förorsaka*) cause [kå:z] **medge** admit [ədmitt'] **medgivande** (*tillåtelse*) permission [pəmisj'ən]; (*erkännande*) admission [ədmisj'ən]; (*eftergift*) concession [kənsesj'ən] **medgång** prosperity [pråssperr'itti] **medgörlig** accommodating [əkåmm'-ədejting] **medhjälpare** assistant [əsiss'tənt] **medicin** medicine [medd'sinn] **medicinsk** medical [medd'ikəl] **meditera** meditate [medd'itejt] **medkänsla** sympathy [simm'pəθi] **medla** mediate [mi:'diejt] **medlare** mediator [mi:'diejtə] **medlem** member [memm'bə]; (*av lärt sällskap äv.*) fellow [fell'åo] **medlemsavgift** membership fee [memm'bəsjipp fi:'] **medlemskap** membership [memm'bəsjipp] **medlemskort** membership card [memm'bəsjipp ka:'d] **medlidande** compassion [kəmpasj'ən] **medlidsam** compassionate [kəmpasj'ənitt] **medling** mediation [mi:diej'sjən] **medmänniska** fellow-creature [fell'åokri:'tsjə] **medpassagerare** fellow-passenger [fell'åopass'inndsjə] **medryckande** exciting [ikksaj'ting] **medspelare** fellow-actor [fell'åoäkk'tə] **medtagen** tired out [taj'əd ao't] **medtävlare** competitor [kəmpett'ittə] **medurs** clockwise [klåkk'wajz] **medverka** (*samverka*) co-operate [kåoåpp'ərejt]; (*deltaga*) participate [pa:tiss'ipejt]; (*bidraga*) contribute [kəntribb'jo:t] **medverkan** co-operation [kåoåppərej'sjən]; (*deltagande*) participation [pa:tissipej'sjən] **medvetande** consciousness [kånn'sjəsniss] **medveten** conscious [kånn'sjəs] **medvetslös** unconscious [ännkånn'sjəs] **medvind** tail-wind [tej'lwinnd] **mejeri** dairy [dä:'əri] **mejsel** chisel [tsjizz'l] **mekaniker** mechanic [mikänn'ikk] **mekanisk** mechanical [mikänn'ikəl] **mekanism** mechanism [mekk'ənizəm] **melankolisk** melancholy [mell'ənkəli] **mellan** (*vanl. om två*) between [bitwi:'n]; (*om flera*) among [əmang'] **mellanakt** interval [inn'təvəl] **mellangärde** diaphragm [daj'əfrämm] **mellanlanda** make an intermediate landing [mejk ənn inntə:mi:'djət länn'ding] **mellanmål** snack [snäkk] **mellanrum** interval [inn'təvəl] **mellanskillnad** difference [diff'rəns] **mellanstorlek** medium size [mi:'djəm sajz] **mellersta** middle [midd'l] **melodi** melody [mell'ədi] **melon** melon [mell'ən] **memoarer** memoirs [memm'-wa:z] **men 1** (*konj.*) but [batt] **2** (*lyte*) disability [dissəbill'itti] **mena** mean [mi:n] **mened** perjury [pə:'dsjəri] **menig** private [praj'vitt] **mening** (*uppfattning*) opinion [əpinn'jən]; (*innebörd*) meaning [mi:'ning]; (*avsikt*) intention [inntenn'sjən]; (*sats*) sentence [senn'təns] **meningslös** senseless [senn'sliss], useless [jo:'sliss] **menstruation** menstruation [mennstroej'sjən] **mental** mental [menn'tl] **mentalsjukhus** mental hospital [menn'tl håss'pittl] **mer** more [må:] **merarbete** extra work [ekk'strə wə:k]

merit (*kvalifikation*) qualification [kwållifikej·sjən] **mervärde** added value [ädd·idd våll·jo:] **mervärdesskatt** value-added tax [våll·jo:äddidd tåkk·s] **mes** titmouse [titt·maos]; (*ynkrygg*) coward [kao·əd] **mest** most [måost] **meta** angle [äng·gl] **metall** metal [mett·l] **meter** metre [mi:·tə] **metersystem** metric system [mett·rikk siss·timm] **metkrok** fish-hook [fisj·hokk] **metod** method [meθ·əd] **metodism** Methodism [meθ·ədizəm] **metodist** Methodist [meθ·ədisst] **metrev** fishing-line [fisj·inglajn] **metspö** fishing-rod [fisj·ingrådd] **middag** (*mitt på dagen*) noon [no:n]; (*måltid*) dinner [dinn·ə]; *god middag!* good afternoon! [godd a:ftənoo:·n]; *äta middag* have dinner [hävv dinn·ə]; *bjuda ngn på middag* invite s.b. to dinner [innvajt· samm·bədi tə dinn·ə] **midja** waist [wejst] **midjemått** waist-measurement [wej·stmesj·əmənt] **midnatt** midnight [midd·najt] **midnattssol** midnight sun [midd·najt sann] **midsommar** midsummer [midd·sammə] **midsommarafton** Midsummer Eve [midd·sammə i:v] **midsommardag** Midsummer Day [midd·sammə dej] **mig** me [mi:]; myself [majsell·f] **migrän** migraine [mi:·grejn] **mikrofon** microphone [maj·krəfåon] **mikroskop** microscope [maj·krəskåop] **mil** ten kilometres [tenn· kill·əmi:təz]; about six miles [əbao·t sikk·s maj·lz]; *engelsk mil* mile [majl] **mild** mild [majld] **mildra** mitigate [mitt·igejt] **militär** military [mill·itəri] **militärtjänst** military service [mill·itəri sə:·viss] **miljard** milliard [mill·ja:d]; *Am.* billion [bill·jən] **miljon** million [mill·jən] **miljonär** millionaire [milljənä:·ə] **miljö** environment [innvaj·ərənmənt] **miljöförstöring** pollution [pəlo:·sjən] **min 1** (*pron.*) my [maj]; (*självständigt*) mine [majn] **2** (*ansiktsuttryck*) expression [ikkspresj·ən] **mina** mine [majn] **mindervärdeskomplex** inferiority complex [innfiəriärr·itti kåmm·plekks] **mindervärdig** inferior [innfi:·əriə] **mindre** smaller [små:·lə]; less [less] **Mindre Asien** Asia Minor [ej·sjə maj·nə] **mineral** mineral [minn·ərəl] **minimal, minimum** minimum [minn·iməm] **minister** minister [minn·isstə]; *secretary of state* [sekk·rətri əvv stejt·]; *svenske ministern i London* the Swedish ambassador in London [ðə swi:·disj ämmbäss·ədə inn lann·dən] **mink** mink [mingk] **minkpäls** mink coat [ming·k kåot] **minnas** remember [rimemm·bə] **minne** memory [memm·əri]; *hålla i minnet* keep in mind [ki:·p inn maj·nd] **minnesmärke** memorial [mimå:·riəl] **minoritet** minority [majnårr·itti] **minsann** to be sure [tə bi sjo:·ə] **minska** reduce [ridjo:·s] **minst** smallest [små:·lisst]; at least [ətt li:·st] **minus** minus [maj·nəs]; *minus 10 grader* 10 degrees (Centigrade) below zero [tenn· digri:·z (senn·tigrejd) bilåo· zi:·əro] **minut** minute [minn·itt]; *fem minuter över tre* five minutes past three [faj·v minn·itts pa:·st θri:·] **mirakel** miracle [mirr·əkl] **miss, missa** miss [miss] **missakta** disdain [dissdej·n] **missanpassad** maladjusted [mäll·ədsjass·tidd] **missbelåten** displeased [disspli:·zd] **missbelåtenhet** dissatisfaction [diss·sättisfäkk·sjən] **missbildning** defect [difekk·t] **missbruk**

missbruka — morfar 96

abuse [əbjoː's] **missbruka** abuse [əbjoː'z] **missdådare** malefactor [mällˈifäkktə] **missfall** miscarriage [missˈkärrˈiddsj] **missförhållande** incongruity [innkänggroːˈitti] **missförstå** misunderstand [missˈanndəstännˈd] **missförstånd** misunderstanding [missˈanndəstännˈding] **misshandla** maltreat [mälltriːˈt] **mission** mission [misjˈən]; (*relig.*) missions [misjˈənz] **missionär** missionary [misjˈnəri] **missklä(da)** be unbecoming to [biː annˈbikammˈing tuː] **missklädsam** unbecoming [annˈbikammˈing] **missköta** neglect [niglekkˈt] **misslyckad** unsuccessful [annˈsəksessˈfoll] **misslyckande** failure [fejˈljə] **misslyckas** fail [fejl] **misslynt** ill-humoured [illˈhjoːˈməd] **missmodig** downhearted [daoˈnhaːˈtidd] **missnöjd** dissatisfied [dissˈsättˈisfajd] **missnöje** dissatisfaction [dissˈsättisfäkkˈsjən] **missräkna** miscalculate [missˈkällˈkjolejt] **misstag** mistake [misstejˈk] **misstaga sig** make a mistake [mejˈk ə misstejˈk] **misstanke** suspicion [səspisjˈən] **misstro** distrust [disstrassˈt] **misströsta** despair [disspäːˈə] **misstänka** suspect [səspekkˈt] (*för of* [əvv]) **misstänksam** suspicious [səspisjˈəs] **missunna** grudge [graddsj] **missuppfatta** misunderstand [missˈanndəstännˈd] **missuppfattning** misunderstanding [missˈanndəstännˈding] **missvisande** misleading [missliːˈding] **missöde** mishap [missˈhäpp] **mista** lose [loːz] **miste** *ta miste på* miss [miss] **mistel** mistletoe [missˈltåo] **mitt** middle [middˈl]; *mitt emellan* midway between [middˈwej bitwiːˈn]; *mitt i* in the middle of [inn ðə middˈl əvv] **mjuk** soft [säfft] **mjäll** dandruff [ännˈdraf] **mjältbrand** anthrax [ännˈθräkks] **mjälte** spleen [spliːn] **mjöl** flour [flaoˈə] **mjölk** milk [millk] **mjölktand** milk-tooth [millˈktoːθ] **mobil** mobile [måoˈbajl] **mobilisera** mobilize [måoˈbilajz] **mocka** suède [swejd] **mod 1** (*modighet*) courage [karrˈiddsj] **2** fashion [fäsjˈən] **modell** model [måddˈl] **moder** mother [maðˈə] **moderat** moderate [måddˈəritt] **modern** modern [måddˈən] **modernisera** modernize [måddˈənajz] **modifiera** modify [måddˈifaj] **modig** brave [brejv] **mogen** ripe [rajp]; (*bildl.*) mature [mətjoːˈə] **mogna** ripen [rajˈpən] **molekyl** molecule [mållˈikjoːl] **moll** minor [majˈnə] **moln** cloud [klaod] **moment** moment [måoˈmənt] **monark** monarch [männˈək] **monarki** monarchy [männˈəki] **mongolisk** Mongolian [månggåoˈljən] **monopol** monopoly [mənäppˈəli] **monoton** monotonous [mənåttˈnəs] **monster** monster [männˈstə] **monsun** monsoon [månsoːˈn] **monter** show-case [sjåoˈkejs] **montera** (*sätta upp*) mount [maont]; (*sätta ihop*) assemble [əsemmˈbl] **montör** fitter [fittˈə] **monument** monument [månnˈjomənt] **moped** moped [måoˈpedd] **mopp** mop [mäpp] **mor** mother [maðˈə] **moral** morals [mårrˈəlz]; morality [mərällˈitti] **moralisk** moral [mårrˈəl] **morbror** (maternal) uncle [(mətəːˈnl) angˈkl] **mord** murder [məːˈdə] **mordbrand** arson [aːˈsn] **mordisk** murderous [məːˈdərəs] **morfar** (maternal) grandfather [(mətəːˈnl)

morfin — musiker

gränn'dfa:ðə] **morfin** morphine [må:'fi:n] **morgon** morning [må:'ning]; *god morgon!* good morning! [goddmå:'ning]; *i dag på morgonen* this morning [ðiss' må:'ning]; *i morgon* tomorrow [təmårr'ǻo] **morgonrock** dressing-gown [dress'inggaon] **morgontidning** morning paper [må:'ning pej'pə] **mormor** (maternal) grandmother [(mətə:'nl) gränn'maðə] **morra** growl [graol] **morse** *i morse* this morning [ðiss' må:'ning]; *i går morse* yesterday morning [jess'tədi må:'ning] **mos** pulp [pallp], mash [mäsj] **mosaik** mosaic [məzej'ikk] **moskit** mosquito [məski:'tǻo] **mossa** moss [måss] **moster** (maternal) aunt [(mətə:'nl) a:nt] **mot** against [əgenn'st]; (*riktning*) towards [təwá:'dz] **motarbeta** work against [wə:'k əgenn'st] **motell** motel [måotell'] **motfordran** counter-claim [kao'ntəklejm] **motgift** antidote [änn'tidǻot] **motgång** set-back [sett'bäkk] **motion** (*kroppsrörelse*) exercise [ekk'səsajz]; (*förslag*) motion [måo'sjən] **motiv** motive [måo'tivv] **motivera** account for [əkao'nt få:] **motor** motor [måo'tə]; engine [enn'dsjinn] **motorbåt** motor boat [måo'tə båot] **motorcykel** motor-cycle [måo'təsajkl] **motorstopp** engine failure [enn'dsjinn fej'ljə] **motorväg** motorway [måo'təwej] **motsats** contrast [kånn'trasst]; opposite [åpp'əzitt]; *i motsats till* contrary to [kånn'trəri to:]; *de är varandras motsatser* they are absolute opposites [ðej' a: äbb'səlo:t åpp'əzitts] **motsatt** opposite [åpp'əzitt] **motstå** resist [riziss't] **motstånd** resistance [riziss'təns] **motståndare** adversary [ädd'vəsəri] **motsvara** correspond to [kårrispånn'd to:]; *motsvara ngns förvantningar* come up to a p.'s expectations [kamm app' to: ə pə:'snz ekkspekktej'sjənz] **motsvarande** corresponding [kårrispånn'ding] **motsvarighet** correspondence [kårrispånn'dəns] **motsäga** contradict [kånntrədikk't] **motsätta sig** oppose [əpǻo'z] **mottaga** receive [risi:'v] **mottagare** receiver [risi:'və] **mottagning** reception [risepp'sjən] **motverka** counteract [kaontərakk't] **motvikt** counterbalance [kao'ntəbälləns] **motvilja** dislike [disslaj'k] **motvind** head-wind [hedd'winnd] **mugg** mug [magg]; jug [dsjagg] **muhammedan** Mohammedan [måohamm'idən] **mula** mule [mjo:l] **mulatt** mulatto [mjolätt'åo] **mulen** overcast [åo'vəka:st] **mullvad** mole [måol] **multiplicera** multiply [mall'tiplaj] (*med* by [baj]) **mulåsna** mule [mjo:l] **mumla** mumble [mamm'bl] **mun** mouth [maoθ] **munk** monk [mangk] **mun-mot-mun-metoden** the mouth-to-mouth method [ðə mao'θ tə mao'θ meθ'əd] **munstycke** mouthpiece [mao'θpi:s]; (*tekn.*) nozzle [nåzz'l], jet [dsjett] **munter** merry [merr'i] **muntlig** oral [å:'rəl]; (*om meddelande*) verbal [və:'bəl] **muntra upp** cheer ... up [tsji:'ə app'] **mur** wall [wå:l] **murare** bricklayer [brikk'lejə] **murbruk** mortar [må:'tə] **murgröna** ivy [aj'vi] **murken** decayed [dikej'd] **mus** mouse [maos], (*pl* mice [majs]) **museum** museum [mjo:zi:'əm] **musik** music [mjo:'zikk] **musikalisk** musical [mjo:'zikəl] **musiker** musician [mjo:zisj'ən]

musikinstrument — mänskligheten 98

musikinstrument musical instrument [mjo:ˈzikəl innˈstromənt] **musikstycke** piece of music [piːˈs əvv mjoːˈzikk] **muskel** muscle [massˈl] **muslin** musling [mazzˈlinn] **mussla** mussel [massˈl], clam [klämm] **must** must [masst] **mustasch** moustache [məstaːˈsj] **mustig** rich [rittsj] **muta** (subst. o. verb) bribe [brajb] **mutter** (tekn.) (screw) nut [(skroː) natt] **mycket** much [mattsj]; a great deal of [ə grejˈt diːˈl əvv]; (gott om) plenty of [plennˈti əvv]; (många) many [mennˈi] **mygga** midge [middsj]; mosquito [məskiːˈtəo] **myggmedel** anti-mosquito preparation [ännˈtiməskiːˈtəo prepparejˈsjən] **mylla** mould [məold] **München** Munich [mjoːˈnikk] **myndig** ... of age [əvv ejˈdsj] **myndighet** authority [åːθårrˈitti]; (myndig ålder) majority [mədsjärrˈitti] **mynna** (om flod) fall [fåːl]; (om gata) lead [liːd]; (bildl.) end [ennd] **mynt** coin [kåjn] **myr** bog [bågg] **myra** ant [ännt]; flitig som en myra as busy as a bee [azz bizzˈi azz ə biːˈ] **myrstack** ant-hill [ännˈthill] **myrten** myrtle [məːˈtl] **mysterium** mystery [missˈtəri] **mystisk** mystic [missˈtikk]; (gåtfull) mysterious [misstiːˈəriəs] **myt** myth [miθ] **myteri** mutiny [mjoːˈtinni] **mytologi** mythology [miθållˈədsji] **må** (kanna sig) feel [fiːl]; hur mår du? how are you? [haoˈ aːˈ joː]; jag mår mycket bra I am very well [aj amm verrˈi wellˈ]; (hjälpverb) may [mej] **måfå** på måfå at random [att rannˈdəm] **måg** son-in-law [sannˈinnlåː] **mål 1** goal [gåol] (av. sport); (syfte) aim [ejm] **2** (mat) meal [miːl] **3** (rättegång) case [kejs] **måla** paint [pejnt] **målare** painter [pejˈntə] **målarfärg** paint [pejnt] **målbrott** han är i målbrottet his voice is just breaking [hizz våjˈs izz dsjassˈt brejˈking] **måleri** painting [pejˈnting] **mållös** (stum) speechless [spiːˈtsjliss] **målmedveten** purposeful [pəːˈpəsfoll] **målning** painting [pejˈnting]; picture [pikkˈtsjə] **målsman** parent [päːˈərənt] **måltavla** target [taːˈgitt] **måltid** meal [miːl] **målvakt** goalkeeper [gåoˈlkiːpə] **mån 1** subst., i viss mån to some extent [toːˈ sammˈ ikkstentˈt]; i gorligaste mån as far as possible [azz faːˈ azz pässˈəbl] **2** adj. (aktsam) careful [käːˈəfoll] **månad** month [mannθ] **måndag** Monday [mannˈdi] **måne** moon [moːn] **många** many [mennˈi] **mångsidig** many-sided [mennˈisajˈdid] **mångårig** ... of many years [əvv mennˈi jəːˈz] **månlandning** moon landing [moːˈn lännding] **månsken** moonlight [moːˈnlajt] **mård** marten [maːˈtinn] **mås** gull [gall] **måste** must [masst] **mått** measure [mesjˈə] **måtta** moderation [måddərejˈsjən] **måttband** tape-measure [tejˈpmesjə] **måtte** det måtte väl inte ha hänt henne något I hope nothing has happened to her [aj håoˈp naθˈing hazz häppˈənd toːˈ hə] **måttlig** moderate [måddˈəritt] **mäklare** broker [bråoˈkə] **mäktig** powerful [paoˈəfoll] **mängd** quantity [kwånnˈtitti]; en hel mängd a good deal of [ə goddˈ diːˈl əvv] **människa** man [männ]; human being [hjoːˈmən biːˈing]; **människor** (folk) people [piːˈpl] **människosläktet** mankind [männkajˈnd] **mänsklig** human [hjoːˈmən] **mänskligheten** mankind [männkajˈnd]

märg — Nederländerna

märg marrow [märr'åo] **märka** notice [nåo'tiss]; (sätta märke på) mark [ma:k] **märke** mark [ma:k]; (klubb- o.d.) badge [baddsj] **märklig, märkvärdig** remarkable [rima:'kəbl] **mässa** (gudstjänst) mass [mäss]; (utställning) fair [fä:'ə] **mässing** brass [bra:s] **mässling** (the) measles [(ðə) mi:'zlz] **mästare** master [ma:'stə] **mästerverk** masterpiece [ma:'stəpi:s] **mäta** measure [mesj'ə] **mätare** (gas- etc.) meter [mi:'tə]; (instrument) gauge [gejdsj] **mätt** satisfied [sätt'issfajd] **möbel** piece of furniture [pi:'s əvv fə:'nittsjə]; möbler furniture [fə:'nittsjə] **möblera** furnish [fə:'nisj] **möda** labour [lej'bə]; (besvär) trouble [trabb'l] **mödosam** laborious [ləbå:'riəs] **mödravårdscentral** maternity clinic [mətə:'nitti klinn'ikk] **mögel** mould [måold] **mögla** get mouldy [gett måo'ldi] **möjlig** possible [påss'əbl]; allt möjligt all kinds of things [å:'l kaj'ndz əvv θing'z] **möjlighet** possibility [påssəbill'itti] **mönster** pattern [patt'ən]; design [dizaj'n] **mönstergill** model [mådd'l]; ideal [ajdi:'əl] **mönstra** (granska) examine [iggzämm'inn]; (som värnpliktig) enlist [innliss't] **mör** crisp [krissp]; (om kott) tender [tenn'də] **mörda** murder [mə:'də] **mördare** murderer [mə:'dərə] **mörk** dark [da:k] **mörkblå** dark blue [da:'k blo:'] **mörker** darkness [da:'kniss] **mörkrum** dark room [da:'kromm] **mörkrädd** afraid of the dark [əfrej'd əvv ðə da:'k] **mört** roach [råotsj] **mössa** cap [käpp] **möta, mötas** meet [mi:t] **möte** meeting [mi:'ting]; (träff) appointment [əpåj'ntmənt] **nackdel** disadvantage [dissədva:'ntiddsj] **nacke** back of the head [bäkk' əvv ðə hedd'] **nagel** nail [nejl] **nagellack** nail-varnish [nejl'lva:nisj] **naiv** naive [na:i:'v] **naken** naked [nej'kidd] **nakendans** nude dancing [njo:'d da:nsing] **namn** name [nejm] **namnsdag** name-day [nej'mdej] **napp 1** teat [ti:t]; (tröstnapp) dummy [damm'i] **2** (vid fiske) bite [bajt] **narkoman** drug addict [dragg' ädd'ikkt] **narkos** narcosis [na:kåo'siss] **narkotika** narcotics [na:kått'ikks] **nation** nation [nej'sjən] **nationalekonomi** economics [i:kənämm'ikks] **nationalinkomst** national income [näsj'ənl inn'kəm] **nationalitet** nationality [näsjənäll'itti] **nationalpark** national park [näsj'ənl pa:k] **nationalsång** national anthem [näsj'ənl änn'θəm] **nativitet** birth-rate [bə:'θrejt] **natrium** sodium [såo'djəm] **natt** night [najt]; god natt! good night! [godd' naj't] **nattklubb** night club [najt klabb] **nattvakt** night-watchman [naj'twått'sjmən] **natur** nature [nej'tsjə] **naturlag** law of nature [lå:' əvv nej'tsjə] **naturlig** natural [nätt'sjrəl] **naturligtvis** of course [əvv kå:'s] **naturtillgångar** natural resources [nätt'sjrəl risä:'sizz] **naturvetenskap** (natural) science [(nätt'sjrəl) saj'əns] **nav** hub [habb] **navel** navel [nej'vəl] **navigation** navigation [nävvigej'sjən] **navigera** navigate [nävv'igejt] **navkapsel** hub cap [habb' käpp] **nazist** Nazi(st) [na:'tsi(st)] **Neapel** Naples [nej'plz] **necessär** dressing-case [dress'ingkejs] **ned** down [daon] **nedanför** below [bilåo'] **nederlag** defeat [difi:'t]; lida nederlag be defeated [bi: difi:'tidd] **Nederländerna**

nederst — noga 100

the Netherlands [ðə neð'ələndz] **nederst** at the bottom [ətt ðə bått'əm] **nedför** down [daon] **nedförsbacke** downhill slope [dao'nhill slåop] **nedifrån** from below [fråmm bilåo'] **nedlagd** (om fabrik) closed [klåozd] **nedlåtande** condescending [kånndisenn'ding] **nedre** lower [låo'ə] **nedrustning** disarmament [dissa:'məmənt] **nedsatt** reduced [ridjo:'st] **nedslagen** downhearted [dao'nha:'tidd] **nedslående** depressing [dipress'ing] **nedstämd** depressed [dipress't] **nedsättande** derogatory [dirågg'ətəri] **nedtill** at the bottom [ətt ðə bått'əm] **nedtrappning** de-escalation [di:'esskəlej'sjən] **nedväg** på nedvägen on the way down [ånn ðə wej' dao'n] **nedvärdera** depreciate [dipri:'sjiejt] **nedåt** downward(s) [dao'nwəd(z)] **nedåtgående** (om tendens) falling [få:'ling] **nedärvd** hereditary [hiredd'itəri] **negativ** (subst. o. adj.) negative [negg'ətivv] **neger** Negro [ni:'gråo], black [bläkk] **negerkvinna, negress** Negress [ni:'griss] **nej** no [nåo]; nej nu måste jag gå! well, I must go now! [well aj' masst gåo' nao']; nej, vad säger du? you don't say so? [jo: dəont sej' såo']; svara nej answer in the negative [a:'nsə inn ðə negg'ətivv]; rosta nej vote against [våo't əgenn'st] **nejlika** carnation [ka:nej'sjən] **neka** (vägra) refuse [rifjo:'z]; (förneka) deny [dinaj'] **nekande** (adj.) negative [negg'ətivv]; (subst.) (vägran) refusal [rifjo:'zəl]; svara nekande answer in the negative [a:'nsə inn ðə negg'ətivv] **neonrör** neon tube [ni:'ən tjo:b] **ner, nere** down [daon] **nerts** mink [mingk] **nerv** nerve [nə:v] **nervlugnande medel** tranquillizer [träng'kwilajzə] **nervpåfrestande** nerve-racking [nə:'vräkking] **nervsjukdom** nervous disorder [nə:'vəs disså:'də] **nervös** nervous [nə:'vəs] **nestor** doyen [dåj'ən] **netto** net [nett] **nettovikt** net weight [nett' wejt] **neuros** neurosis [njoəråo'siss] **neutral** neutral [njo:'trəl] **neutralisera** neutralize [njo:'trəlajz] **neutralitet** neutrality [njo:trall'itti] **neutron** neutron [njo:'trånn] **ni** you [jo:]; ni sjalv (you) yourself [(jo:) jä:sell'f] **nicka** nod [nådd] **nickel** nickel [nikk'l] **nidingsdåd** act of vandalism [äkk't əvv vänn'dəlizzəm] **niga** curtsy [kə:'tsi] **nikotin** nicotine [nikk'əti:n] **Nilen** the Nile [ðə naj'l] **nio** nine [najn] **nionde** ninth [najnθ] **nit 1** (iver) zeal [zi:l] **2** (tekn.) rivet [rivv'itt] **nita** rivet [rivv'itt] **nitisk** zealous [zell'əs] **nitlott** blank [blängk] **nitrat** nitrate [naj'trejt] **nittio** ninety [naj'nti] **nittionde** ninetieth [naj'ntiiθ] **nitton** nineteen [naj'nti:'n] **nittonde** nineteenth [naj'nti:'nθ] **nittonhundratalet** på nittonhundratalet in the twentieth century [inn ðə twenn'tiiθ senn'tsjorri] **nivellering** levelling [levv'ling] **nivå** level [levv'l] **Nizza** Nice [ni:s] **njugg** parsimonious [pa:simåo'njəs] **njure** kidney [kidd'ni] **njursten** stone in the kidney(s) [ståo'n inn ðə kidd'ni(zz)] **njuta** enjoy [inndsjåj'] **njutning** enjoyment [inndsjåj'mənt] **nobel** noble [nåo'bl] **nobelpris** Nobel Prize [nåobell' prajz] **nog** (tillräckligt) enough [inaff']; (sannolikt) probably [pråbb'əbli] **noga** (adj.) (noggrann) careful [kä:'əfoll]; (adv.)

noggrann — nyfödd

(*exakt*) exactly [iggzäkk'tli] **noggrann** accurate [äkk'joritt] **noll** nought [nå:t]; zero [zi:'əråo]; *mitt telefonnummer är två noll nio noll åtta* my telephone number is two o(h) nine o(h) eight [maj tell'ifåon namm'bə izz to:' åo' naj'n åo' ej't] **nolla** nought [nå:t] **nomad** nomad [nåmm'əd] **nominell** nominal [nåmm'innl] **nonchalant** nonchalant [nånn'sjələnt] **nonchalera** neglect [niglekk't] **nonsens** nonsense [nånn'səns] **nord** north [nå:θ] **Nordafrika** North(ern) Africa [nå:'θ (nå:'ðənn) äff'rikkə] **Nordamerika** North America [nå:'θ əmerr'ikkə] **nordbo** northerner [nå:'-ðənə] **Norden** the Nordic (Scandinavian) countries [ðə nå:'dikk (skänndinej'vjən) kann'trizz] **Nordeuropa** Northern Europe [nå:'-ðən jo:'ərəp] **nordisk, nordlig** northern [nå:'ðən] **nordost** northeast [nå:'θi:'st] **nordpol** *nordpolen* the north pole [ðə nå:'θ påo'l] **Nordsjön** the North Sea [ðə nå:'θ si:'] **Norge** Norway [nå:'wej] **norm** standard [stänn'dəd] **normal** normal [nå:'məl] **normgivande** normative [nå:'mətivv] **norr** north [nå:θ]; *mot norr* to the north [to: ðə nå:'θ] **norra** the north(ern) [ðə nå:'θ (nå:'ðən)] **norrifrån** from the north [fråmm ðə nå:'θ] **norrman** Norwegian [nå:wi:'dsjən] **norrsken** aurora borealis [å:rå'rə bå:riej'liss] **norrut** towards (the) north [təwə'dz (ðə) nå:'θ] **norsk** Norwegian [nå:wi:'dsjən] **norska** (*språk*) Norwegian [nå:wi:'dsjən]; (*kvinna*) Norwegian woman [nå:wi:'dsjən womm'-ən] **nos** nose [nåoz] **nosa** smell [smell] **noshörning** rhinoceros [rajnåss'ərəs] **not** note [nåot] **nota** (*räkning*) bill [bill] **notarie** (recording) clerk [(rikå:'ding) kla:k] **notera** make a note of [mejk ə nåo't əvv] **nothäfte** sheets (*pl*) of music [sji:'ts əvv mjo:'zikk] **notis** (*tidnings-*) news-item [njo:'zajtemm] **notpapper** music-paper [mjo:'zikkpejpə] **novell** short story [sjå:'t stå:'ri] **november** November [nåovemm'bə] **nu** now [nao]; *tills nu* up till now [app' till nao']; *vad nu då?* what's up now? [wått's app' nao'] **nubba** tack [täkk] **nubbe** dram [drämm] **nuförtiden** nowadays [nao'ədejz] **numer(a)** now(adays) [nao'(ədejz)] **nummer** number [namm'bə]; (*tidnings- o.d.*) issue [iss'jo:]; (*storlek*) size [sajz] **nummerbyrå** directory enquiries [direkk'təri innkwaj'arizz] **nummerordning** numerical order [njo:merr'ikəl å:'də] **numrera** number [namm'bə] **nunna** nun [nann] **nutida** present-day [prezz'ntdej'] **nuvarande** present [prezz'nt] **ny** new [njo:]; *nya tiden* the modern age [ðə mådd'ən ej'dsj] **nyans** shade [sjejd] **nyare** newer [njo:'ə] **nyast** newest [njo:'isst] **Nya Zeeland** New Zealand [njo:zi:'länd] **nybildad** newly formed [njo:'li få:md] **nybyggare** settler [sett'lə] **nybyggd** newly (built) [njo:'li(billt)] **nybörjare** beginner [biginn'ə] **nyck** whim [wimm] **nyckel** key [ki:] **nyckelben** collar-bone [kåll'əbåon] **nyckelhål** keyhole [ki:'håol] **nyckelpiga** ladybird [lej'dibə:d] **nyckfull** capricious [kəprisj'əs] **nyexaminerad** newly qualified [njo:'li kwåll'ifajd] **nyfiken** curious [kjo:'əriəs] **nyfikenhet** curiosity [kjo:'əriåss'itti] **nyfödd** new-

nygift — näring 102

born [njo:'bå:n] **nygift** newly-married [njo:'li märr'idd] **nyhet** news [njo:z]; (*nymodighet*) novelty [nåvv'əlti]; *en nyhet* a piece of news [ə pi:'s əvv njo:'z] **nyhetsbyrå** news agency [njo:'z ej'dsjənsi] **nyhetsutsändning** news broadcast [njo:'z brå:'dka:st] **nykomling** newcomer [njo:'kamm'ə] **nykter** sober [såo'bə] **nykterist** total abstainer [tåo'tl əbstej'nə], teetotaller [ti:tåo'tlə] **nyktra till** become sober [bikamm' såo'bə] **nyligen** recently [ri:'sntli] **nylon** nylon [naj'lən] **nylonskjorta** nylon shirt [naj'lənsjə:t]; **nylonstrumpor** nylon stockings [naj'lən ståkk'ingz] (*herr-:* socks [såkks]) **nymålad** freshly painted [fresj'li pej'ntidd]; *nymålat!* wet paint! [wett' pej'nt] **nymåne** new moon [njo:' mo:'n] **nynna** hum [hamm] **nyordning** reorganization [ri:'ə:gənaizej'sjən] **nypa** (*verb*) pinch [pinntsj] **nypon** rose-hip [råo'zhipp] **nypremiär** revival [rivaj'vəl] **nypressad** newly-pressed [njo:'lipresst] **nysa** sneeze [sni:z] **nysilver** silver-plated ware [sill'vəplej'tidd wä:'ə] **nyskapare** innovator [inn'åovejtə] **nyss** just [dsjasst] **nysta** wind [wajnd] **nystartad** (*om företag*) newly established [njo:'li isstäbb'lisjt] **nytt** *någonting nytt* something new [samm'θing njo:']; **nytta** use [jo:s]; **nyttig** useful [jo:'sfoll]; (*hälsosam*) wholesome [håo'lsəm], **nyttja** use [jo:z] **nytvättad** just washed [dsjass't wåsj't] **nyår** new year [njo:' jə:'] **nyårsafton** New Year's Eve [njo:'jə:'z i:'v] **nyårsdag** New Year's Day [njo:' jə:'z dej] **nå 1** (*interj.*) well! [well] **2** (*verb*) (*komma fram t.*) reach [ri:tsj] **nåd** grace [grejs] **någon** (*en viss*) some [samm], someone [samm'wann]; a(n) [ə(nn)]; (*någon alls, någon som helst*) any [enn'i], anyone [enn'iwann]; a(n) [ə(nn)]; *har du någon bror?* have you a brother? [havv' jo:' ə braδ'ə]; *har du några pengar* (*på dig*) have you any money? [havv' jo:' enn'i mann'i], (*att låna mig*) have you got some money? [havv' jo:' gått ə samm mann'i] **någonsin** ever [evv'ə] **någonstans** somewhere [samm'wa:ə]; anywhere [enn'iwä:ə] **någonting** something [samm'θing]; anything [enn'iθing] **någorlunda** fairly [fä:'əlli] **något** something [samm'θing]; anything [enn'iθing]; some [samm], any [enn'i]; (*något litet*) a little [ə litt'l] **nåja** oh well! [åo well'] **nål** needle [ni:'dl]; (*här-, knapp-*) pin [pinn] **nålsöga** eye of a needle [aj' əvv ə ni:'dl] **näbb** bill [bill] **näbbdjur** duck bill [dakk' bill] **näck** water-sprite [wå:'təsprajt] **näckros** water-lily [wå:'təlilli] **näktergal** nightingale [naj'tinggejl] **nämligen** (*framför uppräkning*) namely [nejm'li]; (*det vill säga*) that is [δätt' izz]; (*emedan*) for [få:], because [bikåzz'] **nämna** mention [menn'sjən] **nämnare** (*mat.*) denominator [dinåmm'inejtə] **nämnvärd** worth mentioning [wə:'θ menn'sjning] **näpen** engaging [inngej'dsjing] **när** when [wenn] **nära** near [ni:'ə] **närande** nourishing [narr'isjing] **närbild** closeup [klåo'zapp] **närgången** impertinent [immpə:'tinənt] **närhet** (*grannskap*) neighbourhood [nej'bəhodd]; *i närheten av* near [ni:'ə] **näring** (*föda*) nourishment [narr'isjmənt]; (*näringsfång*) industry [inn'dəstri] **näringsgren** (branch of) business [(braːˈntsj əvv) bizzˈniss] **näringsliv** (trade and) industry [(trejˈd ənd) innˈdəstri] **näringsrik** nutritious [njoːtrisjˈəs] **närkamp** (i sport) in-fighting [innˈfajˈting] **närma** bring ... near [bringˈ niːˈə]; närma sig approach [əpråoˈtsj] **närmande** advance [ədvaːˈns] **närmare** nearer [niːˈərə] **närmast** nearest [niːˈərisst] **närsynt** short-sighted [sjåːˈtsajˈtidd] **närvarande** present [prezzˈnt] **närvaro** presence [prezzˈns] **näs** point [påjnt] **näsa** nose [nåoz] **näsblod** nose-bleeding [nåoːzbliːding] **näsborre** nostril [nåssˈtrill] **näsduk** handkerchief [hängˈkətsjiff] **näst** next [nekkst]; den näst bästa the second best [ðə sekkˈənd bessˈt] **nästa** next [nekkst] **nästan** almost [åːlmåost]; nearly [niːˈəli]; nästan aldrig hardly ever [haːˈdli evvˈə] **näsvis** impertinent [imməpəːˈtinənt] **nät** net [nett] **nätansluten** connected to the main system [kənekkˈtidd tə ðə mejˈn sissˈtimm] **näthinna** retina [rettˈinnə] **nätt** pretty [prittˈi] **näve** fist [fisst] **nöd** distress [disstressˈ]; lida nöd be in need [biː inn niːˈd] **nödfall** i nödfall in case of need [inn kejˈs əvv niːˈd], in an emergency [inn ənn iməːˈdsjənsi] **nödlandning** emergency landing [iməːˈdsjənsi lännˈding] **nödlögn** white lie [wajˈt lajˈ] **nödlösning** temporary solution [temmˈpərəri səloːˈsjən] **nödsakad** bli nödsakad att be obliged to [biː əbliajˈdsjd toːˈ] **nödtorftig** scanty [skännˈti] **nödvändig** necessary [nessˈisəri] **nödvändighet** necessity [nisessˈitti] **nöja sig med** be satisfied with [biː sättˈissfajd wið] **nöjd** satisfied [sattˈissfajd] **nöje** pleasure [pleʃəˈ]; (förstroelse) amusement [əmjoːzmənt]; det skall bli mig ett sant nöje att I shall be delighted to [aj själl biː dilajˈtidd toːˈ]; mycket nöje! have a good time! [hävvˈ ə goddˈ tajˈm] **nöjesfält** fair-ground [fäːˈəgraond] **nöt** nut [natt] **nöta** wear [wäːˈə] **nötkreatur** cattle [kättˈl] **nötkött** beef [biːf] **nötning** wear [wäːˈə] **nötskal** nutshell [nattˈsjell] (av. bildl.) **nött** worn [wåːn] **oansenlig** insignificant [innsigniffˈikənt] **oanständig** indecent [inndiːˈsnt] **oansvarig** irresponsible [irrispånnˈsəbl] **oantagbar** unacceptable [annˈəksseppˈtəbl] **oantastlig** unassailable [annəsejˈləbl] **oanträffbar** unavailable [annˈəvejˈləbl] **oanvändbar** unusable [annjoːˈzəbl] **oaptitlig** unappetizing [annˈäppˈitajzing] **oartig** impolite [imməpəlajˈt] **oas** oasis [åoejˈsiss] **oavbruten** (oupphörlig) incessant [innsessˈnt] **oavgjord** undecided [anˈdisajˈdidd]; (i spel) drawn [dråːn] **oavsiktlig** unintentional [annˈinntenˈsjənl] **oavvislig** unrejectable [annridsjekkˈtəbl] **obalanserad** unbalanced [annˈballˈanst] **obarmhärtig** unmerciful [annməːˈsifoll] **obduktion** post-mortem [påoˈstmåːˈtemm] **obeaktad** unnoticed [annˈnåoˈtisst] **obearbetad** raw [råː]; (i maskin) unmachined [annˈməsjiːnd] **obebodd** uninhabited [annˈinnhäbbˈitidd]; (om hus) untenanted [annˈtennˈəntidd] **obefintlig** non-existent [nånnˈiggzissˈtənt] **obefogad** unjustified [anndsjassˈtifajd] **obegriplig** incomprehensible [innkåmmprihennˈsəbl] **obegränsad** unlimited

obegåvad — offer 104

[annlimm´itidd] **obegåvad** untalented [anntäll´əntidd] **obehag** discomfort [disskamm´fət] **obehaglig** disagreeable [dissəgri:´əbl] **obehärskad** uncontrolled [ann´kəntråo´ld] **obehövlig** unnecessary [anness´isəri] **obekant** unknown [ann´nåo´n] **obekräftad** unconfirmed [ann´kənfə:´md] **obekväm** uncomfortable [annkamm´fətəbl] **obekymrad** unconcerned [ann´kənsə:´nd] **obemannad** unmanned [ann´männ´d] **obemärkt** unobserved [ann´əbzə:´vd] **obenägen** disinclined [diss´innklaj´nd] **oberoende** (subst.) independence [inndipenn´dəns] **oberäknelig** unpredictable [ann´pridikk´təbl]; (nyckfull) capricious [kəprisj´əs] **oberättigad** unjustified [anndsjass´tifajd] **oberörd** unaffected [ann´əfekk´tidd] **obesegrad** unconquered [ann´kåŋ´kəd] **obeskrivlig** indescribable [inndiskrajj´bəbl] **obeslutsam** irresolute [irrezz´əlo:t] **obestridd** uncontested [ann´kəntess´tidd] **obestridlig** indisputable [inndisspjo:´təbl] **obestyrkt** unverified [ann´verr´ifajd] **obeställbar** undeliverable [ann´dilivv´ərəbl] **obestämd** indefinite [inndeff´initt]; (vag) vague [vejg] **obetald** unpaid [ann´pej´d] **obetingat** unconditionally [ann´kəndisj´nəli] **obetonad** unstressed [ann´stress´t] **obetydlig** insignificant [innsiggniff´ikənt] **obetydligt** (adv.) slightly [slaj´tli] **obetänksam** thoughtless [θå:´tliss] **obeveklig** implacable [immplakk´əbl] **obeväpnad** unarmed [ann´a:´md] **objekt** object [åbb´dsjikkt] **objektiv** objective [åbbdsjekk´tivv]; (i kamera) lens [lenns] **obligation** bond [bånnd] **obligatorisk** compulsory [kəmpall´səri] **oblyg** unblushing [annblasj´iŋg]; (frack) barefaced [bæ´əfejst] **oboe** oboe [åo´båo] **obotlig** incurable [innkjo:´ərəbl] **obruten** unbroken [ann´bråo´kən] **observation** observation [åbbzə:vej´sjən] **observatorium** observatory [əbbzə:´vətri] **observera** observe [əbzə:´v´] **obunden** unbound [ann´bao´nd] **obygd** wilderness [will´dəniss] **obönhörlig** implacable [immplakk´əbl] **ocean** ocean [åo´sjən] **Oceanien** Oceania [åosjiej´njə] **och** (ännd) **ocker** usury [jo:´sjorri] **ockra** practise usury [prakk´tiss jo:´sjorri] **ockrare** usurer [jo:´sjərə] **också** also [å:´lsåo]; too [to:] **ockupation** occupation [åkkjopej´sjən] **ockupera** occupy [åkk´jopaj] **odds** odds [åddz] **odjur** monster [månn´stə] **odla** cultivate [kall´tivejt] **odling** cultivation [kalltivej´sjən] **odräglig** unbearable [annbæ:´ərəbl] **oduglig** incompetent [innkåmm´pitənt] **odåga** good-for-nothing [godd´fənəθiŋg] **odödlig** immortal [immå:´tl] **oeftergivlig** irremissible [irrimiss´əbl] **oefterhärmlig** inimitable [inimm´itəbl] **oegennyttig** altruistic [ålltroiss´tikk] **oegentligheter** irregularities [irregjolärr´itizz] **oekonomisk** uneconomic [ann´i:kənåmm´ikk] **oemotståndlig** irresistible [irrizziss´təbl] **oerfaren** inexperienced [innikkspi:´əriənst] **oerhörd** tremendous [trimenn´dəs] **oersättlig** irreplaceable [irriplejs´səbl] **ofantlig** enormous [inå:´məs] **ofarlig** harmless [ha:´mliss] **ofelbar** infallible [innfäll´əbl] **offensiv** offensive [əfenn´sivv] **offentlig** public [pabb´likk] **offer** sacrifice [säkk´-

offert — ojämn

rifajs] **offert** offer [åffˑə] **officer** officer [åffˑissə] **officiell** official [əfisjˑəl] **offra** sacrifice [säkkˑrifajs] **offsettryck** offset print [åˑffˑsett print] **ofin** indelicate [inndellˑikitt] **oframkomlig** impassable [immpaˑsəblˑ] **ofrivillig** unintentional [annˑinntennˑ-sjənl] **ofruktbar** barren [bärrˑən] **ofrånkomlig** inevitable [innevvˑitəbl] **ofta** often [åˑfn] **ofullbordad** unfinished [annˑfinnˑisjt] **ofullkomlig** imperfect [immpəˑfikkt] **ofullständig** incomplete [innkəmmpliˑˑt] **ofärd** calamity [kəlämmˑitti] **oförarglig** harmless [haˑmliss] **oförbehållsam** unreserved [annˑrizəˑvd] **oförberedd** unprepared [annˑpripäˑəd] **oförelaktig** disadvantageous [dissäddvaˑntejˑdsjəs] **ofördröjligen** without delay [wiðaoˑt dilejˑ] **oförenlig** uncompatibel [innkəmpättˑəbl] **oföretagsam** unenterprising [annˑennˑtəprajzing] **oförfalskad** genuine [dsjennˑjoinn] **oförglömlig** unforgettable [annˑfəgettˑəbl] **oförhindrad** at liberty [ätt libbˑəti] **oförklarlig** inexplicable [innekkˑsplikəbl] **oförliknelig** incomparable [innkåmmˑpərəbl] **oförmodad** unexpected [annˑikkspekkˑtidd] **oförmåga** inability [innəbillˑitti] **oförmögen** incapable [innkejˑpəbl] **oförrätt** wrong [råŋ] **oförrättat** med oförrättat ärende (tomhänt) empty-handed [emmˑptihannˑdidd] **oförsiktig** imprudent [immproˑdənt] **oförskämd** insolent [innˑsələnt] **oförskämdhet** impertinence [immpəˑtinəns] **oförsonlig** implacable [immpläkkˑəbl] **oförstående** unsympathetic [annˑsimmpəθettˑikk] **oförstånd** lack of judgment [lakkˑ əvv dsjaddˑsjmənt] **oförståndig** (oklok) imprudent [immproˑdənt] **oförtjänt** undeserved [annˑdizəˑvd] **oförtullad** duty unpaid [djoˑti annˑpejˑd] **oförutsedd** unforeseen [annˑfåˑsiˑn] **oförvägen** daring [daˑəring] **oförändrad** unchanged [annˑtsjejˑndsjd] **ogenomförbar** infeasible [innfiˑˑzəbl] **ogenomskinlig** not transparent [nåttˑ trännspäˑərənt] **ogenomtränglig** impenetrable [immpennˑitrəbl] **ogift** unmarried [annˑmärrˑidd] **ogilla** disapprove of [dissˑəproˑv əvv] **ogiltig** invalid [innvallˑidd] **ogin** disobliging [dissˑəblajˑdsjing] **ogjord** undone [anndannˑ] **ogrundad** unfounded [annˑfaoˑndidd] **ogräs** weed [wiˑd] **ogräsbekämpning** weed control [wiˑd kəntråoˑl] **ogynnsam** unfavourable [annˑfejˑvərəbl] **ogärna** unwillingly [annwillˑingli]; *det gör jag högst ogärna* I am very much against doing it [aj əmm verrˑi mattˑsj əgennˑst doˑing itt] **ohanterlig** unwieldy [annwiˑldi] **ohederlig** dishonest [dissånnˑisst] **ohm** ohm [åom] **ohyfsad** ill-mannered [illˑmännˑəd] **ohygglig** horrible [hårrˑəbl] **ohygienisk** unhygienic [annhajdsjiˑˑnikk] **ohyra** vermin [vəˑminn] **ohållbar** (åsikt) untenable [annˑtennˑəbl]; (situation) precarious [prikäˑəriəs] **ohälsosam** unhealthy [annhellˑθi] **ohämmad** unchecked [annˑtsjekkˑt] **ohövlig** impolite [immpəlajˑt] **oigenkännlig** unrecognizable [annˑrekkˑəgnajzəbl] **ointressant** uninteresting [annˑinnˑtrissting] **ointresserad** uninterested [annˑinnˑtrisstidd] (av in [inn]) **ojust** unfair [annˑfäˑə] **ojämförligt** incomparably [innkåmmˑpərəbli] **ojämn** uneven

ojämnhet — omfattande

[ann'i:'vən]; (*skrovlig*) rough [raff] **ojämnhet** unevenness [ann'-i:'vənniss] **ok** yoke [jåok] **oklanderlig** irreproachable [irripråo'-tsjəbl] **oklar** obscure [əbskjo:'ə] **oklarhet** obscurity [əbskjo:'əritti] **oklok** unwise [ann'wajˈz] **okonstlad** unaffected [annəfekk'tidd] **okryddad** unseasoned [annˈsiːˈznd] **oktanvärde** octane value [åkkˈtejn vällˈjoː] **oktav** octave [åkkˈtivv] **oktober** October [åkktåoˈbə] **okultiverad** uncultivated [annˈkallˈtivejtidd] **okunnig** ignorant [iggˈnərənt] **okvalificerad** unqualified [annˈkwållˈifajd] **okväda** abuse [əbjoːˈz] **okänd** unknown [annˈnåoˈn] **okänslig** insensible [innsennˈsəbl] **olag** *i olag* out of order [aoˈt əvv åːˈdə] **olaglig** illegal [illiːˈgəl] **olidlig** insufferable [innsaffˈərəbl] **olik** unlike [annˈlajˈk] **olika** different [diffˈrənt] **olikhet** difference [diffˈrəns] **oliv** olive [ållˈivv] **olja** oil [åjl] **oljeblandad** ... mixed with oil [mikksˈt wið åjˈl] **oljefärg** oil-paint [åjˈlpejˈnt] **oljemålning** oil-painting [åjˈlpejˈnting] **oljud** noise [nåjz] **ollon** acorn [ejˈkåːn] **ollonborre** cockchafer [kåkkˈtsjejfə] **ologisk** illogical [illåddˈsjikəl] **olovlig** forbidden [fəbiddˈn] **olust** discomfort [disskammˈfət] **olustig** unpleasant [annplezzˈnt] **olycka** misfortune [missfåːˈtsjən]; (*olyckshandelse*) accident [åkkˈsidənt]; *till råga på olyckan* to make matters worse [tə mejˈk mattˈəz wəːˈs]; *det är ingen olycka skedd* there's no harm done [ðəːˈəz nåoˈ haːˈm dann'] **olycklig** unhappy [annhappˈi] **olyckligtvis** unfortunately [annfåːˈtsjnittli] **olycksbådande** ominous [åmmˈinəs] **olycksfall** accident [åkkˈsidənt] **olycksfallsförsäkring** accident insurance [åkkˈsidənt innsjoːˈərəns] **olyckshändelse** accident [åkkˈsidənt] **olydig** disobedient [dissəbiːˈdjənt] **olympiad** Olympic Games [åolimmˈpikk gejˈmz] **olåst** unlocked [annˈlåkkˈt] **olägenhet** inconvenience [innkənviːˈnjəns] **olämplig** unsuitable [annˈsjoːˈtəbl] **oläslig** illegible [illeddˈsjəbl] **olöslig** insoluble [innsallˈjobl] **olöst** (*problem*) unsolved [annˈsållˈvd] **om** (*konj.*) (*frågande*) if [iff]; *som om* as if [azzˈ iffˈ]; (*prep.*) (*omkring*) (a)round [(ə)raoˈnd]; about [əbaoˈt]; (*angående*) about [əbaoˈt], of [åvv]; (*vid begäran, tavlan*) for [fåː]; *vara kall om fötterna* have cold feet [hävv kåoˈld fiːˈt]; *söder om* to the south of [to: ðə saoˈθ əvv]; *om dagen* in the daytime [inn ðə dejˈtajm]; (*adv.*) *om igen* over again [åoˈvə əgennˈ] **omarbeta** revise [rivajˈz] **omarbetning** revision [riviːˈʒən] **ombedd** requested [rikwessˈtidd] **ombilda** transform [trannsfåːˈm] (*till* into [innˈtoː]) **ombord** on board [ånn båːˈd] **ombud** representative [repprizennˈtətivv] **ombudsman** representative [repprizennˈtətivv]; (*för organisation av.*) ombudsman [åmmˈboddzmən] **ombyggnad** rebuilding [riːˈbillˈding] **ombyte** change [tsjejndsj] **omdebatterad** much discussed [mattˈsj disskassˈt] **omdöme** judg(e)ment [dsjaddˈsjmənt] **omedelbart** immediately [immiːˈdjətli] **omedveten** unconscious [annkånnˈsjəs] **omelett** omelet(te) [åmmˈlitt] **omfamna** embrace [emmˈbrejˈs] **omfatta** comprise [kəmprajˈz] **omfattande** extensive

omfattning — omätlig

[ikkstenn'sivv] **omfattning, omfång** extent [ikkstenn't] **omfångsrik** extensive [ikkstenn'sivv] **omgift** remarried [ri:'märr'idd] **omgiva** surround [sərao'nd] **omgivning** surroundings [sərao'ndingz] **omgående** immediately [immi:'djətli] **omgång** (varv) round [raond]; (uppsättning) set [sett] **omhänderta** take charge of [tejk tsjɑ:'dsj əvv] **omild** harsh [hɑ:sj] **omintetgöra** frustrate [frasstrej't] **omisskännlig** unmistakable [ann'misstej'kəbl] **omistlig** indispensable [inndispenn'səbl] **omklädningsrum** changing-room [tsjen'dsjingromm] **omkomma** die [daj] **omkostnader** costs [kåssts] **omkrets** circumference [səkamm'fərəns] **omkring** round [raond]; (ungefär) about [əbao't] **omkull** down [daon] **omkörning** overtaking [åovətej'king] **omlastning** reloading [ri:'lɑ̊o'ding] **omlopp** circulation [sə:kjolej'sjən] **omläggning** rearrangement [ri:'ərej'ndsjmənt] **omnämna** mention [menn'sjən] **omodern** old-fashioned [åo'ldfasj'ənd] **omogen** unripe [ann'raj'p] **omoralisk** immoral [immärr'əl] **omorganisera** reorganize [ri:'å:'gənajz] **omotiverad** uncalled-for [annkå:'ldfå:] **omplacera** rearrange [ri:'ərej'ndsj]; (ämbetsman) transfer [trännsfə:'] **ompröva** reconsider [ri:'kənsidd'ə] **omringa** surround [sərao'nd] **område** (trakt) district [diss'trikkt]; (gebit) field [fi:ld] **omröstning** voting [våo'ting] **omsider** at last [ätt lɑ:'st] **omskola** re-educate [ri:'edd'jo:kejt] **omskära** circumcise [sə'kəmsajz] **omslag** (emballage) wrapping [räpp'ing]; (förändring) change [tsjejndsj] **omslagspapper** wrapping-paper [räpp'ingpejpə] **omsorg** care [kä:'ə] **omsorgsfull** careful [kä:'əfoll] **omstridd** contested [kəntess'tidd] **omställning** adjustment [ədjass'tmennt] **omständighet** circumstance [sə:'kəmstəns] **omständlig** circumstantial [sə:kəmstänn'sjəl] **omstörtande** subversive [sabbvə:'sivv] **omsvep** circumlocution [sə:kəmləkjo:'sjən]; utan omsvep straight out [strej't ao't] **omsvängning** sudden change [sadd'n tsjej'ndsj] **omsätta** (växel) renew [rinjo:']; omsätta ... i praktiken put ... into practice [pott' inn'to präkk'tiss] **omsättning** (av växel) renewal [rinjo:'əl]; (försäljning) turnover [tə:'nåovə] **omsättningsskatt** purchase tax [pə:'tsjəs takks] **omtala** mention [menn'sjən] **omtanke** consideration [kənsiddərej'sjən] **omtvistad** disputed [disspjo:'tidd] **omtyckt** liked [lajkt], popular [påpp'jolə] **omtänksam** considerate [kənsidd'əritt] **omtöcknad** darkened [dɑ:'kənd]; dazed [dejzd] **omusikalisk** unmusical [ann'mjo:'zikəl] **omutlig** incorruptible [innkərapp'təbl] **omval** re-election [ri:'ilekk'sjən] **omvandla** transform [trännsfå:'m] **omvårdnad** care [kä:'ə] **omväg** roundabout way [rao'ndəbaot wej] **omvälvning** revolution [revvəlo:'sjən] **omvänd** reverse(d) [rivə:'s(t)] **omvända** convert [kənvə:'t] **omvärdera** revalue [ri:'vall'jo:] **omväxlande** varying [vä:'əriing] **omväxling** variation [vä:əriej'sjən] **omyndig** under age [ann'də ej'dsj] **omåttlig** immoderate [immädd'əritt] **omänsklig** inhuman [innhjo:'mən] **omärklig** imperceptible [immpəsepp'təbl] **omätlig**

omöblerad — ordförråd 108

immeasurable [imme∫ə'rəbl] **omöblerad** unfurnished [ann'fə:'ni∫t] **omöjlig** impossible [imm'påss'əbl] **onani** masturbation [måsstəbej'∫ən] **onaturlig** unnatural [annätt'sjrəl] **ond** evil [i:'vl]; (*arg*) angry [äng'gri]; *ond aning* misgiving [missgivv'ing] **ondskefull** malignant [məligg'nənt] **onekligen** undeniably [anndinaj'əbli] **onkel** uncle [ang'kl] **onormal** abnormal [åbbnå:'məl] **onsdag** Wednesday [wenn'zdi] **ont** evil [i:'vl]; (*smärtor*) pain [pejn]; *ett nödvändigt ont* a necessary evil [ə ness'isəri i:'vl]; *det är inte ngt ont i honom* there's no harm in him [ðə:'əz nåo' ha:'m inn himm]; *göra ont* give pain [givv' pej'n]; *jag har ont i ryggen* I have a pain in my back [aj' hävv' ə pej'n inn maj bäkk']; *ha ont om* be short of [bi: sjå:'t əvv]; *ha ont om pengar* be hard up [bi: ha:'d app']; *ha ont om tid* be pressed for time [bi: press't få: taj'm] **onyanserad** without nuances [wiðao't njo:'a:nsizz] **onykter** drunk [drangk] **onyttig** useless [jo:'sliss] **onåd** disgrace [dissgrej's] **onödan** i *onödan* unnecessarily [anness'isərilli] **onödig** unnecessary [anness'isəri] **oordentlig** (*om pers.*) careless [kä:'əliss]; (*om sak*) disorderly [dissä:'dəli] **oordnad** disordered [dissä:'dəd] **oorganisk** inorganic [innä:gänn'ikk] **opartisk** impartial [immpa:'sjəl] **opassande** improper [immpråpp'ə] **opera** opera [åpp'ərə], (*-hus*) opera-house [åpp'ərəhaos] **operasångare** opera-singer [åpp'ərəsingə] **operation** operation [åppərej'sjən] **operera** operate [åpp'ərejt] (*ngn* on s.b. [ånn samm'bədi]); *bli opererad* be operated on [bi: åpp'ərejtidd ånn]; *operera bort* remove [rimo:'v] **operett** musical comedy [mjo:'zikəl kåmm'iddi] **opersonlig** impersonal [immpə:'snl] **opinion** opinion [əpinn'jən]; *den allmänna opinionen* public opinion [pabb'likk əpinn'jən] **opinionsbildning** moulding of public opinion [måo'lding əvv pabb'likk əpinn'jən] **opium** opium [åo'pjəm] **opolitisk** unpolitical [ann'pəlitt'ikəl] **opponera sig mot** object to [əbbsjekk't to:] **opportunist** opportunist [åpp'ətjo:nisst] **opposition** opposition [åppəzisj'ən] **opraktisk** unpractical [ann'präkk'tikəl] **opretentiös** unpretentious [ann'pritenn'sjəs] **optimist** optimist [åpp'timisst] **optimistisk** optimistic [åpptimiss'tikk] **optisk** optical [åpp'tikəl] **oputsad** unpolished [ann'påll'isjt] **opålitlig** unreliable [ann'rilaj'əbl] **opåverkad** unaffected [ann'əfekk'tidd] **orange** orange [årr'inndsj] **orangutang** orang-outang [å:'rəngo:'tang] **ord** word [wə:d]; *ord och inga visor* plain speaking [plej'n spi:'king]; *begära ordet* request permission to speak [rikwess't pəmisj'ən tə spi:'k]; *ta ngn på orden* take s.b. at his word [tej'k samm'bədi ətt hizz wə:'d] **ordagrann** literal [litt'ərəl] **ordalag** terms [tə:mz] **ordbok** dictionary [dikk'sjənri] **orden** order [å:'də] **ordentlig** careful [kä:'əfoll]; (*ordningsam*) orderly [å:'dəli] **ordentligt** properly [pråpp'əli] **order** order [å:'də] (*om, på* for [få:]) **ordföljd** word order [wə:'d å:də] **ordförande** (*i förening*) president [prezz'idənt]; (*vid möte*) chairman [tsjä:'əmən] **ordförråd** vo-

ordinarie — osammanhängande

cabulary [vəkább'joləri] **ordinarie** ordinary [å:'dnri]; (om tjänst) permanent [pə:'mənənt] **ordinera** prescribe [priskraj'b] **ordinär** ordinary [å:'dnri] **ordna** arrange [ərej'ndsj]; (reda ut) get ... into order [gett' inn'to å:'də]; ordna upp settle [sett'l] **ordning** order [å:'də]; göra i ordning get ... ready [gett' redd'i] **ordspråk** proverb [pråvv'əb] **ordstäv** saying [sej'ing] **orealistisk** (ann'ri:əliss'tikk) **oreda** disorder [disså:'də] **oredig** confused [kənfjo:'zd] **oregelbunden** irregular [irregg'jollə] **oren** unclean [ann'kli:'n] **oreserverad** unreserved [ann'rizə:'vd] **oresonlig** unreasonable [annri:'znəbl] **organ** organ [å:'gən] **organisation** organization [å:gənajzej'sjən] **organisationsförmåga** organizing ability [å:'gənajzing əbill'itti] **organisera** organise [å:'gənajz] **organisk** organic [å:gänn'ikk] **organism** organism [å:'gənizzəm] **orgasm** orgasm [å:'gäzzəm] **orgel** organ [å:'gən] **orgie** orgy [å:'dsji] **orientalisk** oriental [å:riennt'l] **Orienten** the Orient [ði å:'riənt] **orientera** orient [å:'riennt]; (underrätta) inform [innfå:'m]; (sport.) run cross-country [rann' kråss'kann'tri] **original** original [əridd'sjənl]; (person) eccentric [ikksenn'trikk] **originell** original [əridd'sjənl]; (sareget) eccentric [ikksenn'trikk] **oriktig** incorrect [innkərekk't] **orimlig** absurd [əbsə:'d] **orka** have the strength for (to do) [hävv' ðə streng'θ få: (tə do:)]; arbeta allt vad man orkar work one's hardest [wə:'k wannz ha:'disst] **orkan** hurricane [harr'ikən] **orkeslös** infirm [innfə:'m] **orkester** orchestra [å:'kisstrə] **orkidé** orchid [å:'kidd] **orm** snake [snejk] **ormbett** snake bite [snejk'bajt] **ormbunke** fern [fə:n] **ormserum** anti-venom [änn'tivenn'əm] **ormtjusare** snake-charmer [snej'ktsja:mə] **ormvråk** buzzard [bazz'əd] **ornament** ornament [å:'nəmənt] **oro** agitation [äddsjitej'sjən]; (farhågor) anxiety [ängzaj'əti] **oroa** make ... anxious [mej'k äng'ksjəs]; oroa sig för be anxious about [bi: äng'ksjəs əbao't] **oroande** disturbing [disstə:'bing] **orolig** anxious [äng'ksjəs]; (bekymrad) concerned [kənsə:'nd]; du behöver inte vara orolig! you needn't worry! [jo: ni:'dnt warr'i] **orovackande** alarming [əla:'ming] **orre** black grouse [bläkk' graos] **orsak** cause [kå:z]; orsak och verkan cause and effect [kå:'z ənn ifekk't]; av den orsaken for that reason [få: ðatt' ri:'zn] **orsaka** cause [kå:z] **ort** place [plejs] **ortnamn** place-name [plej'snejm] **orts-** local [låo'kəl] **orubblig** immovable [immo:'vəbl] **oråd** ana oråd have sth. to fear [tej'k əla:'m] **orädd** fearless [fi:'əliss] **oräknelig** innumerable [innjo:'mərəbl] **orätt** wrong [rång]; med rätt eller orätt rightly or wrongly [raj'tli å: rång'li]; göra ngn orätt wrong s.b. [rång' samm'bədi]; ha orätt be in the wrong [bi: inn ðə rång'] **orättfärdig** unjust [ann'dsjass't] **orättmätig** unlawful [ann'lå:'foll] **orättvis** unjust [ann'dsjass't] **orättvisa** injustice [inndsjass'tiss] **orörlig** immovable [immo:'vəbl] **os, osa** smell [smell] **o.s.a.** R.S.V.P. [a:'ess'vi:'pi:'] **osagd** unsaid [ann'sedd'] **osaklig** irrelevant [irrell'əvənt] **osammanhängande** disconnected [diss'kənekk'tidd]

osams — otänkbar 110

osams *bli osams med* quarrel with [kwårr'əl wið] **osann** untrue [ann'tro:'] **osanning** untruth [ann'tro:'θ] **osannolik** unlikely [annlaj'kli] **osjälvisk** unselfish [ann'sell'fisj] **osjälvständig** dependent on others [dipenn'dənt ånn að'əzz] **oskadad** unhurt [ann'hə:'t] **oskadlig** harmless [ha:'mliss] **oskadliggöra** render ... harmless [renn'də ha:'mliss] **oskiljaktig** inseparable [innsepp'ərəbl] **oskuld** innocence [inn'əsns]; *(orörd flicka)* virgin [və:'dsjinn]; *oskuld från landet* country cousin [kann'tri kazz'n] **oskuldsfull** innocent [inn'əsnt] **oskyddad** unprotected [ann'prətekk'tidd] **oskyldig** innocent [inn'əsnt] **oskälig** unreasonable [annri:'znəbl] **oskön** ugly [agg'li] **oslagbar** undefeatable [anndifi:'təbl] **oslipad** *(verktyg)* unground [ann'graʊ'nd]; *(ädelsten)* rough [raff] **osmaklig** distasteful [disstej'stfoll] **osminkad** unpainted [ann'pej'ntidd]; *osminkad sanning* plain truth [plej'n tro:'θ] **osolidarisk** disloyal [diss'låj'əl] **oss** us [ass]; *oss sjalva* ourselves [aoəsell'vz] **ost** cheese [tsji:'z]; *få betalt for gammal ost* get paid out [gett pej'd aʊ't]; *en lyckans ost* a lucky beggar [ə lakk'i begg'ə] **ostadig** unsteady [ann'stedd'i] **osthyvel** cheese slicer [tsji:'z slaj'sə] **ostindisk** East Indian [i:'st inn'djən] **ostkaka** curd cake [kə:'d kejk] **ostron** oyster [åj'stə] **ostädad** untidy [anntaj'di] **ostörd** undisturbed [ann'dissta:'bd] **osund** unhealthy [annhell'θi] **osviklig** unerring [an'ə:'ring] **osymmetrisk** asymmetrical [assimett'rikəl] **osympatisk** disagreeable [dissəgri:'əbl] **osynlig** invisible [innvizz'əbl] **osäker** uncertain [annsə:'tn] **otack** ingratitude [inngrätt'itjo:d] **otacksam** ungrateful [anngrej'tfoll] **otakt** *i otakt* out of time [aʊ't əvv taj'm] **otaliga** innumerable [innjo:'mərəbl] **otalt** *ha ngt otalt med ngn* have a bone to pick with s.b. [hävv' ə båʊ'n tə pikk' wið samm'bədi] **otid** *i otid* at the wrong moment [ätt ðə rång' måʊ'mənt]; *i tid och otid* all the time [å:'l ðə taj'm] **otillbörlig** undue [ann'djo:'] **otillfredsställande** unsatisfactory [ann'sättisfakk'təri] **otillfredsställd** unsatisfied [ann'sätt isfajd] **otillförlitlig** unreliable [ann'rilaj'əbl] **otillgänglig** inaccessible [innakksess'əbl] **otillräcklig** insufficient [innsəfisj'ənt] **otillräknelig** ... not responsible for one's actions [nätt risspànn'səbl få: wannz äkk'sjənz] **otillåten** forbidden [fəbidd'n] **otjänlig** unfit [ann'fitt'] **otrevlig** disagreeable [dissəgri:'əbl] **otrivsam** cheerless [tsji:'əliss] **otrogen** unfaithful [ann'fej'θfoll] **otrohet** infidelity [innfidell'itti] **otrolig** incredible [innkredd'əbl]; *otroligt men sant* strange but true [strej'ndsj batt tro:'] **otrygg** insecure [innsikjʊ:'ə] **otränad** untrained [ann'trej'nd] **otröstlig** inconsolable [innkənsåʊ'ləbl] **otukt** fornication [få:nikej'sjən] **otur** bad luck [bädd' lakk'] **otvetydig** unmistakable [ann'misstej'kəbl] **otvivelaktigt** undoubtedly [anndaʊ'tiddli] **otvungen** free and easy [fri:' ənn i:'zi] **otydlig** indistinct [inndisstingˈkt] **otyglad** unbridled [annbraj'dld] **otymplig** ungainly [anngej'nli] **otålig** impatient [immpej'sjənt] **otäck** nasty [na:'sti] **otänkbar** inconceivable [innkansi:'vəbl] **oumbärlig** indispensable [inndisspenn'səbl] **oundviklig** inevitable [inevv'itəbl] **ouppfostrad** ill-bred [ill'bredd'] **oupphörligen** incessantly [innsess'ntli] **ouppmärksam** inattentive [innətenn'tivv] **ouppnåelig** unattainable [ann'ətej'nəbl] **oupptäckt** undiscovered [ann'diskavv'əd] **oursäktlig** inexcusable [innikkskjo:'zəbl] **outforskad** unexplored [ann'iksplå:'d] **outförbar** impracticable [immpräkk'tikəbl] **outhyrd** unlet [ann'lett'] **outhärdlig** unbearable [annbä:'ərəbl] **outnyttjad** unused [ann'jo:'zd] **outplånlig** ineffaceable [innifej'səbl] **outrotlig** ineradicable [inniräddʻikəbl] **outsinlig** inexhaustible [inniggzå:'stəbl] **outspädd** undiluted [ann'dajljo:'tidd] **outsäglig** unspeakable [annspi:'kəbl] **outtröttlig** indefatigable [inndifatt'igəbl] **oval** oval [åo'vəl] **ovan 1** (adv. o. prep.) above [əbavv'] **2** (adj.) unaccustomed [ann'əkass'təmd] **ovandel** upper part [app'ə pa:t] **ovanför** above [əbavv'] **ovanlig** unusual [annjo:'sjoəl] **ovanstående** the above [ði əbavv'] **ovarsam** heedless [hi:'dliss] **ovederhäftig** unreliable [ann'rilaj'əbl] **overall** overalls [åo'verå:lz] **overklig** unreal [ann'ri:'əl] **overksam** inactive [innäkk'tivv] **ovetande** unknowing [ann'nåo'ing] **ovetenskaplig** unscientific [ann'sajəntiff'ikk] **ovidkommande** irrelevant [irrell'ivənt] **ovig** cumbersome [kamm'bəsəm] **ovilja** aversion [əvə:'sjən] **ovillig** unwilling [ann'will'ing] **ovillkorligen** absolutely [äbb'səlo:tli] **oviss** uncertain [annsə:'tn] **ovårdad** neglected [niglekk'tidd] **oväder** storm [stå:m] **ovän** enemy [enn'immi] **ovänlig** unkind [annkaj'nd] **oväntad** unexpected [ann'ikkspekk'tidd] **ovärderlig** invaluable [innvall'joəbl] **ovärdig** unworthy [annwə:'ði] **oxfilé** fillet of beef [fill'itt əvv bi:f] **oxid** oxide [åkk'sajd] **oxidera** oxidize [åkk'sidajz] **oxkött** beef [bi:f] **oåterkallelig** irrevocable [irrevv'əkəbl] **oåtkomlig** inaccessible [innäkksess'əbl] **oäkta** false [få:ls] **oändlig** endless [enn'dliss]; infinite [inn'finitt] **oärlig** dishonest [dissånn'isst] **oätbar** uneatable [ann'i:'təbl] **oöm** robust [rəbass't] **oöverkomlig** insurmountable [innsə:mao'ntəbl] **oöverskådlig** incalculable [innkäll'kjoləbl] **oöverstiglig** insurmountable [inn'sə:mao'ntəbl] **oöverträffad** unsurpassed [ann'sə:pa:'st] **oövervinn(e)lig** invincible [innvinn'səbl] **packa** pack [päkk]; packa in pack up [päkk' app']; packa upp unpack [ann'päkk'] **packe** package [päkk'iddsj] **padda** toad [tåod] **paddel, paddla** paddle [padd'l] **paj** pie [paj] **pajas** clown [klaon] **paket** parcel [pa:'sl]; ett paket cigarretter a packet of cigarettes [ə päkk'itt əvv siggərett's]; skicka som paket send by parcel-post [senn'd baj pa:'sl påo'st] **paketutlämning** delivery-office [dilivv'əriåffiss] **palats** palace [päll'iss] **Palestina** Palestine [pall'istajn] **palett** palette [pall'itt] **pall** stool [sto:l] **palm** palm [pa:m] **palsternacka** parsnip [pa:'snipp] **pamp** (person) bigwig [bigg'wigg] **panel** panelling [pänn'ing]; (grupp personer) panel [pänn'l] **panik** panic [pänn'ikk] **pank** broke [bråok] **panna** pan [pänn]; (värme-) furnace

pannbiff — patina

[fæ:'niss]; (*på huvudet*) forehead [fårr'idd] **pannbiff** *ungefär* hamburger [hämm'bə:gə] **pannkaka** pancake [pänn'kejk] **pansar** armour [a:'mə] **pansartrupper** armoured troops [a:'məd tro:ps] **pant** pledge [pleddsj] **pantbank** pawnshop [på:'nsjåpp] **panter** panther [pänn'θə] **papegoja** parrot [pärr'ət] **papiljott** curler [kə:'lə] **papp** board [bå:d] **pappa** dad(dy) [dadd'(i)] **papper** paper [pej'pə]; *ett papper* a piece of paper [ə pi:' əvv pej'pə] **pappersbruk** paper mill [pej'pə mill'] **papperskorg** waste-paper basket [wej'stpejpə ba:'skitt]; *Am.* wastebasket [wej'stba:skitt] **paprika** paprika [päppri:'kə] **par** (*sammanhängande*) pair [pä:'ə]; (*äkta m.m.*) couple [kapp'l]; *ett par skor* a pair of shoes [ə pä:' əvv sjo:'z]; *ett par (några)* a couple of [ə kapp'l əvv] **para sig** mate [mejt] **parad** parade [pərej'd] **paradis** paradise [pärr'ədajs] **paradox** paradox [pärr'ədåkks] **paraffin** (solid) paraffin [(säll'idd) pärr'əfinn] **paragraf** paragraph [pärr'əgra:f] **parallell** parallel [pärr'ələl] **parallellkoppling** parallel connection [pärr'ələl kənekk'sjən] **paranöt** Brazil nut [brəzill' natt] **paraply** umbrella [ammbrell'ə] **parasit** parasite [pärr'əsajt] **parasoll** parasol [pärrəsåll'] **parentes** parentheses [pərenn'θisiss] **parfym** perfume [pə:'fjo:m] **parfymera** scent [sennt] **park** park [pa:k] **parkera** park [pa:k] **parkering** parking [pa:'king] **parkeringsautomat** parking meter [pa:'king mi:tə] **parkeringsförbud** parking prohibited [pa:'king prəhibb'itidd] **parkeringshus** multistorey garage [mall'tistå:'ri gärr'a:sj] **parkeringsplats** parking place [pa:'king plejs] **parkett** (*på teater*) stalls [stå:lz]; (*golvbeläggning*) parquet [pa:'kej] **parlament** parliament [pa:'ləmənt] **parlör** phrase-book [frej'zbokk] **parodi** parody [pärr'ədi] **part** party [pa:'ti] **parti** (*del*) part [pa:t]; (*politiskt*) party [pa:'ti]; *ta parti för* take sides for [tejk saj'dz få:]; *ett parti schack* a game of chess [ə gej'm əvv tjess'] **partikel** particle [pa:'tikkl] **partipris** wholesale price [håo'lsejl prajs] **partisk** partial [pa:'sjəl] **partitur** score [skå:] **partner** partner [pa:'tnə] **pass** (*bergs-*) pass [pa:s]; (*legitimationshandling*) passport [pa:'spå:t] **passa** (*sköta*) attend to [ətenn'd to:]; (*sport.*) pass [pa:s]; (*i storlek*) fit [fitt]; (*i färg, utseende*) suit [sjo:t]; *passa på tillfället* take the opportunity [tejk ði åppətjo:'nitti]; *det passar sig inte* it is not proper [itt izz nått' pråpp'ə] **passad(vind)** trade-wind [trej'dwinnd] **passage** passage [päss'iddsj] **passagerare** passenger [päss'inndsjə] **passande** suitable [sjo:'təbl] **passare** compasses [kamm'pəsizz] **passera** pass [pa:s] **passfoto** passport photograph [pa:'spå:t fåo'təgra:f] **passion** passion [päsj'ən] **passiv** passive [päss'ivv] **pastej** pie [paj] **pastellfärg** pastel colour [päss'tl kall'ə] **pastor** vicar [vikk'ə]; (*frikyrklig*) minister [minn'isstə] **pastörisera** pasteurize [päss'tərajz] **patent, patentera** patent [pej'tənt] **patentmedicin** patent medicine [pej'tənt medd'sinn] **patiens** patience [pej'sjəns]; *lägga patiens* play (at) patience [plej' (ətt) pej'sjəns] **patient** patient [pej'sjənt] **patina** patina [pätt'innə]

patron cartridge [ka:'triddsj] **patrull** patrol [pətrå:'l] **paus** pause [på:z] **paviljong** pavilion [pəvill'jən] **pedagogisk** pedagogic(al) [peddəgådd'sjikk(əl)] **pedal** pedal [pedd'l] **pedant** pedant [pedd'ənt] **peka** point [påjnt] (*på* at [ätt]); *peka* ut point out [påj'nt ao't] **pekfinger** forefinger [få:'finggə] **pekpinne** pointer [påj'ntə] **pelare** pillar [pill'ə] **pelargon(ia)** geranium [dsjirej'njəm] **pelikan** pelican [pell'ikən] **pendel** pendulum [penn'djoləm] **pendla** oscillate [åss'ilejt]; (*om förortsbo*) commute [kəmjo:'t] **pendlare** commuter [kəmjo:'tə] **pengar** money [mann'i]; *ha gott om pengar* have plenty of money [havv plenn'ti əvv mann'i]; *ha ont om pengar* be short of money [bi: sjå:'t əvv mann'i]; *jämna pengar* even money [i:'vən mann'i] **penicillin** penicillin [pennisill'inn] **penis** penis [pi:'niss] **penna** pen [penn]; (*blyerts-*) pencil [penn'sl] **penningvärde** value of money [vall'jo: əvv mann'i] **pennkniv** penknife [penn'najf] **pensel** (paint-) brush [(pej'nt)brasj] **pension** pension [penn'sjən] **pensionat** boarding-house [bå:'dinghaos] **pensionera** grant a pension to [gra:'nt ə penn'sjən to:]; *pensionerad* retired [ritaj'əd] **pensionär** pensioner [penn'sjənə] **pensla** paint [pejnt] **peppar** pepper [pepp'ə] **pepparkaka** gingerbread biscuit (cake) [dsjinn'dsjəbredd biss'kitt (kejk)] **pepparrot** horse-radish [hå:'sräddisj] **peppra** pepper [pepp'ə] **per** per [pə:]; *per person* per person [pə:' pə:'sn], *each* [i:tsj]; *per år* a year [ə jə:'] **perfekt** perfect [pə:'fikkt] **perforera** perforate [pə:'fərejt] **pergament** parchment [pa:'tsjmənt] **period** period [pə:'əriəd] **permanent** permanent [pə:'mənənt] **permanenta** (*hår*) perm(anent-wave) [pə:'m(ənəntwejv)] **permission** leave [li:v] **perrong** platform [plätt'få:m] **perrongbiljett** platform ticket [plätt'få:m tikk'itt] **persianpäls** Persian lamb coat [pə:'sjən lamm' kåot] **persienn** Venetian blind [vini:'sjən blajnd] **persika** peach [pi:tsj] **persilja** parsley [pa:'sli] **persisk** Persian [pə:'sjən] **person** person [pə:'sn] **personal** staff [sta:f] **personbil** (passenger) car [(pass'inndsjə) ka:] **personlig** personal [pə:'sənl] **personlighet** personality [pə:sənall'itti] **persontåg** (*motsats godståg*) passenger train [pass'inndsjə trejn]; (*motsats snälltåg*) ordinary train [å:'dnri trejn] **perspektiv** perspective [pəspekk'tivv] **peruan, peruansk** Peruvian [pəro:'viən] **peruk** wig [wigg] **pervers** perverted [pəvə:'tidd] **pessar** diaphragm [daj'əframm] **pessimist** pessimist [pess'imisst] **pessimistisk** pessimistic [pessimiss'tikk] **pest** plague [plejg] **peta** poke [påok] (*på* at [ätt]); *peta naglarna* clean one's nails [kli:'n wannz nej'lz]; *peta tänderna* pick one's teeth [pikk' wannz ti:'θ] **petroleum** petroleum [pitråo'ljəm] **pH-värde** pH-value [pi:'ej'tsjvall'jo:] **pianist** pianist [pjänn'ist] **piano** piano [pjänn'åo]; *spela piano* play the piano [plej' ðə pjänn'åo] **pickolo** page boy [pej'dsj båj'], *Am.* bellboy [bell'båj] **pietet** reverence [revv'rəns] **piff** *sätta piff på* (*mat*) give relish to [givv rell'isj to:], (*bildl.*) smarten up [sma:'tn app'] **piffa upp**

piga — plus 114

smarten up [sma:'tn app'] **piga** maid [mejd] **pigg 1** (subst.) spike [spajk] **2** (adj.) fit [fitt] (som en mört as a fiddle [azz ə fidd'l]); pigg på keen on [ki:'n ånn] **pigga upp** cheer up [tsji:'ə app'] **piggsvin** porcupine [på:'kjopajn] **piggvar** turbot [tə:'bət] **pik** (stickord) gibe [dsjajb] **pil 1** (träd) willow [will'åo] **2** (vapen) arrow [arr'åo]; (att kasta) dart [da:t] **pilbåge** bow [båo] **pilfink** tree sparrow [tri:' spärr'åo] **pilgrim** pilgrim [pill'-grimm] **piller** pill [pill] **pilot** pilot [paj'lət] **pina** (verb) torment [tå:menn't] **pincett** ((a) pair of) tweezers [((ə) pa:'ə əv) twi:'zəz] **pingst** Whitsun(tide) [witt'sn(tajd)]; annandag pingst Whit Monday [witt' mann'di] **pingstafton** Whitsun Eve [witt'sn i:'v] **pingvin** penguin [peng'gwinn] **pinje** stone pine [ståo'n pajn] **pinsam** painful [pej'nfoll] **pion** peony [pi:'əni] **pionjär** pioneer [pajəni:'ə] **pipa 1** (verb) squeak [skwi:k]; (jamra sig) whine [wajn] **2** subst. (rök-) pipe [pajp] **piprensare** pipe-cleaner [paj'pkli:nə] **piptobak** pipe tobacco [paj'p təbakk'åo] **pirat** pirate [paj'əritt] **pirog** Russian pasty [rasj'ən pass'ti] **piska** (subst. o. verb) whip [wipp] **pissa** piss [piss] **pissoar** urinal [jo:'ərinnl] **pistill** pistil [piss'till] **pistol** pistol [piss't] **pitt** cock [kåkk] **pittoresk** picturesque [pikktsjəress'k] **pjoska med** coddle [kådd'l] **pjäs** (föremål) piece [pi:s]; (teater-) play [plej] **pjäxa** ski-boot [ski:'bo:t] **placera** place [plejs]; (pengar) invest [innvess't] **placering** placering [plej'sing] **pladdra** babble [babb'l] **plage** beach [bi:tsj] **plagg** garment [ga:'mənt] **plagiera** plagiarize [plej'dsjjərajz] **plakat** placard [plakk'a:d] **plan** (subst.) plane [plejn]; (projekt, förslag) plan [plänn]; (adj.) plane [plejn] **planera** plan [plänn] **planet** planet [plänn'itt] **planhushållning** planned economy [plann'd i:kånn'əmi] **plank** (virke) deals [di:lz]; (stangsel) wood(en) paling [wood'(n) pej'ling] **planka** deal [di:l] **planlägga** plan [plänn] **planläggning** planning [plänn'ing] **plansch** plate [plejt]; (vagg-) chart [tsja:t] **planta, plantera** plant [pla:nt] **plaska** splash [splasj] **plaskdamm** paddling-pool [pädd'lingpo:l] **plast** plastic [plass'tikk] **plastpåse** plastic bag [plass'tikk bägg] **platina** platinum [plätt'inəm] **plats** (ställe, anstallning) place [plejs]; (sitt-) seat [si:t]; (utrymme) room [romm] **platsansökan** application for a situation [äpplikej'sjən få:' ə sittjoej'sjən] **platsbiljett** seat reservation [si:'t rezzəvej'sjən] **platt** flat [flatt] **platta** plate [plejt] **plattform** platform [plätt'-få:m] **plattformsbiljett** platform ticket [plätt'få:m tikk'itt] **plattfotad** flat-footed [flätt'fottidd] **plektron** plectrum [plekk'trəm] **plikt** duty [djo:'ti] **plikttrogen** faithful [fej'θfoll] **plissera** pleat [pli:t] **plocka** pick [pikk] **plog** plough [plao] **plomb** (i tand) filling [fill'ing] **plombera** seal [si:l], fill [fill] **plommon** plum [plamm] **plugg** plug [plagg] **plugga** plug [plagg]; (lasa) swot [swått] **plundra** rob [råbb] **pluralis** plural [plo:'ərəl] **plus** plus [plass]; 2 plus 2 ar 4 two plus two make four [to:' plass to:' mejk få:']; det är 1 grad plus it is one degree above zero [itt izz wann' digri:' əbavv' zi:'əråo] **plåga** pain [pejn] **plågsam** painful [pej'nfoll] **plånbok** wallet [wåll'itt] **plåster** plaster [pla:'stə] **plåt** sheet-metal [sji:'tmettl]; (*skiva*) plate [plejt] **plåtslagare** plater [plej'tə] **pläd** rug [ragg] **plädera** plead [pli:d] **plöja** plough [plao] **plös** tongue [tang] **plötslig** sudden [sadd'n] **plötsligt** (*adv.*) suddenly [sadd'nli] **PM** memo [mi:'måo] **pocketbok** paperback [pej'pəbäkk] **poesi** poetry [påo'ittri] **poet** poet [påo'itt] **poetisk** poetical [påoett'ikəl] **pojkbok** book for boys [båkk' fə båj'z] **pojke** boy [båj] **pojkstreck** boyish prank [båj'isj prangk] **pokal** goblet [gåbb'litt] **poker** poker [påo'kə] **pol** pole [påol] **polack** Pole [påol] **polcirkel** polar circle [påo'lə sə:'kl] **polemik** polemics (*pl*) [pållemm'ikks] **Polen** Poland [påo'lənd] **polera** polish [påll'isj] **poliklinik** out-patient department [ao'tpejsjənt dipa:'tmənt] **polio** polio [påo'liåo] **polis** police [pəli:'s]; (*-man*) policeman [pəli:'smən] **polisonger** side whiskers [saj'd wiss'kəz] **polisstation** police station [pəli:'s stej'sjən] **politik** politics [påll'itikks]; (*handlingssätt*) policy [påll'issi] **politiker** politician [pållitisj'ən] **politisk** political [pəlitt'ikəl] **polityr** polish [påll'isj] **polka** polka [påll'kə] **pollettera** label [lej'bl]; *pollettera sitt bagage* have one's luggage labelled [hävv wannz lagg'iddsj lej'bld] **pollett** luggage ticket [lagg'iddsj tikk'itt] **polsk** Polish [påo'lisj] **polygami** polygamy [pəligg'əmi] **pommes frites** chips [tsjipps] **pondus** authority [å:θårr'itti] **ponny** pony [påo'ni] **ponton** pontoon [pånntoo:'n] **popartist** pop musician [påpp' mjo:zisj'ən] **poppel** poplar [påpp'lə] **popularitet** popularity [påppjolarr'itti] **populär** popular [påpp'jolə] **por** pore [på:] **pormask** blackhead [bläkk'- hedd] **pornografi** pornography [på:någg'rəfi] **porslin** china [tsjaj'nə] **port** (*-gång*) gateway [gej'twej]; (*dörr*) door [då:] **porter** stout [staot] **portfölj** brief-case [bri:'fkejs] **portier** hall-porter [hå:'lpå:tə] **portion** portion [på:'sjən] **portmonnä** purse [pə:s] **portnyckel** latch-key [lätt'sjki:] **porto** postage [påo'stiddsj] **porträtt** portrait [på:'tritt] **Portugal** Portugal [på:'tjogəl] **portugis** Portuguese [på:tjogi:'z] **portvakt** porter [på:'tə] **portvin** port [på:t] **porös** porous [på:'rəs] **posera** pose [påoz] **position** position [pəzisj'ən] **positiv 1** (*adj.*) positive [påzz'ətivv] **2** (*subst.*) (*instrument*) barrel-organ [bärr'əlå:gən] **post** (*brev o.d.*) post [påost], *Am.* mail [mejl]; (*bokförings*-) item [aj'təmm] **postanvisning** money order [mann'i å:də] **postbox** post-office box [påo'ståffiss båkks] **poste restante** poste restante [påo'stress'ta:nt] **postförskott** cash on delivery [käsj' ånn dilivv'əri] **postgirokonto** postal giro account [påo'- stəl dsjaj'råo əkao'nt] **postkontor** post office [påo'st åff'iss] **postnummer** postcode [påo'stkåod] **postorder** mail-order [mej'lå:də] **postpaket** postal parcel [påo'stəl pa:sl] **postväxel** money order [mann'i å:də] **potatis** potato [pətej'tåo] **potatismjöl** potato flour [pətej'tåo flao'ə] **potatismos** mashed (creamed)

potatissallad — prishöjning 116

potatoes [mäsj't [kri:'md) pətej'tåoz] **potatissallad** potato salad [pətej'tåo säll'əd] **potens** potency [påo'tənsi] **pott** pool [po:l] **potta** chamber-pot [tsjej'mbəpått] **poäng** point [påjnt] **poängtera** emphasize [emm'fəsajz] **p-piller** contraceptive pill [påänntrəsepp'tivv pill]; *vard.* the Pill [ðə pill'] **pracka på ngn ngt** foist s.th. on to s.b. [fåj'st samm'θiŋ ånn'tə samm'bədi] **Prag** Prague [pra:g] **prakt** magnificence [mäggniff'isns] **praktfull** magnificent [mäggniff'issnt] **praktik** practice [präkk'tiss] **praktikant** trainee [trejni:'] **praktisera** (*tillämpa*) put ... into practice [pott' inn'to präkk'tiss]; (*lära sig ett yrke*) get experience [gett' ikkspi:'əriəns]; (*som lakare etc.*) practise [präkk'tiss] **praktisk** practical [präkk'tikəl]; *praktiskt taget* practically [präkk'tikkli] **pralin** chocolate [tsjåkk'litt] **prat, prata** talk [tå:k] **pratmakare** chatterbox [tsjätt'əbåkks] **pratsam** talkative [tå:'kətivv] **praxis** *det är praxis* it is the practice [itt izz ðə präkk'tiss] **precis** precisely [prisaj'sli]; *inte precis* not exactly [nått iggzäkk'tli]; *precis kl. 9 at 9 o'clock sharp* [ətt naj'n əklåkk' sja:'p] **precision** precision [prisissj'ən] **predika** preach [pri:tsj] **predikan** sermon [sə:'mən] **prejudikat** precedent [press'idənt] **preliminär** preliminary [priilimm'inəri] **premie** premium [pri:'mjəm] **premieobligation** premium bond [pri:'mjəm bånd] **premiär** first night [fə:'st naj't] **premiärminister** prime minister [praj'm minn'istə] **prenumerera** subscribe' [səbskraj'b] (*på* for [få:']) **preparera** prepare [pripä:'ə] **presenning** tarpaulin [ta:'på:'linn] **present** present [prezz'nt] **presentation** presentation [prezzentej'sjən]; (*forestallande*) introduction [inntrədakk'sjən] **presentera** present [prizenn't]; (*forestalla*) introduce [inntrədjo:'s]; *får jag presentera ...?* may I introduce ...? [mej aj inntrədjo:'s] **presentkort** gift voucher [giff't vao'tsjə] **president** president [prezz'idənt] **preskriberad** statute-barred [stätt'jo:tba:d] **press** (*tidningar o. tekn.*) press [press]; (*tryck*) pressure [presj'ə] **pressa** press [press] **presskonferens** press conference [press' kånn'fərəns] **prestation** achievement [ətsji:'vmənt] **prestera** achieve [ətsji:'v] **prestige** prestige [presti:'sj] **preussisk** Prussian [prasj'ən] **preventivmedel** contraceptive [kånntrəsepp'tivv] **prick** dot [dått], spot [spått] **pricka** (*forse med prickar*) dot [dått] **prickig** spotted [spått'idd] **primitiv** primitive [primm'itivv] **primär** primary [praj'məri] **primör** early vegetable [ə:'li vedd'sjitəbl] **princip** principle [prinn'səpl]; *av (i) princip* on (in) principle [ånn (inn) prinn'səpl] **principiell** (based) on principle [(bej'st) ånn prinn'səpl]; *av principiella skal* on grounds of principle [ånn graoʹndz əvv prinn'səpl] **prins** prince [prinns] **prinsessa** princess [prinnsess'] **prinskorv** chipolata sausage [tsjippəla:'tə såss'iddsj] **pris** price [prajz]; (*beloning*) prize [prajz]; (*berom*) praise [prejz]; *till ett pris av* at the (a) price of [ətt ðə (ə) praj's əvv]; *till varje pris* at any cost [ətt enn'i kåss't] **prisgiva** abandon [əbänn'dən] (*åt* to [to:]) **prishöjning** rise in price(s *pl*) [raj'z inn praj's(izz)]

prislista — psykologi

prislista price-list [praj'slisst] **prisläge** price range [praj's rejndsj]; *i vilket prisläge?* at about what price? [ätt əbao't wått' praj's] **prisma** prism [prizz'əm] **prisnedsättning** price reduction [praj's ridakk'sjən] **prisstopp** price freeze [praj's fri:z] **prissänkning** price reduction [praj's ridakk'sjən] **pristagare** prize-winner [praj'zwinnə] **pristävlan** prize competition [praj'z kåmmpitisj'ən] **privat** private [praj'vitt] **privatangelägenhet** personal matter [pə:'snl mätt'ə] **privatperson** private person [praj'vitt pə:'sn] **privilegiera, privilegium** privilege [privv'iliddsj] **problem** problem [pråbb'ləm] **procedur** procedure [prəsi:'dsjə] **procent** per cent [pəsenn't]; *10 procents rabatt* 10 per cent discount [tenn' pəsenn't diss'kaont] **process** (*rättstvist*) lawsuit [lå:'sjo:t]; (*förlopp*) process [prəo'sess] **producera** produce [prədjo:'s] **produkt** product [prådd'əkt] **produktion** production [prədakk'sjən] **produktiv** productive [prədakk'tivv] **professionell** (*subst. o. adj.*) professional [prəfesj'ənl] **professor** professor [prəfess'ə] **profet** prophet [pråff'itt] **profil** profile [prəo'fajl] **prognos** (*medicinsk*) prognosis [prəggnəo'siss]; (*väder-, ekonomisk o.d.*) forecast [få:'ka:st] **programmera** (*databeh.*) programme [prəo'grämm] **projekt** project [prådd'sjekkt] **proklamera** proclaim [prəklej'm] **proletär** (*subst. o. adj.*) proletarian [prəoletə:'əriən] **promenad, promenera** walk [wå:k] **promille** per mill(e) [pə mill'] **pronomen** pronoun [prəo'naon] **propaganda** propaganda [pråppəgänn'də] **propeller** propeller [prəpell'ə] **proportion** proportion [prəpå:'sjən] **proportionell** proportional [prəpə:'sjənl] **proposition** (*lagförslag*) government bill [gavv'nmənt bill] **propp** stopper [ståpp'ə]; (*elektrisk*) fuse [fjo:z] **prosa** prose [prəoz] **prosit** (God) bless you! [(gådd) bless' jo:] **prospekt** prospectus [prəspekk'təs] **prost** dean [di:n] **prostata** prostate [pråss'tejt] **prostituerad** prostitute [pråss'titjo:t] **protein** protein [prəo'ti:n] **protes** artificial limb [a:tifisj'əl limm] **protest** protest [prəo'tesst] **protestant** Protestant [prått'isstənt] **protestera** protest [prətess't] **protokoll** minutes [minn'itts] **prov** (*försök*) trial [traj'əl]; (*examens-*) examination [iggzämminej'sjən]; (*varu-*) sample [sa:'mpl] **prova** test [tesst]; (*kläder*) try on [traj' ånn'] **proviant** provisions [prəvisj'ənz] **provins** province [pråvv'inns] **provision** commission [kəmisj'ən] **provisorisk** provisional [prəvisj'ənl] **provrör** test-tube [tess'ttjo:b] **pruta** bargain [ba:'ginn] **pryd** prim [primm] **pryda** adorn [ədå:'n] **prydlig** neat [ni:t] **prydnad** adornment [ədå:'nmənt] **prålig** gaudy [gå:'di] **pråm** barge [ba:dsj] **prångla ut** utter [att'ə] **prägel, prägla** stamp [stämmp] **prärie** prairie [prä:'əri] **präst** clergyman [klə:'dsjimən]; (*katolsk*) priest [pri:st] **pröva** try [traj]; (*testa*) test [tesst]; (*undersöka*) examine [iggzämm'inn] **prövning** examination [iggzämminej'sjən] **psalm** hymn [himm] **psykiatrisk** psychiatric [sajkiätt'rikk] **psykisk** psychic [saj'kikk] **psykolog** psychologist [sajkåll'ədsjisst] **psykologi** psychology [sajkåll'ədsji] **psykologisk** psychologic(al) [sajkəlådd'sjikk(əl)] **ptro** whoa! [wåo] **pubertet** puberty [pjo:'bəti] **publicera** publish [pabb'lisj] **publicitet** publicity [pabbliss'itti] **publik** (*åhörare*) audience [å:'djəns]; (*åskådare*) spectators [spekktej'təz] **publikation** publication [pabblikej'sjən] **publikfrieri** showmanship [sjåo'mənsjipp] **puck** (*ishockey-*) puck [pakk] **puckel** hump [hammp] **puckelryggig** hunchbacked [hann'tsjbäkkt] **pudding** pudding [podd'ing] **pudel** poodle [po:'dl] **puder, pudra** powder [pao'də] **puka** kettledrum [kett'ldramm] **pulka** reindeer sleigh [rej'ndi:ə slej] **puls** pulse [palls] **pulsera** pulsate [pallsej't] **pulver** powder [pao'də] **pump, pumpa** pump [pammp] **pund** pound [paond] (*fork. £*); *engelska pund* pound sterling [pao'nd stə:'ling] **pung** (*bors*) purse [pə:s]; (*anat.*) scrotum [skråo'təm] **pungdjur** marsupial [ma:sjo:'pjel] **punkt** point [påjnt]; (*skiljetecken*) (full) stop [(foll') ståpp']; (*på dagordn. e.d.*) item [aj'temm] **punktering** puncture [pang'ktsjə] **punktlig** punctual [pang'ktjoəl] **punktstrejk** selective strike [silekk'tivv strajk] **punsch** Swedish punch [swi:'disj pann'tsj] **pupill** pupil [pjo:'pl] **puppa** chrysalis [kriss'əliss] **puré** purée [pjo:'ərej] **purjolök** leek [li:k] **purpur** purple [pə:'pl] **pussel** puzzle [pazz'l] **pusta ut** take a breather [tej'k ə bri:'ðə] **putsa** clean [kli:n]; polish [påll'isj] **putsmedel** polish [påll'isj] **putt** (*golf.*) put [patt] **puttra** (*koka*) simmer [simm'ə] **pyjamas** pyjamas [pədsja:'məz] **pyramid** pyramid [pirr'əmidd] **Pyrenéerna** the Pyrenees [ðə pirrəni:'z] **pyts** bucket [bakk'itt] **pyssla med** busy o.s. with (bizz'i wannsell'f wið) **på** (*ovanpå; tidpunkt*) on [ånn]; (*gata m.m.*) in [inn]; (*byggnader, moten m.m.*) at [ätt]; (*under, om tid*) on [ånn], during [djo:'əring]; (*tidsrymd*) for [få:]; (*inom*) in [inn]; *på bordet* on the table [ånn ðə tej'bl]; *på min fodelsedag* on my birthday [ånn maj bə:'θdej]; *på landet* in the country [inn ðə kann'tri]; *på bio* at the cinema [ätt ðə sinn'immə]; *på jullovet* during the Christmas holiday [djo:'əring ðə kriss'məs håll'ədi]; *jag har inte varit hemma på tio år* I haven't been home for ten years [aj hävv'nt bi:n håo'm få: tenn' jə:'z] **påbjuda** order [å:'də] **påbrå** inheritance [innherr'itəns] **påbud** decree [dikri:'] **påbörja** begin [biginn'] **påfallande** striking [straj'king] **påflugen** obtrusive [əbtro:'sivv] **påfrestande** trying [traj'ing] **påfrestning** strain [strejn] **påfyllning** filling-up [fill'ingapp'] **påfågel** peacock [pi:'kåkk] **pågå** be going on [bi: gåo'ing ånn'] **påhitt** idea [ajdi:'ə] **påkalla uppmärksamhet** attract attention [ətrakk't ətenn'sjən] **påklädd** dressed [dresst] **påkostad** expensive [ikk-spenn'sivv] **påle** pole [påol] **pålitlig** reliable [rilaj'əbl] **pålägg** (*på smorgås*) meat (cheese *etc.*) for sandwiches [mi:t (tsji:'z) få: sänn'widdsjizz] **påminna** remind [rimaj'nd] (*om* of [åvv]) **påminnelse** reminder [rimaj'ndə] **påpasslig** alert [ələ:'t] **påpeka** point out [påj'nt ao't] **påse** bag [bägg] **påseende** *till påseende* on approval [ånn əpro:'vəl] **påsk** Easter [i:'stə]; *annandag påsk*

Easter Monday [i:'stə mann'di]; *glad påsk!* Happy Easter! [häpp'i i:'stə] **påskafton** Easter Eve [i:'stə i:'v] **påskdag** Easter Sunday [i:'stə sann'di] **påskina** *låta påskina* intimate [inn'timejt] **påsklov** Easter holidays [i:'stə håll·ədizz] **påskynda** speed up [spi:'d app'] **påssjuka** (the) mumps [(ðə) mamm'ps] **påstå** declare [dikla:'ə]; *jag vågar påstå att* I venture to say that [aj venn'tsjə tə sej' ðätt']; *det kan jag inte påstå* I can't say that [aj ka:'nt sej' ðätt'] **påstående** statement [stej'tmənt] **påstötning** reminder [rimajj'ndə] **påtaga sig** take on [tejk ånn'] **påtaglig** obvious [åbb'viəs] **påtryckning** pressure [presj'ə] **påträngande** *(påflugen)* obtrusive [əbtro:'sivv] **påtvinga ngn ngt** force s.th. (up)on s.b. [få:'s samm'θing (əp)ånn' samm'bədi] **påve** pope [påop] **påverka, påverkan** influence [inn'fluəns] **påvisa** demonstrate [demm'ənstrejt] **päls** *(på djur)* fur [fə:]; *(plagg)* fur coat [fə:'kåot] **pärla** pearl [pə:'l]; *pärlor för svin* pearls before swine [pə:'lz bifå:' swajn] **pärlemor** mother-of-pearl [mað'ərəvpə:'l] **pärlhalsband** pearl necklace [pə:'l nekk'liss] **pärm** *(bok-)* cover [kavv'ə]; *(samlings-)* file [fajl] **päron** pear [pə:'ə] **pöbel** mob [måbb] **pöl** *(vatten-)* puddle [padd'l] **pösa** swell [swell] **rabalder** fuss [fass] **rabarber** rhubarb [ro:'ba:b] **rabatt 1** *(blomster-)* flower-bed [flao'əbedd] **2** *(avdrag)* discount [diss'kaont]; *10% rabatt* 10% discount [tenn' pəsenn't diss'kaont] **rabbla upp** rattle off [rätt'l å:'f] **racerbil** racer [rejs'ə] **racerbåt** speedboat [spi:'dbåot] **racerförare** racing driver [rej'sing draj'və] **rackare** *(skurk)* scoundrel [skao'ndrəl] **racket** racket [räkk'itt]; *(bordtennis-)* bat [bätt] **rad** row [råo]; *(teat. o.d.)* circle [sə:'kl] *(skriven, tryckt)* line [lajn] **radar** radar [rej'də] **radarantenn** radar aerial [rej'də ə:'əriəl] **radera** erase [rejs'z] **radhus** terrace-house [terr'əshaos] **radikal** radical [rädd'ikəl] **radio** radio [rej'diåo] **radioaktiv** radioactive [rej'diåoakk'tivv] **radioprogram** radio programme [rej'diåo pråo'gramm] **radiosändare** radio transmitter [rej'diåo trännzmitt'ə] **radium** radium [rej'djəm] **raffinerad** *(utsökt)* exquisite [ekk'skwizitt] **rafräschissör** scent spray [senn't sprej] **rafsa ihop** rake ... together [rej'k təgeð'ə] **ragata** vixen [vikk'sn] **raggare** hot-rod teenager [hått'rådd' ti:'nejdsjə] **ragla** stagger [stägg'ə] **raid** raid [rejd] **rak** straight [strejt] **raka** shave [sjejv] *(äv. raka sig)*; *(låta) raka sig* get shaved [gett' sjejv'd] **rakapparat** razor [rejs'ə] **rakblad** razor blade [rej'zə blejd] **raket** rocket [råkk'itt] **rakhyvel** safety razor [sej'fti rej'zə] **rakning** *en rakning* a shave [ə sjej'v] **rakt** straight [strejt] **ram** frame [frejm] **ramavtal** general agreement [dsjenn'ərəl əgri:'mənt] **ramla** fall down [få:'l dao'n] **ramp** *(teater-)* footlights *(pl)* [fott'lajts] **rampfeber** stage-fright [stej'dsjfrajt] **rand** *(kant)* edge [eddsj]; *(bildl.)* verge [və:dsj] **rang** rank [rängk] **rannsaka** try [traj]; ransack [ränn'säkk] **ransonera** ration [räsj'ən] **ransonering** rationing [räsj'ning] **rapp** *(adj.)* quick [kwikk] **rappa** *(vägg)* plaster [pla:'stə] **rapphöna** partridge [paˑˈtridsj] **rapport, rapportera** report [riˈpåˑt] **raps** rape [rejp] **rar** nice [najs] **raritet** rarity [räˑˈəriti] **ras 1** race [rejs] **2** (*skred*) landslide [länˈdslajd] **rasa** give way [givvˈ wej]; collapse [kəläppˈs] **rasande** furious [fjoˑˈəriəs] **rasera** demolish [diˈmällˈisj] **raseri** rage [rejdsj] **rasfördom** racial prejudice [rejˈsjəl preddˈsjodiss] **rask** quick [kwikk] **raska på** hurry up [harrˈi appˈ] **raskt** (*adv.*) quickly [kwikkˈli] **rasp, raspa** rasp [raˑsp] **rassla** clatter [klättˈə] **rast** (*vila*) rest [resst]; (*i skolan*) break [brejk] **rasta** rest [resst] **raster** screen [skriˑn] **rastlös** restless [resstˈliss] **rata** despise [disspajˈz] **rationalisera** rationalize [räsjˈnəlajz] **rationell** rational [räsjˈənl] **ratt** (*bil-*) (steering-) wheel [(stiːˈəring)wiːl]; (*tekn.*) hand wheel [hännˈd wiːl] **rattfylleri** drunken driving [drangˈkən drajˈving] **ravin** ravine [rəviːn] **razzia** raid [rejd] **reagera** react [riːakkˈt] (*för* to [toː]) **reaktion** reaction [riäkkˈsjən] **reaktionär** (*subst. o. adj.*) reactionary [riːäkkˈsjənri] **reaktor** reactor [riːäkkˈtə] **realinkomst** real income [riːˈəl innˈkəm] **realisation** sale [sejl] **realisera** sell off [sellˈ åːˈf] **realistisk** realistic [riːəlissˈtikk] **realitet** reality [riällˈitti] **rebell** rebel [rebbˈl] **recensent** reviewer [rivjoːˈə] **recensera, recension** review [rivjoːˈ] **recept** (*läkar-*) prescription [priskrippˈsjən]; (*mat- m.m.*) recipe [ressˈippi] **receptbelagd** sold on prescription [såoˈld ånn priskrippˈsjən] **reception** [risseppˈsjən] **reda 1** (*subst.*) (*ordning*) order [åˑˈdə]; *få reda på* find out [fajˈnd aoˈt]; *hålla reda på* keep count of [kiːp kaoˈnt əvv] **2** *verb* (*soppa*) thicken [θikkˈən]; *reda upp* settle [settˈl] **redaktion** (*personal*) editorial staff [edditåːˈriəl staːˈf]; (*lokal*) editorial office [edditåːˈriəl åffˈiss] **redaktör** editor [eddˈittə] **redan** already [åːlreddˈi]; *redan då* even then [iːˈvən ðennˈ]; *redan i dag* this very day [ðissˈ verrˈi dejˈ] **rederi** shipping company [sjippˈing kammˈpəni] **redig** orderly [åˑˈdəli] **redlös** *sjö.* disabled [dissejˈbld]; (*drucken*) blind drunk [blajˈnd drangˈk] **redo** ready [reddˈi] **redogöra** account (*for*) [əkaoˈnt (fåː)] **redogörelse** account [əkaoˈnt] **redovisa** show [sjåo]; *redovisa för* account for [əkaoˈnt fåː] **redovisning** account [əkaoˈnt] **redskap** instrument [innˈstromənt]; tool [toːl] **reducera** reduce [ridjoːˈs] **reell** real [riːˈəl] **referat** account [əkaoˈnt] **referera** report [riˈpåˑt] **reflektera på** consider [kənsiddˈə] **reflex** reflex [riːˈflekks] **reflexion** reflection [riflekkˈsjən] **reform** reform [rifåˑˈm] **reformation** reformation [reffəmejˈsjən] **reformera** reform [rifåˑˈm] **refräng** chorus [kåˑˈrəs] **regel** rule [roːl] **regelbunden** regular [reggˈjolə] **regemente** regiment [reddˈsjimənt] **regera** rule [roːl] **regering** government [gavvˈnmənt] **regi** (*film-*) direction [direkkˈsjən]; (*teater-*) stage management [stejˈdsj männˈiddsjmənt] **region** region [riːˈdsjən] **regissera** produce [prədjoːˈs]; (*film*) direct [direkkˈt] **regissör** producer [prədjoːˈsə]; (*film- m.m.*) director [direkkˈtə] **register, registrera** register [reddˈsjisstə] **reglemente** regulations [reggjolejˈsjənz] **reglera** regulate [regg'joleįt] **regn, regna** rain [rejn] **regnbåge** rainbow [rej'nbåo] **regnig** rainy [rej'ni] **regnskur** shower [sjao'ə] **reguljär** regular [regg'jollə] **rehabilitering** rehabilitation [ri:'ə-billite'sjən] **reklam** advertising [ädd'vətajzing] **reklamation** complaint [kəmplej'nt] **reklambyrå** advertising agency [ädd'-vətajzing ej'dsjənsi] **reklamera 1** complain [kəmplej:n'] **2** (gora reklam) advertise [ädd'vətajz] **rekognosera** reconnoitre [rek-kənåj'tə] **rekommendera** recommend [rekkəmenn'd]; (brev) register [redd'sjisstə]; rekommenderas registered [redd'sjisstəd] (fork. reg(d).) **rekonstruera** reconstruct [ri:'kənstrakk't] **rekord** record [rekk'å:d] **rekreation** recreation [rekkriej'sjən] **rekryt, rekrytera** recruit [rikro:'t] **rektor** headmaster [hedd'ma:'stə] **rekvirera, rekvisition** order [å:'də] **rekyl** recoil [rikåj'l] **relation** (forbindelse) relation [rilej'sjən] **relativ** relative [rell'ətivv] **relief** relief [rili:'f] **religion** religion [rilidd'sjən] **religiös** religious [rilidd'sjəs] **reling** gunwale [gann'l] **rem** strap [strapp] **remiss** (lakar-) doctor's letter of introduction [dåkk'təz lett'ə əvv inn-trədakk'sjən]; sända ut på remiss circulate for comment [sə:'-kjolejt få: kåmm'ennt] **ren 1** (dikes-) ditch-bank [ditt'sjbängk] **2** reindeer [rej'ndi:ə] **3** (ej smutsig) clean [kli:n], (oblandad, akta) pure [pjo:'ə]; rent samvete a clear conscience [ə kli:'ə kånn'sjəns]; av en ren handelse by pure accident [baj pjo:'ə akk'sidənt]; rent spel fair play [fä:'ə plej] **rengöra** clean [kli:n] **rengörings-medel** detergent [ditə:'dsjənt] **renhållning** cleaning [kli:'ning] **reningsverk** purifying plant [pjo:'ərifajing pla:nt] **renlevnads-man** continent man [kånn'tinənt männ] **renlig** cleanly [klenn'li] **renodlad** (bildl.) absolute [äbb'səlo:t] **renommé** reputation [reppjotej'sjən] **renons** void [våjd] **renovera** renovate [renn'əo-vejt] **renrasig** pure-bred [pjo:'əbredd] **rensa** clean [kli:n] **ren-skriva** (på maskin) type out [tajp ao't] **renskrivning** (på maskin) copy-typing [kåpp'itajping] **rent** (adv.) cleanly [kli:'nli]; tala rent talk properly [tå:'k pråpp'əli]; rent av downright [dao'n-rajt]; rent ut plainly [plej'nli] **rentvå** clear [kli:'ə] **renässansen** the Renaissance [ðə rənej'səns] **rep** rope [råop] **repa** (subst.) (rispa) scratch [skrättsj] **reparation** repair [ripä:'ə] **reparatör** repair man [ripä:'ə männ] **reparera** repair [ripä:'ə] **repertoar** repertory [repp'ətəri] **repetera** repeat [ripi:'t]; (pjas o.d.) rehearse [rihə:'s]; (i skolan) revise [rivaj'z] **repetition** repetition [reppitisj'ən]; (av pjas o.d.) rehearsal [rihə:'səl]; (i skolan) revision [rivisj'ən] **replik** (genmale) rejoinder [ridsjåj'ndə]; (teater- o.d.) line [lajn] **replikera** reply [riplaj'] **reportage** report [ripä:'t] **reporter** reporter [ripä:'tə]; (radio-) commentator [kåmm'enn-tejtə] **representant** representative [repprizenn'tətivv]; (resande) traveller [trävv'lə] **representation** representation [repprizenn-tej'sjən] **representativ** representative [repprizenn'tətivv] **representera** represent [repprizenn't] **repressalier** reprisals [ripraj'-zəlz] **reprimand** reprimand [repp'rima:nd] **repris** (i musik) repeat

reproducera — retsam

[ripi:'t]; *(teater-)* revival [rivaj'vəl]; *(film-)* re-run [ri:'rann'] **reproducera** reproduce [ri:prədjo:'s] **reproduktion** reproduction [ri:prədakk'sjən] *(av. tavla)* **repstege** rope-ladder [råo'plåddə] **reptil** reptile [repp'tajl] **republik** republic [ripabb'likk] **republikan** republican [ripabb'likən] **resa 1** *(verb)* set up [sett' app']; *resa sig* rise [rajz] **2** *(subst.)* journey [dsjə:'ni]; *(sjö-)* voyage [våj'dsj]; *(kortare)* trip [tripp]; *lycklig resa!* pleasant journey! [plezz'nt dsjə:'ni]; *vara (ute) på resa* be (out) travelling [bi: (ao't) trävv'ling]; *(verb)* travel [trävv'l], go [gåo]; *resa bort* go away [gåo' əwej'] **resebyrå** travel agency [trävv'l ej'dsjənsi] **resecheck** traveller's cheque [trävv'ləz tsjekk'] **reseledare** (tour) conductor [(to:'ə) kəndakk'tə], guide [gajd] **resenär** traveller [trävv'lə] **reserv** reserve [rizə:'v] **reservat** *(natur-)* national park [näsj'ənl pa:k]; *(infodings-)* reservation [rezzəvej'sjən] **reservation** reservation [rezzəvej'sjən] **reservdel** spare part [spä:'ə pa:t] **reservera** reserve [rizə:'v]; *reservera sig* make a reservation [mej'k ə rezzəvej'sjən] **reserverad** reserved [rizə:'vd] **reservhjul** spare wheel [spä:'ə wi:l] **reservutgång** emergency exit [imə:'dsjənsi ekk'sitt] **reseräkning** travelling-expenses account [trävv'lingikkspennsizz əkao'nt] **reseskrivmaskin** portable typewriter [på:'təbl taj'prajtə] **reseskildring** travel book [trävv'l bokk] **resgods** luggage [lagg'iddsj] **resgodsförvaring, resgodsinlämning** cloak-room [klåo'kromm] **residens** residence [rezz'idəns] **residera** reside [rizaj'd] **resignera** resign o.s. [rizaj'n wannsell'f] **resistent** resistant [rizisst'ənt] **resning** *(uppror)* rising [raj'zing]; *jur.* review [rivjo:']; *en man av andlig resning* a man of great moral stature [ə männ' əvv grej't mårr'əll stätt'sjə] **resolution** resolution [rezzəlo:'sjən] **reson** *ta reson* be reasonable [bi: ri:'znəbl] **resonemang** discussion [disskasj'ən]; reasoning [ri:'zning] **resonera** discuss [disskass'] **respekt** respect [rispekk't]; *(högaktning)* esteem [isti:'m] **respektabel** respectable [rispekk'təbl] **respektera** respect [rispekk't] **respektive** *(adj.)* respective [rispekk'tivv]; *(adv.)* respectively [rispekk'tivvli] **respektlös** disrespectful [disrispekk'tfoll] **respengar** money for a journey [mann'i fə ə dsjə:'ni] **respit** respite [ress'pajt] **resplan** itinerary [ajtinn'ərəri] **resrutt** route [ro:t] **rest** rest [resst] **restaurang** restaurant [ress'tərånnt] **restaurangvagn** dining-car [daj'ningka:] **restaurera** restore [risstå:'] **restera** remain [rimej'n] **resterande** remaining [rimej'ning] **restituera** repay [ri:pej'] **restriktion** restriction [ristrikk'sjən] **restskatt** back tax [bäkk' täkks] **resultat** result [rizall't] **resultatlös** fruitless [fro:'tliss] **resultera** result [rizall't] *(i* in [inn]) **resurs** resource [riså:'s] **resväska** suitcase [s-jo:'tkejs] **resår** spring [spring] **resårband** elastic [iläss'tikk] **reta** irritate [irr'itejt]; *(retas med)* tease [ti:z]; *reta sig* get angry [gett' äng'gri] *(på at* [att]) **retas** tease [ti:z] **retirera** retire [ritaj'ə] **retlig** irritable [irr'itəbl] **retroaktiv** retroactive [rettråoakk'tivv] **reträtt** retreat [ritri:'t] **retsam** irritatinġ [irr'itejtinġ] **retur** return [ritəˑ'n] **returbiljett** return ticket [ritəˑ'n tikk'itt] **returnera** return [ritəˑ'n] **retuschera** retouch [riˑ'tattˑsj] **reumatiker** rheumatic [roˑmattˑikk] **reumatism** rheumatism [roˑ'mətizzəm] **rev 1** (*met-*) fishing-line [fisj'inglajn] **2** (*sand-*) sandbank [sänn'dbängk]; (*klipp-*) reef [riˑ'f] **reva 1** (*verb*) (*segel*) reef [riˑ'f] **2** (*subst.*) tear [täˑ'ə] **revansch** revenge [rivenn'dsj]; *ta revansch* take one's revenge [tej'k wannz rivenn'dsj] **revben** rib [ribb] **revbensspjäll** spare rib [spaˑ'ə ribb] **revers** (*skuldebrev*) note of hand [nåoˑ't əvv hänn'd] **revidera** revise [rivaj'z] **revisor** auditor [åˑ'ditta] **revolt** revolt [rivåo'lt] **revolution** revolution [revvəloˑ'sjən] **revolver** revolver [rivåll'və] **revorm** ringworm [ring'wəˑm] **revy** revue [rivjoˑ'], show [sjåo] **Rhen** the Rhine [ðə raj'n] **ribba** lath [laˑθ] **ribbstol** wall-bars [wåˑ'lbaˑz] **ricinolja** castor oil [kaˑ'stərå'l] **rida** ride [rajd] **riddare** knight [najt] **riddräkt** riding-dress [raj'dingdress] **ridhäst** saddle-horse [sädd'håˑs] **ridå** curtain [kəˑ'tn] **rigg** rig [rigg] **rik** rich [rittsj] (*på* (in [inn]) **rimma** rhyme [rajm] (*på* with [wið]) **ring** ring [ring]; (*däck*) tyre [taj'ə] **ringa 1** (*verb*) ring [ring]; *ringa till ngn* call s.b. up [kåˑ'l samm'bədi əpp'] **2** (*adj.*) (*obetydlig*) insignificant [innsiggniff'ikənt], small [småˑ'l]; *av ringa bord* of humble origin [əvv hamm'bl årr'idsjinn] **ringakta** look down upon [lokkˑ daoˑn əpånn'] **ringaktning** disregard [dissˑriga'd] **ringfinger** ring-finger [ring'finggə] **ringla** curl [kəˑ'l] **rinna** run [rann]; flow [flåo] **ris 1** (*sadesslag*) rice [rajs] **2** (*kvistar*) twigs [twiggz]; (*buskar*) brushwood [brasj'wodd] **risgryn** rice [rajs] **risk** risk [rissk] (*for* of [əvv]) **riskabel** risky [riss'ki] **riskera** risk [rissk] **riskfri** safe [sejf] **rispa** scratch [skrattsj] (*i tyg*) rip [ripp] **rista** (*inskära*) cut [katt] **rita** draw [dråˑ] (*göra ritning*) design [dizaj'n] **ritning** drawing [dråˑ'ing] **ritt** ride [rajd] **riva** (*klösa*) scratch [skrattsj]; (*hus*) pull down [pollˑ daoˑ'n] **rival** rival [raj'vəl] **ro 1** (*subst.*) peace [piˑs]; *for ro skull* for fun [ˑfann'] **2** (*verb*) row [råo] **roa** amuse [əmjoˑ'z] **robot** robot [råoˑbått] **robotvapen** (guided) missile weapon [(gaj'didd) missˑajl wepp'ən] **rock** coat [kåot], (*kavaj*) jacket [dsjäkk'itt] **rocka** ray [rej] **rodd** rowing [råoˑing] **roddbåt** rowing-boat [råoˑingbåot] **roder** rudder [raddˑə]; *lyda roder* obey the helm [əbej'ðə hell'm] **rodna** blush [blasj] **roffa åt sig** grab [grabb] **rokoko** rococo [rəkåoˑkåo] **rolig** amusing [əmjoˑ'zing]; (*lustig*) funny [fann'i]; *så roligt!* what fun! [wåttˑ fann'] **roll** part [paˑt] **Rom** Rome [råom] **rom 1** (*fisk-*) roe [råo] **2** (*dryck*) rum [ramm] **roman** novel [nåvv'əl] **romantik** romance [råomänn's]; *Romantiken* Romanticism [råomänn'tisizzəm] **romantisk** romantic [rəmänn'tikk] **romersk** Roman [råoˑmən] **rond** round [raond] **rop, ropa** call [kåˑ'l] **ros** rose [råoz] **rosa** rose-coloured [råoˑzkallǝd] **rosett** bow [båo] **rosmarin** rosemary [råoˑzməri] **rossla** rattle [rättˑ'l] **rost 1** (*på jarn*) rust [rasst] **2** (*galler*) grate [grejt] **rosta 1** (*bli rostig*) rust [rasst] **2** (*bröd*) toast [tåost];

rostbiff — rymling

(*kaffe*) roast [råost] **rostbiff** roast beef [råo'st bi:f] **rostfri** stainless [stej'nliss] **rostig** rusty [rass'ti] **rot** root [ro:t] **rota** (*boka*) poke about [påo'k əbao't]; *rota fram* dig up [digg' app'] **rotation** rotation [råotej'sjən] **rotborste** scrubbing brush [skrab'b'ing brasj] **rotera** rotate [råotej't] **rotfyllning** root-filling [ro:'t-filling] **rotting** cane [kejn] **rotvälska** double Dutch [dabb'l datt'sj] **rov** (*byte*) prey [prej] **rova** turnip [tə:'nipp] **rovdjur** beast of prey [bi:'st əvv prej'] **rubba** move [mo:v] **rubin** ruby [ro:'bi] **rubricera** headline [hedd'lajn] **rubrik** heading [hedd'ing] **ruckel** (*kyffe*) ramshackle house [ramm'sjakkl haos] **ruff** (*i sport*) rough play [raff' plej'] **rugby** Rugby football [ragg'bi fott'bå:l] **ruin, ruinera** ruin [ro:'inn] **rulett** roulette [ro:lett'] **rulla** roll [råol]; *rulla av* unroll [ann'råo'l]; *rulla ihop* roll up [råo'l app'] **rulle** roll [råol]; (*film-, pappers-*) reel [ri:l] **rullgardin** blind [blajnd] **rullstol** wheel chair [wi:'l tsjä:ə'] **rulltrappa** escalator [ess'kəlejtə] **rum** (*rymd*) room [romm] **rumba** rumba [ramm'bə] **rumsbeställning** booking of rooms (a room) [bokk'ing əvv romm'z (ə romm')] **Rumänien** R(o)umania [ro:mej'njə] **rumänier, rumän(i)sk** R(o)umanian [ro:mej'njən] **runa** rune [ro:'n] **rund** round [raond] **rundtur** sightseeing tour [sajt'tsi:ing to:ə] **runt** round [raond] **rus** intoxication [inntåkksikej'sjən] **rusa** (*storta fram*) rush [rasj]; (*om motor*) race [rejs] **ruska** (*skaka*) shake [sjejk]; (*om vader*) nasty [na:'sti]; (*om person*) shady [sjej'di] **rusning** rush [rasj] (*efter* for [få:]) **rusningstid** rush-hour [rasj'aoə] **russin** raisin [rej'zn] **rusta** (*iordningställa*) get ready [gett' redd'i]; (*bevapna*) arm [a:m] **rustning** armour [a:'mə]; (*krigsforberedelse*) armament [a:'məmənt] **ruta 1** square [skwä:'ə]; **2** (*TV-*) screen [skri:n]; (*fönster-*) pane [pejn] *rutat papper* cross-ruled paper [kråss'ro:ld pej'pə] **ruter** diamonds [daj'əməndz] **rutig** check(ed) [tsjekk(t)] **rutin** routine [ro:ti:'n] **rutinerad** experienced [ikkspi:'əriənst] **rutschbana** slide [slajd] **rutt** route [ro:t] **rutten** rotten [rått'n] **ruttna** rot [rått] **ruva** sit (on eggs) [sitt' (ånn egg'z)]; *ruva på* (*bildl.*) brood on [bro:'d ånn] **ryamatta** hooked rug [hokk't ragg] **ryck** (*knyck*) jerk [dsjə:k]; (*sprittning*) start [sta:t] **rycka** (*dra*) pull [poll]; (*hastigt*) snatch [snätts]] **ryckig** jerky [dsjə:'ki] **rygg** back [bäkk]; *bakom ryggen på ngn* behind a p.'s back [bihaj'nd ə pə:'snz bäkk'] **rygga tillbaka för** shrink at [sjring'k ätt] **ryggmärg** spinal cord [spaj'nl kå:d] **ryggrad** spine [spajn] **ryggradsdjur** vertebrate [və:'tibritt] **ryggradslös** invertebrate [innvə:'tibritt] **ryggskott** lumbago [lammbej'gåo] **ryka** smoke [småok] **rykta** groom [gromm] **ryktas** *det ryktas* it is rumoured [itt izz ro:'məd] **ryktbar** famous [fej'məs] **rykte** rumour [ro:'mə]; (*ryktbarhet*) fame [fejm] **rymd** (*världs-*) space [spejs] **rymddräkt** space suit [spejs' sjo:t] **rymdfarkost** spacecraft [spej'skra:ft] **rymdforskning** space research [spej's risə:'tsj] **rymddraket** space rocket [spej's råkk'itt] **rymlig** spacious [spej'sjəs] **rymling** fugitive [fjo:'dsjitivv] **rymma** run away [rann' əwej']; (*innehålla*) contain [kəntej'n] **rymmas** *det ryms mycket i den här lådan* this box holds a great deal [ðiss' bååk's håo'ldz ə grej't di:'l]; *det ryms mycket på en sida* there is room for a great deal on one page [ðəzz romm' få ə grej't di:'l ånn wann' pej'dsj] **rynka** (*subst.*) (*i huden*) wrinkle [ring'kl]; (*på kläder*) crease [kri:s]; (*verb*) (*tyg*) fold [fåold]; *rynka pannan* knit one's brows [nitt' wannz brao'z]; *rynka ögonbrynen* frown [fraon]; *rynka sig* wrinkle [ring'kl] **rysa** shiver [sjivv'ə] (*av köld*) with cold [wið kåo'ld]; shudder [sjadd'ə] (*av fasa*) with terror [wið terr'ə] **rysk** Russian [rasj'ən] **ryska** (*språk*) Russian [rasj'ən]; (*kvinna*) Russian woman [rasj'ən womm'ən] **ryslig** terrible [terr'əbl] **ryss** Russian [rasj'ən] **Ryssja** fyke [fajk] **Ryssland** Russia [rasj'ən] **ryta** roar [rå:] (*åt* at [ätt]) **rytm** rhythm [rið'əm] **ryttare** rider [rajd'ə] **rå 1** (*okokt*) raw [rå:]; (*obearbetad*) crude [kro:d]; (*simpel*) vulgar [vall'gə] **2** (*orka*) manage [männ'iddsj]; *jag rår inte för det* I cannot help it [aj känn'ått hell'p itt] **råbalans** proof sheet [pro:'f sji:t] **råbandsknop** reef-knot [ri:'fnått] **råd** advice [ədvaj's]; (*församling*) council [kao'nsl]; *ett* (*gott*) *råd* a piece of (good) advice [ə pi:'s əvv (godd') ədvaj's]; *finna på råd* find a way out [fajnd ə wej' ao't]; *jag har inte råd att* I cannot afford to [aj känn'ått əfå:'d to:] **råda** (*ge råd*) advise [ədvaj'z]; *det råder inget tvivel* there is no doubt [ðəzz nåo' dao't] **rådande** prevailing [privej'ling]; *under rådande förhållanden* under present conditions [ann'də prezz'nt kəndisj'ənz] **rådfråga** consult [kənsall't] **rådgivande** advisory [ədvaj'zəri] **rådgivare** adviser [ədvaj'zə] **rådgöra med** confer with [kənfə:' wið] **rådhus** town hall [tao'n hå:l] **rådhusrätt** municipal court [mjo:niss'ipəl kå:'t] **rådig** resolute [rezz'əlo:t] **rådjur** roe(-deer) [råo'(di:ə)] **rådlig** advisable [ədvaj'zəbl] **rådlös** perplexed [pəplekk'st] **rådman** magistrate [mädd'sjistritt] **rådpläga** deliberate (dilibb'ərejt] **rådvill** irresolute [irrezz'əlo:t] **råg** rye [raj'] **rågad** heaped [hi:pt] **rågbröd** rye-bread [raj'bredd] **rågmjöl** rye-flour [raj'flao:ə] **rågsikt** sifted rye-flour [siff'tidd raj'flao:ə] **råka 1** (*fågel*) rook [rokk] **2** (*möte*) meet [mi:t]; (*handelsevis komma att*) happen to [häpp'ən to:]; *råka i händerna på* fall into the hands of [få:'l inn'to ðə hänn'dz əvv]; *råka i olycka* come to grief [kamm' to gri:'f] **råma** moo [mo:] **råmaterial** raw material [rå:' məti:'əriəl] **rån 1** (*bakverk*) wafer [wej'fə] **2** (*brott*) robbery [råbb'əri] **rånare** robber [råbb'ə] **råolja** crude oil [kro:'d åjl] **råtta** rat [rätt] **råttgift** rat-poison [rätt'påj'zn] **råvara** raw material [rå:' məti:'əriəl] **räcka** (*över-*) hand [hännd]; (*nå*) reach [ri:tsj]; (*förslå*) be enough [bi: inaff'] **räcke** rail [rejl] **räckhåll, räckvidd** reach [ri:tsj] **räd** raid [rejd] **rädd** afraid [əfrej'd] **rädda** save [sejv] **räddning** rescue [ress'kjo:] **rädisa** radish [rädd'isj] **rädsla** fear [fi:'ə] **räffla** (*subst. o. verb*) groove [gro:v] **räfsa** (*subst. o. verb*) rake [rejk] **räka** shrimp [sjrimmp] **räkenskaper** accounts [əkao'nts] **räkenskapsår**

räkna — röja

financial year [fajnänn'sjəl jə:'] **räkna** (upp) count [kaont]; (beräkna) calculate [käll'kjolejt]; det räknas inte that doesn't count [ðätt' dazz'nt kao'nt]; räkna med count on [kao'nt ånn]; räkna ihop add up [ädd' app']; räkna ut (ett tal) work out [wə:'k ao't] **räknebok** arithmetic book [əriθ'mətikk bokk] **räknemaskin** calculating machine [käll'kjolejting mæshi:'n] slide-rule [slaj'dro:l] **räkning** (att betala) bill [bill]; (hop-) counting [kao'nting]; (skolämne) arithmetic [əriθ'mətikk]; för ngns räkning on a p.'s account [ånn ə pə:'snz əkao'nt] **räls** rail [rejl] **rälsbuss** railbus [rej'lbəss] **ränna 1** (subst.) groove [gro:v] **2** (verb) (springa) run [rann] **rännsten** gutter [gatt'ə] **ränsel** knapsack [napp'säkk] **ränta** interest [inn'trisst] **räntefot** rate of interest [rej't əvv inn'trisst] **rät** (linje) straight [strejt]; (vinkel) right [rajt] **räta** straighten [strej'tn] **rätt 1** (maträtt) dish [disj]; en middag med tre ratter a three-course dinner [ə θri:'kå:'s dinn'ə] **2** (rättighet) right [rajt]; (rättsvetenskap) law [lå:]; (domstol) court [kå:t] (riktig) right [rajt]; (ganska) pretty [pritt'i] **rätta** (subst.) infor rätta before the court [bifå:' ðə kå:'t]; finna sig till rätta accommodate (adapt) o.s. [əkåmm'ədejt (ədäpp't) wannsell'f]; (verb) (korrigera) correct [kərekk't]; ratta sig efter comply with [kəmplaj' wið], go by [gåo' baj] **rättegång** legal proceedings [li:'gəl prəsi:'dingz] **rättelse** correction [kərekk'sjən] **rättfram** straightforward [strejtfå:'wəd] **rättfärdig** righteous [rajt'sjəs], just [dsjasst] **rättfärdiga** (urskulda) excuse [ikkskjo:'z]; (berättiga) justify [dsjass'tifaj] **rättighet** right [rajt] **rättmätig** legitimate [lidsjitt'imitt] **rättrogen** orthodox [å:'θədåkks] **rättshjälp** legal aid [li:'gəl ej'd] **rättsinnehavare** assignee [ässini:'] **rättskaffens** honest [ånn'isst] **rättskipning** administration of justice [ədmnnistrej'sjən əvv dsjass'tiss] **rättskrivning** spelling [spell'ing] **rättskänsla** sense of justice [senn's əvv dsjass'tiss] **rättslig** legal [li:'gəl] **rättstavning** spelling [spell'ing] **rättsvetenskap** legal science [li:'gəl saj'əns] **rättsväsen** judicial system [dsjo:disj'əl siss'timm] **rättvis** just [dsjasst] **rättvisa** justice [dsjass'tiss] **räv** fox [fåkks]; surt sa raven om rönnbären sour grapes said the fox [sao'ə grej'ps sedd' ðə fåkk's]; svälta räv beggar-my-neighbour [begg'əminej'bə] **rävsax** fox-trap [fåkk's-träpp] **rö** reed [ri:d] **röd** red [redd]; röda hund German measles [dsjə:'mən mi:'zlz]; Röda havet the Red Sea [ðə redd' si:']; Röda korset the Red Cross [ðə redd' kråss'], Am. (red) beet [(redd') bi:t] **rödglödga** make red-hot [mejk redd'hått'] **rödhake** robin [råbb'inn] **rödhårig** redhaired [redd'hä:'əd]; (om pers.) red-headed [redd'hedd'idd] **röding** alpine char [äll'pajn tsja:'] **rödkål** red cabbage [redd' käbb'iddsj] **rödlök** red onion [redd' ann'jən] **rödspotta** plaice [plejs] **rödsprit** methylated spirit [meθ'ilejtidd spirr'itt] **rödvin** red wine [redd' waj'n]; (Bordeaux) claret [klärr'ət] **röja 1** (förräda) betray [bitrej']; (yppa) reveal [rivi:'l] **2** röja väg för clear a path for

röjning — saklighet

[kli:'ə ə pa:'θ få:]; *roja undan* clear away [kli:'ə əwej'] **röjning** clearance [kli:'ərəns] **rök, röka** smoke [småok] **rökare** smoker [småo'kə] **rökelse** incense [inn'senns] **rökig** smoky [småo'ki] **rökning** smoking [småo'king]; *rokning förbjuden* no smoking [nåo' småo'king]; *rökning tillåten* smoking [småo'king] **rökridå** smoke-screen [småo'kskri:n] **rön** observation [åbbzə:vej'sjən] **röna** meet with [mi:'t wið] **rönn** mountain ash [mao'ntinn äsj] **rönnbär** rowanberry [rao'anberri] **röntga** X-ray [ekk'srej'] **röntgenfotografering** X-ray photography [ekk'srej' fətågg'rəfi] **röntgenundersökning** X-ray examination [ekk'srej' iggzämminej'sjən] **rör** tube [tjo:b]; (*lednings-*) pipe [pajp]; (*radio-*) valve [vällv] **röra** (*subst.*) mess [mess]; (*verb*) (*satta i rorelse*) move [mo:v]; (*be-*) touch [tatt'sj]; (*angå*) concern [kənsə:'n]; *rora sig* move [mo:v] **rörande** touching [tatt'sjing] **rörd** moved [mo:vd] **rörelse** movement [mo:'vmənt]; (*affars-*) business [bizz'niss] **rörelsekapital** working capital [wə:'king käpp'ittl] **rörledning** piping [paj'ping] **rörlig** movable [mo:'vəbl]; *rorliga kostnader* variable costs [va:'əriəbl kåss'ts]; *rorligt intellekt* versatile intellect [və:'sətajl inn'tilekkt]; *fora ett rorligt liv* lead an active life [li:'d ənn äkk'tivv laj'f] **rörlighet** mobility [måobill'itti] **rörmokare** plumber [plamm'ə] **rörsocker** cane sugar [kej'n sjogg'ə] **rörtång** pipe wrench [paj'p rentts]; **röst** (*stamma*) voice [våjs]; (*vid rostning*) vote [våot]; *med hog* (*låg*) *röst* in a loud (low) voice [inn ə lao'd (låo') våj's] **rösta** vote [våot] (*för, då*) for [få:]); *rosta ja* (*nej*) vote for (against) [våo't få: (əgenn'st)] **röstberättigad** entitled to vote [inntaj'tld tə våo't] **röstlängd** electoral register [ilekk'tərəl redd'sjisstə] **röstning** voting [våo'ting] **rösträtt** right to vote [raj't tə våo't]; *allmän rostratt* universal suffrage [jo:nivə:'səl saff'riddsj] **röstsedel** voting-paper [våo'tingpejpə] **röta** rot [rått] **rötmånaden** the dog days [ðə dågg' dej'z] **rötsvamp** mould fungus [måo'ld fang'gəs] **rötägg** bad egg [bädd' egg'] **röva** rob [råbb] **rövare** robber [råbb'ə] **rövarhistoria** cock-and-bull story [kåkk'ənboll' stå:'ri] **sabbat** Sabbath [säbb'əθ] **sabel** sabre [sej'bə] **sabotage, sabotera** sabotage [säbb'əta:sj] **sacka efter** lag behind [lägg' bihaj'nd] **sadel, sadla** saddle [sädd'l] **saffran** saffron [säff'rən] **saft** juice [dsjo:s]; (*sockrad*) syrup [sirr'əp] **saftig** juicy [dsjo:'si] **saga** fairy-tale [fä:'əritejl] **sagesman** informant [innfå:'mənt] **sagolik** fabulous [fäbb'joləs] **Sahara** the Sahara [ðə səha:'rə] **sak** thing [θing]; *saken är den att* the fact is that [ðə fakk't izz ðätt]; *det är en annan sak* that is quite a different matter [ðätt' izz kwaj't ə diff'rənt mätt'ə]; *till saken!* to the point! [to: ðə påj'nt] **sakfel** factual error [fäkk'tjoəl err'ə] **sakfråga** point at issue [påj'nt ətt iss'jo:] **sakkunnig** competent [kåmm'pitənt]; *en sakkunnig* an expert [ənn ekk'spə:t] **sakkunskap** expert knowledge [ekk'spə:t nåll'iddsj] **saklig** pertinent [pə:'tinənt] **saklighet** pertinence

sakna — sammanhängande

[pə:ˈtinəns] **sakna** (*inte äga*) lack [lakk]; (*kanna saknad*) miss [miss] **saknad** (*brist*) lack [lakk]; (*sorg*) regret [rigrett'] **saknas** (*fattas*) be lacking [bi: lakkˈing]; (*vara borta*) be missing [bi: missˈing] **sakristia** sacristy [säkkˈrissti] **sakskäl** practical reason [präkkˈtikəl ri:ˈzn] **sakta** slowly [slåoˈli]; *sakta men säkert* slow but sure [slåoˈ batt sjoːˈə] **sal** hall [håːl]; (*på sjukhus*) ward [wåːd] **saldo** balance [ballˈəns] **salig** blessed [blesst] **saliv** saliva [səlajˈvə] **sallad** (*salladshuvud*) lettuce [lettˈiss]; (*maträtt*) salad [sallˈəd] **salong** (*i hem*) drawing-room [dråːˈingromm], (*teater-*) auditorium [åːditåːˈriəm] **salpeter** saltpetre [såːltpiːtə] **salpetersyra** nitric acid [najˈtrikk ässˈidd] **salt, salta** salt [såːlt] **saltkar** salt-cellar [såːltsellə] **saltsyra** hydrochloric acid [hajˈdrəklårrˈikk ässˈidd] **saltvatten** salt water [såːlt wåːtə] **salu** *till salu* for sale [fə sejˈl] **salut, salutera** salute [səloˈːt] **salva** ointment [åjˈntmənt] **samarbeta** co-operate [kåoåppˈərejt] **samarbete** co-operation [kåoåppərejˈsjən] **samarbetsvillig** co-operative [kåoåppˈərətivv] **samband** connection [kənekkˈsjən] **sambeskattning** joint taxation [dsjåjˈnt täkksejˈsjən] **same** Laplander [läppˈländə] **samfund** society [səsajˈəti] **samfärdsel** communication(s) [kəmjoːnikejˈsjən(z)] **samförstånd** understanding [anndəstännˈding] **samhälle** society [səsajˈəti]; (*tätort*) municipality [mjoːnissipallˈiti] **samhällsförhållanden** social conditions [såoˈsjəl kəndisjˈənz] **samhällsklass** class (of society) [klaːs (əvv səsajˈəti)] **samhällskritik** social criticism [såoˈsjəl krittˈisizzəm] **samhällsliv** life in society [lajˈf inn səsajˈəti] **samhällsplanering** national planning [nasjˈənl plännˈing] **samhällsskick** social order [såoˈsjəl åːˈdə] **samhörighet** solidarity [sållidärrˈitti] **samklang** harmony [haːˈməni] **samla** collect [kəlekkˈt]; gather [gädˈə]; *samla frimärken* collect stamps [kəlekkˈt stämmˈps]; *samla på hög* accumulate [əkjoːˈmjolejt] **samlag** (sexual) intercourse [(sekkˈsjoəl) innˈtəkåːs] **samlare** collector [kəlekkˈtə] **samlas** gather (together) [gädˈə (təgedˈə)] **samlevnad** coexistence [kåoiggzissˈtəns] **samling** collection [kəlekkˈsjən] **samlingslokal** assembly-hall [əsemmˈblihåːl] **samlingsregering** coalition government [kåoəlisjˈən gavvˈnmənt] **samma** (the) same [(ðə) sejˈm (*som* as [azz]); *på samma gång* at the same time [ätt ðə sejˈm tajˈm] **samman** together [təgedˈə] **sammanbinda** join [dsjåjn], connect [kənekkˈt] **sammanbiten** dogged [dåggˈidd] **sammanblandning** confusion [kənfjoːˈsjən] **sammanbrott** collapse [kəläppˈs] **sammandrag** summary [sammˈəri] **sammanfalla** coincide [kåoinnsajˈd] (*med* with [wiðˈ]) **sammanfatta** sum up [sammˈ appˈ] **sammanfattning** summary [sammˈəri] **sammanfoga** join (together) [dsjåjˈn (təgedˈə)] **sammanföra** bring ... together [bringˈ təgedˈə] **sammanhang** connection [kənekkˈsjən]; (*i text*) context [kånnˈtekkst] **sammanhållning** unity [joːˈnitti] **sammanhänga med** be connected with [bi: kənekkˈtidd wiðˈ] **sammanhängande** (*utan avbrott*) continuous

sammankalla — sanslös

[kəntinn'joəs] **sammankalla** call ... together [kå:'l təgeð'ə] **sammankomst** gathering [gəð'əring] **sammanlagd** total [tåo'tl] **sammansatt** composite [kåmm'pəzitt] **sammanslagning** unification [jo:nifikej'sjən]; (*fusion*) merger [mə:'dsjə] **sammansluta** join [dsjåjn] **sammanslutning** association [əsåosiej'sjən] **sammansmälta** fuse [fjo:z] **sammanställa** put ... together [pott' təgeð'ə] **sammanställning** (*förteckning*) specification [spessifikej'sjən] **sammanstötning** collision [kəlisj'ən] **sammansvärjning** conspiracy [kənspirr'əsi] **sammansättning** composition [kåmmpəzisj'ən] **sammanträda** meet [mi:t] **sammanträde** meeting [mi:'ting] **sammanträffa** meet [mi:t] **sammanträffande** meeting [mi:'ting]; *ett egendomligt sammanträffande* a curious coincidence [ə kjo:'əriəs kåoinn'sidəns] **sammelsurium** conglomeration [kənglåmərej'sjən] **sammet** velvet [vell'vitt] **samordna** co-ordinate [kåoå:'dinejt] **samordning** co-ordination [kåoå:dinej'sjən] **samråd** consultation [kånnsəltej'sjən] **samröre** collaboration [kəläbbərej'sjən] **sams** *vara sams* be friends [bi: frenn'dz]; *bli sams* be reconciled [bi: rekk'ənsajld] **samsas** get on well together [gett ånn' well' təgeð'ə] **samspel** teamwork [ti:'mwə:k]; (*bildl.*) interplay [inn'təplej] **samspråk** conversation [kånnvəsej'sjən] **samt** and (also) [ännd (å:'lsåo)] **samtal** conversation [kånnvəsej'sjən] **samtala** talk [tå:k] **samtalsämne** topic of conversation [tåpp'ikk əvv kånnvəsej'sjən] **samtida** contemporary [kəntemm'pərəri] **samtiden** our age [ao'ə ej'dsj] **samtidigt** at the same time [ätt ðə sej'm taj'm] **samtliga** all [å:l] **samtycka** agree [əgri:'] **samtycke** consent [kənsenn't] **samvaro** being together [bi:'ing təgeð'ə] **samverka** co-operate [kåoåpp'ərejt] **samverkan** co-operation [kåoåppərej'sjən] **samvete** conscience [kåo'nsjəns]; *dåligt (gott) samvete* a bad (clear) conscience [ə bädd' (kli:'ə) kånn'sjəns] **samvetsbetänkligheter** scruples [skro:'plz] **samvetsgrann** conscientious [kånnsjienn'sjəs] **samvetskval** pangs of conscience [pång'z əvv kånn'sjəns] **samvetslös** unscrupulous [annskro:'pjoləs] **samvälde** commonwealth [kåmm'ənwellθ] **sanatorium** sanatorium [sännətå:'riəm] **sand, sanda** sand [sännd] **sandal** sandal [sänn'dl] **sandlåda** sand-pit [sänn'dpitt] **sandpapper** sandpaper [sänn'dpejpə] **sandsten** sandstone [sänn'dståon] **sandstrand** sandy beach [sänn'di bi:tsj] **sanera** clear [kli:'ə]; (*företag*) reorganize [ri:å:'gənajz] **sang** no trumps [nåo' tramm'ps] **sanitetsbinda** sanitary towel [sänn'itəri tao'əl] **sank** swampy [swåmm'pi] **sanktbernhardshund** St. Bernard [sntbə:'nəd] **sanktion, sanktionera** sanction [sängk'sjən] **sann** true [tro:]; *sanna mina ord!* mark my words! [ma:k maj wə:'dz] **sannerligen** indeed [inndi:d'] **sanning** truth [tro:θ] **sanningsenlig** truthful [tro:'θfəl] **sannolik** probable [pråbb'əbl] **sannolikhet** probability [pråbbəbill'itti] **sannolikhetslära** theory of probabilities [θi:'əri əvv pråbbəbill'itizz] **sansad** sober [såo'bə] **sanslös** senseless [senn'sliss]

Sardinien — segsliten

Sardinien Sardinia [sɑːdinnˈjə] **sarg** border [båːˈdə]; *(på farkost)* coaming [kåoˈming] **sarkastisk** sarcastic [sɑːkässˈtikk] **satan** Satan [sejˈtən] **sate** devil [devvˈl]; *stackars sate* poor devil [poːˈə devvˈl] **satellit** satellite [sättˈəlajt] **satir** satire [sättˈajə] **satirisk** satiric [sətirrˈikk] **sats 1** *(matematisk)* theorem [θiːˈərəm]; *(mening)* clause [klåːz]; *(i musik)* movement [moːˈvmənt] **2** *(dos)* dose [dåos]; *(uppsättning)* set [sett] **3** *ta sats* take a run [tejˈk ə rannˈ] **satsa** *(i spel)* stake [stejk]; *(investera)* invest [innvessˈt] **satsning** *(i spel)* staking [stejˈking]; *(inriktning)* concentration [kånnsəntrejˈsjən] **satäng** satin [sättˈinn] **Saudi-Arabien** Saudi Arabia [saoːˈdiː ərejˈbjə] **sav** sap [säpp] **savann** savanna [səvännˈə] **sax** *en sax* a pair of scissors [ə päːˈə avv sizzˈəz] **saxofon** saxophone [säkkˈsəfåon] **scen** scene [siːn] **schablon** pattern [pattˈən] *(bildl.)* cliché [kliːˈsjej] **schablonmässig** stereotyped [stiːˈəriətajpt] **schack** chess [tjess]; *schack!* check! [tsjekk] **schackbräde** chessboard [tsjessˈbɑːd] **schackdrag** move [moːv] **schackpjäs** chessman [tsjessˈmänn] **schackra** haggle [häggˈl] **schakal** se sjakal **schakt** shaft [sjɑːft] **schakta bort** cut away [kattˈ əwej] **schamponera, schamponering, schamponeringsmedel** shampoo [sjämmpoːˈ] **scharlakansfeber** scarlet fever [skɑːˈlitt fiːˈvə] **schattering** shading [sjejˈding] **schellack** shellac [sjəlakkˈ] **schema** timetable [tajˈmtejbl]; *(plan)* schedule [sjeddˈjoːl] **schimpans** chimpanzee [tsjimmpənziːˈ] **schizofreni** schizophrenia [skittsåofriːˈnjə] **schlager** hit song [hittˈ sång] **Schweiz** Switzerland [swittˈsələnd] **schweizare** Swiss [swiss] **schweizerfranc** Swiss franc [swissˈ frängk] **schweizisk** Swiss [swiss] **schweiziska** Swiss woman [swissˈ wommˈən] **schäferhund** Alsatian [ällsejˈsjən] **se** see [siː]; *se på* look at [lokkˈ ätt]; *se efter (ta reda på)* look (and) see [(lokkˈ ənn) siːˈ], *(passa)* look after [lokkˈ ɑːˈftə]; *se igenom* look through [lokkˈ θroːˈ]; *se till att* see (to it) that [siːˈ (toː itt) ðättˈ]; *se upp för* look out for [lokkˈ aoˈt fåːˈ]; *se dig för!* be careful! [biː käːˈəfoll] **seans** seance [sejˈɑːns] **sebra** zebra [ziːˈbrə] **sed** custom [kassˈtəm]; *seder (moral)* morals [mårrˈəlz] **sedan** *(därpå)* then [ðenn]; *(efter det att)* after [ɑːˈftə]; *för tio år sedan* ten years ago [tennˈ jəːˈz əgåoˈ]; *sedan dess* since then [sinnˈs ðennˈ] **sedel** bank-note [bängˈknåot], *Am.* bill [bill] **sedlighetssårande** indecent [inndiːˈsnt] **sedvänja** custom [kassˈtəm] **seende** *(mots. blind)* sighted [sajˈtidd] **seg** tough [taff] **segel** sail [sejl] **segelbåt** sailing-boat [sejˈlingbåot] **segelduk** sailcloth [sejˈlklåθ] **segelflygning** gliding [glajˈding] **segelflygplan** sailplane [sejˈlplejn] **seger** victory [vikkˈtəri] *(över* over [åoˈvə]) **segla** sail [sejl] **seglare** sailor [sejˈlə] **segling** sailing [sejˈling] **seglivad** tough [taff]; *en seglivad fördom* a deep-rooted prejudice [ə diːˈproːˈtidd preddˈsjodiss] **segna (ner)** sink down [singˈk daoˈn] **segra** win [winn] **segrare** victor [vikkˈtə]; *(i tävling)* winner [winnˈə] **segsliten** *en segsliten tvist* a lengthy dispute [ə lengˈθi disspjoːˈt]

sekel century [senn'tsjorri] **sekelskifte** *vid sekelskiftet* at the turn of the century [ätt ðə tə:'n avv ðə senn'tsjorri] **sekretariat** secretariat [sekkrətä:'əriət] **sekreterare** secretary [sekk'rətri] **sekretär** writing-desk [raj'tingdessk] **sekt** sect [sekkt] **sektion** section [sekk'sjən] **sektor** sector [sekk'tə] **sekund** second [sekk'ənd] **sekunda** second-rate [sekk'əndrej't] **sekundvisare** second-hand [sekk'əndhännd] **sekundär** secondary [sekk'əndəri] **sele** harness [ha:'niss] **selleri** celery [sell'əri] **semester** holiday(s *pl*) [hååll'ədi(zz)]; *Am.* vacation [vəkej'sjən]; *ha semester* be on holiday [bi: ånn hååll'ədi] **semesterersättning** holiday compensation [hååll'ədi kåmmpensej'sjən] **semesterresa** holiday-trip [hååll'əditripp] **semifinal** semi-final [semm'ifaj'nl] **seminarium** training college [trej'ning kååll'iddsj]; (*univ.*) seminar [semm'ina:] **semitisk** Semitic [simitt'ikk]
sen 1 *se nedan* **2** late [lejt] **sena** sinew [sinn'jo:] **senap** mustard [mass'təd] **senare** later [lej'tə] **senast** latest [lej'tisst]; *på senaste tid(en)* lately [lej'tli]; *jag såg honom senast i går* I saw him only yesterday [aj så:' himm åo'nli jess'tədi]; *tack för senast!* I enjoyed my stay (the evening I spent) with you very much! [aj inndsjåj'd maj stej' (ði i:'vning aj spennt) wið jo:' verr'i matt'sj]; *senast på lördag* by Saturday at the latest [baj sätt'ədi ätt ðə lej'tisst] **senat** senate [senn'itt] **senator** senator [senn'ətə] **senil** senile [si:'najl] **sensation** sensation [sennsej'sjən] **sensibel** sensitive [senn'sitivv] **sensommar** late summer [lej't samm'ə] **sent** late [lejt]; *komma för sent* be late [bi: lej't] **sentimental** sentimental [senntimenn'tl] **separat** separate [sepp'ritt] **separera** separate [sepp'ərejt] **september** September [səptemm'bə] **serbokroatisk** Serbo-Croatian [sə:'båokråoej'sjən] **serenad** serenade [serrinej'd] **sergeant** sergeant [sa:'dsjənt] **serie** series [si:'əri:z]; (*tecknad*) comic strip [kåmm'ikk stripp'] **seriemagasin** comic (paper) [kåmm'ikk (pej'pə)] **seriös** serious [si:'əriəs]; *seriös musik* classical music [klass'ikəl mjo:'zikk] **servera** serve [sə:v] **servering** service [sə:'viss]; (*matställe*) eating-house [i:'tinghaos] **servett** napkin [näpp'kinn] **service** service [sə:'viss] **servis** (*mat-*) service [sə:'viss] **servitris** waitress [wej'triss] **servitut** easement [i:'zmənt] **servitör** waiter [wej'tə] **ses** meet [mi:t]; *vi ses!* I'll be seeing you! [aj'l bi: si:'ing jo:] **sevärdhet** sight [sajt] **sex 1** (*siffra*) six [sikks] **2** sex [sekks] **sextio** sixty [sikk'sti] **sexton** sixteen [sikk'sti:'n] **sexualdrift** sexual instinct [sekk'sjoəl inn'stingkt] **sexualliv** sex(ual) life [sekk's(joəl) lajf] **sexualundervisning** sex instruction [sekk's innstrakk'sjən] **sexuell** sexual [sekk'sjoəl] **sfinx** sphinx [sfingks] **sfär** sphere [sfi:'ə] **sherry** sherry [sjerr'i] **shoppingväska** shopping-bag [sjåpp'ingbägg] **si och så** only so-so [åo'nli såo'såo'] **Sibirien** Siberia [sajbi:'əriə] **siciliansk** Sicilian [sisill'jən] **Sicilien** Sicily [siss'illi] **sickling** (*skrapa*) scraper [skrej'pə] **sicksack** zigzag [zigg'zägg] **sida** side [sajd]; (*bok-*) page

siden — sjuklig

[pejdsj]; *å ena (andra) sidan* on one (the other) hand [ånn wann' (ði að'ə) hänn'd]; *är inte hans starka sida* is not his strong point [izz nått' hizz strång' påj'nt] **siden** silk [sillk] **sidfläsk** bacon [bej'kən] **sidvagn** *(på motorcykel)* side-car [saj'dka:] **siffra** figure [figg'ə] **sifon** siphon [saj'fən] **sig** oneself [wannsell'f]; himself [himmsell'f], herself [hə:sell'f], itself [ittsell'f], themselves [ðəmsell'vz] **sigill** seal [si:l] **signal** signal [sigg'nl] **signalement** description [disskripp'sjən] **signalera** signal [sigg'nl] **signatur** signature [sigg'nittsjə] **signera** sign [sajn] **sik** whitefish [waj'tfisj] **sikt** visibility [vizzibill'itti]; *på sikt* in the long run [inn ðə lång' rann'] **sikta 1** *(sålla)* sift [sifft] **2** *(med vapen)* take aim [tejk ej'm]; *(sjö.)* sight [sajt] **sikte** sight [sajt] **sil** strainer [strej'nə] **sila** strain [strejn] **silhuett** silhouette [silloett'] **silke** silk [sillk] **silkesmask** silkworm [sill'kwə:m] **silkespapper** tissue-paper [tiss'jo:pejpə] **sill** herring [herr'ing] **silo** silo [saj'låo] **silver** silver [sill'və] **silverbröllop** silver wedding [sill'və wedd'ing] **simbassäng** swimming-pool [swimm'ingpo:l] **simhall** indoor swimming-bath [inn'då: swimm'ingba:θ] **simma** swim [swimm] **simmare** swimmer [swimm'ə] **simpel** common [kåmm'ən] **simulera** simulate [simm'jolejt] **sin** *(förenat)* one's [wannz]; his [hizz], her [hə:], its [itts], their [ðä:'ə]; *(självst.)* his [hizz], hers [hə:z], its [itts], theirs [ðä:'əz] **sina** go dry [gåo' draj'] **singel** *(sport.)* single [sing'gl] **singla** *(dala)* float [flåot]; *singla slant om* toss for [tåss' få:'] **singularis** singular [sing'gjollə] **sinka** *(fördröja)* delay [dilej'] **sinnad** minded [maj'nddd] **sinne** sense [senns]; *(-lag)* mind [majnd]; *ha sinne för humor* have a sense of humour [hävv ə senn's əvv hjo:'mə]; *ha sinne för språk* have a talent for languages [hävv ə täll'ənt få: läng'gwiddsjizz] **sinnesnärvaro** presence of mind [prezz'ns əvv maj'nd] **sinnesrörelse** emotion [imåo'sjən] **sinnesjuk** mentally ill [menn'təli ill'] **sinnessjukdom** mental desease [menn'tl dizi:'z] **sinnlig** sensual [senn'sjoəl] **sinom** *i sinom tid* in due course [inn djo:' kå:'s] **sinsemellan** between themselves [bitwi:'n ðəmsell'vz] **sinus** *(mat.)* sine [sajn] **sippra** trickle [trikk'l]; *sippra ut (bildl.)* transpire [trännspaj'ə] **sirap** treacle [tri:'kl] **sist** last [la:st]; *till sist* at last [ätt la:'st]; *näst sist* the last but one [ðə la:'st batt wann']; *den sista juni* (on) the last of June [(ånn) ðə la:'st əvv dsjo:'n]; *på sista tiden* lately [lej'tli] **sits** seat [si:t] **sitta** sit [sitt]; *kjolen sitter bra* the skirt is a good fit [ðə skə:'t izz ə godd' fitt'] **sittplats** seat [si:t] **situation** situation [sittjoej'sjən] **sjabbig** shabby [sjäbb'i] **sjakal** jackal [dsjäkk'å:l] **sjal** shawl [sjå:l] **sjaskig** slovenly [slavv'nli] **sju** seven [sevv'n] **sjuk** ill [ill]; *den sjuke* the sick person [ðə sikk' pə:'sn]; *bli sjuk* be taken ill [bi: tej'kn ill'] **sjukdom** disease [dizi:'z] **sjukförsäkring** health insurance [hell'θ innsjo:'ərəns] **sjukgymnast** physiotherapist [fizz'iåoθerr'əpist] **sjukgymnastik** physiotherapy [fizz'iåoθerr'əpi] **sjukhus** hospital [håss'pittl] **sjuklig** weak in

sjukskriva — sjösäker

health [wi:'k inn hell'θ] **sjukskriva** *sjukskriva sig* report sick [ripå:'t sikk'Ί; *sjukskriven* sick-listed [sikk'Ιisstidd] **sjuksköterska** nurse [nə:s] **sjukvård** medical care [medd'ikəl kä:'ə] **sjunde** seventh [sevv'nθ] **sjunga** sing [sing] **sjunka** sink [singk] **sjunkbomb** depth charge [depp'θ tsja:dsj] **sjuttio** seventy [sevv'nti] **sjutton** seventeen [sevv'nti:'n] **sjuttonhundratalet** the eighteenth century [ði ej'ti:'nθ senn'tsjorri] **sjöare** docker [dåkk'ə] **själ** soul [såol] **själavandring** transmigration [trännz-majgrej'sjən] **Själland** Zealand [zi:'lənd] **själsfrände** kindred spirit [kinn'dridd spirr'itt] **själslig** mental [menn'tl] **själv** myself [majsell'f], yourself [jå:sell'f], himself [himmsell'f], herself [hə:sell'f], itself [ittsell'f], oneself [wannsell'f]; ourselves [aoəsell'vz], yourselves [jå:sell'vz], themselves [ðəmsell'vz] **självbedrägeri** self-deception [sell'fdisepp'sjən] **självbehärskning** self-control [sell'fkəntrå:'l] **självbelåten** self-satisfied [sell'fsätt'isfajd] **självbetjäning** self-service [sell'fsə:'viss] **självbevarelsedrift** instinct of self-preservation [inn'stingkt əvv sell'fprezzəvej'sjən] **självbindare** (reaper-)binder [(ri:'pə)bajnd'ə] **självbiografi** autobiography [å:tåobajägg'rəfi] **självfallet** evidently [evv'idəntli] **självförebråelse** self-reproach [sell'fripråo'tsj] **självförsvar** self-defence [sell'fdifenn's] **självförsörjande** self-supporting [sell'fsəpå:'ting] **självförtroende** self-confidence [sell'fkånn'fidəns] **självhushåll** *ha självhushåll* do one's own housekeeping [do: wannz åo'n hao'ski:ping] **självhäftande** (self-)adhesive [(sell'f)əddhi:'sivv] **självisk** selfish [sell'fisj] **självklar** obvious [åbb'viəs]; *det är självklart* it is a matter of course [itt izz ə mätt'ə əvv kå:'s] **självkostnadspris** cost price [kåss't prajs] **självkritik** self-criticism [sell'fkritt'isizzəm] **självkännedom** self-knowledge [sell'fnåll'iddsj] **självlysande** luminous [lo:'minəs] **självmant** of one's own accord [əvv wannz åo'n əkå:'d] **självmedveten** self-assured [sell'fasjo:'əd] **självmord** suicide [s-jo:'i-sajd] **självporträtt** self-portrait [sell'fpå:'tritt] **självrisk** excess [ikksess'] **självservering** self-service [sell'fsə:'viss] **självständig** independent [inndipenn'dənt] **självständighet** independence [inndipenn'dəns] **självsvåldig** self-willed [sell'fwill'd] **självsäker** self-confident [sell'fkånn'fidənt] **självuppoffrande** self-sacrificing [sell'fsäkk'rifajsing] **självupptagen** self-centred [sell'fsenn'təd] **självvändamål** end in itself [enn'd inn ittsell'f] **självövervinnelse** self-mastery [sell'fma:'stəri] **sjätte** sixth [sikksθ] **sjö** (*in-*) lake [lejk]; (*hav*) sea [si:]; *till sjöss* at sea [ətt si:']; *tåla sjön* be a good sailor [bi: ə godd' sej'lə] **sjöfart** shipping [sjipp'ing] **sjöfågel** sea-bird [si:'bə:d] **sjögräs** seaweed [si:'wi:d] **sjöhäst** sea horse [si:' hå:s] **sjöjungfru** mermaid [mə:'mejd] **sjökapten** (sea-)captain [(si:')käpp'tinn] **sjökort** chart [tsja:t] **sjöman** sailor [sej'lə] **sjömil** nautical mile [nå:'tikəl majl] **sjönöd** distress [disstress'] **sjörövare** pirate [paj'əritt] **sjösjuk** seasick [si:'sikk] **sjöstjärna** starfish [sta:'fisj] **sjösäker**

sjötunga — skeppsredare

seaworthy [si:'wə:ði] **sjötunga** sole [såol] **ska** *se skola 1* **skabb** (the) itch [(ði) itt'sj] **skada** (*subst.*) injury [inn'dsjəri]; *det är skada att* it is a pity that [itt izz ə pitt'i ðatt']; *ta skadan igen* make up for it [mejk app' få: itt]; (*verb*) (*person*) hurt [hə:t]; (*sak*) damage [dämm'iddsj]; *skada sig* get hurt [gett hə:'t] **skadeglad** spiteful [spajt'fɷll] **skadestånd** damages [dämm'iddsjizz] **skadlig** injurious [inndsjo:'əriəs] **skaffa** procure [prəkjo:'ə] **skaft** handle [hänn'dl]; (*på stövel etc.*) leg [legg]; (*på växt*) stalk [stå:k] **skaka** shake [sjejk] **skakel** shaft [sja:ft] **skal** shell [sjell]; (*apelsin-, äppel- etc.*) peel [pi:l] **skala 1** (*verb*) peel [pi:l]; *skala av* peel off [pi:'l å:'f] **2** *subst.* scale [skejl]; *i stor* (*liten*) *skala* on a large (small) scale [ånn ə la:dsj (små:'l) skej'l] **skalbagge** beetle [bi:'tl] **skald** poet [påo'itt] **skaldjur** shellfish [sjell'fisj] **skall 1** (*verb*) *se skola 1* **2** (*subst.*) (*hund-*) bark [ba:k] **skalla** (*genljuda*) clang [kläng] **skalle** skull [skall] **skallerorm** rattlesnake [rätt'lsnejk] **skallig** bald [bå:ld] **skallra** (*subst. o. verb*) rattle [rätt'l] **skalp** scalp [skällp] **skalv** quake [kwejk] **skam** shame [sjejm] **skamlig** shameful [sjej'mfɷll] **skamsen** ashamed [əsjej'md] (*over of* (*åvv*)) **skandal** scandal [skänn'dl] **skandalös** scandalous [skänn'dələs] **skandinav** Scandinavian [skänndinej'vjən] **Skandinavien** Scandinavia [skänndinej'vjə] **skandinavisk** Scandinavian [skänndinej'vjən] **skans** (*sjö.*) forecastle [fåo'ksl] **skapa** create [kri:ej't]; (*alstra*) produce [prədjoʊ:'s] **skapande** creative [kri:ej'tivv] **skapare** creator [kri:ej'tə] **skapelse** creation [kri:ej'sjən] **skaplig** not too bad [nått' to: bädd'] **skara** crowd [kraod] **skare** crust [krasst] **skarp** sharp [sja:p] **skarpsill** sprat [sprätt] **skarpsinnig** keen [ki:n] **skarv** joint [dsjåjnt] **skarva** join [dsjåjn] **skarvsladd** extension flex [ikksten:sjən flekk's] **skata** magpie [mägg'paj] **skatt** (*klenod*) treasure [tresj'ə]; (*t. staten*) tax [täkks] **skatta** (*betala skatt*) pay taxes [pej' täkk'sizz]; (*upp-*) estimate [ess'timejt] **skattebetalare** taxpayer [täkk'spejə] **skattefri** tax-free [täkk'sfri:'] **skattefusk** tax evasion [täkk's ivej'sjən] **skattkammare** treasury [tresj'əri] **skattsedel** income-tax demand note [inn'kəmtäkks dima:'nd nåo't] **skava** chafe [tsjejf] **skavank** flaw [flå:] **skavsår** sore [så:] **ske** happen [happ'ən] **sked** spoon [spo:n] **skede** phase [fejz] **skeende** course of events [kå:'s əvv ivenn'ts] **skela** squint [skwinnt] **skelett** skeleton [skell'ittn] **sken** (*ljus*) light [lajt]; (*falskt*) appearance [əpi:'ərəns]; *skenet bedrar* appearances are deceptive [əpi:'ərənsizz a: disepp'tivv] **skena 1** (*verb*) (*om hast*) bolt [båolt] **2** (*subst.*) bar [ba:]; (*järnvägs-*) rail [rejl] **skenbar** apparent [əpärr'ənt] **skenben** shin(-bone) [sjinn(båon)] **skendöd** apparently dead [əpärr'əntli dedd'] **skenhelig** hypocritical [hippəkritt'ikəl] **skenmanöver** diversion [dajvə:'sjən] **skepnad** figure [figg'ə] **skepp** ship [sjipp] **skeppsbrott** shipwreck [sjipp'rekk] **skeppsmäklare** shipbroker [sjipp'bråokə] **skeppsredare** shipowner [sjipp'åonə]

skeppsvarv — skola

skeppsvarv shipyard [sjipp'ja:d] **skepsis** scepticism [skepp'tisizm] **skeptiker** sceptic [skepp'tikk] **skeptisk** sceptic [skepp'tikk] **sketch** sketch [skett'sj] **skev** warped [wå:pt] **skick** (*tillstånd*) condition [kəndisj'ən]; *i befintligt skick* in condition as presented [inn kəndisj'ən äzz prizenn'tidd]; *i fardigt skick* in a finished state [inn ə finn'isjt stej't] **skicka** send [sennd] **skicklig** skilful [skill'foll] **skicklighet** skill [skill] **skida** ski [ski:]; *åka skidor* ski [ski:] **skidbyxor** ski(ing) trousers [ski:'(ing) traoʹzəz] **skidföre** bra skidfore good skiing surface [godd' ski:'ing sə:'fiss] **skidstav** ski stick [ski:' stikk] **skidåkare** skier [ski:'ə] **skiffer** slate [slejt] **skift** shift [sjifft] **skifta** divide [divaj'd]; *skifta i grönt* be shot (tinged) with green [bi: sjått' (tinn'dsjd) wið gri:'n] **skiftarbete** shift work [sjiff't wə:k] **skiftning** change [tsjejndsj]; (*nyans*) tinge [tinndsj] **skiftnyckel** (adjustable) spanner [(ədsjass'təbl) spänn'ə] **skikt** layer [lej'ə]; (*tunt*) film [fillm] **skild** separate [sepp'ritt]; *gå skilda vägar* go separate ways [gåo sepp'ritt wej'z] **skildra** describe [disskraj'b] **skildring** description [disskripp'sjən] **skilja** separate [sepp'ərejt]; *skilja mellan* distinguish between [dissting'gwisj bitwi:n]; *jag kan inte skilja dem från varandra* I cannot tell them apart [aj känn'ätt tell' ðemm əpa:'t]; *skilja sig* divorce [divå:'s] **skiljas** part [pa:t]; (*om äkta makar*) divorce [divå:'s] **skiljedom** arbitration [a:bitrej'sjən] **skiljetecken** punctuation mark [pangktjoej'sjən ma:k] **skiljingtryck** chapbook [tsjäpp'bokk] **skillnad** difference [diff'rəns] **skilsmässa** divorce [divå:'s] **skimmer, skimra** shimmer [sjimm'ə] **skina** shine [sjajn] **skingra** disperse [disspə:'s] **skingra tankarna** divert one's mind [dajvə:'t wannz maj'nd] **skinka** ham [hämm]; (*kroppsdel*) buttock [batt'ək] **skinn** skin [skinn]; (*päls*) fur [fə:]; (*läder*) leather [leð'ə] **skinnjacka** leather-jacket [leð'ədsjäkkitt] **skipa rättvisa** do justice [do: dsjass'tiss] **skiss, skissera** sketch [skettsj] **skiva** plate [plejt]; (*rund*) disc [dissk]; (*grammofon*) record [rekk'å:d] **skivbroms** disc brake [diss'k brejk] **skivspelare** record player [rekk'å:d plej'ə] **skivstång** disc bar [diss'k ba:] **skjorta** shirt [sjə:t] **skjul** shed [sjedd] **skjuta** shoot [sjo:t]; (*förflytta*) push [posj] **skjutsa** drive [drajv] **sko** shoe [sjo:] **skoblock** shoe-tree [sjo:'tri:] **skoborste** shoe-brush [sjo:'brəsj] **skock** crowd [kraod] **skog** wood [wodd]; (*större*) forest [fårr'isst] **skogbevuxen** wooded [wodd'idd] **skogsarbetare** wood(s)man [wodd'(z)mən] **skogsbrand** forest fire [fårr'isst faj'ə] **skogsbruk** forestry [fårr'isstri] **skogsdunge** grove [gråov] **skogsväg** forest road [fårr'isst råo'd] **skogvaktare** forester [fårr'isstə] **skohorn** shoehorn [sjo:'hå:n] **skoj** joke [dsjåok]; *på skoj* for fun [få: fann'] **skoja** joke [dsjåok]; (*bedraga*) swindle [swinn'dl] **skojare** (*skämtare*) joker [dsjåok'ə]; (*bedragare*) swindler [swinn'dlə] **skokräm** shoe polish [sjo:' påll'isj] **skola 1** (*verb*) shall (I [aj], we [wi:]) shall [själl], (you [jo:], he [hi:], they [ðej]) will [will]; *skulle*

skolad — skrov 136

(I [aj], we [wi:]) should [sjodd], (you [jo:], he [hi:], they [ðej] would [wodd] **2** (*subst.*) school [sko:l] **skolad** trained [trejnd] **skolbarn** schoolchild [sko:´ltsjajld] **skolbok** school-book [sko:´l-bokk] **skolbänk** desk [dessk] **skolexempel** object lesson [åbb´-dsjikkt less´n] **skolflicka** schoolgirl [sko:´lga:l] **skolgång** schooling [sko:´ling] **skolgård** playground [plej´graond] **skolka** play truant [plej´ tro:´ənt] **skolkamrat** schoolfellow [sko:´lfellåo] **skolkök** (*ämne*) domestic science [dəmess´tikk saj´əns] **skollärare, skollärarinna** school-teacher [sko:´lti:tsjə] **skolning** schooling [sko:´ling] **skolpojke** schoolboy [sko:´lbåj] **skolungdom** school children [sko:´l tsjill´drən] **skolväsen** educational system [eddjokej´sjənl siss´timm] **skolväska** schoolbag [sko:´l-bägg] **skomakare** shoemaker [sjo:´mejkə] **skona** spare [spä:´ə] **skonare** schooner [sko:´nə] **skonsam** lenient [li:´njənt] **skonummer** size in shoes [saj´z inn sjo:´z] **skopa** scoop [sko:´p] **skoputsare** shoeblack [sjo:´bläkk] **skorpa** (*hårdnad yta*) crust [krasst]; (*bakverk*) rusk [rassk] **skorpion** scorpion [skå:´pjən] **skorsten** chimney [tsjimm´ni] **skoskav** chafed feet [tsjej´ft fi:t] **skosnöre** shoe-lace [sjo:´lejs] **skot, skota** sheet [sji:t] **skoter** scooter [sko:´tə] **skotsk** Scotch [skåttsj] **skotska** (*kvinna*) Scotchwoman [skått´sjwommən] **skott** shot [sjått] **skotta** shovel [sjavv´l] **skottavla** tаrget [ta:´gitt] **skottdag** leap-day [li:´pdej] **skotte** Scotchman [skått´sjmən] **skotthåll** range [rejndsj] **skottkärra** wheel-barrow [wi:´lbarråo] **Skottland** Scotland [skått´lənd] **skottpengar** bounty [bao´nti] **skottår** leap-year [li:´pjə:] **skovel** shovel [sjavv´l]; (*på vattenhjul etc.*) bucket [bakk´itt] **skramla** rattle [rätt´l] **skranglig** rickety [rikk´itti] **skrapa** (*subst.*) (*redskap*) scraper [skrej´pə]; (*skråma*) scratch [skrättsj]; (*tillrättavisning*) scolding [skåo´lding]; (*verb*) scrape [skrejp] **skratt** laughter [la:´ftə] **skratta** laugh [la:f] **skrattgrop** dimple [dimm´pl] **skrattsalva** burst of laughter [bə:´st əvv la:´ftə] **skrev** crutch [krattsj] **skreva** crevice [krevv´iss] **skri** scream [skri:m] **skriande** crying [kraj´ing] **skribent** writer [rajtə] **skrida** advance (slowly) [ədva:´ns (slåo´li)] **skridsko** skate [skejt]; *åka skridskor* skate [skejt] **skrift** writing [raj´ting]; (*tryckalster*) publication [pabblikej´sjən] **skriftlig** written [ritt´n] **skriftspråk** written language [ritt´n läng´gwiddsj] **skrik** cry [kraj] **skrika** cry out [kraj´ ao´t] **skrikhals** screamer [skri:´mə] **skrin** box [båkks] **skriva** write [rajt]; *skriva av* copy [kåpp´i]; *skriva in sig* (*på hotell*) register [redd´sjisstə]; *skriva under* sign [sajn]; *skriva upp* write down [rajt´ dao´n] **skrivbord** desk [dessk] **skrivelse** letter [lett´ə] **skrivmaskin** typewriter [taj´p-rajtə]; *skriva på skrivmaskin* type [tajp] **skrivmaskinspapper** typing paper [taj´ping pej´pə] **skrivning** writing [raj´ting]; (*skol-*) written examination [ritt´n iggzämminej´sjən] **skrivpapper** writing-paper [raj´tingpejpə] **skrot, skrota** scrap [skräpp] **skrothandlare** scrap merchant [skräpp´ mə:tsjənt] **skrov** (*fartyg*)

skrovlig — skyldig

hull [hall] **skrovlig** rough [raff] **skrubb** closet [klåzz'itt] **skrubba** scrub [skrabb] **skrupler** scruples [skro:'plz] **skruv, skruva** screw [skro:] **skruvmejsel** screw-driver [skro:'drajvə] **skruvstäd** vice [vajs] **skruvtvingskruvnyckel** spanner [spänn'ə] **skruvstäd** vice [vajs] **skruvtving** screw clamp [skro:' klämmp] **skrymmande** bulky [ball'ki] **skrynkelfri** creaseproof [kri:'spro:f] **skrynkla** (subst. o. verb) crease [kri:s] **skrynklig** creased [kri:st] **skryt** boast [båost] **skryta** boast [båost] (över of [åvv]) **skrå** guild [gilld] **skrål, skråla** bawl [bå:l] **skråma** scratch [skrättsj] **skräck** terror [terr'ə] (för of [åvv]) **skräckfilm** horror film [hårr'ə film] **skräckinjagande** horrifying [hårr'ifajing] **skräckslagen** panic-stricken [pänn'ikkstrikkən] **skräckvälde** terrorism [terr'ərizzəm] **skräcködla** dinosaur [daj'nəså:] **skräda** inte skräda orden not mince matters [nätt minn's mätt'əz] **skräddare** tailor [tej'lə] **skrädderi** tailor's shop [tej'ləz sjåpp] **skräll** crash [krasj] **skrämma** frighten [fraj'tn] **skrämsel** fright [frajt] **skrämskott** warning shot [wå:'ning sjått] **skräna** yell [jell] **skräp** rubbish [rabb'isj] **skräpig** untidy [anntaj'di] **skrävla** brag [brägg] **skröplig** frail [frejl] **skugga** (subst.) (mots. ljus) shade [sjejd]; (av ngt) shadow [sjädd'åo]; (verb) (följa) shadow [sjädd'åo], tail [tejl] **skuggig** shady [sjej'di] **skuld** debt [dett]; vems är skulden? whose fault is it? [ho:'z få:'lt izz itt] **skulderblad** shoulder-blade [sjåo'ldəblejd] **skuldkänsla** sense of guilt [senn's əvv gill't] **skuldmedveten** guilty [gill'ti] **skuldra** shoulder [sjåo'ldə] **skuldsedel** promissory note [pråmm'issəri nåot] **skull** for din skull for your sake [få: jå:' sej'k]; för säkerhets skull for safety('s sake) [få: sej'fti(zz sej'k)] **skulle** (ho-) hay-loft [hej'låfft] **skulptur** sculpture [skall'ptsjə] **skulptör** sculptor [skall'ptə] **skum 1** (adj.) dusky [dass'ki]; (ljusskygg) shady [sjej'di] **2** (subst.) foam [fåom] **skumgummi** foam rubber [fåo'm rabb'ə] **skumma** foam [fåom]; skumma grädden av mjölken skim the cream off the milk [skimm' ðə kri:'m å:'f ðə mill'k] **skummjölk** skim(med) milk [skimm'(d) mill'k] **skumplast** foam plastic [fåo'm plass'tikk] **skur** shower [sjao'ə] **skura** scour [skao'ə] **skurk** scoundrel [skao'ndrəl] **skurkaktig** villainous [vill'ənəs] **skurtrasa** scouring-cloth [skao'əring klåθ] **skuta** boat [båot] **skvaller** gossip [gåss'ipp] **skvallerbytta** tell-tale [tell'tejl] **skvallra** gossip [gåss'ipp]; skvallra på ngn report s.b. [ripå:'t samm'bədi] **skvalpa** (om vågor) lap [läpp] **skvätt** drop [dråpp] **sky 1** (subst.) (moln) cloud [klaod]; sky [skaj] **2** (subst.) (köttsaft) gravy [grej'vi] **3** (verb) shun [shann] **skydd** protection [prətekk'sjən] **skydda** protect [prətekk't] **skyddsanordning** safety device [sej'fti divaj's] **skyddshjälm** crash-helmet [krasj'hellmitt] **skyddsling** ward [wå:d] **skyddsrum** (air-raid) shelter [(ä:'arejd) sjell'tə] **skyffel, skyffla** shovel [sjavv'l] **skygg** shy [sjaj] **skygglappar** blinkers [bling'kəz] **skyhög** sky-high [skaj'haj'] **skyldig** (som bär skulden) guilty [gill'ti]; (pliktig) obliged

skyldighet — skönhetssalong

[əblaj'dsjd] *vara skyldig ngn ngt* owe s.b. s.th. [åo' samm'bədi samm'θing]; *vad är jag skyldig?* how much am I to pay? [hao' matt'sj amm aj tə pej'] **skyldighet** duty [djo:'ti] **skylla** *skylla ngt på ngn* blame s.b. for s.th. [blej'm samm'bədi få: samm'θing]; *du får skylla dig själv* you only have yourself to blame [jo: åo'nli havv jå:sell'f tə blej'm] **skylt** sign [sajn] **skylta** display [dissplej'] **skyltdocka** dummy [damm'i] **skyltfönster** shop-window [sjåpp'winndåo] **skymf** insult [inn'sallt] **skymma** *du skymmer mig* you are (standing) in my light [jo: a: (stänn'ding) inn maj lajt']; *det skymmer* it is getting dark [itt izz gett'ing da:'k] **skymning** twilight [twaj'lajt] **skymt** glimpse [glimmps] **skymta** (*se en skymt av*) catch a glimpse of [katt'sj ə glimm'ps əvv]; (*skonjas*) be dimly seen [bi: dimm'li si:'n]; *skymundan i skymundan* in the background [inn ðə bakk'graond] **skynda** hurry [harr'i]; *skynda på* hurry up [harr'i app']; *skynda på med* hurry on with [harr'i ånn' wið] **skynke** cloth [klåθ] **skyskrapa** skyscraper [skaj'-skrejpə] **skytt** shot [sjått] **skytte** shooting [sjo:'ting] **skåda** behold [bihåo'ld] **skådespel** spectacle [spekk'təkl] **skådespelare** actor [akk'tə] **skådespelerska** actress [akk'triss] **skål** (*karl*) bowl [båol]; *utbringa en skål för ngn* propose a toast to s.b. [prəpåo:'z ə tåo'st to: samm'bədi]; *skål!* cheers! [tsji:'əz] **skåla med** drink to [dring'k to:] **skållhet** scalding hot [skå:'lding hått] **skåp** cupboard [kabb'əd] **skåpbil** van [vann] **skåra** score [skå:'] **skägg** beard [bi:'əd] **skäggig** bearded [bi:'ədidd] **skäl** reason [ri:'zn] (*till för* [få:]) **skälig** reasonable [ri:'znəbl] **skälla** bark [ba:k]; *skalla på* scold [skåold]; *skalla ut* blow ... up [blåo' app'] **skälm** rogue [råog] **skälva** shake [sjejk] **skämd** (*om kött*) tainted [tej'ntidd]; (*om frukt*) rotten [rått'n]; (*om luft, ägg*) bad [bädd] **skämmas** be ashamed [bi: əsjej'md] **skämt, skämta** joke [dsjåok] **skämtare** joker [dsjåo'kə] **skämtartikel** party novelty [pa:'ti nåvv'əlti] **skämtsam** jocular [dsjåkk'jolə] **skämtteckning** cartoon [ka:to:'n] **skända** defile [difaj'l] **skänka** give [givv] **skär 1** (*ljusröd*) pink [pingk] **2** (*ö*) skerry [skerr'i] **skära** cut [katt]; (*kott*) carve [ka:v] **skärbräde** cutting-board [katt'ingbå:d] **skärbönor** French beans [frenn'tsj bi:'nz] **skärgård** archipelago [a:kipell'igåo] **skärm** screen [skri:n] **skärmytsling** skirmish [skə:'misj] **skärp** belt [bellt] **skärpa** (*subst.*) sharpness [sja:'pniss]; (*verb*) sharpen [sja:'pən]; *skärpa kontrollen* increase the control [innkri:'s ðə kəntråo'l] **skärseld** purgatory [pə:'gətəri] **skärskåda** scrutinize [skro:'tinajz] **skärtorsdag** Maundy Thursday [må:'ndi θə:'zdi] **sköka** harlot [ha:'lət] **sköld** shield [sji:ld] **sköldkörtel** thyroid gland [θaj'råjd glann'd] **sköldpadda** (*land-*) tortoise [tå:'təs]; (*vatten-*) turtle [tə:'tl] **skölja** rinse [rinns] **skön** beautiful [bjo:'təfoll]; (*angenam*) nice [najs]; (*behaglig*) comfortable [kamm'fətəbl] **skönhetsbehandling** beauty treatment [bjo:'ti tri:'tmənt] **skönhetsmedel** cosmetic [kázzmett'ikk] **skönhetssalong** beauty parlour [bjo:'ti

skönja — slira

pa:'lə] **skönja** discern [disəː'n] **skönlitteratur** fiction [fikk'sjən] **skör** brittle [britt'l] **skörbjugg** scurvy [skəː'vi] **skörd, skörda** harvest [haː'visst] **skört** tail [tejl] **sköta** take care of [tejk kaː'ə əvv], tend [tennd]; (förestå) run [rann]; skota sitt arbete do one's work [doː wannz wəː'k] **sköterska** nurse [nəːs] **skötsel** care [kaː'ə] **sladd 1** flex(ible cord) [flekk's(əbl kå:d)] **2** (med fordon) skid [skidd] **sladda** skid [skidd] **slag 1** (sort) kind [kajnd], sort [såː't] **2** (smäll) blow ↓[blåo]; (rytmiskt slag) beat [biː't]; (klockslag, slaganfall) stroke [ströok]; (på flagga) facing [fej's-ing] **slaganfall** apoplectic stroke [äppəplekk'tikk ströok] **slagfält** battle-field [bätt'lfiːld] **slagfärdig** quick-witted [kwikk'-witt'idd] **slagg** slag [slägg] **slaginstrument** percussion instrument [pəːkasj'ən inn'strəmənt] **slagkraftig** effective [ifekk'tivv] **slagord** slogan [slåo'gən] **slagruta** divining-rod [divaj'ningrådd] **slagsida** list [lisst]; (bildl.) preponderance [pripånn'dərəns]; få slagsida heel over [hiː'l åo'və] **slagskepp** battleship [bätt'lsjipp] **slagskämpe** fighter [faj'tə] **slagsmål** fight [fajt] **slagträ** bat [bätt] **slak** slack [släkk] **slakt, slakta** slaughter [slåː'tə] **slaktare** butcher [bott'sjə] **slakteri** slaughter-house [slåː'tə-haos] **slalom** slalom [slej'ləm]; åka slalom do slalom-skiing [doː slej'ləmskiːing] **slalombacke** slalom slope [slej'ləm slåop] **slam** mud [madd] **slampa** slut [slatt] **slamra** rattle [rätt'l] **slang 1** tube [tjoːb] **2** (språk) slang [släng] **slangklämma** hose clip [håo'z klipp] **slanglösa däck** tubeless tyres [tjoː'bliss taj'əz] **slanguttryck** slang expression [släng' ikkspresj'ən] **slank** slender [slenn'də] **slant** coin [kåjn]; slagen till slant fit for nothing [fitt' fə naθ'ing] **slapp** slack [släkk] **slarv** carelessness [käː'ə-lissniss] **slarva** be careless [biː käː'əliss] **slarvig** careless [käː'ə-liss] **slask** (-ande) splashing [spläsj'ing]; (vaglag) slush [slasj] **slaskhink** slop-pail [slåpp'pejl] **slasktratt** sink [singk] **slav 1** (folk) Slav [slaːv] **2** (tral) slave [slejv] **slavdrivare** slave-driver [slej'vdrajvə] **slaveri** slavery [slej'vəri] **slavhandel** slave trade [slej'v trejd] **slavisk 1** Slav(ic) [slaːv (slävv'ikk)] **2** slavish [slej'-visj] **slavmarknad** slave market [slej'v maːkitt] **slejf** strap [sträpp] **slem** slime [slajm] **slemhinna** mucous membrane [mjoː'kəs memm'brejn] **slentrian, slentrianmässig** routine [roːtiː'nə] **slev** ladle [lej'dl] **slicka** lick [likk] **slida** sheath [sjiː'θ]; (anat.) vagina [vədsjaj'nə] **slidkniv** sheath-knife [sjiː'θnajf] **slinga** coil [kåjl] **slingerväxt** creeper [kriː'pə] **slingra sig** (bildl.) wriggle [rigg'l] (ifrån out of [ao't əvv]) **slinka** slink [slingk] (i väg away [əwej']); slinka igenom slip through [slipp' θroː'] **slint** slå slint fail [fejl] **slinta** slip [slipp] **slip** (fartygs-) slipway [slipp'wej] **slipa** grind [grajnd] **slipad** (bildl.) smart [smaːt] **slippa** escape [isskej'p]; du slipper you needn't [joː niː'dnt] **slipprig** slippery [slipp'əri]; (oanständig) obscene [åbbsiː'n] **slips** tie [taj] **slipskiva** grinding wheel [graj'nding wiːl] **slipsten** grindstone [graj'ndståon] **slira** (om fordon) skid

slit — släpa 140

[skidd] **slit** toil [tåjl] **slita** (nöta) wear [wä:'ə]; (knoga) toil [tåjl]; (rycka) pull [poll] (i at [ätt]); slita sig get loose [gett lo:'s] **slitage** wear [wä:'ə] **sliten** worn [wå:n] **slitning** wear [wä:'ə]; (bildl.) discord [diss'kå:d] **slitsam** hard [ha:d] **slitstark** durable [djo:'ərəbl] **slockna** go out [gåo ao't] **slokörad** lop-eared [låpp'i:əd]; (bildl.) crestfallen [kress'tfå:ln] **slopa** abolish [əbåll'- isj] **slott** palace [päll'iss]; (befäst) castle [ka:'sl] **sluddra** slur one's words [slə:' wannz wə:'dz] **slug** shrewd [sjro:d] **sluka** devour [divao'ə] **slum** slum [slamm] **slump** chance [tsja:ns] **slumpa** slumpa (bort) sell off [sell' å:'f]; det slumpade sig så att it so happened that [itt såo' häpp'ənd ðätt'] **slumpvis** at random [ätt ränn'dəm] **slumra** slumber [slamm'bə] **slunga** sling [sling], fling [fling] **sluss** lock [låkk] **slussa** pass (take) through a lock [pa:'s (tej'k) θro:' ə låkk'] **slut** (subst.) end [ennd]; få slut på get to the end of [gett' to ði enn'd əvv]; till slut at last [ätt la:'st]; (adj.) finished [finn'isjt]; **slutbetald** paid up; bensinen håller på att ta slut we are running short of petrol [wi:'ə rann'ing sjå:'t əvv pett'rəl] **sluta** (göra färdig) finish [finn'isj]; (ta slut) end [ennd]; sluta sig samman unite [jo:naj't]; sluta sig till conclude [kənklo:'d] **slutgiltig** final [faj'nl] **slutkläm** closing remark [klå'ozing ri- ma:'k] **slutledning** conclusion [kənklo:'sjən] **slutleverans** final delivery [faj'nl dilivv'əri] **slutlig** final [faj'nl] **slutligen** finally [faj'nəli] **slutresultat** final result [faj'nl rizall't] **slutsats** conclusion [kənklo:'sjən]; dra sina slutsatser draw one's conclusions [drå:' wannz kənklo:'sjənz] **slutsignal** (sport.) final whistle [faj'nl wiss'l] **slutstation** terminus [tə:'minəs], Am. terminal [tə:'minnl] **slutsumma** total [tåo'tl] **slutsåld** sold out [såo'ld ao't] **slutta, sluttning** slope [slåop] **slyna** hussy [hass'i] **slyngel** young rascal [jang' ra:'skəl] **slå 1** (subst.) cross-bar [kråss'ba:'] **2** (verb) (slå till) strike [strajk]; (om hjärta) beat [bi:t]; (hö) cut [katt]; (hälla) pour [på:] (i, upp on [aot]); slå sig (göra sig illa) hurt o.s. [hə:'t wannsell'f]; slå sig fram make one's way [mej'k wannz wej'] **slånbär** sloe [slåo] **slåss** fight [fajt] **slåttermaskin** mower [måo'ə] **släcka 1** (eld, elljus) put out [pott' ao't]; (törst) slake [slejk] **2** släcka på (skot o.d.) slacken [släkk'ən] **släde** sleigh [slej]; åka släde sleigh [slej] **slägga** sledge(-hammer) [sledd'sj(hämm'ə)]; (sport.) hammer [hämm'ə]; kasta slägga throw the hammer [θråo' ðə hämm'ə] **släkt** family [fämm'illi]; (släktingar) relations [rilej'sjənz]; det ligger i släkten it runs in the family [itt rann'z inn ðə fämm'illi]; jag är släkt med honom I am a relative of his [aj ämm ə rell'ətivv əvv hizz'] **släktdrag** family trait [fämm'illi trej] **släkte** generation [dsjen- nərej'sjən] **släkting** relative [rell'ətivv] **slända** dragon-fly [drägg'- ənflaj] **släng** toss [tåss]; en släng (lindrigt anfall) touch [tattsj] **slänga** toss [tåss] **släp** (på plagg) train [trejn]; (-vagn) trailer [trej'lə]; ta på släp take ... in tow [tej'k inn tåo']; slit och släp toil and moil [tåj'l ənn måj'l] **släpa** drag [drägg]; (slita) toil

släppa — småpojkar

[tåjl] **släppa** (*låta falla*) let go [lett gåo·]; (*tappa*) drop [dråpp]; (*frige*) let loose [lett lo:·s]; *släppa ut* let out [lett ao·t] **släpphänt** indulgent [inndall·dsjənt] **slät** smooth [smo:ð] **släta (till)** smooth [smo:ð] **slätlöpning** flat-race [flätt·rejs] **slätrakad** clean-shaven [kli:·nsjej·vn] **slätstruken** mediocre [mi:·diåokə] **slätt** plain [plejn] **slätvar** brill [brill] **slö** blunt [blannt]; (*loj*) indolent [inn·dələnt] **slöa** idle [aj·dl] **slödder** mob [måbb] **slöfock** dullard [dall·əd] **slöja** veil [vejl] **slöjd** handicraft [hann·dikra:ft] **slöra** sail large [sej·l la:dsj] **slösa** waste [wejst] **slösaktig** wasteful [wej·stfoll] **slöseri** waste [wejst] **smacka** smack [smäkk] **smak, smaka** taste [tejst] **smakfull** tasteful [tej·stfoll] **smaklös** tasteless [tej·stliss] **smaksak** matter of taste [mätt·ə əvv tej·st] **smaksätta** flavour [flej·və] **smal** (*ej bred*) narrow [närr·åo]; (*ej tjock*) thin [θinn] **smalfilm** substandard film [sabb·stänn·dəd fillm] **smalfilmskamera** cine camera [sinn·ikämm·ərə] **smaragd** emerald [emm·ərəld] **smart** smart [sma:t] **smattra** clatter [klätt·ə] **smed** (black)smith [(bläkk·)smiθ] **smeka** caress [kəress·] **smekmånad** honeymoon [hann·imo:n] **smekning** caress [kəress·] **smeksam** caressing [kəress·ing] **smet** mixture [mikk·stsjə] **smeta** smear [smi:·ə]; *smeta av sig* make smears [mejk smi:·əz] **smickra** flatter [flätt·ə] **smickrande** flattering [flätt·əring] **smida** forge [få:dsj] **smidig** flexible [flekk·səbl]; (*vig*) lithe [lajð] **smila** grin [grinn] **smink** make-up [mej·kapp] **sminka** make up [mej·k app·] **smita 1** run away [rann· əwej·] **2** *smita åt* (*om plagg*) be tight [bi: taj·t] **smitta** (*subst.*) infection [innfekk·sjən]; (*verb*) smitta (*ner*) infect [innfekk·t]; *bli smittad* catch the infection [kätt·sj ði innfekk·sjən] **smittkoppor** smallpox [små:·lpåkks] **smittsam** catching [kätt·sjing] **smoking** dinner-jacket [dinn·ədsjäkkitt], *Am.* tuxedo [takksi·dåo] **smuggla** smuggle [smagg·l] **smula** (*subst.*) crumb [kramm]; *en smula* a bit [ə bitt·]; (*verb*) smula (*sönder*) crumble [kramm·bl] **smultron** wild strawberry [waj·ld strå:·bəri] **smuts** dirt [də:t] **smutsa** (*ner*) make ... dirty [mej·k də:·ti] **smutsig** dirty [də:·ti] **smutskasta** defame [difej·m] **smutskläder** dirty linen [də:·ti linn·inn] **smycka** decorate [dekk·ərejt] **smycke** piece of jewellery [pi:·s əvv dsjo:·əlri]; *smycken* jewellery [dsjo:·əlri] **smyg** *i smyg* stealthily [stell·θilli] **smyga** sneak [sni:k] **små** little [litt·l]; small [små:l] **småaktig** petty [pett·i] **småbarn** little children [litt·l tsjill·drən] **småbildskamera** miniature camera [minn·jətsjə kämm·ərə] **småborgerlig** bourgeois [bo:·əsjwa:] **småbrukare** smallholder [små:·lhåo·ldə] **småflickor** little girls [litt·l gə:·lz] **småfranska** French roll [frenn·tsj råo·l] **småfågel** small bird [små:·l bə:·d] **småföretagare** (*pl*) owners of small firms [åo·nəz əvv små:·l fə:·mz] **småkakor** biscuits [biss·kitts] **småle, småleende** smile [smajl] **småningom** (*så*) *småningom* little by little [litt·l baj litt·l] **småpengar** small change [små:·l tsjej·ndsj] (*sg*) **småpojkar** little

småprata — snubbla 142

boys [litt'l båj'z] **småprata** chat [tsjätt] **småsak** trifle [traj'fl] **småskola** infant school [inn'fənt sko:l] **småskol(e)lärare** infant teacher [inn'fənt ti:'tsjə] **småskratta** chuckle [tsjakk'l] **småspringa** half run [ha:'f rann'] **småstad** small town [små:l'tao'n] **småsten** pebbles (pl) [pebb'lz] **småtimmarna** the small hours [ðə små:l' ao'əz] **småtrevlig** cosy [kåo'zi] **smått och gott** a little of everything [ə litt'l əvv evv'riθiŋ] **småvarmt** hot snack [hått' snäkk'] **smäda** abuse [əbjo:'z] **smädelse** abuse [əbjo:'s] **smäll** bang [batt'ə] **smälla** slap [släpp] **smälta** melt [mellt] **smältpunkt** melting-point [mell'tiŋpåjnt] **smärre** minor [maj'nə] **smärt** slender [slenn'də] **smärta** pain [pejn]; (sorg) grief [gri:f] **smärtfri** painless [pej'nliss]; (smidig) smooth [smo:ð] **smärtsam** painful [pej'nfoll] **smärtstillande** pain-relieving [pej'nrili:'viŋ]; smärtstillande medel analgesic [ännåldsjess'ikk] **smör** butter [batt'ə] **smörgås** (piece of) bread and butter [(pi:'s əvv) bredd' ənn batt'ə]; (med pålägg) open sandwich [åo'pən sänn'widdsj] **smörgåsbord** smorgasbord [små:'rgəsbo:rd], hors d'œuvres (pl) [å:də:'vrz] **smörja** (subst.) (skräp) rubbish [rabb'isj]; (verb) grease [gri:z]; (med olja) oil [åjl] **smörjmedel** lubricant [lo:'brikənt] **smörjning** greasing [gri:'ziŋ] **snabb** swift [swifft] **snabbköp** self-service shop [sell'fsə:'viss sjåpp'] **snabel** trunk [traŋk] **snappa** snappa bort snatch away [snätt'sj əwej:]; snappa upp pick up [pikk' app'] **snaps** snaps [snäpps] **snara** snare [snä:'ə] **snarare** rather [ra:'ðə] **snarast** as soon as possible [äzz so:'n äzz påss'əbl] **snarfager** pretty-pretty [pritt'ipritti] **snarka** snore [snå:] **snarlik** similar [simm'illə] **snarstucken** touchy [tatt'sji] **snart** soon [so:n]; (inom kort) shortly [sjå:'tli]; så snart (som) as soon as [äzz so:'n äzz]; så snart som möjligt as soon as possible [äzz so:'n äzz påss'əbl] **snask** sweets [swi:ts] **snatta** pilfer [pill'fə] **snatteri** petty theft [pett'i θefft'] **snattra** (om fågel) quack [kwäkk]; (bildl.) jabber [dsjäbb'ə] **snava** stumble [stamm'bl] **sned** oblique [əbli:k']; (lutande) slanting [sla:'ntiŋ]; (skev) askew [əskjo:'] **snedda** (snedda (över)) edge [eddsj]; snedda över gatan slant across the street [sla:'nt əkråss' ðə stri:'t] **snedden** på snedden obliquely [əbli:'kli] **snedsprång** slip [slipp] **snegla** ogle [åo'gl] **snett** obliquely [əbli:'kli]; se snett på ngn look askance at s.b. [lokk' əskänn's ätt sammbədi] **snickare** carpenter [ka:'pinntə]; (möbel-) joiner [dsjåj'nə] **snickeri** joinery [dsjåj'nəri] **snickra** do woodwork [do: wodd'wə:k] **snida** carve [ka:v] **snigel** slug [slagg]; (med hus) snail [snejl] **sniken** greedy [gri:'di] **snille** genius [dsji:'njəs] **snilleblixt** flash of genius [fläsj' əvv dsji:'njəs] **snillrik** brilliant [brill'jənt] **snitt** cut [katt]; (tvär-) section [sekk'sjən] **sno** twist [twisst] **snobb** snob [snåbb] **snok** grass snake [gra:'s snejk] **snoka** pry [praj] **snopen** disconcerted [disskənsə:'tidd] **snor** snot [snått] **snorgärs** ruff [raff] **snorkel** snorkel [snå:kl] **snubb-**

snudda — soja

la stumble [stamm'bl] **snudda** graze [grejz] **snurra** (*subst.*) (*leksak*) top [tåpp]; (*verb*) (*rotera*) spin [spinn] **snus** snuff [snaff] **snusa** take snuff [tej'k sna'ff] **snusdosa** snuff-box [snaff'båkks] **snusförnuftig** would-be-wise [wodd'bi:waj'z] **snuskig** dirty [də:'ti] **snuva** head cold [hedd' kåold]; *få snuva* catch a cold [kätt'sj ə kåo'ld] **snuvig** *vara snuvig* have a cold in the head [hävv' ə kåo'ld inn ðə hedd'] **snyfta** sob [såbb] **snygg** tidy [taj'di]; (*ironiskt*) pretty [pritt'i] **snygga upp** tidy up [taj'di app'] **snyltgäst** parasite [parr'əsajt] **snyta sig** blow one's nose [blåo' wannz nåo'z] **snål** stingy [stinn'dsji] **snåljåp** miser [maj'zə] **snår** brush [brasj] **snäcka** mollusc [måll'əsk]; (*snäckskal*) shell [sjell] **snäll** kind [kajnd], nice [najs] (*mot* to [to:]); *var snäll och ... please ...* [pli:z] **snälltåg** express (train) [ikkspress' (trejn)] **snälltågsbiljett** supplementary express ticket [sapplimenn'təri ikkspress' tikk'itt] **snärja** entangle [inntäng'gl]; *snärja in sig i* get entangled in [gett' inntäng'gld inn] **snäv** narrow [närr'åo]; (*om plagg*) tight [tajt] **snö, snöa** snow [snåo] **snöboll** snowball [snåo'bå:l] **snödriva** snow-drift [snåo'drifft] **snögrotta** igloo [igg'lo:] **snögubbe** snowman [snåo'männ] **snöpa** geld [gelld] **snöplig** ignominious [iggnəminn'iəs] **snöplog** snowplough [snåo'plao'] **snöra** lace [lejs]; *snöra upp* unlace [ann'lej's] **snöre** string [string] **snörpa** purse [pə:s] (*ihop up* [app']) **snörvla** snuffle [snaff'l] **snöskata** field fare [fi:'ld fä:ə] **snöskoter** snow scooter [snåo' sko:tə] **snöskottning** clearing away the snow [kli:'əring əwej' ðə snåo'] **snöskred** avalanche [ävv'əla:nsj] **snöstorm** snowstorm [snåo'stå:m] **soaré** soirée [swa:'rej] **sobel** sable [sej'bl] **sober** sober [såo'bə] **socialdemokrat** social democrat [såo'sjəl demm'əkratt] **socialdemokrati** social democracy [såo'sjəl dimäkk'rəsi] **socialdepartementet** the Ministry for Social Affairs [ðə minn'isstri få: såo'sjəl əfä:'əz] **socialförsäkring** national insurance [näsj'ənl innsjo:'ərəns] **socialgrupp** social group [såo'sjəl gro:p] **socialhjälp** *få socialhjälp* receive public assistance [risi:'v pabb'likk əsiss'təns] **socialisering** socialization [såosjəlajzej'sjən] **socialism** socialism [såo'sjəlizzəm] **socialist** socialist [såo'sjəlisst] **socialistisk** socialist(ic) [såo'sjəlisst, såosjəliss'tikk] **socialnämnd** social welfare committee [såo'sjəl well'fä:ə kəmitt'i] **socialpolitik** social (welfare) policy [såo'sjəl (well'fä:ə) påll'isi] **socialvetenskap** social science [såo'sjəl saj'əns] **socialvård** social welfare [såo'sjəl well'fä:ə] **sociologi** sociology [såosiåll'ədsji] **socka** sock [såkk] **sockel** base [bejs]; (*lamp-*) socket [såkk'itt] **socken** parish [parr'isl] **socker** sugar [sjogg'ə] **sockerbeta** sugar-beet [sjogg'ə:bi:t] **sockerbit** lump of sugar [lamm'p əvv sjogg'ə] **sockerkaka** sponge-cake [spann'dsjkej'k] **sockerrör** sugar cane [sjogg'əkejn] **sockersjuka** diabetes [dajəbi:'ti:z] **sockerskål** sugar basin [sjogg'ə bejsn] **sockra** sweeten [swi:'tn] **soda** soda [såo'də] **sodavatten** soda water [såo'də wå:tə] **soffa** sofa [såo'fə] **soja** soya

sol — spana

[såjˈə] **sol** sun [sann] **solbad** sun-bath [sannˈbaːθ] **solbada** sun-bathe [sannˈbejð] **solbränd** sunburnt [sannˈbəːnt] **solbränna** sunburn [sannˈbəːn] **soldat** soldier [såoˈldsjə] **soldräkt** sun suit [sannˈ sjoːt] **soleksem** sun-rash [sannˈräsj] **solenergi** solar energy [såoˈlə ennˈədsji] **solfläck** sun-spot [sannˈspått] **solförmörkelse** solar eclipse [såoˈlə iklippˈs] **solglasögon** sun-glasses [sannˈglaːsizz] **solid** solid [sållˈidd]; *solida kunskaper* thorough knowledge [θarrˈə nållˈiddsj] **solidarisk** loyal [låjˈəl] **solidaritet** solidarity [sållidärrˈitti] **solig** sunny [sannˈi] **solist** soloist [såoˈlåoisst] **solkig** soiled [såjld] **solnedgång** sunset [sannˈsett] **solo** solo [såoˈlåo] **solochvårad** cheated by false promise of marriage [tsjiːˈtidd baj fåːˈls pråmmˈiss əvv märrˈiddsj] **sololja** suntan oil [sannˈtänn ˈåjl] **solostämma** solo part [såoˈlåo paːt] **solros** sunflower [sannˈflaoə] **solsken** sunshine [sannˈsjajn] **solsting** sunstroke [sannˈstråok] **solstråle** sunbeam [sannˈbiːm] **solsystem** solar system [såoˈlə sissˈtimm] **soluppgång** sunrise [sannˈrajz] **solur** sundial [sannˈdajəl] **som** who [hoːˈ]; which [wittsj]; (*i egenskap av*) as [äzz]; (*i likhet med*) like [lajk] **somliga** some (people) [sammˈ (piːpl)] **sommar** summer [sammˈə]; *i somras* last summer [laːst sammˈə] **sommardag** summer('s) day [sammˈə(z) dej] **sommarställe** weekend cottage [wiːˈkennˈd kåttˈiddsj] **sommartid** summer time [sammˈə tajˈm] **somna** fall asleep [fåːˈl əsliːp] **son** son [sann] **sonat** sonata [sənaːˈtə] **sondera** probe [pråob] **sondotter** granddaughter [grännˈdåːtə] **sonhustru** daughter-in-law [dåːˈtərinnlåː] **sonson** grandson [grännˈsann] **sopa** sweep [swiːp] **sopborste** brush [brasj] **sopnedkast** refuse chute [reffˈjoːs sjoːt] **sopor** (*avfall*) refuse [reffˈjoːs], *Am*. garbage [gaːˈbiddsj] **soppa** soup [soːp] **sopran** soprano [səpraːˈnåo] **sopskyffel** dustpan [dassˈtpänn] **soptipp** refuse dump [reffˈjoːs dammp] **soptunna** dustbin [dassˈtbinn] **sordin** *lägga sordin på* put a damper on [pottˈə dämmˈpə ånn] **sorg** (*bekymmer*) trouble [trabbˈl]; (*efter avliden*) mourning [måːˈning] **sorgdräkt** mourning [måːˈning] **sorgfällig** careful [käːˈəfoll] **sorgklädd** in mourning [innˈ måːˈning] **sorglig** sad [sädd] **sorglös** happy-go-lucky [häppˈigåolakki] **sork** vole [våol] **sorl, sorla** murmur [məːˈmə] **sort** sort [såːt] **sortera** (as)sort [(ə)såːˈt] **sortiment** assortment [əsåːtməntˈ] **sot** soot [sott] **sota** sweep [swiːp] **sotare** chimney-sweep [tsjimmˈniswiːp] **souvenir** souvenir [soːˈvəniə] **sova** sleep [sliːp] **sovjetisk** Soviet [såoˈviett] **Sovjetunionen** the Soviet Union [ðə såoˈviett joːˈnjən] **sovkupé** sleeping-compartment [sliːˈpingkəmpaːˈtmənt] **sovrum** bedroom [beddˈromm] **sovsäck** sleeping-bag [sliːˈpingbägg] **sovvagn** sleeping-car [sliːˈpingkaː] **sovvagnsbiljett** sleeper ticket [sliːˈpə tikkˈitt] **spackel, spackla** putty [pattˈi] **spad** broth [bråθ] **spade** spade [spejd] **spader** spades [spejdz] **spak** lever [liːˈvə] **spaljé** espalier [isspällˈjə] **spalt** column [kållˈəm] **spana** watch [wåttsj]

Spanien — spoliera

(*efter* for [få:]) **Spanien** Spain [spejn] **spaning** search [sə:tsj] **spanjor** Spaniard [spänn'jəd] **spanjorska** Spanish woman [spänn'isj womm'ən] **spann** (*brospann etc.*) span [spänn] **spannmål** corn [kå:n] **spansk, spanska** Spanish [spänn'isj] **spant** frame [frejm] **spara** save [sejv] **sparande** saving [sej'-ving] **sparbank** savings-bank [sej'vingzbängk] **spark, sparka** kick [kikk] **sparkassa** savings association [sej'vingz əsåosiej'-sjən] **sparkcykel** scooter [sko:'tə] **sparlåga** low heat [låo' hi:'t] **sparris** asparagus [əspärr'əgəs] **sparsam** economical [i:kənåmm'ikəl] **sparsamhet** economy [i:kånn'əmi] **spartansk** spartan [spa:'tən] **sparv** sparrow [spärr'åo] **sparvhök** sparrow-hawk [spärr'åohå:k] **spasm** spasm [späzz'əm] **spastiker** spastic [späss'tikk] **speceriaffär** grocer's (shop) [gråo'səz (sjåpp)] **specialisera sig** specialize [spesj'əlajz] (*på* in [inn]) **specialist** specialist [spesj'əlisst] (*på* in [inn]) **specialitet** speciality [spe-sjiäll'itti] **speciell** special [spesj'əl] **specificera** specify [spess'i-faj] **specifikation** specification [spessifikej'sjən] **speditör** forwarding agent [få:'wəding ej'dsjənt] **spefull** mocking [måkk'ing] **spegel** mirror [mirr'ə], looking-glass [lokk'inggla:s] **spegelbild** reflection [riflekk'sjən] **spegelreflexkamera** reflex camera [ri:'-flekks kämm'ərə] **spegla** reflect [riflekk't] **speja, spejare** spy [spaj] **spektrum** spectrum [spekk'trəm] **spekulant** prospective buyer [prəspekk'tivv baj'ə] **spekulera** speculate [spekk'jolejt] (*på* on [ånn]) **spel** game [gejm] **spela** play [plej]; *spela piano* play the piano [plej' ðə pjänn'åo]; *spela fotboll* play football [plej' fott'bå:l] **speldosa** musical box [mjo:'zikəl bakk's] **spelkort** playing-card [plej'ingka:d] **spelrum** scope [skåop] **spenat** spinach [spinn'iddsj] **spendera** spend [spennd] **spene** teat [ti:t] **spenslig** slender [slenn'də] **sperma** sperm [spə:m] **spets 1** (*udd*) point [påjnt]; (*finger-, tung- o.d.*) tip [tipp] **3** (*tråd-arbete*) lace [lejs] **3** (*hund*) spitz [spitts] **spetsa** (*gora spetsig*) point [påjnt]; (*genomborra*) pierce [pi:'əs] **spetsig** pointed [påj'ntidd] **spett** spit [spitt] **spetälska** leprosy [lepp'rəsi] **spex** farce [fa:s] **spigg** stickleback [stikk'lbakk] **spik** nail [nejl] **spiksko** spiked shoe [spaj'kt sjo:'] **spill** wastage [wej'stiddsj] **spilla** (*halla ut*) spill [spill]; (*för-*) waste [wejst] **spillra** splinter [splinn'tə]; *spillror* fragments [frägg'mənts] **spindel** spider [spaj'də] **spindelväv** cobweb [kåbb'webb] **spinna** spin [spinn] **spinnfiske** spinning [spinn'ing] **spion** spy [spaj] **spionage** espionage [esspiəna:'sj] **spionera** spy [spaj] **spiral** spiral [spaj'ərəl] **spirituell** witty [witt'i] **spis** (*eldstad*) fireplace [faj'əplejs]; (*köks-*) stove [ståov] **sjut** spear [spi:'ə]; (*sport.*) javelin [dsjävv'linn] **själa** lath [la:θ] **själl** damper [dämm'pə] **spjärn** *ta spjärn* brace one's feet (against) [brej's wannz fi:'t (əgenn'st)] **splittra** splinter [splinn'tə]; (*bildl.*) divide [divaj'd] **spola** rinse [rinns]; *spola bort* wash away [wåsj' əwej'] **spole** bobbin [båbb'inn]; (*elektrisk*) coil [kåjl] **spoliera** spoil [spåjl]

spont — stadsdel 146

spont tongue [tɔng] **spontan** spontaneous [spånntej'njəs]
spor spore [spå:] **sporadisk** sporadic [spərädd'ikk] **sporra,
sporre** spur [spə:] **sport** sport(s) [spå:t(s)] **sportbil** sports
car [spå:'ts ka:] **sportfiske** angling [äng'gling] **sportig** sporty
[spå:'ti] **sportslig** sporting [spå:'ting] **sportstuga** weekend cottage
[wi:'kenn'd kått'iddsj] **spotta** spit [spitt] **spottstyver
för en spottstyver** for a song [få: ə sång'] **spraka** sparkle
[spa:'kl] **spratt** trick [trikk] **sprattla** flounder [flao'ndə] **spricka**
crack [kräkk] **sprida** spread [spredd] **spridning** spreading
[spredd'ing] **springa 1** (*subst.*) chink [tsjingk] **2** (*verb*) run [rann]
springare (*i schack*) knight [najt] **springbrunn** fountain
[fao'ntinn] **springpojke** errand boy [err'ənd båj] **sprit, sprit-
drycker** spirits [spirr'itts] **spritmissbruk** abuse of alcohol
[əbjo:'s əvv äll'kəhåll] **spritträttigheter** *ha spritträttigheter* be
fully licensed [bi: foll'i laj'sənst] **spritt naken** stark naked
[sta:'k nej'kidd] **spritta (till)** start [sta:t] **spruta** spray [sprej],
(*spola*) flush [flasj] **sprutlackera** spray(-paint) [sprej'(pejnt)]
språk language [läng'gwiddsj] **språklig** linguistic [ling'gwiss-
tikk] **språng** leap [li:p] **spräcka** crack [kräkk] **spräcklig**
speckled [spekk'ld] **spränga** burst [bə:st]; blast [bla:st]; *spränga
banken* break the bank [brej'k ðə bäng'k] **sprängämne** explosive
[ikkspplåo'sivv] **sprätta** rip [ripp] **spröd** brittle [britt'l] **sprött**
rib [ribb] **spy** vomit [våmm'itt] **spydig** sarcastic [sa:käss'tikk]
spyfluga bluebottle [blo:båttl] **spå** tell fortunes [tell' få:'tsjənz]
spådom prophesy [pråff'issi] **spår** (*märke*) mark [ma:k]; (*fot-*)
step [stepp]; (*djur-*) track [träkk]; (*skenor*) rails [rejlz] **spåra
upp** track down [träkk' dao'n]; (*bildl.*) hunt out [hann't ao't]
spårvagn tram [trämm] **späck** lard [la:d] **späd** tender [tenn'də]
späda (ut) dilute [dajjlo:'t] **spädbarn** infant [inn'fənt]; baby
[bej'bi] **spänd** taut [tå:t] **spänna** stretch [strettsj]; *spänna på
sig* put on [pott' ånn'] **spännande** exciting [ikksaj'ting] **spänne**
buckle [bakk'l] **spänning** tension [tenn'sjən]; (*elektrisk*) voltage
[våo'ltiddsj] **spänstig** vigorous [vigg'ərəs] **spärr** (*tekn.*) catch
[kätt'sj]; (*vid ingång*) gate [gejt] **spärra** bar [ba:]; *spärra en check*
stop a cheque [ståpp' ə tsjekk'] **spö** (*käpp*) switch [swittsj];
(*piska*) whip [wipp]; (*met-*) rod [rådd] **spöke** ghost [gåost]
spöregna pour [på:] **stab** staff [sta:f] **stabil** stable [stej'bl]
stabilisera stabilize [stej'bilajz] **stabilitet** stability [stəbill'itti]
stack stack [stäkk] **stackare** wretch [rettsj] **stackars du!**
poor you! [po:'ə jo:'] **stad** town [taon], (*större*) city [sitt'i]
stadfästa confirm [kənfə:'m] **stadga** (*stadighet*) firmness
[fə:'mniss]; (*förordning*) regulation [reggjolej'sjən]; *föreningens
stadgar* the rules of the association [ðə ro:'lz əvv ði əsåosiej'sjən]
stadig steady [stedd'i] **stadigvarande** permanent [pə:'mənənt]
stadion stadium [stej'djəm] **stadium** stage [stejdsj] **stads-
bibliotek** public library [pabb'likk laj'brəri] **stadsbo** town-dweller
[tao'ndwellə] **stadsbud** porter [på:'tə] **stadsdel** district [diss'-

stadsfullmäktige town (city) council [tao'n (sitt'i) kao'nsl] **stadshus** town hall [tao'n hå:'l] **stadsplan** town plan [tao'n plänn'] **stadsplanering** town (city) planning [tao'n (sitt'i) plänn'ing] **stafettlöpning** relay race [ri:'lej rejs] **staffli** easel [i:'zl] **stag** stay [stej]; *gå över stag* go about [gåo' əbao't] **stagnation** stagnation [stäggnej'sjən] **stagnera** stagnate [stägg'nejt] **staka** punt [pannt]; *staka ut* stake out [stej'k ao't] **staket** fence [fenns] **stall 1** stable [stej'bl] **2** (*på fiol*) bridge [briddsj] **stam** stem [stemm]; (*folk-*) tribe [trajb] **stamaktie** ordinary share [å:'dnri sjä:'ə] **stamanställd** regular [regg'jollə] **stambana** main line [mej'n lajn] **stamfader** ancestor [ann'sisstə] **stamgäst** regular [regg'jollə] **stamma** stammer [stamm'ə] **stamning** stammering [stamm'əring] **stampa** stamp [stammp] **stamtavla** pedigree [pedd'igri:] **standard** standard [stänn'dəd] **standardisera** standardize [stänn'dədajz] **stank** stench [stenntsj] **stanna** stop [ståpp]; *stanna kvar* stay [stej] **stanniol** tinfoil [tinn'fåj'l] **stansa** punch [panntsj] **stapel, stapla** pile [pajl] **stappla** totter [tått'ə]; *stappla sig fram* stumble along [stamm'bl əlång'] **stare** starling [sta:'ling] **stark** strong [strång] **start, starta** start [sta:t] **startkapital** initial capital [inisj'əl käpp'ittl] **startnyckel** ignition key [iggnisj'ən ki:] **stat** state [stejt] **statare** farm labourer [fa:'m lej'bərə] **station** station [stej'sjən] **statisk** static [statt'ikk] **statistik** statistics (*pl*) [stətiss'tikks] **statistisk** statistic [stətiss'tikk] **stativ** stand [stännd] **statlig** government [gavv'nmənt]; public [pabb'likk]; state [stejt] **statsbidrag** government subsidy [gavv'nmənt sabb'siddi] **statsegendom** state property [stej't pråpp'əti] **statsinkomster** public revenue [pabb'likk revv'innjo:] **statskunskap** political science [pəlitt'ikəl saj'əns] **statskyrka** established church [isstäbb'lisjt tsjə:tsj] **statsmakt** state authority [stej't å:θårr'itti] **statsman** statesman [stej'tsmən] **statsminister** prime minister [praj'm minn'isstə] **statsråd** (cabinet) minister [käbb'initt minn'isstə] **statsrätt** constitutional law [kånnstitjo:'sjənl lå:'] **statsskick** constitution [kånnstitjo:'sjən] **statstjänsteman** civil servant [sivv'l sə:'vənt] **statsunderstödd** state-subsidized [stej'tsabb'sidajzd] **statsutgifter** state expenditure [stej't ikkspenn'dittsjə] **statsverksproposition** budget bill [badd'sjitt bill'] **statsvetenskap** political science [pəlitt'ikəl saj'əns] **status** status [stej'təs] **statussymbol** status symbol [stej'təs simm'bəl] **staty** statue [statt'jo:] **stava** spell [spell]; *hur stavas ...?* how do you spell ...? [hao' do: jo: spell'] **stavelse** syllable [sill'əbl] **stavhopp** pole-vault [påo'lvå:'lt] **stearinljus** candle [kann'dl] **steg** step [stepp] **stege** ladder [lädd'ə] **stegra** raise [rejz]; *stegra sig* rear [ri:'ə] **stek** joint [dsjåjnt] **steka** roast [råo'st]; (*i stekpanna*) fry [fraj] **stekpanna** frying-pan [fraj'ingpänn] **stel** stiff [stiff] **stelkramp** tetanus [tett'ənəs] **stelna** get stiff [gett' stiff'] **sten** stone [ståon] **stendöd** stone-dead [ståo'ndedd'] **stenhuggeri** stonemasonry [ståo'nmejsnri] **stenografi** shorthand [sjå:'thännd] **stenogramblock** shorthand pad [sjå:'thännd pädd] **stenrik** rolling in money [rå̊o'ling inn mann'i] **stenåldern** the Stone Age [ðə ståo'n ej'dsj] **steppa** tap-dance [täpp'da:ns] **stereoanläggning** stereo equipment [sti:'əriåo ikwipp'mənt] **stereotyp** stereotyped [sti:'əriətajpt] **steril** sterile [sterr'ajl] **sterilisera** sterilize [sterr'ilajz] **stia** sty [staj] **stick** (*nål*) prick [prikk]; (*insekt-*) sting [sting]; (*i kortspel*) trick [trikk] **sticka** (*subst.*) splinter [splinn'tə]; (*verb*) stick [stikk]; (*om insekt*) sting [sting]; (*stoppa*) put [pott]; (*med stickor*) knit [nitt]; *jag stack mig i fingret* I pricked my finger [aj prikk't maj fing'gə] **stickning** knitting [nitt'ing] **stickprov** spot test [spått' tesst] **stift** pin [pinn] **stifta** found [faond] **stiftelse** foundation [faondej'sjən] **stifttand** pivot tooth [pivv'ət to:θ] **stig** path [pa:θ] **stiga** step [stepp]; (*höja sig*) rise [rajz]; *stiga av* get off [gett' å:'f]; *stig in!* (*som svar på knackning*) come in! [kamm inn']; *stiga upp* get up [gett' app'] **stigbygel** stirrup [stirr'əp] **stil** hand(writing) [hänn'd(rajting)]; (*konst.*, *bildl.*) style [stajl]; (*trycktyp*) type [tajp] **stilett** stiletto [stilett'åo] **stilig** stylish [staj'lisj] **stilisera** stylize [staj'lajz] **stilistisk** stylistic [stajliss'tikk] **stilkänsla** feeling for style [fi:'ling fə staj'l] **still** *se stilla* **stilla** (*adj.*) still [still]; (*lugn*) calm [ka:m]; (*svag*) soft [såfft]; (*tyst*) quiet [kwaj'ət]; *Stilla havet* the Pacific [ðə pəsiff'ikk]; (*verb*) quiet [kwaj'ət]; *stilla sin hunger* appease one's hunger [əpi:'z wannz hang'gə] **stillasittande** sedentary [sedd'ntəri] **stillastående** stationary [stej'sjnəri] **stillbild** still [still] **stilleben** still life [still' laj'f] **stillestånd** standstill [stänn'dstill] **stilleståndsavtal** truce [tro:s] **stillfilm** film strip [fill'm stripp] **stillhet** calm [ka:m] **stillsam** quiet [kwaj'ət] **stiltje** calm [ka:m] **stim** (*fisk-*) shoal [sjåol]; (*stoj*) noise [nåjz] **stimma** make a noise [mej'k ə nåj'z] **stimulans** stimulation [stimmjolej'sjən] **stimulera** stimulate [stimm'joleijt] **sting** sting [sting] **stinka** stink [stingk] **stipendium** scholarship [skåll'əsjipp] **stipulera** stipulate [stipp'joleijt] **stirra** stare [stä:'ə] (*på at* [ätt]) **stjäla** steal [sti:l] **stjälk** stalk [stå:k] **stjälpa** upset [appsett'] **stjärna** star [sta:] **stjärnklar** starlit [sta:'litt] **stjärt** tail [tejl]; (*på pers.*) behind [bihaj'nd] **sto** mare [mä:'ə] **stock** log [lågg] **stockholmare** Stockholmer [ståkk'hå̊omə] **stockning** stoppage [ståpp'iddsj]; (*trafik-*) traffic-jam [träff'ikkdsjämm] **stoff** stuff [staff] **stofil** odd fish [ådd' fisj'] **stoft** dust [dasst] **stoisk** stoic(al) [ståo'ikk(əl)] **stoj** noise [nåjz] **stoja** make a noise [mej'k ə nåj'z] **stol** chair [tsjä:'ə] **stolpe** post [påost] **stolt** proud [praod] (*över of* [åvv]) **stolthet** pride [prajd] **stomme** frame [frejm] **stopp** stop [ståpp] **stoppa 1** (*stanna*) stop [ståpp] **2** (*laga hål*) darn [da:n]; (*fylla*) fill [fill]; (*sticka in*) put [pott] (*i* into [inn'to]) **stoppnål** darning-needle [da:'ningni:dl] **stoppsignal** halt signal [hå:'lt sigg'nl] **stor** (*konkret*) large

storartad — strumpa

[la:dsj] big [bigg]; (*abstrakt*) great (*skillnad* difference [diff'rəns]); (*fullvuxen*) grown-up [gråo'napp]; *dubbelt så stor som* twice as large as [twaj's äzz la:'dsj azz]; *stor bokstav* capital [käpp'ittl]; *till stor del* largely [la:'dsjli] **storartad** grand [gránnd] **Storbritannien** Great Britain [grej't britt'n] **stordrift** large-scale production [la:'dsjskej'l prədakk'sjən] **storfinans** high finance [haj' fajnänn's] **storföretag** large enterprise [la:'dsj enn'təprajz] **storhet** greatness [grej'tniss] **storhetsvansinne** megalomania [megg'əlåomej'njə] **storindustri** big industry [bigg' inn'dəstri] **storlek** size [sajz] **storm, storma** storm [stå:m] **stormakt** great power [grej't pao'ə] **stormarknad** super market [sju:'pər ma:'kitt] **stormast** mainmast [mej'nma:st] **stormig** stormy [stå:'mi] **stormsteg** *med stormsteg* by leaps and bounds [baj li:'ps ənn bao'ndz] **stormvarning** gale warning [gej'l wå:'ning] **storpolitik** top-level politics [tåpp'levvl påll'itikks] **storsint** generous [dsjenn'ərəs] **storslagen** magnificent [maggniff'issnt] **storslam** grand slam [gránn'd slämm'] **storstad** big town [bigg' tao'n] **storstrejk** general strike [dsjenn'ərəl straj'k] **storstädning** spring-cleaning [spring'kli:ning] **stort** *det hjälper inte stort* it won't help much [itt wåo'nt hell'p matt'sj] **stortvätt** big wash [bigg' wåsj'] **stortå** big toe [bigg' tåo] **straff** punishment [pann'isjmənt] **straffa** punish [pann'isj] **straffarbete** penal servitude [pi:'nl sə:'vitjo:d] **strafflag** criminal code [krimm'innl kåod] **straffpredikan** hell-fire sermon [hell'faj'ə sə:'mən] **straffspark** penalty [penn'lti] **stram** stiff [stiff] **strama [åt]** tighten [taj'tn] **strand** shore [sjå:] **stranda** run ashore [rann' əsjå:'] **strandsatt** stranded [stränn'didd] **strandskata** oyster-catcher [åj'stəkättsjə] **strapats** hardship [ha:'dsjipp] **strategi** strategy [strätt'idsji] **strategisk** strategic [strəti:'dsjikk] **stratosfär** stratosphere [strätt'åosfi:ə] **strax** (*om ett ögonblick*) in a moment [inn ə måo'mənt]; *strax utanför* just outside [dsjass't ao'tsaj'd] **streber** pusher [posj'ə] **streck** line [lajn]; (*spratt*) trick [trikk]; *hålla streck* hold good [håo'ld godd'] **strejk** strike [strajk]; *vild strejk* wildcat strike [waj'ldkätt strajk] **strejka** strike [strajk] **strejkbrytare** strike-breaker [straj'kbrejkə] **strejkvarsel** strike notice [straj'k nåo'tiss] **stress** stress [stress] **stressad** under stress [ann'də stress'] **streta, strid** struggle [stragg'l] **strida** fight [fajt]; *det strider mot lagen* it is contrary to the law [itt izz kånn'trəri to ðə lå:'] **stridshumör** fighting mood [faj'ting mo:'d] **stridskrafter** military forces [mill'itəri få:'sizz] **stridsvagn** tank [tängk] **strikt** strict [strikkt] **strimla** strip [stripp] **strimma** streak [stri:k] **strimmig** streaked [stri:kt] **strof** stanza [stänn'zə] **strop** strap [sträpp]; (*person*) snooty devil [sno:'ti devv'l] **struken** *en struken tesked* a level teaspoonful [ə levv'l ti:'spo:nfoll] **struktur** structure [strakk'tsjə] **struma** struma [stro:'mə] **strumpa** stocking [ståkk'ing]; (*kort*)

sock [såkk] **strumpbyxor** (stretch) tights [(strett'sj) taj'ts] **strunt** rubbish [rabb'isj] **strunta i** not care a bit about [nått kä:'ə ə bitt' əbao't] **struntprat** nonsense [nånn'səns] **struntsumma** trifle [traj'fl] **strupe** throat [θråot] **struphuvud** larynx [lärr'ingks] **strut** cornet [kå:'nitt] **struts** ostrich [åss'trittsj] **stryk** ge ngn stryk give s.b. a thrashing [givv' samm'bədi ə θräsj'ing] **stryka** (med handen) stroke [ståok]; (med strykjärn) iron [aj'ən]; (med färg) paint [pejnt]; (utesluta i text) cut out [katt' ao't]; (på lista) strike s.b. (off the list) [strajk samm'bədi (å:f ðə liss't)]; stryka under underline [anndəlaj'n] **strykfri** non-iron [nånn'aj'ən] **strykjärn** (flat-)iron [(flatt')aj'ən] **strykning** (med strykjärn) ironing [aj'əning]; (med färg e.d.) painting [pej'nting]; (uteslutning) deletion [dili:'sjən] **stryktips** results pool [rizall'ts po:l] **strypa** strangle [sträng'gl] **strå** straw [strå:]; (hår-) hair [hä:'ə]; (gräs-) blade [blejd] **stråke** bow [båo] **stråkorkester** string orchestra [string' å:'kisstrə] **stråla** beam [bi:m]; (skina) shine [sjajn] **strålande** brilliant [brill'jənt] **stråle** ray [rej]; (vätske-) jet [dsjett] **strålkastare** searchlight [sə:'tsjlajt]; (på bil) headlight [hedd'lajt] **strålning** radiation [rejdiej'sjən] **sträck** i (ett) sträck at a stretch [ätt ə strett'sj] **sträcka** (subst. o. verb) stretch [strettsj]; sträcka fram handen hold out one's hand [håo'ld ao't wannz hänn'd] **sträng 1** (adj.) severe [sivi:'ə] **2** (subst.) string [string] **strängt** strictly [strikk'tli]; strängt taget strictly speaking [strikk'tli spi:'king] **sträv** rough [raff] **sträva** strive [strajv] **strävan** ambition [ämmbisj'ən] **strävsam** hard-working [ha:'dwə:'king] **strö** strew [stro:]; strö ... omkring sig scatter (... about) [skätt'ə (ə bao't)] **ström** (flod) stream [stri:m]; (i luft, vatten; elektr.) current [karr'ənt] **strömavbrott** power failure [pao'ə fej'ljə] **strömbrytare** switch [swittsj] **strömkrets** circuit [sə:'kitt] **strömlinjeformad** streamlined [stri:'mlajnd] **strömma** stream [stri:m]; (om regn, tårar) pour [på:] **strömming** Baltic herring [bå:'ltikk herr'ing] **ströppla** stipple [stipp'l] **strösocker** granulated sugar [gränn'jolejtidd sjogg'ə] **ströva** stroll [ståol] **strövtåg** excursion [ikkskə:'sjən] **stubbe** stump [stammp] **stubintråd** fuse [fjo:z] **student** [stjo:'dənt] **studentexamen** higher school examination [haj'ə sko:'l iggzämminej'sjən] **studenthem** students' hostel [stjo:'dənts håss'təl] **studentikos** student-like [stjo:'dəntlajk] **studentkamrat** fellow-student [fell'åostjo:dənt] **studentkår** students' union [stjo:'dənts jo:'njən] **studera** study [stadd'i] **studerande** student [stjo:'dənt]; (under univ. o. högskola) undergraduate [anndəgrädd'joitt]; ekonomie studerande student of economics [stjo:'dənt əvv i:kənåmm'ikks]; juris studerande law student [lå:' stjo:'dənt], student of law [stjo:'dənt əvv lå:']; medicine studerande medical student [medd'ikəl stjo:'dənt] **studie** study [stadd'i] (över of [åvv)) **studiebesök** study tour [stadd'i to:'ə] **studiecirkel** study circle [stadd'i sə:'kl] **studielån**

studieresa study trip [stadd'i tripp] **studiesyfte** *i studiesyfte* for purposes of study [få: pə:'pəsizz əvv stadd'i] **studio** studio [stjo:'diəo] **studium** study [stadd'i] **studsa** bounce [baons] **stuga** cottage [kått'iddsj] **stuka** (*kroppsdel*) sprain [sprejn] **stum** dumb [damm] **stumfilm** silent film [saj'lənt fillm] **stump** stump [stammp] **stund** while [wajl]; *en liten stund* a short while [ə sjå:'t wajl] **stundtals** now and then [nao' ənn ðenn'] **stup** precipice [press'ipiss] **stupa** (*falla omkull*) fall [få:l]; (*brant sänka sig*) descend abruptly (disenn'd əbrapp'tli) **stuprör** drain pipe [drej'n pajp] **stuteri** stud(-farm) [stadd'(fa:m)] **stuva** 1 cook in white sauce [kokk' inn wajt så:s] 2 (*lasta in*) stow [ståo] **stuvare** stevedore [sti:'vidå:] **stuvning** (*kott-*) stew [stjo:]; (*vit sås*) white sauce [wajt så:s] **styck** *per styck* each [i:tsj] **stycka** cut up [katt' app']; (*dela upp*) divide up [divajd' app'] **stycke** piece [pi:s]; (*i skrift*) paragraph [pärr'əgra:f] **stygg** (*om barn*) naughty [nå:'ti] **stygn** stitch [stittsj] **stylta** stilt [stillt] **stympa** maim [mejm] **styra** steer [sti:'ə]; (*bestämma över*) govern [gavv'ən] **styrbord** starboard [sta:'bəd] **styrelse** government [gavv'nmənt]; (*bolags-*) board [bå:d]; (*förenings-*) committee [kəmitt'i]; *sitta i styrelsen* be on the board [bi: ånn ðə bå:'d] **styrka** (*subst.*) strength [strengθ]; (*krigs-, arbetar-*) force [få:s]; (*verb*) (*stärka*) strengthen [streng'θən], (*bevisa*) prove [pro:v] **styrman** mate [mejt] **styrstång** handle-bar [hänn'dlba:] **styv** stiff [stiff] **styvdotter** stepdaughter [stepp'då:tə] **styvfar** stepfather [stepp'fa:ðə] **styvmor** stepmother [stepp'məðə] **styvna** stiffen [stiff'n] **styvson** stepson [stepp'sənn] **stå** stand [stännd]; *det står i Bibeln* (*tidningen*) it says in the Bible (the paper) [itt sezz' inn ðə baj'bl (ðə pej'pə)]; *stå sig* (*hålla sig*) keep [ki:p], (*klara sig*) manage [männ'iddsj]; *stå för* (*sköta*) be in charge of [bi: inn tsja:'dsj əvv] **stående** standing [stänn'ding] **stål** steel [sti:l] **stålsätta sig** brace o.s. [brej's wannsell'f] **ståltråd** wire [waj'ə] **stånd** (*skick*) state [stejt]; (*salubod*) stall [stå:l]; *få till stånd* bring about [bring' əbao't]; *vara i stånd att arbeta* be able to work [bi: ej'bl tə wə:'k] **ståndaktig** steadfast [stedd'fəst] **ståndare** (*på blomma*) stamen [stej'menn] **ståndpunkt** point of view [påj'nt əvv vjo:']; *ändra ståndpunkt* revise one's opinion [rivajz' wannz əpinn'jən] **stång** (*tjock*) pole [påol]; (*tunnare*) bar [ba:] **stånga** butt [batt] **stånka** puff and blow [paff' ənn blåo'] **ståplats** standing-room [stänn'dingromm] **stått** splendour [splenn'də] **ståthållare** governor [gavv'ənə] **ståtlig** magnificent [maggniff'issnt] **städ** anvil [änn'vill] **städa** clean [kli:n] **städerska** charwoman [tsja:'wommən] **städning** cleaning [kli:'ning] **städrock** overall [åo'vərå:l] **ställ** rack [räkk] **ställa** put [pott]; *ställa in radion* tune in [tjo:'n inn']; *ställa till en scen* make a scene [mej'k ə si:'n]; *ställa sig* place o.s. [plej's wannsell'f]; *ställa sig in hos ngn* curry favour with s.b. [karr'i fej'və wið

ställbar — suddig 152

samm'bədi] **ställbar** adjustable [ədsjass'təbl] **ställe** place [plejs]; *i stället för* instead of [innstedd' əvv] **ställföreträdare** deputy [depp'jotti] **ställning** position [pəzisj'ən] (*byggnads-*) scaffold [skäff'əld] **ställverk** signal-box [sigg'nlbåkks] **stämband** vocal cord [våo'kəl kå:d] **stämgaffel** tuning-fork [tjo:'ningfå:k] **stämjärn** chisel [tsjizz'l] **stämma 1** (*subst.*) (*röst*) voice [våjs]; (*i musik*) part [pa:t]; (*sammankomst*) meeting [mi:'ting] **2** (*verb*) (*musikinstr.*) tune [tjo:n]; *räkningen stämmer* the account is correct [ði əkao'nt izz kərekk't]; *det stämmer!* quite right! [kwaj't raj't] **stämning** (*instruments*) pitch [pittsj]; (*sinnestillstånd*) mood [mo:d]; (*till rättegång*) summons [samm'ənz]; *en festlig stämning* a festive atmosphere [ə fess'tivv ätt'məssfi:ə] **stämningsfull** full of feeling [foll' əvv fi:'ling] **stämpel** stamp [stämmp] **stämpelavgift** stamp duty [stämm'p djo:'ti] **stämpla** stamp [stämmp] **ständig** constant [kånn'stənt] **stänga** shut [sjatt]; *stanga en fabrik* shut down a factory [sjatt' dao'n ə fakk'təri]; *stanga in sig* shut o.s. up [sjatt' wannsell'f app'] **stängsel** fence [fenns] **stänk, stänka** sprinkle [spring'kl] **stänkskärm** mudguard [madd'ga:d] **stäpp** steppe [stepp] **stärka** strengthen [streng'θən]; (*skjorta*) starch [sta:tsj] **stärkelse** starch [sta:tsj] **stävja** check [tsjekk] **stöd, stödja** support [səpå:'t] **stöka till** make a mess [mej'k ə mess'] **stöld** theft [θefft] **stöldgods** stolen goods [ståo'lən godd'z] **stöna** groan [gråon] **stöpa** cast [ka:st] **stör 1** (*fisk*) sturgeon [stə:'dsjən] **2** pole [påol] **störa** disturb [disstə:'b] **störning** disturbance [disstə:'bəns] **större** larger [la:'dsjə], bigger [bigg'ə]; (*ganska stor*) large [la:dsj] **störst** largest [la:'dsjisst], biggest [bigg'isst] **störta** (*stjälpa*) tip [tipp]; (*avsätta*) overthrow [åovəθråo']; (*falla*) fall [få:l]; (*rusa*) rush [rasj]; *störta fram* rush forward [rasj' få:'wəd] **störtdykning** nose dive [nåo'z daj'v] **störthjälm** crash helmet [kräsj' hell'mitt] **störtlopp** downhill race [dao'nhill' rejs] **störtregn** downpour [dao'npå:] **störtregna** pour down [på:' dao'n] **stöt** thrust [θrasst]; (*knuff*) push [posj]; (*elektr.*) shock [sjåkk] **stöta** thrust [θrasst]; (*krossa i mortel m.m.*) pound [paond]; (*förarga*) offend [əfenn'd]; *stota ifrån sig* push ... back [posj' bäkk'] **stötdämpare** shock absorber [sjåkk' əbbså:'bə] **stötfångare** bumper [bamm'pə] **stötsäker** shockproof [sjåkk'pro:f] **stötta** prop [pråpp] **stövare** harrier [härr'iə] **stövel** (high)boot [(haj')bo:'t] **subjekt** subject [sabb'dsjikkt] **subjektiv** subjective [sabbdsjekk'tivv] **substans** substance [sabb'stəns] **substantiv** noun [naon] **subtrahera** subtract [səbtrakk't] **subvention** subvention [səbvenn'sjən] **subventionera** subsidize [sabb'sidajz] **succé** success [səksess']; *göra succé* be a success [bi: ə səksess'] **successivt** gradually [grädd'joəli] **suck, sucka** sigh [saj] **Sudan** the Sudan [ðə so:da:'n] **sudd** (*tuss*) wad [wådd] **sudda ut** rub out [rabb' ao't] **suddgummi** rubber [rabb'ə]; *Am.* eraser [irej'zə] **suddig**

sufflé—svensk

blurred [blə:d] **sufflé** soufflé [soːˈflej] **sufflett** hood [hodd] **sufflör** prompter [pråmmˈptə] **suga** suck [sakk] **sugga** sow [sao] **suggerera** suggest [sədsjessˈt] **sugrör** (för dryck) straw [strå:] **sula** sole [såol] **summa** sum [samm]; (slut-) total [tåoˈtl] **summer** buzzer [bazzˈə] **summera** sum (add) up [sammˈ (addˈ) appˈ] **sumpmark** fen(land) [fennˈ(lännˈd)] **sund 1** (subst.) sound [saond] **2** (adj.) sound [saond]; sunt förnuft common sense [kåmmˈən sennˈs] **sup** dram [drämm] **supa** drink [dringk]; supa sig full get drunk [gettˈ drangˈk] **superlativ** superlative [s-joˈpəːlətivv] **supplant** deputy [deppˈjotti] **sur** sour [saoˈə] **surdeg** leaven [levvˈn] **surfing** surf-riding [səːfˈrajding] **surra** hum [hamm] **surströmming** fermented Baltic herring [fəːmennˈtidd båːltikk herrˈing] **sus, susa** (om vind) sough [sao] **suspendera** suspend [səspennˈd] **suverän** (stat) sovereign [såvvˈrinn]; (överlägsen) supreme [s-joˈpriːm] **svag** weak [wiːk]; en svag bris a soft breeze [ə såfftˈt briːz]; ha en svag aning om have a faint idea of [hävv ə fejnˈt ajdiːə əvv]; vara svag för have a weakness for [hävv ə wiːknisss fåː] **svagdricka** small beer [småːˈl biːə] **svaghet** weakness [wiːknisss] **svagström** low(power) current [låo(paoˈə) karrˈənt] **sval** cool [koːl] **svala** swallow [swållˈåo] **svalg** throat [θråot] **svalka** (subst.) coolness [koːlnisss]; (verb) cool [koːl] **svallvåg** surge [səːdsj] **svalna** get cool [gettˈ koːl] **svamla** ramble (on) [rämmˈbl (ånnˈ)] **svammel** drivel [drivvˈl] **svamp** mushroom [masjˈromm]; (tvätt-) sponge [spanndsj] **svan** swan [swånn] **svankryggig** sway-backed [swejˈbäkkt] **svans** tail [tejl] **svansmotor** rear engine [riːˈə ennˈdsjinn] **svar** answer [aːˈnsə] (på to [toː]); som svar på Ert brev in reply to your letter [inn riplajˈ toː jåːˈ lettˈə] **svara** answer [aːˈnsə]; svara för (ansvara för) answer for [aːˈnsə fåː]; svara i telefonen answer the telephone [aːˈnsə ðə tellˈifåon] **svarande** defendant [difennˈdənt] **svarslös** ... at a loss for a reply [ätt ə låssˈ fåː ə riplajˈ] **svart** black [bläkk]; Svarta havet the Black Sea [ðə bläkkˈ siːˈ]; svarta börsen the black market [ðə bläkkˈ maːˈkitt]; familjens svarta får the black sheep of the family [ðə bläkkˈ sjiːˈp əvv ðə fammˈilli] **svartlista** blacklist [bläkkˈlisst] **svartmålning** blackening [bläkkˈning] **svartpeppar** black pepper [bläkkˈ peppˈə] **svartsjuk** jealous [dsjellˈəs] **svartsjuka** jealousy [dsjellˈəsi] **svartvit** black and white [bläkkˈ ænn wajˈt]; (om film) monochrome [månnˈəkråom] **svarv** (turning-)lathe [(təːˈning)lejð] **svarva** turn (in a lathe) [təːˈn (inn ə lejˈð)] **svarvare** turner [təːˈnə] **svavel** sulphur [sallˈfə] **svavelsyra** sulphuric acid [sallfjoːˈərikk ässˈidd] **sveda** smart(ing pain) [smaːˈt(ing pejˈn)]; sveda och värk physical suffering [fizzˈikəl saffˈəring] **svek** treachery [trettˈsjəri] **svekfull** treacherous [trettˈsjərəs] **svensexa** stag party [stäggˈ paːˈti] **svensk** (adj.) Swedish [swiːˈdisj]; svenska kronor Swedish kronor [swiːˈdisj kroːˈnorr]; en svensk mil 10 kilometres [tennˈ

svenska — svärmeri 154

kill'əmi:təzz]; (subst.) Swede [swi:d] **svenska** (språk) Swedish [swi:'disj]; (kvinna) Swedish woman [swi:'disj womm'ən] **svensk-amerikan(sk)** Swedish-American [swi:'disjəmerr'ikən] **svenskfödd** Swedish born [swi:'disj bå:n] **svenskspråkig** (svensktalande) Swedish-speaking [swi:'disjspi:'king]; (på svenska) ... in Swedish [inn swi:'disj] **svep** sweep [swi:p] **svepa** wrap [räpp] **svepning** (lik-) shroud [sjraod] **svepskäl** pretext [pri:'tekkst] **Sverige** Sweden [swi:'dn] **svetsa** weld [welld] **svetsaggregat** welding set [well'ding sett] **svetsning** welding [well'ding] **svett, svettas** sweat [swett] **svida** smart [sma:t] **svika** fail [fejl] **svikt** (spänst) springiness [spring'iniss]; (trampolin) springboard [spring'bå:d] **svikta** bend [bennd] **svikthopp** springboard diving [spring'bå:d daj'ving]; (i gymnastik) jumping on the spot [dsjamm'ping ånn ðə spått'] **svimma** faint [fejnt] **svin** pig [pigg] **svinaktig** swinish [swaj'nisj]; (oanständig) filthy [fill'θi] **svindel** giddiness [gidd'iniss]; (svindleri) swindle [swinn'dl] **svindla** det svindlar för ogonen my head is swimming [maj hedd' izz swimm'ing] **svindlande** dizzy [dizz'i]; svindlande summor prodigious sums [prədidd'sjəs samm'z] **svindlare** swindler [swinn'dlə] **sving** (i boxning) swing [swing] **svinga** swing [swing] **svinn** waste [wejst] **svinstia** pigsty [pigg'staj] **svit** suite [swi:t]; (påföljd) after-effect [a:'ftəifekk't] **svordom** oath [åoθ] **svullen** swollen [swåo'lən] **svullna** become swollen [bikamm' swåo'lən] **svulst** tumour [tjo:'mə] **svulstig** bombastic [båmmbäss'tikk] **svulten** famished [fämm'isjt] **svåger** brother-in-law [braḏ'ərinlå:] **svångrem** belt [bellt] **svår** difficult [diff'ikəlt]; (sjukdom) severe [sivi:'ə]; (allvarlig) serious [si:'əriəs]; ett svårt slag a hard blow [ə ha:'d blåo'] **svårartad** malignant [məligg'nənt] **svårbegriplig** hard to understand [ha:'d tə anndəstänn'd] **svårframkomlig väg** difficult road [diff'ikəlt råod] **svårhanterlig** difficult to manage [diff'ikəlt tə männ'iddsj] **svårighet** difficulty [diff'ikəlti] **svårläst** difficult to read [diff'ikəlt tə ri:'d] **svårmod** melancholy [mell'ənkəli] **svårtillgänglig** difficult of access [diff'ikəlt əvv äkk'sess] **svåröverskådlig** difficult to survey [diff'ikəlt tə sə:vej'] **svägerska** sister-in-law [siss'tərinnlå:] **svälja** swallow [swåll'åo] **svälla** swell [swell] **svält** starvation [sta:vej'sjən] **svälta** starve [sta:v] **svältgräns** leva på svältgränsen live on the hunger line [livv' ånn ðə hang'gə laj'n] **svämma över** overflow [åovəflåo'] **sväng** round [raond]; (krök) turn [tə:n] **svänga** swing [swing]; (rotera, göra sväng) turn [tə:n] **svänghjul** flywheel [flaj'wi:l] **svängning** swing [swing]; (fram o. tillbaka) vibration [vajbrej'sjən]; (rotation) rotation [råotej'sjən] **svängrum** elbow-room [ell'båoroom] **svängtapp** pivot [pivv'ət] **svära** swear [swä:'ə] **svärd** sword [så:d] **svärdfisk** sword-fish [så:'dfisj] **svärdotter** daughter-in-law [då:'tərinnlå:] **svärfar** father-in-law [fa:'ðərinnlå:] **svärm, svärma** swarm [swå:m] **svärmeri** (förälskelse) infatuation [inn-

svärmor — syssla

fättjoej'sjən] svärmor mother-in-law [mað'ərinnlå:] **svärson** son-in-law [sann'innlå:] **svärta** (subst.) blacking [bläkk'ing]; (verb) blacken [bläkk'ən] **sväva** float [flåot]; sväva i fara be in danger [bi: inn dej'ndsjə] **sy** sew [såo]; sy fast (i') sew on [såo' ånn']; sy ihop sew up [såo' app'] **sybehör** sewing materials [såo'ing məti:'əriəlz] **sybehörsaffär** haberdasher's [habb'ədasjəz] **Sydafrika** South Africa [sao'θ äff'rikkə] **Sydamerika** South America [sao'θ əmerr'ikkə] **Sydeuropa** Southern Europe [saðən jo:'ərəp] **sydkust** south coast [sao'θ kåo'st] **sydlig, sydländsk** southern [saθ'ən] **sydostlig** south-east [sao'θi:'st] **sydpolen** the South Pole [ðə sao'θ påo'l] **sydväst** (subst. o. adv.) south-west [sao'θ wess't]; (hatt) south-wester [saoθ wess'tə] **sydvästlig** south-westerly [saoθ wess'təli] **syfilis** syphilis [siff'iliss] **syfta** aim [ejm] (på at [ätt]) **syfte** aim [ejm] **syl** awl [å:l] **syll** sleeper [sli:'pə] **sylt** jam [dsjämm] **sylta** (subst.) brawn [brå:n]; (verb) make jam (of) [mej'k dsjämm' (åvv)] **syltlök** pearl onion [pə:'l ann'jən] **symbol** symbol [simm'bəl] **symbolisera** symbolize [simm'bəlajz] **symbolisk** symbolic [simmbåll'ikk] **symfoni** symphony [simm'fəni] **symmetrisk** symmetric [simett'rikk] **sympati** sympathy [simm'pəθi] **sympatisera** sympathize [simm'pəθajz] **sympatisk** nice [najs] **symtom** symptom [simm'ptəm] **syn** sight [sajt]; (åsikt) view [vjo:]; (dröm-) vision [visj'ən]; få syn på catch sight of [kätt'sj sajt'əvv] **syna** inspect [innspekk't] **synagoga** synagogue [sinn'əgägg] **synas** be seen [bi: si:'n]; (tyckas) appear [əpi:'ə] **synd** sin [sinn]; (skada) pity [pitt'i]; så synd! what a pity! [wått'ə pitt'i]; tycka synd om feel sorry for [fi:'l sårr'i få:'] **synda** sin [sinn] **syndabock** scapegoat [skej'pgåot] **syndafallet** the Fall (of man) [ðə få:'l (əvv männ')] **syndaflod** flood [fladd] **syndare** sinner [sinn'ə] **syndig** sinful [sinn'foll] **synhåll** sight [sajt] **synkop** syncope [sing'kəpi] **synkronisera** synchronize [sing krənajz]; **synkroniserad växellåda** synchromesh gearbox [sing'kråomesj' gi:'əbåkks] **synlig** visible [vizz'əbl] **synnerhet** i synnerhet particularly [pətikk'joləli] **synnerligen** extremely [ikkstri:'mli] **synonym** synonymous [sinänn'iməs] **synpunkt** point of view [påj'nt əvv vjo:'] **synskadad** with defective vision [wið difekk'tivv visj'ən] **syntes** synthesis [sinn'θisiss] **syntetisk** synthetic [sinnθett'ikk] **synvilla** optical illusion [åpp'-tikəl illo:'sjən] **synvinkel** (bildl.) angle of approach [äng'gl əvv əpråo'tsj] **synål** (sewing-)needle [(såo'ing)ni:dl] **syra** acid [äss'idd] **syre** oxygen [åkk'sidsjən] **syren** lilac [laj'läk] **Syrien** Syria [sirr'iə] **syrsa** cricket [krikk'itt] **syskon** brother(s) and sister(s) [brað'ə(z) ənn siss'tə(z)] **sysselsatt** occupied [åkk'-jopajd] **sysselsätta** occupy [åkk'jopaj] **sysselsättning** occupation [åkkjopej'sjən] **sysselsättningsterapi** occupational therapy [åkkjo'pej'sjənl θerr'əpi] **syssla** (sysselsättning) occupation [åkkjopej'sjən]; (sysselsätta sig) busy o.s. [bizz'i wannsell'f]

syssling — sämskskinn 156

syssling second cousin [sekk'ənd kazz'n] **sysslolös** idle [aj'dl] **system** system [siss'timm] **systematik** systematics [sisstimätt'ikks] **systematisera** systematize [siss'timətajz] **systematisk** systematic [sisstimätt'ikk] **systembolag** (state-controlled) company for the sale of wines and spirits [(stej'tkəntråo'ld) kamm'pəni få: ðə sej'l əvv waj'nz ənn spirr'itts] **syster** sister [siss'tə] **systerdotter** niece [ni:s] **systerson** nephew [nevv'jo:] **sytråd** sewing cotton [såo'ing kått'n] **så 1** (adv.) so [såo]; (sedan) then [ðenn]; så att säga so to speak [såo' tə spi:'k]; hur så? how then? [hao' ðenn']; så har like this [lajk ðiss'] **2** (pron.) i så fall in that case [inn ðätt' kej's] **3** (verb) sow [såo] **sådan** such [sattsj]; sådan dar like that [lajk ðätt']; ngt sådant such a thing [satt'sj ə θing']; en sådan vacker hatt! what a beautiful hat! [wått' ə bjo:'təfoll hätt'] **sådd** sowing [såo'ing] **såg, såga** saw [så:] **sågblad** saw-blade [så:'blejd] **sågspån** sawdust [så:'dasst] **sågverk** sawmill [så:'mill] **såld** sold [såold] **således** consequently [kånn'sikwəntli] **såll, sålla** sieve [sivv] **sålunda** thus [ðass] **sång** song [sång] **sångare, sångerska** singer [sing'ə] **sångfågel** song-bird [sång'bə:d] **sångkör** choir [kwaj'ə] **såpa** soft soap [såff't såo'p] **såpbubbla** soap-bubble [såo'p-babbl] **sår, såra** wound [wo:nd] **sårande** insulting [innsall'ting] **sårbar** vulnerable [vall'nərəbl] **sås** sauce [så:s]; (kött-) gravy [grej'vi] **såsom** as [äzz] **såvida** provided ... [prəvaj'didd] **såvitt** as far as [äzz fa:' äzz] **såväl** såväl stora som små big as well as small [bigg' äzz well' äzz små:'l] **säck** sack [sakk]; (mindre) bag [bägg]; köpa grisen i säcken buy a pig in a poke [baj' ə pigg' inn ə påo'k]; bädda säck make an apple-pie bed [mej'k ənn äpp'lpaj' bedd'] **säckig** baggy [bagg'i] **säd** corn [kå:n] **sädesärla** wagtail [wägg'tejl] **sädesvätska** seminal fluid [si:'minnl flo:'idd] **säga** say [sej]; säger du det? you don't say? [jo: dåo'nt sej']; så att säga so to speak [såo' tə spi:'k]; han sägs vara rik he is said to be rich [hi: izz sedd' tə bi: ritt'sj] **sägen** legend [ledd'sjənd] **säker** sure [sjo:'ə]; (pålitlig) safe [sejf] **säkerhet** safety [sej'fti]; (borgen) security [sikjo:'əritti] **säkerhetsanordning** safety device [sej'fti divaj's] **säkerhetsbälte** safety belt [sej'fti bellt], seat belt [si:'t bellt] **säkerhetsmarginal** safety margin [sej'fti ma:'dsjinn] **säkerhetsventil** safety-valve [sej'ftivällv] **säkerligen, säkert** certainly [sə:'tnli] **säkra** secure [sikjo:'ə] **säl** seal [si:l] **sälg** sallow [sall'åo] **sälja** sell [sell] **säljare** seller [sell'ə] **sälla sig till** join [dsjåjn] **sällan** seldom [sell'dəm] **sällsam** strange [strejndsj] **sällskap** company [kamm'pəni]; (samfund) society [səsaj'əti] **sällskaplig** social [såo'sjəl] **sällskapsliv** social life [såo'sjəl laj'f] **sällskapsmänniska** sociable person [såo'sjəbl pə:'sn] **sällskapsresa** conducted tour [kəndakk'tidd to:'ə] **sällskapsspel** party game [pa:'ti gejm] **sällsynt** rare [rä:'ə] **sällsynthet** rarity [rä:'əritti] **sämja** concord [kång'kå:d] **sämre** worse [wə:s] **sämskskinn**

chamois [sjämm'wa:] **sämst** worst [wə:st] **sända** send [sennd]; (*radio*) transmit [trännzmitt'] **sändare** transmitter [trännzmitt'ə] **sändebud** messenger [mess'inndsjə] **sänder** *i sänder* at a time [ätt ə taj'm] **sändning** consignment [kənsajnmənt]; *radio.* transmission [trännzmisj'ən] **säng** bed [bedd]; *ligga till sängs* be in bed [bi: inn bedd'] **sängkammare** bedroom [bedd'room] **sängkläder** bedclothes [bedd'klåoðz] **sänka** *subst.* (*fördjupning*) hollow [håll'åo]; *verb* (*få att sjunka*) sink [singk]; (*göra lägre*) lower [låo'ə]; *sänka sig* descend [disenn'd] **sänke** (*på metrev*) sinker [sing'kə] **sänkning** sinking [sing'king]; (*av pris*) reduction [ridakk'sjən] **särart** specific nature [spisiff'ikk nej'tsjə] **särbeskattning** individual taxation [inndividd'joəl täkksej'sjən] **särdeles** extraordinarily [ikkstrå:'dnrilli] **säregen** peculiar [pikjo:'ljə] **särklass** *i särklass* a class of its own [ə kla:'s əvv itts åo'n] **särprägel** characteristic [kärrikktəriss'tikk] **särskild** special [spesj'əl] **särskilt** (e)specially [((i)speşj'əli] **särtryck** off-print [å:ff'prinnt] **säsong** season [si:'zn] **säte** seat [si:t] **sätt** way [wej]; *på det sättet* in this way [inn ðiss' wej'] **sätta** (*placera*) place [plejs], put [pott]; (*plantera*) plant [pla:nt]; (*boktr.*) compose [kəmpåo'z]; *sätta fast* (*fästa*) fix [fikks]; *sätta fram* put out [pott' ao't]; *sätta in pengar i* (*bank*) deposit money in [dipåzz'itt mann'i inn]; *sätta på sig* put on [pott' ånn']; *sätta sig* sit down [sitt' dao'n] **sättare** type-setter [taj'psettə] **sättmaskin** type-setting machine [taj'psetting məsji:'n] **sättning** setting [sett'ing] **säv** rush [rasj] **söder** south [saoθ] **Söderhavet** the South Pacific [ðə sao'θ pəsiff'ikk] **Söderhavsöarna** the South Sea Islands [ðə sao'θ si:' aj'ləndz] **södra** southern [sað'ən] **söka** search [sə:tsj] (*efter for* [få:]); (*ansöka*) apply for [əplaj' få:] **sökande** search [sə:tsj]; (*platssökande*) applicant [äpp'likənt] **sökare** (*i kamera*) (view-)finder [(vjo:')faj'ndə] **söla** 1 tarry [tarr'i] 2 (*smutsa*) soil [såjl] **söm** seam [si:m] **sömmerska** dressmaker [dress'mejkə] **sömn** sleep [sli:p]; *gå* (*tala*) *i sömnen* walk (talk) in one's sleep [wå:'k (tå:'k) inn wannz sli:'p]; *ha god sömn* be a sound sleeper [bi: ə sao'nd sli:'pə] **sömngångare** sleepwalker [sli:'pwå:kə] **sömnig** sleepy [sli:'pi] **sömnlös** sleepless [sli:'pliss] **sömnmedel** sleeping-drug [sli:'pingdragg] **sömnsjuka** sleeping-sickness [sli:'pingsikkniss] **sömntablett** sliping-tablet [sli:'pingtäbblitt] **söndag** Sunday [sann'di] **söndagsskola** Sunday-school [sann'disko:l] **sönder** broken [bråo'kən]; *gå sönder* get broken [gett' bråo'kən]; *slå sönder* break [brejk] **söndra** divide [divaj'd] **sörja** (*känna sorg*) grieve [gri:v]; (*en avliden*) mourn [må:n]; (*ombesörja*) attend to [ətenn'd to:] **söt** sweet [swi:t]; (*vacker*) pretty [pritt'i] **söta** sweeten [swi:'tn] **sötningsmedel** sweetener [swi:'tnə] **sötsaker** sweets [swi:ts] **sötvatten** fresh water [fresj' wå:'tə] **söva** put ... to sleep [pott' tə sli:'p]; (*vid operation*) an(a)esthetize [äni:'sθitajz] **ta** take [tejk]; (*ta med sig*) bring [bring]; *ta en cigarr* have a cigar

tabell — tavla

[hävv' ə siga:']; *ta av sig* take off [tej'k å:'f]; *ta fram* take out [tej'k ao't]; *ta in på hotell* put up at a hotel [pott' app' ätt ə håotell'] **tabell** table [tej'bl] (*över of* [ävv}) **tablett** tablet [täbb'litt] **tabu** taboo [tabo:'] **tack** thanks [θängks]; *ja tack!* yes, please! [jess' pli:'z]; *nej tack!* no, thank you [nåo' θäng'kjo]; *tack så mycket!* many thanks! [menn'i θäng'ks]; *tack vare* thanks to [θäng'ks to:] **tacka 1** (*verb*) thank [θängk] **2** (*fårhona*) ewe [jo:] **3** (*jårn-*) pig [pigg]; (*guld-*) ingot [ing'gət] **tackjärn** pig-iron [pigg'ajən] **tackla** *sport.* tackle [täkk'l] **tacksam** grateful [grej'tfoll] **tacksamhet** gratitude [grätt'itjo:d] **tafatt** awkward [å:'kwəd] **tag** (*grepp*) grip [gripp]; (*simtag, årtag*) stroke [ståok]; *en i taget* one at a time [wann' ätt ə taj'm] **taga** *se ta* **tagel** horsehair [hå:'shä:ə] **tagg** prickle [prikk'l] **taggtråd** barbed wire [ba:'bd waj'ə] **tak** (*ytter-*) roof [ro:f]; (*inner-*) ceiling [si:'ling] **takräcke** (*på bil*) roof rack [ro:'f räkk] **takrånna** gutter [gatt'ə] **takt** (*finkånslighet*) tact [takkt]; (*musik*) time [tajm]; **taktfull** tactful [täkk'tfoll] **taktik** tactics (*pl*) [täkk'tikks] **taktlös** tactless [täkk'tliss] **tal 1** (*siffertal*) number [namm'bə]; (*råkneuppgift*) sum [samm] **2** (*satt att tala, anförande*) speech [spi:tsj] **tala** speak [spi:k] (*med* to [to:]); (*prata*) talk [tå:k] **talang** talent [täll'ənt] **talangfull** talented [täll'əntidd] **talanglös** untalented [ann'täll'əntidd] **talare** speaker [spi:'kə] **talarstol** platform [plätt'få:m] **talas** *höra talas om* hear of [hi:'ə əvv] **talg** tallow [täll'åo] **talk** talc(um) [tall'k(əm)] **tall** pine [pajn] **tallrik** plate [plejt]; *djup tallrik* soup-plate [so:'pplejt]; *flat tallrik* ordinary plate [å:'dnri plejt] **talman** speaker [spi:'kə] **talrik** numerous [njo:'mərəs] **talspråk** spoken language [spåo'kən läng'gwiddsj] **taltrast** song-thrush [sång'θrəsj] **tam** tame [tejm]; (*om djur*) domestic [dəmess'tikk] **tand** tooth [to:θ] (*pl* teeth [ti:θ]) **tandborste** toothbrush [to:'θbrəsj] **tandkräm** toothpaste [to:'θpejst] **tandläkare** dentist [denn'tisst] **tandpetare** toothpick [to:'θpikk] **tandröta** caries [kä:'əriiz] **tandsköterska** dental nurse [denn'tl nə:s] **tandvärk** toothache [to:'θejk] **tangent** key [ki:] **tangera** touch upon [tatt'sj əpånn'] **tango** tango [täng'gåo] **tank** tank [tängk] **tanka** fill up [fill' app] **tanke** thought [θå:t] (*på* of [ävv]); *få ngn på andra tankar* make s.b. change his mind [mej'k samm'bədi tsjej'ndsj hizz maj'nd] **tankeläsare** thought-reader [θå:'tri:də] **tankfartyg** tanker [täng'kə] **tankfull** thoughtful [θå:'tfoll] **tanklös** thoughtless [θå:'tliss] **tankspridd** absent-minded [äbb'səntmaj'ndidd] **tant** aunt [a:nt] **tapet** wallpaper [wå:'lpejpə] **tapetsera** hang paper [häng' pej'pə] **tapp** tap [täpp]; (*i badkar, båt*) plug [plagg] **tappa 1** (*vatska*) tap [täpp] **2** (*släppa*) drop [dråpp]; *tappa bort* lose [lo:z] **tapper** brave [brejv] **tariff** tariff [tärr'iff] **tarm** intestine [inntess'tinn] **tarvlig** vulgar [vall'gə]; (*lumpen*) shabby [sjäbb'i] **tass** paw [på:] **tatuera** tattoo [tato:'] **tavelgalleri** picture-gallery [pikk'tsjəgälləri] **tavla** picture [pikk'tsjə]; (*anslags-*)

tax — testamente

board [bå:d] **tax** dachshund [däkk'shonnd] **taxa** rate [rejt] **taxera** assess [əsess'] **taxeringsvärde** rat(e)able value [rejt'təbl väll'jo:] **taxi** taxi [täkk'si], cab [käbb] **taxichaufför** taxi-driver [täkk'sidrajvə] **te** tea [ti:]; *koka te* make tea [mejk ti:'] **teater** theatre [θiə'ətə]; *spela teater* act [äkkt]; *gå på teatern* go to the theatre [gåo' tə ðə θiə'ətə] **tecken** sign [sajn] **teckna** (*rita*) draw [drå:] **tecknare** drawer [drå:'ə] **teckning** drawing [drå:'ing] **tefat** saucer [så:'sə]; *flygande tefat* flying saucer [flaj'ing så:'sə] **tegel** brick [brikk] **tejp** Scotch tape [skått'sj tejp] **tekanna** tea-pot [ti:'pått] **teknik** technology [tekknåll'ədsji] **tekniker** technician [tekknisj'ən] **teknisk** technical [tekk'nikəl]; *teknisk högskola* college of technology [kåll'iddsj əvv tekknåll'ədsji] **teknologi** technology [tekknåll'ədsji] **tekopp** teacup [ti:'kapp] **telefon** telephone [tell'ifåon]; *det är telefon till dig* you are wanted on the telephone [jo: a: wånn'tidd ånn ðə tell'ifåon]; *tala i telefon* talk on the telephone [tå:'k ånn ðə tell'ifåon] **telefonhytt** call-box [kå:'lbåkks] **telefonkatalog** telephone directory [tell'ifåon direkk'təri] **telefonnummer** telephone number [tell'ifåon namm'bə] **telefonsamtal** telephone conversation [tell'ifåon kånnvəsej'sjən] **telegrafera** wire [waj'ə] **telegrafisk** telegraphic [telligräff'ikk] **telegram** telegram [tell'igrämm] **teleobjektiv** telephoto lens [tell'ifåo'tåo lenn's] **telepatisk** telepathic [tellipäθ'ikk] **television** television [tell'ivisjən]; *se på television* watch television (TV) [wått'sj tell'ivisjən (ti:'vi:')] **televisionsapparat** TV set [ti:'vi:' sett] **tema** theme [θi:m]; *tema på ett verb* the principal parts of a verb [ðə prinn'səpəl pa:'ts əvv ə və:'b] **tempel** temple [temm'pl] **temperament** temperament [temm'pərəmənt] **temperatur** temperature [temm'prittsjə] **temperera** temper [temm'pə] **tempo** pace [pejs]; (*i musik*) tempo [temm'påo] **tempoarbete** serial production [si:'əriəl prədakk'sjən] **Temsen** the Thames [ðə temm'z] **tendens** tendency [tenn'dənsi] **Teneriffa** Tenerif(f)e [tennəri:'f] **tenn** tin [tinn] **tennisbana** tennis court [tenn'iss kå:t] **tennisracket** tennis racket [tenn'iss räkkitt] **tenor** tenor [tenn'ə] **tentamen** examination [iggzämminej'sjən] **teologi** theology [θiåll'ədsji] **teoretisk** theoretic(al) [θiərett'ikk(əl)] **teori** theory [θi:'əri] **terapi** therapy [θerr'əpi] **term** term [tə:m] **termin** term [tə:m], *Am.* semester [simess'tə] **terminal** terminal [tə:'minl] **termometer** thermometer [θəmåmm'ittə] **termosflaska** thermos [θə:'måss] **terrass** terrace [terr'əs] **terrier** terrier [terr'iə] **territorium** territory [terr'itəri] **terror** terror [terr'ə] **terrorisera** terrorize [terr'ərajz] **terräng** terrain [ter'ejn]; (*country*) [kann'tri]; *förlora terräng* lose ground [lo:'z graond] **terränglöpning** cross-country running [kråss'kann'tri rann'ing] **terylene** terylene [terr'ili:n] **tes** thesis [θi:'siss] **tesked** teaspoon [ti:'spo:n] **test, testa** test [tesst] **testamente** will [will]; *upprätta sitt testamente* make one's will [mejk wannz will']; *Gamla (Nya) testamentet*

testamentera — tillgång 160

the Old (New) Testament [ði åo'ld (njo:') tess'təmənt] **testamentera** bequeath [bikwi:'ð] **testikel** testicle [tess'tikkl] **text** text [tekkst] **texta** use block letters [jo:'z blåkk' lett'əz] **textilfabrik** textile mill [tekk'stajl mill] **textilier** textiles [tekk'stajlz] **tia** ten [tenn] **Tibet** T(h)ibet [tibett'] **tibetansk** T(h)ibetan [tibett'ən] **ticka** tick [tikk] **tid** time [tajm]; *bestalla tid* make an appointment [mejk ənn əpåj'ntmənt]; *bestamma (en)* tid set a day [sett' ə dej']; *på senare tid* in recent times [inn ri:'snt taj'mz]; *det är om tiden att vi* it is about time we [itt izz əbao't taj'm wi:']; *under tiden* in the meantime [inn ðə mi:'ntaj'm] **tidig** early [ə:'li] **tidigare** earlier [ə:'liə] **tidning** newspaper [njo:'spejpə] **tidpunkt** time [tajm] **tidsbegränsning** time limit [taj'm limm'itt] **tidsenlig** up-to-date [app'tədejt] **tidsfördriv** pastime [pa:'stajm] **tidsinställning** (*foto*.) shutter-setting [sjatt'əsetting] **tidskrift** periodical [piəriådd'ikəl] **tidsskildring** picture of the time [pikk'tsjə əvv ðə taj'm] **tidsödande** time-consuming [taj'mkənsjo:'ming] **tidtabell** time-table [taj'mtejbl] **tidtagarur** stop-watch [ståpp'wåttsj] **tidvatten** tide [tajd] **tidvis** at times [ätt taj'mz] **tiga** be silent [bi: sajlənt] **tiger** tiger [taj'gə] **tigga** beg [begg] (*om* for [få:']) **tiggare** beggar [begg'ə] **till** to [to:]; (*tid: hur lange?*) till [till]; *en gång till* once more [wann's må:'] **tillaga** make [mejk] **tillbaka** back [bäkk] **tillbakadragen** reserved [rizə:'vd] **tillbakagång** decline [diklaj'n] **tillbe** worship [wə:'sjipp] **tillbehör** accessories [äkksess'ərizz] **tillbringa** spend [spenn'd] **tilldela** award [əwå:'d] **tilldraga** attract [ətrakk't] **tilldragande** attractive [ətrakk'tivv] **tillfalla** go to [gåo' to:] **tillflykt** refuge [reff'jo:dsj] **tillflyktsort** place of refuge [plej's əvv reff'jo:dsj] **tillfoga** (*tillagga*) add [add]; (*förorsaka*) inflict [innflikk't] **tillfreds** satisfied [sätt'issfajd] **tillfredsställa** satisfy [sätt'issfaj] **tillfredsställande** satisfactory [sättissfakk'təri] **tillfriskna** recover [rikavv'ə] **tillfråga** ask [a:sk] **tillfångataga** capture [käpp'tsjə] **tillfälle** (*tidpunkt*) occasion [əkej'sjən]; (*chans*) opportunity [åppətjo:'nitti], chance [tsja:ns]; *for tillfallet* at present [ätt prezz'nt] **tillfällig** temporary [temm'pərəri] **tillföra** bring [bring] **tillförlitlig** reliable [rilaj'əbl] **tillförordnad** acting [äkk'ting]; appointed [əpåj'ntidd] **tillförsikt** confidence [kånn'fidəns] **tillförsäkra** secure [sikjo:'ə] **tillgiven** devoted [divåo'tidd] **tillgivenhet** devotion [divåo'sjən] **tillgjord** affected [əfekk'tidd] **tillgodohavande** balance [båll'əns] **tillgodoräkna sig** put s.th. to one's credit [pott' samm'θing to: wannz kredd'itt] **tillgodose** meet [mi:t], satisfy [sätt'isfaj] **tillgripa** (*stjala*) thieve [θi:v]; (*åtgarder m.m.*) resort to [rizå:'t to:] **tillgå** *det brukar tillgå så att* what usually happens is that [wått jo:'sjoəli häpp'əns izz ðätt']; *finnas att tillgå* be obtainable [bi: əbbtej'nəbl] **tillgång** (*forfogande*) access [äkk'sess]; *tillgångar och skulder* assets and liabilities [äss'etts ənn lajəbill'itizz]; *tillgång och efterfrågan* supply and demand [səplaj' ənn dima:'nd]

tillgänglig available [əvej'ləbl] **tillhandahålla** supply (s.b. with s.th.) [səplaj' samm'bədi wið samm'θiŋg] **tillhygge** weapon [wepp'ən] **tillhåll** haunt [hå:nt] **tillhöra** belong to [bilång' to:] **tillhörande** *en maskin med tillhörande delar* a machine complete with fittings [ə məsji:n kəmmpli:'t wið fitt'iŋgz] **tillhörigheter** belongings [bilång'iŋgz] **tillintetgöra** annihilate [ənəj'əlejt] **tillit** confidence [kånn'fidəns] **tillkalla** summon [samm'ən]; send for [senn'd få:] **tillknäppt** (*om person*) reserved [rizə:'vd] **tillkomst** origin [årr'idsjinn] **tillkrånglad** complicated [kåmm'plikeʹtidd] **tillkännage** announce [ənao'ns] **tillmäle** word of abuse [wə:'d əvv əbjo:'s] **tillmäta** *tillmäta ngt betydelse* attach importance to s.th. [ətätt'sj immpå:'təns to: samm'θiŋg] **tillmötesgå** (*ngn*) oblige [əblaj'dsj], (*begaran*) comply with [kəmplaj' wið] **tillmötesgående** (*adj.*) obliging [əblaj'dsjiŋg]; (*subst.*) obligingness [əblaj'dsjiŋgniss] **tillnärmelsevis** *inte tillnärmelsevis* nothing like [naθ'iŋg lajk] **tillplattad** crushed [krasjt] **tillreda** prepare [pripä:'ə] **tillrådlig** advisable [ədvaj'zəbl] **tillräcklig** sufficient [səfisj'ənt], enough [inaff'] **tillräknelig** accountable [əkao'ntəbl] **tillrättavisa** reprove [ripro:'v] **tillrättavisning** reproof [ripro:'f] **tills** till [till], until [əntill'] **tillsagd** told [təold] **tillsammans** together [təgeð'ə] **tillsats** addition [ədisj'ən] **tillskjuta** contribute [kəntribb'jo:t] **tillskott** contribution [kånntribjo:'sjən] **tillskyndan** *på ngns tillskyndan* at the instigation of s.b. [ätt ði innstigej'sjən əvv samm'bədi] **tillskärare** cutter [katt'ə] **tillsluta** close [kləoz] **tillspillogiven** wasted [wej'stidd] **tillströmning** influx [inn'flakks] **tillstymmelse** *inte en tillstymmelse till* not a trace of [nått ə trej's əvv] **tillstyrka** support [səpå:'t] **tillstå** admit [ədmitt'] **tillstånd** (*tillåtelse*) permission [pəmisj'ən]; (*beskaffenhet*) state [stejt] **tillställning** entertainment [enntətej'nmənt] **tillstöta** set in [sett' inn'] **tillsyn** *ha tillsyn över* supervise [sjo:'pəvajz] **tillsägelse** order [å:'də]; (*tillrättavisning*) admonition [ädməənisj'ən] **tillsätta** (*utnämna*) appoint [əpåj'nt]; (*blanda i*) add [ädd] **tillta** increase [innkri:'s] **tilltag** venture [venn'tsjə]; (*påhitt*) trick [trikk] **tilltagande** (*subst.*) increase [inn'kri:s] **tilltagsen** enterprising [enn'təprajzing] **tilltal, tilltala** address [ədress'] **tilltalande** attractive [ətrakk'tivv] **tilltrasslad** entangled [inntäng'gld] **tilltro** confidence [kånn'fidəns] (*ta i besittning*) take over [tej'k åo'və] **tillträde** entrance [enn'trəns]; *fritt tillträde* admission free [ədmisj'ən fri:']; *tillträde förbjudet* no admittance [nåo' ədmitt'əns] **tilltvinga sig** obtain ... by force [əbtej'n baj få:'s] **tilltyga** manhandle [männ'händl] **tilltänkt** proposed [prəpəo'zd] **tillvarata[ga]** look after [lokk' a:'ftə] **tillvaro** existence [iggziss'təns]; *kampen för tillvaron* struggle for existence [stragg'l få: iggziss'təns] **tillverka** manufacture [männjofakk'tsjə] **tillverkare** manufacturer [männjofakk'tsjərə] **tillverkning** manufacture [männjofakk'tsjə] **tillverk-**

tillvinna sig — tjuvlarm 162

ningskostnad cost of production [kåss't avv prədakk'sjən] **tillvinna sig** gain [gejn] **tillvita ngn ngt** charge s.b. with s.th. [tsja:'dsj samm'bədi wið samm'θiŋ] **tillvägagångssätt** procedure [prəsi:'dsjə] **tillväxt** growth [gråoθ] **tillväxttakt** rate of growth [rej't avv gråo'θ] **tillåta** allow [əlao'] **tillåtelse** permission [pəmisj'ən] **tillägg** addition [ədisj'ən] **tillägga** add [ädd] **tilläggspension** supplementary pension [sapplimenn'təri penn'sjən] **tillägna** dedicate [dedd'ikejt]; *tillagna sig* (*tillskansa sig*) lay hands on [lej' hänn'dz ånn], (*skaffa sig*) acquire [əkwaj'ə] **tillämpa** apply [əplaj'] (*på* to [to:]) **tillämplig** applicable [äpp'likəbl]; *i tillämpliga delar* wherever applicable [wa:ərevv'ə äpp'likəbl] **tillämpning** application [äpplikej'sjən] **timglas** hourglass [ao'əgla:s] **timjan** thyme [tajm] **timlig** temporal [temm'pəral] **timme** hour [ao'ə] **timmer** timber [tenn'bə] **timmerstock** log [lågg] **timotej** timothy [timm'əθi] **timpenning** hourly wage [ao'əli wej'dsj] **timvisare** hour hand [ao'ə hänn'd] **tina** thaw [θå:] **tindra** twinkle [twiŋ'kl] **ting** thing [θiŋ] **tinga** order [å:'də] **tingeltangel** noisy funfare [nåj'zi fann'fəə] **tingshus** court-house [kå:'thao's] **tingstjänstgöring** court practice [kå:'t präkk'tiss] **tinktur** tincture [tiŋ'ktsjə] **tinne** pinnacle [pinn'əkl] **tinning** temple [temm'pl] **tio** ten [tenn] **tiodubbel** tenfold [tenn'fåold] **tiokamp** decathlon [dekäθ'lånn] **tionde, tiondel** tenth [tennθ] **tiopundssedel** ten-pound note [tenn'paond nåo't] **tiotal** ten [tenn] **tipp** tip [tipp] **tippa 1** (*stjälpa ur*) tip [tipp] **2** (*sport.*) do the pools [do: ðə po:'lz] **tips** (*vink*) tip [tipp]; (*fotbolls-*) football-pools [fott'bå:lpo:lz]; *vinna på tips* win on the pools [winn' ånn ðə po:'lz] **tipskupong** pools coupon [po:'lz ko:pånn] **tisdag** Tuesday [tjo:'zdi] **tissel och tassel** tittle-tattle [titt'ltattl] **tistel** thistle [θiss'l] **titel** title [taj'tl]; *lagga bort titlarna* drop the Mr. (*etc.*) [dråpp' ðə miss'tə] **titt 1** (*blick*) look [lokk] **2** *titt och tatt* frequently [fri:'kwəntli] **titta** look [lokk] (*på* at [att]); *titta på TV* watch TV [wått'sj ti:'vi:']; *titta efter* (look and) see [(lokk' ənn) si:'] **tittare** (*TV-*) viewer [vjo:'ə]; (*smyg-*) peeping-tom [pi:'piŋtåmm] **titulera** style [stajl] **tivoli** amusement park [əmjo:'zmənt pa:k] **tja!** well! [well] **tjata** nag [nägg] **tjeck, tjeckisk** Czech [tsjekk] **Tjeckoslovakien** Czechoslovakia [tsjekk'åoslåvakk'iə] **tjock** thick [θikk]; (*om pers.*) stout [staot] **tjog** score [skå:'] **tjudra** tether [teð'ə] **tjugo** twenty [twenn'ti] **tjugonde, tjugondel** twentieth [twenn'tiiθ] **tjugotal** *ett tjugotal* about twenty [əbao't twenn'ti]; *på tjugotalet* in the twenties [inn ðə twenn'tizz] **tjur** bull [boll] **tjura** sulk [sallk] **tjurfäktning** bull-fighting [boll'fajtiŋ]; *en tjurfaktning* a bullfight [ə boll'fajt] **tjurig** sulky [sall'ki] **tjurskallig** stubborn [stabb'ən] **tjusa** enchant [inntsja:'nt] **tjusning** charm [tsja:m] **tjut** howling [hao'liŋ]; (*ett tjut*) howl [haol] **tjuta** howl [haol] **tjuv** thief [θi:f] **tjuvaktig** thievish [θi:'visj] **tjuvgods** stolen property [ståo'lən språpp'əti] **tjuvlarm** burglar alarm [baːˈgla ˈalaːm] **tjuvlyssna** eavesdrop [iːˈvzdråpp] **tjuvstart** (*sport.*) false start [fåːls staːt] **tjuvtitta i** take a look into … on the sly [tejˈk ə lokkˈ innˈto ånn ðə slajˈ] **tjäder** capercaillie [käppəkejˈlji] **tjäle** ground frost [graoˈnd fråsst] **tjäna** serve [səːv]; (*förtjäna*) earn [əːn]; (*på affär*) gain [gejn] **tjänare** servant [səːˈvənt] **tjänst** service [səːˈviss]; *be ngn om en tjänst* ask a favour of s.b. [aːsk ə fejˈvə əvv sammˈbədi]; *göra ngn en tjänst* do s.b. a service [doːˈ sammˈbədi ə səːˈviss]; *varmed kan jag stå till tjänst?* what can I do for you? [wåttˈ känn aj doːˈ fə joːˈ] **tjänstefel** breach of duty [briːˈtsj əvv djoːˈti] **tjänstefolk** servants [səːˈvənts] **tjänsteförrättande** acting [äkkˈting] **tjänsteman** employee [emmplåjiːˈ]; (*högre*) official [əfisjˈəl]; (*vard.*) white-collar worker [wajˈtkållˈə wəːkə] **tjänsteresa** official journey [əfisjˈəl dsjəːni]; (*i privat tjänst*) business trip [bizzˈniss tripp] **tjänstevikt** (*bils*) kerb weight plus driver's weight [kəːb wejˈt plass drajˈvəz wejˈt] **tjänstgöra** serve [səːv] **tjänstgöring** service [səːˈviss] **tjänstgöringsbetyg** testimonial [tesstimåoˈnjəl] **tjänstledig** *vara tjänstledig* be on leave [biːˈ ånn liːˈv] **tjänstledighet** leave [liːv] **tjänstvillig** obliging [əblajˈdsjing] **tjära** tar [taː] **tjärn** tarn [taːn] **toalett** toilet [tåjˈlitt]; (*WC även*) lavatory [lävvˈətəri]; (*på restaurang o.d.*) cloakroom [klåoˈkromm], men's (*ladies*') room [mennˈz (lejˈdizz) romm] **toalettartiklar** toilet requisites [tåjˈlitt rekkˈwizitts] **toalettpapper** toilet-paper [tåjˈlittpejpə] **tobak** tobacco [təbakkˈåo] **tobaksaffär** tobacconist's [təbakkˈənissts] **toffel** slipper [slippˈə] **toffelhjälte** hen-pecked husband [hennˈpekkt hazzˈbənd] **tofs** tuft [tafft] **tok** (*pers.*) fool [foːl]; *gå på tok* go wrong [gåoˈ rångˈ] **tokig** mad [mädd] (*av* with [wið]); *efter* after [aːˈftə]; *i, på* on [ånn]); (*mycket förtjust*) crazy [krejˈzi] (*i* about [əbaoˈt]) **tolerans** tolerance [tållˈərəns] **tolerant** tolerant [tållˈərənt] **tolerera** tolerate [tållˈərejt] **tolftedel** twelfth [twellfθ] **tolk** interpreter [inntəːˈpritə] **tolka** interpret [inntəːˈpritt] **tolkning** interpretation [inntəːpritejˈsjən] **tolv** twelve [twellv]; *klockan tolv på dagen* (*natten*) at noon (midnight) [ätt noːn (middˈnajt)] **tom** empty [emmˈpti] **tomat** tomato [təmaːˈtåo] **tomatketchup** tomato ketchup [təmaːˈtåo kettˈsjəp] **tomglas** empty bottle [emmˈpti båttˈl] **tomgång** idling [ajˈdling] **tomhänt** empty-handed [emmˈptihannˈdidd] **tomrum** empty space [emmˈpti spejˈs] **tomt** (*obebyggd*) (building-)site [(billˈ-ding)sajt]; (*kring hus*) garden [gaːˈdn] **tomte** brownie [braoˈni] **tomträtt** site-leasehold right [sajˈtliːsháold rajˈt] **ton 1** ton [tann], (*1000 kg*) metric ton [mettˈrikk tannˈ], (*1016 kg, eng. ton*) long ton [långˈ tannˈ] **2** (*mus.; färg- etc.*) tone [tåon]; *ange tonen* (*i musik*) give the note [givvˈ ðə nåoˈt], (*bildl.*) give the tone [givvˈ ðə tåoˈn]; *träffa den rätta tonen* strike the right note [strajˈk ðə rajˈt nåoˈt]; *takt och ton* good manners [goddˈ mannˈəz] **tonande** (*om språkljud*) voiced [våjst] **tonart** key

tonfall intonation [inntåonej'sjən] **tonfisk** tunny(-fish) [tann'i(fisj)]; tuna-fish [tjo:'nəfisj] **tongivande** (bildl.) leading [li:'ding] **tonhöjd** pitch [pittsj] **tonnage** tonnage [tann'iddsj] **tonsill** tonsil [tånn'sl] **tonsteg** interval [inn'təvəl] **tonsätta** set ... to music [sett' to: mjo:'zikk] **tonsättare** composer [kəmpåo'zə] **tonvikt** stress [stress] **tonåring** teen-ager [ti:'n-ejdsjə] **topografisk** topographical [tåppəgraff'ikəl] **topp** top [tåpp] **topphastighet** maximum speed [mäkk'siməm spi:d] **topprestation** top performance [tåpp' pəfå:'məns] **toppventil** overhead valve [åo'vəhedd vallv] **torde** ni torde observera you will please observe [jo: will pli:'z əbzə:'v']; man torde kunna påstå att it may probably be asserted that [itt mej pråbb'əbli bi: əsə:'tidd ðätt'] **tordyvel** dor-beetle [då:'bi:tl] **torftig** scanty [skänn'ti] **torg** (plats) square [skwä:'ə]; (salu-) market [ma:'kitt] **torgdag** market-day [ma:'kittdej] **torgskräck** agoraphobia [äggərəfåo'biə] **torgstånd** market-stall [ma:'kittstå:l] **tork** drier [draj'ə]; hanga på tork hang ... to dry [häng' tə draj'] **torka** (subst.) drought [draot]; (verb) dry [draj], get ... dry [gett' draj']; (torka av) wipe [wajp]; torka bort wipe off [wajp å:'f] **torkställ** drying rack [draj'ing räkk]; (for disk) plate rack [plejt' räkk] **torn** tower [tao'ə]; (schackpjäs) rook [rokk] **torp** crofter's holding [kråff'təz håo'lding] **torpare** crofter [kråff'tə] **torped, torpedera** torpedo [tå:pi:'dåo] **torr** dry [draj]; ha sitt på det torra be comfortably off [bi: kamm'fətəbli å:'f] **torrklosett** earth closet [ə:'θ klåzz'itt] **Torsdag** Thursday [θə:'zdi] **torsk** cod [kådd] **torskleverolja** cod-liver oil [kådd'livvəråj'l] **tortera, tortyr** torture [tå:'tsjə] **torv** peat [pi:t] **torva** (gräs-) turf [tə:f] **torvmosse** peat bog [pi:'t bågg] **total** total [tåo'tl] **totalhaveri** total loss [tåo'tl låss'] **totalisator** totalizator [tåo'təlajzejtə] **totalitär** totalitarian [tåotəllitä:'əriən] **tradition** tradition [trədissj'ən] **traditionell** traditional [trədissj'ənl] **trafik** traffic [träff'ikk] **trafikant** (landsvags-) road-user [råo'djo:zə] **trafikera** use [jo:z]; livligt trafikerad heavily trafficked [hevv'illi träff'ikkt] **trafikflyg** air service [ä:'ə sə:'viss] **trafikflygplan** passenger plane [päss'inndsjə plej'n] **trafikljus** traffic light(s) [träff'ikk lajt(s)] **trafikolycka** traffic accident [träff'ikk äkk'sidənt] **trafikstockning** traffic jam [träff'ikk dsjämm'] **trafiksäkerhet** road safety [råo'd sejf'ti] **tragedi** tragedy [trädd'sjiddi] **traggla** (knoga) plod on [plådd' ånn'] **tragik** tragedy [trädd'sjiddi] **tragisk** tragic(al) [trädd'sjikk(əl)] **trakassera** pester [pess'tə] **trakt** district [diss'trikkt]; har i trakten in this neighbourhood [inn ðiss' nej'bəhodd] **traktamente** allowance (for expenses) [əlao'əns (få: ikkspenn'sizz)] **traktat** treaty [tri:'ti] **traktera** treat [tri:t]; (spela) play [plej]; inte vara vidare trakterad av not be flattered by [nått bi: flätt'əd baj] **traktor** tractor [träkk'tə] **tralla** troll [tråol] **trampa** tramp [trämmp]; (cykel, symaskin) pedal [pedd'l]; **trampbil** pedal car [pedd'l ka:]

trampfartyg tramp [trämmp] **trampolin** spring-board [spring'-bå:d] **tran** train-oil [trej'nåjl] **trana** crane [krejn] **tranbär** cranberry [känn'bəri] **transaktion** transaction [tränn'zäkk'sjən] **transformator** transformer [tränns'få:'mə] **transistorradio** transistor radio [tränn'ziss'tə rej'diåo] **transpirationsmedel** deodorant [di:åo'dərənt] **transplantera** transplant [tränns'plä:'nt] **transport** transport [tränn'spå:t] **transportera** transport [tränns'på:t] **trapets** trapeze [trəpi:'z] **trappa** (utomhus) stairs [stä:'əz]; (farstu-) doorstep(s) [då:'stepp(s)]; (inomhus-) stairs [stä:'əz]; *en trappa upp* on the first (Am. second) floor [ånn ðə fə:'st (sekk'ənd) flå:'] **trappsteg** step [stepp], stair [stä:'ə] **trappstege** step-ladder [stepp'läddə] **trappuppgång** staircase [stä:'ə-kejs] **trasa** rag [rägg]; (skur-) scouring-cloth [skaoəringklåθ]; (sönderbruten) broken [bråo'kən]; (i olag) out of order [ao't əvv å:'də] **traska** trudge [traddsj] **trasmatta** rag-rug [rägg'rägg] **trassel** (oreda) tangle [täng'gl]; (besvärligheter) trouble [trabb'l] **trasselsudd** piece of cotton waste [pi:'s əvv kått'n wejst] **trassent** drawer [drå:'ə] **trassera** draw [drå:'] **trassla** (krångla) make a fuss [mej'k ə fass']; *trassla in sig* get itself (o.s.) entangled [gett ittsell'f (wannsell'f) inntäng'gld] **trasslig** tangled [täng'gld]; confused [kənfjo:'zd] *trassliga affärer* shaky finances [sjej'ki fajnänn'sizz] **trast** thrush [θrasj] **tratt** funnel [fann'l] **trav** trot [trått]; *hjalpa ngn på traven* give s.b. a start [givv' samm'bədi ə sta:'t] **trava 1** trot [trått] **2** (lägga i trave) pile [pajl] **trave** pile [pajl] **travhäst** trotter [trått'ə] **travtävling** trotting race [trått'ing rejs] **tre** three [θri:] **tredje** third [θə:d]; *tredje graden* third degree [θə:'d digri:'] **tredjedel** third [θə:d] **tredubbel** treble [trebb'l] **treenighet** trinity [trinn'itti] **trehjuling** three-weeler [θri:'wi:'lə] **trekantig** triangular [trajäng'gjolə] **treklang** triad [traj'əd] **tresiffrig** three-figure [θri:'figg'ə] **tresteg** hop-step-and-jump [håpp'-stepp'əndsjamm'p] **trestjärnig** three-star [θri:'sta:'] **trettio** thirty [θə:'ti] **trettionde** thirtieth [θə:'tieθ] **trettiotal** *ett trettiotal* some thirty [samm' θə:'ti]; *på trettiotalet* in the thirties [inn ðə θə:'tizz] **tretton** thirteen [θə:'ti:'n] **trettondagen** Twelfth Day [twell'fθ dej'] **trettondagsafton** Twelfth Night [twell'fθ najt'] **trettonde** thirteenth [θə:'ti:'nθ] **treva** grope [gråop] (*efter* for [få:]) **trevare** feeler [fi:'lə] **trevlig** pleasant [plezz'nt]; *vi hade mycket trevligt* we had a very nice time [wi: hädd ə verr'i najs tajm]; *det var trevligt att höra* I am glad to hear that [aj ämm glädd' tə hi:'ə ðätt'] **trevnad** comfort [kamm'fət] **trevåningshus** three-storeyed house [θri:'stå:'ridd həos] **triangel** triangle [traj'änggl] **triangeldrama** (eternal-)triangle drama [(i:tə:'nl)traj'änggl dra:'mə] **tribun** platform [plätt'få:m] **trick** trick [trikk] **trigonometri** trigonometry [triggənåmm'ittri] **trikin** trichina [trikaj'nə] **trikå** tricot [trikk'åo] **trilling** triplet [tripp'litt] **trimma** trim [trimm] **trind** round(-shaped) [rao'nd(sjejpt)] **trio**

trio [tri:´åo] **tripp** trip [tripp]; *göra en tripp* go for a trip [gåo få: ə tripp´] **trissa** (*subst.*) wheel [wi:l]; (*verb*) *trissa upp priserna* push up the prices [posj´ app´ ðə praj´sizz] **trist** (*långtråkig*) tedious [ti:´djəs]; (*dyster*) gloomy [glo:´mi] **triumf, triumfera** triumph [traj´əmf] **trivas** get on well [gett ånn´ well´]; *han trivs i England* he likes being in England [hi: lajks bi:´ing inn ing´glənd]; *trivas med* get on with [gett ånn´ wið] **trivsam** pleasant [plezz´nt] **trivsel** well-being [well´bi:´ing] **tro** (*subst.*) belief [bili:´f] (*på* in [inn]); *i god tro* in good faith [inn godd´ fej´θ]; (*verb*) believe [bili:´v] (*på* in [inn]); (*förmoda*) think [θingk]; *ja, jag tror det* yes, I believe so [jess´ aj bili:´v såo´]; *må du tro!* I can tell you! [aj känn tell´ jo:´] **trofast** true [tro:] **trogen** faithful [fej´θfoll] **trohet** faithfulness [fej´θfollniss] **trolig** probable [pråbb´əbl]; *det är föga troligt* it is hardly likely [itt izz ha:´dli lajk´li] **troligen** probably [pråbb´əbli] **troll** troll [tråol]; (*elakt*) hobgoblin [håbb´- gåbblinn]; *när man talar om trollen* ... talk of the devil and he'll appear [tå:´k əvv ðə devv´l ənd hi:´l əpi:´ə] **trolla bort (fram)** conjure away (forth) [kann´dsjə əwej´ (få:´θ)] **trolldom** witchcraft [witt´sjkra:ft] **trolleri** magic [mädd´sjikk] **trollformel** magic formula [mädd´sjikk få:´mjolə] **trollkonstnär** conjurer [kann´dsjərə] **trollslända** dragonfly [drägg´ənflaj] **trolös** faithless [fej´θliss] **tromb** tornado [tå:nej´dåo] **trombon** trombone [tråmmbåo:n] **tron** throne [θråon] **tronföljare** successor to the throne [səksess´ə to: ðə θråo´n] **tropikerna** the Tropics [ðə tråpp´ikks] **tropikhjälm** sun-helmet [sann´hell´mitt] **tropisk** tropical [tråpp´ikəl] **trosbekännelse** confession of faith [kən- fesj´ən əvv fej´θ] **troskyldig** true-hearted [tro:´ha:´tidd] **trosor** briefs [bri:fs] **tross** hawser [hå:´zə] **trossamfund** religious community [riliddsjəs kəmjo:´nitti] **trossbotten** double floor [dabb´l flå:´] **trots** (*subst.*) defiance [difajəns] (*mot of* [əvv]); (*prep.*) in spite of [inn spajt´ əvv] **trotsa** defy [difaj´] **trotsåldern** the obstinate age [ði åbb´stinitt ej´dsj] **trottoar** pavement [pej´vmənt], *Am.* sidewalk [sajd´wå:k] **trovärdig** credible [kredd´- əbl] **trubadur** troubadour [tro:´bədo:ə] **trubba (av), trubbig** blunt [blannt] **truck** truck [trakk] **truga** press [press] **trumf, trumfkort** trump [trammp] **trumhinna** ear-drum [i:´ədramm] **trumma** drum [dramm] **trumpinne** drumstick [dramm´stikk] **trumslagare** drummer [dramm´ə] **trupp** troop [tro:p] **truppförband** (*military*) unit [(mill´itəri) jo:´nitt] **trust** trust [trasst] **trut 1** (*fågel*) gull [gall] **2** (*mun*) kisser [kiss´ə]; *hålla truten* shut up [sjatt´ app´] **tryck** pressure [presj´ə]; *komma ut i tryck* appear in print [əpi:´ə inn prinn´t] **trycka** press [press]; (*bok o.d.*) print [prinnt] **tryckeri** printing-works [prinn´tingwə:ks] **tryckfel** misprint [miss´prinn´t] **tryckfrihet** freedom of the press [fri:´dəm əvv ðə press´] **tryckknapp** push-button [posj´battn]; (*för knäppning*) press-stud [press´stadd] **tryckluft** compressed air [kəmpress´t ä:´ə] **tryckluftsborr** pneumatic drill [njo:mätt´ikk

tryckning — träta

drill'] **tryckning** (av böcker o.d.) printing [prinn'ting] **tryckpress** printing press [prinn'ting press'] **tryckstil** type [tajp] **trycksvärta** printing ink [prinn'ting ing'k] **tryffel** truffle [traff'l] **trygg** secure [sikjo:'ə], safe [sejf] **trygga** secure [sikjo:'ə] **trygghet** security [sikjo:'əritti] **tryta** (fattas) be lacking [bi: lakk'ing]; (ta slut) run short [rann' sjå:'t] **tråd** thread [θredd]; (metall-) wire [waj'ə]; den röda tråden the main theme [ðə mejn θi:'m]; tappa tråden lose the thread [lo:'z ðə θredd'] **trådrulle** reel of cotton [ri:'l əvv kått'n]; (tom) cotton reel [kått'n ri:l] **tråg** trough [tråff] **tråka ihjäl** (ut) bore ... to death [bå:'tə deθ'] **tråkig** boring [bå:'ring]; så tråkigt! what a pity! [wått' ə pitt'i] **tråkmåns** bore [bå:'] **trålare** trawler [trå:'lə] **trång** narrow [närr'åo] **trångboddhet** overcrowding [åovəkraoo'ding] **trångmål** straits (pl) [strejts] **trångsynt** narrow [närr'åo] **trånsjuk** pining [paj'ning] **trä** wood [wodd] **träblåsinstrument** woodwind instrument [wood'winnd inn'strəmənt] **träd** tree [tri:] **träda 1** (verb) step [stepp]; (trada på) thread (on) [θredd' (ånn')]; träda i förbindelse med enter into communication with [enn'tə inn'to kəmjo:nikej'sjən wið]; träda i kraft come into force [kamm' inn'to få:'s]; träda tillbaka retire [ritaj'ə] (för i förmån av [inn fej'vər əvv]) **2** (subst.) ligga i träda lie fallow [laj' fäll'åo] **trädgren** branch [bra:ntsj] **trädgård** garden [ga:'dn] **trädgårdsarbete** gardening [ga:'dning] **trädgårdsmästare** gardener [ga:'dnə] **trädgårdsskötsel** horticulture [hå:'tikalltsjə] **trädstam** tree trunk [tri:' trangk] **träff** (skott) hit [hitt]; (möte) rendezvous [rånn'divo:]; (för fler än två) meeting [mi:'ting] **träffa** (om skott) hit [hitt]; (möta) meet [mi:t]; jag skall träffa dem i morgon I shall see them tomorrow [aj själl si:' ðemm təmårr'åo]; träffas herr A.? is Mr. A. in? [izz miss'tə ej' inn'], (i telefon) can I speak to Mr. A.? [känn aj spi:'k to: miss'tə ej'] **träffande** (välfunnen) appropriate [əpråo'priejt] **träffas** meet [mi:t] **träfiberplatta** fibreboard [faj'bəbå:d] **trähalig** woody [wodd'i] **trähus** wooden house [wodd'n haos] **träindustri** timber industry [timm'bə inn'dəstri] **träkarl** (i kortspel) dummy [damm'i] **träkol** charcoal [tsja:'kåol] **träl** thrall [θrå:l], slave [slejv] **trälag** toil [tåjl] **trämassa** wood-pulp [wodd'pallp] **träna** train [trejn]; (öva sig) practise [präkk'tiss] **tränare** trainer [trej'nə] **träng** army service corps [a:'mi sə:'viss kå:] **tränga** (driva) drive [drajv], (pressa) press [press]; tränga fram force one's way [få:'s wannz wej'] (till to [to:]); tränga igenom penetrate [penn'itrejt]; tränga sig på force o.s. upon [få:'s wannsell'f əpånn'] **trängande** (angelägen) urgent [ə:'dsjənt] **trängsel** crowding [krao'ding], crush (of people) [krasj' (əvv pi:'pl)] **träning** training [trej'ning] **träningsoverall** track suit [träkk' s-jo:t] **träsk** marsh [ma:sj] **träskalle** blockhead [blåkk'hedd] **träsko** wooden shoe [wodd'n sjo:] **träslöjd** woodwork [wodd'wə:k] **träsnitt** woodcut [wodd'katt] **träta** (subst. o. verb) quarrel

trög — tvetydig 168

[kvårr'əl] **trög** slow [slåo]; (*slö*) dull [dall] **trögt** slowly [slåo'li]; *affärerna går trögt* business is dull [bizz'niss izz dall']; *motorn går trögt* the engine is sluggish [ði enn'dsjinn izz slagg'isj] **tröja** sweater [swett'ə], jersey [dsjə:'zi] **tröska** thresh [θresj] **tröskel** threshold [θresj'håold] **tröskverk** thresher [θresj'ə] **tröst** consolation [kånnsəlej'sjən] **trösta** console [kənsåo'l] **trött** tired [taj'əd] **trötta** tire [taj'ə] **trötthet** tiredness [taj'ədniss] **tröttna** get tired [gett' taj'əd] **tröttsam** tiring [taj'əring] **tsar** tsar [za:] **tub** tube [tjo:b] **tuba** tuba [tjo:'bə] **tubba** induce [inndjo:'s] **tuberkulos** tuberculosis [tjo:bə:kjolåo'siss] **tugga** (*subst.*) bite [bajt]; (*verb*) chew [tsjo:] **tuggummi** chewing-gum [tsjo:'inggamm] **tukta** chastise [tsjässtaj'z] **tull** (*avgift*) (customs) duty [(kass'təmz) djo:'ti]; (*tullverk*) customs [kass'təmz] **tullbehandla** clear [kli:'ə] **tulldeklaration** customs declaration [kass'təmz dekklərej'sjən] **tulldeklarera** declare ... at Customs [dikla:'ə att kass'təmz] **tullfri** duty-free [djo:'tifri:'] **tullpliktig** dutiable [djo:'tjəbl] **tulpan** tulip [tjo:'lipp] **tum** inch [inntsj] **tumlare** (*delfin*) porpoise [på:'pəs] **tumme** thumb [θamm]; *hålla tummarna för ngn* keep one's fingers crossed for s.b. [ki:'p wannz fing'gəzz kråss't fə samm'bədi]; *rulla tummarna* twiddle one's thumbs [twidd'l wannz θamm'z] **tumregel** rule of thumb [ro:'l əvv θamm'] **tumskruv** thumbscrew [θamm'skro:] **tumstock** folding rule [fåo'lding ro:'l] **tumult** tumult [tjo:'mallt] **tumör** tumour [tjo:'mə] **tundra** tundra [tann'drə] **tung** heavy [hevv'i] **tunga** tongue [tang]; *hålla tungan rätt i mun* mind one's P's and Q's [majnd wannz pi:'z ənn kjo:'z] **tungomål** tongue [tang] **tungt** heavily [hevv'illi]; *tungt vägande skäl* weighty reasons [wej'ti ri:'znz] **tungvikt** heavyweight [hevv'iwejt] **tunika** tunic [tjo:'nikk] **Tunisien** Tunisia [tjo:nizz'iə] **tunn** thin [θinn] **tunna** barrel [barr'əl] **tunnel** tunnel [tann'l] **tunnelbana** underground [ann'dəgraond]; *Am. äv.* subway [sabb'wej] **tunnland** (*ungefär*) acre [ej'kə] **tupp** cock [kåkk] **tur 1** luck [lakk] **2** (*resa*) tour [to:'ə]; (*fold*) turn [tə:n]; *i tur och ordning* in turn [inn tə:'n] **turban** turban [tə:'bən] **turbin** turbine [tə:'binn] **turism** tourism [to:'ərizzm] **turist** tourist [to:'ərisst] **turistattraktion** tourist attraction [to:'ərisst əträkk'sjən] **turistbroschyr** travel folder [trävv'l fåo'ldə] **turistbyrå** travel agency [trävv'l ej'dsjənsi] **turk** Turk [tə:k] **Turkiet** Turkey [tə:'ki] **turkisk** Turkish [tə:'kisj] **turlista** timetable [taj'mtejbl] **turné, turnera** tour [to:'ə] **tur- och returbiljett** return ticket [ritə:'n tikk'itt] **tusen** thousand [θao'zənd] **tusende, tusen(de)del** thousandth [θao'zəntθ] **tusenkonstnär** handyman [hänn'dimänn] **tusensköna** daisy [dej'zi] **tusentals** thousands (of) [θao'səndz (əvv)] **tuta** toot(le) [to:'t(l)] **tuva** tuft [tafft] **tveka** hesitate [hezz'itejt] **tvekamp** duel [djo:'əl] **tvekan** hesitation [hezzitej'sjən] **tveksam** uncertain [annsə:'tn] **tveksamhet** hesitation [hezzitej'sjən] **tvestjärt** earwig [i:'əwigg] **tvetydig** ambiguous [ämmbigg'joəs]

tvilling — tyvärr

tvilling twin [twinn] **tving** clamp [klämmp] **tvinga** force [få:s] **tvinna** twine [twajn] **tvist** strife [strajf] **tvista** dispute [disspjo:'t] **tvistefrö** seed of dissension [si:'d avv dissenn'sjan] **tvivel** doubt [daot] **tvivelaktig** doubtful [dao'tfull] **tvivelsmål, tvivla på** doubt [daot] **TV-tittare** (tele)viewer [(tell'i)vjo:'ə] **tvungen** forced [få:st] **två** two [to:] **tvål** soap [såop] **tvålflingor** soap-flakes [såo'pflejks] **tvång** compulsion [kəmpall'sjən] **tvångsarbete** forced labour [få:'st lej'bə] **tvångsföreställning** obsession [əbsesj'ən] **tvångsläge** vara i tvångsläge be in an emergency situation [bi:' inn ənn imə:'dsjənsi sittjoej'sjən] **tvångssparande** compulsory saving [kəmpall'səri sej'ving] **tvångströja** straitjacket [strej'tdsjäkk'itt] **tvåtaktsmotor** two-stroke engine [to:'stråo'k enn'dsjinn] **tvåvåningshus** two-storey(ed) house [to:'stå:'ri(d) haos] **tvåårig** two-year-old [to:'jə:åo'ld] **tvär** (subst.) på tvären across [əkråss']; (adj.) (plotslig) sudden [sadd'n]; (brant) steep [sti:p] **tvärgata** cross-street [kråss'stri:t] **tvärrandig** cross-striped [kråss'strajpt] **tvärs** across [əkråss']; tvars igenom right through [rajt θro:']; tvärs över straight across [strejt əkråss'] **tvärslå** cross-bar [kråss'ba:] **tvärstanna** stop dead [ståpp' dedd'] **tvärtemot** quite contrary to [kwajt' kånn'trəri to] **tvärtom** on the contrary [ånn ðe kånn'trəri] **tvätt** wash[ing] [wåsj'(ing)]; (kläder) laundry [lå:'ndri] **tvätta** wash [wåsj] **tvättbräde** washboard [wåsj'bå:d] **tvättinrättning** laundry [lå:'ndri] **tvättkläder** laundry (sg) [lå:'ndri] **tvättmaskin** washing-machine [wåsj'ing-məsji:n] **tvättmedel** washing detergent [wåsj'ing ditə:'dsjənt] **tvättning** washing [wåsj'ing] **tvättstuga** laundry [lå:'ndri] **tvättställ** washstand [wåsj'stannd] **tvättäkta** wash-proof [wåsj'pro:f] **ty** for [få:] **tycka** think [θingk]; tycka om like [lajk] **tyckas** seem [si:m] **tycke** i mitt tycke in my opinion [in maj' əpinn'jən]; fatta tycke for take a liking to [tej'k ə laj'king to] **tyda** (tolka) interpret [inntə:'pritt]; tyda på indicate [inn'dikejt] **tydlig** clear [kli:'ə]; (påtaglig) obvious [åbb'viəs] **tydligen** evidently [evv'idəntli], obviously [åbb'viəsli] **tyfon** typhoon [tajfo:'n] **tyfus** typhus [taj'fəs] **tyg** material [məti:'əriəl]; cloth [klåθ] **tygel, tygla** rein [rejn] **tynga** weigh [wej] **tyngd** weight [wejt] **tyngdlagen** the law of gravitation [ðə lå:' avv grävvitej'sjən] **tyngdlyftare** weight-lifter [wej'tlifftə] **tyngdpunkt** centre of gravity [senn'tə avv grävv'itti]; (bildl.) main point [mej'n påjnt] **typ** type [tajp] **typisk** typical [tipp'ikəl] **typograf** typographer [tajpågg'rəfə] **typsnitt** type face [taj'p fejs] **tyrann** tyrant [taj'ərənt] **tysk** German [dsjə:'mən] **tyska** (språk) German [dsjə:'mən]; (kvinna) German woman [dsjə:'mən womm'ən] **Tyskland** Germany [dsjə:'məni] **tyst** silent [saj'lənt] **tysta, tysthet** silence [saj'lənt] **tystna** become silent [bikamm' saj'lənt] **tystnad** silence [saj'ləns] **tyvärr** unfortunately [annfå:'tsjnittli]; jag kan tyvärr inte komma I am sorry I can't come [aj ämm sårr'i aj ka:'nt kamm'];

tyvärr inte I am afraid not [aj ämm əfrejˈd nått'] **tå** toe [tåo] **tåg** train [trejn]; *(marsch)* march [maːtsj] **tåga** march [maːtsj] **tågtidtabell** railway timetable [rejˈlwej tajˈmtejbl] **tågvirke** cordage [kåːˈdiddsj] **tåla** bear [bäːˈə]; *(stå ut med)* stand [stännd] **tålamod** patience [pejˈsjəns] **tålamodsprövande** trying [trajˈing] **tålig** patient [pejˈsjənt] **tång 1** *(vaxt)* seaweed [siːˈwiːd] **2** *(verktyg)* tongs *(pl)* [tångz] **tår** tear [tiːˈə] **tårta** cake [kejk] **täcka** cover [kavvˈə] **täckdikning** underdrainage [annˈdədrejˈniddsj] **täcke, täckning** cover [kavvˈə] **tälja** carve [kaːv] **täljare** numerator [njoːˈmərejtə] **täljkniv** sheath-knife [sjiːˈθnajf] **tält** tent [tennt] **tälta** *(slå upp tält)* pitch one's tent [pittˈsj wannz tenn't]; *(bo i tält)* tent [tennt], camp [kämmp] **tämja** tame [tejm] **tämligen** pretty [prittˈi]; *(vanl. ogillande)* rather [raːˈðə] **tända** light [lajt] **tändare** lighter [lajˈtə] **tändning** *(på bil)* ignition [iggnisjˈən] **tändsticka** match [mättˈsj] **tändsticksask** *(tom)* match-box [mättˈsjbåkks]; *(med tändstickor i)* box of matches [båkkˈs əvv mättˈsjizz] **tändstift** spark plug [spaːˈk plagg] **tänja** stretch [strettsj] **tänjbar** stretchable [strettˈsjəbl]; *(elastisk)* elastic [ilässˈtikk] **tänka** think [θingk] *(på of* [åvv]); *(ämna)* intend (be going) to [inntennˈd (biː gåoˈing) toː] **tänkbar** conceivable [kənsiːˈvəbl]; *bästa tankbara* the best possible [ðə bessˈt pässˈəbl] **tänkt** *(ej verklig)* imagined [imäddˈsjinnd] **tänkvärd** worth considering [wəːˈθ kənsiddˈəring] **täppa** *(land)* garden-plot [gaːˈdnplått]; *(tappa för, till)* stop up [ståppˈ app'] **tära** consume [kənsjoːm']; *tära på reserverna* draw on the reserves [dråːˈ ånn ðə rizəˈvz']; *sorgen tär på henne* sorrow is preying (up)on her [sårrˈåo izz prejˈing (əp)ånn həː'] **tärd** worn [wåːn] **tärna 1** *(brud-)* bridesmaid [brajˈdzmejd] **2** *(fågel)* tern [təːn] **tärning** die [daj] *(pl* dice [dajs]) **tät 1** *(subst.)* head [hedd] **2** *(adj.) (svårgenomtränglig o.d.)* thick [θikk], dense [denns]; *(utan springor e.d.)* tight [tajt]; *täta besök* frequent visits [friːˈkwənt vizzˈitts] **täta** stop up [ståppˈ app'] **tätbefolkad** densely populated [dennˈsli påppˈjolejtidd] **tätna** become dense [bikammˈ dennˈs]; *(om rok)* thicken [θikkˈən] **tätningslist** draught excluder [draːˈft ikksklo:ˈdə] **tätort** built-up area [billˈtapp äːˈəriə] **tätortsbebyggelse** city (town) buildings [sittˈi (taoˈn) billˈdingz] **tävla** compete [kəmpiːˈt] **tävlan, tävling** competition [kåmmpitisjˈən]; contest [kånnˈtesst] **tö, töa** thaw [θåː] **töcken** haze [hejz] **töja** stretch [strettsj] **tölp** boor [boːˈə] **tölpaktig** boorish [boːˈərisj] **töm** rein [rejn] **tömma** empty [emmˈpti] **tömning** emptying [emmˈptiing] **töras** dare [däːˈə]; *hon tors inte för sin mor* she doesn't dare because of her mother [sjiː dazzˈnt däːˈə bikäzzˈ əvv həː maðˈə] **törn** bump [bammp] **törna emot** bump into [bammˈp innˈto] **törnbuske** thorn-bush [θåːˈnbosj] **törne** *(tagg)* thorn [θåːn] **Törnrosa** the Sleeping Beauty [ðə sliːˈping bjoːˈti] **törst, törsta** thirst [θəːsst] **törstig** thirsty [θəːˈsti] **töväder** thaw [θåː] **ubåt** submarine [sabbˈməriːn]

udd point [påjnt]; *bryta udden av* (*bildl.*) take the sting out o [tej'k ðə stiŋ ao't əvv] **udda** odd [ådd]; *låta udda vara jämnt* let s.th. pass [lett' samm'θiŋ pa:'s] **udde** cape [kejp] **uddlös** pointless [påj'ntliss] **uggla** owl [aol]; *det är ugglor i mossen* there is mischief brewing [ðəə izz miss'tsjiff bro:'iŋ] **ugn** furnace [fə:'niss]; (*bak-*) oven [avv'n] **ugnsbakad** baked [bejkt] **ugnseldfast** ovenproof [avv'npro:f] **ugnslackera** stove-enamel [ståo'vinamm'əl] **ugnssteka** roast [råost] **u-hjälp** aid to developing countries [ej'd to: divell'əpiŋ kann'trizz] **Ukraina** Ukraine [jo:'krejn] **u-land** developing country [divell'əpiŋ kann'tri] **ull** wool [woll] **ullgarn** wool [woll] **ulster** ulster [all'stə] **ultimatum** ultimatum [altimej'təm]; *ställa ultimatum* present an ultimatum [prizenn't ənn alltimej'təm] **ultrakortvåg** ultra-short wave [all'trəsjå:'t wej'v] **ultraljud** ultrasonic sound [all'trəsånn'ik saond] **ultramarin** (*adj. o. subst.*) ultramarine [alltrəməri:'n] **ultrarapid** slow-motion [slåo'måo'sjən] **ultraviolett** ultra-violet [all'trəvaj'əlitt] **ulv** wolf [wollf]; *en ulv i fårakläder* a wolf in sheep's clothing [ə woll'f in sji:'ps klåo'ðiŋ] **umbära** do without [do:' wiðao't] **umbärande** privation [prajvej'sjən] **umbärlig** dispensable [disspenn'səbl] **umgås** associate [əsåo'sjiejt]; *ha lätt att umgås med folk* be a good mixer [bi:' ə godd' mikk'sə]; *umgås med planer på att* have plans to [havv plänn's to:'] **umgälla** pay for [pej' få:'] **umgänge** intercourse [inn'tə:kå:s]; (*personer man umgås med*) company [kamm'pəni]; *sexuellt umgänge* sexual intercourse [sekks'joəl inn'tə:kå:s] **umgängessätt** (*pl*) manners [männ'əz] **undan** away [əwej']; *det går undan med arbetet* work is getting on fine [wə:'k izz gett'iŋ ånn' faj'n]; *undan för undan* little by little [litt'l baj litt'l] **undanbe sig** decline [diklaj'n]; *jag undanber mig* kindly spare me [kaj'ndli spä:'ə mi:] **undandraga** (*beröva*) deprive [diprajv']; *undandraga sig ansvar* shirk responsiblity [sjə:'k risspånnsəbill'itti] **undanflykt** excuse [ikkskjo:'s] **undanhålla** withhold [wiðhåo'ld] (*ngn ngt* s.th. from s.b. [samm'θiŋ fråmm samm'bədi]) **undanmanöver** evasive action [ivej'sivv äkk'sjən] **undanröja** remove [rimo:'v] **undanstökad** finished and done [finn'isjt ənn dann'] **undanta** make an exception for [mej'k ənn ikksepp'sjən få:'] **undantag** exception [ikksepp'sjən]; *ingen regel utan undantag* no rule without an exception [nåo' ro:'l wiðao't ənn ikksepp'sjən] **undantagandes** except (for) [ikksepp't (få:)] **undantagsfall** exception [ikksepp'sjən] **undantagslös** without exception [wiðao't ikksepp'sjən] **undantagstillstånd** state of emergency [stej't əvv imə:'dsjənsi] **undantagsvis** in exceptional cases [inn ikksepp'sjənl kej'sizz] **undantränga** force ... aside [få:s' əsaj'd] **under 1** (*subst.*) wonder [wann'də]; *under över alla under! wonder of wonders!* [wann'də əvv wann'dəz]; *göra under* work wonders [wə:'k wann'dəz] **2** (*prep.*) under [ann'də]; (*på lägre nivå*) below [bilåo']; (*om tid*) during [djo:'əriŋ] **underavdelning**

underbalanserad budget — undermedveten 172

subdivision [sabb'divisjən] **underbalanserad budget** budget with a deficit [badd'sjitt wið ə deff'isitt] **underbar** wonderful [wann'dəfoll] **underbarn** infant prodigy [inn'fənt prådd'iddsji] **underbefäl** non-commissioned officer(s) [nånn'kəmisj'ənd åff'issə(z)] **underbetala** underpay [ann'dəpej] **underbett** underbite [ann'dəbajt] **underbetyg** få underbetyg fail [fejl] (i in [inn]) **underblåsa** (bildl.) fan [fänn] **underbygga** support [səpå:t'] **underbyxor** pants [pännts]; (dam-) panties [pänn'tizz] **underdimensionera** make ... too small [mej'k to: små:'l] **underdånig** humble [hamm'bl] **underexponera** under-expose [ann'dərikkspåo'z] **underfund** komma underfund med find out [fajnd ao't] **underfundig** cunning [kann'ing] **underförstådd** implied [impplaj'd] **undergiven** submissive [səbmiss'ivv] **undergräva** undermine [anndəmaj'n] **undergå** undergo [anndəgåo'] **undergång** ruin [ro:'inn] **underhaltig** inferior [innfi:'əriə] **underhand** privately [praj'vittli] **underhandla** negotiate [nigåo'sjiejt] **underhandling** negotiation [nigåosjiej'sjən] **underhud** dermis [də:'miss] **underhuggare** underling [ann'dəling] **underhuset** the House of Commons [ðə hao's əvv kåmm'ənz] **underhåll** maintenance [mej'ntinəns]; (understöd) allowance [əlao'əns] **underhålla** maintain [mejntej'n]; (byggnad e.d.) keep ... in repair [ki:'p inn ripä:'ə]; (kunskaper) keep up [ki:'p app']; (roa) entertain [enntətej'n] **underhållande** entertaining [enntətej'ning] **underhållning** entertainment [enntətej'nmənt] **underhållningsmusik** light music [laj't mjo:'zikk] **underifrån** from below [fråmm bilåo'] **underjordisk** underground [ann'dəgraond] **underkasta** subject ... to [səbdsjekk't to:]; underkasta sig (kapitulera) surrender [sərenn'də] **underkjol** underskirt [ann'dəska:t] **underklass** lower class [låo'ə kla:'s] **underkläder** underwear [ann'dəwä:ə] **underklänning** slip [slipp] **underkropp** lower part of the body [låo'ə pa:'t əvv ðə bådd'i] **underkurs** till underkurs at a discount [ätt ə diss'kaont] **underkuva** subdue [səbdjo:'] **underkyla** supercool [s-jo:pəko:'l] **underkäke** lower jaw [låo'ə dsjå:'] **underkänna** reject [ridsjekk't]; bli underkänd fail [fejl] **underlag** basis [bej'siss] **underlakan** bottom sheet [båttəm sji:t] **underleverantör** sub-contractor [sabb'kəntrakk'tə] **underlig** strange [strejndsj] **underlivssjukdomar** disorders of the female reproductive organs [disså:'daz əvv ðə fi:'mejl ri:prədakk'tivv å:'gənz] **underlydande** (adj.) dependent [dipenn'dənt] **underlåta** neglect [niglekk't]; han underlät att he failed to [hi: fej'ld to:] **underlåtenhet** omission [åomisj'ən] **underlåtenhetssynd** sin of omission [sinn' əvv åomisj'ən] **underläge** weak position [wi:'k pəzisj'ən] **underlägsen** inferior [innfi:'əriə] (ngn to s.b. [to: samm'bədi]) **underlägsenhet** inferiority [innfiəriårr'itti] **underläkare** assistant physician (kirurg: surgeon) [əsiss'tənt fizisj'ən (sə:'dsjən)] **underläpp** lower lip [låo'ə lipp] **underlätta** facilitate [fəsill'itejt] **undermedveten**

undermening hidden meaning [hiddˈn miːˈning] **underminera** undermine [anndəmajˈn] **undernärd** underfed [annˈdəfedˈ] **underordnad** subordinate [səbåːˈdɪnitt] **underrede** (på bil) chassis [sjässiˈi] **underredsbehandling** underseal [annˈdəsiːˈl] **underrätta** inform [innfåːˈm] (ngn om s.b. of) [əv] (samm'bədi əvv]) **underrättelse** information [innfəmejˈsjən]; *en underrättelse* a piece of information [ə piːˈs əvv innfəmejˈsjən]; *närmare underrättelser* further information [fəːˈðə innfəmejˈsjən] **underrättelsetjänst** secret service [siːˈkritt səːˈviss] **undersida** underside [annˈdəsajd] **underskatta** underrate [anndərejˈt] **underskott** deficit [deffˈisitt] **underskrida** be below [biː bilåoˈ] **underskrift** signature [siggˈnittsjə] **underskriva** sign [sajn] **underst** at the bottom [att ðə båttˈəm] (*i* of [åvv]) **understryka** underline [anndələjˈn]; (*betona*) emphasize [emmˈfəsajz] **förstå sig** dare [däːˈə] **underställa** submit ... to [səbmittˈ toː] **understöd, understödja** support [səpåːˈt] **undersåte** subject [sabbˈdsjikkt] **undersöka** examine [iggzämmˈinn]; *vi skall undersöka saken* we shall look into the matter [wiː sjall lokkˈ inntoː ðə mättˈə] **undersökning** examination [iggzämminejˈsjən] **underteckna** sign [sajn]; *undertecknad* I, the undersigned [ajˈ ði annˈdəsajnd] **undertecknande** signing [sajˈning]; *vid undertecknandet* on signing [ånn sajˈning] **undertrycka** suppress [səpressˈ] **undertröja** vest [vesst] **underutvecklad** underdeveloped [annˈdədivellˈəpt]; *underutvecklade länder* underdeveloped countries [annˈdədivellˈəpt kannˈtrizz] **undervattensbåt** submarine [sabbˈməriːn] **undervegetation** undergrowth [annˈdəgråoθ] **underverk** miracle [mirrˈəkl]; *världens sju underverk* the seven wonders of the world [ðə sevvˈn wannˈdəz əvv ðə wəːˈld]; *utratta underverk* do wonders [doː wannˈdəz] **undervisa** teach [tiːtsj] **undervisning** teaching [tiːˈtsjing]; *högre undervisning* higher education [hajˈə eddjoːkejˈsjən]; *programmerad undervisning* programmed instruction [pråoˈgrämmd innstrakkˈsjən] **undervisningsdepartement** Ministry of Education [minnˈisstri əvv eddjoːkejˈsjən] **undervisningsmetod** teaching method [tiːˈtsjing meθˈəd] **undervisningsväsen** educational system [eddjoːkejˈsjənl sissˈtimm] **undervärdera** underestimate [annˈdəressˈtimejt] **undfalla** escape [isskejˈp]; *låta undfalla sig ngt* let s.th. slip out [lettˈ sammˈθing slippˈ aoˈt] **undfallande** compliant [kəmmplajˈənt] **undfly** flee from [fliː främm] **undgå** escape [isskejˈp]; *jag kunde inte undgå att höra* I couldn't help hearing [aj koddˈnt hellˈp hiːˈəring] **undkomma** escape (from) [isskejˈp (främm)] **undra** wonder [wannˈdə] (*över* at [att]); *det undrar jag inte på* I don't wonder [aj dåoˈnt wannˈdə] **undran** wonder [wannˈdə] **under** (the) lower [(ðə) låoˈə] **undsätta** relieve [riliːˈv] **undsättning** relief [riliːˈf] **undulat** budgerigar [baddˈsjəriga:] **undvara** do without [doː wiðaoˈt] **undvika** avoid [əvåjˈd] **undvikande** (*subst.*) avoidance [əvåjˈdəns]; (*adj.*)

ung — uppehållstillstånd

evasive [ivej'sivv] **ung** young [jang]; *de unga* the young [ðə jang']; *vid unga år* early in life [ə:'li inn laj'f] **ungdom** youth [jo:θ]; *ungdomar* young people [jang' pi:'pl] **ungdomlig** youthful [jo:'θfoll] **ungdomsbrottslighet** juvenile delinquency [dsjo:'-vinajl diling'kwənsi] **ungdomsböcker** juvenile books [dsjo:'-vinajl bokks] **ungdomsgård** youth centre [jo:'θ senn'tə] **unge** young [jang]; (*barn-*) kid [kidd] **ungefär** about [əbao't]; *på ett ungefär* approximately [əpråkk'simittli] **ungefärlig** approximate [əpråkk'simitt] **Ungern** Hungary [hang'gəri] **ungersk** Hungarian [hangga:'əriən] **unghäst** colt [kåolt] **ungkarl** bachelor [bätt'sjələ] **ungmö** maid [mejd] **ungrare** Hungarian [hangga:'əriən] **uniform** uniform [jo:'nifå:m] **uniformera** make ... uniform [mej'k jo:'nifå:m] **unik** unique [jo:ni:'k] **union** union [jo:'njən] **unison** unison [jo:'nizzn] **universalmedel** cure-all [kjo:ərå:'l] **universell** universal [jo:nivə:'səl] **universitet** university [jo:nivə:'sitti] **universitetsexamen** university degree [jo:nivə:'sitti digri:'] **universitetsstuderande** university student [jo:nivə:'sitti stjo:'dənt], undergraduate [anndəgrädd'joitt] **universum** universe [jo:'nivə:s] **unken** musty [mass'ti] **unna** *unna ngn ngt* not grudge s.b. s.th. [nått gradd'sj samm'bədi samm'θing]; *det är honom väl unt* he is very welcome to it [hi: izz verr'i well'kəm to: itt] **uns** ounce [aons] **upp** up [app]; (*lås upp*) unlock [ann'låkk']; *packa upp* unpack [ann'påkk']; *upp ur* out of [ao't əvv] **uppackning** unpacking [ann'påkk'ing] **uppassare** waiter [wej'tə] **uppassning** attendance [ətenn'dəns] **uppbjuda** muster [mass'tə] **uppbjudande** *med uppbjudande av alla sina krafter* exerting all one's strength [iggzə:'ting å:'l wannz streng'θ] **uppblåsbar** inflatable [innflej'təbl] **uppblåst** inflated [innflej'tidd]; (*bildl. vard.*) stuck-up [stakk'app'] **uppbragt** indignant [inndigg'nənt] **uppbringa** (*skaffa*) procure [prəkjo:'ə] **uppbrott** breaking-up [brej'kingapp'] **uppbrottsstämning** breaking-up mood [brej'kingapp' mo:'d] **uppbyggelse** edification [eddifikej'sjən] **uppbygglig** edifying [edd'ifajing] **uppbyggnadsarbete** reconstruction [ri:'kənstrakk'sjən] **uppbåd** (*skara*) troop [tro:p]; (*mil.*) levy [levv'i] **uppbåda** call out [kå:'l ao't] **uppbära** (*erhålla*) receive [risi:'v]; *uppbära kritik* come in for criticism [kamm' inn' få: kritt'isizzəm] **uppbörd** collection [kəlekk'sjən] **uppbördsverk** inland revenue office [inn'lənd revv'enjo: åff'iss] **uppdaga** discover [disskavv'ə] **uppdela** divide (up) [divaj'd (app')] **uppdelning** division [divisj'ən] **uppdiktad** invented [innvenn'tidd] **uppdrag** commission [kəmisj'ən]; *på uppdrag av* at the request of [ätt ðə rikwess't əvv]; *få i uppdrag att göra ngt* be instructed to do s.th. [bi: innstrakk'tidd tə do:' samm'θing] **uppdragsgivare** principal [prinn'səpəl] **uppe** up [app] **uppehåll** interruption [inntərapp'sjən]; (*tågs*) stop [ståpp]; (*vistelse*) stay [stej] **uppehålla** (*hindra*) keep [ki:p]; (*hålla uppe*) keep up [ki:'p app']; *uppehålla sig* stay [stej] **uppehållstillstånd** resi-

uppehållsväder — upplopp

dence permit [rezz'idəns pə:'mitt] **uppehållsväder** dry weather [draj'weð'ə] **uppehälle** subsistence [səbsiss'təns]; *fritt uppehälle* free board and lodging [fri:' bå:'d ənn lådd'sjing]; *fortjäna sitt uppehälle* earn one's living [ə:'n wannz livv'ing] **uppenbar** obvious [åbb'viəs] **uppenbara** reveal [rivi:'l] **uppenbarelseboken** Revelation [revvilej'sjən] **uppenbarligen** obviously [åbb'viəsli] **uppfart** (väg) approach [əpråo'tsj] **uppfatta** comprehend [kåmmprihenn'd] **uppfattning** apprehension [äpprihenn'sjən]; *bilda sig en uppfattning om* form an opinion of [få:'m ənn əpinn'jən əvv] **uppfinna** invent [innvenn't] **uppfinnare** inventor [innvenn'tə] **uppfinning** invention [innvenn'sjən] **uppfinningsrik** inventive [innvenn'tivv] **uppfostra** bring up [bring' app']; *illa uppfostrad* badly brought up [bädd'li brå:'t app'] **uppfostran** education [eddjo:kej'sjən] **uppfostringsanstalt** reformatory [rifå:'mətəri] **uppfriska** freshen up [fresj'n app'] **uppfylla** fulfil [follfill'] **uppfyllelse** *gå i uppfyllelse* come true [kamm' tro:'] **uppföda** bring up [bring' app'] **uppfödare** breeder [bri:'də] **uppför** uphill [app'hill']; *uppför backen* up the hill [app' ðə hill'] **uppföra** (bygga) build [billd]; (teater, musik) perform [pəfå:'m]; *uppföra sig* behave [bihej'v] **uppförande** (beteende) behaviour [bihej'vjə] **uppförsbacke** ascent [əsenn't] **uppge** (meddela) state [stejt]; (avstå från) give up [givv' app'] **uppgift** (meddelande) statement [stej'tmənt]; (upplysning) information [innfəmej'sjən]; (åliggande) task [ta:sk]; (i examen) question [kwess'tsjən], problem [pråbb'ləm], exercise [ekk'səsajz] **uppgå** amount [əmao'nt] (till to [to:']) **uppgång** (väg) way up [wej' app']; (trapp-) stairs [stä:'əz]; (ökning) rise [rajz] **uppgörelse** agreement [əgri:'mənt]; *uppgörelse i godo* amicable settlement [ämm'ikəbl sett'lmənt] **upphandling** purchase [pə:'tsjəs] **upphetsa** excite [ikksaj't] **upphetsande** exciting [ikksaj'ting] **upphetta** heat [hi:t] **upphittare** finder [faj'ndə] **upphov** origin [årr'idsjinn] **upphovsman** originator [əridd'sjinejtə] **upphällning** *vara på upphällningen* be on the decline [bi: ånn ðə diklaj'n] **upphäva** cancel [känn'səl] **upphöja** raise [rejz] **upphöra** cease [si:s]; *firman har upphört* the firm has closed down [ðə fə:'m hazz klåo'zd dao'n] **uppifrån** from above [fråmm əbavv'] **uppiggande** stimulating [stimm'joləjting] **uppjagad** (över)excited [(åo'və)ikksaj'tidd] **uppknäppt** unbuttoned [ann'batt'nd] **uppkomling** upstart [app'sta:t] **uppkomma** arise [əraj'z] **uppkomst** origin [årr'idsjinn] **uppkäftig** cheeky [tsji:'ki] **uppköp** purchase [pə:'tsjəs] **uppladdning** charge [tsja:dsj] **upplag** store [stå:] **upplaga** edition [idisj'ən] **upplagd** (om t.ex. fartyg) laid up [lej'd app']; (hågad) inclined [innklaj'nd] **uppleva** experience [ikkspi:'əriəns] (bevittna) witness [witt'niss] **upplevelse** experience [ikkspi:'əriəns] **uppliva** renew [rinjo:']; *uppliva gamla minnen* revive old memories [rivaj'v åo'ld memm'əriz] **upplopp** riot [raj'ət]; (sport.)

finish [finn'isj] **upplupen ränta** accrued interest [əkro:'d inn'ətrisst] **upplysa** enlighten [innlaj'tn] **upplysande** informative [innfå:'mətivv] **upplysning** information [innfəmej'sjən]; *en upplysning* a piece of information [ə pi:'s avv infəmej'sjən]; *upplysningar* information [innfəmej'sjən] **upplysningstiden** the Age of Enlightenment [ði ej'dsj avv innlaj'tnmənt] **upplysningsvis** by way of information [baj wej' avv infəmej'sjən] **upplyst** illuminated [illjo:'minejtidd]; (*bildl.*) enlightened [innlaj'tnd] **upplåta** make available [mej'k əvej'ləbl] **upplåtelse** grant [gra:nt] **uppläggning** (*planering*) planning [plänn'ing]; (*anordning*) disposition [disspəzisj'ən] **upplösa** dissolve [dizåll'v] **uppmana, uppmaning** request [rikwess't] **uppmjuka** make ... soft [mej'k såff't] **uppmjukning** (*sport.*) limbering-up [limm'bəringapp] **uppmuntra** encourage [innkarr'iddsj] **uppmuntrande** encouraging [innkarr'iddsjing] **uppmärksam** attentive [ətenn'tivv] **uppmärksamhet** attention [ətenn'sjən]; *rikta ngns uppmärksamhet på* call a p.'s attention to [kå:'l ə pə:'snz ətenn'sjən to:]; *ägna uppmärksamhet åt* give attention to [givv' ətenn'sjən to:] **uppmärksamma** notice [nåo'tiss] **uppnå** reach [ri:tsj] **uppnäsa** snub nose [snabb' nåoz] **uppochnedvänd** upside down [app'sajd dao'n] **uppoffra, uppoffring** sacrifice [säkk'rifajs] **upprepa** repeat [ripi:'t]; *upprepade gånger* repeatedly [ripi:'tiddli] **upprepning** repetition [reppitisj'ən] **uppretad** irritated [irr'itejtidd] **uppriktig** sincere [sinnsi:'ə] **uppriktighet** sincerity [sinnserr'itti] **uppriktigt** sincerely [sinnsi:'əli]; *uppriktigt sagt* candidly [känn'diddli] **upprinnelse** origin [årr'idsjinn] **uppriven** worked up [wə:'kt app'] **upprop** (*vädjan*) appeal [əpi:'l] **uppror** revolt [rivåo'lt] **upprustning** rearmament [ri:'a:'məmənt] **uppryckning** shaking-up [sjej'kingapp'] **upprymd** exhilarated [iggzill'ərejtidd] **uppräkning** enumeration [injo:mərej'sjən] **upprätt** upright [app'raj't] **upprätta** (*grunda*) found [faond]; (*skrivelse*) draw up [drå:' app']; (*rehabilitera*) rehabilitate [ri:əbill'itejt] **upprättelse** redress [ridress'] **upprätthålla** maintain [mejntej'n] **upprörande** shocking [sjåkk'ing] **upprörd** upset [appsett'] **uppsagd** (*om hyresgäst, personal*) under notice [ann'də nåo'tiss] **uppsats** essay [ess'ej]; (*skol.*) composition [kåmmpəzisj'ən] **uppsatt** *en högt uppsatt person* a person of high station [ə pə:'sn avv haj' stej'sjən] **uppseende** attention [ətenn'sjən] **uppseendeväckande** sensational [sennsej'sjənl] **uppsikt** supervision [s-jo:pəvisj'ən] **uppskatta** (*beräkna*) estimate [ess'timejt]; (*sätta värde på*) appreciate [əpri:'sjiejt] **uppskattning** estimation [esstimej'sjən] **uppskattningsvis** approximately [əpråkk'simittli] **uppskjuta** put off [pott' å:'f] **uppskov** postponement [påsstpåo'nmənt]; *begära uppskov* apply for a term of respite [əplaj' få: ə tə:'m əvv ress'pajt]; *bevilja uppskov* grant a respite [gra:'nt ə ress'pajt] **uppskrämd** startled [sta:'tld] **uppskörtning** swindle [swinn'dl] **uppslag** idea [ajdi:'ə]; (*på* *kläder*) facing [fej'sing]; (*i bok*) opening [åo'pning] **uppslagsbok** reference book [reff'rəns bokk] **uppslagsord** entry [enn'tri] **uppslitande** heart-rending [ha:'trennding] **uppsluka** devour [divao'ə]; *ett allt uppslukande intresse* an all-absorbing interest [ənn å:'labbså:'bing inn'trisst] **uppsluppen** in high spirits [inn haj' spirr'itts] **uppsnappa** snatch up [snätt'sj app'] **uppspärrad** wide open [waj'd åo'pən] **uppstoppad** stuffed [stafft] **uppstudsig** refractory [rifräkk'təri] **uppstyltad** stilted [still'tidd] **uppstå** arise [əraj'z] **uppståndelse** excitement [ikksaj'tmənt]; (*från de döda*) resurrection [rezzərekk'sjən] **uppställa** uppställa regler lay down rules [lej' dao'n ro:'lz]; *uppställa ... som villkor* state ... as a condition [stej't äzz ə kəndisj'ən] **uppställning** arrangement [ərej'ndsjmənt]; (*lista*) list [lisst] **uppsving** upswing [app'swing] **uppsvälld** swollen [swåo'lən] **uppsyn** look [lokk] **uppsyningsman** overseer [åo'vəsi:ə] **uppsåt** intention [inntenn'sjən] **uppsåtlig** intentional [inntenn'sjənl]; wilful [will'foll] **uppsåtligen** purposely [pə:'pəsli] **uppsägning, uppsägningstid** notice [nåo'tiss] **uppsättning** (*sats*) set [sett]; (*teater- o. film-*) production [prədakk'sjən] **uppsöka** (*leta reda på*) seek out [si:'k ao't]; (*besöka*) go to see [gåo' tə si:'] **uppta** take up [tej'k app'] **upptagen** (*sysselsatt*) occupied [åkk'jopajd]; *jag är upptagen på eftermiddagen i morgon* I am engaged tomorrow afternoon [aj ämm inngej'dsjd təmårr'åo a:'ftənoo:'n]; (*om telefonnummer*) engaged [inngej'dsjd] **upptakt** (*bildl.*) prelude [prell'jo:d] **upptill** at the top [ätt ðə tåpp'] **uppträda** appear [əpi:'ə]; (*uppföra sig*) behave [bihej'v] **uppträdande** (*framträdande*) appearance [əpi:'ərəns]; (*beteende*) behaviour [bihej'vjə] **uppträde** scene [si:'n] **upptåg** prank [prängk] **upptäcka** discover [disskavv'ə] **upptäckt** discovery [disskavv'əri] **upptäcktsresa** expedition [ekkspidisj'ən] **upptäcktsresande** explorer [ikksplå:'rə] **upptänklig** conceivable [kənsi:'vəbl] **uppvaknande** awakening [əwej'kning] **uppvakta** (*hylla*) congratulate [kəngratt'joləjt] **uppvaktning** (*visit*) call [kå:l] **uppvigla** stir ... up [stə:' app'] **uppviglare** agitator [ädd'sjitejtə] **uppvisa, uppvisning** show [sjåo'] **uppvuxen** grown up [gråo'n app'] **uppväcka** raise [rejz] **uppväga** (*counter*)balance [(kaontə)ball'əns] **uppväxttid** adolescence [äddåoless'ns] **uppåt** upward(s) [app'wəd(z)]; *uppåt floden* up the river [app' ðə rivv'ə] **uppöva** train [trejn] **ur 1** (*prep.*) out of [ao't əvv'] **2** (*subst.*) watch [wåttsj]; (*större*) clock [klåkk]; *fröken Ur* speaking clock [spi:'king klåkk'] **uran** uranium [joərej'njəm] **urarta** degenerate [didsjenn'ərejt] **urblekt** faded [fej'didd] **urgammal** extremely old [ikkstri:'mli åo'ld] **urholka** hollow [håll'åo] **urin** urine [jo:'ərinn] **urinblåsa** bladder [blädd'ə] **urin(ne)vånare** original inhabitant [əriddʒ'sjənl innhäbb'itənt] **urinprov** specimen of urine [spess'iminn əvv jo:'ərinn] **urklipp** cutting [katt'ing] **urkund** document [dåkk'jomənt] **urladda** discharge [disstsja:'dsj] **urlakad** ex-

urmakare — utdragssoffa 178

hausted [iggzå:'stidd] **urmakare** watchmaker [wått'sjmejkə] **urminnes** immemorial [immimå:'riəl] **urna** urn [ə:n] **urpremiär** first performance [fə:'st pəfå:'məns] **urringad** low-necked [låo'nekk't] **urringning** low neck [låo' nekk'] **ursinnig** furious [fjo:'əriəs] **urskilja** discern [disə:'n] **urskillning** discrimination [disskrimminej'sjən] **urskog** primeval forest [prajmi:'vəl fårr'isst] **urskulda** excuse [ikkskjo:'z] **ursprung** origin [årr'idsjinn] **ursprunglig** original [əridd'sjənl] **ursprungligen** originally [əridd'sjnəli] **urspåring** derailment [direj'lmənt] **ursäkt** excuse [ikkskjo:'s]; *be* (ngn) *om ursäkt* apologize (to s.b.) [əpåll'ədsjajz (to: samm'bədi)] **ursäkta** excuse [ikkskjo:'s]; *ursäkta!* excuse me! [ikkskjo:'s mi:]; *ursäkta att jag säger det* excuse my saying so [ikkskjo:'s maj' sej'ing såo] *(elektr.)* socket [såkk'itt] **urtavla** dial [daj'əl] **uruppförande** first performance [fə:'st pəfå:'məns] **urusel** extremely bad [ikkstri:'mli badd'] **urval** choice [tsjåjs]; *naturligt urval* natural selection [natt'sjrəl silekk'sjən] **urverk** works of a clock [wə:'ks əvv ə klåkk']; *som ett urverk* like clockwork [laj'k klåkk'wə:k] **urvuxen** outgrown [aotgråo'n] **USA** the U.S.(A) [ðə jo:'ess' (ej')] **usel** wretched [rett'sjidd] **ut** out [aot]; *år ut och år in* year in year out [jə:' inn' jə:' ao't]; *vända ut och in på* turn ... inside out [tə:'n inn'sajd ao't] **utan** (*prep.*) without [wiðao't]; *utan arbete* out of work [ao't əvv wə:'k]; *utan vidare* just like that [dsjass't lajk ðätt']; (*konj.*) but [batt]; *icke blott utan även* not only ... but (also) [nått åo'nli batt (å:'lsåo)] **utandning** expiration [ekkspajərej'sjən] **utanför, utanpå** outside [ao'tsaj'd] **utantill** by heart [baj ha:'t] **utarbeta** work out [wə:'k ao't] **utarbetande** preparation [prepparej'sjən] **utarmad** destitute [dess'titjo:t] **utbetalning** payment [pej'mənt] **utbilda** train [trejn]; (*undervisa*) instruct [innstrakk't]; (*uppfostra*) educate [edd'jo:kejt]; *utbilda sig till läkare* study to become a doctor [stadd'i tə bikamm' ə dåkk'tə]; *study medicine* [stadd'i medd'sinn] *utbilda sig till sångare* train o.s. to become a singer [trej'n wannsell'f tə bikamm' ə sing'ə] **utbildad** trained [trejnd] **utbildning** training [trej'ning]; (*undervisning*) instruction [innstrakk'sjən]; (*uppfostran*) education [eddjo:kej'sjən] **utblick** view [vjo:] **utblottad** destitute [dess'titjo:t] **utbreda sig** spread [spredd] **utbredning** extension [ikkstenn'sjən] **utbringa** propose [prəpåo'z] (*en skål* a toast [ə tåo'st]); *utbringa ett leve for* cheer for [tsji:'ə få:] **utbrista** (*utropa*) exclaim [ikksklej'm] **utbrott** (*av ilska*) outburst [ao'tbə:st]; (*krigs-*) outbreak [ao'tbrejk] **utbryta** break out [brej'k ao't] **utbud** offer (for sale) [åff'ə fə sej'l] **utbuktning** bulge [balldsj] **utbyggnad** addition [ədisj'ən] **utbyta** change [tsjejndsj] **utbyte** exchange [ikksstsjej'ndsj]; (*behållning*) gain [gejn] **utdela** distribute [disstribb'jo:t] **utdelning** distribution [disstribjo:'sjən]; (*på aktie*) dividend [divv'idennd] **utdrag** extract [ekk'sträkkt] **utdragen** drawn out [drå:'n ao't] **utdragssoffa** sofa bed [såo'fə

bedd] **utdriva** drive out [draj'v ao't] **utdöd** extinct [ikksting'kt] **utdöma** (*kassera*) reject [ridsjekk't] **ute** out [aot]; *där ute* out there [ao't ðä:'ə]; *äta ute* dine out [daj'n ao't] **utebli** not turn up [nått tə:'n app'] **utefter** along [əlång'] **utegångsförbud** curfew [kə:'fjo:] **utelämna** leave out [li:'v ao't] **uteservering** open-air restaurant [åo'pnä:'ə ress'tərånnt] **utesluta** exclude [ikkskloː'd]; *det är absolut uteslutet* it is absolutely out of the question [itt izz äbb'səlo:tli ao't əvv ðə kwess'tsjən] **uteslutande** (*adv.*) exclusive(ly) [ikksloː'sivv(li)]; (*subst.*) exclusion [ikksklo:'sjən] **utestängd** shut out [sjatt' ao't] **utexaminerad** graduate [grädd'joitt] **utexperimentera** discover … by means of experiment [disskavv'ə baj mi:'nz əvv ikksperr'imənt] **utfall** (*resultat*) result [rizall't] **utfalla till belåtenhet** give satisfaction [givv' sättisfakk'sjən] **utfart** (*väg ut*) way out [wej' ao't]; (*från stad*) main road [mej'n råo'd] **utfattig** miserably poor [mizz'ərəbli po:'ə] **utflykt** excursion [ikkskə:'sjən] **utfordra** feed [fi:d] **utforma** work out [wə:'k ao't]; (*text e.d.*) draw up [drå:' app'] **utforska** investigate [innvess'tigejt]; (*geografiskt*) explore [ikksplå:'] **utfråga** question [kwess'tsjən] **utfärd** excursion [ikkskə:'sjən] **utfärda** issue [iss'jo:] **utfästa** (*belöning*) offer [åff'ə]; *utfästa sig* promise [pråmm'iss] **utfästelse** promise [pråmm'iss] **utför** down [daon'] **utföra** carry out [karr'i ao't] **utförande** carrying out [karr'iing ao't] **utförbar** practicable [präkk'tikəbl] **utförlig** detailed [di:'teljd] **utförligt** in detail [inn di:'tejl] **utförsbacke** downhill [dao'nhill'] **utförsel** export [ekk'spå:t] **utförsåkning** downhill run [dao'nhill' rann'] **utge** (*bok etc.*) publish [pabb'lisj]; *utge sig för att vara* pretend to be [pritenn'd tə bi:'] **utgift** expense [ikksspenn's]; *inkomster och utgifter* income and expenditure [inn'kəm ənnd ikkspenn'dittsjə] **utgivning** (*av bok*) publication [pabblikej'sjən] **utgjutning** extravasation [ekkstrævvəsej'sjən] **utgrävning** excavation [ekkskəvej'sjən] **utgå** utgå från (*förutsätta*) suppose [səpåo'z], (*ta som utgångspunkt*) start out from [sta:'t ao't fråmm']; *utgå som segrare* come off (a) victor [kamm'å:'f (ə) vikk'tə] **utgående balans** balance carried forward [ball'əns karr'idd få:'wədd] **utgång** exit [ekk'sitt]; (*slut*) end [ennd]; (*resultat*) result [rizall't]; (*i kortspel*) game [gejm] **utgångsläge, utgångspunkt** starting-point [sta:'tingpåjnt] **utgåva** edition [idisj'ən] **utgöra** constitute [kånn'stitjo:t]; (*tillsammans*) make up [mej'k app']; (*belöpa sig till*) amount to [əmao'nt to:] **uthus** outhouse [ao'thaos] **uthyrning** letting (out) [lett'ing (aot)] **uthållig** persistent [pəsiss'tənt] **uthållighet** staying power [stej'ing pao'ə] **uthärda** endure [inndjo:'ə] **utifrån** from outside [fråmm ao'tsajd] **utjämna** level [levv'l] **utkant** border [bå:'də] **utkast** draft [dra:ft] **utkastare** (*ordningsvakt*) chucker-out [tsjakk'əraoˈt] **utkik** look-out [lokk'aoˈt] **utklassa** outclass [aotkla:'s] **utklädd** dressed up [dress't app'] (*till* as a [äzz ə]) **utkristallisera** crystallize [kriss'təlajz] **utkvittera** receipt (and

utkämpa — utrikesdepartementet

receive) [risi:'t (ənn risi:'v)] **utkämpa** fight (out) [fajt (ao't)] **utlandet** abroad [əbrå:'d]; *från utlandet* from abroad [fråmm əbrå:'d] **utlandsvistelse** stay abroad [stej' əbrå:'d] **utlopp** (*utflöde*) outflow [ao'tflåo]; *ge utlopp åt* give vent to [givv' vennt to:] **utlova** promise [pråmm'iss] **utlysa** give notice of [givv' nåo'tiss əvv]; *utlysa strejk* call a strike [kå:'l ə straj'k] **utlåning** lending [lenn'ding] **utlåningsränta** lending rate [lenn'ding rejt] **utlåtande** statement [stej'tmənt] **utlägg** expense [ikkspenn's] **utläggning** (*förklaring*) comments (*pl*) [kåmm'ents] **utlämna** give out [givv' ao't]; *känna sig utlämnad* feel deserted [fi:'l dizə:'tidd] **utlämning** (*av brottsling*) extradition [ekkstrədisj'ən] **utländsk** foreign [fårr'inn] **utlänning** foreigner [fårr'innə] **utlösa** (*frigöra*) release [rili:'s]; (*framkalla*) bring about [bring' əbao't] **utmana** challenge [tsjäll'inndsj] **utmanande** provocative [prəvåkk'ətivv] **utmaning** challenge [tsjäll'inndsj] **utmanövrera** outman(o)euvre [aotməno:'və] **utmattad** exhausted [iggzå:'stidd] **utmed** along [əlång'] **utmejsla** chisel [tsjizz'l] **utmynna** (*om flod*) discharge [disstsjɑ:dsj]; (*om gata o.d.*) open out [åo'pən ao't]; *utmynna i* (*bildl.*) result in [rizall't inn] **utmärglad** emaciate(d) [imej'sjejt(idd)] **utmärka** (*sätta märke vid*) mark (out) [mɑ:'k (ao't)]; *utmärka sig* distinguish o.s. [dissting'gwisj wannsell'f] **utmärkande** characteristic [kärrikkriss'tikk] **utmärkelse** distinction [dissting'ksjən] **utmärkt** excellent [ekk'sələnt] **utmätning** distraint [disstrej'nt] **utmönstra** (*kassera*) reject [ridsjekk't] **utnyttja** utilize [jo:'tilajz]; (*t. egen fordel*) take advantage of [tej'k əddvɑ:'ntiddsj əvv] **utnämna** appoint [əpåj'nt] **utnött** worn out [wå:'n ao't] **utom** (*med undantag av*) except [ikksepp't]; (*utanför*) outside [ao'tsaj'd]; *alla utom jag* all except me [å:'l ikksepp't mi:']; *ingen utom jag* no one but me [nåo' wann batt' mi:'] **utombordsmotor** outboard motor [ao'tbå:'d måo'tə] **utomhus** outdoors [ao'tdå:'z] **utomlands** abroad [əbrå:'d] **utomlandsvistelse** stay abroad [stej' əbrå:'d] **utomordentlig** extraordinary [ikkstrå:'dnri] **utomordentligt** extraordinarily [ikkstrå:'dnrili] **utomstående** *en utomstående* an outsider [ənn ao'tsajdə] **utomäktenskaplig** extramarital [ekk'strəməraj'tl] **utopi** utopia [jo:tåo'pjə] **utopisk** utopian [jo:tåo'pjən] **utorgan** output device [ao'tpott divajs'] **utpeka** point out [påj'nt ao't] **utplåna** obliterate [əblitt'ərejt] **utpost** outpost [ao'tpåost] **utpostera** station [stej'sjən] **utpressning** blackmail [bläkk'mejl] **utprickning** beaconage [bi:'kənidsj] **utprova** test [tesst] **utpräglad** pronounced [prənao'nst] **utrangera** discard [disskɑ:'d] **utreda** investigate [innvess'tigejt] **utredning** investigation [innvesstigej'sjən]; *offentliga utredningar* official reports [əfisj'əl ripå:'ts] **utrensning** purge [pə:dsj] **utresetillstånd** exit permit [ekk'sitt pə:'mitt] **utrikesdepartementet** the Ministry for Foreign Affairs [ðə minn'isstri få:' fårr'inn əfä:'əz], (*i England*) Foreign Office [fårr'inn åff'iss], (*i USA*) the

utrikeshandel — utsöndra

State Department [ðə stej't dipa:'tmənt] **utrikeshandel** foreign trade [fårr'inn trejd] **utrikesminister** Foreign Minister [fårr'inn minn'isstə], (*i England*) Foreign Secretary [fårr'inn sekk'rətri], (*i USA*) Secretary of State [sekk'rətri əvv stej't] **utrikespolitik** foreign politics [fårr'inn påll'itikks] **utrop** exclamation [ekksklə-mej'sjən] **utropa** exclaim [ikksklej'm] **utropstecken** exclamation mark [ekksklə mej'sjən ma:'k] **utrusta** equip [ikwipp'] **utrustning** equipment [ikwipp'mənt] **utrymma** vacate [vəkej't] **utrymme** space [spejs] **uträkning** calculation [källkjolej'sjən] **uträtta** do [do:]; *utratta ett uppdrag* carry out a commission [kärr'i ao't ə kəmisj'ən]; *utratta ett ärende* go on an errand [gåo'ånn enn err'ənd] **utröna** find out [fajnd ao't] **utsaga** statement [stej'tmənt] **utsatt** (*fastställd*) appointed [əpåj'ntidd]; (*blottställd*) exposed [ikksspåo'zd]; *utsatt för kritik* subjected to criticism [sabb'dsjikktid to: kritt'isizzəm] **utse** select [silekk't] **utseende** appearance [əpi:'ərəns]; (*persons*) looks [lokks] **utsida** outside [ao'tsaj'd] **utsikt** view [vjo:]; (*bildl.*) chance [tsja:ns]; *ha alla utsikter* have every chance of [hävv' evv'ri tsja:'ns əvv] **utsiktstorn** outlook tower [ao'tlokk tao'ə] **utskeppa** ship [sjipp] **utskjutande** projecting [prədsjekk'ting] **utskott 1** (*dålig vara*) throw-outs [θråo'aots] **2** (*kommitté*) committee [kəmitt'i] **utskrattad** laughed to scorn [la:'ft tə skå:'n] **utskrift** clean copy [kli:'n kåpp'i] **utslag** (*beslut*) decision [disisj'ən]; (*jurys*) verdict [və:'dikkt]; (*på huden*) rash [räsj]; (*på våg*) turn of the scales [tə:'n əvv ðə skej'lz]; (*resultat*) result [rizäll't]; *ett utslag av dåligt humor* a manifestation of bad temper [ə männifesstej'sjən əvv bädd' temm'pə] **utslagen** (*om blomma*) in blossom [inn blåss'əm]; (*om trad*) in leaf [inn li:'f]; (*om hår*) brushed out [brasj't ao't]; (*utspilld*) spilt [spillt]; (*sport.*) eliminated [ilimm'inejtidd] **utslagsgivande** decisive [disaj'sivv] **utsliten** worn out [wå:'n ao't] **utslunga** hurl out [hə:'l ao't] **utsläpp** discharge [disstsja:'dsj] **utsmyckning** adornment [ədå:'nmənt] **utspark** goal kick [gåo'l kikk'] **utspekulerad** studied [stadd'idd] **utspelas** take place [tejk plej's] **utspisa** cater [kej'tə] **utspädning** dilution [dajlo:'sjən] **utstaka** stake out [stej'k ao't] **utstråla** radiate [rej'diejt] **utsträcka sig** extend [ikkstenn'd] **utsträckning** extent [ikkstenn't]; *i stor utstrackning* to a great extent [to: ə grejt ikkstenn't] **utstuderad** studied [stadd'idd] **utstyrsel** outfit [ao'tfitt] **utstå** suffer [saff'ə] **utstående** protruding [prətro:'ding] **utställa** show [sjåo]; (*utfarda*) draw [drå:] **utställning** exhibition [ekksibisj'ən] **utstöta** (*utesluta*) expel [ikkspell']; (*ljud*) utter [att'ə] **utsugning** extortion [ikkstå:'sjən] **utsvulten** starved [sta:vd] **utsvävningar** excesses [ikksess'izz] **utså** sow [såo] **utsåld** sold out [såo'ld ao't] **utsäde** (*planting-*) seed [(pla:'nting)si:d] **utsända** send out [sennd ao't] **utsändning** (*radio-*) transmission [trännzmisj'ən] **utsätta** expose [ikksspåo'z] (*för* to [to:]) **utsökt** exquisite [ikkskwizitt] **utsöndra**

uttag (*elektr.*) socket [såkk·itt]; (*av pengar*) withdrawal [wiðdrå:ˈəl] **uttaga** take out [tej·k ao·t] **uttagning** selection [silekk·sjən] **utta!** pronunciation [prənannsiejˈsjən]; *ha ett bra engelskt uttal* have a good English accent [hävv· ə godd· ingˈglisj äkk·sənt] **uttala** pronounce [prənaoˈns]; *uttala en önskan* express a wish [ikkspress· ə wisj·] **uttalande** statement [stejˈtmənt] **uttalsbeteckning** phonetic notation [fåonettˈikk nåotejˈsjən] **uttaxering** levy [levv·i] **utter** otter [åttˈə] **uttryck** expression [ikksprejˈən] **uttrycka, uttrycklig** express [ikkspress·] **uttrycksfull** expressive [ikkspress·ivv] **uttryckssätt** manner of speaking [männ·ə avv spi:ˈking] **utträkad** bored [bå:d] **utträda** withdraw [wiðdrå:ˈ] (*ur* from [frå̇mm]) **uttränga** force aside [få:ˈs əsajˈd] **uttömma** exhaust [iggzå:ˈst] **uttömmande** exhaustive [iggzå:ˈstivv] **utvald** chosen [tsjåoˈzn] **utvandrare** emigrant [emmˈigrənt] **utvandring** emigration [emmigrejˈsjən] **utveckla (sig)** develop [divellˈəp] **utveckling** development [divellˈəpmənt]; (*vetenskaplig term*) evolution [i:valoˈsjən] **utvecklingsarbete** development work [divellˈəpmənt wə:k] **utvecklingsland** developing country [divellˈəping kannˈtri] **utvecklingslära** theory of evolution [θiˈəri avv i:valoˈsjən] **utvecklingsstadium** stage of development [stejdsj avv divellˈəpmənt] **utvecklingsstörd** (mentally) retarded [(mennˈtəli) ritaˈdidd] **utverka** obtain [əbtejˈn] **utvidga** expand [ikkspännˈd] **utvidgning** expansion [ikkspännˈsjən] **utvikning** deviation [di:viejˈsjən] **utvilad** thoroughly rested [θarrˈəli ressˈtidd] **utvinna** extract [ikkstrakk·t] **utvisa** (*sport.*) order off [å:ˈdə å:ˈf]; (*visa*) indicate [innˈdikejt]; (*visa bort*) send out [sennˈd aoˈt] **utvisning** sending out [sennˈding aoˈt]; (*ishockey*) penalty [pennˈlti] **utväg** way out [wejˈ aoˈt] **utvälja** select [silekk·t] **utvändig** outward [aoˈtwəd] **utvärtes** *for utvartes bruk* for external use [få:ˈ ekkstəˈnl joˈ:s] **utväxla** exchange [ikkstsjejˈndsj] **utväxt** outgrowth [aoˈtgråoˈθ] **utåt** outward(s) [aoˈtwəd(z)] **utåtriktad** (*bildl.*) extrovert [ekk·ströəvə·t] **utöva** practise [präkk·tiss]; *utöva kontroll (inflytande)* exercise control (influence) [ekk·səsajz kəntråoˈl (innˈfloəns)] **utöver** beyond [bijännˈd] **uvertyr** overture [åo·vətjoə·] **vaccin** vaccine [väkk·siːn] **vaccination** vaccination [väkksinejˈsjən] **vaccinera** vaccinate [väkk·sinejt] **vacker** beautiful [bjo:ˈtəfoll]; (*om man*) handsome [hännˈsəm], (*söt*) pretty [prittˈi] **vackla** totter [tåttˈə] **vad 1** (*pron.*) what [wått]; *jag vet inte vad du skall göra* I don't know what to do [aj dåoˈnt nåoˈ wått· tə doˈ:]; *vad är det?* what is the matter? [wått· izz ðə mättˈə]; *vad som helst* anything [ennˈiθing]; *vad du är snäll!* how kind you are! [hao kajˈnd jo: aːˈ] **2** (*subst.*) (*på ben*) calf [kaːf]; (*pl* calves [kaːvz]) **3** (*subst.*) (*vadslagning*) bet [bett]; *slå vad* bet [bett]; *det kan jag slå vad om* I('ll) bet you [ajˈ(ll) bettˈ joː] **vada** wade [wejd] **vadare** wader [wejˈdə] **vadd** wad [wådd]; (*bomulls-*) cotton wool [kåttˈn

vadmal — vanhedrande

woll] **vadmal** rough homespun [raff' håo'mspann] **vag** vague [vejg'] **vagel** (i ögat) sty [staj] **vagga** (subst.) cradle [krej'dl]; (verb) rock [råkk] **vagn** carriage [kärr'iddsj]; (last-, gods-) wag(g)on [wägg'ən]; (kärra) cart [ka:t] **vaja** float [flåot] **vajer** cable [kej'bl] **vaka** watch [wåttsj]; (hålla sig vaken) stay up [stej' app'] **vaken** awake [əwej'k] **vakna** wake (up) [wej'k (app')] **vaksam** watchful [wått'sjfoll] **vakt** watch [wåttsj]; (person) guard [ga:d] **vakta** guard [ga:d] **vaktparad** changing of the guard [tsjej'ndsjing əvv ðə ga:'d] **vakuumförpackad** vacuum-packed [väkk'joəmmpäkkt] **val 1** (fisk) whale [wejl] **2** (valjande) choice [tsjåjs]; (offentligt) election [ilekk'sjən]; allmänna val general election [dsjenn'ərəl ilekk'sjən] **valack** gelding [gell'ding] **valborgsmässoafton** Walpurgis night [vällpo:'agiss najt] **walesare** Welshman [well'sjmən] **walesisk** Welsh [wellsj] **valfri** optional [åpp'sjənl] **valfrihet** option [åpp'sjən] **valfångare** whaler [wejl'ə] **valhänt** numb [namm]; (bildl.) awkward [å:'kwəd] **valk** callus [käll'əs] **valkampanj** election campaign [ilekk'sjən kämmpej'n] **valkrets** constituency [kanstitt'joənsi] **vall 1** bank [bängk] **2** (slåtter-) ley [lej]; (betes-) pasture [pa:'stsjə] **valla 1** (verb) (boskap) tend [tennd] **2** (subst.) (skid-) ski-wax [ski:'wäkks]; (verb) wax [wäkks] **vallfart** pilgrimage [pill'grimiddsj] **vallfartsort** shrine [sjrajn] **vallgrav** moat [måot] **vallmo** poppy [påpp'i] **vallöfte** electoral promise [ilekk'tərəl prämm'iss] **valmanskår** electorate [ilekk'təritt] **valnöt** walnut [wå:'lnət] **valp** pup(py) [papp'(i)] **valpsjuka** canine distemper [kej'najn disstemm'pə] **valresultat** election result [ilekk'sjən rizall't] **valross** walrus [wå:'lrəs] **valrörelse** election campaign [ilekk'sjən kämmpej'n] **vals 1** (cylinder) roll(er) [råo'l(ə)] **2** (dans) waltz [wå:ls] **valspråk** motto [mått'åo] **valsverk** rolling-mill [råo'lingmill] **valsätt** electoral system [ilekk'tərəl siss'timm] **valthorn** French horn [frenn'tsj hå:n] **valuta** currency [karr'ənsi]; utländsk valuta foreign exchange (currency) [fårr'inn ikkstsjej'ndsj (karr'ənsi)]; få valuta för get good value for [gett' godd' väll'jo fə:'] **valutabestämmelser** currency regulations [karr'ənsi reggjolej'sjənz] **valv** vault [vå:lt] **valör** value [väll'jo:]; (på sedlar) denomination [dinåmminej'sjən] **van** experienced [ikkspi:'əriənst]; vara (bli) van vid be (get) used to [bi: (gett) jo:'zd to:]; med van hand with a deft hand [wið ə deff't hann'd] **vana** (sed) custom [kass'təm]; (persons) habit [habb'itt]; (erfarenhet) experience [ikkspi:'əriəns] av gammal vana by force of habit [baj få:'s əvv häbb'itt] **vandra** wander [wånn'də] **vandrare** [wånn'dərə] **vandrarhem** youth hostel [jo:'θ håss'təl] **vandring** wandering [wånn'dəring] **vandringspris** challenge prize [tsjall'inndsj prajz] **vanebildande** habit-forming [habb'ittfå:ming] **vanesak** matter of habit [mätt'ə əvv habb'itt] **vanför** disabled [dissej'bld] **vanföreställning** wrong idea [rång' ajdi:'ə] **vanhedrande** disgraceful [dissgrej'sfoll]

vanilj vanilla [vənill'ə] **vaniljglass** vanilla ice [vənill'ə aj's] **vankelmod** irresolution [irr'ezzələ:'sjən] **vanlig** ordinary [å:'dnri], usual [jo:'sjoəl] (*hos* with [wiðˌ]), (*ofta förekommande*) common [kåmm'ən]; *vanligt folk* ordinary people [å:'dnri pi:'pl]; *på vanlig tid* at the usual time [ätt ðə jo:'sjoəl taj'm]; *ett vanligt fel* a common mistake [ə kåmm'ən misstej'k] **vanligen, vanligtvis** usually [jo:'sjoəli] **vanmäktig** vain [vej'n] **vanpryda** disfigure [dissfigg'ə] **vanrykte** disrepute [dissˌripjo:'t] **vansinne** insanity [innsänn'itti] **vansinnig** insane [innsej'n] **vanskapt** deformed [difå:'md] **vansklig** hazardous [häzz'ədəs] **vansköta** neglect [niglekk't] **vante** glove [glavv] **vantolka** misinterpret [missˌintə:'pritt] **vantrivas** feel ill at ease [fi:'l ill' ätt i:'z], be unhappy [bi: ənnhäpp'i] **vantrivsel** discomfort [disskamm'fət] **vanära** (*subst.*) dishonour [dissånn'ə] **vapen** weapon [wepp'ən]; (*i pl vanl.*) arms [a:mz]; *bära vapen* carry arms [kärr'i a:'mz] **vapenmakt** *med vapenmakt* by force of arms [baj få:'s əvv a:'mz] **vapenstillestånd, vapenvila** armistice [a:'misstiss] **vapenvägrare** conscientious objector [kånnsjienn'sjəs əbdsjekk'tə] **var 1** (*adv.*) where [wä:'ə]; *var som helst* anywhere [enn'iwä:ə] **2** (*pron.*) (*varenda*) every [evv'ri], (*varje sarskild*) each [i:tsj]; *var fjärde* every fourth [evv'ri få:'θ]; *var och en* everybody [evv'ribåddi]; *var för sig* each individually [i:'tsj inndividd'joəli]; *de gick åt var sitt håll* they went their separate ways [ðej wenn't ðä:ə seppˌritt wej'z] **3** (*subst.*) (*i sår*) pus [pass] **vara 1** (*artikel*) article [a:'tikkl]; *varor* goods [goddz] **2** *ta vara på* take care of [tej'k kä:'ə əvv] **3** (*verb*) *att vara eller icke vara* to be or not to be [tə bi:' å:' nått' tə bi:']; *jag är från Sverige* I am from Sweden [aj ämm fråmm swi:'dn]; *hur är det att bo i London?* what's it like living in London? [wått's itt laj'k livv'ing inn lann'dən]; *var inte dum nu* don't be silly now [dåo'nt bi: sill'i nao'] **4** (*räcka*) last [la:st] **varaktig** lasting [la:'sting] **varandra** each other [i:'tsj aðˌ'ə]; *efter varandra* one after the other [wann' a:'ftə ði aðˌ'ə] **varannan** every other [evv'ri aðˌ'ə], every second [evv'ri sekk'ənd] **varav** from which [fråmm witt'sj] **vardag** weekday [wi:'kdej] **vardaglig** everyday [evv'ridej]; (*alldaglig*) commonplace [kåmm'ənplejs] **vardagskläder** everyday clothes [evv'ridej klåo'ðz] **vardagslag** *i vardagslag* in everyday life [inn evv'ridej laj'f] **vardagsrum** living-room [livv'ingromm] **vardera** each [i:tsj]; *på vardera sidan om* on either side of [ånn ajˌ'ðə saj'd əvv] **varefter** after which [a:'ftə witt'sj] **varelse** being [bi:'ing] **varenda** every [evv'ri] **vare sig** *vare sig du vill eller inte* whether you want to or not [weðˌ'ə jo: wånn't to:' å: nått'] **varför** why [waj]; (*och därför*) and therefore [ənn ðä:'əfå:] *varför det?* why? [waj]; *varför inte?* why not? [waj' nått'] **varg** wolf [wollf]; *hungrig som en varg* ravenous [rävv'inəs] **variant** variant [vä:'əriənt] **variation** variation [vä:əriej'sjən] **variera** vary [vä:'əri] **varieté** variety (*show*) [vəraj'əti (sjåo)]; (*lokal*) music-hall [mjo:'zikkhå:l] **varifrån** where ... from [wä:'ə frååmm'], from where [fråmm wä:'ə]; *varifrån kommer han?* where does he come from? [wa:'ə ka: kamm' fråmm'] **varje** every [evv'ri]; *(varje särskild)* each [i:tsj]; *(vilken som helst)* any [enn'i]; *i varje fall* in any case [inn enn'i kej:s] **varken** neither [naj'ðə] *... eller ...* nor [nå:]); *han varken ville eller kunde* he neither could nor would [hi: naj'ðə kodd' nå: wodd'] **varlig** gentle [dsjenn'tl] **varm** warm [wå:m]; *(het)* hot [hått]; *varm korv* hot dog [hått' dågg'] **varmbad** hot bath [hått' ba:θ] **varmrätt** hot dish [hått' disj] **varmvatten** hot water [hått' wå:'tə] **varmvattenkran** hot(-water) tap [hått'(wå:'tə) tapp'] **varna** warn [wå:n] *(för* of [åvv]) *jag varnade henne för att göra det* I warned her not to do it [aj wå:'nd hə: nått' tə do:' itt] **varning** warning [wå:'ning] **varp** *(i vav)* warp [wå:p]; *varp och inslag* warp and weft [wå:'p ənn weff't] **varpå** *(om tid)* whereupon [wä:ərəpånn']; *varpå beror misstaget?* what is the reason for the mistake? [wått' izz ðə ri:'zn få: ðə misstej'k] **vars 1** whose [ho:z] **2** *ja vars* not too bad [nått to:' bädd'] **varsam** cautious [kå:'sjəs] **varse** *bli varse* perceive [pəsi:'v] **varsel** foreboding [fɔ:bäo'ding]; *(vid strejk o.d.)* notice [nåo'tiss] **varsko** warn [wå:n] **varsla** *(varsko)* give notice [givv nåo'tiss] **Warszawa** Warsaw [wå:'så:] **vart** where [wa:'ə] **vartill** to (for) which [to:' (få:) witt'sj] **vartåt** where [wä:'ə] **varudeklaration** merchandise description [mə:'tsjəndajz disskripp'sjən] **varuhus** department store [dipa:'tmənt stå:] **varulager** stock [ståkk] **varulv** werewolf [wə:'wollf] **varumärke** trade mark [trej'd ma:k] **varv 1** *(skepps-)* shipyard [sjipp'ja:d] **2** *(omgång)* turn [tə:n]; *(hjul-)* revolution [revvəlo:'sjən]; *(sport.)* round [raond]; *(vid stickning)* row [råo]; *(lager)* layer [lejj'ə] **varva** put in layers [pott' inn lejj'əz]; *(sport.)* lap [lapp] **varvid** at which [att witt'sj] **vas** vase [va:z] **vask** *(avlopp)* sink [singk] **vaska** wash [wåsj] **vass 1** *(subst.)* reed [ri:d]; *i vassen* among the reeds [əmang' ðə ri:dz] **2** *(adj.)* *(om kniv o. bildl.)* sharp [sja:p]; *(egg)* keen [ki:n] **Vatikanen** the Vatican [ðə vatt'ikən] **vatten** water [wå:'tə] **vattendrag** watercourse [wå:'təkå:s] **vattenfall** water-fall [wå:'təfå:l] **vattenfast** water-proof [wå:'təpro:f] **vattenfärg** water-colour [wå:'təkallə] **vattenförorening** water pollution [wå:'tə pəlo:'sjən] **vattenklosett** water-closet [wå:'təkläzzitt] **vattenkraft** water power [wå:'tə pao'ə] **vattenkraftverk** hydro-electric power station [haj'dråoilekk trikk pao'ə stej'sjən] **vattenkran** water-tap [wå:'tətapp] **vattenledning** water main [wå:'tə mejn] **vattenpass** spirit level [spirr'itt levvl] **vattenskida** water ski [wå:'tə ski]; *åka vattenskidor* water ski [wå:'tə ski] **vattenturbin** water turbine [wå:'tə tə:'binn] **vattentät** waterproof [wå:'təpro:f] **vattenyta** surface of water [sə:'fiss əvv wå:'tə] **vattenånga** steam [sti:m] **vattkoppor** chicken-pox [tsjikk'innpåkks] **vattna** water [wå:'tə] **vax** wax [wakks] **vaxduk** oilcloth [åj'lkläθ] **ve** *ve dig!* woe betide you! [wåo· bitaj'd jo:·]; *ve och fasa!* alack-a-day! [əlakk'ədej] **veck** fold [fåold] **vecka 1** (*verb*) pleat [pli:t] **2** (*subst.*) week [wi:k]; *förra veckan* last week [la:'st wi:'k]; *en gång i veckan* once a week [wann's ə wi:'k]; *om en vecka* in a week [inn ə wi:'k] **veckla** wrap [räpp] (*in i* up in [app· inn]) **veckodag** day of the week [dej· əvv ðə wi:'k] **veckohelg** week-end [wi:'kenn'd] **veckopress** weekly press [wi:'kli press'] **veckoslut** week-end [wi:'kenn'd] **veckotidning** weekly [wi:'kli] **ved** wood [wodd] **vedbod** woodshed [wodd'sjedd] **vederbörande** the ... in question [ðə inn kwess'tsjən]; *vederbörande myndighet* the proper authority [ðə pråpp'ə å:θårr'itti] **vederbörlig** due [djo:]; *i vederbörlig ordning* in due course [inn djo:' kå:'s] **vedergälla** repay [ri:pej'] **vedergällning** retribution [rettribjo:'sjən] **vederhäftig** reliable [rilaj'əbl] **vederlag** compensation [kåmmpennsej'sjən] **vederlägga** refute [rifjo:'t] **vedermöda** hardship [ha:'dsjipp] **vedertagen** established [isstäbb'lisjt] **vedervärdig** repulsive [ripall'sivv] **vedträ** log [lågg] **vegetabilisk** vegetable [vedd'sjitabl] **vegetarian, vegetarisk** vegetarian [veddsjitä:'əriən] **vegetation** vegetation [veddsjitej'sjən] **vek** (*svag*) weak [wi:k]; (*mjuk*) soft [såfft]; (*känslig*) gentle [dsjenn'tl] **veke** wick [wikk] **vekling** weakling [wi:'kling] **wellpapp** corrugated cardboard [kårr'ogejtidd ka:'dbå:d] **vem** who [ho:]; (*efter prep.*) whom [ho:m]; *vem av dem ...?* which of them ...? [witt'sj əvv ðemm']; *vem som helst* anybody [enn'ibåddi] **vemodig** melancholy [mell'ənkəli] **ven** (*blodkärl*) vein [vejn] **Venedig** Venice [venn'iss] **venerisk sjukdom** venereal disease [vini:'əriəl dizi:'z] **ventil** valve [vallv]; (*för luftväxling*) ventilator [venn'tilejtə] **ventilation** ventilation [venntilej'sjən] **ventilera** ventilate [venn'tilejt] **ventilgummi** valve rubber [vall'v rabb'ə] **veranda** veranda [vəränn'də] **verb** verb [və:b] **verifikation** verification [verrifikej'sjən] **verk** (*arbete*) work [wə:k]; (*ämbets-*) office [åff'iss] **verka** work [wə:k]; (*förefalla*) seem [si:m] *verkan* effect [ifekk't]; *orsak och verkan* cause and effect [kå:'z ənd ifekk't]; *göra verkan* take effect [tej'k ifekk't] **verklig** real [ri:'əl] **verkligen** really [ri:'əli]; *jag hoppas verkligen att* I do hope that [aj do:' håo'p ðätt] **verklighet** reality [ri:äll'itti] **verklighetsfrämmande** out of touch with realities [ao't əvv tatt'sj wið ri:äll'itizz] **verklighetsskildring** realistic description [riəliss'tikk diskripp'sjən] **verkmästare** supervisor [s-jo:'pəvajzə] **verkningsfull** effective [ifekk'tivv] **verksam** effective [ifekk'tivv]; *ta verksam del i* take an active part in [tej'k ənn äkk'tivv pa:'t inn] **verksamhet** activity [akktivv'itti] **verksamhetsberättelse** annual report [änn'joəl ripå:'t] **verkstad** workshop [wə:'ksjåpp] **verkstadsarbetare** engineering worker [enndsjini:'əring wə:'kə] **verkstadsklubb** trade union branch [trej'd jo:'njən bra:ntsj] **verkställa** carry out [kärr'i ao't] **verkställande** executive [iggzekk'jotivv]; *verkställande direktör* managing director [männ'-

verktyg — vidtaga

iddsjing direkk'tə], *Am.* president [prezz'idənt]; *vice verkställande direktör* deputy managing director [depp'jotti männ'iddsjing dirékk'tə], *Am.* vice president [vaj's prezz'idənt] **verktyg** tool [to:l] **verktygslåda** tool-box [to:'lbåkks] **vernissage** opening of an exhibition [åo'pning əvv ənn ekksibisj'ən] **vers** verse [və:s] **version** version [və:'sjən] **vertikal** vertical [və:'tikəl] **vessla** weasel [wi:'zl] **veta** know [nåo] **vetande** (*kunskap*) knowledge [nåll'iddsj] **vete** wheat [wi:t] **vetebröd** white bread [wajt bredd'] **vetemjöl** wheat-flour [wi:'tflaoə] **vetenskap** science [saj'əns]; *det är en hel vetenskap* it's an art in itself [itt's ənn a:'t inn ittsell'f] **vetenskaplig** scientific [sajəntiff'ikk] **vetenskapsman** scientist [saj'əntisst] **veteran** veteran [vett'ərən] **veterinär** veterinarian [vettrinə:'əriən] **vetgirig** eager to learn [i:'gə to: lə:'n] **veto** veto [vi:'tåo]; *inlägga sitt veto mot* put one's veto on [pott' wannz vi:'tåo ånn] **vetskap** knowledge [nåll'iddsj] **vett** sense [senns]; *med vett och vilja* knowingly [nåo'ingli]; *vara från vettet* be out of one's senses [bi: ao't əvv wannz senn'sizz] **vetta mot** face [fejs] **vettig** sensible [senn'səbl] **vev** crank [krangk] **veva** turn [tə:n] **vevaxel** crankshaft [krang'ksja:ft] **vevstake** connecting rod [kənekk'ting rådd] **whisky** whisky [wiss'ki] **vi** we [vi:]; *vi själva* we ourselves [wi:' aoəsell'vz] **via** via [vaj'ə] **vibration** vibration [vajbrej'sjən] **vibrera** vibrate [vajbrej't] **vice** vice [vajs]; *vice versa* vice versa [vaj'si və:'sə] **vichyvatten** soda water [såo'də wå:tə] **vicka** rock [råkk] **vid 1** (*prep.*) at [att]; (*i närheten av*) near [ni:'ə]; *vid behov* when necessary [wenn' ness'isərri] **2** (*adj.*) wide [wajd]; (*om klädesplagg*) loose [lo:s] **vidare** further [fə:'ðə]; *och så vidare* and so on [ənn såo' ånn']; *inget vidare* (*bra etc.*) not very (good *etc.*) [nått verr'i (godd')]; *tills vidare* for the present [fə: ðə prezz'nt]; *utan vidare* just like that [dsjass't lajk ðatt'] **vidarebefordra** forward [få:'wəd] **vidarebefordran** for vidarebefordran till to be forwarded to [tə bi: få:'wədidd to:] **vidareutbildning** further training [fə:'ðə trej'ning] **vidbränd** burnt [bə:nt] **vidd** (*omfång*) width [widdθ]; *bildl. extent* [ikkstenn't]; (*landskap*) plain [plejn] **vide** willow [will'åo] **vidga** widen [waj'dn]; *vidga sina vyer* broaden one's mind [brå:'dn wannz maj'nd] **vidhålla** insist on [innsiss't ånn] **vidimera** attest [ətess't] **vidkommande** for mitt vidkommande as far as I am concerned [äzz fa:' azz aj' ämm kənsə:'nd] **vidkännas** (*erkänna*) own [åon]; (*lida*) suffer [saff'ə]; *vidkännas kostnaderna* bear the costs [bä:'ə ðə kåss'ts] **vidlyftig** extensive [ikkstenn'sivv] **vidmakthålla** maintain [mejntej'n] **vidrig** (*motbjudande*) repulsive [ripall'sivv]; (*ogynnsam*) adverse [ädd'və:s] **vidräkning** *en skarp vidräkning med* a sharp attack on [ə sja:'p ətakk' ånn] **vidskepelse** superstition [s-jo:pəstisj'ən] **vidskeplig** superstitious [s-jo:pəstisj'əs] **vidsträckt** extensive [ikkstenn'sivv] **vidsynt** broad-minded [brå:'dmaj'ndidd] **vidtaga** take [tejk]

vidtala — vilstol 188

(*åtgärder* steps [stepps]); make [mejk] (*anstalter* arrangements [ərej'ndsjmənts]); *efter lunchen vidtog* after the lunch followed [a:'ftə ðə lann'tsj fåll'åod] **vidtala** arrange with [ərej'ndsj wið] **vidunder** monster [månn'stə] **vidvinkelobjektiv** wide-angle lens [waj'däng'gl lenn's] **Wien** Vienna [vienn'ə] **wienerbröd** Danish pastry [dej'nisj pej'stri] **wienerschnitzel** Vienna schnitzel [vienn'ə sjnitt'səl] **vifta** wave [wejv] **vig** agile [ädd'sjajl] **viga** (*inviga*) consecrate [kånn'sikrejt]; (*ägna*) dedicate [dedd'ikejt] (*genom vigsel*) marry [märr'i] **vigsel** marriage [märr'iddsj]; *borgerlig* (*kyrklig*) *vigsel* civil (church) marriage [sivv'l (tsjə:'tsj) märr'iddsj] **vigselring** wedding ring [wedd'ing ring] **vigör** vigour [vigg'ə] **vik** bay [bej] **vika** fold [fåold]; (*gå undan*) yield [ji:ld]; *ge vika* give way [givv' wej']; *vika sig* double up [dabb'l app'] **vikarie** deputy [depp'jotti]; (*för lärare*) substitute [sabb'stitjo:t] **vikariera** deputize [depp'jotajz] **viking** Viking [vaj'king] **vikingatiden** the Viking Age [ðə vaj'king ej'dsj] **vikingatåg** Viking raid [vaj'king rejd] **vikt** weight [wejt] **viktig** important [immpå:'tənt] **vila** rest [resst] **vild** wild [wajld] **vilddjur** wild beast [wajld bi:'st] **vilde** savage [sävv'iddsj] **vildmark** wilderness [will'dəniss] **vildsvin** (wild) boar [(wajld) bå:'] **vildvin** Virginia creeper [və:dsjinn'iə kri:'pə] **vilja** (*subst.*) will [will]; *av egen fri vilja* of one's own accord [avv' wannz åo'n əkå:'d]; *driva sin vilja igenom* work one's will [wə:'k wannz will']; *få sin vilja igenom* get one's own way [gett' wannz åo'n wej']; *göra ngt med vilja* do s.th. on purpose [do: samm'θing ånn pə:'pəs]; (*verb*) be willing to [bi: will'ing to:]; (*önska*) want to [wånn't to:], wish [wisj]; (*ämna*) be going to [bi: gåo'ing to:]; *vilja ngn väl* wish s.b. well [wisj' samm'bədi well']; *vad vill du att jag skall göra?* what do you want me to do? [wått' do: jo: wånn't mi: tə do:']; *om det vill sig väl* if all goes well [iff å:'l gåoz well'] **viljeansträning** effort of will [eff'ət əvv will'] **viljes** *göra ngn till viljes* do as s.b. wants [do:' äzz samm'bədi wånn'ts] **viljestark** strong-willed [strång'will'd] **viljestyrka** will-power [will'paoə] **vilken** who [ho:], (*om sak*) which [witt'sj]; *vilken som helst* anyone [enn'iwann], anybody [enn'ibäddi] **villa 1** house [haos] **2** (*villfarelse*) illusion [ilo:'sjən]; **3** (*verb*) villa bort sig lose one's way [lo:'z wannz wej'] **villebråd** game [gejm] **villvervalla** confusion [kənfjo:'sjən] **villfara** comply with [kəmplaj' wið] **villfarelse** delusion [dilo:'sjən] **villig** willing [will'ing] **villkor** condition [kəndisj'ən]; *på villkor att* on (the) condition that [ånn (ðə) kəndisj'ən ðätt']; *uppställa ... som villkor* state ... as a condition [stej't äzz ə kəndisj'ən] **villkorligt** conditionally [kəndisj'nəli]; *villkorligt dömd* (*person*) probationer [prəbej'sjnə] **villospår** *på villospår* on the wrong track [ånn ðə rång' träkk'] **villrådig** irresolute [irezz'əlo:t] **vilsam** restful [ress'tfoll] **vilse** astray [əstrej'] **vilseledande** misleading [missli:'ding] **vilstol** easy chair [i:'zi tjsä:'ə]; (*fällstol*) folding chair [fåo'lding tsjä:'ə]

vilt game [gejm] **vimla** swarm [swå:m] **vimmel** crowd [kraod] **vimmelkantig** giddy [gidd'i] **vimpel** streamer [stri:'mə] **vin, vina** wine [wajn] **vinbär** currant [karr'ənt] **vind 1** (blåst) wind [winnd] **2** (i hus) attic [ätt'ikk] **3** (skev) warped [wå:pt] **vindflöjel** weathercock [weð'əkåkk] **vindruta** windscreen [winn'dskri:n] **vindrutespolare** windscreen washer [winn'dskri:n wåsj'ə] **vindrutetorkare** windscreen wiper [winn'dskri:n wajp'ə] **vindruva** grape [grejp] **vindögd** squint-eyed [skwinn'tajd] **vinge** wing [wing] **vingla** stagger [stägg'ə] **vinglig** staggering [stägg'ə-ring] **vingmutter** wing nut [wing' natt] **vingård** vineyard [vinn'jəd] **vinka** wave [wejv] **vinkel** angle [äng'gl]; spetsig (trubbig) vinkel acute (obtuse) angle [əkjo:'t (əbbtjo:'s) äng'gl] **vinkelhake** set-square [sett'skwä:'ə] **vinkeljärn** angle iron [äng'gl aj'ən] **vinkelrät** at right angles [att rajt äng'glz] (mot to [to:]) **vinlista** wine-list [wajn'lisst] **vinna** win [winn]; (skaffa sig) gain [gejn]; vinna avsättning for find a market for [fajnd ə ma:kitt få:]; vinna erkännande gain recognition [gejn rekkəgnisj'ən]; hon vinner i längden she improves on closer acquaintance [sji: immpro:'vz ånn klåo'sə əkwejn'təns]; vinna på bytet profit by the bargain [pråff'itt baj ðə ba:'ginn] **vinnare** winner [winn'ə] **vinning** snod vinning sordid gain [så:'didd gejn] **vinningslystnad** greed [gri:d] **vinnlägga sig om att** take pains to [tejk pejnz to:] **vinranka** vine [vajn] **vinsch** winch [winntsj] **vinst** gain [gejn]; (firmas) profit [pråff'itt]; (i lotteri) prize [prajz]; vinst och förlust profit and loss [pråff'itt ənn låss']; ge vinst yield a profit [ji:ld ə pråff'itt]; sälja med vinst sell at a profit [sell' ätt ə pråff'itt] **vinst- och förlustkonto** profit and loss account [pråff'itt ənn låss' əkao'nt] **vinter** winter [winn'tə]; i vinter this winter [ðiss' winn'tə]; i vintras last winter [la:st winn'tə] **vinterdag** winter('s) day [winn'tə(z) dej] **vintergatan** the Milky Way [ðə mill'ki wej'] **vinterkappa, vinterrock** winter coat [winn'tə kåot] **vintersport** winter sports (pl) [winn'tə spå:ts] **vinthund** greyhound [grej'haond] **vinäger** wine-vinegar [wajn'vinn'iggə] **viol** violet [vaj'əlitt] **viola** viola [viðo'lə] **violett** violet [vaj'əlitt] **violin** violin [vajəlinn'] **violinist** violinist [vaj'əlinisst] **violoncell** (violon)cello [(vajələn)tsjell'åo] **vippa** (på stjärten) wag(gle) one's tail [wägg'(l) wannz tejl'] **vira** wind [wajnd]; vira in wrap up [rapp' app'] **virka** crochet [kråo'sjej] **virke** wood [wodd]; hyvlat virke planed wood [plejn'd wodd] **virkning** crochet [kråo'sjej] **virrig** scatter-brained [skätt'əbrejnd]; (osammanhängande) disconnected [diss'kənekk'tidd] **virrvarr** muddle [madd'l] **virtuos** (subst.) virtuoso [və:tjoåo'zåo]; (adj.) masterly [ma:'stəli] **virus** virus [vaj'ərəs] **virussjukdom** virus disease [vaj'ərəs dizi:'z] **virvel, virvla** whirl [wə:l] **vis 1** (satt) way [wej] **2** (klok) wise [wajz] **visa 1** (subst.) song [sång]; ballad [ball'əd]; ord och inga visor plain words [plejn wə:dz] **2** (verb) show [sjåo]; erfarenheten visar experience proves [ikks-

visare — volym 190

pi:'əriəns pro:'vz]; *visa sig vara* turn out (to be) [tə:'n ao't (tə bi:)] **visare** (*på ur*) hand [hännd]; (*på instrument*) pointer [påj'ntə] **visbok** song-book [sång'bokk] **visdom** wisdom [wizz'dəm] **visdomstand** wisdom-tooth [wizz'dəmtɔ:θ] **visent** European bison [joərəpi:'ən baj'sn] **visera** visa [vi:'zə] **vision** vision [visj'ən] **visit** call [kå:'l] **visitera** inspect [innspekk't]; (*kropps-*) search [sə:tsj] **viska, viskning** whisper [wiss'pə] **vismut** bismuth [bizz'məθ] **visning** show [sjåo] **vispa** whip [wipp] **vispgrädde** whipped cream [wipp't kri:m] **viss** (*säker*) sure [sjo:'ə], certain [sə:'tn]; *en viss herr A.* a certain Mr. A. [ə sə:'tn miss'tə əj] **visselpipa** whistle [wiss'l] **vissen** faded [fej'didd] **visserligen ... men** it is true (that) ... but [itt izz tro:' (ðatt') batt'] **visshet** certainty [sə:'tnti] **vissla, vissling** whistle [wiss'l] **vissna** fade [fejd] **visst** certainly [sə:'tnli]; *det kan jag visst* of course I can [əvv kå:'s əj känn']; *visst inte* not at all [nått ätt å:'l]; *han har visst rest* he has left, I think [hi: hazz leff't əj θing'k]; *vi har visst träffats förr* I'm sure we must have met before [aj'm sjo:'ə wi: mass't hävv mett' bifå:'] **vissångare** ballad-singer [ball'ədsingə] **vistas, vistelse** stay [stej] **visum** visa [vi:'zə] **vit** white [wajt] **vita** white (of an egg) [wajt (əvv ənn egg')] **vital** vital [vaj'tl] **vitamin** vitamin [vitt'əminn] **vitaminbrist** vitamin deficiency [vitt'əminn difisj'ənsi] **vitaminrik** rich in vitamins [ritt'sj inn vitt'əminnz] **vite** penalty [penn'lti]; *vid vite av 10 pund* under (a) penalty of a £10 fine [ann'də (ə) penn'lti əvv ə tenn' paond faj'n] **vitling** whiting [waj'ting] **vitlök** garlic [ga:'likk] **vitpeppar** white pepper [wajt pepp'ə] **vits** (*ordlek*) pun [pann]; (*kvickhet*) joke [dsjåok] **vitsa** pun [pann], crack jokes [kräkk' dsjåo'ks] **vitsippa** wood anemone [wodd' ənemm'əni] **vitsord** (*vittnesbörd*) testimonial [tesstimåo'njəl]; (*i betyg*) mark [ma:k]; *4m.* grade [grejd] **vitt 1** white [wajt]; *göra svart till vitt* swear black is white [swä:'ə bläkk' izz wajt'] **2** *vitt och brett* far and wide [fa:' ənn wajd']; *så vitt jag vet* as far as I know [äzz fa:' äzz əj nåo'] **vittgående** far-reaching [fa:'ri:'tsjing] **vittja** examine [iggzämm'inn] (*nät* nets [netts]) **vittna** (*inför domstol*) witness [witt'niss]; (*intyga*) testify [tess'tifəj] **vittne** witness [witt'niss]; *vara vittne till* witness [witt'niss] **vittnesbörd** testimony [tess'timəni]; *bära falskt vittnesbörd* bear false witness [bä:'ə få:'ls witt'niss] **vittnesmål** evidence [evv'idəns] **vittomfattande** far-reaching [fa:'ri:'tsjing] **vittring** scent [sennt] **vittvätt** white wash(ing) [wajt' wåsj'(ing)] **vitöga** *se döden i vitögat* face death [fej's deθ'] **vivre** *fritt vivre* free board and lodging [fri:' bå:'d ənn lådd'sjing] **vodka** vodka [våddˈkə] **vokabulär** vocabulary [vəkäbb'jolari] **vokal** vowel [vao'əl], **volang** flounce [flaons] **volt 1** (*luftsprång*) somersault [samm'əså:lt]; *slå en volt* turn a somersault [tə:'n ə samm'əså:lt] **2** (*elektr.*) volt [våolt] **volym** volume [våll'jomm] **vore** were [wə:']; *om jag vore* if I were [iff əj wə:']; *det vore trevligt* it would be nice [itt wodd bi:

najˈs) votera vote [våot] **votering** vote [våot]; *begära votering* demand a division [dimaːˈnd ə divisjˈən] (*om* on [ånn]) **vrak** wreck [rekk] **vrakpris** bargain-price [baːˈginnprajs] (*handtag*) handle [hännˈdl] **2** (*adj.*) wrathful [råːˈθfoll] **vrede** wrath [råːθ] **vresig** cross [kråss], **vricka** (*stuka*) sprain [sprejn]; *vricka foten* sprain one's ankle [sprejˈn wannz ängˈkl] **vrida** (*vanda, vrida om*) turn [təːn]; (*hårt*) wring [ring]; (*sno*) twist [twisst] **vrist** ankle [ängˈkl] **vrå** corner [kåːˈnə] **vråk** buzzard [bazzˈəd] **vrål, vråla** roar [råː] **vrång** disobliging [dissˈəblajˈdsjing] **vräka** heave [hiːv]; (*avhysa*) evict [iːvikkˈt]; *vraka sig i lyx* roll in luxury [råoˈl inn lakkˈsjəri] **vräkig** ostentatious [åsstenntejˈsjəs] **vräkning** eviction [iːvikkˈsjən] **vulgär** vulgar [vallˈgə] **vulkan** volcano [vållkejˈnåo] **vulkanisera** vulcanize [vallˈkənajz] **vuxen** grown-up [gråoˈnapp]; *vara situationen vuxen* be equal to the occasion [biː iːˈkwəl tə ði əkejˈsjən] **vuxenundervisning** adult education [addˈallt eddjoːkejˈsjən] **vy** view [vjoː] **vykort** picture postcard [pikkˈtsjə påoˈstkaːd] **våda** *av våda* by misadventure [baj missˈədvennˈtsjə] **våg 1** balance [ballˈəns]; (*hushålls-*) scales [skejlz] **2** (*vatten-, ljud-*) wave [wejv] **våga** (*tordas*) dare [dɛːˈə]; *friskt vågat är hälften vunnet* boldly ventured is half won [båoˈldli vennˈtsjəd izz haːˈf wann]; *du skulle bara våga!* you dare! [joːˈ dɛːˈə]; *våga sitt liv* risk one's life [rissˈk wannz lajˈf] **vågad** (*riskabel*) risky [rissˈki]; (*frivol*) risqué [riːˈskej] **vågbrytare** breakwater [brejˈkwåːtə] **våghalsig** foolhardy [foːˈlhaːdi] **vågig** wavy [wejˈvi] **vågrät** horizontal [hårrizonnˈtl] **vågskål** scale [skejl] **våld** violence [vajˈələns]; (*makt*) power [paoˈə]; (*tvång*) force [fåːs]; *med våld* by force [baj fåːs]; *göra våld på* violate [vajˈəlejt] **våldsam** violent [vajˈələnt] **våldsdåd** act of violence [ǽkkˈt əvv vajˈələns] **våldta, våldtäkt** rape [rejp] **vålla** cause [kåːs] **vålnad** ghost [gåost] **vånda** agony [äggˈəni] **våning** (*lägenhet*) flat [flätt], *Am.* apartment [əpaːˈtmənt]; *en våning på tre rum och kok* a three-room flat with a kitchen [ə θriːˈromm flätt wið ə kittˈsjinn]; (*1:a, 2:a etc.*) stor(e)y [ståːˈri], floor [flåː]; *på forsta våningen* (*botten-*) on the ground (*Am.* first [fəːˈst]) floor [ånn ðə graoˈnd flåː]; *på andra våningen* (*en trappa upp*) on the first (*Am.* second [sekkˈənd]) floor [ånn ðə fəːˈst flåː] **våningsbyte** exchange of flats [ikkstsjejˈndsj əvv flättˈs] **vår 1** (*pron.*) our [aoˈə]; (*sjalvst.*) ours [aoˈəz] **2** (*spring*) spring [spring]; *i vår* this spring [ðissˈ springˈ]; *i våras* last spring [laːˈst springˈ] **vård** care [kɛːˈə] **vårda** take care of [tejˈk kɛːˈə əvv] **vårdad** (*careful*) careful [kɛːˈəfoll]; (*om kläder*) well-groomed [wellˈgrommˈd]; (*om handstil*) neat [niːt]; *vårdat språk* correct language [kərekkˈt längˈgwiddsj] **vårdag** spring day [spring dej] **vårdagjämning** vernal equinox [vəːˈnl iːˈkwinäkks] **vårdare** (*sjuk-*) (male) nurse [(mej)l nəːs], attendant [ətennˈdənt] **vårdpersonal** medical staff [meddˈikəl staːf] **vårdslös** careless [kɛːˈəliss] **vårdslöshet** carelessness [kɛːˈəlissniss]

vårkänsla — välkänd 192

vårkänsla *ha vårkänslor* have the spring feeling [hävv'ðə spring' fi:'ling] **vårlik** springlike [spring'lajk] **vårta** wart [wå:t] **vårtermin** spring term [spring' tə:m] **våt** wet [wett] **väcka** wake (up) [wej'k (app')]; *(bildl.)* awaken [əwej'kən] **väckarklocka** alarm clock [əla:'m klåkk] **väckning** awakening [əwej'kning]; *(per telefon)* alarm call [əla:'m kå:l]; *får jag be om väckning kl. 6* I should like to be called at 6 [aj sjodd laj'k tə bi: kå:'ld ätt sikk's] **väder** weather [weð'ə]; *vad är det för väder?* what is the weather like? [wått izz ðə weð'ə laj'k] **väderkvarn** windmill [winn'mill] **väderleksrapport** weather report (forecast) [weð'ə ripå:'t (få:'ka:st)] **väderstreck** point of the compass [påj'nt əvv ðə kamm'pəs] **vädja, vädjan** appeal [əpi:'l] **vädra** air [ä:'ə]; *(få vittring av)* scent [sennt] **väg** road [råod]; *(mer abstr. o. bildl.)* way [wej]; *gå sin väg* go away [gåo' əwej']; *i väg* off [åff']; *ge sig iväg* be off [bi: åff']; *gå till raga* proceed [prəsi:d'] **väga** weigh [wej] **vägarbete** road work [råo'd wə:k] **vägbeläggning** road surface [råo'd sə:'fiss] **vägförbindelse** road communication [råo'd kəmjo:nikej'sjən] **vägg** wall [wå:l] **väggfast** fixed to the wall [fikk'st tə ðə wå:'l] **vägkant** roadside [råo'dsajd] **vägkorsning** crossing [kråss'ing] **vägleda** guide [gajd] **vägledning** guidance [gaj'dəns] **vägmärke** road sign [råo'd sajn] **vägmätare** mileometer [majlåmm'itə] **vägnar** *(p)å ngns vägnar* on behalf of s.b. [ånn biha:'f əvv samm'bədi] **vägning** weighing [wej'ing] **vägra** refuse [rifjo:'z] **vägran** refusal [rifjo:'zəl] **vägskylt** road sign [råo'd sajn] **vägspärr** road block [råo'd blåkk] **vägsträcka** stretch (of a road) [strett's] (əvv ə råo'd)] **vägvisare** *(person)* guide [gajd]; *(skylt)* sign post [saj'n påost] **väja** make way [mej'k wej] **väl** *(bra)* well [well]; *(alltför)* rather [ra:'ðə]; *det går aldrig väl!* it can't turn out well! [itt ka:'nt tə:n åo't well']; *länge och väl* for ages [få: ej'dsjizz]; *du kommer väl?* I hope you will come! [aj håo'p jo: will kamm']; *det kan val handa* that's possible [ðått's påss'əbl]; *så val som* as well as [äzz well' əzz] **välbefinnande** well-being [well'bi:'ing] **välbehag** complacency [kəmplej'snsi] **välbehållen** safe [sejf] **välbehövlig** badly (much) needed [bädd'li (matt'sj) ni:'didd] **välbärgad** well-to-do [well'tədo:'] **välde** *(rike)* empire [emm'pajə] *(makt)* domination [dåmmmi'nej'sjən] **väldig** huge [hjo:dsj] **välfärdssamhälle** welfare state [well'fä:ə stej't] **välförsedd** well-stocked [well'ståkk't] **välförtjänt** well-deserved [well'diza:'vd] **välgjord** well-made [well'mej'd] **välgång** prosperity [pråssperr'itti] **välgärning** kind deed [kaj'nd di:'d] **välgörande** *(nyttig)* beneficial [bennifisj'əl]; *(hälsosam)* salutary [sall'jotəri]; *valgorande ändamål* charitable purposes [tsjärr'itəbl pə:'pəsizz] **välgörenhet** charity [tsjärr'itti] **välja** *(ut-)* choose [tsjo:z] *(bland* from [fråmm]); *(genom rostning)* elect [ilekk't] **väljare** elector [ilekk'tə] **välklädd** well-dressed [well'dress't] **välkommen** welcome [well'kəm] **välkänd**

välla gush [gasj] (*fram* forth [få:θ]) **vällevnad** good living [godd' livv'ing] **välling** gruel [gro:'əl] **välluktsweet** smell [swi:'t smell'] **vällust** voluptuousness [vəlapp'tjoəsniss] **välmenande** well-meaning [well'mi:'ning] **välordnad** well-arranged [well'ərej'indsjd] **välsedd** acceptable [əksepp'təbl] **välsigna** bless [bless] **välsignelse** blessing [bless'ing] **välsittande** well-fitting [well'fitt'ing] **välskött** well-managed [well'männ'iddsjd] **välstånd** prosperity [pråssperr'itti] **välta** (*stjälpa*) upset [əppsett']; (*ramla omkull*) fall over [få:'l åo'və] **vältalig** eloquent [ell'əkwənt] **vältra** roll [råol] **vältränad** well-trained [well'trejn'd] **väluppfostrad** well-bred [well'bredd'] **välva sig** vault [vå:lt] **välvilja** benevolence [binevv'ələns] **välvillig** benevolent [binevv'ələnt] **välväxt** shapely [sjej'pli] **vämjas vid** be disgusted at [bi: dissgass'tidd ätt] **vämjelse** loathing [låo'ðing] **vän** friend [frennd]; *en vän till mig* a friend of mine [ə frenn'd əvv maj'n]; *goda vänner* close friends [klåo's frenn'dz] **vända** turn [tə:n]; *vända på* turn [tə:n]; *vända sig* turn [tə:n]; *vända sig till ngn* (*med fråga e.d.*) address s.b. [ədress' samm'bədi], (*för att få ngt*) apply to s.b. [əplaj' tə samm'bədi] (*för att for* [få:]) **vändkors** turnstile [tə:'nstajl] **vändning** ((*in*)*riktning*) turn [tə:n]; (*förändring*) change [tsjejndsj] **vändpunkt** turning-point [tə:'ningpåjnt] **väninna** girl-friend [gə:'lfrennd] **vänja** accustom [əkass'təm] (*vid* to [to:]); *vänja sig av med att* get out of the habit of [gett ao't əvv ðə häbb'itt əvv] **vänlig** kind [kajnd] (*mot* to [to:]) **vänlighet** kindness [kaj'ndniss] **vänskap** friendship [frenn'dsjipp] **vänskapsmatch** friendly match [frenn'dli mättsj] **vänster** left [lefft]; *till vänster* to the left [tə ðə leff't] (*om* of [åvv]); *vanstern* the Left [ðə leff't] **vänsterhänt** left-handed [leff'thänn'didd] **vänstersida** left-hand page [leff'thännd pej'dsj] **vänstertrafik** left-hand traffic [leff'thännd träff'ikk] **vänta** (*förvänta*) expect [ikkspekk't]; (*avvakta*) wait [wejt] (*på* for [få:]); *få vänta* have to wait [hävv' tə wej't]; *låta ngn vänta* keep s.b. waiting [ki:'p samm'bədi wej'ting]; *vänta sig* expect [ikkspekk't] **väntan** wait [wejt]; *i väntan på* while waiting [wajl wej'ting] **väntelista** waiting list [wej'ting lisst] **väntetid** wait [wej't]; *under väntetiden kan vi* while we are waiting we can [wajl wi: a: wej'ting wi: känn] **vänthall, väntrum, väntsal** waiting-room [wej'tingromm] **värd 1** (*subst.*) host [håost] **2** (*adj.*) worth [wə:θ]; *det är inte värt att du gör det* you had better not do it [jo: hädd bett'ə nått' do:' itt] **värde** value [väll'jo:]; *sätta värde på* (*uppskatta*) appreciate [əpri:'sjiejt] **värdefull** valuable [väll'joəbl] (*för* to [to:]) **värdeföremål** article of value [a:'tikkl əvv väll'jo:] **värdelös** worthless [wə:'θliss] **värdepapper** valuable document [väll'joəbl dåkk'jomənt] **värdera** value [väll'jo:] **värdering** valuation [välljoej'sjən] **värdestegring** rise in value [raj'z inn väll'jo:] **värdfolk** *vårt värdfolk* our host and hostess [ao'ə håo'st ənn håo'stiss] **värdig** worthy [wə:'ði];

värdigas — växelström

(*aktningsvärd*) dignified [digg'nifajd] **värdigas** deign to [dej'n to:] **värdighet** dignity [digg'nitti] **värdinna** hostess [håo'stiss] **värdshus** inn [inn] **värdshusvärd** innkeeper [inn'ki:pə] **värja** sword [så:d] **värk, värka** ache [ejk] **värld** world [wə:ld]; *hur i all världen?* how on earth? [hao' ånn ə:'θ]; *förr i världen* formerly [få:'məli] **världsberömd** world-famous [wə:'ldfej'məs] **världsdel** part of the world [pa:'t əvv ðə wə:'ld] **världshav** ocean [åo'sjən] **världshistoria** world history [wə:'ld hiss'təri] **världskarta** map of the world [mäpp' əvv ðə wə:'ld] **världskrig** world war [wə:'ld wå:'] **världslig** wordly [wə:'ldli] **världsmästerskap** world championship [wə:'ld tsjämm'pjənsjipp'] **världsrekord** world record [wə:'ld rekk'å:d] **världsrymden** outer space [ao'tə spej's] **världsåskådning** ideology [ajdiåll'ədsji] **värma** warm [wå:m]; (*hetta*) heat [hi:t] **värme** warmth [wå:mθ] (*hetta*) heat [hi:t] **värmebölja** heat wave [hi:'t wejv] **värmeelement** (*radiator*) radiator [rej'diejtə]; (*elektriskt*) electric heater [ilekk'trikk hi:'tə] **värmeledning** central heating [senn'trəl hi:'ting] **värmeplatta** hot-plate [hått'plejt] **värnlös** defenceless [difenn'sliss] **värnplikt** allmän *värnplikt* compulsory military service [kəmpall'səri mill'itəri sə:'viss] **värpa** lay eggs [lej' egg'z] **värre** worse [wə:s]; *så mycket värre* so much the worse [såo matt'sj ðə wə:'s] **värst** worst [wə:st]; *i varsta fall* at worst [ätt wə:'st] **värva** secure [sikjo:'ə], *mil.* enlist [innliss't] **väsa** hiss [hiss] **väsen** (*varelse*) being [bi:'ing]; (*buller*) noise [nåjz]; (*ståhej*) fuss [fass] **väsentlig** essential [isenn'sjəl] **väska** bag [bägg]; (*hand-*) handbag [hänn'dbägg]; (*res-*) suitcase [sjo:'tkejs] **väsnas** be noisy [bi: nåj'zi] **vässa** sharpen [sja:'pən] **väst 1** (*plagg*) waistcoat [wej'skåot] **2** (*subst. o. adv.*) (*väderstreck*) west [wesst] **väster** (*väderstreck*) the west [ðə wess't]; *Vilda Västern* the Wild West [ðə wajl'd wess't] **västerlandet** the West [ðə wess't] **västerländsk** western [wess'tən] **Västeuropa** Western Europe [wess'tən jo:'ərəp] **Västindien** the West Indies [ðə wess't inn'dizz] **västkust** west coast [wess't kåost] **västlig** west [wesst]; western [wess'tən]; *västlig vind* westerly wind [wess'təli winnd] **Västtyskland** West(ern) Germany [wess't(ən) dsjə:'məni] **väta** (*subst. o. verb*) wet [wett] **väte** hydrogen [haj'dridsjən] **vätebomb** hydrogen bomb [haj'dridsjən båmm] **vätska** liquid [likk'widd], fluid [flo:'idd] **väv** (*tyg*) fabric [fäbb'rikk]; (*varp*) web [webb] **väva** weave [wi:v] **vävd** woven [wåo'vən] **väveri** weaving mill [wi:'ving mill] **vävplast** coated fabric [kåo'tidd fabb'rikk] **vävstol** loom [lo:m] **växa** grow [gråo], (*öka*) increase [innkri:'s]; *växa ur* outgrow [aotgråo'] **växel 1** (*bank-*) bill [bill] **2** (*-pengar*) change [tsjejndsj]; (*tekn.*) gear [gi:'ə]; (*telefon-*) exchange [ikkstsjej'ndsj] **växelkurs** rate of exchange [rejt əvv ikkstsjej'ndsj] **växellåda** gearbox [gi:'əbåkks] **växelpengar** change [tsjejndsj] **växelspak** gear lever [gi:'ə li:və] **växelström** alternating current [å:'ltə:nejting karr'ənt]

växelverkan — åbäka sig

växelverkan interaction [inntərääkk'sjən] **växelvis** alternately [å:ltə:'nittli] **växla** (*pengar*) change [tsjejndsj]; (*utbyta*) exchange [ikkstsjej'ndsj]; (*i bil*) change gear [tsjej'ndsj gi:ə] **växt** (*tillväxt*) growth [gråoθ]; (*planta*) plant [pla:nt] **växthus** greenhouse [gri:'nhaos] **växtlighet** vegetation [veddsjitej'sjən] **vördnad** reverence [revv'ərəns] **vört** wort [wə:t] **xylofon** xylophone [zaj'ləfåon] **yla** howl [haol] **ylle** wool [woll] **yllestrumpa** woollen stocking [woll'inn ståkk'ing] **ylletröja** sweater [swett'ə] **ymnig** abundant [əbann'dənt] **ympa** (*gren o.d.*) graft [gra:ft] **yngel** brood [bro:d] **yngla** breed [bri:d] **yngling** young man [jang' männ'] **yngre** younger [jang'gə]; (*ganska ung*) young [jang] **yngst** youngest [jang'gisst] **ynklig** pitiable [pitt'iəbl] **yppa** reveal [rivi:'l]; *yppa sig* arise [əraj'z] **ypperlig** excellent [ekk'sələnt] **yppig** (*om växtlighet*) luxuriant [laggzjo:'əriənt]; (*om figur*) full [foll] **yr** dizzy [dizz'i] **yra** (*verb*) be delirious [bi: dilirr'iəs]; (*virvla*) whirl [wə:l] **yrka, yrkande** (*begära*) demand [dima:'nd] **yrke, yrkesarbete** profession [prəfesj'ən] **yrkeskvinna** professional woman [prəfesj'ənl womm'ən] **yrkesman** craftsman [kra:'ftsmən] **yrkesorientering** vocational guidance [våokej'sjənl gaj'dəns] **yrkesregister** trade register, classified telephone directory [trej'd redd'sjisstə kläss'ifajd tell'ifåon direkk'təri] **yrkessjukdom** occupational disease [åkkjo:pej'sjən! dizi:'z] **yrkesskada** industrial injury [inndass'triəl inn'dsjəri] **yrsel** dizziness [dizz'iniss] **yrvaken** drowsy [draoʻzi] **yster** frisky [friss'ki] **yta** surface [sə:'fiss] **ytbehandling** finish [finn'isj] **ytlig** superficial [s-jo:pəfisj'əl] **ytmått** square measure [skwä:'ə mesj'ə] **ytter** outside forward [ao'tsaj'd få:'wəd] **ytterdörr** outer door [ao'tə då:'] **ytterkläder** outdoor clothes [ao'tdå:klåo'ðz] **ytterlig** extreme [ikkstri:'m]; (*fullständig*) utter [att'ə] **ytterligare** further [fə:'ðə] **ytterlighet** extreme [ikkstri:'m] **yttermått** outer dimension [ao'tə dimenn'sjən] **ytterrock** overcoat [åo'vəkåot] **ytterst** (*längst ut*) farthest [fa:'ðisst]; (*synnerligen*) extremely [ikkstri:'mli] **yttersta** outermost [ao'təmåost]; *göra sitt yttersta* do one's utmost [do: wannz att'måost] **yttertrappa** steps [stepps] **yttra** utter [att'ə]; *yttra sig* speak [spi:k] **yttrande** utterance [att'ərəns] **yttrandefrihet** freedom of speech [fri:'dəm əvv spi:'tsj] **yttre** (*adj.*) (*längre ut belägen*) outer [ao'tə]; (*utvändig*) external [ekkstə:'nl]; (*subst.*) exterior [ekksti:'əriə]; *till det yttre* externally [ekkstə:'nəli] **yttring** manifestation [männifesstej'sjən] **yvas över** be proud of [bi: prao'd əvv] **yvig** bushy [bosj'i] **yxa** axe [äkks] **yxhugg** blow of an axe [blåo' əvv ənn äkk's] **zenit** zenith [zenn'iθ] **zigenare** gipsy [dsjipp'si] **zigenerska** gipsy woman [dsjipp'si womm'ən] **zink** zinc [zingk] **zon** zone [zåon] **zoologi** zoology [zåoåll'ədsji] **zoologisk trädgård** zoological gardens [zåoålådd'sjikəl ga:'dnz] **å** (*small*) river [(små:'l) rivv'ə] **åberopa** adduce [ədjo:'s] **åbäka sig** make ridiculous gestures [mej'k ridikk'joləs dsjess'tsjəz]

åbäkig unwieldy [annwi:'ldi] **ådagalägga** show [sjåo] **åder** vein [vejn] **åderbråck** varicose vejn [värr'ikåos vejn] **åderförkalkning** arteriosclerosis [a:ti:'əriåoskliəråo'siss] **ådraga sig** contract [kənträkk't]; catch [kättsj] **åhöra** listen to [liss'n to:] **åhörare** koll. audience [å:'djəns] **åjo** (jo då) oh yes [åo' jess']; (tämligen) fairly [fä:'əlli] **åka** ride [rajd]; (fårdas) go [gåo]; åka bort go away [gåo' əwej']; åka med get a lift [gett' ə lift't]; åka om overtake [åovətej'k] **åkdon** vehicle [vi:'ikkl] **åker** field [fi:ld] **åklagare** prosecutor [pråss'ikjo:tə] **åkomma** complaint [kəmplej'nt] **åktur** ride [rajd], drive [drajv] **ål** eel [i:l] **åla** crawl [krå:l] **ålder** age [ejdsj]; hon är i min ålder she is (about) my age [sji:' izz əbao't) maj' ej'dsj] **ålderdom** old age [åo'ld ejdsj] **ålderdomlig** ancient [ej'nsjənt]; (gammaldags) old-fashioned [åo'ldfäsj'ənd] **ålderdomshem** home for the aged [håo'm fə ði ej'dsjd] **ålderdomssvag** decrepit [dikrepp'itt] **åldersskillnad** difference of age [diff'rəns əvv ej'dsj] **åldras** grow old [gråo' åo'ld] **åldrig** old [åold] **åldring** old man (woman) [åo'ld männ' (womm'ən)] **åligga** be incumbent on [bi: innkamm'bənt ånn] **åliggande** duty [djo:'ti] **ålägga** enjoin [inndsjåj'n] **ånga** (subst. o. verb) steam [sti:m] **ångare** steamer [sti:'mə] **ånger** repentance [ripenn'təns] **ångerfull** repentant [ripenn'tənt] **ångest** agony [ägg'əni] **ångpanna** steam boiler [sti:'m båj'lə] **ångra** regret [rigrett']; ångra sig be sorry [bi: sårr'i] **ånyo** anew [ənjo:'] **år** year [jə:]; Gott Nytt År! Happy New Year [häpp'i njo:' jə:']; ett halvt år six months [sikk's mann'θs] **åra** oar [å:] **åratal** i åratal for years [få: jə:'z] **årgång** (av tidskrifter e.d.) volume [vållˈjomm]; (av vin) vintage [vinn'tiddsj] **århundrade** century [senn'tsjorri] **årlig** annual [änn'joəl] **årsinkomst** annual income [änn'joəl inn'kəm] **årslång** yearlong [jə:'lång] **årsskifte** turn of the year [tə:'n əvv ðə jə:'] **årstid** season [si:'zn] **årtal** date [dejt] **årtionde** decade [dekk'ejd] **årtull** rowlock [råll'ək] **årtusende** millennium [milenn'iəm] **ås** ridge [riddsj] **åsidosätta** (ej bry sig om) disregard [diss'riga:'d]; (försumma) neglect [niglekk't] **åsikt** opinion [əpinn'jən]; enligt min åsikt in my opinion [inn maj' əpinn'jən] **åsiktsförtryck** suppression of free opinion [səpresj'ən əvv fri:' əpinn'jən] **åska** (subst. o. verb) thunder [θann'də]; det åskar it is thundering [itt izz θann'dəring] **åskknall** thunderclap [θann'dəkläpp] **åskledare** lightning-conductor [laj'tningkəndakktə] **åskmoln** thundercloud [θann'dəklaod] **åsknedslag** stroke of lightninɡ [ʃtrảo'k əvv laj'tning] **åskådare** spectator [spekktej'tə] **åskådlig** (klar) clear [kli:'ə]; (tydlig) perspicuous [pəspikk'joəs] **åskådliggöra** make ... clear [mej'k kli:'ə] **åskådning** opinions [əpinn'jənz] **åsna** donkey [dång'ki] **åstad** off [äff] **åstadkomma** (få t. stånd) bring about [bring' əbao't]; (förorsaka) cause [kå:z]; (frambringa) produce [prədjo:'s] **åsyfta** aim at [ej'm ätt] **åsyn** sight [sajt] **åt** to [to:]; gå åt sidan step aside [stepp' əsaj'd]; **glad åt** happy about [häpp'i əbao't]; *skratta åt* laugh at [la:'f ätt] **åtagande** undertaking [anndətej'king] **åtaga sig** undertake [anndətej'k] **åtal** prosecution [pråssikjo:'sjən] **åtala** prosecute [pråss'ikjo:t] **åter** (*ånyo*) again [əgenn']; (*tillbaka*) back [bäkk] **återbud** excuse [ikkskjo:'s]; *ge återbud* send word that one cannot come [senn'd wə:'d ðått wann känn'ått kamm'] **återbäring** dividend [divv'idennd] **återfall** relapse [riläpp's] **återfinna** find ... again [faj'nd əgenn'] **återfå** get ... back [gett' bäkk'] **återförena** reunite [ri:'jo:naj't] **återförsäljare** retail dealer [ri:'tejl di:'lə] **återge** (*ge tillbaka*) give back [givv' bäkk']; (*framställa*) reproduce [ri:prədjo:'s] **återgå** go back [gåo' bäkk'] **återgång** return [ritə:'n] **återhållsam** moderate [mådd'əritt] **återkalla** (*ta tillbaka*) cancel [känn'səl] **återkomma, återkomst, återlämna** return [ritə:'n] **återse** see ... again [si:' əgenn'] **återseende** meeting again [mi:'ting əgenn']; *på återseende!* see you again! [si:' jo: əgenn'] **återspegla** reflect [riflekk't] **återstod** rest [resst] **återstå** remain [rimej'n]; (*vara kvar*) be left [bi: leff't]; *det återstår att se* it remains to be seen [itt rimej'ns tə bi: si:'n] **återställa** restore [ristå:'] **återställare** *en återställare* a hair of the dog [ə hä:'ə əvv ðə dågg] **återta[ga]** take back [tej'k bäkk'] **återtåg** retreat [ritri:'t] **återuppbyggnad** rebuilding [ri:'bill'ding] **återuppliva** revive [rivaj'v] **återupprätta** re-establish [ri:'isstäbb'lisj] **återuppta[ga]** resume [rizjo:'m] **återverka** react [ri:äkk't] **återvinna** win back [winn' bäkk'] **återvända** return [ritə:'n] **återvändsgata** blind alley [blaj'nd äll'i] **åtfölja** accompany [əkamm'pəni] **åtgärd** measure [mesj'ə] **åtkomlig** within reach [wiðinn' ri:'tsj] **åtlöje** ridicule [ridd'ikjo:l] **åtminstone** at least [ätt li:'st] **åtnjuta** enjoy [inndsjåj'] **åtnjutande** enjoyment [inndsjåj'mənt]; *komma i åtnjutande av* come into possession of [kamm' inn'to pəzesj'ən əvv] **åtrå** desire [dizaj'ə] **åtskilliga** several [sevv'rəl] **åtskilligt** a good deal [ə godd' di:'l] **åtskillnad** *gora åtskillnad* make a distinction [mej'k ə dissting'ksjən] **åtta** eight [ejt] **åttio** eighty [ej'ti] **åttionde** eightieth [ej'tiiθ] **åttonde** eighth [ejtθ] **åverkan** damage [dämm'iddsj] **äckel** nausea [nå:'siə] **äckla** nauseate [nå:'siejt] **äcklig** nauseating [nå:'siejting] **ädel** noble [nåo'bl] **ädelsten** gem [dsjemm'] **äga** (*rå om*) own [åon]; (*besitta*) possess [pəzess']; *aga rum* take place [tej'k plej's] **ägare** owner [åo'nə] **ägg** egg [egg]; *ett stekt ägg* a fried egg [ə fraj'd egg]; *ett kokt ägg* a boiled egg [ə båj'ld egg'] **äggkopp** egg-cup [egg'kapp] **äggröra** scrambled eggs [skrämm'bld eggz] **äggsked** egg-spoon [egg'spo:n] **äggstanning** baked egg [bej'kt egg] **äggtoddy** egg-nog [egg'någg] **äggula** yolk [jåok] **äggvita** (*i ägg*) egg white [egg' wajt]; (*ämne*) albumin [äll'bjominn] **äggviteämne** protein [pro:ti:n] **ägna** devote [divåo't] **ägnad** suited [sjo:'tidd] **ägo** *ha i sin ägo* possess [pəzess'] **ägodelar** property [pråpp'əti] **ägor** grounds

äkta — ärr

[graondz] **äkta** genuine [dsjenn'joinn]; *äkta maka* (wedded) wife [(wedd'idd) wajf]; *äkta par* married couple [märr'idd kapp'l] **äktenskap** marriage [märr'iddsj] **äktenskapsbrott** adultery [ədall'təri] **äkthet** genuineness [dsjenn'joinniss] **äldre** older [åo'ldə]; (*om släktskapsförh.*) elder [ell'də]; (*ganska gammal*) elderly [ell'dəli] **äldst** oldest [åo'ldisst]; (*om släktskapsförh.*, eldest [ell'disst] **älg** elk [ellk]; *Am.* moose [mo:s] **älska** love [lavv] **älskad** beloved [bilavv'd] **älskare** lover [lavv'ə] **älskarinna** mistress [miss'triss] **älskling** darling [da:'ling] **älsklingsrätt** favourite dish [fej'vəritt disj] **älskvärd** amiable [ej'mjəbl] **älv** river [rivv'ə] **älva** fairy [fä:'əri] **ämbete** office [åff'iss] **ämbetsman** official [əfisj'əl] **ämbetsverk** government office [gavv'nmənt åff'iss] **ämna** intend [inntenn'd] **ämne** (*material*) material [məti:'əriəl]; (*materia*) matter [mätt'ə]; (*tema*) subject [sabb'dsjikkt]; *fasta ämnen* solids [såll'iddz]; *flytande ämnen* liquids [likk'widdz] **ämnesomsättning** metabolism [metåbb'əlizzəm] **än** (*adv.*) *se ännu*; *när ... än* whenever [wennevv'ə]; *var ... än* wherever [wäərevv'ə]; *vad ... än* whatever [wåttevv'ə]; *vem ... än* whoever [ho:evv'ə]; *än ... än* now ... [nao]; (*konj.*) (*i jämförelse*) than [ðänn]; *mindre än* smaller than [små:'lə ðänn]; *inget annat än* nothing else but [naθ'ing ell's batt] **ända 1** (*subst. o. verb*) end [ennd]; *gå till anda* come to an end [kamm'tə ənn enn'd] **2** (*adv.*) right [rajt]; *ända fram till* right up to [rajt app' to:]; *ända till* as far as [äzz fa:' azz] **ändamål** purpose [pə:'pəs] **ändamålsenlig** adapted to its purpose [ədapp'tidd to: itts pə:'pəs] **ändelse** ending [enn'ding] **ändhållplats** terminus [tə:'minəs] **ändlös** endless [enn'dliss] **ändra** alter [å:'ltə]; (*byta*) change [tsjejndsj]; *ändra sig* change one's mind [tsjej'ndsj wannz maj'nd] **ändring** alteration [å:ltərej'sjən]; change [tsjejndsj] **ändå** (*likval*) yet [jett]; (*icke desto mindre*) nevertheless [nevvəðəless'] **äng** meadow [medd'əo] **ängel** angel [ej'ndsjəl] **änglalik** angelic [änndsjell'ikk] **ängslan** anxiety [ängzaj'əti] **ängslas** be anxious [bi: ang'ksjəs] (*for* about [əbao't]) **ängslig** anxious [äng'ksjəs] **änka** widow [widd'åo] **änkling** widower [widd'åoə] **ännu** (*fortfarande*) still [still]; (*om ngt som ej inträffat*) yet [jett]; (*ytterligare*) more [må:']; (*vid komp.*) still [still] **äntligen** at last [ätt la:'st] **äppelmos** mashed apples [mäsj't app'lz] **äppelpaj** apple-pie [app'lpaj'] **äppelträd** apple-tree [app'ltri:] **äpple** apple [app'l] **ära** honour [ånn'ə]; *har den äran att gratulera!* many happy returns! [menn'i happ'i ritə:'nz] **ärekränkning** defamation [deffəmej'sjən] **ärelystnad** ambition [ämmbisj'əs] **ärende** (*uträttning*) errand [err'ənd]; (*angelägenhet*) matter [mätt'ə] **ärftlig** hereditary [hiredd'itəri] **ärg** verdigris [və:'digriss] **ärkebiskop** archbishop [a:'tsjbisj'əp] **ärlig** honest [ånn'isst] **ärlighet** honesty [ånn'issti] **ärm** sleeve [sli:v] **ärofull** glorious [glå:'riəs] **ärr** scar

[ska:] **ärta** pea [pi:] **ärtsoppa** pea soup [pi: so:p] **ärva** inherit [innherr'itt] (av from [fråmm]) **äss** ace [ejs] **äta** eat [i:t]; äta frukost have breakfast [hävv' brekk'fast] **ätbar** eatable [i:'təbl] **ätt** family [fämm'illi]; (furstlig) dynasty [dinn'əsti] **ättika** vinegar [vinn'iggə] **ättiksgurka** pickled cucumber [pikk'ld kjo:'kambə] **ättling** descendant [disenn'dənt] **även** also [å:'lsəo], too [to:] **äventyr** adventure [ədvenn'tsjə]; till äventyrs perchance [pətsja:'ns] **äventyra** risk [rissk] **äventyrare** adventurer [ədvenn'-tsjərə] **äventyrlig** adventurous [ədvenn'tsjərəs] **ö** island [aj'lənd] **öda** waste [wejst] **öde 1** (subst.) fate [fejt]; (bestämmelse) destiny [dess'tinni] **2** (adj.) desert [dezz'ət] **ödelägga** lay ... waste [lej' wej'st] **ödeläggelse** devastation [devvəsstej'sjən] **ödemark** waste [wejst] **ödesdiger** fatal [fej'tl] **ödla** lizard [lizz'əd] **ödmjuk** humble [hamm'bl] **ödmjukhet** humility [hjo:-mill'iti] **ödsla** be wasteful with [bi: wej'stfoll wið]; ödsla bort waste [wejst] **ödslig** desolate [dess'əlitt] **öga** eye [aj]; få upp ögonen för have one's eyes opened to [hävv wannz aj'z åo'pənd to:]; hålla ett öga på keep an eye on [ki:p ənn aj' ånn]; mellan fyra ögon in private [inn praj'vitt] **ögla** loop [lo:p] **ögna igenom** glance through [gla:'ns θro:'] **ögonblick** moment [måo'mənt]; ett ögonblick! one moment, please! [wann' måo'-mənt pli:'z]; för ögonblicket at the moment [att ðə måo'mənt] **ögonblicklig** instantaneous [innstəntej'njəs] **ögonbryn** eyebrow [aj'brao] **ögonfrans** eyelash [aj'lasj] **ögonlock** eyelid [aj'lidd] **ögonläkare** eye-specialist [aj'spesj'əlisst] **ögonmått** ha gott ögonmått have a sure eye [hävv' ə sjo:' ə aj'] **ögontjänare** time-server [taj'msə:və] **ögonvittne** eye-witness [aj'-witt'niss] **ögonvrå** corner of the eye [kå:'nə əvv ði aj'] **ögrupp** group of islands [gro:'p əvv aj'ləndz] **öka** increase [innkri:'s] **öken** desert [dezz'ət] **öknamn** nickname [nikk'-nejm] **ökning** increase [inn'kri:s] **ökänd** notorious [náotə:'riəs] **öl** beer [bi:'ə] **öm** tender [tenn'də] **ömhet** tenderness [tenn'də-niss] **ömma** (vara om) be tender [bi: tenn'də] **ömse** på omse håll on both sides [ånn båo'θ saj'dz] **ömsesidig** mutual [mjo:'-tjoəl] **ömsom ... ömsom** sometimes ... sometimes ... [samm'tajmz samm'tajmz] **ömtålig** easily damaged [i:'zilli dämm'iddsjd]; (känslig) sensitive [senn'sitivv]; (lättsårad) touchy [tatt'sji] **önska** wish [wisj]; önska sig wish for [wisj' få:] **önskan** wish [wisj] **önskemål** wish [wisj] **önskvärd** desirable [dizaj'ərəbl] **öppen** open [åo'pən]; öppen spis fireplace [faj'əplejs] **öppenhet** openness [åo'pəniss] **öppenhjärtig** open-hearted [åo'pənha:'-tidd] **öppna** open [åo'pən] **öppning** opening [åo'pning] **öra** ear [i:'ə]; (handtag) handle [hänn'dl]; höra dåligt på ena orat hear badly with one ear [hi:'ə bädd'li wið wann' i:'ə] **örfil** box on the ear [båkk's ånn ði i:'ə] **örhänge** ear-ring [i:'əring] **öring** salmon trout [sämm'ən traot] **örlogsfartyg** warship [wå:'sjipp]

örlogsflotta navy [nej'vi] **örn** eagle [i:'gl] **örngott** pillow-case [pill'åokejs] **örnnäsa** aquiline nose [äkk'wilajn nåo'z] **öroninflammation** inflammation of the ear(s) [innflamej'sjən əvv ði i:'ə(z)] **öronläkare** ear specialist [i:'ə spesj'əlisst] **öronskydd** ear-flap [i:'əflapp] **örsnibb** ear lobe [i:'ə låob] **örsprång** ear-ache [i:'ərejk] **ört** herb [hə:b] **ösa** scoop [sko:p]; *(halla)* pour [på:]; *ösa en båt* bale a boat [bejl'ə båo't]; *ösa en stek* baste a joint [bejs't ə dsjåj'nt]; *det öser ner* it is pouring down [itt izz på:'ring daon] **öskar** bailers [bejl'ə] **ösregn** pouring rain [på:'ring rejn] **ösregna** pour [på:] **öst** east [i:st] **Östafrika** East Africa [i:st aff'rikkə] **Östasien** Eastern Asia [i:'stən ej'sjə] **öster** the east [ði i:'st] **Österrike** Austria [åss'triə] **österrikisk** Austrian [åss'triən] **Östersjön** the Baltic [ðə bå:'ltikk] **Östeuropa** Eastern Europe [i:'stən jo:'ərəp] **östlig** easterly [i:'stəli] **Östtyskland** East Germany [i:'st dsjə:'məni] **öva** train [trejn]; *öva sig* practise [pråkk'tiss] **över** over [åo'və]; *(tvars-)* across [əkråss']; *gå över gatan* walk across the street [wå:'k əkråss' ðə stri:'t]; *över halften* over half [åo'və ha:'f]; *karta över* map of [mäpp' əvv]; *glad, över* glad at [gladd' att]; *lycklig över* happy about [häpp'i əbao't] **överallt** everywhere [evv'riwä:ə] **överanstränga sig** overstrain o.s. [åo'vəstrejn' wannsell'f] **överansträngd** overworked [åo'vəwə:'kt] **överansträngning** overwork [åo'vəwə:'k] **överbalans** *ta överbalansen* lose one's balance [lo:'z wannz ball'əns] **överbefolkning** overpopulation [åo'vəpåppjolej'sjən] **överbefälhavare** commander-in-chief [kəma:'ndərinntsji:'f] **överbelasta** overload [åo'vəlåo'd] **överbevisa** convict [kənvikk't] **överblick** survey [sə:'vej] **överblicka** survey [sə:'vej] **överbliven** remaining [rimej'ning] **överdel** top [tåpp] **överdrag** cover [kavv'ə] **överdrift** exaggeration [iggzäddsjərej'sjən]; *gå till overdrift* go to extremes [gåo' tə ikkstri:'mz] **överdriva** exaggerate [iggzädd'sjərejt] **överens** *vara överens* be agreed [bi: əgri:'d] *(om* on [ånn]); *komma överens om* agree on [əgri:' ånn] **överenskommelse** agreement [əgri:'mənt] **överensstämma** agree [əgri:'] **överensstämmelse** agreement [əgri:'mənt] **överfalla** assault [əså:'lt] **överflöd** abundance [əbann'dəns] **överflödig** superfluous [s-jo:pə:'floəs] **överföra** transfer [trännsfə:'] **överge** abandon [əbann'dən] **övergrepp** outrage [ao'trejdsj] **övergå** *(overtraffa)* surpass [sə:pa:'s]; *(overstiga)* exceed [ikksi:'d] **övergående** passing [pa:'sing] **övergång** change-over [tsjej'ndsjåo'və] **övergångsbiljett** transfer ticket [tränn'sfə: tikk'itt] **övergångsställe** *(för fotgangare)* pedestrian crossing [pidess'triən kråss'ing] **övergångsålder** change of life [tsjej'ndsj əvv lajf] **överhand** *få overhand* get the upper hand [gett' ði app'ə hänn'd] *(över* of [åvv]) **över huvud taget** on the whole [ånn ðə håo'l] **överhängande** impending [immpenn'ding] **överilad** rash [räsj] **överinseende** supervision [s-jo:pəvisj'ən] **överkant** *i overkant (bildl.)* rather on the large side [ra:'ðə ånn ðə la:'dsj sajd]

överkast bedspread [bedd'spredd] **överklaga** appeal against [əpi:'l əgenn'st] **överklassen** the upper classes [ði app'ə kla:'sizz] **överkomlig** *till överkomligt pris* at a reasonable price [ätt ə ri:'znəbl praj's] **överkropp** upper part of the body [app'ə pa:'t əvv ðə bådd'i] **överkvalificerad** over-qualified [åo'vəkwåll'ifajd] **överkäke** upper jaw [app'ə djå:'] **överkänslig** hypersensitive [hajˈpəːsenn'sitivv] **överlakan** top sheet [tåpp' sji:t] **överleva** survive [səvaj'v] **överlista** outwit [aotwitt'] **överljudsplan** supersonic aircraft [s-jo:pəsånn'ikk äː'əkra:ft] **överlåta** transfer [trännsfə:']; *jag överlåter åt dig att* I leave it to you to [aj li:'v itt tə jo:' tə] **överlägga** deliberate [dilibb'ərejt] **överläggning** deliberation [dilibbərej'sjən] **överlägsen** superior [s-jo:pi'əriə] **överläkare** chief physician [tsji:'f fizisj'ən] **överlämna** deliver [diliv'ə]; *(skänka)* present [prizenn't] **överläpp** upper lip [app'ə lipp] **övermakt** superior force [s-jo:pi'əriə få:'s] **överman** superior [s-jo:pi:'riə] **övermod** presumption [s-jo:pəmm'psjən] **övermogen** overripe [åo'vərajˈp] **övermorgon** *i övermorgon* the day after tomorrow [ðə dej' a:'ftə təmårr'åo] **övermänsklig** superhuman [s-jo:pəhjo:'mən] **övernatta** stay the night [stej' ðə naj't] **övernaturlig** supernatural [s-jo:pənättˈsjrəl] **överordnad** superior [s-jo:pi:'əriə] **överpris** excessive price [ikksess'ivv prajs]; *(obehagligt)* startle [sta:'tl] **överraska** surprise [səpraj'z] **överraskning** surprise [səpraj'z] **överresa** crossing [kråss'ing] **överrock** overcoat [åo'vəkåot] **överrumpla** surprise [səpraj'z] **överräcka** hand over [hänn'd åo'və]; *(skänka)* present [prizenn't] **överrösta** shout louder [sjao't lao'də] **överse med ngt** overlook s.th. [åovəlokk' samm'θing] **överseende** *(adj.)* indulgent [inndall'dsjənt]; *(subst.)* indulgence [inndall'dsjəns]; *ha överseende med* be indulgent towards [bi: inndall'dsjənt təwå:'dz] **översikt** survey [sə:'vej] **översiktskarta** key map [ki:' mäpp] **översittare** bully [boll'i] **överskatta** overrate [åo'vərej't] **överskott** surplus [sə:'pləs] **överskrida** cross [kråss]; *(bildl.)* exceed [ikksi:'d] **överskrift** heading [hedd'ing] **överskådlig** clear [kli:'ə] **överslag** *(förhandsberäkning)* estimate [ess'timitt]; *(volt)* somersault [samm'əså:lt]; *(elektr.)* flash-over [flässj'åovə] **överspänd** overstrung [åo'vəstrang] **överst** uppermost [app'əmåost] **översta** the top [ðə tåpp']; *(av två)* the upper [ði app'ə] **överste** colonel [kə:'nl] **överstiga** exceed [ikksi:'d] **överstånden** *vara överstånden* be over [bi: åo'və] **översvallande** overflowing [åovəflåo'ing] **översvämma, översvämning** flood [fladd] **översyn** overhaul [åo'vəhå:l] **översålla** strew [stro:] **översända** send [sennd] **översätta** translate [trännslej't] **översättare** translator [trännslej'tə] **översättning** translation [trännslej'sjən] *(till)* into [inn'to]) **övertag** advantage [ədva:'ntidsj] **överta(ga)** take over [tej'k åo'və] **övertala** persuade [pəswej'd] **övertalning** persuasion [pəswej'sjən] **övertalningsförmåga** persuasive powers [pəswej'sivv pao'əz] **övertid** overtime [åo'vətajm] **övertro**

överträda — övärld

superstition [s-jo:pəstisj'ən] **överträda** transgress [tränns'gress'] **överträdelse** transgression [trännsgresj'ən] **överträffa** surpass [sə:pa:'s] **övertyga** convince [kənvinn's] **övertygande** convincing [kənvinn'sing] **övertygelse** conviction [kənvikk'sjən] **övervaka** superintend [s-jo:'prinntenn'd] **övervakare** supervisor [s-jo:'pəvajzə]; (av villkorligt domd) probation officer [prəbej'sjən åff'issə] **övervakning** supervision [s-jo:pəvisj'ən]; stå under övervakning be on probation [bi: ånn prəbej'sjən] **övervikt** overweight [åo'vəwejt]; (bildl.) predominance [pridåmm'inəns] **övervinna** overcome [åovəkamm'] **övervintra** pass the winter [pa:'s ðə winn'tə] **övervåning** upper floor [app'ə flå:'] **överväga** (noga genomtänka) reflect [riflekk't] **övervägande 1** (subst.) consideration [kənsiddərej'sjən] **2** (adj.) predominant [pridåmm'inənt]; den overvägande delen the greater part [ðə grej'tə pa:'t] **överväldiga** overpower [åovəpao'ə] **övning** (ovande) practice [präkk'tiss]; (träning) training [trej'ning] **övningsbil** learner's car [lə:'naz ka:'] **övre** upper [app'ə] **övrig** remaining [rimej'ning]; (annan) other [að'ə]; det övriga the rest [ðə ress't]; de övriga the others [ði að'əz]; för övrigt (annars) otherwise [að'əwajz], (dessutom) besides [bisaj'dz], (i förbigående sagt) by the way [baj ðə wej'] **övärld** archipelago [a:kipell'igåo]

Engelsk-svenska delen

a [ə] en, ett; *twice a day* två gånger om dagen **aback** [əbakk'] *be taken aback* häpna **abandon** [əbänn'dən] överge, prisge **abate** [əbej't] minska, lindra **abbey** [äbb'i] kloster (kyrka) **abbreviate** [əbri:'viejt] förkorta **abdomen** [äbb'dəmən] buk **abduct** [äbbdakk't] bortföra, enlevera **abet** [əbett'] underblåsa **abhor** [əbhå:'] avsky **abide** [əbaj'd] dröja, förbli; *abide by* stå fast vid **ability** [əbill'itti] förmåga, duglighet **abject** [äbb'dsjekkt] föraktlig **abjure** [əbdsjo:'ə] avsvärja (sig) **ablaze** [əblej'z] i brand **able** [ej'bl] duglig, skicklig; *be able to* kunna **aboard** [əbå:'d] ombord **abnormal** [əbnå:'məl] onormal, abnorm **abolish** [əbåll'isj] avskaffa, slopa **abolition** [äbbəlisj'ən] avskaffande, slopande **abominable** [əbåmm'inəbl] avskyvärd **aboriginal** [äbbərid'sjinəl] urinvånare **abortion** [əbå:'sjən] abort, missfall **abortive** [əbå:'tivv] misslyckad **abound** [əbao'nd] finnas i överflöd; *abound with* vimla av **about** [əbao't] om, omkring; ungefär **above** [əbavv'] ovanför; *it is one degree above zero* det är 1 grad plus; *above all* framför allt **abreast** [əbress't] jämsides, i höjd med **abridge** [əbridd'sj] förkorta **abroad** [əbrå:'d] utomlands, *from abroad* från utlandet **abrupt** [əbrapp't] abrupt, brådstörtad, burdus **abscess** [äbb'sess] bold **abscond** [əbskånn'd] avvika, rymma **absence** [äbb'səns] frånvaro **absent** [äbb'sənt] (*adj.*) frånvarande **absentee** [äbbsnti:'] (*subst.*) frånvarande **absent-minded** [äbb'səntmaj'ndidd] tankspridd **absolute** [äbb'səlo:t] absolut, renodlad **absolutely** [äbb'səlo:tli] absolut, ovillkorligen **absolve** [əbzåll'v] frikänna **absorb** [əbså:'b] absorbera **absolve** [əbzåll'v] frikänna **abstain** [əbstej'n] avstå, avhålla sig **abstainer** [əbstej'nə] absolutist; *total abstainer* helnykterist **abstinence** [äbb'stinəns] avhållsamhet; fastande **abstract** [äbb'sträkkt] abstrakt **absurd** [əbsə:'d] orimlig, befängd, absurd **abundance** [əbann'dəns] överflöd **abundant** [əbann'dənt] riklig, ymnig **abuse** [əbjo:'s] missbruk; smädelse; [əbjo:'z] missbruka, smäda **abyss** [əbiss'] avgrund **Abyssinian** [äbbisi:'njən] abessinsk **academic[al]** [äkkədemm'ikk(əl)] akademisk **academy** [əkädd'əmi] akademi **accede to** [äkksi:'d to] tillträda; ansluta sig till **accelerate** [äksel'ərejt] accelerera **acceleration** [äksələrej'sjən] acceleration **accelerator** [äkksell'ərejtə] gaspedal; accelerator **accent** [äkk'sənt] accent, uttal, brytning **accept** [əksepp't] acceptera, godta **acceptable** [əksepp'təbl] acceptabel **access** [äkk'sess] tillgång, tillträde, förfogande **accessible** [äkkses'əbl] tillgänglig; åtkomlig **accessories** [äkksess'ərizz] accessoarer, tillbehör **accessory** [äkksess'əri] åtföljande; medbrottslig **accident** [äkk'sidənt] olycksfall; tillfällighet; *by*

accidental — adhesive

pure accident av en ren händelse **accidental** [äkksiden'tl] tillfällig; oavsiktlig **accomodate** [əkåmm'ədejt] inkvartera; anpassa; utrusta; *accommodate o.s.* finna sig till rätta **accommodating** [əkåmm'ədejting] medgörlig, tillmötesgående **accomodation** [əkåmmədej'sjən] logi **accompany** [əkamm'pəni] [åt]följa; ackompanjera **accomplice** [əkåmm'pliss] medbrottsling **accomplish** [əkåmm'plisj] slutföra, utföra **accomplished** [əkåmm'plisjt] fulländad; fint bildad **accomplishment** [əkåmm'plisjmənt] prestation **accord** [əkå:'d] *of one's own accord* självmant **accordance** [əkå:'dəns] *in accordance with* i enlighet med **according to** [əkå:'ding to:] enligt **accordingly** [əkå:'dingli] alltså, följaktligen **accordion** [əkå:'djən] dragspel **accost** [əkåss't] gå fram till och tilltala, antasta **account** [əkao'nt] redovisning, redogörelse, konto; redovisa, redogöra, motivera; *on account* a conto; *on account of* på grund av **accountable** [əkao'ntəbl] tillräknelig **accountant** [əkao'ntənt] kamrer, bokhållare **accrued** [əkro:'d] upplupen **accumulate** [əkjo:'mjolejt] ackumulera, samla på hög; hopa sig **accuracy** [äkk'jorəsi] noggrannhet; riktighet **accurate** [äkk'joritt] noggrann **accusation** [äkkjozej'sjən] anklagelse **accuse** [əkjo:'z] anklaga **accustom** [əkass'təm] vänja (*vid to*) **ace** [ejs] äss **acetone** [äss'itåon] aceton **ache** [ejk] värk; värka **achieve** [ətsji:'v] prestera, utföra, åstadkomma **achievement** [ətsji:'vmənt] prestation, insats **acid** [äss'idd] syra; sur **acknowledge** [əknåll'iddsj] erkänna, kännas vid; kvittera **acknowledgement** [əknåll'iddsjmənt] erkännande **acme** [äkk'mi] höjdpunkt **acorn** [ej'kå:n] ollon **acoustics** [əko:'stikks] akustik **acquaint** [əkwej'nt] *acquaint o.s. with* ta del av; *become acquainted with* göra bekantskap med **acquaintance** [əkwej'ntəns] bekantskap **acquiesce** [äkkwiess'] samtycka **acquire** [əkwaj'ə] förvärva, skaffa sig **acquisition** [äkkwizisj'ən] förvärvande; förvärv **acquit** [əkwitt'] frikänna **acre** [ej'kə] (*ungefär*) tunnland **acrid** [äkk'rid] bitter **acrimonious** [äkkrimåo'njəs] bitter, skarp **acrobat** [äkk'rəbätt] akrobat **across** [əkråss'] [tvärs]över, på tvären **act** [äkkt] handla, bete sig, spela teater; handling, akt **acting** [äkk'ting] tillförordnad **action** [äkk'sjən] handling, aktion **activate** [äkk'tivejt] aktivera **active** [äkk'tivv] aktiv **activity** [äkktivv'itti] verksamhet, aktivitet **actor** [äkk'tə] skådespelare **actress** [äkk'triss] skådespelerska **acumen** [əkjo:'men] skarpsinne **acute** [əkjo:'t] akut **A.D.** [ej'di:'] e.Kr. (*efter Kristus*) **adage** [ädd'idsj] tänkespråk **adamant** [ädd'əmənt] orubblig **adapt** [ədäpp't] anpassa **add** [ädd] tillägga, tillfoga; *add up* addera, räkna ihop, summera **addict** [ädd'ikt] slav (*under narkotika*) **addition** [ədisj'ən] addition, tillägg, tillsats, utbyggnad; *in addition* till på köpet **address** [ədress'] adressera, tilltala; adress, tilltal; *permanent address* fast bostad **addressee** [ädresi:'] adressat **address label** [ədress' lej'bl] adresslapp **adduce** [ədjo:'s] åberopa **adenoids** [ädd'inåjdz] polyper bakom näsan **adhesive** [ədhi:'sivv] själv-

adjacent — African

häftande; *adhesive plaster* häftplåster **adjacent** [ədsjej'sənt] angränsande **adjourn** [ədsjə:'n] ajournera, uppskjuta **adjust** [ədsjass't] rätta till, justera **adjustable** [ədsjass'təbl] ställbar **adjustment** [ədsjass'tmənt] justering, inställning, omställning **ad-lib** [ädd'libb] improvisera **administer** [ədminn'istə] förvalta **administrate** [ədminn'istrejt] administrera **administration** [ədminnistrej'sjən] administration, förvaltning; *administration of justice* rättskipning **administrator** [ədminn'istrejtə] förvaltare **admirable** [ädd'mərəbl] beundransvärd **admiral** [ädd'mərəl] amiral **admiration** [äddmərej'sjən] beundran **admire** [ədmaj'ə] beundra **admirer** [ədmaj'rə] beundrare **admission** [ədmisj'ən] medgivande; tillträde **admission-ticket** [ədmisj'ən tikk'itt] inträdesbiljett **admit** [əddmitt'] tillstå, medge; släppa in **admittance** [ədmitt'əns] tillträde **admonish** [ədmånn'isj] förmana, tillrättavisa **admonition** [äddmənisj'ən] tillsägelse **adolescence** [äddəoless'ns] uppväxttid **adopt** [ədåpp't] adoptera; *adopted child* adoptivbarn **adorn** [ədå:'n] pryda **adornment** [ədå:'nmənt] prydnad, utsmyckning **adroit** [ədråj't] skicklig **adult** [ädd'allt] vuxen; *adult education* vuxenundervisning; *for adults only* barnförbjuden **adultery** [ədall'təri] äktenskapsbrott **advance** [ədva:'ns] rycka fram, föra fram; förhand, förskott, närmande; *in advance* i förväg **advantage** [ədva:'ntiddsj] förmån, fördel, övertag; *take advantage of* utnyttja **advantageous** [äddvəntej'dsjəs] förmånlig **Advent** [ädd'vənt] advent **adventure** [ədvenn'tsjə] äventyr **adventurer** [ədvenn'tsjərə] äventyrare **adventurous** [ədvenn'tsjərəs] äventyrlig **adversary** [ädd'vəsəri] motståndare **adverse** [ädd'və:s] ogynnsam; fientlig **advertise** [ädd'vətajz] annonsera, göra reklam **advertisement** [ədvə:'tismənt] annons **advertising** [ädd'vətajzing] annonsering, reklam; *advertising agency* annonsbyrå, reklambyrå **advice** [ədvaj's] råd; avi, meddelande; *on my advice* på min inrådan **advisable** [ədvaj'zəbl] tillrådlig **advise** [ədvaj'z] råda; underrätta **adviser** [ədvaj'zə] rådgivare **advisory** [ədvaj'zəri] rådgivande **advocate** [ädd'vəkejt] försvara; förorda **aerial** [ä:'əriəl] antenn **aerogram** [ä:'rəgrämm] aerogram **aesthetic** [i:sθett'ikk] estetisk **affable** [äff'əbl] älskvärd **affair** [əfä:'ə] angelägenhet; *it is my affair* det är min ensak **affect** [əfekk't] påverka **affected** [əfekk'tidd] tillgjord, affekterad **affectionate** [əfekk'sjənitt] tillgivnen; *Yours affectionately* Din (Er) tillgivne **affidavit** [äffidej'vitt] edlig skriftlig försäkran **affinity** [əfinn'itti] släktskap **affirm** [əfə:'m] intyga, bekräfta **affirmative** [əfə:'mətivv] jakande; *reply in the a.* svara jakande **affix** [əfikk's] fästa; tillägga **afflict** [əflikk't] plåga, hemsöka **affliction** [əflikk'sjən] olycka, sorg **affluence** [äff'loəns] överflöd **affluent** [äff'loənt] överflödande; biflod **afford** [əfå:'d] ha råd; *I cannot afford to* jag har inte råd att **affront** [əfrann't] förolämpa; trotsa; förolämpning **afloat** [əflåo't] flytande **afraid** [əfrej'd] rädd; *I am afraid not* tyvärr inte **Africa** [äff'rikə] Afrika **African** [äff'rikən] afrikansk

Afro-Asian — alligator

Afro-Asian [äff'roej'sjən] afro-asiatisk **aft** [a:ft] akter ut **after** [a:'ftə] efter; sedan, efter det att; *after all* när allt kommer omkring **after-effect** [a:'ftaifekk't] påföljd, svit **afternoon** [a:'ftəno:'n] eftermiddag **afterwards** [a:'ftəwədz] efteråt **again** [əgenn'] igen, åter **against** [əgenn'st] mot **age** [ejdsj] ålder; åldras; *the modern age* nya tiden; *for ages* [få: ej'dsjizz] länge och väl; *of age* myndig; *a boy aged five* en femårig pojke **agency** [ej'dsjənsj] agentur **agenda** [ədsjenn'də] dagordning **agent** [ej'dsjənt] agent **aggravate** [ägg'rəvejt] förvärra; reta **aggression** [əgresj'ən] aggression **aggressive** [əgress'ivv] aggressiv **aggressiveness** [əgress'ivvniss] aggressivitet **aggrieve** [əgri:'v] plåga **aghast** [əga:'st] bestört **agile** [ädd'sjajl] vig; snabb **agitation** [äddsjitej'sjən] oro; agitation **agitate** [ädd'sjitejt] agitera **agitator** [ädd'sjitejtə] agitator, uppviglare **ago** [əgåo'] for ... sedan; *long ago* för länge sedan; *ten years ago* för tio år sedan **agony** [ägg'əni] ångest, vånda **agree** [əgri:'] instämma, samtycka; avtala; *agree upon* bli ense om **agreeable** [əgri:'əbl] angenäm, behaglig **agreement** [əgri:'mənt] avtal, överensstämmelse **agriculture** [ägg'rikalltsjə] jordbruk **ague** [ej'gjo:] frossa **ahead** [əhedd'] framåt **aid** [ejd] hjälpa, bidra till; hjälpmedel, hjälp **aide-de-camp** [ej'ddəka:'ng] adjutant **aim** [ejm] mål, syfte; *aim at* sikta på, rikta mot, eftersträva, åsyfta; *take aim* sikta **ain't** [ejnt]=am (are, is) not **air** [a:ə] luft; vädra; *by air* med flyg **air-conditioning** [ä:'əkənndisjəning] luftkonditionering **aircraft** [ä:'əkra:ft] flygplan **air force** [ä:'ə få:s] flygvapen **airgun** [ä:'əgann] luftgevär **air hostess** [ä:'ə håo'stiss] flygvärdinna **airline** [ä:'əlajn] flygbolag **airmail** [ä:'əmejl] flygpost **airpocket** [ä:'əpåkkitt] luftgrop **air pollution** [ä:'ə pəlo:'sjən] luftförorening **airport** [ä:'əpå:t] flygplats **air-raid shelter** [ä:'ərejd sjell'tə] skyddsrum **airy** [ä:'əri] luftig **aisle** [ajl] sidoskepp (*i kyrka*) **ajar** [ədsja:'] på glänt **akin** [əkinn'] besläktad **alarm** [əla:'m] larm; larma, alarmera; *take alarm* [tej'k əla:'m] ana oråd **alarm call** [əla:'m kå:l] telefonväckning **alarm clock** [əla:'m klåkk] väckarklocka **alarming** [əla:'ming] oroväckande **alas** [əla:'s] ack; tyvärr **Albania** [älbej'njə] Albanien **album** [äll'bəm] album **albumin** [äll'bjominn] äggvita **alcohol** [äll'kəhåll] alkohol **alcoholic** [allkəhåll'ikk] alkoholist; alkoholhaltig **alkoholism** [äll'kəhållizəm] alkoholism **alder** [å:'ldə] al **alderman** [å:'ldəmən] ålderman; rådman **alert** [əla:'t] påpasslig **alga** [äll'gə] alg **algebra** [äll'dsjibrə] algebra **Algeria** [äldsji:'əriə] Algeriet **alibi** [äll'ibaj] alibi **alien** [ej'ljən] utländsk; utlänning **align** [əlaj'n] ställa upp i rät linje; ansluta sig **alike** [əlaj'k] lika; på samma sätt **alive** [əlaj'v] i livet, levande **all** [å:l] all, allt, alla, hela; *not at all* inte alls, för all del **allegiance** [əli:'dsjəns] trohet **allergic** [əla:'dsjikk] allergisk **allergy** [äll'ədsji] allergi **alleviate** [əli:'viejt] mildra **alliance** [əlaj'əns] förbund, allians **allied** [əlaj'd] allierad **alligator**

allot — anaemia

[äll'igejtə] alligator **allot** [əlått'] tilldela **allow** [əlao'] tillåta **allowance** [əlao'əns] underhåll, avdrag **alloy** [äll'åjj] legering **allude** [əlo:'d] anspela **allure** [əljo:'də] locka, tjusa **allusion** [əlo:'sjən] anspelning **ally** [äll'aj] bundsförvant; [əlaj'] liera, förena; *the allies* [ði äll'ajz] de allierade **almanac** [å:'lmənäkk] almanacka **almighty** [å:lmaj'ti] allsmäktig **almond** [a:'mənd] mandel **almoner** [a:'mənə] kurator **almost** [å:'lmåost] nästan **alms** [a:mz] allmosa, allmosor **alone** [əlåo'n] ensam; *leave s.b. alone* lämna ngn i fred **along** [əlång'] längsefter, utmed, framåt **alongside** [əlång'sajd] långsides, längs **aloof** [əlo:'f] på avstånd **aloud** [əlao'd] med hög röst, högt **alphabet** [äll'fəbitt] alfabet **alpine** [äll'pajn] alpin **Alps** [ällps] *the Alps* Alperna **already** [å:lredd'i] redan **Alsatian** [ällsej'sjən] schäferhund **also** [å:'lsåo] också, likaså **altar** [å:'ltə] altare **alter** [å:'ltə] [för]ändra[s], göra om **alteration** [å:ltərej'sjən] förändring **alternate** [å:'ltənejt] alternera, växla om; [å:ltə:'nitt] omväxlande, växel- **alternately** [å:ltə:'nittli] växelvis **alternating current** [å:'ltə:nejting karr'ənt] växelström **alternative** [å:ltə:'nətivv] alternativ **although** [å:lðåo'] fastän **altitude** [äll'titjo:d] höjd **altogehter** [å:ltəgeð'ə] helt och hållet **altruistic** [alltroiss'tikk] oegennyttig **aluminium** [älljominn'jəm] aluminium **always** [å:'lwəz] alltid **a.m.** [ejj'emm'] (=*ante meridiem*) på förmiddagen **amalgam** [əmäll'gəm] amalgam **amass** [əmäss'] hopa **amateur** [ämm'ətə:] amator **amateurish** [ämm'ətə:'risj] amatörmässig **amaze** [əmej:z'] göra häpen, förvåna **amazed** [əmej:zd] häpen **amazement** [əmej'zmənt] häpnad **amazing** [əmej'zing] förbluffande **ambassador** [ämm'bäss'ədə] ambassadör **amber** [ämm'bə] bärnsten **ambiguous** [ämmbigg'joəs] tvetydig **ambition** [ämmbisj'ən] ärelystnad; strävan, ambition **ambitious** [ämmbisj'əs] ärelysten; ambitiös **ambulance** [ämm'bjoləns] ambulans **ambush** [ämm'bosj] bakhåll **ameliorate** [əmi:'ljərejt] förbättra, bli bättre **amenable** [əmi:'nəbl] foglig **amend** [əmenn'd] rätta; förbättra **amendment** [əmenn'dmənt] förbättring; tillägg **amends** [əmenn'dz] gottgörelse **amenity** [əmi:'nitti] behaglighet **America** [əmerr'ikə] Amerika **American** [əmerr'ikən] amerikansk **amethyst** [ämm'əθist] ametist **amiable** [ej'mjəbl] älskvärd **amicably** [ämm'ikəbli] i godo, vänskapligt **amid[st]** [əmidd'(st)] mitt ibland **amiss** [əmiss'] på tok, fel; *take it amiss* ta illa upp **ammonia** [əmåo'njə] ammoniak **ammunition** [ämmjonisj'ən] ammunition **amnesty** [ämm'nisti] amnesti **among[st]** [əmang'(st)] bland, mellan; *among others* bland andra; *among other things* bland annat **amount** [əmao'nt] belopp; belöpa sig **ample** [ämm'pl] riklig, stor **amplify** [ämm'plifaj] förstärka **ampoule** [ämm'po:l] ampull **amputate** [ämm'pjotejt] amputera **amputation** [ämmpjotej'sjən] amputation **amuck** [əmakk'] *run amuck* bli vild **amulet** [ämm'jolitt] amulett **amuse** [əmjo:'z] roa **amusement** [əmjo:'zmənt] nöje **amusement park** [əmjo:'zmənt pa:k] tivoli, nöjesfält **amusing** [əmjo:'zing] rolig **an** [änn, ən] en, ett **anaemia** [əni:'mjə]

anaesthetic — anybody 208

blodbrist **anaesthetic** [änni'sθett'ikk] bedövningsmedel **anaesthetise** [änni:'sθitajz] bedöva, söva **analgesic** [ännäldsjess'ikk] smärtstillande [medel] **analogical** [ännalådd'sjikal] analogisk **analogy** [ənäll'ədsji] analogi **analyse** [änn'əlajs] analysera **analysis** [ənäll'əsiss] analys **anarchy** [änn'əki] anarki **anatomy** [ənätt'əmi] anatomi **ancestor** [änn'sisstə] stamfader, förfader **ancestry** [änn'sistri] anor **anchor** [äng'kə] ankare; ankra **anchorage** [äng'kəriddsj] ankarplats **anchovy** [änn'tsjəvi] ansjovis **ancient** [ej'nsjənt] ålderdomlig; *ancient monument* fornminne **and** [ännd] och **anecdote** [änn'ikdåot] anekdot **anemone** [ənemm'əni] anemon **anew** [ənjo:'] ånyo **angel** [ej'ndsjəl] ängel **angelic** [änndsjell'ikk] änglalik **anger** [äng'gə] ilska **angle** [äng'gl] vinkel; meta **angling** [äng'gling] sportfiske, mete **Anglo-Swedish** [äng'glåoswi:'disj] engelsk-svensk **angry** [äng'gri] arg, ilsken, ond **anguish** [äng'gwisj] kval; ångest **aniline** [änn'ili:n] anilin **animal** [änn'iməl] djur **animosity** [ännimäss'itti] fientlighet **ankle** [äng'kl] vrist, ankel, fotknöl **annals** [änn'əlz] annaler; årsberättelse **annex** [änn'ekks] annex, tillbyggnad; tillägg **annihilate** [ənaj'əlejt] förinta, tillintetgöra **anniversary** [anniva:'səri] årsdag, årsfest **announce** [ənao'ns] förkunna, meddela, anmäla **announcement** [ənao'nsmənt] kungörelse, anmälan **announcer** [ənao'nsə] hallåman **annoy** [ənåj'] förarga; *be annoyed* bli förargad **annoying** [ənåj'ing] förarglig **annual** [änn'joəl] årlig; *annual report* verksamhetsberättelse **annuity** [ənjo:'itti] årligt underhåll, livränta **Annunciation Day** [ənannsiej'sjən dej] Marie Bebådelsedag **annul** [ənall'] upphäva, annullera; tillintetgöra **anonymity** [ännənimm'itti] anonymitet **anonymous** [ənånn'iməs] anonym **another** [ənaδ'ə] en annan, ännu en **answer** [a:'nsə] svar; svara (*to* på), besvara; *answer the bell* gå och öppna **ant** [ännt] myra **antagonist** [änntägg'ənist] antagonist **antecedent** [äntisi:'dənt] föregående **antelope** [änn'tiłåop] antilop **antenna** [änntenn'ə] antenn **anterior** [änti:'əriə] föregående **anthem** [änn'θəm] hymn; *national anthem* nationalsång **ant-hill** [änn'thill] myrstack **anthrax** [änn'θräkks] mjältbrand **anti-aircraft** [änn'tiä:'əkra:ft] luftvärns- **antibiotics** [änntibajått'iks] antibiotika **anticipate** [änntiss'ipejt] förekomma, förutse, föregripa **anticipation** [änntissipej'sjən] förekommande, föregripande; förväntan **anti-clockwise** [änn'tiklåkk'wajz] moturs **antics** [änn'tikks] upptåg **antidote** [änn'tidåot] motgift **anti-freeze** [änn'tifri:'z] kylarvätska **antique** [ännti:'k] antik **antique dealer** [ännti:'k di:'lə] antikvitetshandlare **antiquity** [änntikk'witti] forntiden, antiken; antikvitet **antiseptic** [änntisepp'tikk] antiseptisk **anti-venom** [änn'tivenn'əm] ormserum **antler** [änn'tlə] hjorthorn **anus** [ej'nəs] analöppning **anvil** [änn'vill] städ **anxiety** [ängzaj'əti] oro, bekymmer **anxious** [äng'ksjəs] angelägen, ivrig, ängslig **any** [enn'i] någon, något, några; varje, vilken (vilket, vilka) som helst; *in any case* i varje fall; *any time* när som helst **anybody**

anyhow — archbishop

[enn'ibåddi] någon, vem som helst **anyhow** [enn'ihao] hur som helst, i varje fall **anyone** [enn'iwann] någon; vem som helst **anything** [enn'iθing] något; vad som helst **anyway** [enn'iwej] i varje fall **anywhere** [enn'iwä:a] var som helst, någonstans **apart** [əpa:'t] isär; *apart from* frånsett **apartment** [əpa:'tmənt] våning, lägenhet **apartment house** [əpa:'tmənt haos] hyreshus **apathetic** [äppəθett'ikk] apatisk **ape** [ejp] apa; härma **aperture** [äpp'ətsjo:ə] öppning **apex** [ej'pekks] topp, spets **apiece** [əpi:'s] per styck **apologize** [əpåll'ədsjajz] be om ursäkt **apology** [əpåll'ədsji] ursäkt **apoplectic stroke** [äppəplekk'tikk stråok] slaganfall **appalling** [əpå:'ling] förskräcklig **apparatus** [äppərej'təs] apparat, anordning **apparent** [əpärr'ənt] skenbar **apparently** [əpärr'ntli] synbarligen, tydligen **appeal** [əpi:'l] vädja; vädjan, upprop; *appeal against* överklaga **appear** [əpi:'ə] infinna sig, framträda; tyckas **appearance** [əpi:'ərəns] framträdande, anblick, utseende; *appearances are deceptive* skenet bedrar **appease** [əpi:'z] bildka, stilla **appendicitis** [əpenndisaj'tiss] blindtarmsinflammation **appendix** [əpenn'dikks] bilaga; blindtarm **appetite** [äpp'itajt] aptit **appetizing** [äpp'itajzing] aptitretande **applaud** [əplå:'d] applådera **applause** [əplå:'z] applåd **apple** [äpp'l] äpple **apple-pie** [äpp'lpaj'] äppelpaj **apple-tree** [äpp'ltri:] äppelträd **appliance** [əplaj'əns] anordning, apparat **applicable** [äpp'likəbl] tillämplig; *wherever applicable* i tilllämpliga delar **applicant** [äpp'likənt] platssökande **application** [äpplikej'sjən] ansökan; tillämpning **apply** [əplaj'] tillämpa[s] (*to* på); ansöka (*for* om); *apply to* anlita **appoint** [əpåj'nt] utnämna, tillsätta; bestämma, fastställa **appointment** [əpåj'ntmənt] befattning; möte, träff; *make an appointment with* beställa tid hos **appraise** [əprej'z] värdera, uppskatta värdet av **appreciate** [əpri:'sjiejt] uppskatta **appreciation** [əpri:sjiej'sjən] värdering, uppskattning **apprehend** [äpprihenn'd] begripa; befara **apprehension** [äpprihenn'sjən] uppfattning; farhåga **apprentice** [əprenn'tiss] lärling **approach** [əpråo'tsj] infart, uppfart; närma sig **approbation** [äpprəbej'sjən] gillande; bifall **appropriate** [əpråo'priit] lämplig, träffande **approval** [əpro:'val] godkännande, gillande; *on approval* till påseende **approve** [əpro:'v] godkänna, bifalla; *approve of* gilla **approximate** [əpråkk'simitt] ungefärlig **approximately** [əpråkk'simittli] uppskattningsvis, ungefär **apricot** [ej'prikått] aprikos **April** [ej'prəl] april **apron** [ej'prən] förkläde **apt** [äppt] lämplig; benägen; skicklig **aptitude** [äpp'titjo:d] anlag, fallenhet **aquarium** [äkwa:'riəm] akvarium **aquatic** [əkwätt'ikk] vatten- **Arabia** [ərej'bjə] Arabien **Arabian** [ərej'bjən] arabisk **arable** [ärr'əbl] odlingsbar **arbitrary** [a:'bitrəri] godtycklig; egenmäktig **arbitration** [a:bitrej'sjən] skiljedom **arbour** [a:'bə] berså **arc** [a:k] båge **arcade** [a:kej'd] arkad **arch** [a:tsj] båge, valv **arch support** [a:'tsj səpå:'t] hålfotsinlägg **archaeology** [a:kiåll'ədsji] arkeologi **archbishop** [a:'tsjbisj'əp] ärkebiskop **archer** [aːˈtʃə] bågskytt **archery** [aːˈtsjəri] bågskytte **archipelago** [aːkipellˈigåo] arkipelag, övärld, skärgård **architect** [aːˈkitekkt] arkitekt **architecture** [aːˈkitekktsjə] arkitektur **archives** [aːˈkajvz] arkiv **Arctic** [aːˈktikk] arktisk **ardent** [aːˈdnt] ivrig, het **ardour** [aːˈdə] iver **arduous** [aːˈdjoəs] brant; mödosam **area** [aːˈriə] yta; område; förgård **Argentina** [aːdsjəntiːˈnə] Argentina **Argentine** [aːˈdsjəntajn] argentinsk; *the Argentine* Argentina **argue** [aːˈgjoː] argumentera **argument** [aːˈgjomənt] argument, skäl; diskussion **arid** [ærrˈidd] torr, ofruktbar **arise** [ərajˈz] uppstå, yppa sig **arisen** [ərizzˈn] perf. part. av *arise* **arithmetic** [əriθˈmətikk] räkning **arm** [aːm] **1** arm; armstöd **2** rusta, beväpna; *arms* vapen **armament** [aːˈməmənt] rustning; krigsmakt **armchair** [aːˈmtjsaːˈə] fåtölj, länstol, karmstol **armful** [aːˈmfoll] famn, fång **armistice** [aːˈmisstiss] vapenstillestånd, vapenvila **armour** [aːˈmə] pansar, rustning **armoured troops** [aːˈməd troːˈps] pansartrupper **arms** [aːmz] vapen **army** [aːˈmi] armé, här **army service corps** [aːˈmi sæːˈviss kåːˈ] träng **arose** [əråoˈz] imperf. av *arise* **around** [əraoˈnd] omkring **arouse** [əraoˈz] [upp]väcka **arrange** [ərejˈndsj] ordna, ombesörja; göra upp **arrangement** [ərejˈndsjmənt] arrangemang, anordning, uppställning; *make arrangements* vidtaga anstalter **array** [ərejˈ] ställa upp; styra ut; uppställning; stass **arrears** [əriːˈəz] resterande skulder **arrest** [əressˈt] anhålla, häkta; arrestering, häktning **arrival** [ərajˈvəl] ankomst **arrive** [ərajˈv] anlända, komma fram (*at* till) **arrow** [ærˈåo] pil **arson** [aːˈsn] mordbrand **art** [aːt] konst **art-dealer's** [aːˈtdiːləz] konsthandel **arteriosclerosis** [aːtiːˈəriåosklɪəråoˈsiss] åderförkalkning **artery** [aːˈtəri] artär, pulsåder **artful** [aːˈtfoll] listig **article** [aːˈtikkl] vara, artikel **artichoke** [aːˈtitsjåok] kronärtskocka; *Jerusalem artichoke* jordärtskocka **artifice** [aːˈtifiss] knep **artificial** [aːtifisjˈəl] konstgjord; *artificial irrigation* konstbevattning; *artificial limb* protes; *artificial silk* konstsiden **artillery** [aːtillˈəri] artilleri **artisan** [aːtizænˈ] hantverkare **artist** [aːˈtisst] konstnär, artist **artistic** [aːtissˈtikk] konstnärlig **art wares** [aːˈt wæːəz] konsthantverk **as** [æzz] som, eftersom, efter hand som, så; *as far as* såvitt; *as soon as possible* så snart som möjligt; *as to, as for* vad beträffar **ascend** [əsennˈd] bestiga **Ascension Day** [əsennˈsjən dejˈ] Kristi himmelsfärdsdag **ascent** [əsennˈt] uppförsbacke **ascertain** [æssətejnˈ] förvissa sig om **ascribe** [əskrajˈb] tillskriva **ash** [æsj] ask (träd) **ashamed** [əsjejˈmd] skamsen **ashes** [æsjˈizz] aska **ashore** [əsjåːˈ] i land, på land **ashtray** [æsjˈtrej] askfat **Asia** [ejˈsjə] Asien; *Asia Minor* Mindre Asien **Asian** [ejˈsjən] asiatisk; asiat **Asiatic** [ejsjiættˈikk] asiatisk **aside** [əsajˈd] avsides; sidoreplik **ask** [aːsk] fråga, be, anhålla, begära (*for* om) **askance** [əskænsˈ] snett, misstänksamt **askew** [əskjoːˈ] sned, skev **asleep** [əsliːˈp] sovande; *be asleep* sova; *fall asleep* somna **asp[en]** [æssˈp(ən)] asp **asparagus** [əspærrˈəgəs] sparris **aspect** [æssˈpekkt] utseende;

asphalt — attribute

utsikt; synpunkt **asphalt** [äss'fällt] asfalt; asfaltera **aspic** [äss'- pikk] aladåb **aspire** [əspaj'ə] längta, sträva **aspirin** [äss'pərinn] aspirin **assail** [əsej'l] angripa, anfalla **assailant** [əsej'lənt] angripare **assassin** [əsäss'inn] [lönn]mördare **assassinate** [əsäss'inejt] [lönn]mörda **assault** [əså:'lt] överfalla **assemble** [əsemm'bl] montera, sätta ihop **assembly** [əsemm'bli] samling, församling **assembly-hall** [əsemm'blihå:l] samlingslokal **assembly-line** [əsemm'blilajn] löpande band **assent** [əsenn't] bifall, samtycke **assert** [əsə:'t] påstå, hävda, göra gällande **assess** [əsess'] taxera **asset** [äss'ett] tillgång; assets and liabilities tillgångar och skulder **assiduous** [əsidd'joəs] trägen, ihärdig **assign** [əsaj'n] hänföra, anvisa **assignee** [əssini:'] rättsinnehavare **assignment** [əsaj'nmənt] anvisning; överlåtelse **assimilate** [əsimm'ilejt] assimilera **assist** [əsiss't] bistå, assistera **assistance** [əsiss'təns] bistånd **assistant** [əsiss'tənt] medhjälpare, expedit **assizes** [əsaj'ziss] (slags) domstol **associate** [əsåo'sjiejt] förknippa, associera; umgås **association** [əsåosiej'sjən] sammanslutning, förening, förbund **association football** [əsåosiej'sjən fott'bå:l] fotboll **assort** [əså:'t] sortera **assortment** [əså:'tmənt] sortiment **assuage** [əswej'dsj] lindra **assume** [əs-jo:'m] förutsätta, förmoda **assumption** [əsamm'psjən] antagande, förmodan, förutsättning **assurance** [əsjo:'ərəns] försvissning; försäkring **assure** [əsjo:'ə] försäkra **asthma** [äss'mə] astma **astir** [əstə:'] i rörelse **astonish** [əstånn'isj] förvåna **astonishment** [əstånn'isjmənt] förvåning **astray** [əstrej'] vilse **astride** [əstraj'd] grensle **astrology** [əstråll'ədsji] astrologi **astronomy** [əstrånn'əmi] astronomi **asymmetrical** [ässimett'rikəl] asymmetrisk, osymmetrisk **astray** [əstrej'] vilse, på avvägar **asylum** [əstjo:'t] skarpsinnig **asylum** [əsaj'ləm] asyl; fristad **at** [ätt] vid, i, på, hos; å; not at all inte alls **ate** [ett] imperf. av eat **atheist** [ej'θiist] ateist **Athens** [äθ'innz] Aten **athlete** [äθ'li:t] idrottsman **athletics** [äθlett'ikks] friidrott **Atlantic** [əttlänn'tikk] the Atlantic Atlanten **atlas** [ätt'ləs] atlas **atmosphere** [ätt'məssfiə] atmosfär **atom** [ätt'əm] atom **atom bomb** [ätt'əm båmm'] atombomb **atrocious** [ətråo'sjəs] grym; avskyvärd **atrocity** [əträss'itti] grymhet, fasansfullhet **attach** [ətätt'sj] knyta, fästa; anknyta **attack** [ətäkk'] anfall, angrepp; anfalla, angripa **attain** [ətej'n] uppnå; vinna **attempt** [ətemm'pt] försök, försöka **attend** [ətenn'd] betjäna, sköta, ombesörja; bevista **attendance** [ətenn'dəns] uppassning, betjäning; närvaro **attendant** [ətenn'dənt] vårdare **attention** [ətenn'sjən] uppmärksamhet, uppseende; pay attention to ge akt på **attentive** [ətenn'tivv] uppmärksam **attest** [ətess't] attestera, vidimera, bestyrka **attic** [ätt'ikk] vind (i hus) **attire** [ətaj'ə] klä, styra ut; klädsel **attitude** [ätt'itjo:d] attityd, hållning **attorney** [ətə:'ni] ombud; (Am.) advokat **attract** [əträkk't] attrahera, påkalla; verka tilldragande **attraction** [əträkk'sjən] dragningskraft **attractive** [əträkk'tivv] tilldragande **attribute** [ətribb'jo:t] tillskriva; [ätt'-

auburn — backwoods

ribjo:t] kännetecken **auburn** [å:'bən] rödbrun **auction** [å:'ksjən] auktion **auctioneer** [å:ksjəni:'ə] auktionsförrättare **audacious** [å:dej'sjəs] djärv **audible** [å:'dəbl] hörbar **audience** [å:'djəns] publik, audiens **audit** [å:'ditt] granska, revidera **auditor** [å:'dittə] revisor **auditorium** [å:ditå:'riəm] teatersalong, hörsal **august** [å:gass't] upphöjd **August** [å:'gəst] augusti **aunt** [a:nt] faster, moster, tant **aural** [å:'rəl] öron-, hör- **aurora borealis** [å:rå:'rə bå:'riej'liss] norrsken **auspices** [å:'spissizz] beskydd **auspicious** [å:spis'jəs] gynnsam **austere** [ästi:'ə] sträng, allvarlig **Austria** [åss'triə] Österrike **Austrian** [åss'triən] österrikisk **Australia** [åstrej'ljə] Australien **Australian** [åstrej'ljən] australisk **authentic** [å:θenn'tikk] autentisk **author** [å:'θə] författare **authority** [å:θårr'itti] myndighet, befogenhet, auktoritet **authorization** [å:θərajzej'sjən] fullmakt **authorize** [å:'θərajz] auktorisera **autobiography** [å:tåobajågg'rəfi] självbiografi **autograph** [å:'təgra:f] autograf **automat** [å:'təmətt] automat **automatic** [å:təmätt'ikk] automatisk; *automatic machine* automat **autumn** [å:'təm] höst; *last autumn* i höstas; *next autumn* i höst (nästkommande) **auxiliaries** [å:gzill'jərizz] hjälptrupper **auxiliary** [å:gzill'jəri] hjälp-; hjälpare **avail** [əvej'l] tjäna till, gagna; nytta, gagn; *avail o.s. of* begagna sig av **available** [əvej'ləbl] tillgänglig **avalanche** [ävv'əla:nsj] snöskred, lavin **avaricious** [avvərisj'əs] girig **avenge** [əvenn'dsj] hämnas **avenue** [ävv'injo:] allé **average** [ävv'əriddsj]; genomsnitt, medeltal; genomsnittlig **aversion** [əvə:'sjən] ovilja **aviary** [ej'vjəri] fågelhus **aviation** [ejvjej'sjən] flygning **aviator** [ej'vjejtə] flygare **avid** [ävv'id] glupsk **avoid** [əvåj'd] undvika **avow** [əvao'] erkänna **await** [əwej't] avvakta **awake** [əwej'k] vaken, väcka, vakna **awaken** [əwej'kən] (*bildl.*) väcka **awakening** [əwej'kning] uppvaknande, väckning **award** [əwå:'d] tilldela **away** [əwej'] bort, borta, undan **awe** [å:] bävan, skräck **awful** [å:'foll] hemsk **awhile** [əwaj'l] en stund **awkward** [å:'kwəd] tafatt; pinsam **awl** [å:l] syl **awning** [å:'ning] markis, soltält **awoke** [əwåo'k] imperf. och perf. part. av *awake* **awry** [əraj'] på sned **axe** [äkks] yxa **axis** [äkk'siss] (*mat.*) axel **axle** [äkk'sl] [hjul]axel **axle load** [äkk'sl låo'd] axeltryck **ay[e]** [aj] jarost **azure** [äsj'ə] himmelsblå **babble** [bäbb'l] jollra, pladdra **baboon** [bəbo:'n] babian **baby** [bej'bi] spädbarn **baby pants** [bej'bi pännts] blöjbyxor **baby-sitter** [bej'bisittə] barnvakt **bachelor** [bätt'sjələ] ungkarl; *Bachelor of Arts* filosofie kandidat; *Bachelor of Economic Science* civilekonom **bacillus** [bəsill'əs] bacill **back** [bäkk] rygg, baksida; back; bakre; tillbaka; *back of the head* nacke **backbone** [bäkk'båon] ryggrad **background** [bäkk'graond] bakgrund, fond **backing** [bäkk'ing] stöd **back number** [bäkk'nammbə] gammalt tidskriftsnummer **back tax** [bäkk' täkks] restskatt **backward** [bäkk'wəd] bakvänd; motsträvig **backwards** [bäkk'wədz] baklänges, bakåt **backwoods** [bäkk'woddz] obygd

backyard [bäkk'ja:d] [bak]gård **bacon** [bej'kən] sidfläsk, bacon **bacterium** [bäkkti:'əriəm] bakterie; *bacteria* bakterier **bad** [bädd] dålig; skämd; *bad egg* rötägg; *bad luck* otur; *go bad* ruttna **bade** [bejd] imperf. av *bid* **badge** [bäddsj] märke, klubbmärke **badger** [bädd'sjə] grävling **badly** [bädd'li] illa **baffle** [bäff'l] gäcka; trotsa **baffled** [baff'ld] snopen **bag** [bägg] påse, väska, säck; *carrier bag* [bär']kasse **baggage** [bägg'idsj] bagage **baggy** [bägg'i] säckig **bail** [bejl] borgen; gå i borgen; *bail out* hoppa i fallskärm **bailer** [bej'lə] öskar **bailiff** [bej'liff] fogde, länsman **bait** [bejt] bete, agn; hetsa **bake** [bejk] grädda, baka; *baked egg* äggstanning **baker** [bej'kə] bagare **baking** [bej'king] bakning **balance** [bäll'əns] uppväga, avväga, balansera; balans, våg, tillgodohavande; *balance carried forward* utgående balans; *balance the books* göra bokslut **balcony** [bäll'kəni] balkong **bald** [bå:ld] flintskallig **bale** [bejl] bal, packe; ösa (båt) **baleful** [bejl'foll] ondskefull **balk** [bå:k] balk; hinder; hindra **ball** [bå:l] **1** klot, kula, boll **2** bal **ballad** [bäll'əd] visa **ballad-singer** [bäll'ədsingə] vissångare **ballast** [bäll'əst] barlast **ball bearing** [bå:'l bä:əring] kullager **ballet** [bäll'ej] balett **balloon** [bəlo:'n] ballong **ballot** [bäll'ət] valsedel; sluten omröstning **ballpoint pen** [bå:'lpåjnt penn] kulspetspenna **bally** [bäll'i] förbaskad **balm** [ba:m] balsam; lindring **balmy** [ba:'mi] lindrande; fnoskig **Baltic** [bå:'ltikk] *the Baltic* Östersjön **balustrade** [bälləstrej'd] balustrad **bamboo** [bämmbo:'] bambu **ban** [bänn] bannlysning; förbud; bannlysa; förbjuda **banal** [bəna:'l] banal **banana** [bəna:'nə] banan **band** [bännd] band; musikkapell **bandage** [bänn'didsj] bandage, förbinda **bandit** [bänn'ditt] bandit **bandmaster** [bänn'dma:stə] kapellmästare **bandstand** [bänn'dständ] musikestrad **bane** [bejn] fördärv **baneful** [bej'nfoll] fördärvlig, ödesdiger **bang** [bäng] smäll; *sonic bang* ljudbang **bangle** [bäng'gl] armring, fotledsring **banish** [bänn'isj] förvisa **banisters** [bänn'istəz] trappräcke **bank** [bängk] **1** bank, vall, grund **2** bank; *deposit at the bank* sätta in på banken **bank account** [bäng'k əkao'nt] bankkonto **banker** [bäng'kə] bankir **bank-note** [bäng'knåot] sedel **bankrupt** [bäng'krəpt] i konkurs, bankrutt **bankruptcy** [bäng'krəpsi] konkurs, bankrutt **banner** [bänn'ə] fana **banns** [bännz] lysning **banquet** [bäng'kwitt] bankett **bantam** [bänn'təm] dvärghöns **banter** [bänn'tə] skämt; skämta **baptism** [bäpp'tizəm] dop **baptize** [bäpptaj'z] döpa **bar** [ba:] bom, stång, skena; bar; takt; avspärra **barb** [ba:b] hulling **barbarian** [ba:bä:'əriən] barbar **barbaric** [ba:bärr'ikk] barbarisk **barbecue** [ba:bikjo:] stor utomhusfest, utomhusgrill **barbed wire** [ba:'bd waj'ə] taggtråd **barber** [ba:'bə] barberare **bare** [bä:ə] kal, bar **barefaced** [bä:'əfejst] oblyg, fräck **bare-foot** [bä:'əfott] barfota **bare-headed** [bä:'əhedd'idd] barhuvad **barely** [bä:'əli] nätt och jämnt **bargain** [ba:'ginn] (god) affär; pruta; *that's a bargain* det är avgjort; *into the bargain* på köpet **bargain-price** [ba:'ginnprajs]

barge — bedlam 214

vrakpris **barge** [ba:dsj] pråm **bark** [ba:k] **1** bark **2** skälla; skall **bark boat** [ba:'k båot] barkbåt **barley** [ba:'li] korn (*sädesslag*) **barn** [ba:n] loge, lada **baron** [bärr'ən] baron **barracks** [bärr'əks] barack, kasern **barrage** [bärr'a:sj] spärreld **barrel** [bärr'əl] tunna **barrel-organ** [bärr'əlå:gən] positiv (*instrument*) **barren** [bärr'ən] karg, ofruktbar **barrier** [bärr'iə] spärr, hinder **barring** [ba:'ring] utom **barrister** [bärr'istə] advokat **barrow** [bärr'åo] skottkärra **bartender** [ba:'tendə] uppassare, bartender **barter** [ba:'tə] schackra bort **base** [bejs] bas, sockel; grunda, stödja **baseless** [bej'sliss] ogrundad **basement** [bej'smənt] källarvåning **bashful** [bäsj'foll] blyg **basic** [bej'sikk] grund- **basin** [bej'sn] fat, skål; sänka **basis** [bej'siss] grundval **bask** [ba:sk] sola sig **basket** [ba:'skitt] korg **basketball** [ba:'skittbå:l] korgboll **bass** [bejs] **1** bas **2** lageröl **bass tuba** [bej's tjo:'bə] bastuba **bast** [bässt] bast **baste** [bej'st] ösa (stek) **bat** [bätt] **1** fladdermus **2** slagträ, bordtennisracket **bate** [bejt] hålla tillbaka **bath** [ba:θ] bad; badkar **bathe** [bejð] bad; bada (utomhus); badda **bathing-cap** [bej'ðingkäpp] badmössa **bathing suit** [bej'ðing sjo:t] baddräkt **bath-robe** [ba:'θråob] badkappa **bathroom** [ba:'θromm] badrum **bath towel** [ba:'θ taoəl] badhandduk **bath tub** [ba:'θ tabb] badkar **bath-water** [ba:'θwå:tə] badvatten **batik** [bätt'ikk] batik **baton** [bätt'n] batong; taktpinne **batman** [bätt'mən] slagman (i kricket) **batter** [bätt'ə] smet; slå, bulta **battery** [bätt'əri] batteri **battle** [bätt'l] strid, slag; strida, kämpa **battle-field** [bätt'lfi:ld] slagfält **battlement** [bätt'lmənt] bröstvärn **battleship** [bätt'lsjipp] slagskepp **batty** [bätt'i] tokig **bawl** [bå:l] skrål; skråla **bay** [bej] vik, bukt, fjärd **bay leaf** [bej' li:f] lagerblad **bazooka** [bəzo:'kə] raketgevär **B.C.** [bi:'si:] f.Kr. (före Kristus) **be** [bi:] vara, bli; *that may be* [*so*] det kan nog hända; *be off* ge sig av, kila **beach** [bi:tsj] [bad]strand **beachcomber** [bi:'tsjkåomə] strandgodssökare **beach-head** [bi:'tsjhedd] brohuvud **beacon** [bi:'kən] fyrtorn, trafikljus **bead** [bi:d] pärla, kula **beadle** [bi:'dl] kyrkvaktmästare **beak** [bi:k] näbb; pip **beam** [bi:m] balk, bjälke; stråla **bean** [bi:n] böna **bean-feast** [bi:'nfi:st] hippa **bear** [bä:r] **1** björn **2** bära, tåla; *bear ... in mind* ta fasta på **beard** [bi:'əd] skägg **bearded** [bi:'ədidd] skäggig **bearer** [bä:'ərə] bärare **bearing** [bä:'əring] lager (*kul- etc.*); orientering; *I find my bearings* jag orienterar mig **beast** [bi:st] djur, best; *beast of prey* rovdjur **beat** [bi:t] slag; klappa, slå; kryssa; *it beats me how* jag begriper inte hur **beaten** [bi:t'n] slagen, besegrad **beatitude** [biätt'itjo:d] salighet **beau** [båo] sprätt; beundrare **beautiful** [bjo:'təfoll] vacker **beauty** [bjo:'ti] skönhet **beauty parlour** [bjo:'ti pa:'lə] skönhetssalong **beaver** [bi:'və] bäver **became** [bikej'm] imperf. av *become* **because** [bikåzz'] därför att, emedan **beckon** [bekk'n] vinka, göra tecken **become** [bikamm'] bli; passa, klä **becoming** [bikamm'ing] klädsam **bed** [bedd] bädd, säng; *make a bed* bädda **bedclothes** [bedd'klåoðəz], **bedding** [bedd'ing] sängkläder **bed-**

bed-pan — bet

lam [bedd'ləm] dårhus **bed-pan** [bedd'pänn'] bäcken **bedridden** [bedd'riddn] sängliggande **bedrock** [bedd'råkk'] berggrund **bedroom** [bedd'romm] sovrum **bedspread** [bedd'spredd] överkast **bedstead** [bedd'stedd] säng **bee** [bi:] bi **beech** [bi:tsj] bok (träd) **beef** [bi:f] nötkött; *ground beef* köttfärs **beefsteak** [bi:'fstejk] biff **beefeater** [bi:'fi:tə] livgardist, vaktare i Towern **beehive** [bi:'hajv] bikupa **beer** [bi:ə] öl; *small beer* svagdricka **bee-sting** [bi:'sting] bisting **beet** [bi:t] beta (*rotfrukt*) **beetle** [bi:'tl] skalbagge **beetroot** [bi:'tro:t] rödbeta **before** [bifå:'] före, framför, inför; förut, innan **beforehand** [bifå:'hännd] på förhand **beg** [begg] tigga **began** [bigänn'] imperf. av *begin* **beget** [bigett'] avla **beggar** [begg'ə] tiggare; *a lucky beggar* en lyckans ost **beggar-my-neighbour** [begg'əminej'bə] svälta räv **begin** [biginn'] börja **beginner** [biginn'ə] nybörjare **beginning** [biginn'ing] början **begrudge** [bigradd'sj] missunna **beguile** [bigaj'l] lura, locka **begun** [bigann'] perf. part. av *begin* **behalf** [biha:'f] *on behalf of s.b.* på ngns vägnar **behave** [bihej'v] bete sig, uppträda, uppföra sig **behaviour** [bihej'vjə] beteende, uppförande **beheld** [bihell'd] imperf. och perf. part. av *behold* **behind** [bihaj'nd] bakom, baktill, bakpå; kvar, efter; ända, »stjärt» **behold** [bihåo'ld] skåda **beige** [bejsj] beige **being** [bi:'ing] varelse; *human being* människa **belch** [belltsj] rapa; rapning **belfry** [bell'fri] klocktorn **Belgian** [bell'dsjən] belgisk **Belgium** [bell'dsjəm] Belgien **belie** [bilaj'] beljuga; motsäga **belief** [bili:'f] (*subst.*) tro **believe** [bili:'v] (*verb*) tro; *make s.b. believe s.th.* inbilla ngn ngt **belittle** [bilitt'l] förringa **bell** [bell] [ring]klocka, bjällra **bellboy** [bell'båj] hotellpojke, pickolo **belle** [bell] vacker kvinna **bellicose** [bell'ikåos] stridslysten **belligerent** [bilidd'sjərənt] krigförande **bellow** [bell'åo] böla, vråla **bellows** [bell'åoz] blåsbälg **belly** [bell'i] mage, buk **belly-ache** [bell'iejk] magvärk **belong** [bilång'] *belong to* tillhöra **belongings** [bilång'ingz] tillhörigheter **beloved** [bilavv'd] älskad **below** [bilåo'] nedanför, under **belt** [bellt] bälte, skärp **beneath** [bini:'θ] nedanför, under **bench** [benntsj] bänk; domstol **bend** [bennd] krök, bukt; böja, bukta sig, svikta **bending** [bennd'ing] buktig **benediction** [benidikk'sjən] välsignelse **benefactor** [benn'ifäktə] välgörare **beneficial** [bennifisj'əl] välgörande, nyttig **benefit** [benn'ifitt] fördel; ha (dra) nytta **benevolence** [binevv'ələns] välvilja **benevolent** [binevv'ələnt] välvillig **benign** [binaj'n] välvillig; godartad **bent** [bennt] böjd, krokig **bequeath** [bikwi:'ð] testamentera **bereave** [biri:'v] beröva **bereavement** [biri:'vmənt] smärtsam förlust **bereft** [bireff't] imperf. och perf. part. av *bereave* **berry** [berr'i] bär **berth** [bə:θ] koj, hytt; sovplats **beside** [bisaj'd] bredvid; *beside o.s.* utom sig **besides** [bisaj'dz] dessutom; förutom, förresten, för övrigt **besieging** [bissi:'dsj'ing] belägra **best** [besst] bäst; *at best* i bästa fall; *do one's best* göra sitt bästa **bestow** [bistå o'] skänka, ägna **bet** [bett] vad[slagning];

betide — backleg

slå vad; *I[/I]* **bet you** det kan jag slå vad om **betide** [bitaj'd] *woe betide you!* ve dig! **betray** [bitrej'] förråda, röja **betroth** [bitråo'ð] trolova **better** [bett'ə] bättre; *all the better* desto bättre; *we had better go* det är bäst vi går; *you had better not do it* det är inte värt att du gör det **between** [bitwi:'n] [e]mellan; *between ourselves (themselves)* sinsemellan; *midway between* mitt emellan **beverage** [bevv'əridsj] dryck **beware** [biwä:'ə] akta sig **bewilder** [biwill'də] förvirra, förbrylla **bewitch** [biwitt'sj] förtrolla **beyond** [bijånn'd] bortom, utöver; *it is beyond me* det övergår mitt förstånd **bias** [baj'əs] partiskhet; göra partisk, påverka **bib** [bibb] haklapp **bible** [baj'bl] bibel **bibliography** [bibbliågg'rəfi] bibliografi **bicker** [bikk'ə] gnabbas, träta **bicycle** [baj'sikkl] cykel **bid** [bidd] anbud, bud; bjuda *(på auktion)*; befalla **bide** [bajd] *bide one's time* bida sin tid **bidet** [bi:'dej] bidé **bier** [bi:'ə] bår **big** [bigg] stor; *big industry* storindustri; *big toe* stortå; *big town* storstad; *big wash* stortvätt **bigger** [bigg'ə] större **biggest** [bigg'isst] störst **bigwig** [bigg'wigg] pamp **bike** [bajk] *(vard.)* cykel; *ride a bike* cykla **bilberry** [bill'bəri] blåbär **bile** [bajl] galla **biliary cholic** [bill'jəri kåll'ikk] gallstensanfall **bilingual** [biling'gwəl] tvåspråkig **bilious** [bill'jəs] gallsjuk; argsint **bill** [bill] räkning, nota; lagförslag; växel; *(Am.)* sedel **billet** [bill'itt] inkvartera **billiards** [bill'jədz] biljard **billion** [bill'jən] *(Am.)* miljard **billow** [bill'åo] *(subst.)* bölja **bin** [binn] lår, låda **bind** [bajnd] *(verb)* binda; *bind o.s.* förplikta sig **binder** [baj'ndə] självbindare **binding** [baj'nding] [bok]band **binoculars** [binäkk'jolaz] kikare **biography** [bajågg'rəfi] biografi **biology** [bajäll'ədsji] biologi **birch** [bə:tsj] björk **bird** [bə:d] fågel; »brud» **bird-cage** [bə:'dkejdsj] fågelbur **bird-cherry** [bə:'dtsjerri] hägg **bird's-eye view** [bə:'dzaj vjo:'] fågelperspektiv **bird's nest** [bə:'dznesst] fågelbo **birth** [bə:θ] födelse; *give birth to* föda **birth control** [bə:'θkəntråo'l] födelsekontroll, barnbegränsning **birthday** [bə:'θdej] födelsedag **birth-rate** [bə:'θrejt] nativitet **biscuit** [biss'kitt] [små]kaka, kex **bishop** [bisj'əp] biskop **bismuth** [bizz'məθ] vismut **bit** [bitt] **1** bit; *a bit* en smula; *not a bit* inte ett dugg *bit by bit* bitvis **2** nyckelax **bitch** [bittsj] tik; slinka **bite** [bajt] bita, bitas, hugga; bett, napp; tugga **bitter** [bitt'ə] bitter, besk **bitterness** [bitt'əniss] bitterhet **bitumen** [bitt'jominn] asfalt **blab** [bläbb] babbla; *blab out a secret* försäga sig **black** [bläkk] svart; *black cock* orre; *black grouse* orre; *the black market* svarta börsen; *black pepper* svartpeppar; *the Black Sea* Svarta havet; *the black sheep of the family* familjens svarta får **blackberry** [bläkk'bəri] björnbär **blackbird** [bläkk'bə:d] koltrast **blackboard** [bläkk'bå:d] svart tavla **blacken** [bläkk'ən] *(verb)* svärta **blackening** [bläkk'ning] svartmålning **blackfly** [bläkk'flaj] knott **blackguard** [blägg'a:d] skurk **blackhead** [bläkk'hedd] pormask **blacking** [bläkk'ing] *(subst.)* svärta **blackleg** [bläkk'legg] strejkbrytare; falskspelare

blacklist [bläkk'lisst] svartlista **blackmail** [bläkk'mejl] utpressning; bedriva utpressning mot **blackout** [bläkk'aot] mörkläggning; medvetslöshet **black-pudding** [bläkk'podd'ing] blodpudding **blacksmith** [bläkk'smiθ] smed **bladder** [bladd'ə] urinblåsa, blåsa **blade** [blejd] [kniv]blad; klinga; strå **blame** [blejm] klander; klandra; *blame s.b. for s.th.* skylla ngt på ngn; *you only have yourself to blame* du får skylla dig själv **bland** [blännd] blid, förbindlig **blandish** [blänn'disj] smickra **blank** [blängk] nitlott; [minnes]lucka **blanket** [bläng'kitt] filt **blare** [blä:ə] smattra; trumpetsmatter **blasphemy** [bläss'fimi] hädelse **blast** [bla:st] spränga **blasted** [bla:'stidd] fördömd **blatant** [blej'tənt] skränig **blaze** [blejz] blossa **blazer** [blej'zə] klubbjacka **bleach** [bli:tsj] bleka **bleak** [bli:k] kal; kulen; dyster **bleat** [bli:t] bräka **bled** [bledd] imperf. och perf. part. av *bleed* **bleed** [bli:d] blöda; *bleed to death* förblöda **blemish** [blemm'isj] fläck; fel **blend** [blennd] blanda (sig); blandning **bless** [bless] välsigna; *bless you!* prosit **blessed** [blesst] salig **blessing** [bless'ing] välsignelse **blew** [blo:] imperf. av *blow* **blight** [blajt] mjöldagg; fördärv **blighter** [blaj'tə] ynklig figur **blimey** [blaj'mi] kors! **blimp** [blimmp] chauvinist **blind** [blajnd] blind (*to* för); rullgardin; blända; *blind alley* återvändsgata; *blind drunk* redlös[t berusad] **blindfold** [blaj'ndfåold] binda för ögonen på **blindman's-buff** [blaj'ndmännzbaff'] blindbock **blink** [blingk] blinka **blinker** [bling'kə] blinker; *blinkers* skygglappar **bliss** [bliss] lycksalighet **blister** [bliss'tə] [hud]blåsa **blithe** [blajð] munter **blitz** [blitts] överraskande luftangrepp **blizzard** [blizz'əd] häftig snöstorm **bloat** [blåot] svälla **bloater** [blåo'tə] böckling **block** [blåkk] block, kloss, kvarter; *block of flats* hyreshus **blockade** [blåkkej'd] blockera **blockhead** [blåkk'hedd] träskalle **block letter** [blåkk'-lett'ə] tryckbokstav; *use block letters* texta **bloke** [blåok] karl **blond** [blånnd] blond **blonde** [blånnd] blondin **blood** [bladd] blod **blood-clot** [bladd'klått] blodpropp **blood pressure** [bladd' presj'ə] blodtryck **blood group** [bladd' gro:p] blodgrupp **blood-poisoning** [bladd'påjzning] blodförgiftning **bloodshed** [bladd'sjedd] blodsutgjutelse **bloodshot** [bladd'sjått] blodsprängd **blood test** [bladd' tesst] blodprov **bloody** [bladd'i] blodig; förbannad **bloom** [blo:m] blom, blomning **bloomer** [blo:'mə] blunder **bloomers** [blo:'məz] vida dambyxor **blossom** [blåss'əm] blom, blomma; blomstra; *in blossom* utslagen i blom **blot** [blått] läska (*med läskpapper*) **blotch** [blåttsj] blemma; klick **blotting-paper** [blått'ingpejpə] läskpapper **blouse** [blaoz] blus **blow** [blåo] **1** slag, småll **2** (*verb*) blåsa; *blow one's nose* snyta sig, fräsa; *blow up* explodera; *blow ... up* skälla ut **blown** [blåon] perf. part. av *blow* **blue** [blo:] blå; *feel blue* känna sig svårmodig **bluebell** [blo:'bell] blåklocka **bluebird** [blo:'bə:d] blåhake **bluebottle** [blo:'båttl] spyfluga **blue-eyed** [blo:'aj'd] blåögd **bluff** [blaff] bluff; bluffa **blunder** [blann'də] misstag, blunder

blunt [blannt] trubbig, slö; trubba [av] **blurred** [blə:d] suddig **blurt out** [blə:'t ao't] låta undfalla sig, plötsligt utslunga **blush** [blasj] rodna **bluster** [blass'tə] storma, rasa **boar** [bå:] galt; *wild boar* vildsvin **board** [bå:d] bräde, [anslags]tavla; papp; *(sjö.)* bord; styrelse; *on board* ombord; *be on the board* sitta i styrelsen; *board and lodge* inackordera, vara inackorderad; *board and lodging* inackordering, mat och husrum; vivre; *free board and lodging* fritt vivre **boarder** [bå:'də] *(pers.)* inackordering **boarding-house** [bå:'dinghaos] pensionat **boarding-school** [bå:'-dingsko:l] internatskola **boast** [båost] skryt; skryta *(of* över) **boat** [båot] båt, skuta **boat-racing** [båo'trejsing] kapprodd **bob** [båbb] shilling; hoppa, guppa **bobbin** [båbb'inn] spole **bobby** [båbb'i] poliskonstapel **bodice** [bådd'iss] blusliv **bodily** [bådd'illi] kroppslig[en] **body** [bådd'i] kropp; kår; karosseri **bodyguard** [bådd'iga:d] livvakt **bog** [bågg] myr **bogus** [båo'gəs] fingerad; falsk **bogy** [båo'gi] spöke; buse **Bohemia** [båohi:'mjə] Böhmen **boil** [båjl] *(verb)* koka; böld **boiled** [båjld] kokt **boiler** [båj'lə] ångpanna **boiling hot** [båj'ling hått'] kokhet **boisterous** [båj'strəs] stormig; bullersam **bold** [båold] djärv, käck, oförfärad **boldness** [båo'ldniss] djärvhet **bolt** [båolt] rigel; bult; *(om häst)* skena **bomb** [båmm] bomb; bomba **bombastic** [båmmbäss'tikk] svulstig **bomber** [båmm'ə] bombplan **bonanza** [bonänn'zə] malmåder; *(bildl.)* guldgruva **bond** [bånnd] band; obligation **bondage** [bånn'didsj] träldom **bone** [båon] ben *(i kroppen)*; bena *(fisk)*; *bone of contention* tvistefrö; *have a bone to pick with s.b.* ha ngt otalt med ngn; *make no bones about* inte tveka att **bonfire** [bånn'fajə] bål, eld **bonnet** [bånn'itt] [motor]huv **bonny** [bånn'i] sot; bra, god **booby-trap** [bo:'biträpp] elakt skämt; försåt **book** [bokk] bok; beställa, boka; bokföra **bookcase** [bokk'kejs] bokhylla **booking** [bokk'ing] beställning, bokning; *advance booking* [ədva:'ns bokk'ing] förköp; *booking of rooms (a room)* rumsbeställning **booking-office** [bokk'ingåffiss] biljettlucka, -kontor **book-keeping** [bokk'ki:ping] bokföring **booklet** [bokk'litt] broschyr, häfte **bookmaker** [bokk'mejkə] vadhållningsagent **bookmark** [bokk'ma:k] bokmärke **bookseller** [bokk'sellə] bokhandlare **book-shop** [bokk'sjåpp] bokhandel **bookstall** [bokk'stå:l] bokstånd; tidningskiosk **boom** [bo:m] högkonjunktur **boon** [bo:n] välsignelse; valgärning **boor** [bo:'ə] tölp **boorish** [bo:'arisj] tölpaktig **boost** [bo:st] hjälpa fram, uppreklamera; uppsving **boot** [bo:t] känga **booth** [bo:ð] stånd, bod; [telefon]hytt **bootlegger** [bo:'tleggə] langare **booty** [bo:'ti] byte, rov **border** [bå:'də] list, bård, sarg; gräns, utkant; *border on* gränsa till **border district** [bå:'də diss'trikkt] gränsområde **border-line** [bå:'dəlajn] gräns[linje] **bore** [bå:] **1** borra; tråka ut; tråkmåns. **bore ... to death** tråka ihjäl (ut) **2** imperf. av *bear 2* **bored** [bå:d] uttråkad **borer** [bå:'rə] borr **boric acid** [bå:'rikk äss'idd] borsyra **boring** [bå:'ring] ledsam, tråkig **born** [bå:n] född;

be born födas **borne** [båːn] burit, buren; fött **borough** [barrˈə] stad; köping; stadsvalkrets **borrow** [bårrˈåo] låna *(from av)* **Borstal institution** [båːˈstl instituˈsjən] ungdomsvårdsskola **bosh** [båsj] strunt **bosom** [bozzˈəm] bröst, barm, famn **boss** [båss] **1** chef, bas **2** buckla **botanical** [bətannˈikəl] botanisk **botany** [båttˈəni] botanik **both** [båoθ] båda, bägge; både **bother** [båðˈə] besvära, genera; göra sig besvär; besvär; *bother!* jäklar!; *make a bother* krångla **bottle** [båttˈl] flaska, butelj; buteljera; *bottled gas* gasol **bottom** [båttˈəm] botten; *bottom sheet* underlakan; *at the bottom* underst *(of* i*)*; *get to the bottom of* gå till botten med; *reach the bottom* bottna **bough** [bao] stor trädgren **bought** [båːt] imperf. och perf. part. av *buy* **boulder** [båoˈldə] stor sten **bounce** [baons] studsa **bound** [baond] **1** bunden, inbunden; förbunden, förpliktad **2** begränsa **boundary** [baoˈndəri] gräns **bounder** [baoˈndə] skrävlare, knöl, bracka **boundless** [baoˈndliss] gränslös **bountiful** [baoˈntifoll] frikostig, riklig **bounty** [baoˈnti] skottpengar **bourgeois** [boːˈəsjwaː] småborgerlig **bouquet** [bokkˈej] bukett **bow 1** [bao] buga, buga sig, bocka *(sig)* *(to* för*)*; böja **2** [bao] bog *(på båt)* **3** [båo] *(pil)*båge; stråke; bygel; rosett **bowels** [baoˈəlz] inälvor **bowl** [båol] bunke, skål **bow-legged** [båoˈleggd] hjulbent **bowler** [båoˈlə] plommonstop; kastare **bowsprit** [båoˈspritt] bogspröt **bow-window** [båoˈwindåo] burspråk **box** [båkks] **1** låda, skrin, dosa; [teater]loge; *cardboard box* kartong, pappask; *large box* lår **2** boxas; *box on the ear* örfil **boxer** [båkkˈsə] boxare **boxing** [båkkˈsing] boxning **Boxing-day** [båkkˈsingdej] annandag jul **box-office** [båkkˈsåffiss] biljettlucka **boy** [båj] pojke **boycott** [båjˈkət] bojkott; bojkotta **boyhood** [båjˈhodd] pojkår, barndom **boyish prank** [båjˈisj prängk] pojkstreck **bra** [braː] behå **brace** [brejs] spänna; *brace o.s.* stålsätta sig; *brace one's feet* ta spjärn **bracelet** [brejˈslitt] armband **braces** [brejˈsizz] hängslen **bracing** [brejˈsing] stärkande **bracken** [bräkkˈn] ormbunke **bracket** [bräkkˈitt] klammer, parentes **brag** [brägg] skrävla **braid** [brejd] fläta **braille** [brejl] blindskrift **brain** [brejn] hjärna; *rack one's brains* bry sin hjärna **brain injury** [brejˈn innˈdsjəri] hjärnskada **brake** [brejk] broms; bromsa **brake lining** [brejˈk lajˈning] bromsband **bran** [bränn] kli **branch** [braːntsj] gren; filial; grena sig **brand** [brännd] varusort, märke; brännmärka **brandish** [brännˈdisj] svinga, svänga **brandy** [brännˈdi] konjak **brass** [braːs] mässing **brassière** [brässˈiəːə] bysthållare **brassy** [braːˈsi] mässings-; fräck **brat** [brätt] *(barn)*unge **bravado** [brəvaːˈdåo] karskhet **brave** [brejv] modig, tapper **bravery** [brejˈvəri] tapperhet **bravo** [braːˈvåo] bravo **brawn** [bråːn] *(subst.)* sylta, salt fläsk; muskelstyrka **Brazil** [brəzill'] Brasilien **Brazil nut** [brəzill'nntt] paranöt **breach** [briːtsj] brytning; brott; rämna; *breach of duty* tjänstefel **bread** [bredd] bröd; *a piece of bread and butter* en smörgås **breadth** [breddθ] bredd **bread-winner** [breddˈwinnə]

break — bronchitis 220

familjeförsörjare **break** [brejk] bryta [av], bräcka, ha sönder; brista, gå av, gå sönder; avbrott, uppehåll, rast; brytning; *break down (om maskin)* gå sönder; *break out* utbryta; *break the bank* spränga banken; *break into a p.'s house* göra inbrott hos ngn; *his voice is just breaking* han är i målbrottet **breaker** [brejˈkə] bränning (*i sjön*) **breakfast** [brekkˈfəst] frukost; *have breakfast* äta frukost **breaking-up** [brejˈkingapp'] uppbrott; *breaking-up mood* uppbrottsstämning **break through** [brejˈkθro:'] genombrott **breakwater** [brejˈkwå:tə] vågbrytare **breast** [bresst] bröst **breast-stroke** [bressˈtstråoˈk] bröstsim **breath** [breθ] andedräkt, anda, andetag; fläkt, vindpust; *out of breath* andfådd **breathe** [bri:ð] andas **breather** [bri:ˈðə] *take a breather* pusta ut **breathing** [bri:ˈðing] andning, andhämtning **breathing-space** [bri:ˈðingspejs] andrum, andningspaus **breathless** [breθˈliss] andlös **bred** [bredd] imperf. och perf. part. av *breed* **breeches** [brittˈsjizz] knäbyxor, ridbyxor **breed** [bri:d] häcka; yngla; få ungar **breeder** [bri:ˈdə] uppfödare; avelsdjur **breeding** [bri:ˈding] avel **breeze** [bri:z] bris **brew** [bro:] (*verb*) brygga; *s.th. is brewing* ngt är i görningen; *there is mischief brewing* det är ugglor i mossen **brewery** [bro:ˈəri] bryggeri **bribe** [brajb] muta **brick** [brikk] tegel; *drop a brick* trampa i klaveret **bricklayer** [brikkˈlejə] murare **bridal** [brajˈdl] brud-; *bridal couple* brudpar; *bridal crown* brudkrona **bride** [brajd] brud **bridegroom** [brajˈdgromm] brudgum **bridesmaid** [brajˈdzmejd] [brud]tärna **bridge** [briddsj] bro, brygga; kommandobrygga; fiolstall **bridle** [brajdl] betsel **brief** [bri:f] kortfattad; *be brief* fatta sig kort **brief-case** [bri:ˈfkejs] portfölj **briefly** [bri:ˈfli] kort och gott **briefs** [bri:fs] trosor **brier** [brajˈə] törnbuske, nyponbuske **bright** [brajt] ljus, lysande; klar (*om färg*); begåvad **brighten** [brajˈtn] klarna, ljusna **brill** [brill] slätvar **brilliant** [brillˈjənt] strålande, lysande, briljant, snillrik **brim** [brimm] brätte **bring** [bring] ha (ta) med sig, komma med, medföra, tillföra; *bring me the books* ta hit böckerna; *bring o.s. to* komma sig för med att; *bring about* utlösa, framkalla, få till stånd, åstadkomma; *bring forth* frambringa; *bring together* sammanföra; *bring up* fostra, uppföda, uppfostra **bringing up** [bringˈing app'] fostran **brink** [bringk] rand, kant **brisk** [brissk] livlig; uppiggande **brisket** [brissˈkitt] bringa (*av kött*) **bristle** [brissˈl] borst **Britain** [brittˈn] *Great Britain* Storbritannien **Britany** [brittˈəni] Bretagne **British** [brittˈisj] brittisk; *the British* britterna **Briton** [brittˈn] britt **brittle** [brittˈl] skör, spröd **broach** [bråotsj] föra på tal **broad** [brå:d] bred; *in broad daylight* mitt på ljusa dagen **broadcast** [brå:ˈdka:st] sända i radio; radioutsändning **broaden** [brå:ˈdn] bredda **broad-minded** [brå:ˈdmajˈndidd] vidsynt **brogue** [bråog] (*irländsk*) dialekt; sportsko **broil** [bråjl] halstra **broke** [bråok] pank; imperf. av *break* **broken** [bråoˈkən] bruten, sönder, trasig; *be broken* gå sönder **broker** [bråoˈkə] mäklare **brokerage** [bråoˈkəridsj] mäkleri; mäklararvode **bronchi-**

tis [bråŋkaj'tiss] luftrörskatarr **bronze** [brånnz] brons **brooch** [bråotsj] brosch **brood** [bro:d] grubbla; ruva (*on* på); kull; yngel **brook** [brokk] bäck **broom** [bromm] kvast **broth** [bråθ] spad; *meat broth* buljong **brother** [braðˊə] bror; *brother[s] and sister[s]* syskon **brotherhood** [braðˊəhodd] broderskap, brödraskap **brother-in-law** [braðˊərinlå:] svåger **brought** [brå:t] imperf. och perf. part. av *bring* **brow** [brao] ögonbryn; panna; *knit one's brows* rynka pannan **browbeat** [braoˊbi:t] skrämma, spela översittare mot **brown** [braon] brun; bryna **brownie** [braoˊni] tomte **browse** [braoz] beta; skumma (böcker) **bruise** [bro:z] blåmärke **brunt** [brannt] stöt, våldsamhet **brush** [brasj] borste, pensel; snår; borsta; *brushed out* (om hår) utslaget; *brush up* friska upp (*bildl.*) **brushwood** [brasjˊwodd] ris, snår **Brussels sprouts** [brassˊlsprao'ts] brysselkål **brutal** [bro:ˊtl] brutal **brute** [bro:t] djur; odjur; djuriskt; rå **bubble** [babbˊl] bubbla **buccaneer** [bakkəni:ˊə] sjörövare **buck** [bakk] bock, hane **bucket** [bakkˊitt] hink, pyts, skovel; grävskopa; *kick the bucket* dö **buckle** [bakkˊl] spänne; spänna, buckla (till) **bud** [badd] knoppas; knopp; *nip in the bud* kväva i sin linda **budge** [baddˊsj] röra sig ur fläcken **budgerigar** [baddˊsjəriga:] undulat **budget** [baddˊsjitt] budget; *budget with a deficit* underbalanserad budget **budget bill** [baddˊsjitt bill] statsverksproposition **budgie** [baddˊsji] undulat **buff** [baff] mattgul; sämskskinn **buffalo** [baffˊəlåo] buffel **buffer** [baffˊə] buffert **buffet 1** [baffˊitt] knuff; knuffa **2** [bo:ˊfej] byffé **bug** [bagg] vägglus **bugle** [bjo:ˊgl] signalhorn; jakthorn **build** [billd] bygga, uppföra, anlägga; *build on* bebygga **building** [billˊding] byggnad; anläggning, bygge **buildings** [billˊdingz] bebyggelse, byggnader **built** [billt] imperf. och perf. part. av *build* **built-up area** [billˊtapp a:ˊəriə] tätort **bulb** [ballb] lök; glödlampa **bulge** [balldsj] utbuktning; bukta ut **bulging** [ballˊdsjing] buktig **bulk** [ballk] skeppslast; volym, massa **bulkhead** [ballˊkhedd] vattentätt skott **bulky** [ballˊki] skrymmande **bull** [boll] tjur **bulldozer** [bollˊdåozə] schaktningsmaskin **bullet** [bollˊitt] kula (*från gevär o.d.*) **bullfight** [bollˊfajt] tjurfäktning **bullfinch** [bollˊfinntsj] domherre **bullion** [bollˊjən] guldtacka **bullock** [bollˊək] ung tjur, oxe **bull's eye** [bollˊzaj] (skottavlas) prick **bully** [bollˊi] översittare **bulrush** [bollˊrasj] säv **bum** [bamm] luffare **bumble-bee** [bammˊblbi:] humla **bump** [bammp] bula, knöl; duns, törn; stöta, dunsa; *bump into* törna emot **bumper** [bammˊpə] kofångare, stötfångare **bumpy** [bammˊpi] knagglig **bun** [bann] bulle **bunch** [banntsj] knippa, klase **bundle** [bannˊdl] bunt, knyte **bungalow** [bangˊgəlåo] enplanshus, bungalow **bungle** [bangˊgl] (för)fuska **bunk** [bangk] brits, koj; humbug **bunny** [bannˊi] kanin **buoy** [båj] boj **buoyant** [båjˊənt] flytande; sorglös **burbot** [bə:ˊbət] lake **burden** [bə:ˊdn] börda **burdensome** [bə:ˊdnsəm] betungande **bureau** [bjoəˊråoˊ] kontor; *Am.* byrå (*möbel*) **bureaucracy** [bjoråkkˊrəsi] byråkrati **burglar** [bə:ˊglə] inbrottstjuv **burglar**

burglary — cable

alarm [bəːˈglɑːælaːˈm] tjuvlarm **burglary** [bəːˈgləri] inbrott **burglary insurance** [bəːˈgləri innsjoːˈərəns] inbrottsförsäkring **burgundy** [bəːˈgəndi] jordgul **burgoyne burial [service]** [berrˈiəl səːˈviss] jordfästning **burly** [bəːˈli] bastant **burn** [bəːn] brinna, bränna[s]; brännas vid; brännsår **burning hot** [bəːˈning hått'] brännhet **burnish** [bəːˈnisj] polera **burnt** [bəːnt] vidbränd **burrow** [barrˈåo] håla; gräva ett hål **burst** [bəːst] brista, spränga[s]; *burst of laughter* skrattsalva **bury** [berrˈi] begrava **bus** [bass] buss **bus driver** [bassˈ drajvə] busschaufför **bush** [bosj] buske; *beat about the bush* gå som katten kring het gröt **bushel** [bosjˈl] skäppa; rymdmått=36,3 l **bushy** [bosjˈi] yvig **business** [bizzˈniss] affär[er], rörelse; angelägenhet; *business is dull* affärerna går trögt; *it's none of your business* det angår dig inte **business conditions** [bizzˈniss kəndisjˈəns] konjunkturer **business economics** [bizzˈniss iːkənəmˈikks] företagsekonomi **business hours** [bizzˈniss aoˈəz] affärstid **businessman** [bizzˈnissmən] affärsman **business trip** [bizzˈniss tripp] tjänsteresa, affärsresa **bus stop** [bassˈ ståpp] busshållplats **bust** [basst] byst **bus terminus** [bassˈ təːˈminəs] ändhållplats **bustle** [bassˈl] jäkta; jäkt, brådska **bustling** [bassˈling] hetsig, jäktig **busy** [bizzˈi] sysselsatt; *busy o.s. with* pyssla med, syssla med; *be busy doing s.th.* vara i färd med att göra ngt; *be busy with* [biˈ bizzˈi wið] hålla på med **busy-body** [bizzˈibåddi] beskäftig människa **but** [batt] men; utan; aber; *all but* nästan; *nothing else but* inget annat än; *no one but me* ingen annan än jag; *but for them* om inte de hade varit; *the last but one* den näst sista **butcher** [bottˈsjə] slaktare **butcher's** [bottˈsjəz] köttaffär, slakteributik **butler** [battˈlə] hovmästare, förste betjänt **butt** [batt] kolv; fimp; stöta, stånga **butter** [battˈə] smör **butter-cup** [battˈəkapp] smörblomma **butterfly** [battˈəflaj] fjäril **butterfly-net** [battˈəflaj nett] fjärilshåv **butterfly stroke** [battˈəflaj ståok] fjärilsim **buttermilk** [battˈəmillk] kärnmjölk **buttock[s]** [battˈək(s)] skinka; bakdel **button** [battˈn] (*subst.*) knapp; *button [up]* knäppa, knäppa igen **buttonhole** [battˈnhåol] knapphål **buttoning** [battˈning] knäppning **buxom** [bakkˈsəm] mullig; fryntlig **buy** [baj] köpa **buyer** [bajˈə] köpare **buzz** [bazz] surr; surra **buzzard** [bazzˈəd] ormvråk **buzzer** [bazzˈə] summer **by** [baj] hos, bredvid, invid; av; *by and by* snart, så småningom; *by and large* i stort sett; *close by here* här bredvid; *by now* vid det här laget; *one by one* en och en; *by that* därmed; *by train* med tåg; *by the way* i förbigående (sagt), för övrigt **by-election** [bajˈilekksjən] fyllnadsval **by-law** [bajˈlåː] lokal förordning **by-pass** [bajˈpaːs] sidoväg; gå (leda) förbi **by-stander** [bajˈstänndə] åskådare **byword** [bajˈwəːd] ordstäv; öknamn **cab** [käbb] droska, taxi **cabaret** [käbbˈərej] kabaré **cabbage** [käbbˈiddsj] kål **cabin** [käbbˈinn] koja; hytt, kajuta **cabinet** [käbbˈinitt] skåp; kabinett **cabinet minister** [käbbˈinitt minnˈisstə] statsråd **cable** [kejˈbl] kabel, vajer; telegram; telegrafera **cab-rank** [käbb'rängk], **cab-stand** [käbb'ständ] droskstation **cacao** [kəka:'åo] kakao **cackle** [käkk'l] kackla, pladdra; kackel, pladder **cactus** [käkk'təs] kaktus **cad** [kädd] lymmel **caddie** [kädd'i] klubbpojke (i golf) **caddy** [kädd'i] teburk **cadet** [kədett'] yngre son; kadett **café** [käff'ej] kafé **cage** [kejdsj] bur **cagebird** [kej'dsjbə:d] burfågel **cagey** [kej'dsji] slug, försiktig **cake** [kejk] kaka, tårta **calamity** [kəlämm'itti] katastrof, olycka **calculate** [käll'kjolejt] kalkylera, [be]räkna **calculating machine** [käll'kjolejting məsji:n'] räknemaskin **calculation** [källkjolej'sjən] beräkning, uträkning; kalkyl **calendar** [käll'inndə] kalender, almanacka **calf** [ka:f] (*pl calves* [ka:vz]) kalv; vad (*på ben*) **calfskin** [ka:'fskinn] kalvskinn **call** [kå:l] kalla; [an]ropa; gala (*om gök*); rop; (*djurs*) läte; visit; *alarm call* telefonväckning; *be called* heta, kallas; *I should like to be called at 6* får jag be om väckning kl. 6; *call a strike* utlysa strejk; *call in* inkalla; *call on* hälsa på; *call out* uppbåda; *call together* sammankalla; *call up* ringa till, (*mil.*) inkalla **call-box** [kå:'lbåkks] telefonhytt **calling** [kå:'ling] yrke **callous** [käll'əs] hård, okänslig **callus** [käll'əs] valk **calm** [ka:m] lugn, stillhet; stiltje; lugn, stilla; lugna; *calm down* lugna sig **calorie** [käll'əri] kalori **cambric** [kej'mbrikk] batist **came** [kejm] imperf. av *come* **camel** [kämm'əl] kamel **camera** [kämm'ərə] kamera **camomile** [kämm'əmajl] kamomill **wild camomile** kamomill **camouflage** [kämm'ofla:sj] kamouflage; kamouflera **camp** [kämmp] läger; tälta, campa **campaign** [kämmpej'n] kampanj, fälttåg **camp-bed** [kämm'pbedd] tältsäng **camp-fire** [kämm'pfajə] lägereld **camping** [kämm'ping] camping **camping ground** [kämm'ping graond] campingplats **campus** [kämm'pəs] (*Am.*) universitets-, skolområde **camshaft** [kämm'sja:ft] kamaxel **can** [känn] **1** kan; får **2** dunk; (*Am.*) konservburk; konservera **canal** [kənäll'] (*grävd*) kanal **canned fruit** fruktkonserver **Canada** [känn'ədə] Kanada **Canadian** [kənej'djən] kanadensare; kanadensisk **canary** [kənä:'əri] kanariefågel; *the Canary Islands* Kanarieöarna **cancel** [känn'səl] upphäva, annullera, återkalla, inställa, avbeställa **cancer** [känn'sə] cancer **candid** [känn'didd] uppriktig **candidate** [känn'diditt] kandidat **candidly** [känn'diddli] uppriktigt sagt **candle** [känn'dl] [stearin]ljus **candle-end** [känn'dlennd] ljusstump **candlelight** [känn'dllajt] eldsljus **candlestick** [känn'dlstikk] ljusstake **candour** [känn'də] uppriktighet **candy** [känn'di] kandisocker; (*Am.*) karameller, godis **cane** [kejn] rotting **cane sugar** [kej'n sjogg'ə] rörsocker **canine tooth** [kej'najn to:θ] hörntand **cannery** [känn'əri] konservfabrik **cannibal** [känn'ibəl] kannibal **cannon** [känn'ən] kanon **cannot** [känn'ått] kan inte, får inte **canoe** [kəno:'] kanot **canopy** [känn'əpi] sänghimmel **cant** [kännt] slang, tjuvspråk; hyckleri **canteen** [känntti:n'] marketenteri **canter** [känn'tə] [rida] i kort galopp **canvas** [känn'vəs] segelduk, tältduk; duk, tavla **canyon** [känn'jən] kanjon

cap [käpp] mössa; kapsyl **capacity** [kəpäss·itti] kapacitet **capable** [kej·pəbl] duglig; duktig **capacity** [kəpäss·itti] förmåga **cape** [kejp] udde **caper** [kej·pə] **1** kapris **2** glädjesprång; skutta **capercaillie** [käppəkej·lji] tjäder **capital** [käpp·ittl] kapital; huvudstad; stor bokstav; huvudsaklig **capitalism** [käpp·itəlizəm] kapitalism **capitulation** [käpittjolej·sjən] kapitulation **capricious** [kəprisj·əs] nyckfull, oberäknelig, lynnig **Capricorn** [kej·prikå:n] *Tropic of Capricorn* Stenbockens vändkrets **capsize** [käppsaj·z] kapsejsa **capsule** [käpp·sjo:l] kapsel **captain** [käpp·tinn] kapten, sjökapten **caption** [käpp·sjən] rubrik; bild-, filmtext **captivate** [käpp·tivejt] fängsla, tjusa **captivity** [käpptivv·itti] fångenskap **capture** [käpp·tsjə] tillfångata, kapa **car** [ka:] bil **car body** [ka:· bådd·i] karosseri **caramel** [kärr·əmell] kola **caravan** [kärrəvänn·] karavan; husvagn **caraway** [kärr·əwej] kummin **carbohydrate** [ka:·båohaj·drejt] kolhydrat **carbon** [ka:·bən] kol **carbonic acid** [ka:bånn·ikk äss·idd] kolsyra **carbon monoxide** [ka:·bən månåkk·sajd] koloxid **carbon paper** [ka:·bən pejpə] karbonpapper **carbon tetrachloride** [ka:·bən tett·räklå:·rajd] koltetraklorid **carburettor** [ka:·bjorettə] förgasare **carcass** [ka:·kəs] as **card** [ka:d] (*subst.*) kort **cardamom** [ka:·dəməm] kardemumma **cardboard** [ka:·dbå:d] kartong, papp **cardigan** [ka:·digən] kofta **cardinal** [ka:·dinl] kardinal; *cardinal number* grundtal; *cardinal points* väderstreck **card index** [ka:d inndekks] kartotek **cardsharper** [ka:·dsja:pə] falskspelare **care** [kä:·ə] vård, omvårdnad, skötsel, försiktighet; bekymra sig; *I don't care* det bryr jag mig inte om; *care for* bry sig om; *take care* akta sig; *take care of* sköta, ta vara på; *not care a bit about* strunta i **career** [kəri:·ə] karriär, [levnads]bana **carefree** [kä:·əfri:] sorglös **careful** [kä:·əfoll] aktsam, ordentlig, noggrann, omsorgsfull, försiktig; *be careful!* se dig för!; *be careful with* akta **careless** [kä:·əliss] slarvig, vårdslös; *be careless* slarva **carelessness** [kä:·əlissniss] slarv, vårdslöshet **caress** [kəress·] smeka; smekning **caressing** [kəress·ing] smeksam **caretaker** [kä:·ətejkə] portvakt, vaktmästare, uppsyningsman **cargo** [ka:·gåo] last, frakt **cargo-ship** [ka:·gåosjipp] lastbåt **caribou** [kärr·ibo:] amerikansk ren **caricature** [kärrikkətjo:·ə] karikatyr; karikera **caries** [kä:·ərii:z] karies, tandröta **carnal** [ka:·nl] köttslig **carnation** [ka:nej·sjən] nejlika **carnival** [ka:·nivəl] karneval **carnivorous** [ka:nivv·ərəs] köttätande **carol** [kärr·l] julsång, lovsång **carpenter** [ka:·pinntə] snickare **carpet** [ka:·pitt] matta **carriage** [kärr·iddsj] vagn, ekipage; hållning **carrier** [kärr·iə] bärare; *aircraft carrier* hangarfartyg; *paper carrier* papperskasse **carrion** [kärr·iən] as **carrot** [kärr·ət] morot **carry** [kärr·i] bära; föra; *carry away* hänföra; *carry on* bedriva, fortsätta; *carry out* utföra, uträtta, verkställa; *carry through* genomföra **carrying out** [kärr·iing ao·t] utförande **cart** [ka:t] kärra, vagn **carter** [ka:·tə] åkare **cartilage** [ka:·tiliddsj] brosk **carton** [ka:·tn] kartong, pappask **cartoon** [ka:to:·n] skämtteckning **cartridge**

carve — cemetery

[ka:'triddsj] patron **carve** [ka:v] skära, snida, tälja **carving-knife** [ka:'vingnajf] förskärare **case** [kejs] fall, händelse; [rätts]fall, mål; fodral, etui, hylsa; *in any case* i alla fall; *in that case* i så fall **case record** [kej's rekk'å:d] [sjukhus]journal **cash** [käsj] kassa; kontanter; kontant; lösa in (*cheek*); *cash on delivery* postförskott **cash-box** [käsj'båkks] kassaskrin **cash desk** [käsj'dessk] kassa (*i butik*) **cash discount** [käsj' diss'kaont] kassarabatt **cashier** [käsji:'ə] kassör; kassa (*i bank*) **cash register** [käsj' redd'sjisstə] kassaapparat **casing** [kej'sing] fodral **casino** [kəsi:'nåo] kasino **cask** [ka:sk] fat, tunna **casket** [ka:'skitt] skrin, schatull **cassette tape-recorder** [käsett' tej'prikå:də] kassettbandspelare **cast** [ka:st] stöpa; gjuta **castanet** [kässtə-nett'] kastanjett **caste** [ka:st] kast[väsende] **casting-rod** [ka:'stingrådd] kastspö **cast iron** [ka:'st aj'ən] gjutjärn **castle** [ka:'sl] slott, borg **castor oil** [ka:'stərå;l'l] ricinolja **casual** [käsj' joəl] tillfällig; planlös; nonchalant **casualty** [käsj'joəlti] olycksfall; *casualties* döda och sårade **cat** [kätt]; katt; *let the cat out of the bag* försäga sig **catalogue** [kätt'əlågg] katalog **catapult** [kätt'əpallt] katapult; slangbåge **cataract** [kätt'ərakkt] katarakt; grå starr **catarrh** [kətə:'] katarr; *catarrh of the stomach* magkatarr **catastrophe** [kətäss'trəfi] katastrof **catastrophic** [kättəstråff'ikk] katastrofal **catburglar** [kätt'bə:glə] fasadklättrande tjuv **catch** [kättsj] fånga, gripa; ådraga sig; ertappa, hinna med (*tåg o.d.*); fångst; spärr; *catch a cold* få snuva, bli förkyld; *catch the infection* bli smittad; *catch s.b. up* hinna ikapp ngn; *catch up with* hinna fatt **catching** [kätt'sjing] smittsam; vinnande **catchword** [kätt'sjwə:d] lystringsord; slagord; uppslagsord **category** [kätt'igəri] kategori **cater** [kej'tə] skaffa, leverera mat; *cater for* tillgodose **caterer** [kej'tərə] mathållare; leverantör **caterpillar** [kätt'əpillə] larv; bandtraktor **cathedral** [kəθi:'drəl] domkyrka, katedral **Catholic** [kaθ'əlikk] katolik; katolsk **cattle** [kätt'l] boskap, nötkreatur **cattle-breeding** [kätt'lbri:ding] boskapsskötsel **caught** [kå:t] imperf. och perf. part. av *catch*; *get caught* fastna, bli fast **cauliflower** [kåll'iflaoə] blomkål **cause** [kå:z] orsak, grund; förorsaka, åstadkomma, förmå; *cause and effect* orsak och verkan **caution** [kå:'sjən] försiktighet **cautious** [kå:'sjəs] försiktig, varsam **cavalcade** [kävvəlkej'd] kavalkad **cavalier** [kävvəli:'ə] kavaljer **cavalry** [kävv'əlri] kavalleri **cave** [kejv] håla, grotta; *cave in* falla ihop, störta in **cavern** [kävv'ən] grotta **caviar[e]** [kävv'ia:] kaviar **cavity** [kävv'itti] hålighet **cease** [si:s] upphöra **cedar** [si:'də] ceder[trä] **ceiling** [si:'ling] [inner]tak **celebrate** [sell'ibrejt] fira; *celebrated* berömd **celebration** [sellibrej'sjən] firande **celebrity** [sillebb'ritti] berömdhet, celebritet **celery** [sell'əri] selleri **cell** [sell] cell **cellar** [sell'ə] källare **cello** [tsjell'åo] violoncell **cellulose** [sell'joləos] cellulosa **cellulose wadding** [sell'joləos wådd'ing] cellstoff **Celtic** [sell'-tikk] keltisk **cement** [simenn't] cement, kitt; cementera **cemetery** [semm'ittri] kyrkogård **cenotaph** [senn'əta:f] minnesgravvård **censorship** [senn'səsjipp] censur **censure** [senn'sjə] klander; klandra, kritisera **census** [senn'səs] folkräkning **centenary** [senn-ti:'nəri] hundraårsdag **centilitre** [senn'tili:tə] centiliter **centimetre** [senn'timi:tə] centimeter **central** [senn'trəl] central; *central bank* riksbank **central heating** [senn'trəl hi:'ting] centralvärme, värmeledning **centralize** [senn'trəlajz] centralisera **central station** [senn'trəl stej'sjən] centralstation **centre** [senn'tə] centrum, center, medelpunkt **centrifuge** [senn'trifjo:dsj] centrifugera **century** [senn'tsjorri] århundrade, sekel; *in the twentieth century* på nittonhundratalet **ceramics** [sirəmm'ikks] keramik **cerat** [si:'ə-ritt] cerat **cereal** [si:'əriəl] sädesslag; frukostflingor **ceremony** [serr'iməni] ceremoni **certain** [sə:'tn] viss, säker; *a certain M. A.* en viss herr A.; *for certain* förvisso, utan tvivel, med bestämdhet **certainly** [sə:'tnli] säkerligen, säkert, visst, förvisso **certainty** [sə:'tnti] visshet, säkerhet **certificate** [sətiff'ikitt] intyg, certifikat, betyg **certify** [sə:'tifaj] intyga *(skriftligt)* **cesspool** [sess'po:l] kloakbrunn; gödselstack **chafe** [tsjejf] skava; *chafed feet* skoskav **chaff** [tsja:f] agnar **chaffer** [tsjaff'ə] schackra **chaffinch** [tsjaff'intsj] bofink **chain** [tsjejn] kedja, kätting **chair** [tsja:'ə] stol; *easy chair* vilstol; *folding chair* vilstol, fällstol **chairman** [tsja:'əmən] ordförande **chalk** [tsjå:k] krita **challenge** [tsjäll'inndsj] utmaning; utmana **challenge prize** [tsjäll'inndsj prajz] vandringspris **chamber** [tsjej'mbə] kammare **chamberlain** [tsjej'mbəlinn] kammarherre **chamber-maid** [tsjej'mbəmejd] hotellstäderska; husa **chamber music** [tsjej'mbə mjo:'zikk] kammarmusik **chamber-pot** [tsjej'm-bəpått] potta **chamois** [sjamm'wa:] stenget; sämskskinn **champ** [tsjammp] tugga (på), bita [i] **champion** [tsjamm'pjən] mästare, champion **championship** [tsjamm'pjənsjipp] mästerskap **chance** [tsja:ns] tillfälle, slump, chans; utsikt; *have every chance of* ha alla utsikter; *by chance* händelsevis; *quite by chance* av en ren händelse **chancel** [tsja:'nsl] kor **chancellor** [tsja:'nsələ] kansler **chandelier** [sjänndili:'ə] ljuskrona **change** [tsjejndsj] ändra, förändra[s], byta, förbytas; växla; klä om sig; ändring, förändring, vändning, skiftning; växel[pengar]; ombyte; *change one's mind* ändra sig; *change hands* byta ägare; *change of address* adressförändring; *change of air* luftombyte; *change of life* övergångsålder **changeable** [tsjej'ndsjəbl] föränderlig, ombytlig **change-over** [tsjej'n-dsjåo'və] övergång **changing of the guard** [tsjej'ndsjing əvv ðə ga:'d] vaktparad **changing-room** [tsjej'ndsjingromm] omklädningsrum **channel** [tsjänn'l] *(naturlig)* kanal, farled; *the Channel* Engelska kanalen **chanterelle** [tsjännterell'] kantarell **chaos** [kej'åss] kaos **chap** [tsjäpp] spricka; karl, grabb **chapbook** [tsjäpp'bokk] skillingtryck **chapel** [tsjäpp'əl] kapell, gudstjänstlokal **chaperon** [sjäpp'ərəon] *(bildl.)* förkläde **chaplain** [tsjäpp'-linn] kaplan **chapter** [tsjäpp'tə] kapitel **charabanc** [sjarr'äbang] turistbuss **character** [kärr'ikktə] karaktär; bokstav; *principal*

characteristic — children's disease

character huvudperson **characteristic** [kärriktəriss'tikk] karakteristisk, utmärkande (*of* för); kännetecken, utmärkande drag **characterize** [kärr'ikktərajz] karakterisera, känneteckna **charcoal** [tsja:'kåol] träkol **charcoal tablet** [tsja:'kåol tåbb'litt] koltablett **charge** [tsja:dsj] anklaga (*with* för); ta betalt; ålägga; anklagelse; kostnad; *at my charge* på min bekostnad; *in charge* tjänstgörande; *be in* (*have*) *charge of* ha hand om, sköta; *take charge of* ta hand om; *charge s.b. with s.th.* tillvita ngn ngt **charitable** [tsjärr'itəbl] barmhärtig, välgörenhets-; *charitable purposes* välgörande ändamål **charity** [tsjärr'itti] välgörenhet **charm** [tsja:m] tjusning, behag, charm; berlock; tjusa **charmed** [tsja:md] förtjust, intagen (*with* i) **charming** [tsja:'ming] förtjusande, bedårande **chart** [tsja:t] sjökort; [väg]plansch **charter** [tsja:'tə] urkund, kontrakt; privilegium; hyra, abonnera; befrakta **charwoman** [tsja:'wommən] städerska **chase** [tsjejs] jaga, förfölja **chasm** [käzz'm] svalg, klyfta **chassis** [sjäss'i] bilunderrede, chassi **chaste** [tsjejst] kysk, ren **chasten** [tsjej'sn] tukta; luttra **chastise** [tsjässtaj'z] tukta **chat** [tsjätt] småprata **chatter** [tjätt'ə] snattra, pladdra **chatterbox** [tsjätt'əbåkks] pratmakare **chatty article** [tsjätt'i a:'tikkl] kåseri **cheap** [tsji:p] billig **cheat** [tsji:t] fuska; lura; skojare, bedragare **check** [tsjekk] hämma, hejda, stävja; kontrollera; kontroll, (*Am.*) nota, check; *check!* schack! **checkers** [tsjekk'əz] (*Am.*) damspel **checkmate** [tsjekk'mejt] schack och matt; besegra **cheek** [tsji:k] kind; fräckhet **cheeky** [tsji:'ki] fräck, uppkäftig **cheer** [tsji:'ə] hurrarop, leve; munterhet; hurra; *cheers!* skål!; *cheer up* pigga upp, muntra upp, gaska upp [sig] **cheerful** [tsji:'əfoll] glad; gladlynt **cheerio** [tsji:'əriåo'] hej då! **cheerless** [tsji:'əliss] otrivsam **cheese** [tsji:z] ost **cheese slicer** [tsji:'z slaj'sə] osthyvel **chef** [sjeff] köksmästare **chemical** [kemm'ikəl] kemisk **chemicals** [kemm'ikəlz] kemikalier **chemise** [sjimi:'z] damlinne **chemist** [kemm'isst] kemist; apotekare **chemistry** [kemm'isstri] kemi **chemist's** [kemm'issts] apotek **cheque** [tsjekk] check (*for* på) **cheque book** [tsjekk'bokk] checkhäfte **chequered** [tsjekk'əd] brokig; rutig **cherish** [tsjerr'isj] hysa; vårda **cherry** [tsjerr'i] körsbär **chess** [tsjess] schack; *a game of chess* ett parti schack **chessboard** [tsjess'bå:d] schackbräde **chessman** [tsjess'männ] schackpjäs **chest** [tsjesst] bröstkorg; kista; *chest of drawers* byrå **chestnut** [tsjess'natt] kastanje **chew** [tsjo:] (*verb*) tugga; *chew the cud* idissla **chewing-gum** [tsjo:'inggamm] tuggummi **chick[en]** [tsjikk'-(inn)] kyckling **chiecken-pox** [tsjikk'innpåkks] vattkoppor **chicory** [tsjikk'əri] endiv[sallad] **chief** [tsji:f] ledare, chef, hövding; huvudsaklig **chiefly** [tsji:'fli] huvudsakligen **chief physician** [tsji:'f fizisj'ən] överläkare **chieftain** [tsji:'ftən] hövding **child** [tsjajld] (*pl children* [tsjill'drən]) barn **child allowance** [tsjaj'ld əlao'əns] barnbidrag **childhood** [tsjaj'ldhodd] barndom **childish** [tsjaj'ldisj] barnslig **child-proof** [tsjaj'ldpro:f] barnsäker **children's**

disease [tsjill'drənz dizi:'z] barnsjukdom **children's specialist** [tsjill'drənz spesj'əlist] barnläkare **child welfare** [tsjaj'ld well'fä:ə] barnavård **child welfare committee** [tsjaj'ld well'fä:ə kəmitt'i] barnavårdsnämnd **chill** [tsjill] kyla **chilly** [tsjill'i] kylig **chime** [tsjajm] klockspel; harmoni; klinga **chimney** [tsjimm'ni] skorsten **chimneypot** [tsjimm'nipått] skorstenspipa **chimney-sweep** [tsjimm'niswi:p] sotare **chimpanzee** [tsjimmpənzi:'] schimpans **chin** [tsjinn] huka **China** [tsjaj'nə] Kina **china** [tsjaj'nə] porslin **Chinese** [tsjaj'ni:'z] kines; kinesisk **chink** [tsjingk] (subst.) springa **chip** [tsjipp] spån; skärva **chipolata sausage** [tsjippəla:'tə såss'iddsj] prinskorv **chipped** [tsjippt] kantstött **chips** [tsjipps] pommes frites; chips **chirp** [tsjə:p] kvittra; kvitter **chisel** [tsjizz'l] mejsel, stämjärn; [ut]mejsla **chit** [tsjitt] barnunge; kort skriftligt meddelande **chivalrous** [sjivv'ələs] riddarlig **chivalry** [sjivv'əlri] ridderlighet **chive** [tsjajv] gräslök **chock** [tsjåkk] kil, kloss **chockful** [tsjåkk'foll] proppfull **chocolate** [tsjåkk'əlitt] choklad, pralin **chocolate bar** [tsjåkk'əlitt ba:] chokladkaka **choice** [tsjåjs] val, urval; Hobson's choice inget val **choir** [kwaj'ə] kör; kor **choke** [tsjåok] kväva[s]; choke **choking** [tsjåo'king] kvävning **choose** [tsjo:z] välja, utvälja (from bland) **choosy** [tsjo:'zi] kinkig, kräsen **chop** [tsjåpp] hugga, hacka; hugg; kotlett **chopper** [tsjåpp'ə] köttyxa, köttkniv **choppy** [tsjåpp'i] krabb (om sjö); ombytlig (om vind) **chord** [kå:d] ackord **chore** [tsjå:] husliga småsysslor **choreography** [kårriägg'rəfi] koreografi **chorus** [kå:'rəs] kör; refräng **chose** [tsjåoz] imperf. av choose **chosen** [tsjåo'zn] [ut]vald **Christ** [krajst] Kristus **christen** [kriss'n] döpa **Christendom** [kriss'ndəm] kristenheten **christening** [kriss'ning] dop **Christian** [kriss'tjən] kristen, kristlig; Christian name förnamn **Christianity** [krisstiann'itti] kristendom[en] **Christmas** [kriss'məs] jul; Father Christmas jultomten; A Merry Christmas! god jul! **Christmas carol** [kriss'məs kärr'əl] julsång **Christmas Eve** [kriss'məs i:v] julafton **Christmas holidays** [kriss'məs håll'ədizz] jullov **Christmas present** [kriss'məs prezz'nt] julklapp **Christmas tree** [kriss'məs tri:] julgran **chromosome** [kråo'məsåom] kromosom **chronic** [krånn'ikk] kronisk **chronicle** [krånn'ikkl] krönika **chronologic** [krånnəlådd'sjikk] kronologisk **chrysalis** [kriss'əliss] puppa **chubby** [tsjabb'i] knubbig **chuck** [tsjakk] slänga, kasta **chucker-out** [tsjakk'ərao't] utkastare, ordningsvakt **chuckle** [tsjakk'l] småskratta **chum** [tsjamm] god vän, kamrat **chunk** [tsjangk] tjockt stycke **church** [tsjə:tsj] kyrka; go to church gå i kyrkan **church bell** [tsjə:'tsjbell] kyrkklocka **church tower** [tsjə:'tsj taoə] kyrktorn **churchyard** [tsjə:'tsjja:'d] kyrkogård **churn** [tsjə:n] kärna (smör); röra om **chute** [sjo:t] ränna; rutschbana, kälkbacke; sopnedkast **cigar** [siga:'] cigarr **cigarette** [siggərett'] cigarrett **cinder** [sinn'də] slagg **Cinderella** [sinndərell'ə] Askungen **cine camera** [sinn'ikämm'ərə] smalfilmskamera

cinema [sinn'imə] biograf; *at the cinema* på bio; *go to the cinema* gå på bio **cinnamon** [sinn'əmən] kanel **cipher** [sajˈfə] nolla; siffra; chiffer **circle** [səːˈkl] cirkel, krets; rad *(på teater)*; kretsa **circuit** [səːˈkitt] strömkrets; *short circuit* kortslutning; **circular** [səːˈkjələ] cirkelrund, rund-; cirkulär **circulate** [səːˈkjolejt] cirkulera; *circulate for comment* sända ut på remiss **circulation** [səːkjolejˈsjən] omlopp, cirkulation, spridning **circumcise** [səːˈ-kəmsajz] omskära **circumference** [səkammˈfərəns] omkrets **circumlocution** [səːkəmləkjoːˈsjən] omsvep **circumscribe** [səːˈkəmskrajˈb] omskriva **circumstance** [səːˈkəmstəns] omständighet **circumstantial** [səːkəmstännˈsjəl] omständlig **circumstantial evidence** indicium **circumvent** [səːkəmvennˈt] kringgå, överlista **circus** [səːˈkəs] cirkus **cissy** [sissˈi] förvekligad pojke **cite** [sajt] citera **citizen** [sittˈizzn] medborgare, borgare **citizenship** [sittˈizznsjipp] medborgarskap **city** [sittˈi] *(större)* stad; *the City* (Londons) City **city buildings** [sittˈi billˈdingz] tätortsbebyggelse **city centre** [sittˈi sennˈtə] innerstad **city council** [sittˈi kaoˈnsl] stadsfullmäktige **city planning** [sittˈi plännˈing] stadsplanering **civic** [sivvˈikk] medborgar-, medborgerlig **civics** [sivvˈikks] samhällslära **civil** [sivvˈl] medborgerlig, borgerlig; civil; hövlig; *civil marriage* borgerlig vigsel; *civil servant* statstjänsteman; *civil status* civilstånd; *civil war* inbördeskrig **civilian** [sivillˈjən] civilperson **civilization** [sivvilajzejˈsjən] civilisation, kultur **civilized** [sivvˈilajzd] civiliserad **clad** [klädd] klädd **claim** [klejm] anspråk, krav, fordran; klagomål; göra anspråk på, påstå; *lay claim to* göra anspråk på **claimant** [klejˈmənt] fordringsägare **clam** [klämm] mussla **clammy** [klämmˈi] fuktig, klibbig och kall **clamour** [klämmˈə] larm **clamp** [klämmp] tving, krampa **clan** [klänn] klan, stam **clandestine** [klänndessˈtinn] hemlig **clang** [kläng] skalla, genljuda **clap** [kläpp] klappa; applådera **claque** [kläkk] hejarklack **claret** [klärrˈət] rödvin *(Bordeaux)* **clarify** [klärrˈifaj] klargöra, göra klar; klarna **clarinet** [klärrinettˈ] klarinett **clarity** [klärrˈitti] klarhet **clash** [kläsj] skrälla; braka samman; vara oförenlig **clasp** [klaːsp] spänne, lås; knäppa **clasp-knife** [klaːˈspnajˈf] fällkniv **class** [klaːs] klass; *class of society* samhällsklass; *a class of its own* i särklass **classic** [klässˈikk] klassiker **classical** [klässˈikəl] klassisk; *classical music* seriös musik **classics** [klässˈikks] klassiska språk, klassisk litteratur **classify** [klässˈifaj] indela i klasser, klassificera **class-mate** [klaːˈsmejt] klasskamrat **classroom** [klaːˈsromm] klassrum **clatter** [klättˈə] rassla, smattra **clause** [klåːz] sats, mening **claw** [klåː] klo **clay** [klej] lera **clayey** [klejˈi] lerig **clean** [kliːn] ren; rengöra, städa, putsa, rensa; *clean one's nails* peta naglarna; *clean up* städa; *clean copy* utskrift **cleaning** [kliːˈning] rengöring, städning, renhållning **cleanly** [klennˈli] renlig; [kliːˈnli] rent **cleanse** [klenns] rengöra; rentvå **clean-shaven** [kliːˈnsjejˈvn] slätrakad **clear** [kliːˈə] klar, tydlig, överskådlig; avgjord; klara; *be clear* framgå; *become clear[er]*

clearance — coating

(*bildl.*) klarna; *that is clear!* det förstås!; *make clear* åskådliggöra; *a clear conscience* rent samvete; *get a clear idea of s.th.* få ngt klart for sig; *clear away* röja undan; *clear off* klara av; *clear out* ge sig i väg; *clear a path for* röja väg för; *clear up* (*om vädret*) klarna **clearance** [kli:'ərəns] röjning **clearing** [kli:'əring] röjning, uthuggning; avräkning **clearness** [kli:'ənəss] klarhet **cleave** [kli:v] klyva **cleft** [klefft] imperf. och perf. part av *cleave* **clemency** [klemm'ənsi] mildhet, barmhärtighet **clement** [klemm'ənt] mild, barmhärtig **clench** [klenn'tsj] nita; gripa hårt om; *clench one's fist* knyta näven **clergy** [klə:'dsji] prästerskap **clergyman** [klə:'dsjimən] präst **clerk** [kla:k] kontorist; *recording clerk* notarie **clever** [klevv'ə] begåvad; skicklig, duktig **cliché** [kli:'sjei] kliché; (*bildl.*) schablon **click** [klikk] knäpp; knäppa **client** [klaj'ənt] klient **climate** [klaj'mitt] klimat **climax** [klaj'mäkks] klimax, höjdpunkt **climb** [klajm] klättra; bestiga **climber** [klaj'mə] bergsbestigare **climbing plant** [klaj'ming pla:nt] klängväxt **clinch** [klinntsj] blockera; avgöra; närkamp **cling** [kling] klamra sig fast (*to* vid) **clinic** [klinn'ikk] klinik **clip** [klipp] klämma, hållare **clipper** [klipp'ə] klipperskepp; baddare **cloak** [kláok] kappa, mantel **cloak-room** [klåo'kromm] kapprum; resgodsinlämning; toalett (*på restaurang o.d.*) **clock** [klåkk] klocka, ur; *speaking clock* fröken Ur **clockwise** [klåkk'wajz] medurs **clockwork** [klåkk'wə:k] urverk **clog** [klågg] träsko; hindra **cloister** [klåj'stə] kloster; pelargång **close** [kláoz] stänga, tillsluta; [klåos] kvav, nära; *close to* nära intill; *close down* upphöra; *a close shave* nära ögat; *it was a close thing* det satt hårt åt **closet** [klåzz'itt] skrubb; klosett **close-up** [klåo'zapp] närbild **closing remark** [klåo'zing rima:'k] slutkläm **clot** [klått] klimp, klump **cloth** [klåθ] duk, skynke, trasa, tyg **clothe** [kláoð] kläda **clothes** [klåoðz] kläder **clothes-hanger** [kláo'ðzhängə] klädhängare **clothes-line** [kláo'ðzlajn] klädstreck **clothes-peg** [kláo'ðzpegg] klädnypa **clothing** [kláo'ðing] kläder, beklädnad **cloud** [klaod] moln, sky **cloudberry** [klao'dberri] hjortron **cloudy** [klao'di] molnig **clove** [kláov] **1** kryddnejlika **2** imperf. av *cleave* **clover** [kláo'və] klöver **clown** [klaon] pajas, clown **club** [klabb] klubba; klubb; *clubs* klöver (*kort*) **cluck** [klakk] klucka; skrocka **clue** [klo:] ledtråd **clump** [klammp] klunga, buskage; klump; klampa **clumsy** [klamm'zi] klumpig **clung** [klang] imperf. och perf. part. av *cling* **cluster** [klass'tə] klunga **clutch** [klattsj] (*i bil*) koppling; gripa tag i **coach** [kåotsj] diligens, [turist]buss; privatlärare, tränare; träna, ge lektioner **coagulate** [kåoägg'jolejt] koagulera; levra sig **coal** [kåol] kol **coal-black** [kåo'lbläkk'] kolsvart **coalition government** [kåoəlisj'ən gavv'n-mənt] samlings-, koalitionsregering **coal-mine** [kåo'lmajn] kolgruva **coarse** [kå:s] grov **coast** [kåost] kust **coat** [kåot] rock, kappa; lager; beläggning; *coat of arms* vapensköld; *fur coat* päls[kappa] **coated fabric** [kåo'tidd fäbb'rikk] vävplast **coating**

coax — combination

[kåo'ting] beläggning **coax** [kåoks] smickra; lirka med **cob** [kåbb] ridhäst; majskolv **cobble [stone]** [kåbb'lståon] kullersten **cobbler** [kåbb'lə] skomakare **cobweb** [kåbb'webb] spindelväv **cock** [kåkk] tupp; pitt; *cock one's ears* spetsa öronen **cock-and-bull story** [kåkk'ənboll'stå:'ri] rövarhistoria **cockchafer** [kåkk'tsjejfə] ollonborre **cockle** [kåkk'l] [hjärt]mussla; liten båt **cockney** [kåkk'ni] infödd londonbo; londondialekt **cockpit** [kåkk'pitt] förarkabin **cockroach** [kåkk'råotsj] kackerlacka **cocksure** [kåkk'sjo:ə] tvärsäker **cocky** [kåkk'i] mallig **cocoa** [kåo'kåo] [drick]choklad **coconut** [kåo'kənatt] kokosnöt **cocoon** [kəko:'n] kokong **cod** [kådd] torsk **coddle** [kådd'l] pjoska med **code** [kåod] kod; lagsamling **cod-liver oil** [kådd'livvərəj'l] torskleverolja **co-driver** [kåo'drajvə] avbytare (i motortävling) **co-education** [kåo'eddjokej'sjən] samundervisning **coerce** [koə:'s] tvinga till lydnad **coercion** [koə:'sjən] tvång **co-existence** [kåoiggziss'təns] samlevnad **coffee** [kåff'i] kaffe **coffee-cup** [kåff'ikapp] kaffekopp **coffin** [kåff'inn] likkista **cog** [kågg] kugge **cogent** [kåo'dsjənt] bindande, övertygande **cog-wheel** [kågg'wi:l] kugghjul **coherent** [kåohi:'ərənt] sammanhängande **coil** [kåjl] slinga; spole; rulla ihop **coin** [kåjn] mynt, slant **coincide** [kåoinnsaj'd] sammanfalla **coincidence** [kåoinn'sidəns] händelse, tillfällighet, sammanträffande **coke** [kåok] koks; cocacola **cold** [kåold] kall, frusen; köld, kyla; förkylning; *be cold* frysa; *catch a cold* bli förkyld, få snuva; *get cold* kallna; *have a cold in the head* vara snuvig; *head cold* snuva **colic** [kåll'ikk] kolik **collaborate** [kəlabb'ərejt] samarbeta **collaboration** [kəlabbərej'sjən] samröre **collaborator** [kəlabb'ərejtə] medarbetare **collapse** [kəläpp's] rasa, falla ihop; sammanbrott **collapsible** [kəläpp'səbl] hopfällbar **collar** [kåll'ə] krage **collarbone** [kåll'əbåon] nyckelben **collate** [kåll'ejt] kollationera, jämföra **colleague** [kåll'i:g] kollega **collect** [kəlekk't] samla; inkassera **collection** [kəlekk'sjən] samling; insamling, avhämtning; uppbörd **collective** [kəlekk'tivv] kollektiv **collector** [kəlekk'tə] samlare **college** [kåll'iddsj] högskola; *college of technology* teknisk högskola; *training college* seminarium **collide** [kəlaj'd] kollidera, krocka **collier** [kåll'iə] kolgruvearbetare **colliery** [kåll'iəri] kolgruva **collision** [kəllisj'ən] krock, kollision; *head-on collision* frontalkrock **colloquial** [kəlåo'kwiəl] samtals-, talspråks-, vardaglig **collusion** [kəlo:'sjən] maskopi **Cologne** [kəlåo'n] Köln **colonel** [kə:'nl] överste **colonize** [kåll'ənajz] kolonisera **colony** [kåll'əni] koloni **colossal** [kəlåss'l] kolossal **colour** [kall'ə] färg; färga; *lose its colour* färga av sig **colourblind** [kall'əblajnd] färgblind **colour film** [kall'ə film] färgfilm **colt** [kåolt] unghäst **columbine** [kåll'əmbajn] akleja **column** [kåll'əm] spalt, kolumn; kolonn **columnist** [kåll'əmnist] kåsör **comb** [kåom] kam; kamma **combat** [kåmm'bət] strid, kamp **combatant** [kåmm'bətənt] kämpe, stridande **combination**

combine — companionship

[kåmmbinej'sjən] kombination; *in combination with* i förening med **combine** [kəmbaj'n] kombinera **combing** [kåo'ming] kamning **combustible** [kəmbass'təbl] brännbar **combustion** [kəmbass'tsjən] förbränning **come** [kamm] komma; *come about* hända; *come along* följa med; *come from* härröra från; *come in for criticism* uppbära kritik; *come off* lossna, lyckas; *come off a victor* utgå som segrare; *come out* komma fram; *come round* kvickna till; *when it comes to it* när det kommer till kritan; *come true* gå i uppfyllelse; *come up to* gå upp mot; *come up to a p.'s expectations* motsvara ngns förväntningar **comedian** [kəmi:'djən] komiker **comedy** [kåmm'iddi] komedi, lustspel **comely** [kamm'li] vacker, behaglig **comet** [kamm'itt] komet **comfort** [kamm'fət] trevnad **comfortable** [kamm'fəttəbl] bekväm, komfortabel, behaglig; *be comfortably off* ha sitt på det torra **comic** [kåmm'ikk] komisk; seriemagasin; *comic strip* tecknad serie **comma** [kåmm'ə] komma [tecken]; *inverted commas* citationstecken **command** [kəma:'nd] befalla, kommendera; befallning, kommando; befäl **commandeer** [kåmməndi:'ə] tvångsuttaga, rekvirera **commander** [kəma:'ndə] befälhavare; anförare; kommendörkapten **commander-in-chief** [kəma:'ndərinntsji:'f] överbefälhavare **commandment** [kəma:'ndmənt] bud **commemorate** [kəmemm'ərejt] fira minnet av **commence** [kəmenn's] börja **commend** [kəmenn'd] anbefalla; prisa **comment** [kåmm'ənt] kommentar[er]; kommentera; *comment on* kommentera **commentary** [kåmm'əntəri] kommentar **commentator** [kåmm'enntejtə] radioreporter, kommentator **commerce** [kåmm'ə:s] handel **commercial** [kəmə:'sjəl] kommersiell; *commercial correspondence* handelskorrespondens **commission** [kəmisj'ən] uppdrag; kommission; provision; [officers'] fullmakt **commissionaire** [kəmisjənä:'ə] dörrvaktmästare **commit** [kəmitt'] begå, föröva **committee** [kəmitt'i] kommitté, utskott, styrelse **commodity** [kəmådd'itti] [handels]vara **commodore** [kåmm'ədå:] kommendör **common** [kåmm'ən] vanlig, allmän; gemensam (*to* for); simpel; *in common* gemensamt; *common sense* sunt förnuft; *House of Commons* underhuset **commonplace** [kåmm'ənplejs] vardaglig, alldaglig **commonwealth** [kåmm'ənwellθ] samvälde **commotion** [kəmåo'sjən] liv, oväsen **communicate** [kəmjo:'nikejt] meddela sig **communication** [kəmjo:nikej'sjən] förbindelse, kommunikation; meddelande; *enter into communication with* träda i förbindelse med **communion** [kəmjo:'njən] gemenskap; *Holy Communion* nattvardsgång **communiqué** [kəmjo:'nikej] kommuniké **Communist** [kåmm'jonisst] kommunist **community** [kəmjo:'nitti] gemenskap; samhälle **community singing** [kəmjo:'nitti sing'ing] allsång **commute** [kəmjo:'t] förvandla; (*om förortsbo*) pendla **commuter** [kəmjo:'tə] pendlare **compact** [kəmpäkk't] kompakt; dryg; [kåmm'päkkt] fördrag; puderdosa **companion** [kəmpänn'jən] följeslagare, kamrat **companionship** [kəmpänn'jənsjipp]

company—**compulsion**

kamratskap **company** [kamm´pəni] sällskap; bolag, [affärs]företag; umgänge; kompani; *part company* skiljas; *subsidiary company* dotterbolag **comparable** [kámm´pərəbl] jämförlig, jämförbar **comparatively** [kəmparr´ətivvli] jämförelsevis **compare** [kəmpä:´ə] jämföra **comparison** [kəmparr´issn] jämförelse **compartment** [kəmpa:´tmənt] kupé; avdelning **compass** [kamm´pəs] kompass **compasses** [kamm´pəsizz] passare **compassion** [kəmpasj´ən] medlidande **compassionate** [kəmpasj´ənitt] medlidsam, deltagande **compatible** [kəmpatt´əbl] förenlig **compatriot** [kəmpatt´riət] landsman **compel** [kəmpell´] tvinga **compensate** [kámm´pennsejt] kompensera, ersätta, gottgöra **compensation** [kámmpennsej´sjən] kompensation, ersättning, gottgörelse **compère** [kámm´päːə] konferencié **compete** [kəmpi:´t] tävla, konkurrera **competent** [kámm´pitənt] kompetent, sakkunnig **competition** [kámmpitisj´ən] tävlan, tävling, konkurrens (*for* om) **competitive** [kəmpett´itivv] konkurrenskraftig **competitor** [kəmpett´itə] medtävlare, konkurrent; **complacency** [kəmplej´snsi] välbehag; självbelåtenhet **complain** [kəmplej´n] klaga; beklaga sig (*of* över; *to* för); reklamera **complaint** [kəmplej´nt] klagan, klagomål; reklamation; äkomma **complaisant** [kəmplej´sənt] älskvärd, foglig **complement** [kámm´plimənt] komplement; komplettera **complementary** [kámmplimenn´təri] fyllnads-, kompletterande **complete** [kəmpli:´t] fullständig, komplett; fullfölja, fullborda, komplettera **completely** [kəmpli:´tli] helt och hållet **complex** [kámm´plekks] komplex **complexion** [kəmplekk´sjən] hy **compliance** [kəmplaj´əns] tillmötesgående, samtycke; *in compliance with* i enlighet med **compliant** [kəmplaj´ənt] undfallande **complicate** [kámm´plikejt] komplicera **complicated** [kámm´plikejtidd] invecklad, tillkrånglad, svårlöst **complication** [kámmplikej´sjən] komplikation; följdsjukdom **complicity** [kəmpliss´itti] medbrottslighet **compliment** [kámm´plimənt] komplimang; komplimentera; *compliments* hälsningar **comply** [kəmplaj´] *comply with* tillmötesgå, villfara; rätta sig efter **component** [kəmpəo´nənt] beståndsdel, komponent **compose** [kəmpəo´z] komponera; sätta (*text*) utgöra **composer** [kəmpəo´zə] kompositör, tonsättare **composite** [kámm´pəzitt] sammansatt **composition** [kámmpəzisj´ən] komposition, sammansättning; [skol]uppsats **compositor** [kəmpázz´itə] sättare (på tryckeri) **composure** [kəmpəo´sjə] fattning, lugn **compound** [kámm´paond] sammansatt, sammansättning; *compound interest* ränta på ränta **comprehend** [kámmprihenn´d] uppfatta, begripa **comprehension** [kámmprihenn´sjən] fattningsförmåga; sammanfattning **comprehensive school** [kámmprihenn´sivv sko:´l] grundskola **compress** [kəmpress´] komprimera; [kámm´press] kompress **compressed air** tryckluft **comprise** [kəmpraj´z] inbegripa, omfatta **compromise** [kámm´prəmajz] kompromettera; kompromissa, kompromiss **compulsion**

compulsory — conform 234

[kəmpall´sjən] tvång **compulsory** [kəmpall´səri] obligatorisk; *compulsory military service* allmän värnplikt; *compulsory saving* tvångssparande **computer** [kəmpjo:´tə] datamaskin **comrade** [kåmm´ridd] kamrat **conceal** [kənsi:´l] dölja, gömma **concede** [kənsi:´d] medge, ge efter **conceited** [kənsi:´tidd] egenkär, inbilsk, högfärdig **conceivable** [kənsi:´vəbl] tänkbar, upptänklig **conceive** [kənsi:´v] fatta, börja hysa; uttänka **concentrate** [kånn´senntrejt] koncentrera [sig] **concentration** [kånnsenntrej´sjən] koncentration; satsning, inriktning **concept** [kånn´sept] begrepp **conception** [kənsepp´sjən] uppfattning[sförmåga]; tanke, idé; *form a conception of* göra sig en föreställning om **concern** [kənsə:´n] röra, angå; angelägenhet; bekymmer; koncern; *concern o.s.* befatta sig; *as far as I am concerned* vad mig beträffar **concerned** [kənsə:´nd] orolig, bekymrad **concerning** [kənsə:´ning] beträffande, angående **concert** [kånn´sət] samförstånd; konsert **concerted** [kənsə:´tidd] gemensam **concert hall** [kånn´sət hå:l] konserthus **concession** [kənsesj´ən] medgivande, eftergift **conciliate** [kənsill´iejt] försona **conciliation** [kənsilliej´sjən] försoning **concise** [kənsaj´s] kortfattad, koncis **conclude** [kənklo:´d] sluta sig till **conclusion** [kənklo:´sjən] slutledning, slutsats **conclusive** [kənklo:´sivv] slutlig; avgörande **concoction** [kənkåkk´sjən] hopkok **concord** [kång´kå:d] sämja **concrete** [kånn´kri:t] betong; konkret **concussion** [kənkasj´ən] hjärnskakning **condemn** [kəndemm´] fördöma **condenser** [kəndenn´sə] kondensator **condescending** [kånndisenn´ding] nedlåtande **condition** [kəndisj´ən] villkor, betingelse; tillstånd, förhållande, skick; *in condition as presented* i befintligt skick; *on [the] condition that* på villkor att, under förutsättning att **conditionally** [kəndisj´nəli] villkorligt **conditioned** [kəndisj´ənd] beskaffad **condom** [kånn´dəm] kondom **condone** [kəndåo´n] förlåta; gottgöra **conduct** [kəndakk´t] leda, anföra; dirigera; [kånn´dəkt] uppförande; *conducted tour* sällskapsresa **conductor** [kəndakk´tə] dirigent; ledare **cone** [kåon] kägla; kotte **confectioner's** [kənfekk´sjənəz] konditori **confederate** [kənfedd´əritt] förbunden **confederation** [kənfeddərej´sjən] statsförbund **confer** [kənfə:´] konferera, rådgöra; tilldela **conference** [kånn´fərəns] konferens **confess** [kənfess´] bekänna **confession** [kənfesj´ən] bekännelse; *confession of faith* trosbekännelse **confide** [kənfajj´d] lita, tro (*in* på); anförtro **confidence** [kånn´fidəns] förtroende, tilltro, tillförsikt (*in* för) **confidential** [kånnfidenn´sjəl] förtrolig, konfidentiell **confine** [kənfajj´n] begränsa; stänga in; *confined to one's bed* sängliggande **confinement** [kənfajj´nmənt] fångenskap; förlossning **confirm** [kənfə:´m] bekräfta, bestyrka, stadfästa **confirmation** [kånnfəmej´sjən] bekräftelse; konfirmation **confirmed** [kənfə:´md] inbiten; obotlig **confiscate** [kånn´fisskejt] beslagta **conflagration** [kånnflagrej´sjən] stor brand **conflict** [kånn´flikkt] konflikt **confluence** [kånn´fluəns] sammanflöde; tillopp **conform** [kənfå:´m]

conformity — consistent

överensstämma; rätta sig (*to* efter) **conformity** [kənfå:'mitti] likhet, överensstämmelse **confounded** [kənfao'ndidd] förbaskad **confront** [kanfrann't] konfrontera; möta **confuse** [kənfjo:'z] förvirra, förbrylla; förväxla **confused** [kənfjo:'zd] oredig, omtöcknad, förvirrad; trasslig **confusion** [kənfjo:'sjən] förvirring, villervalla; sammanblandning, förväxling **confute** [kənfjo:'t] vederlägga **congeal** [kəndsji:'l] frysa till is; bli stel **congenial** [kəndsji:'njəl] besläktad; kongenial **congestion** [kəndsjess'tsjən] stockning **conglomeration** [kənglåmərej'sjən] sammelsurium, hopgyttring **congratulate** [kəngrätt'jolejt] gratulera, lyckönska, uppvakta **congratulation** [kəngrättjolej'sjən] gratulation, lyckönskan; *sincere congratulations* hjärtliga lyckönskningar **congregation** [kånggrigej'sjən] församling, menighet **congress** [kång'gress] kongress **conifer** [kåo'niffə] barrträd **coniferous forest** [kåoniff'ərəs fårr'ist] barrskog **conjecture** [kəndsjekk'tsjə] gissning; gissa **conjugal** [kånn'dsjoggl] äktenskaplig **conjunction** [kəndsjang'ksjən] förening **conjure** [kann'dsjə] trolla **conjurer** [kann'dsjərə] trollkonstnär **connect** [kənekk't] ansluta; sammanbinda; koppla; *be connected with* sammanhänga med; *connect up* koppla (telefon) **connected** [kənekk'tidd] förbunden, förenad **connecting rod** [kənekk'ting rådd] vevstake **connection** [kənekk'sjən] förbindelse, sammanhang, samband; anslutning; *in this connection* i samband därmed **connive** [kənaj'v] *connive at* överse med **connoisseur** [kånnisə:'] kännare **conquer** [kång'kə] erövra, besegra **conquest** [kång'kwesst] erövring **conscience** [kånn'sjəns] samvete **conscientious** [kånnsjienn'sjəs] samvetsgrann; *conscientious objector* vapenvägrare **conscious** [kånn'sjəs] medveten; vid medvetande **consciousness** [kånn'sjəsniss] medvetande **conscript** [kånn'skripptt] värnpliktig **conscription** [kənskripp'sjən] värnplikt **consecrate** [kånn'sikrejt] inviga, helga **consecration** [kånnsikrej'sjən] invigning **consecutive** [kənsekk'jotivv] på varandra följande **consensus** [kənsenn'səs] samstämmighet **consent** [kənsenn't] samtycke; *by common consent* enhälligt **consequence** [kånn'sikwəns] följd, konsekvens; *in consequence* följaktligen **consequently** [kånn'sikwəntli] således **conservation** [kånnsəvej'sjən] bevarande **conservative** [kənsə:'vətivv] konservativ **conservatory** [kənsə:'vətri] växthus; konservatorium **consider** [kənsidd'ə] anse, betrakta; betänka, tänka på, reflektera på **considerable** [kənsidd'ərəbl] betydande, ansenlig, avsevärd **considerate** [kənsidd'əritt] hänsynsfull, omtänksam, försynt **consideration** [kənsiddərej'sjən] hänsyn, omtanke, övervägande; *time for consideration* betänketid; *take ... into consideration* ta med i beräkningen, ta hänsyn till **considering** [kənsidd'əring] i betraktande av **consign** [kənsaj'n] överlämna; sända **consignment** [kənsaj'nmənt] sändning **consist** [kənsiss't] bestå, utgöras (*of* av) **consistency** [kənsiss'tənsi] konsistens; konsekvens **consistent**

consolation — contraction 236

[kənsiss'tənt] konsekvent **consolation** [kånnsəlej'sjən] tröst **console** [kənsåo'l] trösta **consolidate** [kənsåll'idejt] (*bildl.*) befästa **consonant** [kånn'sənənt] överensstämmande; konsonant **consort** [kånn'så:t] gemål **conspicuous** [kənspikk'joəs] iögonenfallande; framstående **conspiracy** [kənspirr'əsi] sammansvärjning, konspiration **conspire** [kənspaj'ə] sammansvärja sig **constable** [kann'stəbl] konstapel **constant** [kånn'stənt] konstant, ständig **consternation** [kånnstənej'sjən] bestörtning **constipated** [kånn'stipejtidd] hård i magen **constituency** [kənstitt'joənsi] valkrets **constituent** [kənstitt'joənt] beståndsdel; väljare **constitute** [kånn'stitjo:t] utgöra **constituted** [kånn'stitjo:tidd] beskaffad **constitution** [kånnstitjo:'sjən] grundlag; statsskick, författning **constitutional law** [kånnstitjo:'sjənl lå:] statsrätt **constrain** [kənstrej'n] tvinga; lägga band på; begränsa **constrict** [kənstrikk't] dra samman **construct** [kənstrakk't] konstruera **construction** [kənstrakk'sjən] konstruktion; byggnad **construe** [kənstro:'] konstruera; tolka **consul** [kånn'səl] konsul **consulate** [kånn'sjolitt] konsulat **consult** [kənsall't] konsultera, rådfråga **consultation** [kånnsəltej'sjən] samråd, överläggning; konsultation **consume** [kəns-jo:'m] förtära, förbruka, konsumera **consumer** [kəns-jo:'mə] konsument **consummate** [kånn'səmejt] fullborda; [kənsamm'itt] fulländad **consumption** [kənsamm'psjən] förbrukning, förtäring, konsumtion; lungsot **contact** [kånn'täkkt] beröring; [kəntäkk't] sätta sig i förbindelse med **contact-breaker point** [kånn'täkktbrejkə påjnt] brytarspets **contact lens** [kånn'täkkt lennz] kontaktlins **contagion** [kəntej'dsjən] smitta, smittsam sjukdom **contagious** [kəntej'dsjəs] smittsam **contain** [kəntej'n] rymma, innehålla **container** [kəntej'nə] behållare **contaminate** [kəntämm'inejt] förorena **contemplate** [kånn'templejt] begrunda; planera **contemporary** [kəntemm'pərəri] samtida **contempt** [kəntemm'pt] förakt **contemptuous** [kəntemm'ptjoəs] föraktfull **contend** [kəntenn'd] kivas **content** [kəntenn't] belåten, nöjd; [kånn'tennt] halt, proportion; *be content with* finna sig i **contentment** [kəntenn'tmənt] belåtenhet **contents** [kånn'tennts] innehåll **contest** [kånn'tesst] tävlan, tävling; [kəntess't] bestrida **contested** [kəntess'tidd] omstridd **context** [kånn'tekkst] sammanhang (*i text*) **contiguous** [kəntigg'joəs] angränsande **continent** [kånn'tinənt] kontinent; återhållsam; *continent man* renlevnadsman **continental** [kånntinenn'tl] kontinental **contingency** [kəntinn'dsjənsi] eventualitet; tillfällighet **continual** [kəntinn'joəl] ständig[t återkommande] **continuation** [kəntinnjoej'sjən] fortsättning **continue** [kəntinn'jo] fortsätta; fullfölja **continuous** [kəntinn'joəs] jämn, oavbruten, sammanhängande **contortion** [kəntå:'sjən] förvridning; grimas **contour** [kånn'to:ə] kontur **contraceptive** [kånntrəsepp'tivv] preventivmedel; *contraceptive tablet* p-piller **contract** [kånn'träkkt] kontrakt; [kənträkk't] ådraga sig **contraction** [kənträkk'sjən] sammandragning **contractor** [kənträkk'tə] entreprenör; *building contractor* byggmästare **contradict** [kånntrədikk't] motsäga **contraption** [kənträpp'sjən] apparat, manick **contrary** [kånn'trəri] vidrig, ogynnsam; [kənträ:'əri] enveten, omöjlig; *on the contrary* däremot, tvärtom; *contrary to* i motsats till; *it is contrary to the law* det strider mot lagen **contrast** [kånn'trässt] kontrast, motsats; [kənträss't] kontrastera (*with* mot) **contribute** [kəntribb'jo:t] medverka, bidraga **contribution** [kånntribjo:'sjən] bidrag, tillskott, medverkan, inlägg (i diskussion) **contributor** [kəntribb'jotə] bidragsgivare, medarbetare **contributory** [kəntribb'jotəri] bidragande **contrite** [kånn'trajt] ångerfull **contrive** [kəntraj'v] uttänka; lyckas **control** [kəntrå̊o'l] kontroll, behärskning; kontrollera, behärska **controller** [kəntrå̊o'lə] kontrollant **controversial** [kånntrəvə:'sjəl] kontroversiell, brännbar **controversy** [kånn'trəvə:si] kontrovers, tvist **convalescent** [kånnvəless'nt] konvalescent **convene** [kənvi:'n] komma tillsammans; sammankalla **convenience** [kənvi:'njəns] bekvämlighet; *at your earliest convenience* så snart det passar dig **convenient** [kənvi:'niənt] bekväm; lämplig **convent** [kånn'vənt] [nunne]kloster **convention** [kənvenn'sjən] sammankomst; överenskommelse, konvention **conventional** [kənvenn'sjənl] konventionell **converge** [kənvə:'dsj] sammanlöpa, sammanstråla **conversation** [kånnvəsej'sjən] konversation, samspråk, samtal **converse** [kånvə:'s] konversera; [kånn'və:s] motsatt **conversion** [kənvə:'sjən] förvandling; omvändelse **convert** [kənvə:'t] omvända; [kånn'və:t] konvertit **convey** [kənvej'] framföra, överbringa **conveyance** [kənvej'əns] befordran; fortskaffningsmedel **convict** [kənvikk't] överbevisa, förklara skyldig; [kånn'vikkt] straffånge **conviction** [kənvikk'sjən] övertygelse; fällande **convince** [kənvinn's] övertyga **convincing** [kənvinn'sing] övertygande **convocation** [kånnvəkej'sjən] sammankallande; församling **convoy** [kånn'våj] konvoj **convulsion** [kånvall'sjən] krampryckning, konvulsion **coo** [ko:] kuttra **cook** [kokk] koka, laga mat; kock, kokerska **cookery-book** [kokk'əribokk] kokbok **cookie** [kokk'i] (*Am.*) [små]kaka **cooking** [kokk'ing] matlagning **cooking fat** [kokk'ing fätt] matfett **cool** [ko:l] sval; lugn; svalka; kallna **cooler** [ko:'lə] kylare **cooling** [ko:'ling] avkylning **coolness** [ko:'lniss] (*subst.*) svalka **coop** [ko:p] höns-, kaninbur; stänga in **co-operate** [kåoäpp'ərejt] medverka, samverka, samarbeta **co-operation** [kåoäppərej'sjən] medverkan, samverkan, samarbete; kooperation **co-operative** [kåoäpp'əretivv] samarbetsvillig; kooperativ; *co-operative shop* konsumbutik **co-opt** [kåoäpp't] invälja ny ledamot **co-ordinate** [kåoä:'dinejt] samordna **co-ordination** [kåoä:dinej'sjən] samordning **cop** [käpp] (*sl.*) polis **Copenhagen** [kåophnej'gən] Köpenhamn **cope with** [kå̊o'p wið] gå i land med; mäta sig med **copper** [käpp'ə] koppar **copperplate** [käpp'əplejt] kopparstick **coppice**

copse — counsel 238

[kåpp'iss], **copse** [kåpps] skogsdunge **copy** [kåpp'i] kopia, avskrift; exemplar; kopiera, skriva av **copy-typing** [kåpp'itajping] renskrivning *(på maskin)* **copyright** [kåpp'irajt] litterär äganderätt, upphovsrätt **copywriter** [kåpp'irajtə] reklamtextförfattare **coral** [kårr'əl] korall **cord** [kå:d] lina, rep, snöre; *spinal cord* ryggmärg; *vocal cord* stämband **cordage** [kå:'diddsj] tågvirke **cordial** [kå:'djəl] hjärtlig; hjärtstyrkande **core** [kå:] kärnhus; kärna **cork** [kå:k] kork; *cork up* korka igen **cork-screw** [kå:'kskro:] korkskruv **cormorant** [kå:'mrənt] skarv (fågel) **corn** [kå:n] spannmål, säd, liktorn; *(Am.)* majs **corn-cob** [kå:'nkåbb] majskolv **cornea** [kå:'ni:ə] hornhinna **corner** [kå:'nə] hörn, vrå; *corner of the eye* ögonvrå **cornet** [kå:'nitt] strut **cornflower** [kå:'nflaoə] blåklint **Cornish** [kå:'nisj] från Cornwall, kornisk **corny** [kå:'ni] *(sl.)* barnslig; banal **coronary artery** [kårr'ənəri a:'təri] kransartär **coronation** [kårrəəj'sjən] kröning **coroner** [kårr'ənə] undersökningsdomare **coronet** [kårr'ənitt] adelskrona **corporal** [kå:'prl] korpral; kroppslig **corporation** [kå:pərəj'sjən] *(Am.)* bolag **corps** [kå:] kår **corpse** [kå:ps] *(subst.)* lik **corpuscle** [kå:'passl] blodkropp **corral** [kårra:'l] inhägnad **correct** [kərekk't] korrekt, riktig; korrigera, rätta; *correct language* vårdat språk; *the account is correct* räkningen stämmer **correction** [kərekk'sjən] rättelse **correlation** [kårrilej'sjən] korrelation, ömsesidigt förhållande **correspond** [kårrisspånn'd] korrespondera, brevväxla; *correspond to* motsvara **correspondence** [kårrisspånn'dəns] motsvarighet; korrespondens **correspondent** [kårrisspånn'dənt] korrespondent **corresponding** [kårrisspånn'ding] motsvarande **corridor** [kårr'idå:] korridor **corroborate** [kəråbb'ərejt] bekräfta **corrode** [kəråo'd] fräta **corrosion** [kəråo'sjən] korrosion, frätning **corrugated cardboard** [kårr'ogejtidd ka:'dbå:d] wellpapp **corrupt** [kərapp't] fördärvad; korrumperad **corruption** [kərapp'sjən] korruption **corset** [kå:'sitt] korsett **cortège** [kå:tej'sj] kortege **cosmetic** [kåzzmett'ikk] kosmetik, skönhetsmedel **cost** [kåsst] kosta; kostnad; *costs* [om]kostnader; *cost of living* levnadskostnader; *cost of production* tillverkningskostnad **costly** [kåss'tli] dyrbar **cost price** [kåss't prajs] självkostnadspris, inköpspris **costume** [kåss'tjo:m] dräkt; kostym; *suit costume* [dam]dräkt **cosy** [kåo'zi] småtrevlig, hemtrevlig; tehuv **cot** [kått] barnsäng **cottage** [kått'iddsj] stuga **cotton** [kått'n] bomull **cotton dress** [kått'n dress] bomullsklänning **cotton fabric** [kått'n fåbb'rikk] bomullstyg **cotton reel** [kått'n ri:l] *(tom)* trådrulle **cotton waste** [kått'n wejst] trassel **cotton wool** [kått'n woll] vadd, bomull; *unrefined cotton wool* fetvadd **couch** [kaotsj] schäslong; avfatta **cough** [kåff] hosta **cough-medicine** [kåff'medd'sinn] hostmedicin **coulisse** [ko:li:'s] kuliss **council** [kao'nsl] råd, församling; *city (town) council* stadsfullmäktige; *county council (ung.)* landsting **councillor** [kao'nsillə] rådsmedlem, stadsfullmäktig **counsel** [kao'nsəl] råd[plägning];

counsellor—crash

advokat[er]; *counsel for the defence* försvarsadvokat **counsellor** [kao'nslə] rådgivare; *(Am.)* advokat **count** [kaont] **1** räkna; räkning; *that doesn't count* det räknas inte; *keep count of* hålla reda på; *count on* räkna med **2** greve **counter** [kao'ntə] [butiks]- disk; spelmark; *counter to* tvärt emot **counteract** [kaontərákk't] motverka **counter-attack** [kao'ntərattakk] motanfall **counterbalance** [kaontəball'ans] uppväga; [kao'ntəballəns] motvikt **counter-claim** [kao'ntəklejm] motfordran **counterfeit** [kao'ntəfitt] förfalska; förfalskad; förfalskning **counterpane** [kao'ntəpejn] sängöverkast **counterpart** [kao'ntəpa:t] motstycke **countess** [kao'ntiss] grevinna **counting** [kao'nting] räkning, hopräkning **countless** [kao'ntliss] otalig **country** [kann'tri] land; terräng; *in the country* på landet; *country cousin* oskuld från landet; *country people* allmoge **countryman** [kann'trimən] landsman; lantman **countryside** [kann'trisaj:d] landsbygd **county** [kao'nti] grevskap; län **coup** [ko:] kupp **couple** [kapp'l] par; [hop]koppla; *a couple of* ett par (några); *married couple* äkta par **coupon** [ko:'pånn] kupong **courage** [karr'iddsj] mod **courageous** [karej'dsjəs] modig **courier** [kori:'ə] kurir **course** [kå:s] kurs; bana, lopp; maträtt; förlopp; *course of events* skeende; *in due course* i sinom tid; *of course* naturligtvis, visst, förstås; *a matter of course* en självklar sak **court** [kå:t] hov; domstol, rätt; [tennis]- bana; gård; uppvakta, göra sin kur; *at court* vid hovet; *in court, before the court* inför rätta, i rätten; *court of appeal* hovrätt **courteous** [kə:'tjəs] artig; hövisk **courtesy** [kə:'tissi] artighet; tillmötesgående; nigning **court-house** [kå:'thao's] tingshus **court-martial** [kå:'tma:'sjəl] krigsrätt **court practice** [kå:'t prakk'tiss] tingstjänstgöring **courtship** [kå:'tsjipp] uppvaktning, frieri **courtyard** [kå:'tja:'d] gårdsplan **cousin** [kazz'n] kusin **cove** [kåov] bukt, liten vik **covenant** [kavv'inənt] avtal; förbund **Coventry** [kåvv'ntri] *send s.b. to Coventry* frysa ut ngn **cover** [kavv'ə] täckning; huv, överdrag, pärm, kapell; [bords]kuvert; täcka **covert** [kavv'ət] hemlig; [kavv'ə] gömställe; snår **covet** [kavv'itt] eftertrakta **cow** [kao] ko **coward** [kao'əd] mes, ynkrygg **cowardice** [kao'ədiss] feghet **cowardly** [kao'ədli] feg **cowberry** [kaa'bəri] lingon **cower** [kao'ə] krypa ihop **cowhouse** [kao'haos] ladugård **cowslip** [kao'slipp] gullviva **coy** [kåj] blyg **coyote** [kåj'åot] prärievarg **crab** [krabb] krabba **crack** [krakk] knaka; spräcka; spricka, rämna; skräll; *crack jokes* vitsa **cracked** [krakkt] förryckt, tokig **cracker** [krakk'ə] smällkaramell; kex **crackle** [krakk'l] knastra **cradle** [krejdl] *(subst.)* vagga **craft** [kra:ft] hantverk; fartyg **craftsman** [kra:'ftsmən] yrkesman, hantverkare **crafty** [kra:'fti] listig **crag** [kragg] brant klippa; klippspets **craggy** [krägg'i] skrovlig **cram** [krämm] proppa full; plugga med **cramp** [krämmp] kramp **cranberry** [krann'bəri] tranbär **crane** [krejn] trana; lyftkran **crank** [krängk] vev; fantast, monoman **crankshaft** [kräng'ksja:ft] vevaxel **crash**

crash-helmet — cross-road 240

[kräsj] skräll, krasch, brak; skrälla, braka; störta **crash-helmet** [kräsj'hellmitt] skyddshjälm, störthjälm **crate** [krejt] [öl]back; spjällåda **crater** [krej'tə] krater **crave** [krejv] be om; längta efter **craven** [krej'vn] feg, feg stackare **craw** [krå:] (subst.) kräva **crawfish** [krå:'fisj] (Am.) kräfta **crawl** [krå:l] krypa, kräla, åla **crayfish** [krej'fisj] kräfta **crayon** [krej'ən] färgkrita **craze** [krejz] mani **crazy** [krej'zi] tokig, galen, mycket förtjust (about i) **creak** [kri:k] knarra, gnissla; gnissel, knarr **cream** [kri:m] grädde, kräm **crease** [kri:s] skrynkla **creased** [kri:st] skrynklig **crease-proof** [kri:s'spro:f] skrynkelfri **create** [kri:ej't] skapa **creation** [kri:ej'sjən] skapelse **creative** [kri:ej'tivv] skapande **creator** [kri:ej'tə] skapare **creature** [kri:'tsjə] varelse **crèche** [krejsj] barndaghem **credentials** [kridenn'sjəlz] rekommendationsbrev; kreditiv **credible** [kredd'əbl] trovärdig, trolig **credit** [kredd'itt] kredit; kreditera; put s.th. to one's credit tillgodoräkna sig ngt **credit card** [kredd'itt ka:d] köpkort, kreditkort **creditor** [kredd'it-tə] fordringsägare, borgenär **credulous** [kredd'joləs] godtrogen **creed** [kri:d] troslära, trosbekännelse **creek** [kri:k] (Am.) bäck **creep** [kri:p] krypa **creeper** [kri:'pə] slingerväxt **cremate** [krimej't] bränna, kremera **crept** [kreppt] imperf. och perf. part. av creep **crescent** [kress'nt] halvmåne; tillväxande **cresset** [kress'itt] marschall **crest** [kresst] krön **crestfallen** [kress'tfå:ln] slokörad **crevice** [krevv'iss] [berg]skreva **crew** [kro:] besättning, arbetslag; one of the crew besättningsman **crew-cut** [kro:'katt] snaggad **crib** [kribb] barnsäng; krubba; fuska, skriva av **cricket** [krikk'itt] **1** syrsa **2** kricket **crime** [krajm] brott, förbrytelse **criminal** [krimm'innl] kriminell, brottslig; förbrytare, brottsling; criminal code strafflag **criminality** [krimminall'itti] brottslighet, kriminalitet **crimson** [krimm'sn] högröd, karmosinröd **crinkle** [kring'kl] veck; vecka, rynka **cripple** [kripp'l] krympling; lamslå **crisis** [kraj'siss] kris **crisp** [krissp] krusa; knaprig, frasig, mör **crispbread** [kriss'pbredd] knäckebröd **criss-cross** [kriss'kråss] kors och tvärs; genomkorsa **criterion** [krajti:'əriən] kriterium, kännetecken **critic** [kritt'ikk] kritiker **critical** [kritt'ikəl] kritisk **criticism** [kritt'isizzəm] kritik **criticize** [kritt'isajz] kritisera **croak** [kråok] kväka **crochet** [kråo'sjej] virka; virkning **crockery** [kråkk'əri] lergods; porslin **crocodile** [kråkk'ədajl] krokodil **crocus** [kråo'kəs] krokus **crofter** [kråff'tə] torpare **crofter's holding** [kråff'təz håo'lding] torp **croissant** [kroassa:'ng] giffel **crook** [krokk] krok, krök; bov **crooked** [krokk'idd] krokig; ohederlig **crooner** [kro:'nə] schlagersångare **croony** [kråo'ni] gammal god vän **crop** [kråpp] skörd, gröda; crop up dyka upp (bildl.) **croquet** [kråo'kej] krocket **cross** [kråss] kors; korsa, köra över, överskrida; vresig **cross-country race** [kråss'ba:] tvärsår **cross-country race** [kråss'-kann'tri rej's] terränglöpning **cross-examine** [kråss'iggzämm'inn] korsförhöra **cross-eyed** [kråss'ajd] skelögd **crossing** [kråss'ing] korsning; övergång; överresa **cross-road** [kråss'råod] korsväg

cross-roads [kråss'råodz] vägkorsning **cross section** [kråss'sekk'sjən] genomskärning, tvärsnitt **cross-street** [kråss'stri:t] tvärgata **cross-stitch** [kråss'stittsj] korsstygn **cross-striped** [kråss'strajpt] tvärrandig **cross-word [puzzle]** [kråss'wə:d pazz'l] korsord **crow** [kråo] kråka; gala; *as the crow flies* fågelvägen **crowbar** [kråo'ba:] spett **crowd** [kraod] skara, hop, skock, vimmel; *crowd of people* folkmassa **crowded** [krao'didd] alldeles full, full med folk **crowding** [krao'ding] trängsel **crown** [kraon] krona; hjässa; kröna **crown prince** [krao'n prinn's] kronprins **crucial** [kro:'sjəl] avgörande, kritisk **crucifix** [kro:'sifikks] krucifix **crude** [kro:d] rå, obearbetad; *crude oil* råolja **cruel** [kro:'əl] grym **cruelty** [kro:'əlti] grymhet **cruise** [kro:z] kryssa; kryssning **cruiser** [kro:'zə] kryssare **crumb** [kramm] (*subst.*) smula **crumble** [kramm'bl] smula [sönder] **crunch** [kranntsj] krossa, knapra på **crusade** [kro:sej'd] korståg **crush** [krasj] krossa; övertrumfa; trängsel **crushed** [krasjt] tillplattad, tillintetgjord **crust** [krasst] skorpa (*hårdnad yta*); skare **crutch** [krattsj] krycka; skrev **cry** [kraj] gråta, skrika; gråt, skrik; *a far cry* en lång väg **cryptic** [kripp'tikk] hemlig **crystal** [kriss'tl] [berg]kristall **crystallize** [kriss'təlajz] utkristallisera **cub** [kabb] [djur]unge; pojkvalp **cube** [kjo:b] kub **cubicle** [kjo:'bikkl] sovhytt **cubic metre** [kjo:'bikk mi:'tə] kubikmeter **cuckoo** [kokk'o:] gök **cucumber** [kjo:'kəmbə] gurka **cuddle** [kadd'l] krama, kela med **cue** [kjo:] vink; biljardkö **cuff** [kaff] manschett **cuff-link** [kaff'lingk] manschettknapp **culminate** [kall'minejt] kulminera **culmination** [kallminej'sjən] kulmen **culprit** [kall'pritt] gärningsman **cult** [kallt] kult, dyrkan **cultivate** [kall'tivejt] odla, bearbeta (jord) **cultivated** [kall'tivejtidd] kultiverad, bildad **cultivation** [kalltivej'sjən] odling **cultural** [kall'tsjərəl] kulturell **culture** [kall'tsjə] kultur, bildning **cumbersome** [kamm'bəsəm] besvärlig, ohanterlig **cumulative** [kjo:'mjolətivv] växande, ökad **cunning** [kann'ing] list[ighet]; listig, underfundig **cunt** [kannt] fitta **cup** [kapp] kopp, bägare **cupboard** [kabb'əd] skåp **cupidity** [kjopidd'itti] snikenhet; lystnad **cupola** [kjo:'pələ] kupol **curate** [kjo'əritt] pastorsadjunkt **curb** [kə:b] trottoarkant; tygla **curd cake** [kə:'d kej'k] ostkaka **cure** [kjo:'ə] bota, kurera; kur, botemedel **cure-all** [kjo:'ərå:'l] universalmedel **curfew** [kə:'fjo:] utegångsförbud **curiosity** [kjo:əriåss'itti] nyfikenhet; kuriositet **curious** [kjo:'əriəs] nyfiken; egendomlig; *a curious coincidence* ett egendomligt sammanträffande **curl** [kə:l] ringla; locka; [hår]lock **curler** [kə:'lə] papiljott **curly** [kə:'li] lockig **currant** [karr'ənt] vinbär; korint **currency** [karr'ənsi] valuta **currency regulations** [karr'ənsi reggjolej'sjənz] valutabestämmelser **current** [karr'ənt] allmän, gängse, aktuell; ström **curriculum** [kərikk'joləm] lärokurs, undervisningsplan **curry** [karr'i] **1** currystuvning **2** bereda (*hudar*); rykta; *curry favour with s.b.* ställa sig in hos ngn **curry-powder** [karr'i-

curse — dash 242

paodə] curry **curse** [kəːs] förbanna; förbannelse **cursed** [kəːˈsidd] förbannad **cursory** [kəːˈsəri] flyktig **curt** [kəːt] kort; tvär **curtail** [kəːˈtejˈl] avkorta, beskära **curtain** [kəːtn] gardin; ridå **curtsy** [kəːˈtsi] niga **curve** [kəːv] kurva **cushion** [kosjˈən] kudde, dyna **cuspidor** [kassˈpidáː] (*Am.*) spottkopp **custard** [kassˈtəd] gul efterrättssås **custodian** [kasståoˈdjən] väktare; vårdare, förmyndare **custody** [kassˈtədi] förvar, arrest, häkte **custom** [kassˈtəm] vana, sed[vänja], bruk **customary** [kassˈtəməri] bruklig **customer** [kassˈtəmə] kund **customs** [kassˈtəmz] tull[verk]; *declare ... at customs* tulldeklarera **customs declaration** [kassˈtəmz dekklərejˈsjən] tulldeklaration **customs duty** [kassˈtəmz djoːˈti] tull[avgift] **cut** [katt] klippa, skära, hugga, rista, slå (*hö*); snitt, skärsår, hugg, rispa; *cut away* schakta bort; *cut out* stryka (*i text*) **cute** [kjoːt] söt, näpen **cuticle** [kjoːˈtikkl] överhud, nagelband **cutlass** [kattˈləs] kort svärd **cutler** [kattˈlə] knivsmed **cutlery** [kattˈləri] eggverktyg; matbestick **cutlet** [kattˈlitt] kotlett **cutter** [kattˈə] kniv; tillskärare; kutter **cut-throat** [kattˈθråot] mördare **cutting** [kattˈing] urklipp **cutting-board** [kattˈingbåːd] skärbräde **cuttle-fish** [kattˈlfisj] bläckfisk **cycle** [sajˈkl] cykel; cykla **cyclist** [sajˈklist] cyklist **cylinder** [sillˈində] cylinder **cymbal** [simmˈbəl] bäcken, symbal **cynical** [sinnˈikəl] cynisk **Czech** [tsjekk] tjeck; tjeckisk **Czecho-Slovakia** [tsjekkˈåoslåovákkˈiə] Tjeckoslovakien **dachshund** [däkkˈshonnd] tax **dad[dy]** [däddˈ-(i)] pappa **daffodil** [däffˈədill] påsklilja **dagger** [däggˈə] dolk **dago** [dejˈgåo] (nedsättande om) sydeuropé **daily** [dejˈli] daglig[en]; dagtraktamente; *daily* (*paper*) dagstidning **daintiness** [dejˈntiniss] läckerhet **dainty** [dejˈnti] läcker **dairy** [däːˈəri] mejeri **dais** [dejˈiss] estrad **daisy** [dejˈzi] tusensköna **dally** [dällˈi] leka; söla **dam** [dämm] damm, fördämning, damma **damage** [dämmˈiddsj] skada, åverkan; (*verb*) skada; *easily damaged* ömtålig **damages** [dämmˈiddsjizz] skadestånd **dame** [dejm] titel för adlad kvinna **damn** [dämm] förbanna; *damn!* jäklar! **damp** [dämmp] fukt; fuktig **damper** [dämmˈpə] spjäll; sordin **dance** [dɑːns] dans; dansa **dance-music** [dɑːˈnsmjoːzikk] dansmusik **dancer** [dɑːˈnsə] dansör, dansös **dandelion** [dännˈdilajən] maskros **dandruff** [dännˈdrəf] mjäll **Dane** [dejn] (*subst.*) dansk **danger** [dejˈndsjə] (*subst.*) fara; *danger of fire* eldfara **dangerous** [dejˈndsjrəs] farlig **dangle** [dängˈgl] dingla [med] **Danish** [dejˈnisj] (*adj.*) dansk; *Danish pastry* wienerbröd **dapper** [däppˈə] prydlig, nätt **dare** [däːˈə] våga, tordas, understå sig; *I dare say* nog, kanske, förmodligen; *you dare!* du skulle bara våga! **daring** [däːˈəring] oförvägen, djärv **dark** [dɑːk] mörk; *dark blue* mörkblå; *dark room* mörkrum **darken** [dɑːˈkən] fördunkla, förmörka **darkened** [dɑːˈkənd] omtöcknad **darkness** [dɑːˈkniss] mörker **darling** [dɑːˈling] älskling **darn** [dɑːn] stoppa, laga hål **darning-needle** [dɑːˈningniːdl] stoppnål **dart** [dɑːt] [kast]pil **dash** [däsj] rusa; kasta; stänka; slag; skvätt; tankstreck;

framstöt **dash-board** [däsj'bå:d] instrumentbräda **dashing** [däsj'-ing] elegant; livlig **dastardly** [dässˈtədli] feg, usel **date** [dejt] **1** datera; datum; *out of date* föråldrad, omodern; *up to date* modern; *bring up to date* aktualisera, modernisera **2** dadel **daub** [då:b] kludda **daughter** [då:'tə] dotter **daughter-in-law** [då:'tərinnlå:'] svärdotter, sonhustru **dauntless** [då:ntliss] oförfärad **dawn** [då:n] gry; gryning; *it dawned upon me* det gick upp för mig **day** [dej] dag; *day and night* dygn; *day by day* dag för dag; *the day before yesterday* [i] förrgår; *day of departure* avresedag; *day of the week* veckodag; *the next few days* de närmaste dagarna; *the other day* häromdagen; *one of these days* endera dagen **daylight** [dej'lajt] dager, dagsljus **day nursery** [dej' na:'sri] daghem **daytime** [dej'tajm] *in the daytime* på dagarna, om dagen **dazed** [dejzd] omtöcknad **dazzle** [däzz'l] blända; förvirra **deacon** [di:'kn] diakon **dead** [dedd] död; *the dead man* den döde; *dead heat* dött lopp; *in dead earnest* på fullt allvar; *stop dead* tvärstanna **deaden** [dedd'n] förta[ga], dämpa **deadline** [dedd'-lajn] sista tidpunkt, gräns **deadlock** [dedd'låkk] baklås; dödläge **deadly** [dedd'li] dödlig **deaf** [deff] döv; *deaf and dumb* dövstum **deal** [di:l] **1** handla, göra affärer (*in* med); ge (*i kortspel*); utdela; överenskommelse; giv; *deal with* handla om, ha att göra med; *a good deal* åtskilligt, en hel del; *a great deal* ganska mycket, en hel del **2** planka; *deals* plank, virke **dealer** [di:'lə] handlare **dealings** [di:'lings] affärer **dealt** [dellt] imperf. och perf. part. av *deal* **dean** [di:n] prost **dear** [di:'ə] kär, avhållen; dyr; *oh dear!* kära nån!, kors!; *for dear life* för brinnande livet **dearth** [də:θ] brist **death** [deθ] (*subst.*) död, dödsfall; *to death* ihjäl **deathbed** [deθ'bedd] dödsbädd **death duty** [deθ' djo:ti] arvsskatt **death-rate** [deθ'rejt] dödlighet, dödstal **debase** [dibejˈs] förnedra **debate** [dibejˈt] debatt; debattera **debauch** [dibå:'tsj] fördärva; utsvävning **debit** [debb'itt] debet; debitera **debonair** [debə-nä:'ə] belevad, älskvärd **debris** [debb'ri:] spillror **debt** [dett] skuld **debtor** [dett'ə] gäldenär **début** [dej'bo:] debut **decade** [dekk'ejd] decennium, årtionde **decanter** [dikänn'tə] karaff **decathlon** [dekäθ'lånn] tiokamp **decay** [dikej'] förfalla; förfall **decayed** [dikej'd] murken **deceased** [disi:'st] avliden **deceit** [disi:'t] bedrägeri **deceitful** [disi:'tfoll] bedräglig **deceive** [disi:'v] bedra[ga] **decency** [di:'snsi] anständighet **decent** [di:'snt] hygglig; anständig **decentralize** [di:senn'trəlajz] decentralisera **December** [disemm'bə] december **decide** [disaj'd] avgöra, besluta; *bestämma* sig, besluta sig, fastna (*on* för) **decided** [disaj'didd] avgjord **deciduous tree** [disidd'joəs tri:'] lövträd **decimal** [dess'iml] decimal-; *decimal fraction* decimalbråk; *decimal point* decimalkomma **decipher** [disaj'fə] dechiffrera **decision** [disisj'ən] beslut, avgörande; utslag; *make a decision* fatta ett beslut **decisive** [disaj'sivv] utslagsgivande **deck** [dekk] [fartygs]däck; pryda, smycka **deck-chair** [dekk'tsjä:'ə] fällstol,

deck-hand — deliberate 244

vilstol **deck-hand** [dekk'hännd] matros **declaration** [dekklərej'sjən] förklaring, tillkännagivande, deklaration **declare** [diklä:'ə] förklara, tillkännage, påstå; deklarera; förtulla; *declare ... at customs* tulldeklarera **declension** [diklenn'sjən] nedgång; deklination **decline** [diklaj'n] avböja, undanbe sig, frånsäga sig; tillbakagång; *be on the decline* vara på upphällningen **decoction** [dikåk'sjən] lag, avkok **decode** [di:'kåo'd] dechiffrera **decompose** [di:kəmpåo'z] upplösa/s/ **decorate** [dekk'ərejt] dekorera, smycka **decoration** [dekk'ərej'sjən] dekoration **decorative** [dekk'ərejtivv] dekorativ **decorous** [dekk'ərəs] värdig, anständig **decorum** [dikå:'rəm] anständighet **decoy** [dikåj'] lockfågel; lockbete; locka **decrease** [di:kri:'s] avta[ga], minska; [di:'kri:s] avtagande, minskning **decree** [dikri:'] påbud **decrepit** [dikrepp'itt] ålderdomssvag **decry** [dikraj'] nedsätta, fördöma **dedicate** [dedd'ikejt] tillägna, viga, ägna **deduce** [didjo:'s] härleda, sluta sig till **deduction** [didakk'sjən] avdrag, avräkning **deed** [di:d] handling; stordåd; dokument **deem** [di:m] anse, mena **deep** [di:p] (*adj.*) djup; djupsinnig; *deep dish* karott **deepen** [di:'pən] fördjupa **deeply** [di:'pli] djupt; *enter deeply into* fördjupa sig i **deep-freeze** [di:'pfri:z] frysbox; djupfrysa **deep-rooted** [di:'pro:'tidd] seglivad, djupt rotad **deer** [di:'ə] rådjur; *red deer* [kron]hjort; *fallow deer* dovhjort **de-escalation** [di:'esskəlej'sjən] nedtrappning **deface** [difej's] vanställa **defamation** [deffəmej'sjən] ärekränkning **defame** [difej'm] smutskasta **default** [difå:'lt] brist; försummelse; uraktlåtelse att betala **defeat** [difi:'t] nederlag; besegra **defect** [difekk't] defekt, lyte, missbildning **defective** [difekk'tivv] bristfällig **defence** [difenn's] försvar **defenceless** [difenn'sliss] värnlös, försvarslös **defend** [difenn'd] försvara **defendant** [difenn'dənt] svarande **defensive** [difenn'sivv] defensiv, försvars- **defer** [difə:'] uppskjuta; ge vika för **deference** [deff'rəns] underkastelse; hänsyn **defiance** [difaj'əns] (*subst.*) trots (*of* mot) **deficiency** [difisj'nsi] brist **deficient** [difisj'nt] bristande, otillräcklig **deficit** [deff'isitt] underskott **defile** [difaj'l] skända; defilera **define** [difaj'n] definiera **definite** [deff'init] definitiv **definitely** [deff'inittli] bestämt **definition** [deffinisj'ən] definition **deflect** [diflekk't] böja [sig] åt sidan, avleda **deform** [difå:'m] deformera **deformed** [difå:'md] vanskapt **defray** [difrej'] bestrida, betala **defrost** [di:fråss't] avfrosta **deft** [deff't] van, skicklig **defunct** [difang'kt] avliden **defy** [difaj'] trotsa **degenerate** [didsjenn'ərejt] urarta; [didsjenn'əritt] degenererad **degrade** [digrej'd] degradera **degree** [digri:'] grad; (*akademisk*) examen **deign** [dej'n] värdigas bevilja **deity** [di:'tti] gudom **deject** [didsjekk't] nedslå, göra nedslagen **delay** [dilej'] fördröja, försena, sinka; dröjsmål, anstånd **delegate** [dell'igitt] delegat **delete** [dili:'t] utplåna, stryka **deleterious** [dilliti:'əriəs] skadlig, fördärvlig **deletion** [dili:'sjən] strykning, uteslutning **deliberate** [dilibb'ərejt] överlägga, rådpläga; [dilibb'əritt] be-

deliberation — depot

härskad; avsiktlig **deliberation** [dilibbərej'sjən] överläggning **delicacy** [dell'ikəsi] finkänslighet; läckerhet, delikatess **delicate** [dell'ikitt] finkänslig; ömtålig; delikat **delicious** [dilisj'əs] läcker **delight** [diləj't] glädje **delighted** [diləj'tidd] förtjust, mycket glad (*with* över); *I shall be delighted to* det skall bli mig ett nöje att **delightful** [diləj'tfoll] förtjusande, underbar **delineate** [dilinn'iejt] skissera **delinquency** [diling'kwənsi] brottslighet; *juvenile delinquency* ungdomsbrottslighet **delirious** [dilirr'iəs] yrande; *be delirious* yra **deliver** [dilivv'ə] leverera, avlämna, överlämna, dela ut **delivery** [dilivv'əri] leverans; framförande (*av föredrag o.d.*); förlossning **delivery-office** [dilivv'əriåffiss] paketutlämning **dell** [dell] dalgång **delude** [dilo:'d] lura, vilseleda **deluge** [dell'jo:dsj] syndaflod, översvämning **delusion** [dilo:'sjən] villfarelse **delve** [dellv] gräva **demand** [dima:'nd] kräva, fordra, begära, anmana; krav, fordran, efterfrågan, yrkande (*for* på); *in great demand* eftersökt; *on demand* vid anfordran **demarcate** [di:'ma:kejt] avgränsa **demean** [dimi:'n] förnedra sig; *demean o.s.* uppföra sig **demeanour** [dimi:'nə] uppförande **democracy** [dimåkk'rəsi] demokrati **democrat** [demm'əkratt] demokrat **democratic** [demməkratt'ikk] demokratisk **demolish** [dimåll'isj] rasera **demon** [di:'mən] demon, ond ande **demonstrate** [demm'ənstrejt] demonstrera; påvisa **demonstration** [dəmənstrej'sjən] demonstration **demonstrative** [dimånn'strətivv] demonstrativ; övertygande **demonstrator** [demm'ənstrejtə] demonstrant **demoralize** [dimårr'əlajz] demoralisera **demur** [dimə:'] göra invändningar **demure** [dimjo:'ə] sedesam; pryd; tillgjort blyg **den** [denn] (*djurs o. bildl.*) håla **denial** [dinaj'əl] förnekande; vägran **Denmark** [denn'ma:k] Danmark **denomination** [dinåmminej'sjən] benämning; valör (*på sedlar*); religiös sekt **denominator** [dinåmm'inejtə] nämnare (*i matematik*) **denote** [dinåo't] beteckna, utmärka **denounce** [dinao'ns] utpeka; uppsäga; ange **dense** [denns] tät, svårgenomtränglig; dum, slö; *densely populated* tätbefolkad **density** [denn'sitti] täthet **dent** [dennt] buckla, inbuktning; buckla (till) **dental nurse** [denn'tl nə:s] tandsköterska **dentist** [denn'tisst] tandläkare **denunciation** [dinann'siejsjən] fördömande; angivelse **deny** [dinaj'] förneka, dementera; neka **deodorant** [di:åo'dərənt] transpirationsmedel, deodorant **depart** [dipa:'t] avresa, avgå **department** [dipa:'tmənt] departement; avdelning **departmental manager** [di:pa:tmenn'tl männ'iddsjə] avdelningschef **department store** [dipa:'tmənt stå:] varuhus **departure** [dipa:'tsjə] avfärd, avgång **depend** [dipenn'd] ankomma, bero (*on* på) **dependence** [dipenn'dəns] beroende **dependent** [dipenn'dənt] underlydande; beroende; *dependent on others* osjälvständig **depict** [dipikk't] avbilda, skildra **deplorable** [diplå:'rəbl] bedrövlig, beklaglig **deplore** [diplå:'] beklaga **depopulation** [di:påppəlej'sjən] avfolkning **deport** [dipå:'t] deportera, bortföra; *deport o.s.* uppföra sig **deposit** [dipåzz'itt] insätta (*i bank*), deponera; avlagring, bottensats **depot**

deprave — deteriorate 246

[depp'åo] depå; [di:'påo] (*Am*.) järnvägsstation **deprave** [diprej'v] fördärva **depreciate** [dipri:'sjiejt] nedvärdera **depress** [dipress'] deprimera **depressed** [dipress't] nedstämd **depressing** [dipress'-ing] nedslående **depression** [dipresj'ən] depression; fördjupning; lågtryck **deprive** [dipraj'v] beröva, frånta[ga] **depth** [deppθ] (*subst.*) djup; *depth of field* djupskärpa **depth charge** [deppθ tjsa:dsj] sjunkbomb **deputize** [depp'jotajz] vikariera **deputy** [depp'jotti] ställföreträdare, vikarie, suppleant; *deputy managing director* vice verkställande direktör **derail** [direj'l] [bringa att] spåra ur **derailment** [direj'lmənt] urspåring **derange** [direj'ndsj] rubba, bringa i oordning **derby** [da:'bi] plommonstop **Derby** [da:'bi] Derbytävlingar (hästkapplöpning) **deregister** [diredd'-sjistə] avregistrera **derelict** [derr'əlikkt] övergiven **derision** [dirisj'ən] åtlöje, hån **derive** [diraj'v] härleda **dermis** [də:'miss] underhud **derogatory** [diråg'ətəri] nedsättande **descalation** [desskəlej'sjən] nedtrappning **descend** [disenn'd] gå ner; slutta, sänka sig; *descend abruptly* stupa; *be descended from* härstamma från **descendant** [disenn'dənt] ättling **descent** [disenn't] nedstigning; sluttning; härstamning **describe** [disskraj'b] beskriva, skildra; framställa **description** [diskripp'sjən] beskrivning, skildring, framställning, signalement **descry** [diskraj'] upptäcka, varsna **desecrate** [dess'ikrejt] vanhelga **desert** [dezz'ət] (*adj.*) öde; öken; [dizzə:'t] överge; *feel deserted* känna sig utlämnad **deserve** [dizə:'v] förtjäna, vara värd **design** [dizaj'n] rita, teckna; anslag, komplott; ritning; mönster **designate** [dezz'ignejt] beteckna **designation** [dezziggnej'sjən] beteckning **designer** [dizaj'nə] formgivare **desirable** [dizaj'ərəbl] önskvärd **desire** [dizaj'ə] önskan, begär, åtrå; önska; *as desired* enligt önskan **desist** [diziss't] avstå; upphöra **desk** [dessk] skrivbord, skolbänk **desolate** [dess'əlitt] ödslig **desolation** [dessəlej'sjən] ödslighet, enslighet **despair** [disspä:'ə] misströsta; förtvivlan (*at* över); *in despair* förtvivlad **desperate** [dess'pəritt] desperat **despise** [disspaj'z] förakta; rata **despite** [disspaj't] trots **despondency** [dispånn'dnsi] förtvivlan **dessert** [dizə:'t] dessert, efterrätt **destination** [desstinej'sjən] mål, destination **destine** [dess'tinn] fastställa, bestämma **destiny** [dess'tinni] öde **destitute** [dess'-titjo:t] utarmad, utblottad **destroy** [disstråj'] förstöra, förgöra **destroyer** [disstråj'ə] jagare **destruction** [disstrakk'sjən] förstörelse **desultory** [dess'ltri] osammanhängande, virrig **detach** [ditätt'sj] lösgöra **detached** [ditätt'sjt] fristående; *detached bell-tower* klockstapel **detachment** [ditätt'sjmənt] avskiljande; avskildhet; objektivitet **detail** [di:'tejl] detalj; *further details* närmare detaljer; *in detail* utförligt, i detalj **detailed** [di:'tejld] utförlig, detaljerad **detain** [ditej'n] uppehålla, kvarhålla **detect** [ditekk't] upptäcka **detective** [ditekk'tivv] detektiv; *detective story* (*novel*) detektivroman **deter** [ditə:'] avskräcka **detergent** [ditə:'dsjənt] rengöringsmedel **deteriorate** [diti:'əriərejt] för-

determination — dig

sämra[s] **determination** [ditəːminejˈsjən] bestämdhet **determine** [ditəːˈminn] bestämma **detest** [ditessˈt] (verb) avsky **detestable** [ditessˈtəbl] avskyvärd **detonating-powder** [dettˈ-åonejtingpaoˈdə] knallpulver **detour** [diːˈto] omväg **detriment** [dettˈrimənt] skada, förlust **detrimental** [dettrimenˈtl] skadlig **deuce** [djoːs] tvåa; 40 lika (i tennis); tusan, fan **devastation** [devvəstejˈsjən] ödeläggelse **develop** [divellˈəp] utveckla [sig]; framkalla (film) **developing** [divellˈəping] framkallning (av film); developing country u-land **development** [divellˈəpmənt] utveckling; development work utvecklingsarbete **deviation** [diːviejˈsjən] utvikning, avvikelse **device** [divajˈs] plan, påhitt; uppfinning, anordning; leave s.b. to his own device låta ngn skota sig själv **devil** [devvˈl] djävul, sate; poor devil stackars sate; talk of the devil and he'll appear när man talar om trollen ... **devilish** [devvˈlisj] djävlig **devious** [diːˈviəs] slingrande; irrande **devise** [divajˈz] hitta på, tänka ut **devoid** [divåjˈd] devoid of blottad på, tom på **devote** [divåoˈt] ägna **devoted** [divåoˈtidd] hängiven, tillgiven **devotion** [divåoˈə] tillgivenhet; andakt **devour** [divaoˈə] [upp]sluka, förtära **devout** [divaoˈt] gudfruktig **dew** [djoː] dagg **dexterity** [dekksterrˈitti] händighet **dexterous** [dekkˈstrəs] händig, fingerfärdig **diabetes** [dajəbettˈiːz] sockersjuka, diabetes **diabetic** [dajəbettˈikk] diabetiker **diagnosis** [dajəgnåoˈsiss] diagnos **dial** [dajˈəl] urtavla; fingerskiva; slå (telefonnummer) **dialect** [dajˈəlekkt] dialekt **dialogue** [dajˈəlågg] dialog **diameter** [dajammˈittə] diameter **diamond** [dajˈəmənd] diamant **diamonds** [dajˈəməndz] ruter (kort) **diaper** [dajˈəpə] haklapp; sanitetsbinda; (Am.) blöja **diaphragm** [dajˈəfrämm] mellangärde; bländare (i kamera); pessar **diapositive** [dajəpåzzˈitivv] diapositiv **diarrhoea** [dajəriːˈə] diarré **diary** [dajˈəri] dagbok **dice** se die 2 **dictaphone** [dikkˈtəfåon] dikteringsmaskin **dictate** [dikktejˈt] diktera, föreskriva **dictation** [dikktejˈsjən] diktamen **dictator** [dikktejˈtə] diktator **dictatorship** [dikktejˈtəsjipp] diktatur **diction** [dikkˈsjən] uttryckssätt, stil **dictionary** [dikkˈsjənri] lexikon, ordbok **die** [daj] **1** dö; slockna; I'm dying for a cup of tea jag längtar hemskt efter en kopp te **2** (pl dice [dajs]) tärning **diesel engine** [diːˈzəl ennˈdsjinn] dieselmotor **diet** [dajˈət] diet; föda; be on a diet hålla diet **differ** [diffˈə] vara olika; vara av olika mening **difference** [diffˈrəns] skillnad, olikhet, mellanskillnad; difference of age åldersskillnad **different** [diffˈrənt] olika **differentiate** [diffərennˈsjiejt] differentiera **difficult** [diffˈikəlt] svår; difficult of access svårtillgänglig; difficult road svårframkomlig väg; difficult to digest hårdsmält; difficult to manage svårhanterlig; difficult to read svårläst; difficult to survey svåröverskådlig; make ... difficult försvåra **difficulty** [diffˈikəlti] svårighet; make difficulties bråka, krångla **diffident** [diffˈidnt] blyg **diffuse** [diffjoːˈs] diffus; spridd; svamlig; [diffjoːˈz] sprida[s] **dig** [digg] gräva; gilla;

dig up rota fram **digest** [daj'dsjesst] sammandrag; [diddsjess't] smälta **digestion** [didsjess'tsjən] matsmältning **digit** [didd'sjitt] finger, tå; siffra **dignified** [digg'nifajd] värdig, aktningsvärd **dignity** [digg'nitti] värdighet **digress** [dajgress'] avvika *(från ämne)* **digs** [diggs] lya, bostad **dike** [dajk] fördämning **dilapidated** [diläpp'idejtidd] förfallen, fallfärdig **dilate** [dajlej't] utvidga; utbreda sig **diligence** [dill'idsjəns] flit **diligent** [dill'idsjənt] flitig **dill** [dill] dill **dilly-dally** [dill'idälli] vela, vackla **dilute** [dajljo:'t] späda [ut] **dilution** [dajlo:'sjən] utspädning **dim** [dimm] matt; vag; mattas; *be dimly seen* skymta, skönjas **dime** [dajm] tiocentslant **dimension** [dimenn'sjən] dimension **diminish** [diminn'isj] förminska **diminutive** [diminn'jotivv] mycket liten **dimple** [dimm'pl] skrattgrop **din** [dinn] larm **dine** [dajn] äta middag **dinghy** [ding'gi] jolle **dingy** [dinn'dsji] smutsig, grådaskig **dining-car** [daj'ningka:] restaurangvagn **dining-room** [daj'ningromm] matsal **dinner** [dinn'ə] middag; *have dinner* äta middag; *a three-course dinner* en middag med tre rätter **dinner-jacket** [dinn'ədsjäkkitt] smoking **dinner service** [dinn'ə sə:'viss] matservis **dining-table** [daj'ningtejbl] matbord **dinosaur** [daj'nəså:] skräcködla **dint** [dinnt] *by dint of* med uppbjudande av, genom **diocese** [daj'əsiss] biskopsstift **dip** [dipp] dopp; doppa; *have a dip* doppa sig; *dip the lights* blända av **diploma** [diplåo'mə] diplom **diplomacy** [diplåmm'əsi] diplomati **diplomat** [dipp'ləmätt] diplomat **diplomatic** [dippləmätt'ikk] diplomatisk **dire** [daj'ə] gräslig; *in dire need of* i trängande behov av **direct** [direkk't] direkt; rikta *(at* mot), inrikta *(bildl.)*; dirigera; regissera *(film); direct current* likström; *direct hit* fullträff **direction** [direkk'sjən] riktning, håll; anvisning, föreskrift, regi, direktion; *sense of direction* lokalsinne; *directions* direktiv; *directions for use* bruksanvisning **direction post** [direkk'sjən påost] vägvisare **directly** [direkk'tli] direkt; genast; så snart som **director** [direkk'tə] direktör; regissör; *[deputy] managing director* [vice] verkställande direktör; *board of directors* styrelse **directory** [direkk'tri] adresskalender; ledande **directory enquiries** [direkk'təri innkwaj'ərizz] nummerbyrå **dirt** [də:t] smuts **dirty** [də:'ti] smutsig; snuskig; *dirty linen* smutskläder; *make ... dirty* smutsa *(ner)* **disability** [dissəbill'itti] invaliditet, lyte **disabled** [dissej'bld] vanför; redlös *(om båt); disabled person* invalid **disadvantage** [dissədva:'ntiddsj] nackdel **disadvantageous** [dissäddva:ntej'dsjəs] oförelaktig **disagree** [dissəgri:'] vara oense; *fish disagrees with me* jag tål det inte **disagreeable** [dissəgri:'əbl] obehaglig, otrevlig, osympatisk **disappear** [dissəpi:'ə] försvinna **disappoint** [dissəpåj'nt] göra besviken; svika **disappointed** [dissəpåj'ntidd] besviken *(in* på; *at* över) **disappointment** [dissəpåj'ntmənt] besvikelse **disapprove of** [dissˈəproːˈv avv] ogilla **disarm** [dissa:'m] avväpna **disarmament** [dissa:'məmənt] nedrustning **disaster** [diza:'stə] olycka, katastrof **disastrous** [diza:'strəs] olycksbringande, odesdiger **disband** [disbänn'd] upplösa[s] (om trupp) **disbelief** [disbili:f] tvivel, misstro **disc** [dissk] skiva **discard** [disska:'d] kassera, kasta bort, utrangera **disc bar** [diss'k ba:] skivstång **disc brake** [diss'k brejk] skivbroms **disc-clutch** [diss'kklattsj] lamellkoppling **discern** [disə:'n] urskilja, skönja **discharge** [disstsja:'dsj] avlasta; avlossa, avskjuta; utmynna; avlastning; avlossande; utsläpp **disciple** [dissaj'pl] lärjunge **discipline** [diss'iplinn] disciplin **disclaim** [dissklejm] frånsäga sig, förneka **disclose** [dissklåo'z] avslöja, blotta, röja **disclosure** [dissklåo'sjə] avslöjande **disc memory** [diss'k memm'əri] skivminne **discolour** [disskall'ə] avfärga, bli urblekt **discomfort** [disskamm'fət] obehag, olust, vantrivsel **disconcerted** [disskənsə:'tidd] snopen, förvirrad **disconnected** [diss'kənekk'tidd] osammanhängande, virrig **discontent** [diss'kəntenn't] missnöjd; missnöje; göra missnöjd **discontinue** [diss'kəntinn'jo] avbryta, upphöra med **discord** [diss'kå:d] slitning, oenighet **discount** [disskaont] rabatt; diskonto; [disskaoʼnt] avdra, diskontera; *at a discount* till underkurs **discourage** [disskarr'iddsj] avskräcka; nedslå **discourse** [disskå:'s] föredrag **discourteous** [disskə:'tjəs] oartig **discover** [disskavv'ə] upptäcka **discovery** [disskavv'əri] upptäckt **discredit** [disskredd'itt] vanrykte, vanheder; misskreditera; betvivla **discreet** [disskri:'t] diskret **discrepancy** [disskrepp'nsi] skiljaktighet; avvikelse **discretion** [disskresj'ən] godtycke, urskillning, gottfinnande **discriminate** [disskrimm'inejt] diskriminera **discrimination** [disskrimminej'sjən] urskillning **discus** [diss'kəs] diskus **discuss** [disskass'] diskutera, resonera; *much discussed* omdebatterad **discussion** [disskasj'ən] diskussion, resonemang **disdain** [dissdej'n] förakta, försmå; förakt **disease** [dizi:'z] sjukdom **disembark** [diss'imba:'k] landsätta; landstiga **disfavour** [diss'fej'və] ogillande, onåd; ogilla, missgynna **disfigure** [dissfigg'ə] vanpryda **disgrace** [dissgrej's] onåd **disgraceful** [dissgrej'sfoll] vanhedrande **disgruntled** [dissgrann'tld] missbelåten **disguise** [dissgaj'z] förklada (*as* till) **disgust** [dissgass't] äckla, (*subst.*) avsky, avsmak; *be disgusted at* vämjas vid **disgusting** [dissgass'ting] äcklig, motbjudande **dish** [disj] (*mat*)rätt, anrättning; fat; *dishes* disk **dish-cloth** [disj'klåθ] disktrasa **disheartening** [dissha:'tning] nedslående **dishevelled** [disjevv'ld] rufsig **dishonest** [dissånn'isst] ohederlig, oärlig **dishonour** [dissånn'ə] (*subst.*) vanära **disillusioned** [dissillo:'sjənd] desillusionerad **disinclined** [diss'innklaj'nd] obenägen **disinfect** [dissinfekk't] desinficera **disinfectant** [dissinfekk'tənt] desinfektionsmedel **disinherited** [diss'inherr'itidd] arvlös **disintegrate** [dissinn'tigrejt] upplösa **disintegration** [dissinntigrej'sjən] upplösning **disinterested** [diss'inn'tristidd] oegennyttig **dislike** [disslaj'k] motvilja, avsmak; ogilla, tycka illa om **dislocate** [diss'ləkejt] rubba; *get dislocated* gå ur led **disloyal** [diss'låjəl] osolidarisk, illojal **dismal** [dizz'məl] kuslig

dismantle — disturbing 250

dismantle [dissmänn'tl] ta isär, nedmontera **dismay** [dissmej'] förskräckelse; förskräcka **dismember** [dissmemm'bə] sönderslita, stycka **dismiss** [dissmiss'] avfärda, avskeda **dismissal** [dissmiss'əl] avsked **dismount** [diss'mao'nt] stiga av; demontera **disobedient** [dissəbi:'djənt] olydig **disobey** [diss'əbej'] vara olydig, inte lyda **disobliging** [diss'əblaj'dsjing] ogin, vrång **disorder** [disså:'də] oreda, oordning **disordered** [disså:'dəd] oordnad **disorderly** [disså:'dəli] oordentlig (*om sak*); bråkig **disown** [dissåo'n] inte kännas vid, förneka **disparity** [disspärr'itti] olikhet, skillnad **dispassionate** [disspäsj'nitt] sansad **dispatch** [disspätt'sj] expediera, sända; rapport, depesch **dispel** [disspell'] förjaga, skingra **dispensable** [disspenn'səbl] umbärlig **dispense** [disspenn's] utdela; *dispense with* klara sig utan, avvara **dispenser** [disspenn'sə] farmacevt **disperse** [disspə:'s] skingra **dispirited** [disspirr'itidd] nedslagen **displace** [displej's] flytta, rubba, avsätta **display** [displej'] skylta med, visa **displeased** [displi:'zd] missbelåten **disposal** [disspåo'zəl] förfogande; *be at a p.'s disposal* stå till ngns disposition **disposed** [disspåo'zd] disponerad; benägen **disposition** [disspəzisj'ən] disposition, uppläggning; sinnelag **dispossess** [diss'pəzess'] fördriva; *dispossess of* beröva **disprove** [disspro:'v] vederlägga **dispute** [disspjo:'t] tvista; dispyt **disputed** [disspjo:'tidd] omtvistad **disqualify** [disskwåll'ifaj] diskvalificera **disregard** [diss'riga:'d] bortse från, åsidosätta, ej bry sig om; ringaktning **disrepute** [diss'ripjo:'t] vanrykte **disrespectful** [dissrispekk'tfoll] respektlös **dissatisfaction** [diss'sättisfäkk'sjən] missnöje, missbelåtenhet **dissatisfied** [diss'sätt'isfajd] missnöjd **dissect** [dissekk't] dissekera **dissenter** [dissenn'tə] oliktänkande **dissimilar** [diss'imm'illə] olika **dissipated** [disspej'tidd] utsvävande **dissolve** [dizåll'v] upplösa **distaff** [diss'ta:f] slända; *on the distaff side* på spinnsidan **distance** [diss'təns] distans, avstånd, håll; *at a distance* på avstånd; *in the distance* i fjärran **distant** [diss'tənt] avlägsen, fjärran **distaste** [diss'tej'st] avsmak, motvilja **distasteful** [disstej'stfoll] osmaklig **distill** [disstill'] destillera **distinct** [dissting'kt] tydlig; [åt]skild **distinction** [dissting'ksjən] utmärkelse; åtskillnad; *make a distinction* göra åtskillnad **distinctive** [dissting'ktivv] utmärkande; utpräglad **distinguish** [dissting'gwisj] urskilja; göra skillnad; utmärka; *distinguish o.s.* utmärka sig; *distinguish between* skilja mellan **distinguished** [dissting'gwisjt] förnämlig **distort** [disstå:'t] förvrida, förvränga **distortion** [disstå:'sjən] förvridning; förvrängning **distract** [disstäkk't] distrahera **distraint** [disstrej'nt] utmätning **distraught** [disstrå:'t] distraherad **distress** [disstress'nt] bedröva; nöd; sjönöd **distribute** [disstribb'jo:t] utdela, fördela, distribuera **distribution** [disstribbjo:'sjən] utdelning, fördelning, distribution **district** [diss'trikkt] område, trakt, bygd, distrikt, kvarter **disturb** [disstə:'b] störa **disturbance** [disstə:'bəns] störning **disturbing** [disstə:'bing]

distrust — doorway

oroande **distrust** [disstrass't] misstro **ditch** [dittsj] dike **ditchbank** [ditt'sjbängk] dikesren **ditto** [ditt'åo] detsamma, dito **ditty** [ditt'i] visa **dive** [dajv] dyka; dykning **diver** [daj'və] dykare **diverge** [dajvə:'dsj] gå isär; avvika **divers** [daj'vəz] åtskilliga, varjehanda **diverse** [dajvə:'s] olika; mångfaldig **diversion** [dajvə:'sjən] skenmanöver; förströelse **divert** [dajvə:'t] avleda; förströ **divide** [divaj'd] dela; dividera, indela, dela [sig]; skifta; söndra; *divide up* stycka, dela upp **dividend** [divv'idennd] återbäring; utdelning (*på aktie*) **divine** [divaj'n] gudomlig **diving** [daj'ving] dykning **divining-rod** [divaj'ningrådd] slagruta **divinity** [divinn'itti] gudomlighet; teologi **division** [divisj'ən] [upp]delning; division; avdelning, avskärning; votering **divorce** [divå:'s] skilja[s]; skilsmässa **divulge** [dajvall'dsj] avslöja **dizziness** [dizz'iniss] yrsel **dizzy** [dizz'i] svindlande, yr **do** [do:] göra, uträtta; duga; *how do you do!* god dag!; *what can I do for you?* varmed kan jag stå till tjänst?; *I do hope that* jag hoppas verkligen att; *don't* låt bli!; *that will do* det duger; *what are you doing?* vad har du för dig?; *get ... done* få ... färdig; *do ... over again* göra om (på nytt); *do without* undvara, umbära **docile** [dåo'sajl] läraktig **dock** [dåkk] [skepps]docka **docker** [dåkk'ə] sjåare, hamnarbetare **docks** [dåkks] varv; kaj, tilläggsplats **doctor** [dåkk'tə] doktor, läkare; förfalska; *doctor on duty* jourhavande läkare **doctor's certificate** [dokk'təz sətiff'ikitt] läkarintyg **doctrine** [dåkk'trinn] lära, doktrin **document** [dåkk'joment] handling, dokument, urkund **documentary** [film] [dåkkjomenn'təri (film)] dokumentärfilm **dodge** [dådsj] hoppa undan [för]; hopp åt sidan; knep **dog** [dågg] hund; *the dog days* rötmånaden; *hot dog* varm korv **dogged** [dågg'idd] sammanbiten **dole** [dåol] arbetslöshetsunderstöd; *be on the dole* vara arbetslös; *dole out* utdela **doleful** [dåo'lfoll] dyster, sorgsen **doll** [dåll] docka **doll's house** [dåll'z haos] dockskåp **dolphin** [dåll'finn] delfin **domain** [dəmej'n] domän, område **dome** [dåom] dom, kupol **domestic** [dəmess'tikk] tam (*om djur*); inrikes, inhemsk; *domestic animal* husdjur; *domestic aviation* inrikesflyg; *domestic policy* inrikespolitik; *domestic science* skolkök; *domestic servant* hembiträde **domesticated** [dəmess'tikejtidd] huslig **domicile** [dåmm'isajl] hemvist, boningsort; fast bostad **dominant** [dåmm'inənt] förhärskande; dominerande **dominate** [dåmm'inejt] dominera **domination** [dåmminej'sjən] dominans; välde, makt **domineer** [dåmmini:'ə] dominera, tyrannisera **dominion** [dəminn'jən] herravälde; besittning; dominion **don** [dånn] lärare vid college; ta på sig **donate** [dåonej't] donera **donation** [dåonej'sjən] donation **done** [dann] gjord, gjort; kokt, stekt; färdig; slut **donkey** [dång'ki] åsna **doom** [do:m] dom; undergång; döma **door** [då:] dörr, port; lucka **door handle** [då:' hänndl] dörrhandtag **doorkeeper** [då:'ki:pə] portvakt **door-key** [då:'ki:] dörrnyckel **doorstep[s]** [då:'stepp(s)] [farstu]trappa **doorway** [då:'wej] dörröppning **dope** [dåop] knark; knarkare **dope-pedlar** [dåo'p peddlə] [narkotika]langare **dor-beetle** [då:'bi:tl] tordyvel **dormitory** [då:'mitri] sovsal; studenthem **dose** [dåos] dos, sats; dosera **dot** [dått] prick; förse med prickar **dotage** [dåo'tidsj] svaghet, senilitet **dote on** [dåo't ånn] vara svag för **double** [dabb'l] dubbel; fördubbla; *double up* vika sig; *double Dutch* rotvälska; *double floor* trossbotten **double-bass** [dabb'lbej's] basfiol **double-cross** [dabb'lkråss'] bedra, lura **double-dealer** [dabb'ldi:'lə] bedragare **double-decker** [dabb'ldekk'ə] tvåvåningsbuss; biplan **doubt** [daot] betvivla, tvivla på; tvivel[smål]; *there is no doubt* det råder inget tvivel **doubtful** [dao'tfull] tvivelaktig **doubtless** [dao'tliss] utan tvivel, otvivelaktigt **dough** [dåo] deg **dove** [davv] duva **dovetail** [davv'tejl] hopsinka; sinka **dowager** [dao'idsjə] änkenåd **down** [daon] **1** ned, nedför, utför; nere; omkull **2** dun **downfall** [dao'nfå:l] fall, ruin; skyfall **downhearted** [dao'nha:'tidd] missmodig, nedslagen **downhill** [dao'nhill'] utförsbacke **downhill race** [dao'nhill' rejs] störtlopp **downhill run** [dao'nhill' rann'] utförsåkning **downhill slope** [dao'nhill slåop] nedförsbacke **down-payment** [dao'npejmənt] handpenning **downpour** [dao'npå:] störtregn **downright** [dao'nrajt] rent av **downstairs** [dao'nstä:'əz] nedför trappan, där nere; i nedre våningen **downtown** [dao'ntao'n] i centrum; ute på stan **downtrodden** [dao'ntråddn] förtrampad **downward[s]** [dao'nwəd(z)] nedåt **dowry** [dao'ri] hemgift; gåva **doyen** [dåj'ən] nestor **doze** [dåoz] dåsa, slumra **dozen** [dazz'n] dussin; *by the dozen* dussinvis **drab** [dräbb] gulbrun; enformig **draft** [dra:ft] utkast; (*Am.*) [luft]drag; uttagning; avfatta, formulera **drag** [drägg] släpa; dragga **dragon** [drägg'ən] drake **dragonfly** [drägg'ənflaj] trollslända **drain** [drejn] dränera; avlopp **drainage** [drej'nidsj] dränering; avloppsledningar **drain pipe** [drej'n pajp] stuprör **dram** [drämm] sup, snaps **drama** [dra:'mə] drama, dramatik **dramatic** [drəmätt'ikk] dramatisk **dramatist** [drämm'atist] dramatiker **dramatize** [drämm'ətajz] dramatisera **drank** [drängk] imperf. av drink **drape** [drejp] drapera, kläda **draper's shop** [drej'pəz sjåpp] manufakturaffär **drapery** [drej'pəri] draperig; manufakturvaror **drastic** [dräss'tikk] drastisk **draught** [dra:ft] [luft]drag; klunk; (*fiskares*) fångst **draught beer** [dra:'ft bi:'ə] fatöl **draughts** [dra:fts] damspel **draw** [drå:] dra; rita, teckna; utställa, utfärda, trassera; tappa öl; dragning; oavgjord tävlan; *draw on the reserves* tära på reserverna; *draw up* avfatta (*avtal*), göra upp (*förslag*), utforma (*text*), upprätta (*skrivelse*) **drawback** [drå:'bäkk] nackdel, olägenhet **draw-bridge** [drå:'bridsj] vindbrygga **drawer** [drå:] byrålåda; trassent; tecknare; *chest of drawers* byrå **drawing** [drå:'ing] teckning, ritning **drawing-board** [drå:'ingbå:d] ritbräde **drawing-pin** [drå:'ingpinn] häftstift **drawing-room** [drå:'ingromm] salong **drawl** [drå:l] släpigt uttal; tala släpande **drawn** [drå:n] oavgjord (*i spel*) **dread** [dredd]

dreadful — dull

frukta; fruktan **dreadful** [dredd'foll] förskräcklig **dream** [dri:m] dröm; drömma **dreary** [dri:'əri] dyster, trist **dredge** [dreddsj] muddervek; muddra upp **dredger** [dredd'sjə] muddervek **dregs** [dreggz] drägg, bottensats **drench** [drenntsj] hällregn; genomblöta **dress** [dress] klä(da), klä (på) sig, iklä́da; lägga upp (hår); klänning, klädsel, dräkt; formal dress högtidsdräkt **dress circle** [dress' sə:kl] 1:a raden **dressed** [dresst] påklädd; finklädd; utklädd (as till) **dress rehearsal** [dress' rihə:'səl] generalrepetition **dressing-case** [dress'ingkejs] necessär **dressing-gown** [dress'inggaon] morgonrock **dressmaker** [dress'mejkə] sömmerska **drew** [dro:] imperf. av draw **dribble** [dribb'l] dribbla **drier** [draj'ə] tork **drift** [drifft] (verb) driva; (subst.) driva; avdrift **drill** [drill] borra; borr; exercis **drink** [drink] dricka; supa; dryck; drink to skåla med; meat and drink mat och dryck **drip** [dripp] droppa, drypa **dripping** [dripp'ing] [stek]flott **drive** [drajv] köra, skjutsa, driva, tränga; åktur; drive away fördriva **drivel** [drivv'l] svammel; dregel; svamla, dregla **driven** [drivv'n] perf. part. av drive **driver** [drajv'ə] bilförare, chaufför **driving licence** [draj'ving laj'səns] körkort **driving mirror** [draj'ving mirr'ə] backspegel **drizzle** [drizz'l] duggregn **droll** [dråol] lustig, rolig **dromedary** [damm'ədəri] dromedar **drone** [dråon] drönare; slöa **droop** [dro:p] hänga ner **drop** [dråpp] tappa, släppa; droppa, drypa; droppe, skvätt; drop behind bli efter; drop in titta in; drop the Mr. (etc.) lägga bort titlarna; drop a line! skriv en rad! **drought** [draot] (subst.) torka **drove** [dråov] hjord; imperf. av drive **drown** [draon] dränka; be drowned drunkna **drowsy** [draoʹzi] dåsig, yrvaken **drudgery** [dradd'sjəri] slavgöra **drug** [dragg] drog; förgifta; drugs narkotika **drug addict** [dragg' add'ikkt] narkoman **druggist** [dragg'ist] (Am.) apotekare **drum** [dramm] trumma **drummer** [dramm'ə] trumslagare **drumstick** [dramm'stikk] trumpinne **drunk** [drangk] drucken, full, onykter; get drunk supa sig full **drunkard** [drang'kəd] fyllerist **drunken** [drang'kən] drickande; get drunk supa sig full **drunkard** [drang'kəd] fyllerist **drunken driving** [drang'kən draj'ving] rattfylleri **drunkenness** [drang'kənniss] fylleri **dry** [draj] torr; (verb) torka; dry weather uppehållsväder; get ... dry torka; go dry sina; hang ... to dry hänga på tork; run dry torka ut **dry cleaner's** [draj' kli:'nəz] kemtvätt (lokal) **dry cleaning** [draj' kli:'ning] kemtvätt **drying rack** [draj'ing räkk] torkställ **dual** [djo:'əl] tvåfaldig **dub** [dabb] dubba (till); dubba (film) **dubious** [djo:'bjəs] tvivelaktig; tveksam **duchess** [datt'sjiss] hertiginna **duck** [dakk] anka **duck bill** [dakk' bill] näbbdjur **duct** [dakkt] rör, ledning **ductile** [dakk'tajl] smidig **dud** [dadd] blindgångare; oduglig sak el. person **due** [djo:] skyldig; vederbörlig; (ngns) rätt; be due to bero på; in due course i sinom tid, i vederbörlig ordning **duel** [djo:'əl] tvekamp, duell; duellera **dues** [djo:z] avgifter **duet** [djoett'] duett **dug** [dagg] imperf. och perf. part. av dig **dug-out** [dagg'aot] skyddsrum **duke** [djo:k] hertig **dull** [dall] matt, glanslös; dov; trög;

dullard — Easter 254

business is dull affärerna går trögt **dullard** [dall'əd] slöfock **duly** [djo:'li] vederbörligen **dumb** [damm] stum **dumb-bell** [damm'- bell] hantel **dumbfound** [dammfao'nd] förstumma, göra mållös **dummy** [damm'i] skyltdocka; napp; träkarl (*i kortspel*) **dump** [dammp] duns; tipp; stjälpa av; tippa; dumpa (varor) **dumpling** [damm'pling] äppelmunk **dune** [djo:n] dyn **dung** [dang] gödsla; gödsel **dungeon** [dann'dsjən] fängelsehåla **dunghill** [dang'hill] gödselstack **dupe** [djo:p] lura, dupera **duplicate** [djo:'plikitt] dubblett, kopia **duplicity** [djo:pliss'itti] dubbelspel, falskhet **durable** [djo:'ərəbl] hållbar, varaktig, slitstark **duration** [djoə- rej'sjən] varaktighet; *for the duration of s.th.* så länge ngt varar **during** [djo:'əring] under, på (*om tid*) **dusk** [dassk] dunkel, skymning **dusky** [dass'ki] dunkel, skum **dust** [dasst] damm, stoft; damma **dust-bin** [dass'tbinn] soptunna **duster** [dass'tə] dammtrasa **dustpan** [dass'tpänn] sopskyffel **dusty** [dass'ti] dammig **Dutch** [dattsj] holländsk; *the Dutch* holländarna; *Dutch party* (*treat*) knytkalas **Dutchman** [datt'sjmən] holländare **dutiable** [djo:'tjəbl] tullpliktig **duty** [djo:'ti] plikt, skyldighet, förpliktelse; tull[avgift]; *duty unpaid* oförtullad; *on duty* i tjänst, vakthavande **duty-free** [djo:'tifri:'] tullfri **dwarf** [dwå:f] dvärg **dwell** [dwell] bo, vistas **dwelling** [dwell'ing] bostad **dwelt** [dwellt] imperf. och perf. part. av *dwell* **dwindle** [dwinn'dl] krympa ihop, förminskas **dye** [daj] färga (*textil o.d.*) **dying** [daj'ing] döende **dynamic** [dajnämm'ikk] dynamisk **dynamite** [daj'nəmajt] dynamit **dynasty** [dinn'ästi] ätt, dynasti **each** [i:tsj] var, vardera; per person, per styck; *each individually* var för sig; *each other* varandra **eager** [i:'gə] ivrig; *eager to learn* vet- girig **eagerness** [i:'gəniss] iver **eagle** [i:'gl] örn **eagle owl** [i:'gl aol] berguv **ear** [i:'ə] öra; gehör; *by ear* efter gehör **ear-ache** [i:'ərejk] örsprång **ear-drum** [i:'ədramm] trumhinna **ear-flap** [i:'əfläpp] öronskydd **earl** [ə:l] (engelsk) greve **earlier** [ə:'liə] tidigare, förr **early** [ə:'li] tidig; *early in life* vid unga år **earmark** [i:'əma:k] kännetecken; märka **earn** [ə:n] förtjäna, tjäna; *earn one's living* förtjäna sitt uppehälle **earnest** [ə:'nisst] allvarlig; allvar; *be in earnest* mena allvar **earnings** [ə:'ningz] förtjänst, inkomst **ear-ring** [i:'əring] örhänge **ear-shot** [i:'əsjått] hörhåll **earth** [ə:θ] jord, mark; *earth closet* torrklosett; *how on earth?* hur i all världen? **earthenware** [ə:'θənwäə] lergods, keramik **earthly** [ə:'θli] jordisk **earthquake** [ə:'θkwejk] jord- bävning **earthworm** [ə:'θwə:m] daggmask **earwig** [i:'əwigg] tvestjärt **ease** [i:z] välbehag; *at ease* nöjd och belåten; i lugn och ro; *feel ill at ease* vantrivas **easel** [i:'zl] staffli **easement** [i:'z- mənt] servitut **easily** [i:'zilli] lätt, med lätthet; *easily digested* lättsmält **easiness** [i:'ziniss] lätthet **east** [i:st] öst; *the east* öster; *the Far East* Fjärran östern **East Africa** [i:'st äff'rikkə] Östafrika **Easter** [i:'stə] påsk; *Happy Easter!* glad påsk!; *Easter Eve* påsk- afton; *Easter Sunday* påskdag[en]; *Easter Monday* annandag påsk;

easterly — either

Easter holidays påsklov **easterly** [i:'stəli] östlig **eastern** [i:'stən] östlig, österut, östra **East Germany** [i:st dsjə:'məni] Östtyskland **East Indian** [i:st inn'djən] ostindisk **eastward[s]** [i:'stwəd(z)] mot öster **easy** [i:'zi] lätt, [lätt och] ledig; *easy chair* vilstol; *easy does it!* sakta i backarna! **easy-going** [i:'zigåoing] sorglös, lättsinnig **eat** [i:t] äta; fråta **eatable** [i:'təbl] ätbar **eaten** [i:'tn] perf. part. av *eat* **eating-house** [i:'tinghaos] servering, matställe **eavesdrop** [i:'vzdrapp] tjuvlyssna **ebb** [ebb] ebb **ebony** [ebb'əni] ebenholts **eccentric** [ikksenn'trikk] originell, sӓregen; original (*person*) **echo** [ekk'åo] eka; eko **echo-sounder** [ekk'åosaondə] ekolod **eclipse** [iklipp's] mån-, solförmörkelse; förmörka **economic** [i:kanåmm'ikk] ekonomisk **economical** [i:kanåmm'ikəl] sparsam **economics** [i:kanåmm'ikks] nationalekonomi **economist** [ikånn'əmist] ekonom **economize** [i:kånn'əmajz] hushålla, vara sparsam **economy** [ikånn'əmi] ekonomi, sparsamhet **ecstasy** [ekk'stəsi] extas **eczema** [ekk'simmə] eksem **eddy** [edd'i] virvel; virvla **edge** [eddsj] egg; kant, rand; snedda (*över*); *be on edge* vara spänd; *turn the edge of* bryta udden av (*bild!*) **edible** [edd'ibl] ätbar **edict** [i:'dikkt] edikt, påbud **edification** [eddifikej'sjən] uppbyggelse **edifice** [edd'ifiss] byggnad **edifying** [edd'ifajing] uppbygglig **edit** [edd'itt] utge, redigera **edition** [idisj'ən] utgåva, upplaga **editor** [edd'itə] redaktör; utgivare; *letter to the editor* insändare **editorial** [edditå:'riəl] ledare, ledarartikel; *editorial office* redaktion (*lokal*); *editorial staff* redaktion[spersonal] **editor-in-chief** [edd'itə inn tsji:'f] chefredaktör **educate** [edd'jo:kejt] utbilda, uppfostra **educated** [edd'jokejtidd] bildad **education** [eddjokej'sjən] bildning, uppfostran, utbildning; *higher education* högre undervisning **educational system** [eddjokej'sjənl siss'timm] skolväsen, undervisningsväsen **eel** [i:l] ål **efface** [ifej's] utplåna **effect** [ifekk't] verkan, effekt; *in effect* i själva verket; *have an effect* inverka; *take effect* göra verkan **effective** [ifekk'tivv] effektiv, verksam, verkningsfull, slagkraftig **effects** [ifekk'ts] inventarier **effeminate** [ifemm'initt] förveklig, omanlig **effervesce** [iffəvess'] bubbla, fradga **efficacious** [effikej'sjəs] verksam, effektiv **efficiency** [ifisj'ənsi] effektivitet **efficient** [ifisj'ənt] effektiv (*om person*) **effort** [eff'ət] försök, ansträngning; *effort of will* viljeansträngning **effrontery** [effrann'təri] oförskämdhet **effusive** [effjo:'sivv] översvallande **e.g.** [i:'dji:'] t.ex. **egg** [egg] ägg; *egg on* driva på **egg-cup** [egg'kapp] äggkopp **egg-nog** [egg'någg] äggtoddy **egg white** [egg' wajt] äggvita **egoistical** [egåoiss'tikkəl] egoistisk **egotism** [egg'åotizzm] egoism **Egypt** [i:'dsjippt] Egypten **Egyptian** [i:dsjipp'sjən] egyptisk **eiderdown** [aj'dadaon] ejderdun **eight** [ejt] åtta **eighteen** [ej'ti:'n] arton **eighteenth** [ej'ti:'nθ] adertonde; *the eighteenth century* sjuttonhundratalet **eighth** [ejtθ] åttonde **eightieth** [ej'tiiθ] åttionde **eighty** [ej'ti] åttio **either** [aj'ðə] vardera, endera, någondera; *either ... or* antingen ... eller; *on either side of* på vardera sidan om **ejaculation** [idsjäkkjolej´sjən] utrop; utstötning **eject** [idsjekk´t] kasta ut, utstöta **ejection seat** [i:dsjekk´sjən si:t] katapultstol **eke out** [i:´k ao´t] dryga ut, komplettera **elaborate** [ilább´ərejt] utarbeta; [ilább´əritt] omsorgsfullt utarbetad, välgenomtänkt **elapse** [ilápp´s] förflyta **elastic** [iláss´tikk] tänjbar, elastisk; resår[band]; *elastic bandage* elastisk binda **elated** [ilej´tidd] uppryrnd **elbow** [ell´båo] armbåge **elbow-room** [ell´båoromm] svängrum **elder** [ell´də] äldre (*om släktskapsförh.*) **elderly** [ell´dəli] äldre, ganska gammal **eldest** [ell´disst] äldst (*om släktskapsförhållanden*) **elect** [ilekk´t] välja (*genom röstning*) **election** [ilekk´sjən] val; inval; *general election* allmänna val **election campaign** [ilekk´sjən kämmpej´n] valrörelse **elector** [ilekk´tə] väljare **electoral** [ilekk´tərəl] val-; *electoral promise* vallöfte; *electoral register* röstlangd; *electoral system* valsätt **electorate** [ilekk´təritt] valmanskår **electric** [ilekk´trikk] elektrisk; *electric heater* elektriskt element **electrician** [ilekktrisj´ən] elektriker **electricity** [ilekktriss´itti] elektricitet **electricity board** [ilekktriss´itti bå:d] elverk **electrocute** [ilekk´trəkjo:t] avrätta i elektriska stolen **electronics** [ilekktrånn´ikks] elektronik **elegant** [ell´igənt] elegant **element** [ell´imənt] element; grundämne; inslag **elementary** [ellimenn´təri] elementär; *elementary school* folkskola **elephant** [ell´ifənt] elefant **elevate** [ell´ivejt] upphöja **elevation** [ellivej´sjən] upphöjelse; höjd **elevator** [ell´ivejtə] (*Am.*) hiss **eleven** [ilevv´n] elva **eleventh** [ilevv´nθ] elfte **elf** [elf] älva, alf; dvärg **elicit** [iliss´itt] framlocka **eligible** [ell´idsjəbl] valbar **eliminate** [ilimm´inejt] eliminera **eliminated** [ilimm´inejtidd] utslagen (*i sport*) **elite** [ejli:´t] elit **elk** [ellk] älg **elm** [ellm] alm **elope** [ilåo´p] rymma hemifrån för att gifta sig **eloquent** [ell´åkwənt] vältalig **else** [ells] annars; annan; *nowhere else* ingen annanstans **elsewhere** [ell´swä:´ə] annanstans, på annat håll **elucidate** [illo:´sidejt] belysa, förklara **elusive** [illo:´sivv] undvikande; gäckande **emaciate[d]** [imej´sjiejt(idd)] utmärglad **emanate** [emm´ənejt] utflöda, emanera **emancipated** [imänn´sipejtidd] frigjord, emanciperad **embalm** [imba:´m] balsamera **embankment** [imbäng´kmənt] banvall **embark** [imba:´k] gå (ta) ombord **embarrass** [imbärr´əs] göra förlägen, förvirra; besvära **embarrassed** [imbärr´əst] generad, förlägen **embarrassing** [imbärr´əsing] genant **embarrassment** [imbärr´əsmənt] förlägenhet; besvär **embassy** [emm´bəsi] ambassad, beskickning **embellish** [imbell´isj] försköna **embers** [emm´bəz] glöd **embezzle** [imbezz´l] förskingra **emblem** [emm´bləm] emblem, symbol **emboss** [imbåss´] cisolera **embrace** [imbrej´s] omfamna, krama; omfatta; omfamning **embroider** [imbråj´də] brodera **emerald** [emm´ərəld] smaragd **emerge** [imə:´dsj] stiga upp, höja sig; uppstå **emergency** [imə:´dsjənsi] nödläge, nödfall; *in an emergency* i nödfall **emergency exit** [imə:´dsjənsi ekk´sitt]

emergency landing — engineering

reservutgång **emergency landing** [imə:'dsjənsi länn'ding] nödlandning **emery-wheel** [emm'əriwi:l] smärgelskiva **emigrant** [emm'igrənt] utvandrare, emigrant **emigrate** [emm'igrejt] emigrera, utvandra **emigration** [emmigrej'sjən] utvandring, emigration **eminence** [emm'inəns] hög rang; eminens; höjd **eminent** [emm'inənt] framstående, eminent **emissary** [emm'issri] sändebud, (hemlig) agent **emit** [imitt'] avge, ge ifrån sig **emolument** [imåll'joment] inkomst, arvode **emotion** [imåo'sjən] sinnesrörelse **emotional** [imåo'sjnəl] känslo-; lättrörd **emperor** [emm'pərə] kejsare **emphasis** [emm'fəsiss] betoning **emphasize** [emm'fəsajz] understryka, betona, poängtera **emphatic** [imfätt'ikk] eftertrycklig **empire** [emm'pajə] välde, imperium, kejsardöme **employ** [implåj'] anställa **employee** [emmplåji:'] tjänsteman, arbetstagare, anställd **employer** [implåj'ə] arbetsgivare **employment** [implåj'mənt] anställning **employment exchange** [implåj'mənt ikstsjej'ndsj] arbetsförmedling **emporium** [empå:'rjəm] handelscentrum; varuhus **empress** [emm'priss] kejsarinna **empty** [emm'pti] tom; tömma; *empty bottle* tomflaska; *empty space* tomrum **empty-handed** [emm'ptihänn'didd] tomhänt, med oförrättat ärende **emptying** [emm'ptiing] tömning **enable** [inej'bl] möjliggöra **enact** [inäkk't] stadga; uppföra, spela **enamel** [inämm'əl] emalj; emaljera **enamoured** [inämm'əd] förälskad **encamp** [inkämm'p] slå läger **encase** [inkej's] innesluta, inlägga **enchant** [inntsjä:'nt] tjusa, förtrolla **enchantment** [inntsjä:'ntmənt] förtjusning, förtrollning **enclose** [inklåo'z] innesluta, inhägna; bifoga **enclosure** [inklåo'sjə] inhägnad; bilaga (*i brev*) **encore** [ångkå:'] da capo **encounter** [inkao'ntə] möta; möte **encourage** [inkarr'iddsj] uppmuntra **encroach** [inkråo'tsj] inkräkta **encumber** [inkamm'bə] betunga; belamra **end** [ennd] slut, avslutning, ända; sluta; mynna; *end in itself* självändamål; *in the end* i längden; *come to an end* gå till ända; *get to the end of* få slut på; *make both ends meet* få det att gå ihop **endanger** [indej'ndsjə] sätta i fara, riskera **endear** [indi:'ə] göra älskad **endeavour** [indevv'ə] bemöda sig; försök, strävan **ending** [enn'ding] ändelse **endless** [enn'dliss] ändlös, oändlig **endorse** [indå:'s] endossera, anteckna på baksidan av **endow** [indao'] donera; förläna **endurance** [indjo:'ərəns] tålamod **endure** [indjo:'ə] uthärda, lida **enema** [enn'imə] lavemang **enemy** [enn'immi] fiende, ovän (*of* till) **energetic** [ennədsjett'ikk] energisk **energy** [enn'ədsji] energi, kraft, eftertryck **enforce** [infå:'s] framtvinga, upprätthålla **engage** [ingej'dsj] engagera **engaged** [inngej'dsjd] förlovad; upptagen; *become engaged* förlova sig (*to* med) **engagement** [inngej'dsjmənt] engagemang, förpliktelse; förlovning **engaging** [inngej'dsjing] intagande, näpen **engender** [indsjenn'də] skapa, alstra **engine** [enn'dsjinn] motor, maskin, lokomotiv **engine driver** [enn'dsjinn draj'və] lokförare **engineer** [enndsjini:'ə] ingenjör **engineering** [enndsjini:'əring]

engineering worker — equestrian 258

ingenjörskonst; maskinteknik; *engineering industry* verkstadsindustri **engineering worker** [enndsjini:'äring wə:'kə] verkstadsarbetare **engine failure** [enn'dsjinn fej'ljə] motorstopp **English** [ing'glisj] engelsk; engelska (*språk*); *the English* engelsmännen (*nationen*) **Englishman** [ing'glisjmən] engelsman **Englishwoman** [ing'glisjwommən] engelska (*kvinna*) **engrave** [inngrej'v] gravera **enhance** [inha:'ns] förhöja; förstora **enigma** [inigg'mə] gåta **enjoin** [inndsjåj'n] ålägga **enjoy** [inndsjåj'] åtnjuta; njuta av; *enjoy o.s.* ha roligt **enjoyment** [inndsjåj'mənt] njutning; åtnjutande **enlarge** [innla:'dsj] förstora **enlighten** [innlaj'tn] upplysa **enlist** [innliss't] mönstra (*som värnpliktig*); värva **enmity** [enn'mitti] fiendskap **enormous** [inå:'məs] enorm, ofantlig **enough** [inaff'] nog, tillräcklig[t]; *be enough* räcka, förslå **enrage** [inrej'dsj] reta **enrich** [inritt'sj] berika **enroll** [inråo'l] inskriva; enrollera **ensign** [enn'sajn] flagga, vimpel; fänrik **enslave** [inslej'v] förslava **ensure** [insjo:'ə] tillförsäkra, garantera **entail** [intej'l] medföra; fideikommiss **entangle** [inntäng'gl] snärja, trassla in (till); *get entangled in* snärja in sig i **enter** [enn'tə] gå in, inträda; *enter into* inlåta sig i (på); *enter upon* tillträda **enterprise** [enn'təprajz] företag; företagsamhet **enterprising** [enn'təprajzing] företagsam; tilltagsen **entertain** [enntətej'n] underhålla, roa; hysa, förpläga **entertaining** [enntətej'ning] underhållande, roande **entertainment** [enntətej'nmənt] underhållning; tillställning **enthusiasm** [inθjo:'ziäzzəm] entusiasm **enthusiastic** [inθjo:ziäss'tikk] entusiastisk, begeistrad **entice** [inntajs's] locka, förleda (*into* till) **entire** [inntaj'ə] hel **entirely** [inntaj'əli] helt **entirety** [inntaj'əti] helhet **entitle** [intaj'tl] berättiga; *entitled to vote* röstberättigad **entrails** [enn'trejlz] inälvor **entrance** [enn'trəns] ingång, entré; inträde, tillträde; inlopp; *entrance examination* inträdesprov **entreat** [intri:'t] bönfalla, be **entrench** [intrenn'tsj] förskansa **entrust** [intrass't] anförtro **entry** [enn'tri] inträde, ingång; anteckning, uppslagsord **entry permit** [enn'tri pə:'mitt] inresetillstånd **enumeration** [injo:mərej'sjən] uppräkning **envelop** [invell'əp] insvepa, innesluta **envelope** [enn'viləop] kuvert **envious** [enn'viəs] avundsjuk **environment** [innvaj'ərənmənt] miljö; omgivning[ar] **envisage** [invizz'idsj] möta; föreställa sig **envoy** [enn'våj] sändebud **envy** [enn'vi] avund[sjuka]; avundas **epic** [epp'ikk] episk; epos **epidemic** [epidemm'ikk] epidemi; epidemisk **epidermis** [eppidə:'miss] överhud **epileptic** [epilepp'tikk] epileptiker **episcopalian** [ipiskəpej'ljən] medlem av episkopalkyrkan **episode** [epp'isåod] episod **epitaph** [epp'ita:f] epitaf, gravskrift **epoch** [i:'påkk] epok **equal** [i:'kwəl] lika, likställd (*to* med); like, jämlike; *be equal to the occasion* vara situationen vuxen **equality** [i:kwåll'itti] jämlikhet, likställdhet **equally** [i:'kwəli] lika, i lika hög grad **equanimity** [i:kwənimm'itti] jämnmod **equation** [ikwej'sjən] ekvation **equator** [ikwej'tə] ekvator **equestrian** [ikwess'triən] ryttar-; ryttare **equinox** [i:'kwinåkks] dagjämning **equip** [ikwipp'] utrusta, ekipera **equipment** [ikwipp'mənt] utrustning **equity** [ekk'witti] rimlighet; rättvisa; sedvanerätt **equivalent** [ikwivv'ələnt] lika, likvärdig **equivocal** [ikwivv'əkl] tvetydig; oviss **eradicate** [irädd'ikejt] utrota **erase** [irejz'] radera **eraser** [irej'zə] kautschuk, radergummi **erect** [irekk't] upprätt, rak; uppresa; uppföra **ermine** [ə'minn] hermelin **erode** [iråo'd] erodera, fräta bort **erotic** [irått'ikk] erotisk **errand** [err'ənd] ärende, uträttning; *go on an errand* uträtta ett ärende **errand boy** [err'ənd båj] springpojke **erratic** [irätt'ikk] irrande, planlös; underlig; *erratic block* flyttblock **erroneous** [iråo'njəs] felaktig **error** [err'ə] fel, misstag **erudition** [errodisj'ən] lärdom **eruption** [irapp'sjən] utbrott **escalate** [ess'kəlejt] utvidga, trappa upp **escalator** [ess'kəlejtə] rulltrappa **escape** [isskejp'] fly, undkomma; undgå, undfalla; flykt, rymning **eschew** [isstjo:'] undvika **escort** [ess'kå:t] eskort; [iskå:'t] eskortera **Eskimo** [ess'kimåo] eskimå- **espalier** [isspall'jə] spaljé **especially** [ispesj'əli] särskilt **espionage** [esspiəna:'sj] spionage **espouse** [ispao'z] gifta sig med; ansluta sig till **Esq.** (förk. för *esquire* [iskwaj'ə] väpnare) Herr (i adresser, står efter namnet) **essay** [ess'ej] essä, uppsats **essence** [ess'ns] väsen; huvudinnehåll; essens **essential** [isenn'sjəl] väsentlig **establish** [isstabb'lisj] etablera, upprätta, inrätta, fastställa, grunda **established** [isstabb'lisjt] vedertagen; *established church* statskyrka **establishment** [isstabb'lisjmənt] etablissemang, inrättning; upprättande, införande; *the Establishment* det bestående samhället, etablissemanget **estate** [isstejt'] jorda-gods, egendom; *real (personal) estate* fast (lös) egendom; *estate of a deceased person* dödsbo **estate agent** [isstejt ej'dsjənt] fastighetsmäklare **estate owner** [isstejt å'onə] godsägare **estates** [istej'ts] ständer **esteem** [issti:'m] respekt, högaktning; uppskatta **esteemed** [isti:'md] ansedd, aktad **estimate** [ess'timejt] uppskatta, beräkna; överslag, förhandsberäkning **estimation** [esstimej'sjən] uppskattning **estrange** [istrej'ndsj] göra främmande; stöta bort **estuary** [ess'tjoəri] flodmynning **etch** [ettsj] etsa **etching** [ett'sjing] etsning **eternal** [itə'nl] evig **eternal-triangle drama** triangeldrama **eternity** [itə'nitti] evighet **ethical** [eθ'ikəl] etisk **ethics** [eθ'ikks] etik **etiquette** [ettikett'] etikett, umgängesformer **Europe** [jo:'ərəp] Europa **European** [joərəpi:'ən] europeisk; europé **evacuate** [ivakk'joejt] evakuera, utrymma **evacuation** [ivakkjoej'sjən] utrymning, evakuering; avföring **evade** [ivej'd] undvika, undgå **evaporate** [ivapp'ərejt] avdunsta **evasion** [ivej'sjən] undvikande; undanflykt[er] **evasive** [ivej'sivv] undvikande; *evasive action* undanmanöver **eve** [i:v] afton, dag före helg **even** [i:'vən] jämn; [ut]jämna; redan *even then* redan då; *not even* inte ens; *even out* jämna **evening** [i:'vning] afton, kväll **event** [ivenn't] händelse, evenemang; *at all events* i alla händelser **eventful** [ivenn'tfoll] händelserik

eventually — excrete 260

eventually [ivenn'tjoəli] slutligen, till slut **ever** [evv'ə] någonsin; *ever since* alltifrån; *ever since then* alltsedan dess; *ever so* väldigt; *for ever* för alltid, i evighet; *hardly ever* nästan aldrig **evergreen** [evv'əgri:n] ständigt grön [växt] **everlasting** [evvəla:'sting] ständig; evig **every** [evv'ri] var, varje, varenda; *every now and then* då och då; *every other* varannan; *every fourth* var fjärde **everybody** [evv'ribåddi] var [och en] alla; *everybody else* alla andra **everyday** [evv'ridej] vardaglig; *everyday clothes* vardagskläder; *in everyday life* i vardagslag; *everyday speech* dagligt tal **everyone** [evv'riwann] alla, varenda en **everything** [evv'riθing] allt, allting **everywhere** [evv'riwɑ:ə] överallt **evict** [i:vikk't] vräka, avhysa **eviction** [i:vikk'sjən] vräkning **evidence** [evv'idəns] bevis; vittnesmål **evidently** [evv'idəntli] självfallet, tydligen **evil** [i:'vl] elak, ond; ont, ondska; *a necessary evil* ett nödvändigt ont **evoke** [ivåo'k] frammana, väcka **evolution** [i:vəlo:'sjən] utveckling **evolve** [ivåll'v] utveckla [sig]; härleda[s] **ewe** [jo:] tacka, fårhona **exact** [iggzäkk't] exakt **exacting** [iggzäkk'ting] fordrande **exactly** [iggzäkk'tli] noga, exakt, just; *not exactly* inte precis; *that's exactly it!* just det! **exactness** [iggzäkk'tniss] exakthet **exaggerate** [iggzädd'sjərejt] överdriva **exaggeration** [iggzäddsjərej'sjən] överdrift **exam[ination]** [iggzämm(inej)'sjən] granskning, undersökning; examen, tentamen, prövning; *written examination* [skol]skrivning **examine** [iggzämm'inn] granska, undersöka, mönstra; förhöra, pröva; vittja (*nät*) **example** [iggza:'mpl] exempel; föredöme; *set an example* föregå med gott exempel **exasperate** [iggza:'sprejt] reta, förbittra **excavation** [ekkskəvej'sjən] utgrävning **exceed** [ikksi:'d] övergå, överstiga, överskrida **exceedingly** [ikksi:'dingli] ytterst, i högsta grad **excell** [ikksell'] överträffa; vara bäst, excellera **excellent** [ekk'sələnt] utmärkt, förträfflig **except** [ikksepp't] utom, med undantag av; *all except me* alla utom jag **exception** [ikksepp'sjən] undantag; *take exception to* ogilla **exceptional** [ikksepp'sjənl] ovanlig, exceptionell; *in exceptional cases* undantagsvis **excess** [ikksess'] övermått; självsvält; *excesses* utsvävningar **excessive** [ikksess'ivv] omåttlig, överdriven; *excessive price* överpris **exchange** [ikkstsjej'ndsj] [ut]växla, utbyta; [ut]byte; börs; [telefon]växel; *exchange of flats* våningsbyte **exchequer** [ikkstsjekk'ə] skattkammare; *Chancellor of the Exchequer* finansminister **excise** [eksaj'z] accis **excite** [ikksaj't] upphetsa **excited** [ikksaj'tidd] uppjagad, upphetsad **excitement** [ikksaj'tmənt] uppståndelse, upphetsning; oro, spänning **exciting** [ikksaj'ting] upphetsande, spännande, medryckande **exclaim** [ikksklej'm] utropa, utbrista **exclamation** [ekksklәmej'sjən] utrop **exclamation mark** [ekksklәmej'sjən ma:k] utropstecken **exclude** [ikksklo:'d] utesluta **excluding** [ikksklo:'ding] exklusive **exclusion** [ikksklo:'sjən] (*subst.*) uteslutande **exclusive** [ikksklo:'sivv] exklusiv **exclusively** [ikksklo:'sivvli] uteslutande **excrete** [ekkskri:'t] avsöndra

excursion — explosive

excursion [ikkskə:'sjən] utflykt, utfärd; strövtåg **excuse** [ikkskjo:'z] ursäkta, urskulda, rättfärdiga; [ikkskjo:'s] ursäkt; återbud; undanflykt; *excuse me!;* ursäkta!; *you are excused* du kan (får) gå **execute** [ekk'sikjo:t] utföra; avrätta **execution** [ekksikjo:'sjən] utförande; avrättning, exekution **executive** [iggzekk'jotivv] verkställande **exempt** [iggzemm't] befriad; befria **exemption** [iggzemm'pʃən] befrielse, frikallande, dispens **exercise** [ekk'səsajz] motion, kroppsrörelse; skrivning; utöva; *exercise control* utöva kontroll [iggzə:'t] använda; *exert o.s.* anstränga sig; *exerting all one's strength* med uppbjudande av alla sina krafter **exertion** [iggzə:'ʃən] [kraft]ansträngning **exhale** [ekkshej'l] utandas **exhaust** [iggzå:'st] uttömma; avgas **exhaust pipe** [iggzå:'st pajp] avgasrör **exhausted** [iggzå:'stidd] utmattad, urlakad **exhaustive** [iggzå:'stivv] uttömmande, fullständig **exhibit** [iggzibb'itt] exponera, utställa **exhibition** [ekksibisj'ən] utställning; *opening of an exhibition* vernissage **exhilarated** [iggzill'ərejtidd] upprymd **exhort** [iggzå:'t] uppmana **exigency** [ekk'sidsjnsi] nödläge; nödvändighet **exile** [ekk'sajl] exil, landsflykt; landsförvisa **exist** [iggziss't] existera, finnas till; föreligga **existence** [iggziss'təns] existens, tillvaro; *struggle for existence* kampen för tillvaron **existing** [iggziss'ting] befintlig, existerande **exit** [ekk'sitt] utgång **exit permit** [ekk'sitt pə:'mitt] utreseti!lstånd **exorbitant** [iggzå:'bitənt] omåttlig, oerhörd **expand** [ikkspänn'd] expandera, utvidga **expanse** [ikkspänn's] vidd, yta **expansion** [ikkspänn'sjən] expansion, utvidgning **expatriate** [ekkspätt'riejt] landsförvisa **expect** [ikkspekk't] vänta, förvänta, vänta sig; *better than expected* över förväntan bra; *expectant mother* blivande mor **expectation** [ekkspekktej'sjən] förväntan, förhoppning **expedient** [ikkspi:'djənt] fördelaktig, lämplig; utväg, medel **expedition** [ekkspidisj'ən] upptäcktsresa, expedition **expel** [ikkspell'] utstöta, utesluta **expendable package** [ikkspenn'dəbl päkk'iddsj] engångsförpackning **expenditure** [ikkspenn'ditsjə] förbrukning; utgifter **expense** [ikkspenn's] utgift, utlägg, bekostnad; *at the expense of* på bekostnad av **expensive** [ikkspenn'sivv] dyr, dyrbar, påkostad **experience** [ikkspi:'riəns] erfarenhet, upplevelse, vana; erfara, uppleva; *get experience* praktisera, lära sig ett yrke **experienced** [ikkspi:'riənst] erfaren, van, rutinerad **experiment** [ikksperr'imənt] experiment; experimentera **expert** [ekk'spə:t] expert, sakkunnig, kännare **expert knowledge** [ekk'spə:t nåll'iddsj] sakkunskap **expiration** [ekkspajərej'sjən] utandning **expire** [ikkspaj'ə] gå till ända; avlida **explain** [ikksplej'n] förklara; *explain away* bortförklara **explanation** [ekksplənej'sjən] förklaring **explicable** [ekk'splikkəbl] förklarlig **explicit** [ikkspliss'itt] uttrycklig **explode** [ikksplåo'd] explodera **exploit** [ekk'splåjt] bragd, bedrift; [ikksplåj't] utnyttja **explore** [ikksplå:'] utforska, undersöka **explorer** [ikksplå:'rə] forskningsresande, upptäcktsresande **explosion** [ikksplåo'sjən] explosion, krevad **explosive**

export — facing 262

[ikksplåo'sivv] sprängämne; explosiv **export** [ekk'spå:t] export, utförsel; [ekkspå:'t] exportera **expose** [ikkspåo'z] utsätta (*to* för); exponera (*film*) **exposed** [ikkspåo'zd] utsatt, blottställd **exposure** [ikkspåo'sjə] exponering **express** [ikkspress'] uttrycka; uttrycklig; *express a wish* uttala en önskan **express goods** [ikkspress' goddz] ilgods **expression** [ikkspressj'ən] min; uttryck **expressive** [ikkspress'ivv] uttrycksfull **expressly** [ikkspress'li] uttryckligen **express train** [ikkspress' trejn] snälltåg **exquisite** [ikk'skwizitt] utsökt, raffinerad **extend** [ikkstenn'd] utsträcka [sig] **extension** [ikkstenn'sjən] utbredning, utsträckning **extension flex** [ikkstenn'sjən flekks] skarvsladd **extensive** [ikkstenn'sivv] omfattande, omfångsrik, vidsträckt **extent** [ikkstenn'ːt] omfattning, omfång, utsträckning, vidd; *to a great extent* i hög grad, i stor utsträckning; *to some extent* i viss mån **extenuate** [ekkstenn'joejt] förringa; förmildra **exterior** [ekksti:'əriə] exteriör, yttre **exterminate** [ekkstə:'minejt] utrota **external** [ekkstə:'nl] yttre, utvändig; *for external use* för utvärtes bruk **externally** [ekkstə:'nəli] till det yttre **extinct** [ikksting'kt] utdöd **extinguish** [ikksting'gwisj] släcka; förinta **extort** [ikkstå:'t] utpressa, framtvinga, avtvinga **extortion** [ikkstå:'sjən] utpressning, utsugning **extra** [ekk'strə] extra **extract** [ekk'sträkkt] utdrag; extrakt; [ikksträkk't] utvinna **extraction** [ikksträkk'sjən] utdragning; härkomst **extradition** [ekkstrədisj'ən] utlämning (*av brottsling*) **extra-marital** [ekk'strəməraj'tl] utomäktenskaplig **extraordinarily** [ikkstrå:'dnrili] särdeles, utomordentligt **extraordinary** [ikkstrå:'dnri] utomordentlig **extravagant** [ikksträvv'igənt] extravagant, slösaktig; överdriven **extravasation** [ekkstrəvv'vəsej'sjən] utgjutning **extreme** [ikkstri:'m] ytterlig, extrem; ytterlighet; *go to extremes* gå till överdrift **extremely** [ikkstri:'mli] synnerligen, ytterst; *extremely bad* urusel; *extremely old* urgammal **extricate** [ekk'strikejt] lösgöra, befria **extrovert** [ekk'strəovə:t] (*bildl.*) utåtriktad **exuberance** [iggzjo:'brəns] överflöd; översvallande glädje **eye** [aj] öga; hyska; *have a sure eye* ha gott ögonmått; *keep an eye on* hålla ett öga på; *have one's eyes opened to* få upp ögonen för; *see eye to eye with* vara helt ense med **eyeball** [aj'bå:l] ögonglob **eyebrow** [aj'brao] ögonbryn **eyeglass** [aj'gla:s] monokel **eyeglasses** [aj'gla:siz] glasögon; pincené **eyelash** [aj'lasj] ögonfrans **eyelid** [aj'lidd] ögonlock **eyesight** [aj'sajt] syn **eye-witness** [aj'witt'niss] ögonvittne **fabric** [fäbb'rikk] väv, tyg **fabrication** [fäbbrikej'sjən] påhitt, lögn **fabulous** [fäbb'joləs] sagolik **façade** [fəsa:'d] fasad **face** [fejs] ansikte; fasad; vetta mot; oförskräckt möta; *on the face of it* ytligt sett; *face death* se döden i vitögat **face-cream** [fej'skri:m] hudkräm **facet** [fäss'itt] fasett **facetious** [fəsi:'sjəs] skämtsam **face value** [fej'sväljo] nominellt värde **facial** [fej'sjəl] ansikts- **facilitate** [fəsill'itejt] underlätta **facilities** [fəsill'ittizz] anordningar, hjälpmedel **facility** [fəsill'itti] lätthet **facing** [fej'-

fact — fashionable

sing] [upp]slag (*på plagg*) **fact** [fäkkt] faktum **factor** [fäkk'tə] faktor **factory** [fäkk'təri] fabrik **factory owner** [fäkk'təri åo'nə] fabrikör **factual error** [fäkk'tjoəl err'ə] sakfel **faculty** [fäkk'əlti] förmåga, fallenhet; fakultet **fade** [fejd] vissna; blekna; mattas **faded** [fej'didd] vissen; urblekt **fag** [fägg] slita, knoga; slit, knog; cigarrett **fail** [fejl] misslyckas, slå slint; svika; underlåta; få underbetyg, bli underkänd **failure** [fej'ljə] misslyckande; *engine failure* motorstopp **faint** [fejnt] svimma; matt, svag; svimning **fair** [få:'ə] ljushårig, ljus; just, ärlig; mässa, marknad; *fair copy* renskrift; *fair play* rent spel **fair-ground** [få:'əgraond] nöjesfält **fairly** [få:'əli] någorlunda, tämligen, ganska **fairy** [få:'əri] älva **fairy-tale** [få:'əritejl] saga **faith** [fejθ] förtroende; tro; *in good faith* i god tro **faithful** [fej'θfoll] trogen, plikttrogen; *Yours faithfully* högaktningsfullt **faithfulness** [fej'θfollniss] trohet **faithless** [fej'θliss] trolös **fake** [fejk] förskena; förfalska; förfalskning **falcon** [få:'lkən] falk **fall** [få:l] falla, störta, stupa; mynna (*om flod*); fall; (Am.) höst; *the Fall* (*of man*) syndafallet; *fall asleep* somna; *fall in love* förälska sig (*with* i); *fall into the hands of* råka i händerna på; *fall over* välta, ramla omkull **fallacy** [fäll'əsi] bedräglighet **fallen** [få:'lən] perf. part. av *fall* **fallow** [fäll'åo] *lie fallow* ligga i träda **fallow-deer** [fäll'åodi:ə] [dov]hjort **false** [få:ls] falsk, oäkta; *false start* tjuvstart; *false step* felsteg; *false teeth* löständer **falsehood** [få:'shodd] lögn[er] **falseness** [få:'lsniss] falskhet **falsification** [få:'lsifikej'sjən] förfalskning **falsify** [få:'lsifaj] förfalska **falter** [få:'ltə] stappla; stamma; tveka **fame** [fejm] rykte, ryktbarhet **familiar** [fəmill'jə] förtrogen, känd **family** [fämm'illi] familj, släkt, ätt **family trait** [fämm'illi trej] släktdrag **famine** [fämm'inn] hungersnöd **famished** [fämm'isjt] svulten **famous** [fej'məs] berömd, ryktbar **fan** [fänn] fläkt; solfjäder; idoldyrkare; fläkta; underblåsa **fan belt** [fänn' bellt] fläktrem **fanatic** [fənätt'ikk] fanatisk **fanciful** [fänn'sifoll] fantasifull, fantasi-; fantastisk **fancy** [fänn'si] fantasi; infall; förkärlek; föreställa sig; tycka om; fantasi-, lyx- **fance dress** [fänn'sidress'] maskeraddräkt **fancy [dress] ball** [fänn'si(dress)bå:l'] maskerad **fang** [fäng] bete, huggtand **fantastic** [fänntass'tikk] fantastisk **far** [fa:] långt; fjärran, avlägsen; *the Far East* Fjärran östern; *by far* ojämförligt; *far and wide* vitt och brett; *as far as* ända till; vitt; *as far as I know* så vitt jag vet; *so far* hittills **farce** [fa:s] fars, spex **fare** [få:'ə] biljettpris, taxa; kost; *bill of fare* matsedel **farewell** [få:'əwell'] farväl **far-fetched** [fa:'fetsjt] långsökt **farm** [fa:m] bondgård, lantgård **farmer** [fa:'mə] bonde, jordbrukare; lantbrukare **farm labourer** [fa:'m lej'bərə] statare **farm worker** [fa:'m wə:kə] lantarbetare **farm-yard** [fa:'mja:d] kringbyggd gårdsplan **far-reaching** [fa:'ri:'tsjing] vittgående, vittomfattande **farther** [fa:'ðə] längre **farthest** [få'ðisst] längst **fascinate** [fass'inejt] fascinera, fängsla **Fascism** [fäsj'izəm] fascism **fashion** [fäsj'ən] mod **fashionable** [fäsj'nəbl] modern;

fashion model — fertilization 264

elegant **fashion model** [fäsj'ən mådd'l] mannekäng **fashion show** [fäsj'ən sjåo] mannekänguppvisning **fast** [fa:st] fast; snabb; före **fasten** [fa:'sn] fästa **fastidious** [fässtidd'iəs] kräsen **fastness** [fa:'stniss] fasthet; snabbhet; fästning **fat** [fätt] fett; fet **fatal** [fej'tl] ödesdiger, fatal; *fatal accident* dödsolycka **fate** [fejt] (*subst.*) öde **father** [fa:'ðə] far **father-in-law** [fa:'ðərinnlå:] svärfar **fathom** [fäð'əm] famn (*mått*) **fatigue** [fəti:'g] trötthet **fatness** [fätt'niss] fetma **fatten** [fätt'n] göda (*djur*) **fattening** [fätt'ning] fettbildande **fatty** [fätt'i] fet (*om kött*) **fatuous** [fätt'jos] enfaldig **faucet** [få:'sitt] kran **fault** [få:lt] (*subst.*) fel; *find fault with* anmärka på, klandra **faultless** [få:'ltliss] felfri **faulty** [få:'lti] felaktig **fauna** [få:'nə] fauna **favour** [fej'və] gynna; gunst; tjänst; *out of favour* i onåd; *ask a favour of s.b.* be ngn om en tjänst **favourable** [fej'vərəbl] gynnsam **favourite** [fej'vəritt] favorit, gunstling; favorit- **fear** [fi:'ə] frukta, befara; fruktan, rädsla **fearless** [fi:'əliss] orädd **feasible** [fi:'zəbl] utförbar, möjlig **feast** [fi:st] festa **feat** [fi:t] hjältedåd, prestation **feather** [feð'ə] [fågel]fjäder **feature** [fi:'tsjə] [anlets]drag **February** [febb'roəri] februari **fed** [fedd] imperf. och perf. part. av *feed; fed up with* trött på, utled på **federal** [fedd'ərəl] förbunds-, federal **Federal Chancellor** förbundskansler **federation** [feddərej'sjən] förbund, förening; *federation of trade unions* fackförbund **fee** [fi:] avgift; arvode, honorar **feeble** [fi:'bl] klen, svag **feed** [fi:d] mata, föda, fodra; foder **feeding stuff** [fi:'ding staff] [kreaturs]foder **feel** [fi:l] känna (sig), må, kännas; *feel like* ha lust att; *feel poorly* må illa; *feel sick* må illa, vilja kräkas **feeler** [fi:'lə] trevare **feeling** [fi:'ling] känsla, inlevelse; känsel, känslig, lättrörd; *have a feeling* känna på sig, ha på känn **feeling insight** [fi:'ling inn'sajt] inlevelse **feet** [fi:t] (*pl* av *foot* [fott]) fötter **feign** [fejn] låtsa **felicitate** [filliss'itejt] lyckönska **feline** [fi:'lajn] kattlik **fell** [fell] **1** fäll, skinn **2** fälla, hugga ner **3** imperf. av *fall* **fellow** [fell'åo] kamrat, make, like; medlem **fellow-actor** [fell'åoakk'tə] medspelare **fellow-countryman** [fell'åokann'trimən] landsman **fellow-creature** [fell'åokri:'tsjə] medmänniska **fellow-passenger** [fell'åopäss'inndsjə] medpassagerare **fellow-student** [fell'åostjo:'dənt] studentkamrat **felon** [fell'ən] brottsling **felt** [fellt] **1** filt (*material*) **2** imperf. och perf. part. av *feel* **female** [fi:'mejl] hona; kvinna; kvinnlig, hon- **feminine** [femm'ininn] kvinnlig, feminin **fen** [fenn] kärr, sank mark **fence** [fenns] stängsel, staket, gärdsgård; fäkta **fend** [fennd] avvärja; *fend for o.s.* klara sig själv **fender** [fenn'də] skydd, stötfångare; (*Am.*) stänkskärm **fenland** [fenn'lännd] sumpmark **ferment** [fə:menn't] jäsa; [fə:'ment] jäsämne, jäsning **fermentation** [fə:menntej'sjən] jäsning **fern** [fə:n] ormbunke **ferocious** [fəråo'sjəs] grym, vild **ferret** [ferr'itt] vessla; spåra upp, snoka **ferry** [ferr'i] färja **ferry service** [ferr'i sə:'viss] färjförbindelse **fertile** [fə:'tajl] bördig, fruktbar **fertility** [fə:till'itti] fruktbarhet **fertilization** [fə:tilajzej'sjən] befruktning **fertilize** [fə:'tilajz] göda (*jord, växter*); befrukta **fertilizer** [fə:'tilajzə] gödningsämne **fertilizing** [fə:'-tilajzing] gödning **fervent** [fə:'vnt] innerlig, het **fester** [fess'tə] vara sig (*om sår*) **festival** [fess'təvəl] fest; högtidlig, helg; festival **festive** [fess'tivv] festlig **festivity** [festivv'itti] högtidlighet; feststämning **festoon** [festo:'n] girland **fetch** [fettsj] hämta; *go and fetch* gå efter, hämta **fetching** [fett'sjing] tilltalande; näpen **fête** [fejt] fest; fira **fetter** [fett'ə] fängsla, fjättra **feud** [fjo:d] fejd **feudal** [fjo:'dl] feodal, läns- **fever** [fi:'və] feber **feverish** [fi:'vərisj] febrig **few** [fjo:] (*pron.*) få; *a few* ett fåtal, några få **fiancé** [fia:'nsej] fästman **fiancée** [fia:'nsej] fästmö **fiasco** [fiäss'kåo] fiasko; *be a fiasco* göra fiasko **fib** [fibb] nödlögn; narras **fibre** [faj'bə] fiber **fibreboard** [faj'bəbå:d] träfiberplatta **fiction** [fikk'sjən] skönlitteratur **fiddle** [fidd'l] fiol, fela; *as fit as a fiddle* pigg som en mört **fidelity** [fidell'itti] trofasthet **fidgety** [fidd'sjitti] bråkig (*om barn*); nervös **field** [fi:ld] fält, åker; område, gebit **field events** [fi:'ld ivenn'ts] hopp- och kasttävlingar **field fare** [fi:'ld fä:ə] snöskata **field-glass** [fi:'ldgla:s] kikare **fiend** [fi:nd] djävul; fantast **fierce** [fi:'əs] vild, grym **fiery** [faj'əri] eldig, hetsig **fife** [fajf] liten flöjt **fifth** [fiffθ] femte; femtedel **fifteen** [fiff'ti:'n] femton **fifteenth** [fiff'ti:'nθ] femtonde **fiftieth** [fiff'tiiθ] femtionde **fifty** [fiff'ti] femtio **fig** [figg] fikon; *not a fig* inte ett dugg **fight** [fajt] slagsmål, strid; strida, slåss, kämpa; *fight* [*out*] utkämpa **fighter** [faj'tə] [slags]kämpe; *fighter* [*aircraft*] jaktplan **fighting mood** [faj'ting mo:d] stridshumör **figure** [figg'ə] figur, gestalt, skepnad; siffra, figurera, förekomma; *figure out* räkna ut **figure-skating** [figg'əskejting] konståkning **file** [fajl] fila; arkivera; fil; mapp, [samlings]pärm; *single* (*Indian*) *file* gåsmarsch **filial** [fill'jəl] sonlig, dotterlig **filibuster** [fillibass'tə] fribytare; (*Am.*) långpratare i senaten **fill** [fill] fylla, plombera, stoppa; *fill up* fylla i, tanka; *fill her up!* full tank! **fillet** [fill'itt] filé; *fillet of beef* oxfilé **filling** [fill'ing] plomb; fyllning **filling station** [fill'ing stej'sjən] bensinstation **filling-up** [fill'ingapp'] påfyllning **film** [fillm] (tunn) hinna, skikt; film; filma **film strip** [fillm stripp] stillfilm **filter** [fill'tə] filter **filthy** [fill'θi] svinaktig, oanständig **fin** [finn] fena **final** [faj'nl] slutlig, slutgiltig; (*sport.*) final; *enter the finals* gå till finalen **finale** [fina:'li] final (*i musik*) **finally** [faj'nəli] slutligen **finance** [fajnänn's] finansiera **finances** [fajnänn'sizz] finanser **financial** [fajnänn'sjəl] ekonomisk, penning-; *financial position* ekonomi, affärsställning; *financial year* räkenskapsår **financier** [fajnänn'siə] finansman **finch** [finntsj] fink **find** [fajnd] finna, hitta, anträffa; fynd; *find ... again* återfinna; *find out* komma underfund med, få reda på; *find the way* hitta (vägen) **finder** [faj'ndə] upphittare; [kamera]sökare **fine** [fajn] fin; böter; bötfälla **fine-looking** [faj'nlokking] grann, ståtlig **finesse** [finess'] finess **finger** [fing'gə] finger; fingra på; *keep one's fingers*

fingerprint — flash

crossed for s.b. hålla tummarna för ngn **fingerprint** [fing'gəprinnt] fingeravtryck **finish** [finn'isj] avsluta, göra färdig, sluta; äta upp, dricka ur; ytbehandling; *(sport.)* upplopp **finished** [finn'isjt] färdig; slut; *finished and done* undanstökad **finishing** [finn'isjing] appretur **Finland** [finn'lənd] Finland **Finn** [finn] finne **Finnish** [finn'isj] finsk **fir** [fə:] fura, barrträd **fire** [faj'ə] brand, eld[svåda], brasa; avfyra; antända; *in case of fire* vid eldsvåda; *catch fire* fatta eld **fire-arms** [faj'əra:mz] skjutvapen **fire-brigade** [faj'əbrigedd] brandkår **fire-engine** [faj'ərenndsjinn] brandspruta **fire-escape** [faj'əriskejp] brandstege **fire-extinguisher** [faj'ərikkstinggwisjə] eldsläckare **fire-ladder** [faj'əläddə] brandstege **fireman** [faj'əmən] brandsoldat **fireplace** [faj'əplejs] öppen spis, eldstad **fireproof** [faj'əpro:f] eldfast **fireside** [faj'əsajd] plats vid öppna spisen; *by the fireside* vid brasan **firewood** [faj'əwood] ved **fireworks** [faj'əwə:ks] fyrverkeri **firm** [fə:m] fast, hård; firma **firmness** [fə:'mniss] stadga, fasthet **first** [fə:st] först, främst; första, främsta; *at first* till att börja med, först; *first of all* först och främst; *the first that comes* första bästa; *first night* premiär; *in the first place* för det första **first-aid bandage** [fə:'stejd bänn'diddsj] första förband **first-class** [fə:'stkla:'s], **first-rate** [fə:'strej't] förstklassig **firth** [fə:θ] fjord **fish** [fisj] fisk, fiska **fisherman** [fisj'əmən] fiskare **fish-hook** [fisj'hokk] metkrok **fishing** [fisj'ing] fiske **fishing-boat** [fisj'ingbåot] fiskebåt **fishing-line** [fisj'inglajn] [met]rev **fishing-rod** [fisj'ingrådd] metspö **fishmonger's** [fisj'manggəz] fiskaffär **fission** [fisj'ən] klyvning **fissure** [fisj'ə] klyfta, spricka; klyvning **fist** [fisst] [knyt]näve **fit** [fitt] passa, avpassa; lämplig, passande; pigg, i form; [sjukdoms]anfall; *the skirt is a good fit* kjolen sitter bra; *as fit as a fiddle* pigg som en mört; *fit for nothing* slagen till slant; *fit for work* arbetsför; *fit up* inreda; *fitted carpet* heltäckande matta **fitness** [fitt'niss] lämplighet **fitter** [fitt'ə] montör **fittings** [fitt'ingz] utrustning; maskindelar; armatur **five** [fajv] fem; femma **fiver** [faj'və] fempundsedel **fix** [fikks] bestämma, avtala *(tid)*, fastställa; fästa, fixera, sätta fast; *(subst.)* knipa **fixed** [fikkst] bestämd *(om tid)*; fastgjord, fastsatt *(to* o); *fixed to the wall* väggfast **fizz** [fizz] fräsa, mussera; champagne **flabbergast** [fläbb'əga:st] slå med häpnad, förbluffa **flabby** [fläbb'i] slapp, slak **flag** [flägg] *(subst.)* flagga, flagga; *fly the flag* flagga **flagging** [flägg'ing] avmattning **flag-pole** [flägg'påol] flaggstång **flagrant** [flejg'rnt] uppenbar; skändlig **flair** [flä:'ə] väderkorn **flak** [fläkk] luftvärn **flake** [flejk] flaga, flinga; flagna; *shed flakes* flana **flamboyant** [flämm'båjnt] färggrann **flame** [flejm] flamma, låga; *(verb)* flamma **flank** [flängk] flankera, sida, flank; *thick flank* innanlår **flannel** [flänn'l] flanell **flannels** [flänn'lz] flanellkostym, flanellbyxor **flap** [fläpp] flik, klaff, [källar]lucka; slå, smalla **flare** [flä:'ə] fladdra; bloss; *flare up* brusa upp **flash** [fläsj] blixtra; prål; *flash of genius* snilleblixt; *a flash of lightning* en blixt;

flashlight — foil

in a flash i ett huj **flashlight** [fläsj'lajt] *(Am.)* ficklampa **flashover** [fläsj'åovə] *(elektriskt)* överslag **flask** [fla:sk] fickflaska, plunta **flat** [flatt] lägenhet, våning; flat, platt; fadd **flat-foot** [flätt'fott] plattfotad **flat-iron** [flätt'aj·ən] strykjärn **flat-race** [flätt'rejs] slätlöpning **flatter** [flätt'ə] smickra **flattering** [flätt'əring] smickrande **flavour** [flej'və] smaksätta, krydda; smak, arom; *extraneous flavour* bismak **flaw** [flå:] skavank **flax** [flakks] lin **flea** [fli:] loppa **fled** [fledd] imperf. och perf. part. av *flee* **flee** [fli:] fly; *flee from* undfly **fleece** [fli:s] skinn, ull; klippa (får); skinna **fleet** [fli:t] flotta **Flemish** [flemm'isj] flamländsk **flesh** [flesj] kött **flew** [flo:] imperf. av *fly* **flex** [flekks] sladd **flexible** [flekk'səbl] böjlig, flexibel, smidig; *flexible cord* sladd **flick** [flikk] knäpp; *the flicks* bio **flicker** [flikk'ə] fladdra *(om låga)* **flier** [flaj'ə] flygare **flight** [flajt] flykt; flygning, flygtur; *flight of stairs* trappa **flimsy** [flimm'zi] svag, bräcklig **flinch** [flinntsj] rygga tillbaka, rycka till **fling** [fling] slunga, kasta **flint** [flinnt] flinta **flip** [flipp] knäppa iväg; slå till; knäpp **flippant** [flipp'ənt] vanvördig **flirt** [flə:t] flörta; flort **flit** [flitt] fladdra *(om fågel)* **float** [flåot] flyta, sväva, vaja, dala; flöte **flock** [flåkk] flock, skara; flocka sig **floe** [flåo] isflak **flog** [flågg] slå, prygla **flood** [fladd] flod *(högvatten o. bildl.)*; syndaflod; översvämning; översvämma **floodlighting** [fladd'lajting] fasadbelysning **floor** [flå:] golv; våning; *on the first floor* på andra våningen, en trappa upp, *(Am.)* på första (botten-)våningen; *on the ground floor* på nedre botten; *on the second floor (Am.)* på andra våningen, en trappa upp **flop** [flåpp] flaxa; göra fiasko; fiasko **flora** [flå:'rə] flora **florid** [flårr'idd] blommande, prunkande **florist's** [flårr'ists] blomsterhandel **flounce** [flaons] volang **flounder** [flao'ndə] flundra; sprattla **flour** [flao'ə] mjöl **flourish** [flarr'isj] blomstra; stoltsera; svänga; fanfar **flow** [flåo] flöda, flyta, rinna; flöde **flower** [flao'ə] blomma **flower-bed** [flao'əbedd] [blom]rabatt **flower-pot** [flao'əpått] blomkruka **flowery** [flao'əri] blommig **flown** [flåon] perf. part. av *fly* **flu** [flo:] influensa **fluctuate** [flakk'tjoejt] fluktuera, variera **flue** [flo:] rökkanal **fluent** [flo:'ənt] ledig, flytande; *speak English fluently* tala engelska flytande **fluff** [flaff] ludd **fluid** [flo:'idd] vätska; flytande **fluke** [flo:k] plattfisk; hulling; tur **flung** [flang] imperf. och perf. part. av *fling* **flourescent tube** [flo:əress'nt tjo:'b] lysrör **flurry** [flarr'i] förvirring, oro; förvirra **flush** [flasj] spruta, spola **fluster** [flass'tə] upphetsa; förvirra; förvirring **flute** [flo:t] flöjt **flutter** [flatt'ə] flaxa, fladdra **flux** [flakks] flöde; flytning **fly** [flaj] fly; flyga, fluga; gylf **flyer** [flaj'ə] flygare **flying** [flaj'ing] flygning, flyg- **fly-over** [flaj'åovə] genomfartsled över gatunivå i stad **flywheel** [flaj'wi:l] svänghjul **foal** [fåol] föl **foam** [fåom] skum; skumma; *foam plastic* skumplast; *foam rubber* skumgummi **focal length** [fåo'kəl leng'θ] brännvidd **focus** [fåo'kəs] fokus **fodder** [fådd'ə] foder **foe** [fåo] fiende **fog** [fågg] dimma, tjocka **foil** [fåjl]

foist — foreign 268

folie; florett, besegra, gäcka **foist** [fåjst] *foist s.th. on to s.b.* pracka på ngn ngt **fold** [fåold] veck; vika, rynka; *fold up* falla ihop **folding** [fåo'lding] hopfällbar **folding chair** [fåo'lding tsjä:'ə] vilstol, fällstol **folding rule** [fåo'lding ro:l] tumstock **foliage** [fåo'liidsj] lövverk **folk-dance** [fåo'kda:ns] folkdans **folks** [fåoks] folk, människor **folk-song** [fåo'ksång] folkvisa **follow** [fåll'åo] följa; förstå **follower** [fåll'åoə] efterföljare; anhängare **following** [fåll'åoing] följande **folly** [fåll'i] dårskap **foment** [fəmenn't] badda; underblåsa **fond** [fånnd] *be fond of* hålla av, tycka om **fondle** [fånn'dl] smeka[s], kela **food** [fo:d] mat, föda, födoämne, foder **fool** [fo:l] dåre, tok; lura **foolhardy** [fo:'lha:di] våghalsig **foolish** [fo:'lisj] dåraktig **foolishness** [fo:'lisjniss] dumhet **foolproof** [fo:'lpro:f] idiotsäker **foolscap** [fo:'lzkäpp] pappershatt; skrivpapper (i folioformat) **foot** [fott] (*pl* **feet** [fi:t]) fot; *go on foot* till fots **football** [fott'bå:l] fotboll **football player** [fott'bå:l plejə] fotbollsspelare **football-pools** [fott'bå:lpo:lz] [fotbolls]tips **footfall** [fott'få:l] ljud av steg **foothold** [fott'håold] fotfäste **footing** [fott'ing] *be on a friendly footing with* stå på god fot med; *gain a footing* vinna insteg **footlights** [fott'lajts] ramp[ljus] **footman** [fott'mən] betjänt **footnote** [fott'nåot] fotnot **footpath** [fott'pa:θ] gångstig **footprint** [fott'print] fotspår **footstep** [fott'stepp] fotsteg **footstool** [fott'sto:l] pall **for** [få:] (*prep.*) för; av; på, i (*om tid*); om; (*adv.*) för, ty; *I for one* jag för min del; *for and against* för och emot; *what is the German for it?* vad heter det på tyska?; *I haven't been home for ten years* jag har inte varit hemma på tio år **forage** [fårr'idsj] foder; plundring; plundra **forbad[e]** [fəbejd'] *imperf. av* forbid **forbear** [få:bä:'ə] låta bli **forbearance** [få:bä:'ərns] uraktlåtenhet; tålamod **forbid** [fəbidd'] förbjuda **forbidden** [fəbidd'n] olovlig, otillåten **forbidding** [fəbidd'ing] avskräckande, frånstotande **force** [få:s] kraft, styrka; våld; tvinga; *by force* med våld; *by force of habit* av gammal vana; *come into force* träda i kraft; *force aside* undantränga; *force s.th. on s.b.* påtvinga ngn ngt; *force through* driva igenom; *force o.s. upon* tränga sig på; *force one's way* tränga fram **forced** [få:st] tvungen; tvångs-, nöd-; *forced labour* tvångsarbete **forcible** [få:'səbl] kraftig; tvångs- **forcibly** [få:'səbli] med våld **ford** [få:d] vadställe; vada över **fore** [få:] främre; (*sjö.*) för, förut; *bring to the fore* aktualisera, föra på tal **forearm** [få:'ra:m] underarm **foreboding** [få:båo'ding] varsel **forecast** [få:'ka:st] prognos **forecastle** [fåo'ksl] (*sjö.*) skans **forefinger** [få:'finggə] pekfinger **foregone conclusion** [få:'gånn kənklo:'sjən] förutfattad mening, given sak **foreground** [få:'graond] förgrund **forehead** [fårr'idd] panna **foreign** [fårr'inn] utländsk, främmande; *the Ministry for Foreign Affairs* utrikesdepartementet; *foreign exchange* utländsk valuta; *Foreign Minister* utrikesminister; *Foreign Office* (*engelska*) utrikesdepartementet; *Foreign Secretary* (*engelsk*) utrikesminister; *foreign politics* utrikespolitik; *foreign trade* utrikeshandel **foreigner** [fårr'innə] utlänning, främling **foreman** [få:'mən] arbetsledare, forman, bas **foremost** [få:'måost] främst, först **forenoon** [få:'no:n] förmiddag **forerunner** [få:'rannə] föregångare **foresee** [få:si:'] förutse **foresight** [få:'sajt] förutseende **forest** [fårr'isst] skog **forestall** [få:stå:'l] förekomma, föregripa **forester** [fårr'isstə] skogsvaktare **forestry** [fårr'isstri] skogsbruk **foretaste** [få:'tejst] försmak **foretell** [få:tell'] förutsäga **forewarn** [få:wå:'n] varsko **forfeit** [få:'fitt] förverka; förverkad **forgave** [fəgej'v] imperf. av *forgive* **forge** [få:dsj] smida; förfalska; smedja; *forging of documents* urkundsförfalskning **forget** [fəgett'] glömma; *I forget* jag har glömt **forgetful** [fəgett'foll] glömsk **forgive** [fəgivv'] förlåta **forgiven** [fəgivv'n] perf. part. av *forgive* **forgiveness** [fəgivv'niss] förlåtelse **forgo** [få:gåo'] avstå från, försaka **forgot** [fəgått'] imperf. av *forget* **forgotten** [fəgått'n] bortglömd **fork** [få:k] gaffel; grena sig **forlorn** [fəlå:'n] övergiven; hopplös **form** [få:m] form; skolklass; formulär, blankett; forma, bilda; *it is bad form* det passar sig inte; *matter of form* formsak **formal** [få:'məl] formell **formality** [få:mall'itti] formalitet **formation** [få:mej'sjən] formering, bildning **former** [få:'mə] förutvarande, förra, före detta **formerly** [få:'məli] förr [i världen], förut (*fordom*) **formidable** [få:'midəbl] fruktansvärd, väldig **formula** [få:'mjollə] formel **formulate** [få:'mjolejt] formulera **formulation** [få:mjolej'sjən] formulering **fornication** [få:nikej'sjən] otukt **forsake** [fəsej'k] övergе **forsaken** [fəsej'kn] perf. part. av *forsake* **forsook** [fəsokk'] imperf. av *forsake* **forsooth** [fəso:'θ] i sanning **fort** [få:t] fästning **forth** [få:θ] fram[åt]; bort, ut; *and so forth* och så vidare **forthcoming** [få:'θkammiŋ] förestående **forthwith** [få:'θwiθ] omedelbart **fortieth** [få:'tiθ] fyrtionde **fortify** [få:'tifaj] befästa **fortnight** [få:'tnajt] fjorton dagar; *every fortnight* var fjortonde dag **fortress** [få:'triss] fästning **fortunate** [få:'tsjnitt] lycklig **fortunately** [få:'tsjnittli] lyckligtvis **fortune** [få:'tsjən] förmögenhet; lycka **fortune-teller** [få:'tsjəntellə] spåman, spåkvinna **forty** [få:'ti] fyrtio **forward** [få:'wəd] eftersända, vidarebefordra, sända; *to be forwarded to* för vidarebefordran till; *look forward to* glädja sig åt, emotse **forwarding agent** [få:'wədiŋ ej'dsjənt] speditör **forwards** [få:'wədz] framlänges **foster** [fåss'tə] fostra; gynna **fought** [få:t] imperf. och perf. part. av *fight* **foul** [faol] skämd, oren; ojust; *foul play* ojust spel **found** [faond] **1** grunda, grundlägga, stifta, upprätta **2** gjuta, stöpa **3** imperf. och perf. part. av *find* **foundation** [faondej'sjən] grundval, grund; stiftelse **founder** [fao'ndə] grundare; gjutare; sjunka **foundry** [fao'ndri] gjuteri **fountain** [fao'ntinn] källa, fontän, springbrunn **fountain-pen** [fao'ntinnpenn] reservoarpenna **four** [få:] fyra **fourfold** [få:'fåold] fyrdubbel **four-leaf clover** [få:'li:f klåo'və] fyrklöver **four-stroke engine** [få:'stråok' enn'dsjinn] fyrtaktsmotor **fourteen** [få:'ti:'n] fjorton

fourteenth — front 270

fourteenth [fåːˈtiːˈnθ] fjortonde **fourth** [fåːθ] fjärde; fjärdedel **fowl** [faol] höns[fågel] **fox** [fåkks] räv **fox-trap** [fåkkˈsträpp] rävsax **fraction** [fräkkˈsjən] bråkdel, bråk **fracture** [fräkkˈtsjə] [ben]brott **fragile** [frädˈsjajl] bräcklig **fragment** [frägɡˈmənt] fragment, spillra **fragrance** [frejˈgrns] väldoft **frail** [frejl] skör, svag, skröplig **frame** [frejm] ram, stomme; spant; [glasögon]-båge; inrama; *frame of mind* sinnesstämning **frame-up** [frejˈmapp] komplott **frame-work** [frejˈmwəːk] ram, infattning; grundstomme **franc** [frängk] franc **France** [fraːns] Frankrike **franchise** [frännˈ-tsjajz] medborgarrätt, rösträtt **frank** [frängk] frimodig **frankly** [frängˈkli] uppriktigt [sagt] **frantic** [frännˈtikk] rasande, förtvivlad **fraternal** [frətəˈnl] broderlig **fraud** [fråːd] bedrägeri **fraught** [fråːt] försedd, fylld **frayed** [frejd] fransig **freak** [friːk] nyck; kuriositet **freckle** [frekkˈl] fräkne **freckled** [frekkˈld] fräknig **free** [friː] fri; ledig; gratis; befria, göra fri; *free fight* allmänt slagsmål; *be free* ha ledigt; *free and easy* ogenerad; *you are free to* det står dig fritt att; *free o.s.* frigöra sig **freedom** [friːˈdəm] frihet; *freedom of the press* tryckfrihet; *freedom of speech* yttrandefrihet **free-for-all** [friːˈfəråːl] allmänt gräl **freely** [friːˈli] fritt; frikostigt **freemason** [friːˈmejsn] frimurare **freeze** [friːz] frysa [till is] **freight** [frejt] frakt; fraktgods **freight truck** [frejˈt trakkˈ] (*Am.*) långtradare **French** [frenntsj] fransk; franska (*språk*); *the French* fransmännen; *French bean* brytböna, skärböna; *French horn* valthorn; *French roll* franskbröd, franska **Frenchman** [frennˈtsjmən] fransman **Frenchwoman** [frennˈtsjwommən] fransyska **frenzy** [frennˈzi] raseri, vanvett **frequency** [friːˈkwənsi] frekvens **frequent** [friːˈkwənt] ofta förekommande, vanlig; [frikwennˈt] ofta besöka, frekventera **frequently** [friːˈkwəntli] titt och tatt, ofta **fresco** [fressˈkåo] fresk **fresh** [fresj] färsk; fräsch; (*Am.*) fräck; *fresh water* sötvatten **freshen [up]** [fresjˈn app] friska upp; fräscha upp **freshman** [fresjˈmən] recentior **fret** [frett] (*bildl.*) frata; reta; oroa sig; *fret o.s.* gräma sig **friar** [frajˈə] tiggarmunk **fricassee** [frikkasiːˈ] frikassé **friction** [frikkˈsjən] friktion **Friday** [frajˈdi] fredag; *Good Friday* långfredagen **fried** [frajd] stekt **friend** [frennd] vän; bekant; *be friends* vara vänner, vara sams; *close friends* goda vänner; *a friend of mine* en vän till mig **friendly** [frennˈdli] vänlig; kamratlig **friendship** [frennˈdsjipp] vänskap **fright** [frajt] förskräckelse, skrämsel **frighten** [frajˈtn] skrämma, avskräcka **frightful** [frajtˈfoll] förskräcklig **frigid** [friddˈsjidd] kylig; kallsinnig **fringe** [frinndsj] frans; [pann]lugg **frisky** [frissˈki] yster **frivolous** [frivvˈələs] lättsinnig **frock** [fråkk] klänning **frog** [frågg] groda **frogman** [fråggˈmən] grodman **frolic** [frållˈikk] springa och leka; skoj, upptåg **from** [fråmm] från; *from below* nedifrån, underifrån; *from here* härifrån; *from home* hemifrån; *from now on* hädanefter; *from this* härav; *from the front* framifrån; *from the north* norrifrån; *from time to time* alltemellanåt; *from which* varav **front** [frannt] front, framsida;

front door — galaxy

främre; *in front* framtill; *in front of* framför **front door** [frann'tdå:] huvudingång **frontier** [frann'tjə] gräns **front tooth** [frann't to:θ] framtand **frost** [fråsst] frost **frost-bitten** [fråss'tbittn] frostskadad; *get frost-bitten* förfrysa **frosting** [fråss'ting] glasyr på tårta **frosty** [fråss'ti] frost-; grånad (*om hår*) **froth** [fråθ] skum, fradga **frown** [fraon] rynka pannan, rynka ögonbrynen **froze** [fråoz] imperf. av *freeze* **frozen** [fråo'zn] frusen **fruit** [fro:t] frukt **fruitful** [fro:'tfoll] fruktbar **fruitless** [fro:'tliss] fruktlös, resultatlös **fruit-shop** [fro:'tsjåpp] fruktaffär **frustrate** [frasstrej't] omintetgöra, frustrera **fry** [fraj] steka, bräcka **frying-pan** [fraj'ingpänn] stekpanna **fuck** [fakk] knulla **fuel** [fjo:'əl] bränsle **fugitive** [fjo:'dsjitivv] flykting; flyktig **fulfil** [follfill'] uppfylla **fulfillment** [follfill'mənt] fullbordan **full** [foll] full; fullsatt; yppig (*om figur*); *full board and lodging* helpension; *full moon* fullmåne; *full stop* punkt (*skiljetecken*); *full up* mätt; *in full* till fullo **full-fledged** [foll'fledd'sjd] fullfjädrad **full-grown** [foll'gråo'n] fullvuxen **fully** [foll'i] fullständigt, till fullo; *fully automatic* helautomatisk **fumble** [famm'bl] famla; fumla **fume** [fjo:m] utdunstning; ilska; ånga **fun** [fann] skämt, nöje; *great fun* mycket roligt; *for fun* på skoj, för ro skull; *poke fun at* driva med; *what fun!* så roligt! **function** [fang'ksjən] funktion; fungera **functional** [fang'ksjənl] funktionell **functionary** [fang'ksjənəri] funktionär **fund** [fannd] fond, tillgång **fundamental** [fanndəmenn'tl] grundläggande, fundamental **funeral** [fjo:'nərəl] begravning; *funeral service* jordfästning **funk** [fangk] rädsla; *in a blue funk* skraj **funnel** [fann'l] tratt; skorsten (på båt) **funny** [fann'i] rolig, lustig, kul **fur** [fə:] päls **fur coat** [fə:'kåot] pälskappa] **furious** [fjo:'əriəs] rasande, ursinnig; *get furious with s.b.* bli förbannad på ngn **furnace** [fə:'niss] ugn, [värme]panna **furnish** [fə:'nisj] förse; möblera **furniture** [fə:'nittsjə] möbler; *a piece of furniture* en möbel **furrier** [farr'iə] körsnär **furrow** [farr'åo] fåra **further** [fə:'ðə] bortre, ytterligare, vidare; längre bort, längre fram; [be]främja; *further training* vidareutbildning **furthest** [fə:'ðisst] längst; mest avlägsen **furtive** [fə:'tivv] förstulen **fury** [fjo:'əri] raseri; *in a fury* rasande **fuse** [fjo:z] sammansmälta; (*elektrisk*) propp, stubintråd **fuselage** [fjo:'zila:sj] flygplanskropp **fusion** [fjo:'sjn] fusion, sammanslagning **fuss** [fass] väsen, ståhej, rabalder; *make a fuss* trassla, krångla, fjäska; *make a fuss about* göra affär av **futile** [fjo:'tajl] meningslös, fåfäng **future** [fjo:'tsjə] framtid; framtida, blivande; *in future* i fortsättningen **gab** [gäbb] prata; prat; *the gift of the gab* valsmort munläder **gable** [gej'bl] gavel **gadfly** [gädd'flaj] broms **gadget** [gädd'sjitt] manick **Gael** [gejl] gael **Gaelic** [gej'likk] gaelisk, keltisk **gag** [gägg] munkavle; skämt; sätta munkavle på **gage** [gejdsj] pant; utmaning **gaiety** [gej'əti] glädje **gain** [gejn] vinna, tjäna, skaffa sig; vinst, utbyte; *gain recognition* vinna erkännande **gait** [gejt] gång **gal** [gall] flicka **galaxy** [gäll'əksi]

gale — gentleman

lysande samling; *the Galaxy* Vintergatan **gale** [gejl] storm, blåst **gale warning** [gej'l wå:'ning] stormvarning **gall** [gå:l] galla **gallant** [gäll'ənt] tapper; artig **gallery** [gäll'əri] galleri; läktare **galley** [gäll'i] galär; slup; skeppskök **gallon** [gäll'ən] mått=ca 4,5 l, *Am*. 3,8 l **gallop** [gäll'əp] galopp; galoppera **gallows** [gäll'åoz] galge **gall-stone** [gå:'lståon] gallsten **galore** [gəlå:'] i överflöd **galosh** [gəlåsj'] galosch **galvanize** [gäll'vənajz] galvanisera; egga **gamble** [gämm'bl] spela, sätta på spel **gambler** [gämm'blə] spelare **gambol** [gämm'bl] skutta; glädjesprång **game** [gejm] spel, lek; utgång (*i kortspel*); villebråd, vilt; *I'm game* jag är med på det **game-keeper** [gej'mki:pə] skogvaktare **gang** [gäng] liga, gäng **gangrene** [gäng'gri:n] kallbrand **gangway** [gäng'wej] landgång **gaol** [dsjejl] fängelse **gap** [gäpp] gap, hål **gape** [gejp] gapa; stirra **garage** [gärr'a:sj] garage, bilverkstad **garbage** [ga:'biddsj] [köks]avfall, sopor **garden** [ga:'dn] trädgård, tomt **gardener** [ga:'dnə] trädgårdsmästare **gardening** [ga:'dning] trädgårdsarbete **garden-plot** [ga:'dnplått] täppa, land **gargle** [ga:'gl] gurgla sig **garland** [ga:'lənd] girland **garlic** [ga:'likk] vitlök **garment** [ga:'mənt] plagg **garnet** [ga:'nitt] granat (*ädelsten*) **garnish** [ga:'nisj] garnera (*mat*) **garret** [gärr'itt] vindsrum **garrison** [gärr'issn] besättning, garnison **garrulous** [gärr'oləs] pratsjuk **garter** [ga:'tə] strumpeband **gas** [gäss] gas; prat; (*Am*.) bensin; gasa; *bottled gas* gasol **gas-cooker** [gäss'kokkə] gasspis **gaseous** [gej'zjəs] gas- **gasolene** [gäss'oli:n] (*Am*.) bensin **gasp** [ga:sp] flämta; flämtning **gastric** [gäss'trikk] mag- **gastritis** [gässtraj'tiss] akut magkatarr **gasworks** [gäss'wə:ks] gasverk **gate** [gejt] grind; [ingångs]spärr **gate-crasher** [gejt'kräsjə] objuden gäst **gateway** [gej'twej] port[gång] **gather** [gädd'ə] samla, samlas **gathering** [gädd'əring] sammankomst **gaudy** [gå:'di] brokig, grann, prålig **gauge** [gejdsj] mätare, mätinstrument **Gaul** [gå:l] Gallien; gallier **gauntlet** [gå:'ntlitt] sporthandske; gatlopp **gauze bandage** [gå:'z bänn'diddsj] gasbinda **gave** [gejv] imperf. av *give* **gay** [gej] glad; färgglad **gear** [gi:ə] växel; *change gear* växla **gearbox** [gi:'əbåkks] växellåda **gear lever** [gi:'ə li:və] växelspak **geld** [gelld] snöpa **gelding** [gell'ding] valack **gem** [dsjemm] ädelsten **gender** [dsjenn'də] kön, genus **gene** [dsji:n] arvsanlag, gen **general** [dsjenn'ərəl] allmän, generell; general; *in general* i allmänhet; *general agreement* ramavtal; *general condition* allmäntillstånd; *general impression* helhetsintryck; *general strike* storstrejk **generalize** [dsjenn'ərəlajz] generalisera **generally** [dsjenn'ərəli] i allmänhet; *generally applicable* allmängiltig **generation** [dsjennərej'sjən] generation, släktled **generator** [dsjenn'ərejtə] generator **generosity** [dsjennəråss'itti] frikostighet, generositet **generous** [dsjenn'ərəs] generös, frikostig, storsint **genial** [dsji:'njəl] gynnsam; trevlig, vänlig **genital** [dsjenn'itl] fortplantnings- **genius** [dsji:'njəs] geni, snille **genre** [sja:'ngrə] genre **gentle** [dsjenn'tl] varlig, mild, stilla **gentleman** [dsjenn'tlmən]

gentry — glare

herre **gentry** [dsjenn'tri] lågadel **genuine** [dsjenn'joinn] genuin, äkta, oförfalskad **genuineness** [dsjenn'joinniss] äkthet **geographical** [dsjiəgräff'ikəl] geografisk **geography** [dsjiågg'rəfi] geografi **geology** [dsjiåll'ədsji] geologi **geometry** [dsjiämm'ittri] geometri **geranium** [dsjirej'njəm] pelargon **germ** [dsjə:m] bakterie; embryo; gro **German** [dsjə:'mən] tysk; tyska (*språket*); *the Germans* tyskarna; *German measles* röda hund **Germany** [dsjə:'məni] Tyskland **germinate** [dsjə:'mineјt] gro **gesticulate** [dsjestikk'jolejt] gestikulera **gesture** [dsjess'tsjə] gest **get** [gett] få, erhålla; bli; låta, laga att; *get along* klara sig; *get ... back* återfå; *get the better of* få övertag över; *get broken* gå sönder; *get cool* svalna; *get ... going* få ... i gång; *get off* komma ifrån, bli ledig, stiga av, klara sig; *get on well* trivas; *get on well together* samsas; *get on with* trivas med; *work is getting on fine* det går undan med arbetet; *get out* gå av, stiga av; *get out of the habit of* vänja sig av med att; *get out of a p.'s way* gå ur vägen för ngn; *get round (bildl.)* kringgå; *get tired* tröttna, bli trött; *get started* komma i gång; *get s.b. to do s.th.* få ngn att göra ngt; *get up* stiga upp; *get one's own way* få sin vilja igenom **get-away** [gett'əwej] start; flykt **get-up** [gett'app] utstyrsel **ghastly** [ga:'stli] hemsk **ghost** [gåost] ande, vålnad, spöke **giant** [dsjaj'ənt] jätte **gibberish** [gibb'arisj] rotväska **gibe** [dsjajb] pik, stickord **giddiness** [gidd'iniss] svindel **giddy** [gidd'i] vimmelkantig, yr **gift** [gifft] gåva, fallenhet, begåvning **gifted** [giff'tidd] begåvad **gift voucher** [giff't vao'tsjə] presentkort **gigantic** [dsjajgänn'tikk] jättelik **giggle** [gigg'l] fnittra **gild** [gilld] förgylla **gill** [gill] gäl **gilt** [gillt] förgylld; förgyllning **gilt-edged securities** [gill'teddsjd sikjo:'əritizz] guldkantade (prima) värdepapper **gimlet** [gimm'litt] handborr **gimmick** [gimm'ikk] trick, knep **gin** [dsjinn] gin **ginger** [dsjinn'dsjə] ingefära **ginger-ale, -beer** [dsjinn'dsjərej'l, dsjinn'dsjəbi:'ə] ingefärsläsk **gingerbread biscuit** [dsjinn'dsjəbredd biss'kitt] pepparkaka **gingerly** [dsjinn'dsjəli] försiktigt **gipsy** [dsjipp'si] zigenare **gipsy woman** [dsjipp'si womm'ən] zigenerska **giraffe** [dsjira:'f] giraff **gird** [gə:d] omgjorda, innesluta **girdle** [gə:'dl] gördel; omgjorda **girl** [gə:l] flicka **girl-friend** [gə:'lfrennd] väninna, flickvän **girlguide** [gə:'lgajd] flickscout **girt** [gə:t] imperf. och perf. part. av *gird* **gist** [dsjisst] huvudsak, kärna **give** [givv] ge, skänka; *give away* ge bort; *give away in marriage* gifta bort; *give back* ge tillbaka; *give in* foga sig; *give o.s.* ge sig; *give out* utlämna; *give up* avstå (*från*), ge upp; *give away* ge vika, rasa **given** [givv'n] given **giver** [givv'ə] givare **glacier** [gläss'jə] jökel, glaciär **glad** [glädd] glad (*at* över); *be glad at* glädja sig åt; *I am glad to hear that* det var trevligt att höra; *I am so glad* det gläder mig **glade** [glejd] glänta **gladly** [glädd'li] gärna **glamour** [glämm'ə] förtrollning, tjusning **glance** [gla:ns] blick; *glance through* ögna igenom **gland** [glännd] körtel **glare** [glä:'ə] skarpt sken; lysa

glaring — gorge

skarpt, glänsa **glaring** [glä:'əring] bländande, gräll **glass** [gla:s] glas **glasses** [gla:'sizz] glasögon **glassworks** [gla:'swə:ks] glasbruk **glaze** [glejz] sätta glas i; glasera; glasyr **glazing** [glej'zing] glasyr **gleam** [gli:m] glimma; glimt **glean** [gli:n] plocka, samla **glee** [gli:] glädje; flerstämmig sång **glen** [glenn] dalgång **glib** [glibb] talför, ledig **glide** [glajd] glida **glider** [glaj'də] segelflygplan **gliding** [glaj'ding] segelflygning **glimpse** [glimmps] skymt, glimt; *catch a glimpse of* skymta, se en skymt av **glint** [glinnt] glittra, blänka; glitter, blänk **glisten** [gliss'n] glittra, glimma **glitter** [glitt'ə] glittra **gloat** [glåot] stirra, glo **globe** [glåob] glob; *the globe* jordklotet **gloom** [glo:m] dysterhet; mörker **gloomy** [glo:'mi] trist, dyster **glorify** [glå:'rifaj] förhärliga **glorious** [glå:'riəs] ärofull; härlig **glory** [glå:'ri] ära; salighet **gloss** [glåss] glans; göra glänsande **glossary** [glåss'əri] ordlista **glove** [glavv] handske **glow** [glåo] glöda; glöd **glue** [glo:] lim; limma **glum** [glamm] dyster, vresig **glutton** [glatt'n] frossare, matvrak **gnash** [näsj] gnissla med **gnat** [nätt] knott **gnaw** [nå:] gnaga **go** [gåo] gå, fara, resa, åka, bege sig; *let go* släppa, låta falla; *if all goes well* om det vill sig väl; *be going to* vilja, ämna; *go about* gå över stag; *go away* resa bort; *go away* åka bort, gå sin väg; *go back* återgå; *go by* rätta sig efter; *go for a walk* gå ut och gå; *go in for sport* idrotta; *go off* gå av (om skott); *go on* fortsätta; *be going on* pågå; *go out* gå bort, slockna; *go through* genomgå; *go to* tillfalla; *go to bed* lägga sig, gå till sängs; *go to seed* fröa sig; *go up* gå upp; *go without* försaka **goad** [gåod] sporre; sporra **goal** [gåol] mål **goalkeeper** [gåo'lki:pə] målvakt **goal kick** [gåo'l kikk] utspark **goat** [gåot] get **gobble** [gåbb'l] sluka **go-between** [gåo'bitwi:n] mellanhand **goblet** [gåbb'litt] pokal **god** [gådd] gud; *God bless you!* prosit! **goddess** [gådd'iss] gudinna **goggle** [gågg'l] rulla (med ögonen), blänga **goggles** [gågg'lz] stora glasögon; skygglappar **going through** [gåo'ing θro:'] genomgång **gold** [gåold] guld **gold-digger** [gåo'lddiggə] guldgrävare **golden** [gåo'ldən] gyllene, av guld **goldfish** [gåo'ldfisj] guldfisk **goldsmith** [gåo'ldsmiθ] guldsmed **golf** [gållf] golf **gondola** [gånn'dələ] gondol **gone** [gånn] borta, försvunnen **gong** [gång] gonggong **good** [godd] bra, god; *a good deal* en hel del; *hold good* hålla streck; *Good Friday* långfredagen; *good heavens!* jösses!; *good living* vällevnad; *for good* för alltid **good-bye** [goddbaj'] adjö **good-for-nothing** [godd'fənəθing] odåga **good-looking** [godd'lokk'ing] snygg; *be good-looking* se bra ut **good-natured** [godd'nej'tsjəd] godmodig **goodness** [godd'niss] godhet; *for goodness' sake!* för Guds skull! **goods** [goddz] gods, varor, fraktgods **goods train** [godd'ztrejn] godståg **goodwill** [godd'will'] gott rykte; kundkrets **goody** [godd'i] karamell **goddy-goody** [godd'igodd'i] hycklare; gudsnådelig **goof** [go:f] dumbom **goofy** [go:'fi] dum, fjantig **goose** [go:s] (*pl* **geese** [gi:s]) gås **gooseberry** [gozz'bəri] krusbär **gorge**

gorgeous — gravity

[gå:dsj] [bergs]klyfta; svalg; frossa **gorgeous** [gå:'dsjəs] härlig; praktfull **gorilla** [gərill'ə] gorilla **gospel** [gåss'pəl] evangelium **gossamer** [gåss'əmə] flor; fin spindelväv **gossip** [gåss'ipp] skvaller; skvallra **got** [gått] imperf. och perf. part. av *get* **gout** [gaot] gikt **govern** [gavv'ən] styra, regera **governess** [gavv'əniss] guvernant **government** [gavv'nmənt] regering, styrelse; statlig **government bill** [gavv'nmənt bill'] proposition, lagförslag **government office** [gavv'nmənt åff'iss] ämbetsverk **government subsidy** [gavv'nmənt sabb'siddi] statsbidrag **governor** [gavv'ənə] guvernör, ståthållare; pappa; herre **gown** [gaon] dräkt; klänning **grab** [gräbb] roffa åt sig, grabba tag i **grace** [grejs] nåd; grace **graceful** [grej'sfoll] graciös **gracious** [grej'sjəs] nådig; älskvärd **grade** [grejd] vitsord (*i betyg*) **gradient** [grej'djənt] stigning **gradually** [grädd'joəli] gradvis, efter hand, successivt **graduate** [grädd'joejt] gradera; [grädd'joitt] utexaminerad; *university graduate* akademiker; *graduate of agricultural college* agronom; *graduate engineer* civilingenjör **graduation** [gräddjoej'sjən] gradering **graft** [gra:ft] ympa; ympkvist; (*Am.*) korruption **grain** [grejn] korn, frö, gryn; spannmål; *against the grain* mot naturen **graininess** [grej'niniss] kornighet (*i film*) **gram-[me]** [grämm] gram **grammar** [grämm'ə] grammatik **grammar-school** [grämm'əsko:l] högre läroverk **gramophone** [grämm'əfåon] grammofon **granary** [gränn'əri] kornbod **grand** [grännd] storartad **grandchild** [gränn'tsjajld] barnbarn **granddaughter** [gränn'då:tə] sondotter, dotterdotter **grandeur** [gränn'dsjə] prakt, ståt **grandfather** [gränn'fa:ðə] farfar, morfar **grandmother** [gränn'maðə] farmor, mormor **grand piano** [gränn'd pjänn'åo] flygel **grand slam** [gränn'd slämm'] storslam **grandson** [gränn'sann] dotterson, sonson **grandstand** [gränn'dstännd] åskådarläktare **grange** [grej'ndsj] lantgård **granite** [gränn'itt] granit **grant** [gra:nt] bevilja, bifalla, tillerkänna; anslå (*pengar*); upplåtelse; *take it for granted* ta för givet; *grant a respite* bevilja uppskov **granular** [gränn'jollə] kornig **granulated sugar** [gränn'jolejtidd sjogg'ə] strösocker **grape** [grejp] [vin]druva; *sour grapes said the fox* surt sa räven om rönnbären **grape-sugar** [grej'psjoggə] druvsocker **graph** [gräff] grafisk framställning **grapple** [gräpp'l] fatta tag i; ge sig i kast med **grasp** [gra:sp] fatta, ta tag i, gripa; grepp **grass** [gra:s] gräs **grass-grown** [gra:sgråo'n] gräsbevuxen **grasshopper** [gra:'shåppə] gräshoppa **grass snake** [gra:'s snejk] snok **grassy** [gra:'si] gräs-, gräsbevuxen **grate** [grejt] rost, galler; riva; gnissla **grateful** [grej'tfoll] tacksam **gratify** [grätt'ifaj] tillfredsställa **gratin** [grätt'äng] gratäng **gratin-dish** [grätt'ängdisj] gratängfat; *bake in a gratin-dish* gratinera **grating** [grej'ting] galler **gratitude** [grätt'itjo:d] tacksamhet **gratuity** [grətjo:'itti] gåva; gratifikation **grave** [grejv] grav **gravel** [grävv'əl] grus **gravitation** [grävvitej'sjən] tyngdkraft, gravitation; *the law of gravitation* tyngdlagen **gravity** [grävv'itti] tyngdkraft; värdig-

gravy — guarantee

het; *centre of gravity* tyngdpunkt; *force of gravity* dragningskraft, tyngdkraft **gravy** [grej'vi] sky, köttsaft, sås **gray** [grej] (*Am.*) grå **graze** [greiz] **1** (*om djur*) beta **2** snudda **grease** [gri:s] fett, flott; [gri:z] smörja; *grease spot* flottfläck **greasing** [gri:'zing] smörjning **greasy** [gri:'zi] flottig **great** [grejt] stor; *Great Britain* Storbritannien; *great grandfather* farfarsfar; *great grandmother* farmorsmor; *a great many* en hel del; *great power* stormakt; *the greater part* den övervägande delen **greatly** [grej'tli] i hög grad **greatness** [grej'tniss] storhet **grebe** [gri:b] doppíng **Greece** [gri:s] Grekland **greed** [gri:d] vinningslystnad; glupskhet **greedy** [gri:'di] glupsk, sniken **Greek** [gri:k] grek; grekisk **green** [gri:n] grön; *be green* grönska; *green fruit* kart **greenback** [gri:'nbäkk] dollarsedel **greengrocer's** [gri:'ngråosəz] grönsaksaffär **greenhouse** [gri:'nhaos] växthus **Greenland** [gri:'nlənd] Grönland **greens** [gri:nz] grönsaker **greet** [gri:t] (*verb*) hälsa **greeting** [gri:'ting] hälsning **gregarious** [gregä'əriəs] som lever i flock; sällskaplig **grew** [gro:] imperf. av *grow* **grey** [grej] grå; *grey seal* gråsäl **greyhaired** [grej'hä:'əd] gråhårig **greyhound** [grej'haond] vinthund **greyhound-racing** [grej'haondrejsing] hundkapplöpning **gridiron** [gridd'ajən] halster **grief** [gri:f] smärta, sorg; *come to grief* råka i olycka **grievance** [gri:'vns] anledning till missnöje, klagomål **grieve** [gri:v] sörja; gräma sig **griffin** [griff'inn] grip **grill** [grill] grilla, halstra **grim** [grimm] bister **grimace** [grimej's] grimas **grime** [grajm] smuts, sot; smutsa ner **grin** [grinn] smila **grind** [grajnd] mala, finfördela, slipa **grinding wheel** [graj'nding wi:l] slipskiva **grindstone** [graj'ndståon] slipsten **grip** [gripp] tag, grepp, fattning **grisly** [grizz'li] gräslig **grit** [gritt] grus; mod, gott gry **grizzly** [grizz'li] gråaktig; grisslybjörn **groan** [gråon] stöna **grocer's** [*shop*] [gråo'səz (sjåpp)] speceriaffär **grocery** [gråo'səri] specerier, speceriaffär **groggy** [grågg'i] drucken; ostadig **groin** [gråjn] ljumske **groom** [gromm] rykta **groove** [gro:v] räffla, ränna, spont; (*verb*) räffla **grope** [gråop] treva, famla (*for* efter) **gross** [gråos] brutto; fet; gross **grotesque** [gråotess'k] grotesk **ground** [graond] **1** imperf. och perf. part. av *grind* **2** mark, jord, botten, grund; *on grounds of principle* av principiella skäl; *ground frost* tjäle **ground-floor** [grao'ndflå:'] bottenvåning **grounds** [graondz] **1** ägor **2** kaffesump **group** [gro:p] grupp; gruppera; *group of islands* ögrupp **grouse** [graos] vildhönsfågel **grove** [gråov] skogsdunge **grow** [gråo] växa; *grow old* åldras; *grow up* växa upp; *grow weak* försvagas, avmattas; *grow worse* förvärras **growl** [graol] morra; morrande **grown** [gråon] perf. part. av *grow* **grown-up** [gråo'napp] vuxen, fullvuxen **growth** [gråoθ] växt, tillväxt **grub** [grabb] gräva; knoga; larv; käk **grudge** [graddsj] agg, missunnsamhet; missunna; *not grudge s.b. s.th.* unna ngn ngt **gruel** [gro:əl] välling **gruesome** [gro:'səm] kuslig, hemsk **grumble** [gramm'bl] knota (*at* över) **grunt** [grannt] grymta, knorra; grymtande **guarantee** [gärrənti:'] garanti; garantera; *personal guarantee* borgensförbindelse **guarantor** [gärrəntå:'] borgensman **guard** [ga:d] vakta, bevaka; vakt, bevakning, [tåg]konduktör; *be on one's guard* vara på sin vakt **guardian** [ga:'djən] förmyndare, beskyddare **guenon** [gənåo'n] markatta **guerrilla** [gərill'ə] gerilla **guess** [gess] gissning; gissa, gissa sig till **guest** [gesst] gäst; *guest of honour* hedersgäst **guffaw** [gaffå:'] gapskratta; gapskratt **guidance** [gaj'dəns] [väg]ledning **guide** [gajd] guide, reseledare, vägvisare; [väg]leda **guild** [gilld] skrå **guile** [gajl] svek, list **guilt** [gillt] skuld; *sense of guilt* skuldkänsla **guilty** [gill'ti] skyldig, skuldmedveten **guinea** [ginn'i] 21 shilling **guinea-pig** [ginn'ipigg] marsvin **guitar** [gita:'] gitarr **gulf** [gallf] vik, bukt **gull** [gall] mås, trut **gullet** [gall'itt] matstrupe **gullible** [gall'ibl] enfaldig, lättlurad **gully** [gall'i] ravin; rännsten, avlopp **gulp** [gallp] svälja, sluka **gum** [gamm] gummi; gummera **gums** [gammz] tandkött **gun** [gann] gevär, kanon, revolver **gunman** [gann'man] gangster, pistolman **gunner** [gann'ə] artillerist **gun-powder** [gann'paodə] krut **gun-shot** [gann'sjått] kanonskott **gunwale** [gann'l] reling **gush** [gasj] valla (*forth* fram) **gust** [gasst] vindstöt **gusto** [gass'tåo] smak; förkärlek **gusty** [gass'ti] stormig **gut** [gatt] tarm **guts** [gatts] inalvor; *have no guts* vara feg **gutter** [gatt'ə] rännsten, takränna **guy** [gaj] (*Am.*) karl, grabb **gymnasium** [dsjimnäss'zjəm] gymnastiksal **gymnastics** [dsjimnäss'tikks] gymnastik; *do gymnastics* gymnastisera **gynaecologist** [gajnikåll'ədsjisst] gynekolog **haberdasher's** [häbb'ədäsjəz] sybehörsaffär **habit** [häbb'itt] vana; *be in the habit of* bruka, ha för vana **habit-forming** [häbb'ittfå:ming] vanebildande **habitual** [həbitt'joəl] vane- **hackneyed** [häkk'nidd] sliten, banal **haddock** [hädd'ək] kolja **haemo-** [hemm'ə] se *hemo-* **haggard** [hägg'əd] härjad, sliten **haggle** [hägg'l] schackra **hail** [hejl] hagla; hagel **hair** [hä:ə] hår, hårstrå; *a hair of the dog* en återställare **hairbrush** [hä:'əbrəsj] hårborste **hairdresser** [hä:'ədressə] frisör **hairpin** [hä:'əpinn] hårnål **hair-ribbon** [hä:'əribbən] hårband **hair-slide** [hä:'əslajd] hårspänne **hair style** [hä:'ə stajl] frisyr **hair tonic** [hä:'ə tånn'ikk] hårvatten **hairy** [hä:'əri] luden **hale** [hejl] frisk, kry; *hale and hearty* frisk och kry **half** [ha:f] halva, hälft; halv; *it is half past twelve* klockan är halv ett; *half an hour* en halvtimme; *over half* över hälften; *half run* småspringa; *half way* halvvägs **half-hour** [ha:'fao'ə] halvtimme **halibut** [häll'ibət] helgeflundra **hall** [hå:l] hall, sal **hallo** [həlåo'] hallå; hej! **hallow** [häll'åo] helga; *Alla helgons dag* **Halloween** [häll'əoi:'n] Allhelgonaafton **hall-porter** [hå:'lpa:tə] portier **halo** [hej'låo] gloria; ljusring **halt** [hå:lt] halt, uppehåll, anhalt; göra halt **halt signal** [hå:'lt sigg'nl] stoppsignal **halve** [ha:v] halvera **ham** [hämm] skinka **hamburger** [hämm'bə:gə] hamburgare **hamlet** [hämm'litt] liten by **hammer** [hämm'ə] hamra; hammare, (*sport.*) slägga; *throw the hammer* kasta slägga **hammock** [hämm'ək] hängmatta, hammock **hand** [hännd] hand; visare (*på ur*); arbetare; [över]räcka; *get the upper hand of* få överhand över; *have a good hand with* ha gott handlag med; *lay hands on* tillgägna sig, tillskansa sig; *at hand* till hands; *close at hand* på nära håll; *by hand* för hand; *on one hand* å ena sidan; *on the other hand* däremot, å andra sidan; *hand in* lämna [in]; *hand over* överräcka, lämna ifrån sig **handbag** [hänn'dbägg] handväska **handbook** [hänn'dbokk] handbok **handbrake** [hänn'dbrejk] handbroms **handcuffs** [hänn'dkaffs] handbojor **handicap** [hänn'dikäpp] handikapp **hand[i]craft** [hännd(i)kra:ft] hemslöjd, konsthantverk, hantverk, slöjd **handkerchief** [häng'kətsjiff] näsduk **handle** [hänn'dl] hantera, handskas med, handlägga, behandla; skaft, handtag, vred, öra **handle-bar** [hänn'dlba:] styrstång **hand-luggage** [hänn'dlaggidsj] handbagage **hand-made** [hänn'dmej'd] handgjord **handrail** [hänn'drejl] ledstång **handsome** [hänn'səm] vacker **hand wheel** [hänn'd wi:l] ratt (*på maskin o.d.*) **handwriting** [hänn'drajting] handstil **hand-written** [hänn'dritt'n] handskriven **handy** [hänn'di] händig, behändig, lätthanterlig **handyman** [hänn'dimänn] tusenkonstnär **hang** [häng] hänga **hangar** [häng'ə] hangar **hanger** [häng'ə] hängare, klädhängare, galge **hangover** [häng'åovə] baksmälla **hansom[cab]** [hänn'səm(käbb')] tvåhjulig droska **haphazard** [häpp'häzz'əd] på måfå **hapless** [häpp'liss] olycklig **happen** [häpp'ən] hända, ske, gå till, inträffa; *it so happened that* det föll sig så att; *happen to* råka, händelsevis komma att; *happen to s.b.* hända ngn **happening** [häpp'ning] händelse **happiness** [häpp'iniss] lycka **happy** [häpp'i] lycklig, glad; *happy about* glad åt, lycklig över; *make ... happy* glädja; *many happy returns!* har den äran att gratulera! **happy-go-lucky** [häpp'igåolakki] sorglös **harass** [härr'əs] ansätta, plåga **harbour** [ha:'bə] hamn **hard** [ha:d] hård, svår, slitsam; *a hard blow* ett svårt slag; *be hard up* ha ont om pengar **harden** [ha:'dn] hårdna, härda **hard-boiled** [ha:'dbåj'ld] hårdkokt **hardly** [ha:'dli] knappast; *hardly ever* nästan aldrig **hardship** [ha:'dsjipp] strapats, vedermöda **hardware store** [ha:'dwä:ə stå:'] (*Am.*) järnaffär **hard-working** [ha:'dwə:'king] strävsam, hårt arbetande **hare** [hä:'ə] hare **haricot beans** [härr'ikåo bi:nz] haricots verts **harlot** [ha:'lət] sköka **harm** [ha:m] skada, ont; skada, göra illa; *there's no harm done* det är ingen olycka skedd; *there's no harm in him* det är inte ngt ont i honom **harmful** [ha:'mfoll] skadlig, farlig **harmless** [ha:'mliss] oförarglig, ofarlig; *render ... harmless* oskadliggöra **harmonious** [ha:måo'njəs] harmonisk **harmony** [ha:'məni] harmoni, samklang **harness** [ha:'niss] sele **harp** [ha:p] harpa **harpoon** [ha:po:'n] harpun **harrier** [härr'iə] stövare **harrow** [härr'åo] harv; harva; plåga **harsh** [ha:sj] barsk, omild, hård (*om ljud*) **hart** [ha:t] hjort **harvest** [ha:'visst] skörd; skörda **hash** [häsj] finhacka; pytt i panna **haste** [hejst] hast; hasta, skynda [sig] **hasten** [hej'sn]

hasty — heel

skynda [sig] **hasty** [hej'sti] hastig; förhastad **hat** [hätt] hatt **hatch** [hättsj] kläcka; kull; lastlucka **hatchet** [hätt'sjitt] yxa **hate** [hejt] hata; hat **hatred** [hej'tridd] hat **haughty** [hå:'ti] högmodig **haul** [hå:l] hala **haunt** [hå:nt] tillhåll; spöka, hemsöka, ofta besöka **have** [hävv] ha; äta, dricka; laga att, låta; *have got* ha (*mera vard.*); *have a cigar* ta en cigarr; *have a feeling* ana; *now we have got to* nu gäller det att; *have ... on* ha på sig; *have to wait* få vänta; *we had better go* det är bäst att vi går **haven** [hej'vn] hamn, tillflyktsort **haversack** [hävv'asäkk] ryggsäck **havoc** [hävv'ək] plundring, ödeläggelse **hawk** [hå:k] hök **hawser** [hå:'zə] tross **hawthorn** [hå:'θå:n] hagtorn **hay** [hej] hö **hay-loft** [hej'låfft] [hö]skulle **hazard** [häzz'əd] slump, risk; riskera **hazardous** [häzz'ədəs] vansklig, riskfylld **haze** [hejz] tocken **hazelnut** [hej'zlnatt] hasselnöt **hazy** [hej'zi] disig **he** [hi:] han **head** [hedd] huvud; tät, ledare; *heads or tails?* krona eller klave?; *head over heels* hals över huvud; *be ahead of* förestå; *lose one's head* förlora fattningen **headache** [hedd'ejk] huvudvärk **headdress** [hedd'dress] huvudbonad **headgear** [hedd'gi:ə] huvudbonad **heading** [hedd'ing] överskrift, rubrik **headlight** [hedd'lajt] strålkastare (*på bil*), framlykta, helljus **headline** [hedd'lajn] rubricera; rubrik **headlong** [hedd'lång] med huvudet före; besinningslöst **headmaster** [hedd'ma:'stə] rektor **head office** [hedd' åff'iss] huvudkontor **head-quarters** [hedd'kwå:'təz] högkvarter **headstrong** [hedd'strång] envis **head waiter** [hedd'wejtə] hovmästare **head-wind** [hedd'winnd] motvind **heal** [hi:l] läka[s] **health** [hellθ] (*subst.*) hälsa **health insurance** [hell'θ innsjo:'ərəns] sjukförsäkring **healthy** [hell'θi] frisk; hälsosam **heap** [hi:p] hop, hög (*of* med); hopa; *heap up* hopa **heaped** [hi:pt] rågad, dryg **hear** [hi:ə] höra, få höra; *hear badly with one ear* höra dåligt på ena örat; *hear of* höra talas om **heard** [hə:d] imperf. och perf. part. av hear **hearing** [hi:'əring] hörsel **hearsay** [hi:'əsej] hörsägen **heart** [ha:t] hjärta; at heart innerst inne, i grund och botten; *by heart* utantill **heart attack** [ha:'t ətäkk'] hjärtattack **heart disease** [ha:'t dizi:'z] hjärtfel **hearth** [ha:θ] härd **heartily** [ha:'tili] hjärtligt **heartless** [ha:'tliss] hjärtlös **heart-rending** [ha:'trennding] uppslitande **hearts** [ha:ts] hjärter **hearty** [ha:'ti] hjärtlig; kraftig **heat** [hi:t] hetta, glöd, värme; upphetta, värma, elda; *be in heat* löpa (*om tik*) **heat wave** [hi:'t wejv] värmebölja **heathen** [hi:'ðən] hedning; hednisk **heather** [heð'ə] ljung **heave** [hi:v] häva, vräka **heaven** [hevv'n] himmel **heavily** [hevv'illi] tungt **heavy** [hevv'i] tung **heavyweight** [hevv'iwejt] tungvikt **Hebrew** [hi:'bro:] hebré; hebreisk **heckle** [hekk'l] häckla; utfråga **hectic** [hekk'tikk] jäktig **hectogram** [hekk'tåogramm] hekto **hedge** [heddsj] häck **hedgehog** [hedd'hågg] igelkott **heed** [hi:d] bekymra sig om; *take heed* akta sig **heedless** [hi:'dliss] ovarsam **heel** [hi:l] häl, klack; klacka; *head over heels* hals över huvud; *heel over* få slagsida

he-goat [hi:'gåo't] bock **heifer** [heff'ə] kviga **height** [hajt] höjd; *(persons)* längd **heinous** [hej'nəs] avskyvärd **heir** [ä:'ə] arvinge **held** [helld] imperf. och perf. part. av *hold* **helicopter** [hell'ikåppta] helikopter **hell** [hell] helvete; *hell!* fy fan! **hellfire sermon** [hell'faj'ə sə:'mən] straffpredikan **hello** [hell'åo'] hallå; hej! **helm** [hell'm] roder **helmet** [hell'mitt] hjälm [hellp]; hjälp; hjälpa (till); *with the help of* med hjälp av; *help each other* hjälpas åt; *I cannot help it* jag rår inte för det; *it can't be helped* det kan inte hjälpas; *she could not help laughing* hon kunde inte annat än skratta, hon kunde inte hålla sig för skratt; *it won't help much* det hjälper inte stort; *help yourself, please!* var så god!, ta för er **helpful** [hell'pfoll] hjälpsam **helping** [hell'ping] portion **helpless** [hell'pliss] hjälplös **helter-skelter** [hell'təskell'tə] huller om buller **hem** [hemm] fåll; fålla **hemisphere** [hemm'sfiə] halvklot **hemorrhage** [hemm'əriddsj] blödning; *cerebral hemorrhage* hjärnblödning **hemorrhoids** [hemm'əråjdz] hemorrojder **hemp** [hemmp] hampa **hen** [henn] höna **hence** [henns] hädanefter; härav; följaktligen **hepatica** [hipätt'ikkə] blåsippa **her** [hə:] henne, hennes, sin **herald** [herr'əld] härold **herb** [hə:b] ört **herd** [hə:d] hjord **here** [hi:'ə] här, hit; *here you are!* var så god! **hereby** [hi:'baj'] härigenom **hereditary** [hiredd'itəri] ärftlig, nedärvd **heredity** [hiredd'itti] ärftlighet **heresy** [herr'əsi] kätteri **heretic** [herr'ətikk] kättare **herewith** [hi:'əwiδ'] härmed **heritage** [herr'itidsj] arv **hernia** [hə:'njə] brock **hero** [hi:'əråo] hjälte **heroic** [hiråo'ikk] hjälte-, heroisk **heroine** [herr'åoinn] hjältinna **heron** [herr'ən] häger **herring** [herr'ing] sill; *smoked Baltic herring* böckling **hers** [hə:z] hennes, sin **herself** [hə:sell'f] själv, sig (själv) **hesitate** [hezz'itejt] tveka, dröja **hesitation** [hezzitej'sjən] tvekan, tveksamhet **hew** [hjo:] hugga, hacka **hewn** [hjo:n] perf. part. av *hew* **hexagon** [hekk'səgən] sexhörning **heyday** [hej'dej] höjdpunkt; hoppsan **hi** [haj] hej!, hör hit! **hibernate** [haj'bənejt] övervintra, ligga i ide **hiccup** [hikk'app] hicka; *have the hiccups* ha hicka **hid** [hidd] imperf. och perf. part. av *hide* **hidden** [hidd'n] gömd, dold; *hidden meaning* undermening **hide** [hajd] **1** gömma sig, gömma, dölja **2** *(djur)* hud **hide-and-seek** [haj'dnsi:'k] kurragömma **hideous** [hidd'jəs] förskräcklig, avskyvärd **high** [haj] hög; *high boot* stövel; *high finance* storfinans; *high jump* höjdhopp; *in high spirits* uppsluppen; *in the highest degree* i högsta grad; *highest point* höjdpunkt **highbrow** [haj'brao] intellektuell [person] **highly** [haj'li] högt **highness** [haj'niss] höghet; höjd **highschool** [haj'sko:l] högre skola **high-spirited** [haj'spirr'itidd] modig **highway** [haj'wej] landsväg **hijack** [haj'dsjäkk] kapa *(flygplan)* **hike** [hajk] fotvandra; fotvandring **hilarious** [hilä:'əriəs] lustig, uppsluppen **hilarity** [hilarr'itti] munterhet **hill** [hill] kulle, backe **him** [himm] honom **himself** [himmsell'f] själv, sig (själv) **hinder** [hinn'də] [för]hindra **hind leg** [haj'nd legg] bakben **hindrance**

hinge — hormone

[hinn'drəns] hinder **hinge** [hinndsj] gångjärn **hint** [hinnt] vink, antydan; antyda **hip** [hipp] **1** höft **2** nypon **hippopotamus** [hippəpått'əməs] flodhäst **hire** [haj'ə] hyra **his** [hizz] hans, sin **hiss** [hiss] väsa, fräsa; väsning **historical** [hisstårr'ikəl] historisk **history** [hiss'təri] historia; *history of art* konsthistoria; *history of literature* litteraturhistoria **hit** [hitt] träffa, drabba; [full]träff **hitch-hike** [hitt'sjhajk] lifta **hitch-hiker** [hitt'sjhajkə] liftare **hitherto** [hiðˌə'toːˌ] hittills **hit song** [hitt'sång] schlager **hoarse** [håːs] hes **hoax** [håoks] spratt; lura **hobby** [håbb'i] hobby **hobgoblin** [håbb'gåbblinn] troll **hobnob** [håbb'nåbb] pokulera, umgås som vänner **hoe** [håo] hacka **hog** [hågg] svin **hoist** [håjst] hissa **hold** [håold] hålla; rymma, innehålla; anse; grepp, fäste, fattning; lastrum; *hold one's own* hävda sig; *hold out one's hand* sträcka fram handen; *hold together* hålla ihop; *hold up* framhäva, uppehålla; *get hold of* få fatt i **holder** [håo'ldə] hållare **hold-up** [håo'ldəpp] uppehåll; rån **hole** [håol] hål, lucka, glugg **holiday** [hållˈədi] lov, ferier, ledighet, semester; *holidays* [hållˈədi(zz)] semester, ferier; *be on holiday* ha semester **holiday compensation** [hållˈədi kåmmpennsejˈsjən] semesterersättning **holiday-trip** [hållˈəditripp] semesterresa **holiness** [håoˈliniss] helighet **hollow** [hållˈåo] sänka, fördjupning; ihålig; urholka **holly** [hållˈi] järnek **hollyhock** [hållˈihåkk] stockros **holy** [håoˈli] helig **holy-day** [håoˈlidej] helgdag **homage** [hämmˈiddsj] hyllning; *pay homage to* hylla, uppvakta **homburg** [hämmˈbəːg] slags filthatt **home** [håom] hem; *home for the aged* ålderdomshem; *at home* hemma **home ground** [håoˈm graond] hemmaplan **homely** [håoˈmli] hemlik; enkel, alldaglig; ful **home-made** [håoˈmmejˌd] hemgjord **homesickness** [håoˈmsikkniss] hemlängtan **homespun** [håoˈmspann] hemvävd; enkel **homestead** [håoˈmstedd] hemman, gård **homewards** [håoˈmwədz] hemåt **homework** [håoˈmwəːk] hemarbete, [hem]läxa **homing pigeon** [håoˈming piddˈsjinn] brevduva **homicide** [hämmˈisajd] dråp; dråpare **homosexual** [håoˈmåosekkˈsjoəl] homosexuell **honest** [ännˈisst] ärlig, rättskaffens **honesty** [ännˈissti] ärlighet **honey** [hannˈi] honung **honeymoon** [hannˈmoːn] smekmånad, bröllopsresa **honeysuckle** [hannˈisakkl] kaprifol **honk** [hångk] tuta; snattra **honour** [ännˈə] heder, ära; hedra; *word of honour* hedersord **honourable** [ännˈərəbl] hederlig **hood** [hodd] huva, luv, kapuschong, sufflett **hoodoo** [hoːˈdoːˌ] trolldom; olycks- **hoodwink** [hoddˈwingk] lura **hoof** [hoːf] hov, klöv **hook** [hokk] krok, hake, hängare; haka; *hook it* smita; *hooked rug* ryamatta **hooligan** [hoːˈligən] ligistknodd **hoop** [hoːp] tunnband, rullband **hoot** [hoːt] skräna; tuta; skrän **hop** [håpp] **1** humle **2** hoppa; dans, "skutt" **hope** [håop] hoppas (*for på*); hopp, förhoppning (*of om*); *I hope so* jag hoppas det **hopeful** [håoˈpfoll] hoppfull, förhoppningsfull **hopeless** [håoˈpliss] hopplös **hop-step-and-jump** [håppˈsteppˈəndsjammˌp] tresteg **horizon** [həˌrajˈzn] horisont **horizontal** [hårrizånnˈtl] vågrät, horisontell **hor-**

horn — hull

mone [hå:'måon] hormon **horn** [hå:n] horn; lur (*instrument*) **hornet** [hå:'nitt] bålgeting **horrible** [hårr'əbl] ohygglig **horrid** [hårr'-idd] gräslig **horrifying** [hårr'ifajing] skräckinjagande **horror** [hårr'ə] (*subst.*) fasa **horror film** [hårr'əfilm] skräckfilm **hors d'oeuvres** [å:də:'vrz] smörgåsbord **horse** [hå:s] häst **horseback** [hå:'sbäck] *be on horseback* sitta till häst **horsehair** [hå:'shä:ə] tagel **horseman** [hå:'smən] ryttare, hästkarl **horse-power** [hå:'spaoə] hästkraft **horseracing** [hå:'srejsing] hästkapplöpning **horseradish** [hå:'srädditsj] pepparrot **horticulture** [hå:'tikalltsjə] trädgårdsskötsel **horoscope** [hårr'əskåop] horoskop **hose** [håoz] långstrumpor; slang **hose clip** [håo'z klipp] slangklämma **hosiery** [håo'sjəri] trikåvaror; strumpor **hospitable** [håss'pitəbl] gästfri **hospital** [håss'pittl] sjukhus **hospitality** [hårrsspitall'itti] gästfrihet **host** [håost] (*subst.*) värd; [här]skara; *our host and hostess* vårt värdfolk **hostage** [håss'tiddsj] gisslan **hostel** [håss'tl] härbärge; *youth hostel* vandrarhem **hostess** [håo'stiss] värdinna **hostile** [håss'tajl] fientlig **hostility** [håsstill'itti] fiendskap **hot** [hått] het, varm; hetsig; starkt kryddad; *hot dish* varmrätt; *hot dog* varm korv; *hot snack* småvarmt; *hot water* varmvatten **hotel** [håotell'] hotell; *make a reservation at a hotel* beställa hotellrum **hotel room** [håotell' romm] hotellrum **hothouse** [hått'haos] drivhus **hot-plate** [hått'plejt] kokplatta, värmeplatta **hot-rod teenager** [hått'rådd ti:'nejdsjə] raggare **hot-water tap** [hått'wå:'tə täpp] varmvattenkran **hound** [haond] jakthund; hetsa **hour** [ao'ə] timme; *for hours* i timtal **hour-glass** [ao'əgla:s] timglas **hour hand** [ao'ə hännd] timvisare **hourly wage** [ao'əli wejdsj] timpenning **house** [haos] hus, villa, fastighet; hysa; *the House of Commons* underhuset; *keep house* hushålla **housebreaking** [hao'sbrejking] inbrott **household** [hao'shåold] hushåll (*personer*) **household goods** [hao'shåold goddz] bohag **household utensils** [hao'shåold jo:tenn'slz] husgeråd **housekeeper** [hao'ski:pə] hushållerska **housekeeping** [hao'ski:ping] hushåll (*arbete*); *do one's own housekeeping* ha självhushåll **housemaid** [hao'smejd] husa **housewife** [hao'swajf] husmor, hemmafru **housework** [hao'swə:k] hushållsarbete **housing queue** [hao'zing kjo:] bostadskö **housing shortage** [hao'zing sjå:'tiddsj] bostadsbrist **hove** [håov] imperf. och perf. part. av *heave* **hovel** [håvv'l] skjul **hover** [håvv'ə] stryka omkring; sväva **hovercraft** [håvv'əkra:ft] svävarfarkost **how** [hao] hur; *how is it that* hur kommer det sig att; *how kind you are!* vad du är snäll!; *how much is it?* vad kostar det?; *how then?* hur så? **however** [haoevv'ə] emellertid; hur ... än **howl** [haol] tjuta, yla; tjut **howling** [hao'ling] tjut[ande] **H.P.** förk. för *horse-power* **hub** [habb] nav **hubbub** [habb'abb] oväsen, bråk **hub cap** [habb' käpp] navkapsel **huckleberry** [hakk'lberri] (*Am.*) blåbär **huddle** [hadd'l] krypa ihop; *huddle up* tota ihop **hue** [hjo:] färgton **hug** [hagg] krama; kram **huge** [hjo:dsj] väldig **hull** [hall] [fartygs]skrov; skida, skal

hulled oats [hall'd åo·ts] havregryn **hullo** [hall'åo·] hallå; hej! **hum** [hamm] gnola, nynna; surra **human** [hjo:'mən] mänsklig **humane** [hjo:mej'n] human **humanity** [hjo:männ'itti] humanitet; mänskligheten **humble** [hamm'bl] underdånig, ödmjuk; *of humble origin* av ringa börd **humdrum** [hamm'dramm] alldaglig; enformig **humid** [hjo:'midd] fuktig **humidity** [hjomidd'itti] fuktighet **humiliate** [hjomill'iejt] förödmjuka **humiliation** [hjo:milliej'sjən] förnedring **humility** [hjo:mill'itti] ödmjukhet **humming-bird** [hamm'ingba:d] kolibri **humour** [hjo:'mə] humör; humor; *in a bad humour* på dåligt humör **humorous** [hjo:'mərəs] humoristisk **hump** [hammp] puckel **hunch** [hanntsj] puckel; föraning **hunchbacked** [hann'tsjbäkkt] puckelryggig **hundred** [hann'drəd] hundra; *about a hundred* ett hundratal **hundreds** [hann'drədz] hundratals **hung** [hang] imperf. och perf. part. av *hang* **Hungary** [hang'gəri] Ungern **Hungarian** [hanggà:'əriən] ungersk; ungrare **hunger** [hang'gə] hunger; (*bildl.*) hungra (*for* efter); *live on the hunger line* leva på svältgränsen **hungry** [hang'gri] hungrig; *be hungry* hungra, vara hungrig **hunt** [hannt] jaga; jakt; *hunt out* (*bildl.*) spåra upp **hunter** [hann'tə] jägare **hunting** [hann'ting] jakt **hurdle** [hə:'dl] (*sport.*) häck, hinder **hurl** [hə:l] kasta, slunga; *hurl out* utslunga **hurrah** [horà:'] hurra! **hurricane** [harr'ikən] orkan **hurried** [harr'idd] jäktad; hastig **hurry** [harr'i] brådska, jäkt; skynda (*sig*), jäkta; *in a hurry* i hast; *be in a hurry* ha bråttom; *hurry on with* skynda på med; *hurry up* raska på, skynda på **hurt** [hə:t] skada, skära; *hurt o.s.* slå sig, göra sig illa; *get hurt* skada sig **hurtle** [hə:'tl] stöta; störta; rassla **husband** [hazz'bənd] make, (*äkta*) man; *hen-pecked husband* toffelhjälte **husbandry** [hazz'bəndri] lantbruk **hush** [hasj] tysta ner; tystna; tystnad, stillhet **husk** [hassk] (*på säd*) agn **husky** [hass'ki] **1** hes; stor och stark **2** eskimåhund **hussy** [hass'i] slyna **hustle** [hass'l] trängas, knuffa[s]; jäkta **hut** [hatt] hydda **hyacinth** [haj'əsinnθ] hyacint **hydrangea** [hajdrej'ndsjə] hortensia **hydrochloric acid** [hajdrəklå:rr'ikk äss'idd] saltsyra **hydro-electric power station** [haj'dråoilekk'trikk pao'ə stej'sjən] vattenkraftverk **hydrogen** [haj'dridsjən] väte **hydrogen bomb** [haj'dridsjən båmm] vätebomb **hygiene** [haj'dsji:n] hygien **hygienic** [hajdsji:'nikk] hygienisk **hymn** [himm] hymn, psalm **hyper-market** [haj'pə ma:kitt] stormarknad **hypersensitive** [haj'pə senn'sitivv] överkänslig **hyphen** [haj'fən] bindestreck **hypnosis** [hippnəo'siss] hypnos **hypothesis** [hajpåθ'isiss] hypotes **hypnotize** [hipp'nətajz] hypnotisera **hypocritical** [hippəkritt'ikəl] skenhelig **hypocrisy** [hipåkk'rəsi] hyckleri **hypocrite** [hipp'əkritt] hycklare **hypodermic syringe** [hajpədə:'mikk sirr'inndsj] injektionsspruta **hysteric** [hissterr'ikk] hysterisk **I** [aj] jag **ice** [ajs] is **ice-breaker** [aj'sbrejkə] isbrytare **ice-cold** [aj'skåo'ld] iskall **ice-cream** [aj'skri:'m] glass **ice-hockey** [aj'shåkk'i] ishockey **Iceland** [aj'slənd] Island **Icelandic** [ajslänn'dikk] isländsk **icicle** [aj'sikkl] istapp **icing** [aj'sing] glasyr

icy — impart

icy [aj'si] isig **idea** [ajdi:'ə] idé, infall, påhitt, uppslag; begrepp; *get a clear idea of* få klart för sig; *have some idea of* ha litet hum om **ideal** [ajdi:'əl] idealisk, mönstergill; ideal **idealistic** [ajdiəliss'tikk] ideell **idealize** [ajdi:'əlajz] idealisera **identical** [ajdenn'tikəl] identisk **identify** [ajdenn'tifaj] identifiera **identity** [ajdenn'titti] identitet; *prove one's identity* legitimera sig **identity card** [ajdenn'titti ka:d] identitetskort, legitimationskort **ideology** [ajdiåll'ədsji] ideologi, världsåskådning **idiom** [idd'iəm] idiom, språkegenhet **idiot** [idd'iət] idiot **idiotic** [iddiått'ikk] idiotisk, fånig **idle** [aj'dl] fåfäng, sysslolös; slöa; gå på tomgång **idling** [aj'dling] tomgång **idol** [aj'dl] idol **idolize** [aj'dəlajz] avguda **idyll** [idd'ill] idyll **idyllic** [ajdill'ikk] idyllisk **i.e.** (utläses *that is* [ðatt' izz']) dvs. **if** [iff] om, ifall **igloo** [igg'lo:] snögrotta, igloo **ignition** [iggnisj'ən] tändning (*på bil*) **ignition key** [iggnisj'ən ki:] startnyckel **ignoble** [ignåo'bl] låg, tarvlig **ignominious** [iggnəminn'iəs] snöplig **ignorant** [igg'nərənt] okunnig **ignore** [iggnå:'] ignorera; vara okunnig om; ej låtsas om **ill** [ill] sjuk, dålig; *feel ill at ease* vantrivas; *get ill, be taken ill* bli sjuk **ill-bred** [ill'bredd'] ouppfostrad **illegal** [illi:'gəl] illegal, olaglig **illegible** [illedd'sjəbl] oläslig **illegitimate** [illidsjitt'imitt] olaglig, illegitim **ill-humoured** [ill'hjo:'məd] misslynt **illicit** [illiss'itt] olaglig, otillåten **illiteracy** [illitt'ərəsi] analfabetism **illiterate** [illitt'əritt] analfabet **ill-mannered** [ill'männ'əd] ohyfsad **illness** [ill'niss] sjukdom **illogical** [illådd'sjikəl] ologisk **illuminate** [illjo:'minejt] illuminera, belysa **illuminated** [illjo:'minejtodd] upplyst; *illuminated sign* ljusreklam **illusion** [illo:'sjən] illusion, villa **illustrate** [ill'əstrejt] illustrera **illustration** [illəstrej'sjən] illustration **illustrious** [illass'triəs] berömd, lysande **image** [imm'idsj] bild, avbild **imagery** [imm'idsjri] bildverk; bildspråk **imaginary** [immädd'sjinri] inbillad **imagination** [imäddsjinej'sjən] fantasi, inbillning **imaginative** [imädd'sjinətivv] fantasifull **imagine** [imädd'sjinn] föreställa sig, ha för sig, inbilla sig **imagined** [imädd'sjinnd] inbillad, tänkt **imbibe** [imbaj'b] dricka, absorbera **imbue** [imbjo:'] genomdränka, genomsyra **imitate** [imm'itejt] härma, imitera, efterlikna **immaculate** [immäkk'jolitt] ren, obefläckad **immaterial** [immətiə'riəl] okroppslig; oväsentlig **immature** [immətjo:'ə] omogen **immeasurable** [immesj'ərəbl] omätlig **immediately** [immi:'djətli] omedelbart, omgående **immemorial** [immimå:'riəl] urminnes **immense** [immenn's] ofantlig **immersion** [immə:'sjən] nedsänkning **immigrant** [imm'igrənt] invandrare **immigrate** [imm'igrejt] immigrera, invandra **immigration** [immigrej'sjən] invandring **imminent** [imm'inənt] nära förestående, överhängande **immoderate** [immädd'əritt] omåttlig **immodest** [immädd'ist] oblyg **immoral** [immärr'əl] omoralisk **immortal** [immå:'tl] odödlig **immovable** [immo:'vəbl] orubblig, orörlig **immune** [immjo:'n] immun **imp** [immp] satunge **impact** [imm'päkkt] slag, stöt **impair** [impä:'ə] skada, försämra **impart**

impartial — inaccessible

[impa:'t] meddela; förläna **impartial** [immpa:'sjəl] opartisk **impassable** [immpa:'səbl] oframkomlig **impasse** [ammpa:'s] återvändsgata; dödläge **impatient** [immpej'sjənt] otålig **impeach** [immpi:'tsj] anklaga **impeachment** [immpi:'tsjmənt] anklagelse, förebråelse **impeccable** [immpekk'əbl] oklanderlig **impede** [immpi:'d] hindra **impediment** [immpedd'imənt] hinder **impel** [impell'] tvinga; *feel impelled to* känna sig föranledd att **impending** [immpenn'ding] överhängande, hotande **impenetrable** [immpenn'itrəbl] ogenomtränglig **imperative** [immperr'ətivv] nödvändig, obligatorisk **imperceptible** [immpəsepp'təbl] omärklig **imperfect** [immpə:'fikkt] ofullkomlig **imperial** [immpi:'əriəl] kejserlig **imperialism** [impi:'əriəlizzəm] imperialism **imperil** [imperr'ill] äventyra **impersonal** [immpə:'snl] opersonlig **impertinence** [immpə:'tinəns] oförskämdhet **impertinent** [immpə:'tinənt] närgången, näsvis **imperturbable** [immpətə:'bəbl] orubblig **impervious** [immpə:'viəs] ogenomtränglig **impetuous** [immpett'joəs] våldsam, häftig **impetus** [imm'pitəs] fart **implacable** [immplakk'əbl] obeveklig, oböhörlig, oförsonlig **implement** [imm'plimənt] tillbehör, verktyg, redskap **implicate** [imm'plikejt] innebära; inbegripa **implication** [immplikej'sjən] innebörd **implicit** [immpliss'itt] inbegripen; underförstådd **implied** [immplaj'd] underförstådd **implore** [immplå:'] bönfalla **imply** [immplaj'] innebära **impolite** [immpəlaj't] ohövlig, oartig **import** [immpå:'t] importera; [imm'på:t] import **importance** [immpå:'təns] betydelse, vikt **important** [impå:'tənt] betydande, viktig **impose** [immpåo'z] pålägga; imponera; föra bakom ljuset **impossible** [immpåss'əbl] omöjlig **impostor** [impåss'tə] bedragare **impotent** [imm'pətnt] maktlös, impotent **impoverish** [immpavv'ərisj] utarma **impracticable** [immpräkk'tikəbl] outförbar **impregnable** [immpregg'nəbl] ointaglig; obestridlig **impregnate** [imm'preggnejt] impregnera **impress** [imm'press] intryck, prägel, märke **impression** [immpresj'ən] (*bildl.*) intryck; *make an impression* imponera, göra intryck **impressive** [immpress'ivv] imponerande **imprint** [imm'print] avtryck **imprison** [immprizz'n] fängsla, sätta i fängelse **imprisonment** [immprizz'nmənt] fängelse[straff] **improbable** [immpråbb'əbl] otrolig, osannolik **improper** [immpråpp'ə] opassande **improve** [impråo:'v] förbättra; förädla; *she improves on closer acquaintance* hon vinner i längden **improvement** [immpråo:'vmənt] förbättring **improvise** [imm'prəvajz] improvisera **imprudent** [immpråo:'dənt] oförståndig, oklok, oförsiktig **impudent** [imm'pjodənt] fräck **impulse** [imm'palls] impuls **impulsive** [immpall'sivv] impulsiv **impunity** [immpjo:'nitti] straffrihet; *with impunity* ostraffat **impure** [immpjoə] oren **impute** [immpjo:'t] tillskriva, tillvita **in** [inn] i, in, inom, på; inne; *in a week* om en vecka; *in the country* på landet; *is Mr. A. in?* träffas herr A.? **inability** [innəbill'itti] oförmåga **inaccessible** [innäkksess'əbl] otillgänglig,

inaccurate — indefinite

oåtkomlig **inaccurate** [innäkk'joritt] felaktig **inaction** [inäkk'sjən] overksamhet **inactive** [innäkk'tivv] overksam **inadequate** [innädd'ikwitt] otillräcklig; inadekvat **inadmissible** [innäddmiss'əbl] otillåtlig **inane** [innej'n] tom; idiotisk **inasmuch** [inəzmatt'sj] *inasmuch ... as* eftersom **inattentive** [innətenn'tivv] ouppmärksam **inaudible** [innå:'dəbl] ohörbar **inaugurate** [innå:'gjorejt] inviga **inauguration** [innå:gjorej'sjən] invigning **inborn** [inn'bå:'n] medfödd **incalculable** [innkäll'kjoləbl] oöverskådlig **incapable** [innkej'pəbl] oförmögen **incapacitate** [innkəpass'itejt] göra oförmögen **incendiary** [innsenn'djəri] pyroman; brandbomb; mordbrands- **incense** [inn'senns] rökelse; [insenn's] [upp]reta **incentive** [innsenn'tivv] motiv; eggande **incessant** [innsess'nt] oavbruten, oupphörlig **inch** [inntsj] tum **incidence** [inn'sidns] frekvens; räckvidd **incident** [inn'sidənt] händelse, episod, intermezzo **incidental** [innsidenn'tl] tillfällig **incidentally** [innsidenn'tli] helt apropå **incinerate** [innsinn'ərejt] förbränna **incision** [innsisj'ən] snitt, inskärning **incite** [innsajt't] hetsa, [upp]egga **inclination** [innklinej'sjən] lutning; böjelse, benägenhet, lust **inclined** [inklaj'nd] benägen, hågad, upplagd **include** [innklo:'d] inberäkna, inkludera **included** [innklo:'didd] inklusive **incoherent** [innkåohi:'ərnt] osammanhängande **income** [inn'kəm] inkomst[er]; *income and expenditure* inkomster och utgifter **income tax** [inn'kəmtäkks] inkomstskatt; *income-tax demand note* skattsedel **incomparable** [innkåmm'pərəbl] oförliknelig, ojämförlig **incomparably** [innkåmm'pərəbli] ojämförligt **incompatible** [innkəmmpätt'əbl] oförenlig **incompetent** [innkåmm'pitənt] inkompetent, oduglig **incomplete** [innkəmpli:'t] ofullständig **incomprehensible** [innkåmmprihenn'səbl] obegriplig **inconceivable** [innkənnsi:'vəbl] otänkbar **incongruity** [innkånggro:'itti] missförhållande **incongruous** [innkång'groəs] oförenlig; motsägande **inconsiderate** [innkənsidd'əritt] hänsynslös **inconsistent** [innkənnsiss'tənt] inkonsekvent **inconsolable** [innkənnsåo'ləbl] otröstlig **incontrovertible** [inn'kånntravə:'təbl] oversägslig **inconvenience** [innkənvi:'njəns] olägenhet **inconvenient** [innkənvi:'njənt] oläglig, besvärlig **incorporate** [innkå:'pərejt] inforliva **incorrect** [innkərekk't] oriktig **incorruptible** [innkərapp'təbl] omutlig **increase** [innkri:'s] öka, växa, tillta (*by* med); [inn'kri:s] ökning, tilltagande; *increase the control* skärpa kontrollen **incredible** [innkredd'əbl] otrolig **incredulous** [innkredd'joləs] skeptisk **increment** [inn'krimənt] tillväxt; höjning (av lön) **incriminate** [innkrimm'inejt] anklaga **incubation period** [innkjobej'sjən pi:'əriəd] inkubationstid **incubator** [inn'kjobejtə] äggkläckningsmaskin; kuvös **incur** [innkə:'] ådraga sig **incurable** [innkjo:ə'rəbl] obotlig **indebted** [inndett'idd] skyldig, skuldsatt **indecent** [inndi:'snt] oanständig, sedlighetssårande **indeed** [inndi:'d] sannerligen, minsann; *indeed!* jaså **indefatigable** [inndifätt'igəbl] outtröttlig **indefinite** [inn

indelible — infant prodigy

deff'initt] obestämd **indelible** [inndell'ibl] outplånlig **indelicate** [inndell'ikitt] ofin **indemnity** [inndemm'nitti] gottgörelse **indent** [inndenn't] tanda, göra snitt i kanten **indentation** [inndenntej'sjən] tandning; skåra **independence** [inndipenn'dəns] självständighet, oberoende **independent** [inndipenn'dənt] självständig **indescribable** [inndisskraj'bəbl] obeskrivlig **index** [inn'dekks] index; pekfinger; *subject index* sakregister **India** [inn'djə] Indien **Indian** [inn'djən] indisk; indier; indiansk; indian; *Red Indian* indian **india-rubber** [inn'djərabb'ə] kautschuk, radergummi **indicate** [inn'dikejt] utvisa, visa, tyda på **indication** [inndikej'sjən] angivande; symtom **indict** [inndaj't] anklaga, åtala **indictment** [inndaj'tmənt] anklagelse, åtal **indifference** [inndiff'rəns] likgiltighet **indifferent** [inndiff'rənt] likgiltig **indigenous** [inndidd'sjinəs] infödd; medfödd **indigestion** [inndidd'sjess'tsjən] dålig matsmältning **indignant** [inndigg'nənt] indignerad, upbragt **indignation** [inndiggnej'sjən] indignation **indignity** [inndigg'nitti] skymf **indirect** [inndirekk't] indirekt **indiscreet** [inndiskri:'t] taktlös; tanklös **indiscriminate** [inndiskrimm'initt] omdömeslös **indispensable** [inndispenn'səbl] oumbärlig, omistlig **indisposed** [inndisspåo'zd] indisponerad, ohågad **indisputable** [inndisspjo:'təbl] obestridlig **indistinct** [inndisstingk't] otydlig **individual** [inndividd'joəl] individ; individuell, enstaka, enskild; *individual taxation* särbeskattning **indolent** [inn'dələnt] slö, loj, indolent **indomitable** [inndåmm'ittəbl] otämjbar, oövervinnerlig **indoors** [inn'dä:'z] inne, inomhus **indubitable** [inndjo:'bittəbl] otvivelaktig **induce** [inndjo:'s] förmå; tubba **indulge** [inndall'dsj] skämma bort; tillfredsställa, hysa; *indulge in day-dreams* fantisera **indulgence** [indall'dsjəns] eftergivenhet, överseende **indulgent** [inndall'dsjənt] överseende, släpphänt; *be indulgent towards* ha överseende med **industrial** [inndass'triəl] industriell; *industrial democracy* företagsdemokrati; *industrial injury* yrkesskada; *industrial worker* industriarbetare **industrialization** [inndasstriəlajzej'sjən] industrialisering **industrious** [indass'triəs] arbetsam, flitig **industry** [inn'dəstri] industri, näring; flit; *trade and industry* näringsliv **inebriate** [inni:'briitt] drucken **ineffaceable** [innifej'səbl] outplånlig **ineffective** [innifekk'tivv] ineffektiv **inefficient** [innifisj'ənt] ineffektiv **inept** [innepp't] orimlig; dum **ineradicable** [inniräddʼikəbl] outrotlig **inert** [innə:'t] trög, slö **inertia** [innə:'sjə] tröghet **inevitable** [innevv'itəbl] oundviklig, ofrånkomlig **inexcusable** [innikksskjo:'zəbl] oursäktlig **inexhaustible** [inniggzå:'stəbl] outsinlig **inexorable** [innekk'srəbl] obeveklig **inexpensive** [innekkspenn'sivv] billig **inexperienced** [innikkspiə'riənst] oerfaren **inexplicable** [innekk'splikəbl] oförklarlig **infallible** [innfall'ibl] ofelbar **infamous** [inn'fəməs] ökänd; avskyvärd **infancy** [inn'fənsi] barndom **infant** [inn'fənt] spädbarn **infant baby** [inn'fənt bej'bi] spädbarn **infant prodigy** [inn'fənt prådd'iddsji] underbarn

infant school — injustice 288

infant school [inn'fənt sko:l] småskola **infant teacher** [inn'fənt ti:tsjə] småskollärare **infatuation** [innfattjoe'sjən] svärmeri, förälskelse **infeasible** [innfi:'zəbl] ogenomförbar **infect** [infekk't] smitta [ner], infektera **infection** [innfekk'sjən] smitta, infektion **infer** [innfə:'] sluta sig till; innebära **inference** [inn'frəns] slutsats **inferior** [innfi:'əriə] mindervärdig, underhaltig; underlägsen (*to s.b.* ngn); lägre **inferiority** [innfiəriårri'itti] underlägsenhet **inferiority complex** [innfiəriårr'itti kåmm'plekks] mindervärdeskomplex **infernal** [innfə:'nl] djävulsk, infernalisk **infest** [innfess't] hemsöka **infidel** [inn'fidl] otrogen, icke-kristen **infidelity** [innfidell'itti] otrohet **in-fighting** [inn'fajting] (*sport.*) närkamp **infinite** [inn'finitt] oändlig **infinitesimal** [innfinnitess'iml] mycket liten **infirm** [innfə:'m] orkeslös **infirmary** [innfə:'məri] sjukhus, sjuksal **inflammable** [inflämm'əbl] eldfarlig **inflammation** [innflaməj'sjən] inflammation; *inflammation of the bladder* blåskatarr; *inflammation of the ears* öroninflammation **inflatable** [innflej'təbl] uppblåsbar **inflated** [innflej'tidd] uppblåst **inflation** [innflej'sjən] inflation **inflict** [innflikk't] tillfoga, förorsaka **influence** [inn'floəns] inverkan, inflytande, påverkan; påverka **influential** [innfloenn'sjəl] inflytelserik **influenza** [innfloenn'zə] influensa **influx** [inn'flakks] tillströmning **inform** [innfå:'m] informera, underrätta, orientera, meddela; ange, uppge **informal** [innfå:'məl] informell **informant** [innfå:'mənt] sagesman **information** [innfəmej'sjən] uppgift[er], upplysning[ar], information[er], underrättelse[r]; *a piece of information* en upplysning (*etc.*); *further information* närmare underrättelser; *by way of information* upplysningsvis **informative** [innfå:'mətivv] upplysande **informer** [innfå:'mə] angivare **in-fringe** [innfrinn'dsj] överträda, kränka; *infringe on* inkräkta **infringement** [innfrinn'dsjmənt] intrång; kränkning **infuriate** [innfjo:'əriejt] göra rasande **infuse** [innfjo:z] ingjuta ingenious **ingenious** [indsji:'njəs] fyndig, sinnrik **ingot** [ing'gət] [guld]tacka **ingrained** [inn'grej'nd] inrotad **ingratiate** [inngrej'sjiejt] ingratiate o.s. ställa sig in **ingratitude** [inngrätt'itjo:d] otack **ingredient** [inngri:'djənt] ingrediens **inhabit** [inhäbb'itt] bebo **inhabitable** [inhäbb'ittəbl] beboelig **inhabitant** [innhäbb'itənt] invånare **inhale** [innhej'l] inandas **inherent** [infä:'ərnt] inneboende, medfödd **inherit** [innherr'itt] ärva (*from* av) **inheritance** [inherr'ittəns] arv; påbrå **inhibited** [inhibb'itidd] hämmad **inhibition** [innhibisj'ən] hämning **inhuman** [innhjo:'mən] omänsklig **inimical** [innimm'ikl] fientlig **inimitable** [inimm'itəbl] oefterhärmlig **iniquity** [innikk'witti] ogärning **iniquitous** [innikk'wittəs] orättfärdig **initial** [inisj'əl] initial; *initial capital* startkapital **initiate** [innisj'iejt] påbörja, inleda **initiative** [inisj'iətivv] initiativ **injection** [inndsjekk'sjən] injektion **injunction** [innjang'ksjən] uppmaning, föreskrift **injure** [inn'dsjə] kränka; såra **injurious** [inndsjo:'əriəs] skadlig **injury** [inn'dsjəri] (*subst.*) skada **injustice**

ink — instruction

[inndsjass´tiss] orättvisa **ink** [ingk] bläck **inkling** [ing´kling] aning **inkpot** [ing´kpått] bläckhorn **inland** [inn´lənd] inrikes; *inland revenue office* uppbördsverk **in-laws** [inn´lå:z] släktingar genom giftermål **inlet** [inn´lett] ingång; vik **inmate** [inn´mejt] intern; invånare **inmost** [inn´måost] innerst **inn** [inn] värdshus **innate** [in¦i¦ej´t] medfödd **inner** [inn´ə] inre **innermost** [inn´ə-måost] innersta **innings** [inn´ings] inne-period (i kricket) **innkeeper** [inn´ki:pə] värdshusvärd **innocence** [inn´əsns] oskuld **innocent** [inn´əsnt] oskyldig, oskuldsfull **innovator** [inn´äovejtə] nyskapare **innuendo** [innjoenn´dåo] anspelning, insinuation **innumerable** [innjo:´mərəbl] otalig, oräknelig **inoculate** [inäkk´jolejt] inympa, vaccinera **inorganic** [innå:gänn´ikk] oorganisk **inquest** [inn´kwesst] (*rättsligt*) förhör **inquire** [innkwaj´ə] fråga; *inquire into* undersöka **inquiry** [innkwaj´əri] förfrågan **inquisitive** [innkwizz´itivv] nyfiken, frågvis **inroad** [inn´råod] intrång **insane** [innsej´n] vansinnig **insanitary** [innsänn´itəri] ohygienisk **insanity** [innsänn´itti] vansinne **insatiable** [innsej´sjəbl] omättlig **inscription** [innskripp´sjən] inskrift, inskription **inscrutable** [innskro:´təbl] outgrundlig **insect** [inn´sekkt] insekt **insecticide** [innsekk´tisajd] insektsmedel **insecure** [innsikjo:´ə] otrygg **insensible** [innsenn´səbl] okänslig **insensitive** [innsenn´sitivv] (*kroppsligt*) känslolös **inseparable** [innsepp´ərəbl] oskiljaktig **insert** [innsə:´t] inskjuta, införa **inside** [inn´saj´d] inne, innanför, inuti; inre, insida; *inside out* avig; *turn ... inside out* vända ut och in på **insidious** [innsidd´iəs] lömsk **insight** [inn´sajt] inblick; inlevelse **insignificant** [innsiggniff´ikənt] obetydlig, ringa, oansenlig **insinuate** [innsinn´joejt] insinuera **insinuation** [insinjoej´sjən] antydning **insipid** [innsipp´idd] smaklös, trakig **insist** [innsiss´t] insistera; *insist on* vidhålla **insolent** [inn´sələnt] oförskämd **insoluble** [innsäll´jobl] olöslig **insomnia** [innsämm´njə] sömnlöshet **insomuch** [innsåomatt´sj] *insomuch as* till den grad att, eftersom **inspect** [innspekk´t] inspektera, besiktiga, visitera, syna **inspection** [innspekk´sjən] besiktning, inspektion, översyn **inspector** [innspekk´tə] inspektör; poliskommissarie **inspiration** [innspərej´sjən] inspiration **inspire** [innspaj´ə] inspirera **install** [innstå:´l] installera **instalment** [innstå:´lmənt] avbetalning; avsnitt; *instalment credit* annuitetslån; *buy on the instalment plan* köpa på avbetalning **instance** [inn´stəns] exempel; *for instance* till exempel **instantaneous** [innstəntej´njəs] ögonblicklig **instantly** [inn´stəntli] omedelbart, på stående fot **instead** [instedd´] i stället; *instead of* i stället för **instep** [inn´stepp] vrist **instigation** [innstigej´sjən] tillskyndan **instil[l]** [instill´] indrypa, ingiva **instinct** [inn´stingkt] instinkt, drift **institute** [inn´stitjo:t] institut; *institute of technology* teknisk högskola **institution** [innstitjo:´sjən] institution, anstalt **instruct** [innstrakk´t] utbilda, undervisa; *be instructed to* få i uppdrag att **instruction** [innstrakk´sjən] anvisning, instruktion;

utbildning, undervisning; *programmed instruction* programmerad undervisning **instructive** [innstrakk´tivv] lärorik **instructor** [innstrakk´tə] instruktör **instrument** [inn´strəmənt] instrument, redskap; *instrument of debt* skuldsedel **instrumental** [instro:menn´tl] instrumental; bidragande **instrument panel** [inn´strəmənt pänn´l] instrumentbräde **insubordinate** [innsəbbå:´dnitt] uppstudsig, olydig **insufferable** [innsaff´ərəbl] olidlig **insufficient** [innsəfisj´ənt] otillräcklig **insular** [inn´s-jolə] ö-; öinvånare **insulate** [inn´s-jolejt] isolera **insulin** [inn´sjolinn] insulin **insult** [inn´sallt] förolämpning, skymf, kränkning; förolämpa, kränka **insulting** [innsall´ting] sårande, kränkande **insuperable** [innsjo:´pərəbl] oöverstiglig **insurance** [innsjo:´ərəns] försäkring **insurance company** [innsjo:´ərəns kamm´pəni] försäkringsbolag **insure** [innsjo:´ə] försäkra, assurera **insurmountable** [innsə:mao´ntəbl] oöverkomlig **insurrection** [innsərekk´sjən] uppror **intact** [inntäkk´t] orörd, intakt **integral** [inn´tigrəl] väsentlig, hel- **integrity** [inntegg´ritti] fullständighet; okränkbarhet **intellect** [inn´tilekkt] förstånd, tankeförmåga **intellectual** [inntilekk´tsjoəl] andlig, intellektuell **intelligence** [intell´idsjəns] intelligens; underrättelse[r] **intelligent** [inntell´idsjənt] intelligent **intelligible** [inntell´idsjəbl] begriplig **intemperate** [inntemm´prit] omåttlig **intend** [inntenn´d] ämna, avse, ha för avsikt **intense** [inntenn´s] intensiv **intensify** [inntenn´sifaj] intensifiera **intensity** [inntenn´sitti] intensitet **intention** [intenn´sjən] avsikt, mening, uppsåt **intentional** [inntenn´sjənl] avsiktlig, uppsåtlig **inter** [inntə:´] begrava **interaction** [inntərakk´sjən] växelverkan **intercept** [inntəsepp´t] uppsnappa; genskjuta **interceptor** [inntəsepp´tə] jaktplan **interchange** [inntətsjej´ndsj] utväxla; omväxla **intercourse** [inn´tə:kå:s] umgänge; *sexual intercourse* sexuellt umgänge, samlag **interest** [inn´trisst] intresse; ränta; intressera; *interested in* intresserad av (för) **interesting** [inn´trissting] intressant **interfere** [inntəfi:´ə] ingripa; *interfere with* störa, hindra, inkräkta på **interference** [inntəfi:´ərəns] inblandning, ingrepp; *unlawful interference* egenmäktigt förfarande **interior** [innti:´əriə] inre, interiör **interlace** [inntəlej´s] sammanflätta **interlude** [inn´talo:d] intermezzo **intermediate** [inntəmi:´djət] mellanliggande; *make an intermediate landing* mellanlanda **interment** [inntə:´mənt] begravning **interminable** [intə:´mnəbl] ändlös **intermission** [inntəmisj´ən] uppehåll, avbrott **internal** [inntə:´nl] invändig, intern, invärtes; *internal combustion engine* förbränningsmotor **international** [inntənäsj´ənl] internationell; *international match* landskamp **interplay** [inn´təplej] samspel **interpose** [inntəpåo´z] inskjuta **interpret** [inntə:´pritt] tolka, tyda **interpretation** [inntə:pritej´sjən] tolkning **interpreter** [inntə:´prittə] tolk **interrogate** [innterr´əgejt] förhöra **interrogation** [inntəroge:´sjən] förhör, utfrågning **interrupt** [inntərapp´t] avbryta **intersect** [inntəsekk´t] skära, korsa **intersection** [inntøsekk´sjən] skärningspunkt, korsning **intersperse** [inntəspə:´s] inblanda, inströ **interval** [inn´təvəl] mellanrum, intervall, tonsteg, mellanakt **intervene** [inntə·vi:´n] ingripa **intervention** [inntəvenn´sjən] ingripande, intervention **interview** [inn´təvjo:] intervju; intervjua **interrupt** [intərəpp´t] avbryta **intestine** [inntess´tinn] tarm; *intestines* tarmar, inälvor **intimacy** [inn´timməsi] förtrolighet **intimate** [inn´timitt] intim, förtrolig; låta påskina **intimidate** [inn-timm´idejt] skrämma **into** [inn´to] in i **intolerant** [inntåll´ərənt] intolerant **intonation** [inntåonej·sjən] tonfall **intoxicate** [intåkk´sikejt] berusa **intoxication** [inntåkksikej·sjən] rus **intrepid** [inntrepp´idd] djärv **intrepidity** [inntripidd´itti] djärvhet **intricate** [inn´trikitt] invecklad **intrigue** [inntri:´g] intrig; intrigera; förbrylla **intrinsic** [inntrinn´sikk] inre **introduce** [inntrədjo:´s] introducera, införa; presentera **introduction** [inntrədakk´sjən] inledning, introduktion; presentation; *doctor's letter of introduction* läkarremiss **introductory** [inntrədakk´təri] inledande **intrude** [inntro:´d] tränga sig på, störa **intrusion** [inntro:·sjən] intrång **intrusive** [inntro:·sivv] närgången **intuition** [inntjoisj·ən] intuition **inundate** [inn´anndejt] översvämma **invade** [invvej´d] invadera, infalla i **invader** [invvej·də] inkräktare **invalid** [innvall´-idd] ogiltig; [inn´validd] invalid; sjuklig **invaluable** [innvall´-joəbl] ovärderlig **invariable** [innvä·əriəbl] oföränderlig **invariably** [innvä·əriəbl] ständigt **invasion** [innvej·sjən] invasion **invective** [innvekk´tivv] invektiv, skymford **inveigle** [innvi:·gl] locka **invent** [innvenn´t] uppfinna, hitta på **invented** [innvenn·tidd] uppdiktad **invention** [innvenn·sjən] uppfinning **inventive** [innvenn·tivv] uppfinningsrik **inventor** [innvenn·tə] uppfinnare **invert** [invvə·´t] kasta om; *inverted commas* citationstecken **invertebrate** [innvə·´tibritt] ryggradslös **invest** [innvess´t] placera (*pengar*), investera **investigate** [innvess·tigejt] utreda, undersöka, utforska **investigation** [innvesstigej·sjən] utredning, undersökning **investment** [innvess·tmənt] investering, kapitalplacering **inveterate** [innvett´ritt] inbiten **invidious** [innvidd´jəs] anstötlig; förhatlig **invigorate** [innvigg´ərejt] stärka **invincible** [innvinn·səbl] oövervinnelig **inviolable** [innvaj·ələbl] okränkbar **invisible** [innvizz´əbl] osynlig **invitation** [innvitej·sjən] inbjudan **invitation card** [innvitej·sjən ka:d] inbjudningskort **invite** [innvaj´t] [in]bjuda, invitera; *invite s.b. to dinner* bjuda ngn på middag; *invite s.b. out for dinner* bjuda ngn på middag på restaurang; *invited out* bortbjuden **invoice** [inn·våjs] faktura; fakturera **invoke** [innvåo·k] anropa; framkalla **involuntary** [innvåll´əntri] ofrivillig **involve** [innvåll·v] inveckla **inward** [inn·wəd] invändig, inre; inåt **inwards** [inn·wədz] inåt **iodine** [aj·ədi:n] jod **IOU** [aj·åojo:´] (= *I owe you*) skuldförbindelse **irascible** [iräss·ibl] lättretlig **Ireland** [aj·ələnd] Irland **iris** [aj·əriss] iris **Irish** [aj·ərisj] irländsk; irländska (*språket*); *the Irish* irländarna **Irishman** [aj·ərisjmən] irländare **irksome** [ə:·ksəm] tröttsam **iron** [aj·ən] järn; strykjärn;

ironic[al] — Jerry 292

stryka **ironic[al]** [ajrånn'ikk(l)] ironisk **ironing** [aj'əning] strykning (*med strykjärn*) **ironmonger's** [aj'ənmanggəz] järnhandel **irony** [aj'ərəni] ironi **irradiate** [irrej'diejt] [be]stråla **irreconcilable** [irrekk'ənsajləbl] oförsonlig, oförenlig **irregular** [irregg'jollə] oregelbunden **irregularities** [irregjolärr'itizz] oegentligheter **irrelevant** [irrell'ivənt] ovidkommande, osaklig, irrelevant **irremissible** [irrimiss'əbl] oeftergivlig **irreplaceable** [irriplej'səbl] oersättlig **irreproachable** [irripråo'tsjəbl] oklanderlig **irresistible** [irrizis'təbl] oemotståndlig **irresolute** [irrezz'əlo:t] obeslutsam, villrådig **irresolution** [irr'ezzəlo:'sjən] vankelmod, obeslutsamhet **irrespective** [irrispekk'tivv] *irrespective of* oavsett **irresponsible** [irrispånn'səbl] oansvarig, ansvarslös **irrevocable** [irrevv'əkəbl] oåterkallelig **irrigation** [irrigej'sjən] konstbevattning; *irrigation system* bevattningsanläggning **irritable** [irr'itəbl] retlig **irritate** [irr'itejt] reta, irritera **irritating** [irr'itejting] retsam, irriterande **island** [aj'lənd] ö **isle** [ajl] ö **islet** [aj'litt] holme, kobbe **isolate** [aj'səlejt] isolera **Israel** [izz'rejəl] Israel **issue** [iss'jo:] utfärda, ge ut; utgång, resultat; nummer; *special issue* extranummer **isthmus** [iss'məs] näs **it** [itt] den, det; *that's it* det är sant, så är det; *it is five* klockan är fem **Italian** [itäll'jən] italienare; italienska (*språket*); italiensk **Italics** [itäll'ikks] kursivering **Italy** [itt'əli] Italien **itch** [ittsj] klåda; skabb; klia **item** [aj'temm] punkt, nummer; [bokförings]post; *extra item* extranummer **itinerary** [ajtinn'ərəri] resplan, resväg **its** [itts] dess; sin **itself** [ittsell'f] själv, den (det, sig) själv **ivory** [aj'vəri] elfenben **ivy** [aj'vi] murgröna **jab** [dsjäbb] stöta; stöt **jabber** [dsjäbb'ə] snattra **jack** [dsjäkk] domkraft; knekt (*i kortspel*) **jackal** [dsjäkk'å:l] sjakal **jackdaw** [dsjäkk'då:] kaja **jacket** [dsjäkk'itt] jacka, kavaj, blazer **jack-of-all-trades** [dsjäkk'əvå:'ltrejdz] tusenkonstnär **jade** [dsjejd] hästkrake; jade **jaded** [dsjej'didd] utsliten; blaserad **jag** [dsjägg] hack **jagged** [dsjägg'idd] tandad, naggad **jail** [dsjejl] fängelse **jail-bird** [dsjej'lbə:d] fängelsekund **jam** [dsjämm] **1** sylt; *make jam* [*of*] sylta **2** klämma; stockning; *the lock has jammed* dörren har gått i baklås **Jamaica pepper** [dsjəmej'kə pepp'ə] kryddpeppar **jangle** [dsjäng'gl] gnissla, slamra; gnissel, slammer **janitor** [dsjänn'itə] portvakt **January** [dsjänn'joəri] januari **Japan** [dsjəpänn'] Japan **Japanese** [dsjäppəni:'z] japansk; japan; japanska (*språket*) **jar** [dsja:] burk, krus **jargon** [dsja:'gən] struntprat, rotvälska, jargong **jaundice** [dsjå:'ndiss] gulsot **jaunt** [dsjå:nt] utflykt **jaunty** [dsjå:'nti] käck; nonchalant **javelin** [dsjävv'linn] [kast]spjut **jaw** [dsjå:] käke; *jaws* (*djurs*) gap, käftar **jay** [dsjej] nötskrika **jay-walker** [dsjej'wå:kə] oförsiktig fotgängare **jealous** [dsjell'əs] svartsjuk **jealousy** [dsjell'əsi] svartsjuka **jeer** [dsji:'ə] håna; hån **jelly** [dsjell'i] gelé **jelly-fish** [dsjell'ifisj] manet **jemmy** [dsjemm'i] kofot **jeopardize** [dsjepp'ədajz] äventyra, riskera **jerk** [dsjə:k] knycka, rycka; knyck, ryck **jerky** [dsjə:'ki] ryckig **Jerry** [dsjerr'i] tysk [soldat] **jerry-built** [dsjerr'ibillt] fuskbyggd, byggd på spekulation **jersey** [dsjə:'zi] tröja **jest** [dsjesst] skämt; skämta **jet** [dsjett] [vätske]stråle; munstycke **jet plane** [dsjett' plejn] jetplan **jetty** [dsjett'i] pir, kaj **Jew** [dsjo:] jude **jewel** [dsjo:'əl] juvel **jeweller** [dsjo:'ələ] juvelerare **jewellery** [dsjo:'əlri] smycken, juveler; *piece of jewellery* smycke **Jewess** [dsjo:'iss] judinna **Jewish** [dsjo:'isj] judisk; *Jewish woman* judinna **jib** [dsjibb] klyvare; streta emot; gipa **jiff[y]** [dsjiff'(i)] ögonblick **jigsaw** [dsjigg'så:] lövsåg; *jigsaw puzzle* pussel **jingle** [dsjing'gl] klirra, pingla; klirrande, pinglande **jitters** [dsjitt'əz] nervositet **job** [dsjåbb] jobb **jocular** [dsjåkk'jollə] skämtsam **jog** [dsjågg] knuffa; lunka; friska upp (minnet) **join** [dsjåjn] förena, foga ihop, skarva, sammansluta, ansluta sig till, sälla sig till **joiner** [dsjåj'nə] [möbel]snickare **joinery** [dsjåj'nəri] snickeri **joint** [dsjåjnt] skarv, fog, led; stek; gemensam; *joint stock* aktiekapital; *joint taxation* sambeskattning **joke** [dsjåok] skämt, kvickhet, vits, skoj; skoja, skämta; *practical joke* spratt **joker** [dsjåo'kə] skojare, skämtare **jolly** [dsjåll'i] glad, livad; mycket gött **jolt** [dsjåolt] guppa **jostle** [dsjåss'l] knuffa[s] **jot** [dsjått] jota; anteckna **journal** [dsjə:'nl] journal, dagbok; tidskrift, tidning **journalist** [dsjə:'nəlisst] journalist **journey** [dsjə:'ni] resa, färd; *a pleasant journey!* lycklig resa!; *journey home* hemresa; *journey through* genomresa **journeyman** [dsjə:'nimən] gesäll; hantlangare **Jove** [dsjåov] Jupiter; *by Jove!* ta mig tusan! **jovial** [dsjåo'vjəl] gladlynt, jovialisk **joy** [dsjåj] glädje, fröjd (*at* över) **joyful** [dsjåj'foll], **joyous** [dsjåj'əs] glad, glädjande **jubilant** [dsjo:'bilənt] jublande **jubilee** [dsjo:'bili:] jubileum **judge** [dsjaddsj] bedöma, döma; domare; kännare **judg[e]ment** [dsjaddsj'mənt] dom, omdöme **judging** [dsjadd'sjing] bedömande **judicial system** [dsjo:disj'əl siss'timm] rättsväsen **judicious** [dsjodisj'əs] förståndig **jug** [dsjagg] kanna, mugg **juggle** [dsjagg'l] jonglera **Jugoslavia** [jo:'gåoslaː'vjə] Jugoslavien **Jugoslavian** [jo:'gåoslaː'vjən] jugoslav; jugoslavisk **juice** [dsjo:s] saft **juicy** [dsjo:'si] saftig; mustig **July** [dsjolaj'] juli **jumble** [dsjamm'bl] blanda ihop; virrvarr **jump** [dsjammp] hoppa; hopp; *jumping on the spot* svikthopp **jumper** [dsjamm'pə] jumper **jumping sheet** [dsjamm'ping sji:t] brandsegel **jumpy** [dsjamm'pi] nervös **junction** [dsjang'ksjən] knutpunkt **juncture** [dsjang'ktsjə] föreningspunkt; kritiskt ögonblick **June** [dsjo:n] juni **jungle** [dsjang'gl] djungel **junior** [dsjo:'njə] junior, yngre **juniper** [dsjo:'nipə] en [buske] **junk** [dsjangk] skräp; djonk **juridical** [dsjoəridd'ikəl] juridisk **jurisdiction** [dsjoərisdikk'sjən] rättskipning; domvärjo **juror** [dsjo:'ərə] jurymedlem **jury** [dsjo:'əri] jury **just** [dsjasst] rättvis, rättfärdig, nyss; *just like that* utan vidare; *just outside* strax utanför; *just right* lagom; *just washed* nytvättad **justice** [dsjass'tiss] rättvisa; *do justice* skipa rättvisa **justifiable** [dsjass'tifajəbl] befogad **justification** [dsjasstifikej'sjən] berättigande **justify** [dsjass'tifaj] rättfärdiga,

juvenile — know   294

berättiga **juvenile** [dsjo:'vinajl] ungdomlig; barnslig; *juvenile books* ungdomsböcker; *juvenile delinquency* ungdomsbrottslighet **kangaroo** [kängg*ə*ro:'] känguru **keel** [ki:l] köl **keen** [ki:n] vass, skarp; skarpsinnig; angelägen; *keen on* pigg på **keep** [ki:p] hålla, behålla, bibehålla; uppehålla; förhålla sig, hålla sig, förbli; förvara; *keep away from* avhålla sig från; *keep going* hålla i gång; *keep together* hålla ihop; *keep up* uppehålla, hålla uppe, underhålla; *keep s.b. waiting* låta ngn vänta **keeper** [ki:'pə] vaktare, vårdare; [musei]intendent **keep-fit enthusiast** [ki:'pfitt' innθjo:'ziässt] friskportare **keeping** [ki:'ping] förvar; *in keeping with* i stil med **keepsake** [ki:'psejk] minne, souvenir **keg** [kegg] kagge **kennel** [kenn'l] hundkoja, hundgård **kept** [keppt] imperf. och perf. part. av *keep* **kerb** [kə:b] trottoarkant **kerchief** [kə:'tsjiff] huvudduk **kernel** [kə:'nl] kärna **kerosene** [kerr'əsi:n] *(Am.)* fotogen **kettle** [kett'l] kittel **kettledrum** [kett'ldramm] puka **key** [ki:] nyckel; tangent, tonart **keyboard** [ki:'bå:d] klaviatur **keyhole** [ki:'håol] nyckelhål **key map** [ki:' mäpp] översiktskarta **key-note** [ki:'nåot] grundton **kick** [kikk] spark; sparka **kick-off** [kikk'å:'f] avspark **kid** [kidd] killing; [barn]unge; narra; *no kidding* det menar du inte **kidney** [kidd'ni] njure **kill** [kill] döda, slå ihjäl **kiln** [killn] kalkugn **kilo** [ki:'låo] kilo **kilometre** [kill'əmi:tə] kilometer **kilt** [killt] kilt, skotsk kjol **kin** [kinn] släkting[ar]; *next of kin* närmaste släkting[ar] **kind** [kajnd] slag, sort; vänlig, snäll (*to* mot); *all kinds of things* allt möjligt; *... of that kind* dylik; *kind deed* välgärning; *kind regards* hjärtliga hälsningar **kindle** [kinn'dl] tända[s] **kindly** [kaj'ndli] vänlig, vänligen **kindness** [kaj'ndniss] vänlighet **kindred spirit** [kinn'dridd spirr'itt] själsfrände **king** [king] kung **kingdom** [king'dəm] kungadöme, kungarike, *(bildl.)* rike **kink** [kingk] fnurra; hugskott **kinsman** [kinn'zmən] släkting **kiosk** [kiåss'k] kiosk **kipper** [kipp'ə] rökt fisk (sill) **kiss** [kiss] kyss; kyssa **kisser** [kiss'ə] trut, mun **kit** [kitt] utrustning, redskap **kit-bag** [kitt'bägg] redskapsväska; packning **kitchen** [kitt'sjinn] kök **kitchenette** [kittsjinnett'] kokvrå **kitchen garden** [kitt'sjinn ga:dn] köksträdgård **kite** [kajt] [leksaks]drake **kith and kin** [kiθ'n kinn'] släkt och vänner **kitten** [kitt'n] kattunge **knack** [näkk] skicklighet; vana; handlag **knapsack** [näpp'säkk] ränsel **knave** [nejv] skurk; knekt *(i kortspel)* **knead** [ni:d] knåda **knee** [ni:] knä **knee-cap** [ni:'käpp] knäskål **kneel** [ni:l] knäböja **knelt** [nellt] imperf. och perf. part. av *kneel* **knew** [njo:] imperf. av *know* **knickers** [nikk'əz] knäbyxor; dambyxor **knife** [najf] (*pl knives* [najvz]) kniv **knight** [najt] riddare; springare (*i schack*) **knit** [nitt] sticka (*med stickor*) **knitting** [nitt'ing] stickning **knob** [nåbb] knapp, knopp **knock** [nåkk] knacka, bulta; knackning; *knock down* fälla, slå omkull **knoll** [nåol] liten kulle **knot** [nått] knut; knop; kvist (*i trä*) **know** [nåo] veta, kunna, känna till; *you know* ju, som du vet; *get to know* få kännedom om

know-how — largest

know-how [nåo'hao] expertkunnande **knowingly** [nåo'ingli] med vett och vilja **knowledge** [nåll'iddsj] kunskap, vetskap, kännedom; *previous knowledge* förkunskaper; *thorough knowledge* solida kunskaper **knowledgeable** [nåll'iddsjəbl] kunnig **known** [nåon] känd, bekant **knuckle** [nakk'l] knoge **knuckleduster** [nakk'ldasstə] knogjärn **£** tecken för *pound*, pund **label** [lej'bl] etikett; adresslapp; pollettera **laboratory** [ləbårr'ətəri] laboratorium **laborious** [ləbå:'riəs] mödosam **labor union** [lej'bə jo:'njən] (*Am.*) fackförening **labour** [lej'bə] möda, arbete, arbetskraft; knoga, arbeta **labourer** [lej'bərə] arbetare **laburnum** [ləbə:'nəm] gullregn **labyrinth** [labb'ərinnθ] labyrint **lace** [lejs] snöra; spetsa; snöre; virkad[e] spets[ar] **lacerate** [lass'ərejt] riva sönder; plåga **lack** [lakk] brist; sakna; *be lacking* saknas, fattas **lackey** [lakk'i] lakej **lacquer** [lakk'ə] lackera; lack **lad** [ladd] pojke **ladder** [ladd'ə] stege; maska (*på strumpor*) **laden** [lej'dn] lastad; nedtyngd **lading** [lej'ding] lastning; *bill of lading* konossement **ladle** [lej'dl] slev **lady** [lej'di] dam; *ladies' [cloak-]room* damtoalett; *ladies and gentlemen!* mina damer och herrar!; *ladies' hairdresser* damfrisörska; *ladies' hairdressers* damfrisering **lady-bird** [lej'dibə:d] nyckelpiga **Lady Day** [lej'di dej] Marie bebådelsedag **ladylike** [lej'dilajk] förnäm, som anstår en dam **lag behind** [lägg' bihajnd] sacka efter **laggard** [lägg'əd] solkorv; sölig **lagoon** [ləgo:'n] lagun **laid** [lejd] imperf. och perf. part. av *lay*; *laid up* upplagd, sängliggande **lain** [lejn] perf. part. av *lie* **lair** [lä:'ə] lya **laird** [lä:'əd] skotsk godsägare **lake** [lejk] [in]sjö **lamb** [lämm] lamm **lamb chop** [lämm' tsjäpp] lammkotlett **lamb's-wool** [lämm'zwoll] lammull **lame** [lejm] halt; (*bildl.*) lam **lamella** [ləmell'ə] lamell **lament** [ləmenn't] klagan, jämmer; klaga **lamp** [lämmp] lampa, lykta **lamp-post** [lämm'ppåost] lyktstolpe **lamp-shade** [lämm'psjejd] lampskärm **lance** [la:ns] lans, spjut; *lance corporal* vicekorpral **land** [lännd] land; landa, hamna **landed** [lännd'idd] jordägande **landing** [lännd'ing] landning, landstigning **landing-net** [lännd'ingnett] håv **landlady** [lännd'lejdi] [hyres]värdinna **landlord** [lännd'lå:d] [hyres]värd **landmark** [lännd'ma:k] gränsmärke; milstolpe **landscape** [lännd'skejp] landskap **landslide** [lännd'slajd] ras, skred **lane** [lejn] gränd; [kör]fil **language** [läng'gwiddsj] språk; *correct language* vårdat språk **languid** [läng'gwidd] trög; matt **languish** [läng'gwisj] avmattas; tråna **lank** [längk] mager; rakt (om hår) **lanky** [läng'ki] lång och gänglig **lantern** [länn'tən] lykta, lanterna **lap** [läpp] knä, sköte; skvalp; (*sport.*) varv; skvalpa; (*sport.*) varva; lapa **lapel** [ləpell'] rockuppslag **Laplander** [läpp'länndə] same **lapse** [läpps] misstag; förlopp; förfalla; förflyta **larceny** [la:'sni] stöld **larch** [la:tsj] lärkträd **lard** [la:d] ister, späck **large** [la:dsj] stor, omfångsrik; *large pincers* hovtång; *at large* i frihet, i allmänhet **largely** [la:'dsjli] till stor del **larger** [la:'dsjə] större **large-scale production** [la:'dsjskej'l prədakk'sjən] stordrift **largest**

lark — least   296

[laːˈdsjisst] störst **lark** [laːk] lärka; skoj; skoja **larynx** [lärrˈingks] struphuvud **lascivious** [ləsivvˈjəs] vällustig, liderlig **lash** [läsj] prygla, piska; snärt; piska **lass** [läss] flicka **lassitude** [lassˈitjoːd] trötthet **lasso** [lässˈåo] lasso **last** [laːst] **1** räcka, vara **2** sist; sista, förra; *at last* till sist; *last spring* i våras; *last week* förra veckan; *the last but one* näst sist **lasting** [laːˈsting] varaktig, dryg **lastly** [laːˈstli] slutligen **latch** [lättsj] dörrklinka, lås **latch-key** [lättˈsjkiː] dörrnyckel, portnyckel **late** [lejt] sen; sent; *of late* på sista tiden; *be late* dröja, vara försenad, komma för sent; *later in the day* fram på dagen; *later on* längre fram, senare; *by Saturday at the latest* senast på lördag **lately** [lejˈtli] på senaste tiden **latent** [lejˈtənt] latent **lateral** [lättˈrl] sido- **lath** [laːθ] ribba, spjäla **lathe** [lejð] svarv **lather** [laːˈðə] lödder, löddra **Latin** [lättˈinn] latin **latitude** [lättˈitjoːd] breddgrad; obundenhet **latter** [lättˈə] sistnämnd, senare **lattice** [lättˈiss] gallerverk **laud** [låːd] lov; prisa **laugh** [laːf] skratta (*at* åt); *laughed to scorn* utskrattad **laughing-stock** [laːˈfingståkk] driftkucku **laughter** [laːˈftə] skratt **launch** [låːntsj] barkass; sjösätta; lansera **laundry** [låːˈndri] tvättinrättning, tvättstuga, tvätt[kläder] **laureate** [låːˈriitt] lagerkrönt **laurel** [lårrˈəl] lager[träd] **lava** [laːˈvə] lava **lavatory** [lävvˈətəri] toalett, WC; *men's lavatory* herrtoalett **lavender** [lävvˈinndə] lavendel **lavish** [lävvˈisj] slösaktig; slösande **law** [låː] lag, förordning, rätt, juridik **lawful** [låːˈfoll] laglig, lagenlig **lawless** [låːˈliss] laglös **lawn** [låːn] gräsmatta **lawn-mower** [låːˈnmåoə] gräsklippare **lawsuit** [låːˈs-joːt] process, rättstvist **lawyer** [låːˈjə] jurist, advokat **lawyer's office** [låːˈjəzz åffˈiss] advokatbyrå **lax** [läkks] lös, slarvig; vag **lay** [lej] **1** lägga; *lay ... bare* blotta; *lay eggs* värpa; *lay out* lägga ut; *lay down rules* uppställa regler; *lay the table* duka; *lay ... waste* ödelägga **2** imperf. av *lie* **layer** [lejˈə] lager, skikt; *put in layers* varva **layman** [lejˈmən] lekman **lay-out** [lejˈaot] layout; planering **laziness** [lejˈziniss] lättja **lazy** [lejˈzi] lat; *be lazy* lata sig **lb.** *pound* pund **lead 1** [liːd] leda, föra, anföra; mynna; ledning; koppel; *lead an active life* föra ett rörligt liv; *lead to* föranleda **2** [ledd] bly, blyerts **leader** [liːˈdə] ledare, anförare; ledarartikel **leading** [liːˈding] ledande, tongivande; *leading part* huvudroll **leaf** [liːf] (*pl leaves* [liːvz]) löv, blad; *in leaf* utslagen **leaflet** [liːˈflitt] reklamlapp, flygblad **league** [liːg] förbund; (*sport.*) liga **leak** [liːk] läcka **lean** [liːn] **1** mager **2** luta; lutande **leaning** [liːˈning] lutad **leant** [lennt] imperf. och perf. part. av *lean* **leap** [liːp] språng, hopp; hoppa; *by leaps and bounds* med stormsteg **leap-day** [liːˈpdej] skottdag **leap-frog** [liːˈpfrågg] hoppa bock **leapt** [leppt] imperf. och perf. part. av *leap* **leap-year** [liːˈpjəː] skottår **learn** [ləːn] lära [sig], erfara, få veta **learned** [ləːˈnidd] lärd **learner's car** [ləːˈnəz kaː] övningsbil **learning** [ləːˈning] lärdom **learnt** [ləːnt] imperf. och perf. part. av *learn* **lease** [liːs] arrende; arrendera, hyra ut **leash** [liːsj] koppel; koppla **least** [liːst] minst;

leather — levelling

at least åtminstone; *least of all* allra minst **leather** [leð'ə] läder, skinn **leather-jacket** [leð'ədsjäkkitt] skinnjacka **leave** [li:v] lämna, efterlämna; avgå, avresa; permission, tjänstledighet; *leave...alone* lämna...i fred, låta bli; *leave...behind* lämna kvar; *leave off* sluta; *leave out* utelämna; *I leave it to you to* jag överlåter åt dig att; *take leave* säga adjö; *be on leave* vara tjänstledig, ha permission **leaven** [levv'n] surdeg **lecture** [lekk'tsjə] föredrag, föreläsning; föreläsa **lecturer** [lekk'tsjərə] föredragshållare; *senior lecturer* docent **led** [ledd] imperf. och perf. part. av *lead* **ledge** [leddsj] hylla **ledger** [ledd'sjə] huvudbok; liggare **lee** [li:] lä **leech** [li:tsj] blodigel **leek** [li:k] purjolök **leer** [li:ə] snegla **leeward** [li:'wəd] *to leeward* i lä **left** [lefft] **1** vänster; *to the left* till vänster; *the Left* vänstern **2** imperf. och perf. part. av *leave;* kvar; *be left* finnas kvar, återstå, bli över; *left behind* kvarlämnad **left-handed** [leff'thänn'didd] vänsterhänt **left-hand page** [lefft'hännd pej'dsj] vänstersida **left-hand traffic** [lefft'thännd träff'ikk] vänstertrafik **left-luggage office** [lefft'tlagg'iddsj åff'iss] effektförvaring **left-overs** [lefft'tåo'vəz] rester **leg** [legg] ben; (stövel)skaft; *pull a person's leg* driva med ngn **legacy** [legg'əsi] arv **legal** [li:'gəl] rättslig, laglig; *legal aid* rättshjälp; *legal domicile* hemort; *legal proceedings* rättegång; *legal science* rättsvetenskap **legation** [ligej'sjən] legation **legend** [ledd'sjənd] legend, sägen; inskrift **legendary** [ledd'sjəndəri] legendarisk **leggings** [legg'ingz] benläder; barndamasker **legible** [ledd'sjəbl] läslig **legislation** [leddsjisslej'sjən] lagstiftning **legitimate** [lidsjitt'imejt] legitimera; [lidsjitt'imitt] legitim, rättmätig **leisure** [lesj'ə] fritid; ledig; *at your leisure* när det passar dig **leisurely** [lesj'əli] ledig, maklig; utan brådska **lemon** [lemm'ən] citron **lemonade** [lemməoj'dd] läskedryck, lemonad **lend** [lennd] låna [ut] (*to* åt) **lending** [lenn'ding] utlåning **lending rate** [lenn'ding rejt] utlåningsränta **length** [lengθ] längd; *at length* till slut, utförligt **lengthen** [leng'θən] förlänga **lengthy** [leng'θi] långvarig; *a lengthy dispute* en segsliten tvist **lenient** [li:'njənt] skonsam **lens** [lennz] lins, objektiv **lent** [lennt] imperf. och perf. part. av *lend* **Lent** [lennt] fastan **leopard** [lepp'əd] leopard **leper** [lepp'ə] spetälsk **leprosy** [lepp'rəsi] spetälska **less** [less] mindre **lessen** [lessə'n] [för]minska, minskas **lesser** [less'ə] mindre **lesson** [less'n] läxa; lektion **lest** [lesst] för att inte, av fruktan att **let** [lett] låta; hyra ut; *let down* fälla ner; *let loose* släppa, frige; *let out* släppa ut **lethal** [li:'θəl] dödlig **lethargy** [leθ'ədsji] letargi; slöhet; dvala **letter** [lett'ə] bokstav; brev, skrivelse; *letter of attorney* fullmakt; *express letter* expressbrev; *special delivery letter* (*Am.*) expressbrev **letter-box** [lett'əbåkks] brevlåda **letter-card** [lett'əka:d] kortbrev **letting [out]** [lett'ing (aot)] uthyrning **lettuce** [less'in] sallad, salladshuvud **level** [levv'l] nivå; [ut]jämna; *a level teaspoonful* en struken tesked; *on a level with* i jämnhöjd med **levelling** [levv'ling] nivellering

lever [li:'və] hävstång, spak **levity** [levv'itti] lättsinnighet **levy** [levv'i] uppbåd; uttaxering **lewd** [lo:d] liderlig **ley** [lej] [slåtter]vall **liability** [lajəbill'itti] ansvar; *liabilities* skulder; *liability insurance* ansvarighetsförsäkring **liable** [laj'əbl] ansvarig; utsatt; *be liable to* riskera att **liaison** [liej'zå:ng] förbindelse; *liaison officer* sambandsofficer **liana** [li:änn'ə], **liane** [li:a:'n] lian **liar** [laj'ə] lögnare **libel** [laj'bl] ärekränkning, smädeskrift **liberal** [libb'ərəl] liberal; frikostig **liberalism** [libb'ərəlizzəm] liberalism **liberalize** [libb'ərəlajz] liberalisera **liberate** [libb'ərejt] befria, frige **liberation** [libbərej'sjən] befrielse, frigörelse, frigivning **liberty** [libb'əti] frihet **librarian** [lajbrä:'əriən] bibliotekarie **library** [laj'brəri] bibliotek **libretto** [librett'åo] libretto **lice** [lajs] (pl av *louse*) löss **licence** [laj'səns] licens, tillstånd; tygellöshet; ge tillstånd; *be fully licensed* ha sprittrrättigheter **licentious** [lajsenn'sjəs] utsvävande, tygellös **lichen** [laj'kenn] lav **lick** [likk] slicka **lid** [lidd] lock (*på kärl o.d.*) **lie** [laj] **1** lögn; ljuga (*to* för); *white lie* nödlögn **2** ligga; *lie down* lägga sig **lieu** [ljo:] *in lieu of* i stället för **lieutenant** [lefftenn'ənt] löjtnant **life** [lajf] liv, levnad; *life in society* samhällsliv **lifebelt** [laj'fbellt] livbälte **lifeboat** [laj'fbåot] livbåt **life insurance** [laj'f innsjo:'ərəns] livförsäkring **life jacket** [laj'f dsjäkk'itt] flytväst **lifeless** [laj'fliss] livlös **life-saving** [laj'fsejving] livräddning **life-size** [laj'fsajz] naturlig storlek **lifetime** [laj'ftajm] livstid **lift** [llifft] lyfta; lätta (*om dimma*); hiss; *get a lift* [få] åka med **ligament** [ligg'əmənt] ligament, band **light** [lajt] **1** ljus, sken, lyse, belysning; ljus; tända; *you are standing in my light* du skymmer mig; *get light* ljusna; *light blue* ljusblå; *light a fire* elda **2** lätt; *light current* svagström; *light music* underhållningsmusik **lighten** [laj'tn] **1** blixtra; lysa upp; ljusna **2** lätta, göra lättare **lighter** [laj'tə] tändare; laktare, pråm **light-hearted** [laj'tha:'tidd] bekymmerslös **lighthouse** [lajthaos] fyr **lighting** [laj'ting] belysning **lightly** [laj'tli] (*adv.*) lätt; *lightly boiled* löskokt **lightness** [laj'tniss] lätthet **lightning** [laj'tning] blixtrande; *a flash of lightning* en blixt; *lightning-conductor* [laj'tningkəndakktə] åskledare **like** [lajk] **1** lik; som; i likhet med; liksom; like; *nothing like me* inte tillnärmelsevis; *or the like* eller liknande, eller dylikt; *like that* så där; *just like that* utan vidare; *something like that* någonting ditåt; *like this* så här; *what's it like living in London?* hur är det att bo i London? **2** tycka om; *he likes being in England* han trivs i England **liked** [lajkt] omtyckt **likelihood** [laj'klihodd] sannolikhet **likely** [laj'kli] sannolik, trolig; sannolikt; *it is hardly likely* det är föga troligt; *he is likely to* han torde, han lär **likeness** [laj'kniss] likhet **liking** [laj'king] tycke, förkärlek; *take a liking to* fatta tycke för **lilac** [laj'lək] syren; lila **lilt** [lillt] visa; rytm **lily** [lill'i] lilja; *lily of the valley* liljekonvalje **limb** [limm] lem **limbering-up** [laj'təmbəringapp'] (*sport.*) uppmjukning **limbo** [limm'båo] förgård till helvetet; glömska; fängelse **lime** [lajm] **1** kalk **2** lind; limon

limelight — lock

limelight [lajˈmlajt] rampljus **limestone** [lajˈmståon] kalksten **limit** [limmˈitt] gräns; begränsa; *speed limit* fartbegränsning; *that's really the limit!* det är höjden!; *limited (liability) company* aktiebolag med begränsad ansvarighet **limitation** [limmitejˈsjən] begränsning **limited company** [limmˈitidd kammˈpəni] aktiebolag **limp** [limmp] halta, linka **limpid** [limmˈpidd] klar, genomskinlig **linden** [linnˈdn] lind **line** [lajn] **1** linje, streck, rad; lina, rev; bransch, fack; replik; linjera; *line of cars* bilkö; *line up (Am.)* kö, köa, ställa sig i kö **2** fodra **lineage** [linnˈiidsj] härstamning **linear** [linnˈiə] längd-, linje-; linear- **lineman** [lajˈnmən] banvakt **linen** [linnˈinn] linne[tyg] **liner** [lajˈnə] linjefartyg, linjeflygplan **lingerie** [längˈsjəri] damunderkläder **linguistic** [lingˈgwisstikk] språklig **lining** [lajˈning] foder (*i kläder o.d.*) **link** [lingk] led, länk; förena **links** [lingks] golfbana **lino** [lajˈnåo], **linoleum** [linåoˈljəm] korkmatta, linoleum **linseed** [linnˈsi:d] linfrö **lintel** [linnˈtl] överstycke (på dörr, fönster) **lion** [lajˈən] lejon **lip** [lipp] läpp **lip-service** [lippˈsəːviss] tomma ord **lipstick** [lippˈstikk] läppstift **liqueur** [likjoˈə] likör **liquid** [likkˈwidd] vätska; flytande **liquidate** [likkˈwidejt] likvidera **liquidity** [likkwiddˈitti] likviditet **liquids** [likkˈwiddz] flytande ämnen **liquor** [likkˈə] vätska; sprit **liquorice** [likkˈəriss] lakrits **Lisbon** [lizzˈbən] Lissabon **lisp** [lissp] läspa **list** [lisst] **1** lista, förteckning (*of* över) **2** slagsida **listen** [lissˈn] lyssna (*to* på), höra på; *listen in* lyssna på radio; *listen to* avlyssna, åhöra **listener** [lissˈnə] lyssnare **listless** [lissˈtliss] likgiltig, apatisk **lit** [litt] imperf. och perf. part. av *light* **litany** [littˈəni] litania **literal** [littˈərəl] ordagrann **literally** [littˈərəli] bokstavligen **literary** [littˈərəri] litterär **literature** [littˈərittsjə] litteratur **lithe** [lajð] smidig, vig **litigation** [littigejˈsjən] process **litre** [liːˈtə] liter **litter** [littˈə] kull (*av däggdjur*); skräp; bår **little** [littˈl] liten, litet, lilla, små, föga; *a little* något litet, en smula; *little by little* så småningom, undan för undan; *little children* småbarn; *little finger* lillfinger **live 1** [livv] leva, bo **2** [lajv] levande; *live ammunition* skarpladdad ammunition **livelihood** [lajˈvlihodd] uppehälle **lively** [lajˈvli] livlig **liver** [livvˈə] lever **liver paste** [livvˈə pejst] leverpastej **livery** [livvˈəri] livré **live-stock** [lajˈvståkk] kreatursbesättning **livid** [livvˈidd] blygrå, dödsblek **living** [livvˈing] levande; levebröd **living-room** [livvˈingromm] vardagsrum **lizard** [lizzˈəd] ödla **load** [låod] lasta, belasta, ladda; last, belastning, laddning **loading** [låoˈding] lastning **loaf** [låof] limpa; *tin loaf* formbröd **loan** [låon] lån **loath** [låoθ] ovillig, ohågad **loathing** [låoˈðing] vämjelse **loathsome** [låoˈðsəm] vämjelig **lobby** [låbbˈi] korridor, foajé **lobbyist** [låbbˈiist] korridorpolitiker **lobe** [låob] flik, lob **lobster** [låbbˈstə] hummer; *spiny lobster* langust **local** [låoˈkəl] orts-, lokal; *local taxes* kommunalskatt **locality** [låokällˈitti] läge, plats **locate** [låkejˈt] förlägga, placera, lokalisera **loch** [låkk] sjö, vik **lock** [låkk] **1** lås, sluss; låsa; *pass (take) through a*

locker — love-story

lock slussa; *lock ... up* låsa in **2** [hår]lock **locker** [låkk·ə] [förvaringsfack i] skåp **locket** [låkk·itt] medaljong **locksmith** [låkk·smiθ] låssmed **locust** [låo·kəst] gräshoppa **lodestar** [låo·dsta:] polstjärna; ledstjärna **lodge** [låddsj] härbärgera; [grind]stuga; [ordens]loge **lodger** [låddˑsjə] inneboende, hyresgäst **lodgings** [låddˑsjingz] hyresrum, bostad **loft** [låfft] vind, loft **lofty** [låff·ti] förnäm, högdragen **log** [lågg] [timmer]stock, vedträ **logic** [låddˑsjikk] logik **logical** [låddˑsjikl] logisk **loin** [låjn] länd[stycke]; *loin of pork* fläskkarré **loiter** [låjˑtə] gå och driva, stå och hänga **loll** [låll] vräka sig, sträcka sig **lollipop** [lållˑipåpp] klubba, slickepinne **Londoner** [lannˑdənə] londonbo **loneliness** [låoˑnliniss] ensamhet **lonely** [låoˑnli] ensam **lonesome** [låoˑnsəm] ensam **long** [lång] **1** lång; länge, långt; *be long* dröja, vara sen; *long jump* längdhopp; *long trousers* långbyxor **2** längta (*for* efter) **longed for** [lång·d få:] efterlängtad **longevity** [låndsjevvˑitti] långt liv **longing** [lång·ing] längtan (*for* efter); längtansfull **longitude** [lånnˑdsjitjo:d] longitud **loo** [lo:] utedass **look** [lokk] titta, se (*at* på); blick, titt; *look and see* titta efter; *look after* se efter, passa; *look down upon* ringakta, se ner på; *look for* leta efter; *look forward to* se fram emot; *we shall look into the matter* vi skall undersöka saken; *look out for* se upp för, hålla utkik efter; *look through* se igenom **looking-glass** [lokkˑinggla:s] spegel **look-out** [lokkˑao·t] utkik **looms** [lo:m] vävstol **loop** [lo:p] ögla **loop-hole** [lo:ˑpåhol] skottglugg; kryphål **loose** [lo:s] lös; loss; lossa; *come loose* lossna; *get loose* slita sig **loosen** [lo:ˑsn] lösa, lossa på **loot** [lo:t] rov, byte; plundra **lop-eared** [låppˑiˑəd] slokörad **lop-sided** [låppˑsajdidd] osymmetrisk; skev **lord** [lå:d] lord; herre; *the Lord* Herren **lordly** [lå:ˑdli] högdragen; ståtlig **lordship** [lå:ˑdsjipp] herravälde; *your lordship* ers nåd **lorry** [lårrˑi] lastbil; *breakdown lorry* bärgningsbil; *transport lorry* långtradare **lose** [lo:z] mista, tappa bort, förlora; *lose ground* förlora terräng; *lose the tread* tappa tråden; *lose one's way* villa bort sig **loss** [låss] förlust; *at a loss for a reply* svarslös **lost** [låsst] förlorad, bortkommen, borttappad; *get lost* komma bort, gå förlorad; *lost property office* hittegodsmagasin; *lost in* fördjupad i **lot** [lått] lott; mängd, massa; *draw lots for* dra lott om; *lots of ...* en massa ...; *quite a lot* [*of*] en hel del; *the lot* alltihop **lotion** [låoˑsjn] hår-, rakvatten **lottery** [låttˑəri] lotteri **lottery prize-list** [låttˑəri prajˑzlisst] dragningslista **lottery ticket** [låttˑəri tikkˑitt] lottsedel **loud** [laod] ljudlig, högljudd **loud-speaker** [laoˑdspi:ˑkə] högtalare **lounge** [laoˑndsj] flanera; vestibul; soffa **lounge suit** [laoˑndsj sjo:t] kavajkostym **louse** [laos] (*pl lice* [lais]) lus **lout** [laot] drummel **love** [lavv] kärlek (*for* till); älska; *in love* förälskad; *love from* kära hälsningar från **love-letter** [lavvˑlettə] kärleksbrev **loveliness** [lavvˑliniss] ljuvlighet, skönhet **lovely** [lavvˑli] ljuvlig, vacker; härlig **lover** [lavvˑə] älskare **love-story** [lavvˑstå:ri] kärlekshistoria, kärleks-

loving — magpie

roman **loving** [lavv´ing] kärleksfull **low** [låo] **1** låg; gemen; *low [power] current* svagström; *low heat* sparlåga; *low neck* urringning; *low tide* ebb **2** råma **lower** [låo´ə] lägre, nedre; fälla, sänka; *lower class* underklass; *lower jaw* underkäke; *lower lip* underläpp; *lower part of the body* underkropp **lowest** [låo´isst] lägst, nederst **lowlands** [låo´ləndz] lågland **low-necked** [låo´-nekk´t] urringad **loyal** [låj´əl] solidarisk, lojal **Ltd.** (förk. för *limited*) AB **lubricant** [lo:´brikənt] smörjmedel **lubricate** [lo:´b-rikejt] smörja **lucid** [lo:´sidd] klar, strålande **luck** [lakk] tur, lycka; *good luck!* lycka till! **lucky** [lakk´i] lycko-, lyckosam; *be lucky* ha tur **lucrative** [lo:´krətivv] lukrativ, lönande **ludicrous** [lo:´-dikrəs] löjlig **lug** [lagg] släpa **luggage** [lagg´iddsj] bagage **luggage ticket** [lagg´iddsj tikk´itt] polletteringskvitto **lukewarm** [lo:´kwå:m] ljum **lull** [lall] vyssja; lugna sig; stiltje; avbrott **lullaby** [lall´əbaj] vaggsång **lumbago** [lammbej´gåo] ryggskott **lumber** [lamm´bə] timmer; skräp; lufsa **luminous** [lo:´minəs] självlysande **lump** [lammp] klump, klimp; *lump sugar* bitsocker; *lump [of] sugar* sockerbit **lumpy** [lamm´pi] klimpig **lunacy** [lo:´-nəsi] vansinne **lunar** [lo:´nə] mån- **lunatic** [lo:´nətikk] vansinnig; dåre **lunch** [lanntsj] lunch **lung** [lang] lunga **lunge** [lanndsj] utfall; göra utfall **lurch** [lə:tsj] sladda, kränga; krängning; *leave in the lurch* lämna i sticket **lure** [ljo:´ə] lockbete lockad **lurid** [ljo:´əridd] spöklik; brandröd, gulbrun **lurk** [lə:k] ligga på lur **luscious** [lasj´əs] härlig, ljuvlig **lush** [lasj] yppig **lustre** [lass´tə] glans **lustrous** [lass´trəs] glansig **lusty** [lass´ti] kraftig, stark **lute** [lo:t] luta **luxuriant** (subst.) [laggzjo:´əriənt] yppig, frodig **luxurious** [laggzjo:´əriəs] lyxig **luxury** [lakk´sjəri] lyx **lying** [laj´ing] **1** lögnaktig **2** liggande **lymph gland** [limm´f glənnd] lymfkörtel **lynch** [linntsj] lyncha **lyngks** lodjur **lyre** [laj´ə] lyra **lyric poet** [lirr´ikk påo´itt] lyriker **lyrics** [lirr´ikks] lyrik **ma** [ma:] mamma **macadam** [məkädd´əm] makadam **macaroni** [makkərå´ni] makaroner **mace** [mejs] spira; spikklubba **machination** [makkinej´sjən] intrig **machine** [məsji:´n] maskin **machine-gun** [məsji:´ngann] kulspruta **machinery** [məsji:´nəri] maskineri **mackerel** [mäkk´rəl] makrill **mack** [intosh] [mäkk´(intäsj)] regnrock **mad** [mädd] galen, tokig (*with* av; *on* i, på) **madam** [mädd´əm] min fru, fröken **made** [mejd] imperf. och perf. part. av *make* **madman** [mädd´mən] dåre, galning **madness** [mädd´-niss] vansinne **magazine** [mäggəzi:´n] magasin **maggot** [mägg´ət] (ost)mask **Magi** [mej´dsjaj] de tre vise männen **magic** [mädd´sjikk] trolleri, magi; magisk; *magic formula* trollformel **magician** [mədsjisj´ən] trollkarl **magistrate** [mädd´-sjistritt] rådman **magnanimous** [mägnänn´iməs] storsint **magnet** [mägg´nitt] magnet **magnetic** [mäggnett´ikk] magnetisk **magnificence** [mäggniff´isns] prakt, glans **magnificent** [mäggniff´issnt] praktfull, storslagen, ståtlig **magnify** [mägg´nifaj] förstora **magnitude** [mägg´nitjo:d] storlek **magpie** [mägg´paj]

mahogany — manner 302

skata **mahogany** [məhågg'əni] mahogny **maid** [mejd] ungmö; tjänsteflicka, hembiträde **maiden name** [mej'dn nej'm] flicknamn **maiden voyage** [mej'dn våj'dsj] jungfruresa **mail** [mejl] post **mail-coach** [mej'lkåotsj] diligens **mail-order** [mej'lå:də] postorder **maim** [mejm] stympa **main** [mej'n] huvud-, viktigast; *main building* huvudbyggnad; *main road* utfart *(från stad)*; *main street* huvudgata; *the main theme* den röda tråden; *the main thing* huvudsaken **mainland** [mej'nlənd] fastland **mainly** [mei'nli] framför allt, huvudsakligen **mainmast** [mej'nma:st] stormast **maintain** [menn'tej'n] upprätthålla, bibehålla, underhålla; hävda, påstå **maintenance** [mej'ntinəns] underhåll **maize** [mejz] majs **majestic** [mədsjess'tikk] majestätisk **majesty** [madd'sjissti] majestät **major** [mej'dsjə] major; dur; större, huvud-; *major road* huvudled **majority** [madsjårr'itti] majoritet, flertal; myndig ålder **make** [mejk] göra; låta, formå; utgöra, bli; tillaga; fabrikat; *make s.b. change his mind* få ngn på andra tankar; *make ... clear[er]* förtydliga; *make good* gottgöra; *make sure of* förvissa sig om; *make up* hitta på, utgöra, sminka; *make up for it* ta skadan igen; *make ... up into packets* bunta ihop; *make up one's mind* besluta sig; *make ... worse* förvärra **make-believe** [mej'kbili:v] låtsaslek; föregiven, falsk **maker** [mej'kə] tillverkare **makeshift** [mej'ksjift] provisorium; provisorisk **make-up** [mej'kapp] smink **maladjusted** [mäll'ədsjass'tidd] missanpassad **malady** [mäll'ədi] sjukdom **malcontent** [mäll'kəntennt] missnöjd **male** [mejl] man; hane; manlig **malefactor** [mäll'ifäkktə] missdådare **malevolent** [məlevv'ələnt] illvillig **malice** [mäll'iss] illvillighet, skadeglädje **malicious** [məlisj'əs] illvillig, elak **malign** [məlaj'n] illasinnad, skadlig **malignant** [məligg'nənt] ondskefull; svårartad **mallard** [mäll'əd] (vild)and, gräsand **malleable** [mäll'jəbl] smidbar, foglig **mallet** [mall'itt] klubba; hammare **malt** [må:lt] malt **maltreat** [mälltri:'t] misshandla **mammal** [mamm'əl] däggdjur **mammoth** [mämm'əθ] mammut **man** [männ] man, människa; bemanna **manage** [männ'iddsj] klara [sig], orka, sköta, få bukt med; *manage to find* lyckas hitta; *managing director* verkställande direktör; *deputy managing director* vice verkställande direktör **management** [männ'iddsjmənt] ledning, skötsel, förvaltning, direktion **manager** [männ'iddsjə] föreståndare, ledare, chef, direktör **mandatory** [männ'dətri] mandat-; obligatorisk **mandoline** [männdəli:'n] mandolin **mane** [mejn] (hast)man **manger** [mej'ndsjə] krubba **mangle** [mäng'gl] mangel; mangla; fördärva **manhandle** [männ'hänndl] tilltyga **mania** [mej'njə] mani **maniac** [mej'njakk] dåre **manifest** [männ'ifesst] manifest; manifestera; visa; uppenbar **manifestation** [männifesstej'sjən] yttring **manifold** [männ'ifåold] mångfaldig **manipulate** [mənipp'joləjt] hantera; manipulera; förfalska **mankind** [männkaj'nd] mänskligheten, människosläktet **manly** [männ'li] manlig **manner** [männ'ə] sätt, vis, maner; *good manners* takt och ton; *manner of*

mannerism — massive

speaking uttryckssätt **mannerism** [männ'ərizm] maner **man-of-war** [männ'avwå:'] örlogsfartyg **manor[-house]** [männ'ə(haos)] herrgård **manœuvre** [mənɔ:'və] manöver; manövrera **mansion** [männ'sjən] herrgård **manslaughter** [männ'slå:tə] dråp **mantelpiece** [männ'tlpi:s] spiselhylla **mantle** [männ'tl] mantel **manual** [männ'joəl] hand-; handbok **manual labour** [männ'joəl lej'bə] kroppsarbete **manufacture** [männjofäkk'tsjə] tillverka, fabricera; tillverkning, fabrikation, fabrikat **manufacturer** [männjofäkk'tsjərə] tillverkare **manure** [mənjo:'ə] gödsla; gödsel **manuscript** [männ'joskrippt] manuskript, handskrift **Manx** [mangks] från ön Man **many** [menn'i] många, mycket, flera, åtskilliga; *a great many* en hel del **many-sided** [menn'isaj'didd] mångsidig **map** [mäpp] karta (*of* över); kartlägga; *map out* (*bildl.*) kartlägga **maple** [mej'pl] lönn **mar** [ma:] fördärva **marauder** [mərå:'də] plundrare, marodör **marble** [ma:'bl] marmor; [leksaks]kula **March** [ma:tsj] mars **march** [ma:tsj] marschera, tåga; marsch, tåg; *march off* avtåga **marchioness** [ma:'sjəniss] markisinna **mare** [mä:'ə] sto **margarine** [ma:dsjəri:'n] margarin **margin** [ma:'dsjinn] marginal **marguerite** [ma:gəri:'t] prästkrage **marigold** [ma:'rigåold] ringblomma **marinade** [märrinej'd] marinad **marine** [məri:'n] flotta, marin **mariner** [märr'inə] matros, sjöman **marital** [märr'itl] äktenskaplig **maritime** [märr'itajm] sjöfarts-; kust- **mark** [ma:k] märke, spår, kännetecken; betyg; markera, märka; betygsätta; *mark my words!* sanna mina ord! **market** [ma:'kitt] torg, marknad; marknadsföra; *find a market for* vinna avsättning för **market-day** [ma:'kittdej] torgdag **market-stall** [ma:'kittstå:l] torgstånd **marksman** [ma:'ksmən] skarpskytt **marmalade** [ma:'məlejd] marmelad **marmot** [ma:'mət] murmeldjur **maroon** [məro:'n] **1** kastanjebrun **2** landsätta på öde ö **marquess** [ma:'kwiss] markis (*adelstitel*) **marriage** [märr'iddsj] äktenskap, giftermål, vigsel; *church marriage* kyrklig vigsel; *civil marriage* borgerlig vigsel **married** [märr'idd] gift (*to* med) **marrow** [märr'åo] märg **marry** [märr'i] viga, gifta sig [med] **marsh** [ma:sj] kärr, träsk **marshal** [ma:'sjəl] marskalk; ställa upp **marshy** [ma:'sji] sumpig **marsupial** [ma:sjo:'pjəl] pungdjur **mart** [ma:t] handelsplats **marten** [ma:'tinn] mård **martial** [ma:'sjl] krigisk; *martial law* belägringstillstånd **martin** [ma:'tinn] hussvala **martyr** [ma:'tə] martyr **marvel** [ma:'vl] under; förundra sig **marvellous** [ma:'villəs] underbar **Marxist** [ma:'ksisst] marxistisk **marzipan** [ma:zipänn'] marsipan **mascot** [mäss'kət] maskot **mash** [mäsj] mos; mosa; *mashed apples* äppelmos; *mashed potatoes* potatismos **mask** [ma:sk] mask; maskera; *skin-diver's mask* cyklopöga **mason** [mej'sn] stenhuggare; frimurare; mura **masque** [ma:sk] maskspel **masquerade** [mässkərej'd] maskerad **mass** [mäss] **1** massa, mängd **2** mässa; *high mass* (*katolsk*) högmässa **massacre** [mäss'əkə] massaker; massakrera **massage** [mäss'a:sj] massage; massera **massive** [mäss'ivv] massiv, stadig **mass media** [mäss´ mi:´djə] massmedia **mass production** [mäss´ prədakk´sjən] massproduktion **mast** [ma:st] mast **master** [ma:´stə] husbonde, mästare; bemästra; *master and mistress* herrskap; *Master of Business Administration* (*Am.*) civilekonom **master-builder** [ma:´stəbildə] byggmästare **masterly** [ma:´stəli] virtuos, mästerlig **masterpiece** [ma:´stəpi:s] mästerverk **mastery** [ma:´stəri] mästerskap; herravälde; *gain the mastery of* bli herre över **mastiff** [mäss´tiff] stor dogg **masturbation** [mässtəbej´sjən] onani **mat** [mätt] matta; matt **matador** [mätt´ədå:] matador **match** [mätt´sj] **1** like, make; match; parti; passa ihop **2** tändsticka; *box of matches* tändsticksask **match-box** [mätt´sjbåkks] tändsticksask (*tom*) **matchless** [mätt´sjliss] makalös **mate** [mejt] styrman; kamrat; para sig **material** [məti:´əriəl] material, tyg; väsentlig **materials** [məti:´əriəlz] materiel **maternal** [məta:´nl] moders-; *maternal uncle* morbror **maternity clinic** [məta:´nitti klinn´ikk] mödravårdscentral **mathematical** [mä0imätt´ikəl] matematisk **mathematics** [mä0imätt´ikks] matematik **matinée** [mätt´inej] matiné **matriculate** [mətrikk´julejt] skriva in sig vid universitet **matriculation** [mətrikkjulej´sjən] inträdesexamen **matrimonial** [mättrimåo´njəl] äktenskaps- **matrimony** [mätt´riməni] äktenskap **matron** [mej´trən] fru; husmor (på sjukhus o.d.) **matter** [mätt´ə] materia; ämne; angelagenhet, fråga; *it doesn't matter* det gör detsamma (ingenting); *it is a matter of course* det är självklart; *what's the matter?* hur är det fatt?, vad är det?; *matter of habit* vanesak; *matter of secondary importance* bisak; *matter of taste* smaksak; *it matters a lot* det har stor betydelse **matter-of-fact** [mätt´ərəvfakk´t] nykter, saklig **mattress** [mätt´riss] madrass **mature** [mətjo:´ə] (*bildl.*) mogen **maturity** [mətjo:´ritti] mognad **maudlin** [må:´dlinn] gråtmild, sentimental **maul** [må:l] misshandla **Maundy Thursday** [må:´ndi θə:´zdi] skärtorsdag **mauve** [må:v] malvafärgad, ljuslila **maxim** [mäkk´simm] regel, maxim **maximum** [mäkk´siməm] maximal **maximum speed** [mäkk´siməm spi:d] topphastighet **may** [mej] **1** kan, får, må, torde **2** hagtorn **May** [mej] maj **maybe** [mej´bi:] kanske **May Day** [mej´dej] första maj **mayonnaise** [mejənej´z] majonnäs **mayor** [ma:´ə] borgmästare **may-pole** [mej´påol] majstång **maze** [mejz] labyrint **me** [mi:] mig; *it's me* det är jag **mead** [mi:d] mjöd **meadow** [medd´åo] äng **meagre** [mi:´gə] (*bildl.*) mager **meal** [mi:l] mål(tid); (råg)mjöl **mean** [mi:n] **1** mena, avse; betyda **2** medeltal; medel- **3** gemen, nedrig; snål **meander** [miänn´də] slingrande lopp; slingra sig **meaning** [mi:´ning] betydelse, innebörd, mening **means** [mi:nz] medel; *by means of* medelst; *by all means!* ja, gärna [för mig]!; *by no means* ingalunda; *means of communication* kommunikationsmedel **means test** [mi:´nz tesst] behovsprövning **meant** [mennt] imperf. och perf. part. av *mean* **meantime** [mi:´ntaj´m] *in the meantime* under tiden **meanwhile** [mi:´nwajl] under tiden

measles — merge

measles [mi:'zlz] mässling; *German measles* röda hund **measly** [mi:'zli] ynklig **measure** [mesj'ə] mått; åtgärd; mäta **measurement** [mesj'əmənt] mätning; mått **meat** [mi:t] kött; *ground meat (Am.)* köttfärs **meat ball** [mi:t bå:l] köttbulle **mechanic** [mikänn'ikk] mekaniker, montör **mechanical** [mikänn'ikəl] mekanisk, maskinell **mechanism** [mekk'ənizəm] mekanism **medal** [medd'l] medalj **meddle** [medd'l] blanda sig i **meddlesome** [medd'lsəm] som lägger sig i, klåfingrig **mediate** [mi:'diejt] medla, förmedla **mediation** [mi:diej'sjən] medling **mediator** [mi:'diejtə] medlare **medical** [medd'ikəl] medicinsk; *medical care* sjukvård, läkarvård; *medical staff* vårdpersonal **medicine** [medd'sinn] medicin, läkemedel **medieval** [meddii:'vəl] medeltida **mediocre** [mi:'diåokə] slätstruken, medelmåttig **meditate** [medd'itejt] meditera **Mediterranean** [medditərej'njən] *the Mediterranean* Medelhavet **medium** [mi:'djəm] medel-; medelmåttig; medium, medel; *medium size* mellanstorlek **medley** [medd'li] blandning; potpurri; brokig **meek** [mi:k] ödmjuk **meet** [mi:t] mota[s], träffa[s], sammanträda; *meet with* röna, erfara; råka ut för **meeting** [mi:'ting] möte; sammanträffande; sammanträde; *sports meeting* idrottstävling **megalomania** [megg'əlåomej'njə] storhetsvansinne **melancholy** [mell'ənkəli] svårmod; melankolisk, vemodig **mellow** [mell'åo] mogen; fyllig; mogna **melody** [mell'ədi] melodi **melon** [mell'ən] melon **melt** [mellt] smälta **meltingpoint** [mell'tingpåjnt] smältpunkt **melting-pot** [mell'tingpått] smältdegel **member** [memm'bə] medlem, ledamot **membership** [memm'bəsjipp] medlemskap **membership fee** [memm'bəsjipp fi:] medlemsavgift **membrane** [memm'brejn] hinna, membran **memo** [mi:'måo] PM **memoirs** [memm'wa:z] memoarer **memorable** [memm'ərəbl] minnesvärd **memorandum** [memmərann'dəm] promemoria; diplomatisk not **memorial** [mimå:'riəl] minnesmärke **memory** [memm'əri] minne; *escape one's memory* falla ur minnet **menace** [menn'əs] hot; hota **mend** [mennd] laga, reparera; bättra sig **menial** [mi:'njəl] simpel; tjänar- **men's room** [menn'z romm] toalett (*på restaurang o.d.*) **menstruation** [mennstroej'sjən] menstruation **men's wear** [menn'z wa:'ə] herrkläder **mental** [menn'tl] mental, själslig; *mental desease* sinnessjukdom; *mentally ill* sinnessjuk **mention** [menn'sjən] [om]nämna; omnämnande; *not to mention* för att inte tala om; *don't mention it!* för all del! **menu** [menn'jo:] matsedel, meny **mercantile** [mə:'kəntajl] handels-, köpmans- **mercenary** [mə:'sinri] legosoldat; sniken **merchandise** [mə:'tsjəndajz] handelsvaror **merchant** [mə:'tsjənt] köpman **merchant navy** [mə:'tsjənt nej'vi] handelsflotta **merchant vessel** [mə:'tsjənt vess'l] handelsfartyg **merciful** [mə:'sifoll] barmhärtig **merciless** [mə:'siliss] obarmhärtig **mercury** [mə:'kjori] kvicksilver **mercy** [mə:'si] barmhärtighet **mere** [mi:'ə] blott och bar, ren **merely** [mi:'əli] enbart, blott och bart **merge** [mə:dsj] slå ihop;

låta uppgå **merger** [məˈdsjə] sammanslagning, fusion **meringue** [marängˈ] maräng **merit** [merrˈitt] förtjänst, merit **meritorious** [merritåˈːriəs] förtjänstfull **mermaid** [məːˈmejd] sjöjungfru **merry** [merrˈi] munter, glad **merry-go-round** [merrˈigåoraond] karusell **mesh** [mesj] maska **mess** [mess] **1** röra, oreda; *he looked a mess* han såg ryslig ut; *make a mess* stöka till **2** mäss **message** [messˈiddsj] budskap, meddelande **messenger** [messˈinndsjə] sändebud, bud[bärare] **messy** [messˈi] kletig; rörig **met** [mett] imperf. och perf. part. av **meet metabolism** [metåbbˈəlizzəm] ämnesomsättning **metal** [mettˈl] metall; makadam **meteor** [miːˈtjə] meteor **meter** [miːˈtə] mätare; (*Am.*) meter **method** [meθˈəd] metod **Methodist** [meθˈədisst] metodist **methylated spirit** [meθˈilejtidd spirrˈitt] rödsprit **meticulous** [mittikkˈjoləs] petig, mycket noggrann **metre** [miːˈtə] meter **metric system** [mettˈrikk sissˈtimm] metersystem **metropolis** [mitråppˈəliss] världsstad **mettle** [mettˈl] mod, kurage **mew** [mjoː] jama **mews** [mjoːz] stallänga **mica** [majˈkə] glimmer **mice** [majs] (*pl av mouse*) råttor **Michaelmas** [mikkˈlməs] mickelsmässa (29/2) **microphone** [majˈkrəfåon] mikrofon **microscope** [majˈkrəskåop] mikroskop **mid** [midd] mellan-, mitt- **middle** [middˈl] mitt, mellan-, mellerst; (*subst.*) mitt; *in the middle of* mitt i; *the Middle Ages* medeltiden **middle-aged** [middˈlejˈdsjd] medelålders **middleman** [middˈlmən] mellanhand **midge** [middsj] mygga **midget** [middˈsjitt] dvärg; liten sportbil; miniatyr- **midnight** [middˈnajt] midnatt **midnight sun** [middˈnajt sannˈ] midnattssol **midshipman** [middˈsjippmən] sjökadett **midst** [middst] *in the midst of* mitt i **midsummer** [middˈsammə] midsommar; *Midsummer Eve* midsommarafton **midway** [midˈwej] halvvägs **midwife** [middˈwajf] barnmorska **mien** [miːn] hållning; uppsyn **might** [majt] **1** kunde [kanske]; fick **2** styrka, kraft **mighty** [majˈti] mäktig, väldig; mycket **migraine** [miːˈgrejn] migrän **migrate** [majgrejˈt] flytta **migration** [majgrejˈsjən] folkvandring **migratory bird** [majˈgrətəri bəːˈd] flyttfågel **mild** [majld] mild, lindrig **mildew** [millˈdjoː] rost, mögel **mile** [majl] engelsk mil (1 609 m) **mileage** [majˈlidsj] antal tillryggalagda mil; milkostnad **militant** [millˈitnt] stridslysten **military** [millˈitəri] militär; *military forces* stridskrafter; *military power* krigsmakt; *military service* militärtjänst; *military unit* truppförband **militia** [milisjˈə] lantvärn, milis **milk** [millk] mjölk; mjölka **milk-man** [millˈkmən] mjölkbud **milksop** [millˈksåpp] morsgris, mes **milk-tooth** [millˈktoːθ] mjölktand **Milky Way** [millˈki wejˈ] *the Milky Way* vintergatan **mill** [mill] kvarn; fabrik **millennium** [milennˈiəm] årtusende **millet** [millˈitt] hirs **milliard** [millˈjaːd] miljard **milliner** [millˈinə] modist **millinery** [millˈinri] modevaror **million** [millˈjən] miljon **millionaire** [milljənəːˈə] miljonär **mimic** [mimmˈikk] imitatör; härma **mimicry** [mimmˈikri] härmande; skyddande förklädnad **mince** [minns] finhacka; *not mince matters* inte skräda orden **minced meat**

mind — misunderstand

[minn'st mi:t] köttfärs **mind** [majnd] sinne[lag], själ; åsikt, avsikt, lust; bry sig om; ha ngt emot; sköta, passa; *broaden one's mind* vidga sina vyer; *divert one's mind* skingra tankarna; *keep in mind* hålla i minnet; *never mind!* bry dig inte om det!; *mind one's P's and Q's* hålla tungan rätt i mun **minded** [maj'ndidd] -sinnad, benägen **mine** [majn] **1** gruva; mina; gräva **2** min, mitt, mina **miner** [maj'nə] gruvarbetare **mineral** [minn'ərəl] mineral **mingle** [ming'gl] blanda [sig] **miniature camera** [minn'jətsjə kämm'ərə] småbildskamera **minimize** [minn'imajz] minska till ett minimum; underskatta **minimum** [minn'iməm] minimal; minimum **mining** [maj'ning] gruvdrift; gruv- **minion** [minn'jən] gunstling, kelgris **minister** [minn'isstə] minister; [frikyrko]pastor **ministry** [minn'isstri] ministerium; *Ministry of Education* undervisningsdepartement **mink** [mingk] mink **mink coat** [ming'k kåot] minkpäls **minor** [maj'nə] mindre; minderårig; moll **minority** [majnårr'itti] minoritet; minderårighet **mint** [minnt] **1** mynta (växt) **2** mynt[verk]; mynta, prägla **minus** [maj'nəs] minus **minute** [minn'itt] **1** minut; *five minutes past three* fem minuter över tre **2** [majnjo:'t] mycket liten; mycket noggrann **minutes** [minn'itts] protokoll **miracle** [mirr'əkl] underverk, mirakel **mirage** [mirr'a:sj] hägring **mire** [maj'ə] dy **mirror** [mirr'ə] spegel **mirth** [mə:θ] munterhet **misadventure** [miss'ədvenn'tsjə] *by misadventure* av våda **misapprehension** [miss'äpprihenn'sjən] missförstånd **misbehaviour** [miss'bihej'vjə] dåligt uppförande **miscalculate** [miss'käll'kjolejt] missräkna **miscarriage** [miss'kärr'iddsj] missfall **miscellaneous** [missilej'njəs] blandad; mångsidig **miscellany** [missell'əni] blandning **mischief** [miss'tsjiff] rackartyg, skada; *there is mischief brewing* det är ugglor i mossen **misconception** [miss'kənsepp'sjən] missförstånd **misconduct** [miss'kånn'dakkt] vanskötsel; dåligt uppförande **miser** [maj'zə] snåljåp **miserable** [mizz'ərəbl] eländig **misery** [mizz'əri] elände, olycka **misfire** [miss'faj'ə] klicka **misfit** [miss'fitt] misspassad **misfortune** [missfå:'tsjən] olycka **misgivings** [missgivv'ingz] onda aningar **mishap** [miss'häpp] malör, missöde **misinterpret** [miss'innta:'pritt] vantolka **mislay** [misslej'] förlägga, slarva bort **misleading** [missli:'ding] missvisande, vilseledande **mismanage** [missmänn'idsj] missköta **misplace** [miss'plej's] felplacera **misprint** [miss'prinn't] tryckfel **misrepresent** [miss'reprizenn't] ge felaktig framställning av **miss** [miss] **1** miss, bom; missa, bomma; sakna; *be missing* fattas, saknas **2** fröken **missile** [miss'ajl] projektil, robot; *guided missile* robotvapen **mission** [misj'ən] mission, uppdrag **missionary** [misj'nəri] missionär **mist** [misst] dimma, imma **mistake** [misstej'k] misstag, fel; *mistake for* förväxla med **mister** [miss'tə] herr[n] **mistletoe** [miss'ltåo] mistel **mistress** [miss'triss] husmor; lärarinna; älskarinna; matte **mistrust** [miss'trass't] misstro **misty** [miss'ti] dimmig **misunderstand** [miss'anndəstänn'd] missförstå, miss-

misunderstanding — mope

uppfatta **misunderstanding** [miss'anndəstänn'ding] missförstånd, missuppfattning **mite** [majt] skärv; smula; kvalster **mitigate** [mitt'igejt] mildra, lindra **mitigation** [mittigej'sjən] lindring **mitre** [maj'tə] mitra **mit(ten)** [mitt'(n)] vante **mix** [mikks] blanda (till) **mixer** [mikk'sə] blandare; *be a good mixer* ha lätt att umgås med folk **mixture** [mikk'stsjə] blandning **mix-up** [mikk'sapp] röra; slagsmål **moan** [måon] jämra sig; jämmer **moat** [måot] vallgrav **mob** [måbb] slödder; pöbel **mobile** [måo'bajl] mobil; rörlig **mobility** [måobill'itti] rörlighet **mobilize** [måo'bilajz] mobilisera **mock** [måkk] oäkta, falsk; driva med, göra till åtlöje **mocking** [måkk'ing] spefull **mocking-bird** [måkk'ingba:d] härmfågel **mode** [måod] sätt; tonart **model** [mådd'l] modell, förebild; föredömlig, mönstergill **moderate** [mådd'əritt] måttlig, moderat; [mådd'ərejt] dämpa **moderation** [måddərej'sjən] måtta **modern** [mådd'ən] modern **modernize** [mådd'ənajz] modernisera **modest** [mådd'ist] blygsam **modesty** [mådd'isti] blygsamhet **modify** [mådd'ifaj] modifiera **modulate** [mådd'jolejt] modulera **Mohammedan** [måohämm'idən] muhammedan **moist** [måjst] fuktig **molar** [måo'lə] kindtand **molasses** [məlass'izz] melass; (*Am.*) sirap **mole** [måol] mullvad; födelsemärke **molecule** [måll'ikjo:l] molekyl **molest** [måoless't] antasta **mollify** [måll'ifaj] blidka **mollusc** [måll'əsk] snäcka **moment** [måo'mənt] ögonblick, moment; *at the moment* för ögonblicket; *in a moment* om ett ögonblick, strax **momentary** [måo'məntri] som varar ett ögonblick; flyktig **momentum** [måomenn'təm] fart **monarch** [månn'ək] monark **monarchy** [månn'əki] monarki **monastery** [månn'əstri] [munk]kloster **Monday** [mann'di] måndag **monetary** [mann'itri] penning-, finans- **money** [mann'i] pengar; *even money* jämna pengar; *be short of money* ha ont om pengar **money-box** [mann'ibåkks] sparbössa, kassaskrin **money-lender** [mann'ilendə] procentare **money order** [mann'i å:də] postanvisning, postväxel **monger** [mang'gə] handlare **Mongolian** [månggåo'ljən] mongolisk **mongrel** [mang'grəl] byracka **monitor** [månn'tə] ordningsman; kontrollapparat för TV **monk** [mangk] munk **monkey** [mang'ki] apa **monkey-nut** [mang'kinatt] jordnöt **monkey-wrench** [mang'kirenntsj] skiftnyckel **monochrome** [månn'əkråom] svartvit (*om film*) **monopolize** [mənåpp'əlajz] lägga beslag på **monopoly** [mənåpp'əli] monopol **monotonous** [mənått'nəs] enformig, monoton **monster** [månn'stə] vidunder, monster, odjur **monstrous** [månn'strəs] monstruös; kolossal **monsoon** [månsoo:'n] monsun **month** [mannθ] månad; *six months* ett halvt år **monthly** [mann'θli] månatlig[en]; månadstidskrift **monument** [månn'jomənt] monument **moo** [mo:] råma **mood** [mo:d] humör, stämning **moody** [mo:'di] lynnig, på dåligt humör **moon** [mo:n] måne; *once in a blue moon* mycket sällan **moonlight** [mo:'nlajt] månsken **moor** [mo:'ə] **1** hed **2** förtöja **moose** [mo:s] älg **mop** [måpp] svabb; svabba **mope** [måop]

moped — moustache

tjura **moped** [måo'pedd] moped **moral** [mårr'əl] moralisk **morale** [mårra:'l] moral, anda **morality** [məräll'itti] moral **morals** [mårr'əlz] moral **morass** [məräss'] moras, träsk **morbid** [må:'-bidd] sjuklig **mordant** [må:'dənt] vass, bitande **more** [må:] mer[a], flera; *more and more* alltmer[a] **moreover** [må:råo'və] dessutom **morgue** [må:g] bårhus **morning** [må:'ning] morgon, förmiddag; *good morning!* god morgon (dag)!; *this morning* i morse, i förmiddags; *yesterday morning* i går morse **morning-coat** [må:'ningkåot] jackett **morning paper** [må:'ning pej'pə] morgontidning **Moroccan** [məråkk'ən] marockansk **Morocco** [məråkk'åo] Marocko **moron** [må:'rånn] idiot **morose** [məråo's] dyster **morphine** [må:'fi:n] morfin **morrow** [mårr'åo] följande dag **morsel** [må:'sl] munsbit, smula **mortal** [må:'tl] dödlig **mortality** [må:täll'itti] dödlighet **mortar** [må:'tə] murbruk; mortel; mörsare **mortgage** [må:'giddsj] inteckning; inteckna **mortification** [må:tiffikej'sjən] spåkning; förödmjukelse; harm; kallbrand **mortuary** [må:'tjoəri] bårhus; grav- **mosaic** [məzej'ikk] mosaik **Moslem** [måzz'lemm] muselman **mosque** [måssk] moské **mosquito** [məski:'tåo] mygga, moskit **moss** [måss] mossa **most** [måost] mest, flest, det mesta, de flesta; *most of* större delen; *most of all* allra helst; *at the most* på sin höjd **mote** [måot] dammkorn; skärva, grand **motel** [måotell'] motell **moth** [måθ] mal, nattfjäril **mother** [maðʹə] mor, mamma **mother-in-law** [mað'ərinnlå:] svärmor **mother-of-pearl** [mað'ərəvpə:'l] pärlemor **motion** [måo'sjən] rörelse; motion, förslag; ge tecken **motionless** [måo'sjnliss] orörlig **motive** [måo'tivv] motiv **motive power** [måo'tivv pao'ə] drivkraft **motley** [mått'li] brokig **motor** [måo'tə] motor; bil; bila **motor accident** [måo'tə äkk'sidənt] bilolycka **motor boat** [måo'tə båot] motorbåt **motor-car** [måo'təka:] bil **motor-car repair shop** [måo'təka: ripä:'ə sjåpp] bilverkstad **motor-cycle** [måo'təsajkl] motorcykel **motorism** [måo'tərizəm] bilism **motorist** [måo'tərist] bilist **motorman** [måo'təmən] lokförare (*på elloк*) **motor-way** [måo'-təwej] motorväg **motor works** [måo'tə wə:ks] bilfabrik **mottle** [mått'l] fläck; göra fläckig **motto** [mått'åo] valspråk **mould** [måold] 1 mylla 2 mögel 3 forma, gjuta; gjutform; *moulding of public opinion* opinionsbildning **mouldy** [måo'ldi] möglig; *get mouldy* mögla **moult** [måolt] rugga **mound** [maond] gravkulle; riksäpple **mount** [maont] montera; bestiga; berg **mountain** [mao'ntinn] berg, fjäll **mountain ash** [mao'ntinn äsj] rönn **mountain chain** [mao'ntinn tsjejn] bergskedja **mountaineer** [maontini:'ə] bergsbestigare, bergsbo **mountainous** [mao'ntinəs] bergig **mountain slope** [mao'ntinn slåop] bergsluttning **mountebank** [mao'ntibängk] kvacksalvare, skojare **mourn** [må:n] sörja (*en avliden*) **mourner** [må:'nə] sörjande **mourning** [må:'ning] sorgdräkt, sorg; *in mourning* sorgklädd **mouse** [maos] (*pl mice* [majs]) mus **mousse** [mo:s] fromage **moustache**

mouth — mutineer

[məsta:'sj] mustasch **mouth** [mauθ] mun, gap; mynning; *the mouth-to-mouth method* mun-mot-mun-metoden **mouth-organ** [mau'θå:gən] munspel **mouthpiece** [mau'θpi:s] munstycke; språkrör, talesman **movable** [mo:'vəbl] rörlig **move** [mo:v] röra [sig], flytta [sig]; beveka; drag; rörelse **moved** [mo:vd] rörd **movement** [mo:'vmənt] rörelse; sats (*i musik*) **movie** [mo:'vi] film **movies** [mo:'vizz] biograf **moving** [mo:'ving] flyttning; rörande **mow** [måo] klippa (*gräs o.d.*), meja **mower** [måo'ə] slåttermaskin **mown** [måon] perf. part. av *mow* **M.P.** [emm'pi:'] förk. för *Member of Parliament* parlamentsledamot **Mr.** [miss'tə] herr (*framför namn*) **Mrs.** [miss'izz] fru (*framför namn*) **much** [mattsj] mycket, mycken; *very much* ganska mycket; *how much is it?* vad kostar det? **muck** [makk] dynga, lort **mucous membrane** [mjo:'kəs memm'brejn] slemhinna **mud** [madd] slam, gyttja **muddle** [madd'l] virrvarr; *muddle through* krångla sig igenom **muddy** [madd'i] gyttjig, grumlig **mudguard** [madd'ga:d] stänkskärm **muff** [maff] muff; klåpare; tabbe **muffin** [maff'inn] tekaka, muffin **muffle** [maff'l] dämpa; linda om **mufti** [maff'ti] civila kläder **mug** [magg] mugg; (*sl.*) ansikte; överfalla **mulatto** [mjo:latt'åo] mulatt **mulberry** [mall'bri] mullbär[sträd] **mule** [mjo:l] mula, mulåsna **mulish** [mjo:'lisj] trilsk **multiple** [mall'tippl] flerdubbel **multiply** [mall'tiplaj] multiplicera (*by* med), öka[s] **multi-storey building** [mall'tistå:'ri bill'ding] höghus **multi-storey garage** [mall'tistå:'ri gärr'a:sj] parkeringshus **multitude** [mall'titjo:d] mängd **mum** [mamm] tyst; tystnad **mumble** [mamm'bl] mumla **mummy** [mamm'i] mamma **mumps** [mamm'ps] påssjuka **munch** [manntsj] mumsa **mundane** [mann'dejn] världslig **Munich** [mjo:'nikk] München **municipal** [mjo:niss'ipəl] kommunal; *municipal court* tingsrätt **municipality** [mjo:nisipäll'itti] kommun, samhälle **munition** [mjonisj'ən] ammunition **mural** [mjo:'rəl] mur-, vägg-; väggmålning **murder** [mə:'də] mord; mörda **murderer** [mə:'dərə] mördare **murderous** [mə:'dərəs] mordisk **murky** [mə:'ki] mörk, dyster **murmur** [mə:'mə] sorl, mummel; sorla, mumla **muscle** [mass'l] muskel **muse** [mjo:z] fundera; musa **museum** [mjo:zi:'əm] museum **mush** [masj] mos **mushroom** [masj'romm] champinjon, svamp **music** [mjo:'zikk] musik; *set ... to music* tonsätta **musical** [mjo:'zikəl] musikalisk; musikal; *musical box* speldosa; *musical comedy* operett; *musical instrument* musikinstrument **music-hall** [mjo:'zikkhå:l] varieté[lokal] **musician** [mjo:zisj'ən] musiker **music-paper** [mjo:'zikkpejpə] notpapper **musk** [mask] mysk **musket** [mass'kitt] muskot **musketeer** [masskitti:'ə] musketör **musk-rat** [mass'krätt] bisamråtta **muslin** [mazz'linn] muslin **mussel** [mass'l] mussla **must** [masst] **1** måste *must not* får inte **2** most **mustard** [mass'təd] senap **muster** [mass'tə] uppbjuda; mönstring **musty** [mass'ti] unken **mute** [mjo:t] stum **mutilate** [mjo:'tilejt] lemlästa, stympa **mutineer** [mjo:tini:'ə] myterist

mutiny—necklace

mutiny [mjɔːˈtinni] myteri **mutter** [mattˈə] muttra, mumla; mummel **mutton** [mattˈn] fårkött; *leg of mutton* fårstek **mutual** [mjɔːˈtjoəl] ömsesidig, inbördes **muzzle** [mazzˈl] mynning; munkorg; tysta ner **my** [maj] min, mitt, mina **myocardial infarction** [majɔkaːˈdjəl infaˈksjɔn] hjärtinfarkt **myrrh** [məː] myrra **myrtle** [məːˈtl] myrten **myself** [majsellˈf] mig, (mig) själv **mysterious** [misstiːˈəriəs] hemlighetsfull, mystisk, gåtfull **mystery** [missˈtəri] mysterium **mystic** [missˈtikk] mystisk **mystify** [missˈtifaj] förbrylla, mystifiera **myth** [miθ] myt **mythology** [miθɔllˈədsji] mytologi **nag** [nägg] tjata; häst[krake] **nail** [nejl] nagel; spik **nail-varnish** [nejlˈvaːnisj] nagellack **naïve** [naːiːˈv] naiv **naked** [nejˈkidd] naken, bar **name** [nejm] namn, benämning (*for* på) **name-day** [nejˈmdej] namnsdag **namely** [nejˈmli] nämligen **namesake** [nejˈmsejk] namne **nanny** [nannˈi] barnsköterska **nap** [näpp] **1** tupplur **2** ludd, lugg **napkin** [näppˈkinn] servett, bloja **Naples** [nejˈplz] Neapel **nappy** [näppˈi] bloja **narcosis** [naːkɔːˈsiss] narkos **narcotics** [naːkɔttˈikks] narkotika **narrate** [närrejˈt] berätta **narrative** [närrˈətivv] berättelse **narrow** [närrˈåɔ] trång, smal **narrowing** [närrˈåɔiŋ] avsmalnande **nasal** [nejˈzl] nasal, näs- **nasturtium** [nəstəːˈsjəm] krasse **nasty** [naːˈsti] otäck; smutsig; elak; *have a nasty smell* lukta illa **natal** [nejˈtl] födelse- **natality** [nätallˈitti] nativitet **nation** [nejˈsjən] nation **national** [näsjˈənl] nationell; *national anthem* nationalsång; *national coat of arms* riksvapen; *national income* nationalinkomst; *national insurance* socialförsäkring; *national park* reservat, nationalpark; *national planning* samhällsplanering; *national team* landslag **nationality** [näsjənallˈitti] nationalitet **nationalize** [näsjˈnəlajz] förstatliga **native** [nejˈtivv] infödd; infoding; *native country* fosterland, hemland; *native of* hemmahörande i; *native place* hembygd **nativity** [nətivvˈitti] födelse **natural** [nättˈsjrəl] naturlig; *natural resources* naturtillgångar; *natural science* naturvetenskap **naturally** [nättˈsjrəli] naturligtvis **nature** [nejˈtsjə] natur **naught** [nɔːˈt] nolla, intet **naughty** [nɔːˈti] stygg, elak **nausea** [nɔːˈsjə] äckel **nauseate** [nɔːˈsiejt] äckla **nauseating** [nɔːˈsiejtiŋ] äcklig **nautical mile** [nɔːˈtikəl majl] sjömil, nautisk mil **naval** [nejvˈl] sjö-, fartygs- **nave** [nejv] hjulnav; skepp (i kyrka) **navel** [nejˈvəl] navel **navigate** [navvˈigejt] navigera **navigation** [navvigejˈsjən] navigation **navvy** [navvˈi] rallare **navy** [nejˈvi] flotta, marin **nay** [nej] nej; till och med **Nazi[st]** [naːˈtsi(st)] nazist **near** [niːˈə] nära, i närheten av, vid *be near* förestå, vara nära; *bring ... near* närma **nearer** [niːˈərə] närmare **nearest** [niːˈərisst] närmast **nearly** [niːˈəli] nästan, inemot **nearsighted** [niːˈəsajtidd] närsynt **neat** [niːt] prydlig, vårdad **nebulous** [nebbˈjoləs] dimmig, dunkel **necessary** [nessˈiːsəri] nödvändig; *be necessary* behövas; *if necessary* om så erfordras **necessity** [nisessˈitti] nödvändighet; *necessities* förnödenheter **neck** [nekk] hals; *the back of the neck* nacken **necklace**

neck-tie [nekk'taj] slips **née** [nej] född **need** [ni:d] behöva; behov; *be needed* behövas, gå åt; *badly (much) needed* välbehövlig; *be in need* lida nöd; *in case of need* i nödfall **needle** [ni:'dl] nål, synål; barr **needless** [ni:'dliss] onödig **needlework** [ni:'dlwə:k] handarbete **needy** [ni:'di] behövande **negative** [negg'ətivv] negativ; *answer in the negative* svara nekande **neglect** [niglekk't] försumma, underlåta, vansköta; försummelse **neglected** [niglekk'tidd] ovårdad **negligence** [negg'lidsjəns] försumlighet, vårdslöshet **negligent** [negg'lidsjənt] försumlig **negligible** [negg'lidsjəbl] försumbar, som kan bortses från **negotiate** [nigåo'sjiejt] förhandla, underhandla **negotiation** [nigåosjiej'sjən] förhandling, underhandling **Negress** [ni:'griss] negerkvinna, negress **Negro** [ni:'gråo] neger **neigh** [nej] gnägga **neighbour** [nej'bə] granne **neighbourhood** [nej'bəhodd] grannskap, närhet; *in this neighbourhood* har i trakten **neighbouring** [nej'bəring] närbelägen; *neighbouring country* grannland **neither** [naj'ðə] ingendera; *neither ... nor* varken ... eller **neon tube** [ni:'ən tjo:b] neonror **nephew** [nevv'jo] brorson, systerson **nerve** [nə:v] nerv; själsstyrka; fräckhet; *get on a p.'s nerves* enervera ngn **nerve-racking** [nə:'vräkking] nervpåfrestande **nervous** [nə:'vəs] nervös; *nervous disorder* nervsjukdom **nest** [nesst] [fågel]bo **nesting-box** [ness'tingbåkks] fågelholk **nestle** [ness'l] bygga bo; trycka sig intill **net** [nett] **1** nät **2** netto; *net weight* nettovikt **Netherlands** [neð'ələndz] *the Netherlands* Nederländerna **nettle** [nett'l] nässla; *stinging nettle* brännässla **net-work** [nett'wə:k] nätverk; kedja av radiostationer **neurosis** [njoəråo'siss] neuros **neurotic** [njoərått'ikk] neurotisk; neurotiker **neuter** [njo:'tə] neutrum; neutral **neutral** [njo:'trəl] neutral **neutrality** [njo:trall'itti] neutralitet **neutralize** [njo:'trəlajz] neutralisera **neutron** [njo:'trånn] neutron **never** [nevv'ə] aldrig **nevertheless** [nevvəðəless'] likväl, icke desto mindre, ändå **new** [njo:] ny; färsk; *new moon* nymåne; *new year* nyår; *New Year's Day* nyårsdagen; *New Year's Eve* nyårsafton **new-born** [njo:'bå:n] nyfödd **new-built** [njo:'billt] nybyggd **newcomer** [njo:'kamm·ə] nykomling **new-fangled** [njo:'fänggld] nymodig **newly established** [njo:'li isstäbb'·lisjt] nystartad *(om foretag)* **newly formed** [njo:'li få:md] nybildad **newly-married** [njo:'li märr'idd] nygift **newly-pressed** [njo:'lipresst] nypressad **newly qualified** [njo:'li kwåll'ifajd] nyexaminerad **news** [njo:z] nyheter, underrättelser; *a piece of news* en nyhet **news agency** [njo:z ej'dsjənsi] nyhetsbyrå **news broadcast** [njo:'z brå:'dka:st] nyhetsutsändning **news-item** [njo:'zajtemm] [tidnings]notis **newspaper** [njo:'spejpə] tidning **newsreel** [njo:'zri:l] journalfilm **news-stand** [njo:'zstännd] tidningskiosk **newt** [njo:t] vattenödla **New Zealand** [njo:zi:'lənd] Nya Zeeland **next** [nekkst] nästa, nästkommande; *next autumn* i höst (nästkommande); *next to* intill **nib** [nibb]

nibble — nose

spets; näbb; penna **nibble** [nibb'l] knapra på; nafsa efter **nice** [najs] snäll, rar, skön; *we had a very nice time* vi hade mycket trevligt; *nice and comfortable* hemtrevlig **nicety** [naj'sitti] finhet; noggrannhet; läckerhet; *to a nicety* precis lagom, elegant **nick** [nikk] skåra; *in the nick of time* i grevens tid **nickel** [nikk'l] nickel; 5 centsslant **nickname** [nikk'nejm] öknamn **nicotine** [nikk'ǝti:n] nikotin **niece** [ni:s] systerdotter **niggardly** [nigg'ǝdli] knusslig **nigh** [naj] nära; nästan **night** [najt] natt, kväll; *good night!* god natt!; *first night* premiär **night club** [naj't klabb] nattklubb **nightingale** [naj'tinggejl] näktergal **nightmare** [naj'tmä:ǝ] mardröm **night-watchman** [naj'twått'sjmǝn] nattvakt **nil** [nill] intet, noll *the Nile* Nilen **nimble** [nimm'bl] livlig; händig **nincompoop** [ninn'kǝmpo:p] dumhuvud, våp **nine** [najn] nio; nia **ninepins** [naj'npinnz] kägelspel **nineteen** [naj'nti:'n] nitton **nineteenth** [naj'nti:'nθ] nittonde **ninetieth** [naj'ntiiθ] nittionde **ninety** [naj'nti] nittio **ninth** [najnθ] nionde **nip** [nipp] nypa, knipa; *nip in the bud* kväva i sin linda **nippers** [nipp'ǝz] avbitartång **nitrate** [naj'trejt] nitrat **nitric acid** [naj'trikk äss'idd] salpetersyra **nitrogen** [naj'tridsjǝn] kväve **no** [nåo] nej; ingen, ingenting; *no one* ingen **Nobel Prize** [nåobell' prajz] nobelpris **nobility** [nobill'itti] adel **noble** [nåo'bl] ädel, förnäm, adlig **nobody** [nåo'bǝdi] ingen **nocturnal** [nǝkktǝ:'nl] nattlig **nod** [nådd] nicka; nick **noise** [nåjz] buller, oljud; ljud; *make a noise* bullra, stoja **noiseless** [nåj'zliss] ljudlös **noisy** [nåj'zi] högljudd, bråkig; *be noisy* väsnas; *be noisy* bråka (stoja); *noisy funfare* tingeltangel **nomad** [nåmm'ǝd] nomad **nominal** [nåmm'innl] nominell **nominate** [nåmm'inejt] benämna; nominera **nominee** [nåmmini:'] kandidat **nonchalant** [nånn'sjǝlǝnt] nonchalant **non-commissioned officer** [nånn kǝmisj'ǝnd åff'issǝ] underbefäl **non-committal** [nånn'kǝmitt'l] vägran att uttala sig; avvaktande **nondescript** [nånn'diskrippt] obestämbar **none** [nann] ingen, inget, inga; *none the less* icke desto mindre **non-existent** [nånn'iggziss'tǝnt] obefintlig **non-iron** [nånn'aj'ǝn] strykfri **nonplus** [nånn'plass'] bryderi; göra förlagen **non-returnable bottle** [nånn'ritǝ:'nǝbl bått'l] engångsflaska **nonsense** [nånn'sǝns] nonsens, struntprat **non-stop** [nånn'ståpp'] utan uppehåll **nook** [nokk] vinkel, vrå **noon** [no:n] middag; *at noon* klockan tolv på dagen **noose** [no:s] ögla, snara **nor** [nå:] ej heller; *neither ... nor* varken ... eller **Nordic** [nå:'dikk] nordisk; *the Nordic countries* Norden **normal** [nå:'mǝl] normal **Norman** [nå:'mǝn] normand; normandiska **normative** [nå:'mǝtivv] normgivande **Norse** [nå:s] norsk **north** [nå:θ] nord, norr; nordlig; *to the north* mot norr **north-east** [nå:'θi:'st] nordost **northern** [nå:'ðǝn] nordlig, nordisk; *Northern Africa* Nordafrika **northerner** [nå:'ðǝnǝ] nordbo; *the north pole* nordpolen; *the North Sea* Nordsjön **Norway** [nå:'wej] Norge **Norwegian** [nå:wi:'dsjǝn] norsk; norrman; norska (språket) **nose** [nåoz] näsa, nos; *blow*

nose-bleeding — nutritious 314

one's nose snyta sig **nose-bleeding** [nǎoˈbliːding] näsblod **nose dive** [nǎoˈz dajˈv] störtdykning **nosegay** [nǎoˈzgej] bukett **nostalgia** [nåsställˈdsjiə] hemlängtan, nostalgi **nostalgic** [nåsställˈdsjikk] nostalgisk, hemsjuk **nostril** [nåssˈtrill] näsborre **not** [nätt] inte; *not at all* visst inte; *not only ... but [also]* icke blott utan även; *he is not at all himself* han är sig inte lik **notable** [nǎoˈtəbl] märkvärdig, framstående **notation** [nåotejˈsjən] beteckningssätt **notch** [nåttsj] hack **note** [nåot] not, ton; anteckning; lägga märke till, anteckna *note of hand* revers; *give the note* ange tonen; *make a note of* notera; *strike the right note* träffa den rätta tonen **notebook** [nǎoˈtbokk] anteckningsbok **noted** [nǎoˈtidd] berömd **note-paper** [nǎoˈtpejpə] brevpapper **noteworthy** [nǎoˈtwəːði] anmärkningsvärd **nothing** [naθˈing] ingenting; *nothing like* inte tillnärmelsevis **nothingness** [naθˈingniss] intet, intighet **notice** [nǎoˈtiss] meddelande, anslag; uppsägning, förvarning, varsel (*vid strejk*); uppmärksamma, märka; *give notice* varsla, varsko; *give notice of* utlysa; *take notice of* lägga märke till; *under notice* uppsagd **noticeable** [nǎoˈtissəbl] anmärkningsvärd, märkbar **notice-board** [nǎoˈtissbåːd] anslagstavla **notify** [noˈtifaj] underrätta **notion** [nǎoˈsjən] aning, föreställning **notoriety** [nǎotərajˈəti] allbekanthet, allmänt känd person **notorious** [nǎotǎːˈriəs] beryktad, ökänd **notwithstanding** [nåttwiθstännˈding] trots **nought** [nåːt] nolla; noll **noun** [naon] substantiv **nourish** [narrˈisj] uppföda; (*bildl.*) hysa **nourishing** [narrˈisjing] närande **nourishment** [narrˈisjmənt] näring, föda **novel** [nåvvˈəl] roman **novelty** [nåvvˈəlti] nyhet, nymodighet **November** [nǎovemmˈbə] november **novice** [nåvvˈiss] novis, nybörjare **now** [nao] nu; *till now* hittills; *now ... now* än ... än; *now and then* stundtals, då och då **nowadays** [naoˈədejz] nufortiden, numera **nowhere** [nǎoˈwäːə] ingenstans **noxious** [nåkkˈsjəs] skadlig **nozzle** [nåzzˈl] munstycke; nos, tryne **nuclear** [njoːˈkliə] kärn-; *nuclear physics* kärnfysik; *nuclear power* kärnkraft; *nuclear weapon* kärnvapen **nucleic acid** [njoːˈkliikk ässˈidd] nukleinsyra **nucleus** [njoːˈkliəs] cellkärna **nude** [njoːˈd] naken **nudge** [naddsj] knuffa till; lätt knuff **nugget** [naggˈitt] guldklimp **nuisance** [njoːˈsns] obehag, besvär; *what a nuisance* så förargligt! **null** [nall] ogiltig; värdelös **nullify** [nallˈifaj] annullera, förklara ogiltig **numb** [namm] valhänt **number** [nammˈbə] nummer, tal, antal; numrera; *in large numbers* massvis **numerator** [njoːˈmərejtə] täljare **numerical order** [njoːmerrˈikəl åːˈdə] nummerordning **numerous** [njoːˈmərəs] talrik **nun** [nann] nunna **nuptial** [nappˈsjəl] bröllops-, äktenskaplig **nurse** [nəːs] [sjuk]sköterska; barnsköterska; sköta, vårda; *male nurse* sjukvårdare **nursery** [nəːˈsri] barnkammare; plantskola **nursery school** [nəːˈsri skoːl] lekskola, förskola **nurture** [nəːˈtsjə] näring; uppföda **nut** [natt] nöt; mutter; *nuts* tokig **nut-cracker** [nattˈkräkkə] nötknäppare **nutmeg** [nattˈmegg] muskotnöt **nutrition** [njotrisjˈən] näring **nutritious**

nutshell — odious

[njo:trisjˈəs] näringsrik **nutshell** [nattˈsjell] nötskal **nylon** [najˈlən] nylon **nylon shirt** [najˈlən sjəːt] nylonskjorta **o** [åo] noll (*i telefonnummer m.m.*) **oak** [åok] ek **oaken** [åoˈkn] av ek **oakum** [åoˈkəm] drev **oar** [åː] åra **oasis** [åoejˈsiss] oas **oath** [åoθ] ed; svordom; *take one's oath upon* gå ed på **oats** [åots] havre **obedience** [əbiːˈdjəns] lydnad **obedient** [əbiːˈdjənt] lydig **obese** [åobiːˈs] för fet **obesity** [åobiˈsitti] överdriven fetma **obey** [əbejˈ] lyda **obituary notice** [əbittˈjoəri nåoˈtiss] dödsannons **object** [åbbˈdsjikkt] objekt, föremål; [əbdsjekkˈt] invända (*to* mot); *object lesson* skolexempel **objection** [əbbˈdsjekkˈsjən] invändning, anmärkning **objective** [åbbdsjekkˈtivv] objektiv; avsikt **obligation** [åbbligejˈsjən] förbindelse, förpliktelse **oblige** [əblajˈdsj] tillmötesgå; göra en tjänst; *be obliged to* vara tvungen att; *much obliged!* tack så mycket! **obliging** [əblajˈdsjing] tillmötesgående, tjänstvillig **obligingness** [əblajˈdsjingniss] tillmötesgående **oblique** [əbliːˈk] sned **obliquely** [əbliːˈkli] på snedden **obliterate** [əblittˈərejt] utplåna **oblivion** [əblivvˈiən] glömska **oblong** [åbbˈlång] avlång **obnoxious** [åbnåkkˈsjəs] anstötlig; avskyvärd **oboe** [åoˈbåo] oboe **obscene** [åbbsiːˈn] slipprig, oanständig **obscure** [əbskjoːˈə] oklar, dunkel **obscurity** [əbskjoːˈəritti] oklarhet, dunkel **observance** [əbzəːˈvəns] efterlevnad **observation** [åbbzəːvejˈsjən] observation, iakttagelse, rön **observe** [əbzəːˈv] observera, iakttaga, beakta **observatory** [əbzəːˈvətri] observatorium **observer** [əbzəːˈvə] iakttagare **obsession** [əbsesjˈən] tvångsföreställning **obsolete** [åbbˈsəliːt] föråldrad **obstacle** [åbbˈstəkl] hinder (*to* för, mot) **obstinate** [åbbˈstinitt] envis; *the obstinate age* trotsåldern **obstruct** [əbstrakkˈt] spärra, hindra **obtain** [əbtejˈn] erhålla, förvärva; *obtain ... by force* tilltvinga sig **obtainable** [əbtejˈnəbl] *be obtainable* finnas att tillgå **obtrusive** [əbtroːˈsivv] påträngande **obtuse** [əbtjoːˈs] trubbig; trög (om förstånd) **obvious** [åbbˈviəs] uppenbar, tydlig, självklar **obviously** [åbbˈviəsli] uppenbarligen, tydligen **occasion** [əkejˈsjən] tillfälle **occasional** [əkejˈsjənl] enstaka; tillfällig **occasionally** [əkejˈsjənəli] emellanåt **occupation** [åkkjopejˈsjən] sysselsättning, yrke; ockupation **occupational** [åkkjopejˈsjənl] yrkes-; *occupational disease* yrkessjukdom; *occupational therapy* sysselsättningsterapi **occupied** [åkkˈjopajd] sysselsatt, upptagen **occupy** [åkkˈjopaj] sysselsätta; ockupera **occur** [əkəːˈ] inträffa, hända, förekomma; *it never occurred to me* det föll mig aldrig in **occurrence** [əkarrˈəns] händelse, förekomst **occurring** [əkəːˈring] förekommande **ocean** [åoˈsjən] ocean, världshav **Oceania** [åosjiejˈnjə] Oceanien **o'clock** [əklåkkˈ] *six o'clock* klockan sex **octane value** [åkkˈtejn vallˈjoː] oktanvärde **octave** [åkkˈtivv] oktav **octavo** [åkktejˈvåo] oktavformat **October** [åkktåoˈbə] oktober **octopus** [åkkˈtəpəs] blackfisk **odd** [ådd] udda; konstig; *odd fish* stofil **odds** [åddz] odds, utsikter; handikapp **odious** [åoˈdjəs] avskyvärd

odometer — opening 316

odometer [åodåmm´itta] vägmätare **odour** [åo´də] lukt **œsophagus** [i:såff´əgəs] matstrupe **of** [åvv] av, från, om **off** [åff] åstad, i väg; bort; *be off* ge sig i väg; *be well off* vara förmögen **offal** [åff´l] avfall, avskräde **offence** [əfenn´s] anstöt, förseelse **offend** [əfenn´d] förnärma, stöta **offender** [əfenn´də] förbrytare, syndare **offensive** [əfenn´sivv] offensiv; anstötlig **offer** [åff´ə] erbjuda [sig]; erbjudande, anbud, offert **offering** [åff´əring] offer[gåva]; erbjudande **off-hand** [åff´hänn´d] genast; på rak arm; nonchalant **office** [åff´iss] kontor; ämbete **officer** [åff´issə] officer; polisman; ämbetsman **official** [əfisj´əl] officiell; ämbetsman, tjänsteman, funktionär; *official journey* tjänsteresa; *official reports* offentliga utredningar **officious** [əfisj´əs] servil; officiös **off-print** [åff´prinnt] särtryck **offset** [åff´sett] offset; kompensation; kompensera **offset print** [åff´sett print] offsettryck **off-spring** [åff´spring] avkomma **often** [å:fn] ofta **ogle** [åo´gl] snegla på; flirta **ogre** [åo´gə] jätte, troll **oh** [åo] jaså **ohm** [åom] ohm **oil** [åjl] olja **oilcloth** [åj´lklåθ] vaxduk **oil-paint** [åj´lpejˑnt] oljefärg **oil-painting** [åj´lpejˑnting] oljemålning **oil-skins** [åj´lskinnz] oljeställ **ointment** [åj´ntmənt] salva **old** [åold] gammal; *old age* ålderdom; *old man* gubbe; *old woman* gumma **older** [åo´ldə] äldre **oldest** [åo´ldisst] äldst **old-fashioned** [åo´ldfasj´ənd] omodern, gammaldags, gammalmodig **olive** [åll´ivv] oliv; olivgrön **Olympic Games** [åolimm´pikk gej´mz] olympiad, olympiska spel **ombudsman** [åmm´bodzmən] ombudsman **omelet[te]** [åmm´litt] omelett **omen** [åo´men] omen, förebud **ominous** [åmm´inəs] olycksbådande **omission** [åomisj´ən] utelämnande, underlåtenhet **omit** [åmitt´] utelämna **omnipotent** [åmnipp´ətnt] allsmäktig **omnipresent** [åm´niprezzˑnt] allestädes närvarande **omniscient** [åmniss´iənt] allvetande **on** [ånn] på, vid; framåt **once** [wanns] en gång; *at once* genast, med ens; *for once* för en gångs skull; *once more* en gång till; *once a week* en gång i veckan; *once in a while* ngn enstaka gång, då och då **once-for-all cost** [wanns fəråˑ´l kåssˑt] engångskostnad **one** [wann] en, ett, endera; etta; man; [*the*] *one ... the other* den ene ... den andre; *one after the other* efter varandra; *one of these days* endera dagen **one-coloured** [wann´kall´əd] enfärgad **one-family house** [wann´fammˑilli haos] enfamiljshus **oneself** [wannsell´f] sig [själv] **one-sided** [wann´sajˑdidd] ensidig **onion** [ann´jən] lök **onlooker** [ånnlokk´ə] åskådare **only** [åo´nli] bara, endast; enda; *only so-so* si och så; *I saw him only yesterday* jag såg honom senast i går **onset** [ånn´sett] anfall; början **onslaught** [ånn´slåːt] våldsamt anfall **onwards** [ånn´wədz] framåt **ooze** [oːz] sippra fram, läcka ut **opaque** [åopejˑk] ogenomskinlig, oklar **open** [åo´pən] öppen; öppna; inleda; *open out* utmynna (*om gata o.d.*) **open-air restaurant** [åo´pnaːˑe ress´tərånnt] uteservering **open-hearted** [åo´pənhaːtidd] öppenhjärtig **opening** [åo´pning] öppning; öppnande; uppslag (*i bok*)

openness [åo'pənniss] öppenhet **opera** [åpp'ərə] opera **opera-house** [åpp'ərəhaos] operahus **opera-singer** [åpp'ərəsingə] operasångare **operate** [åpp'ərejt] operera (*on s.b.* ngn); verka, vara i gång; *be operated on* bli opererad **operation** [åpperej'sjən] operation; drift, gång; *in operation* i funktion **operator** [åpp'ərejtə] telefonist; maskinist **opiate** [åo'piitt] sömnmedel **opinion** [əpinn'jən] åsikt, mening; opinion; *form an opinion of* bilda sig en uppfattning om; *in my opinion* enligt min åsikt; *of one opinion* enig, ense; *public opinion* den allmänna opinionen **opinionated** [əpinn'jənejtidd] dogmatisk; egensinnig **opium** [åo'pjəm] opium **opponent** [əpåo'nənt] motståndare **opportune** [åpp'ətjo:n] läglig, passande **opportunist** [åpp'ətjo:nisst] opportunist; *take the opportunity* passa på tillfället **opportunity** [åppətjo:'nitti] tillfälle, chans **oppose** [əpåo'z] motsätta sig **opposite** [åpp'əzitt] motsatt, mitt emot; motsats **opposition** [åppəzisj'ən] opposition **oppress** [əpress'] förtrycka; nedtynga **oppression** [əpresj'ən] förtryck **opt** [åppt] välja; *opt for* uttala sig för **optical** [åpp'tikəl] optisk; *optical illusion* synvilla **optimist** [åpp'timisst] optimist **optimistic** [åpptimiss'tikk] optimistisk **option** [åpp'sjən] valfrihet, alternativ, option **optional** [åpp'sjənl] valfri, frivillig **opulence** [åpp'joləns] välstånd, överflöd **opulent** [åpp'jolənt] rik, överflödande **or** [å:] eller; annars; *3 or 4 days* 3 å 4 dagar **oral** [å:'rəl] muntlig **orange** [årr'indsj] apelsin; brandgul **orang-outang** [å:'rəngo:'tang] orangutang **oration** [å:rej'sjən] högtidligt tal **orator** [årr'ətə] vältalare **orb** [å:b] klot, sfär; riksäpple **orbit** [å:'bitt] (*satellits etc.*) bana **orchard** [å:'tsjəd] fruktträdgård **orchestra** [å:'kisstrə] orkester, kapell **orchid** [å:'kidd] orkidé **ordeal** [å:di:'l] eldprov **order** [å:'də] beställa, befalla, påbjuda; beställning, order (*for* på); befallning; ordning; orden; *order off* (*sport.*) utvisa; *get ... into order* ordna, reda i; *out of order* trasig, i olag; *social order* samhällsskick **orderly** [å:'dəli] redig, ordentlig; sjukvårdsbiträde; ordonnans **ordinance** [å:'dinəns] förordning **ordinary** [å:'dnri] vanlig, ordinär, ordinarie; *ordinary people* vanligt folk; *ordinary plate* flat tallrik; *ordinary share* stamaktie; *ordinary train* persontåg **ordnance** [å:'dnəns] artilleri **ore** [å:] malm **organ** [å:'gən] organ; orgel **organic** [å:gänn'ikk] organisk **organism** [å:'gənizəm] organism **organization** [å:gənajzej'sjən] organisation **organize** [å:'gənajz] organisera **organizing ability** [å:'gənajzing əbill'itti] organisationsförmåga **orgasm** [å:'gäzzəm] orgasm **orgy** [å:'dsji] orgie **orient** [å:'riənt] orientera **Orient** [å:'riənt] *the Orient* Orienten **oriental** [å:rienn'tl] orientalisk **orifice** [å:'rifiss] öppning, mynning **origin** [årr'idsjinn] ursprung, upphov, härstamning **original** [əridd'sjənl] ursprunglig, originell; original; *original inhabitant* urinnevånare **originally** [əridd'sjnəli] ursprungligen **originate** [əridd'sjnejt] härröra, bottna **originator** [əridd'sjinejtə] upphovsman **ornament** [å:'nəmənt] ornament **orphan** [å:'fən] föräldralös **orthodox** [å:'θədåkks] rättrogen **oscillate** [åss'ilejt] pendla **ostensible** [åstenn'səbl] uppgiven, påstådd **ostentatious** [åsstenntej'sjəs] vräkig, prålig **ostrich** [åss'trittsj] struts **other** [að'ə] annan, övrig; *each other* varandra; *the other day* häromdagen; *on the other hand* däremot **otherwise** [að'əwajz] annars, i annat fall; annorlunda, på annat sätt **otter** [ått'ə] utter **ought to** [å:'t to:] bör, borde **ounce** [aons] uns (*ca 28 gram*) **our** [ao'ə], **ours** [ao'əz] vår **ourselves** [aoəsell'vz] oss (själva) **oust** [aost] fördriva **out** [aot] ut, rum, ute, framme; *out there* där ute; *out of* av, upp (ut) ur, ur **outboard motor** [ao'tbå:'d måo'tə] aktersnurra **outbreak** [ao'tbrejk] utbrott **outburst** [ao'tbə:st] utbrott **outcast** [ao'tka:st] utstött varelse **outclass** [aotkla:'ss] utklassa **out-come** [ao'tkamm] resultat **outcry** [ao'tkraj, s]; [aotkraj'] ropa, larma; överrösta **outdo** [aotdo:'] överträffa **outdoor clothes** [ao'tdå: klåoðz] ytterkläder **outdoor life** [ao'tdå: laj'f] friluftsliv **outdoors** [ao'tdå:'z] utomhus **outer** [ao'tə] yttre; *outer dimension* yttermått; *outer door* ytterdörr; *outer space* världsrymden **outermost** [ao'təmåost] ytterst **outfit** [ao'tfitt] utrustning; företag; arbetslag; utrusta **outflow** [ao'tflåo] utlopp, utflöde **outgrow** [aotgråo'] växa ur **outgrown** [aotgråo'n] urvuxen **outgrowth** [ao'tgråoθ] utväxt **outhouse** [ao'thaos] uthus **outing** [ao'ting] utflykt **outlandish** [aotlänn'disj] egendomlig, bisarr **outlaw** [ao'tlå:] fredlös **outlay** [ao'tlej] utlägg, utgifter **outlet** [ao'tlett] utgång; avlopp **outline** [ao'tlajn] kontur; utkast; skissera; *in rough outline* i grova drag **outlive** [aotlivv'] överleva, leva längre än **outlook** [ao'tlokk] utsikt, utkik **outman[o]euvre** [aotmənəo:'və] utmanövrera **outnumber** [aotnamm'bə] vara överlägsen i antal **out-of-date** [ao'təvvdej't] föråldrad **out-of-doors** [ao'təvdå:'z] utomhus **out-of-the-way spot** [ao'təvvðəwej' spått'] avkrok **out-patient department** [ao'tpejsjənt dipa:'tmənt] poliklinik **outpost** [ao'tpåost] utpost **output** [ao'tpott] produktion **outrage** [ao'trejdsj] övergrepp, skymf; kränka, skymfa **outrageous** [aotrej'dsjəs] kränkande **outright** [aotraj't] rent ut, helt och hållet; [ao'trajt] fullständig **outset** [ao'tsett] början **outside** [ao'tsaj'd] utanför, utanpå, utom; utsida; *from outside* utifrån; *outside forward* (*sport.*) ytter **outsider** [ao'tsajdə] utomstående **outskirts** [ao'tskə:ts] utkanter, ytterområden **outspoken** [aotspåo'kən] frispråkig **outstanding** [aotstänn'ding] framstående **outward** [ao'twəd] utvändig, utåt **outwards** [ao'twədz] utåt **outwit** [aotwitt'] överlista **oval** [åo'vəl] oval **ovary** [åo'vəri] äggstock **oven** [avv'n] ugn **ovenproof** [avv'npro:f] ugnseldfast **over** [åo'və] över; omkull; *be over* vara över[stånden]; *over again* om igen **overall** [åo'vərå:l] städrock **overalls** [åo'vərå:lz] overall **overbearing** [åovəbä:'əring] myndig, högdragen **overcast** [åo'vəka:st] mulen **overcoat** [åo'vəkåot] ytterrock, överrock **overcome** [åovəkamm'] övervinna **overcrowding** [åovəkrao'ding] trångboddhet

overdo [åovədo:'] överdriva **overdraft** [åo'vədra:ft] överskridande av bankkonto **overdress** [åo'vədress'] styra ut **overdue** [åo'vədjo:'] för länge sedan förfallen; försenad **overeat** [åo'və-ri:'t] förätа sig **overexcited** [åo'vəriksaj'tidd] uppjagad **overflow** [åovəflåo'] svämma över **overflowing** [åovəflåo'ing] översvallande **overhaul** [åo'vəhå:l'] översyn **overheads** [åo'vəhedd'z] fasta driftskostnader **overhead valve** [åo'vəhedd väll'v] toppventil **overhear** [åovəhi:'ə] råka få höra **overland** [åo'vəlänn'd] landvägen **overlap** [åovəläpp'] delvis täcka, överlappa **overload** [åo'vəlåo'd] överbelasta **overlook** [åovəlokk'] förbise; överse med **overpopulation** [åo'vəpåppjolej'sjən] överbefolkning **overpower** [åovəpao'ə] överväldiga **over-qualified** [åo'vəkwåll'i-fajd] överkvalificerad **overrate** [åo'vərej't] överskatta **override** [åovəraj'd] åsidosätta; överskrida **overripe** [åo'vəraj'p] övermogen **overrule** [åovəro:'l] upphäva; ogilla **overseas** [åo'vəsi:'z] utomlands, på andra sidan havet **overseer** [åo'vəsi:ə] uppsyningsman **oversight** [åo'vəsajt] förbiseende **oversleep** [åo'vəsli:'p] försova sig **overstate** [åo'vəstej't] överdriva **overstrain** [åo'vəstrej'n] överanstränga [sig] **overstrung** [åo'vəstrang'] överspänd **overt** [åo'vət] offentlig; öppen **overtake** [åovətej'k] köra (gå) om, hinna upp **overtaking** [åovətej'king] omkörning **overtax** [åo'vətäkk's] överbeskatta; fordra för mycket av **overthrow** [åovəθråo'] störta, avsätta **overtime** [åo'vətajm] övertid **overture** [åo'vətjo:ə] uvertyr **overweight** [åo'vəwejt] övervikt **overwhelm** [åovəwell'm] överväldiga **overwork** [åo'vəwə:'k] överansträngning; överanstränga [åo'vəwə:'k] övertidsarbete **overworked** [åo'vəwə:'kt], **overwrought** [åo'vərå:'t] överansträngd **owe** [åo] vara skyldig, ha att tacka for; *owing to* på grund av; *owing to this* härigenom **owl** [aol] uggla **own** [åon] **1** äga, rå om, vidkännas **2** egen; *one's own* ens egen; *get one's own way* få sin vilja igenom **owner** [åo'nə] ägare **ownership** [åo'nəsjipp] äganderätt **ox** [åkks] (*pl oxen* [åkk'sən]) oxe **oxide** [åkk'sajd] oxid **oxidize** [åkk'sidajz] oxidera **Oxonian** [åkksåo'njən] oxford-; oxfordstudent **oxygen** [åkk'sidsjən] syre **oyster** [åj'stə] ostron **oyster-catcher** [åj'stəkättsjə] strandskata **oz.** fork. for *ounce*[s] **pa** [pa:] pappa **pace** [pejs] tempo; steg; hastighet **Pacific** [pəsiff'ikk] *the Pacific* Stilla havet **pacify** [pass'ifaj] stilla, lugna **pack** [päkk] emballera, packa; [varg]flock; packe; *packed lunch* matsäck; *pack up* packa in; *pack of cards* kortlek **package** [päkk'iddsj] förpackning, packe, kolli **packet** [päkk'itt] bunt, paket; *packet of cigarettes* cigarettpaket **packing** [päkk'ing] emballage **pact** [päkkt] pakt, fördrag **pad** [pädd] sudd, tuss; skrivblock; vaddera **paddle** [pädd'l] paddel; paddla; plaska **paddling-pool** [pädd'lingpo:l] plaskdamm **paddock** [pädd'ək] hästhage; sadelplats **Paddy** [pädd'i] irländare **padlock** [pädd'låkk] hänglås **pagan** [pej'gən] hedning; hednisk **page** [pejdsj] sida, blad **pageant** [pädd'sjənt] parad, skådespel **page boy** [pej'dsj båj] pickolo **paid** [pejd] imperf. och perf. part. av *pay* **pail** [pejl] hink **pain** [pejn] plåga, smärta; *give pain* göra ont; *I have a pain in my back* jag har ont i ryggen; *take pains to* vinnlägga sig om att **painful** [pej'nfoll] plågsam, smärtsam; pinsam **painless** [pej'nliss] smärtfri **pain-relieving** [pej'nrili:'ving] smärtstillande **painstaking** [pej'nstejking] flitig, noggrann **paint** [pejnt] måla, pensla; [målar]färg; smink; *freshly painted* nymålad; *wet paint!* nymålat! **paint-brush** [pej'ntbrasj] pensel **painter** [pej'nta] målare **painting** [pej'nting] måleri, målning **pair** [pä:ə] par **pal** [pall] kamrat, kompis **palace** [pall'iss] palats, slott **palatable** [pall'ətəbl] smaklig **palate** [pall'itt] gom **pale** [pejl] **1** blek **2** påle **Palestine** [pall'istajn] Palestina **palette** [pall'itt] palett **paling** [pej'ling] plank, staket **pall** [på:l] bårtäcke; äcklas **palliative** [pall'iativv] lindrande (medel) **pallid** [pall'idd] blek **palm** [pa:m] **1** palm **2** handflata **palpable** [pall'pəbl] kännbar **palpitate** [pall'pitejt] klappa; darra **palsy** [på:'lsi] slaganfall; förlamning **paltry** [på:'ltri] eländig **pamper** [pämm'pə] klema bort **pamphlet** [pämm'flitt] broschyr **pan** [pänn] panna **pancake** [pänn'kejk] pannkaka **pane** [pejn] [fönster]ruta **panel** [pänn'l] ruta, fält; panel (*personer*); instrumenttavla **panelling** [pänn'ling] panel **pang** [pang] smärta; *pangs of conscience* samvetskval **panic** [pänn'ikk] panik **panic-stricken** [pänn'ikkstrikkən] skräckslagen **pansy** [pänn'si] pensé **pant** [pännt] flämta; flämtning **panther** [pänn'θə] panter **panties** [pänn'tizz] (damunder)byxor **pantry** [pänn'tri] skafferi **pants** [pännts] byxor, underbyxor **papal** [pej'pəl] påvlig **paper** [pej'pə] papper; tidning; uppsats, skrivning; *a piece of paper* ett papper; *cross-ruled paper* rutat papper; *hang paper* tapetsera **paperback** [pej'pəbäkk] pocketbok **paper mill** [pej'pə mill] pappersbruk **paprika** [päppri:'kə] paprika **par** [pa:] pari; jämlikhet **parable** [parr'əbl] parabel, liknelse **parachute** [parr'əsjo:t] fallskärm **parade** [pərej'd] parad; paradera **paradise** [parr'ədajs] paradis **paradox** [parr'ədåkks] paradox **paraffin** [parr'əfinn] fotogen; *solid paraffin* paraffin **paragon** [parr'əgən] monster **paragraph** [parr'əgra:f] paragraf; stycke, avsnitt **parallel** [parr'ə-lal] parallell; *parallel connection* parallellkoppling **paralyse** [parr'əlajz] förlama, paralysera **paralysis** [pərall'isiss] förlamning **paramount** [parr'əmaont] förnämst **parapet** [parr'əpitt] skyttevärn; bröstvärn **paraphernalia** [parrafənej'ljə] grejor **parasite** [parr'əsajt] parasit; snyltgäst **parasol** [parrəsåll'] parasoll **parcel** [pa:'sl] paket **parcel-post** [pa:'slpåost] paketpost; *send by parcel-post* skicka som paket **parch** [pa:tsj] förtorka **parchment** [pa:'tsjmənt] pergament **pardon** [pa:'dn] benåda, förlåta; förlåtelse; *I beg your pardon* förlåt, hur sa? **pare** [pä:ə] beskära; skala **parent** [pä:'ərənt] förälder, målsman **parentheses** [pərenn'θisiss] parentes **parish** [parr'isj] församling, socken **park** [pa:k] park; parkera **parking** [pa:'king] parkering; *parking prohib-*

parking meter — patient

ited parkeringsförbud **parking meter** [paːˈking miːtə] parkeringsautomat **parking offence** [paːˈking əfenˈs] felparkering **parking place** [paːˈking plejs] parkeringsplats **parlance** [paːˈləns] talspråk; *in common parlance* i dagligt tal **parley** [paːˈli] överläggning; underhandla **parliament** [paːˈləmənt] parlament, riksdag **parlour** [paːˈlə] vardagsrum **parlour-maid** [paːˈləmejd] husa **parochial** [pərååˈkjəl] församlings-; trångsynt **parody** [pärrˈədi] parodi **parole** [pərååˈl] hedersord; lösen; villkorlig frigivning **parquet** [paːˈkej] parkett **parrot** [pärrˈət] papegoja **parry** [pärrˈi] parera **parsimonious** [paːsimååˈnjəs] njugg, knusslig **parsley** [paːˈsli] persilja **parsnip** [paːˈsnipp] palsternacka **parson** [paːˈsn] kyrkoherde; präst **part** [paːt] del, avdelning; roll; stämma (*i musik*); dela sig, skiljas; *part of the world* världsdel; *be part of* ingå i; *take part* deltaga **partake** [paːtejˈk] delta; *partake of* förtära **partial** [paːˈsjəl] partisk; ofullständig **participant** [paːtissˈipənt] deltagare **participate** [paːtissˈipejt] deltaga, medverka **participation** [paːtissipejˈsjən] deltagande, medverkan, delaktighet **particle** [paːˈtikkl] partikel **particular** [pətikkˈjollə] speciell; noggrann, nogräknad; *in particular* i synnerhet **particularly** [pətikkˈjoləli] i synnerhet **parting** [paːˈting] avsked; delning; bena **partisan** [paːtizänˈ] anhängare; partisan **partition** [patisjˈən] delning; fack **partly** [paːˈtli] delvis, dels **partner** [paːˈtnə] kompanjon, partner, delägare; [bords]kavaljer **partridge** [paːˈtriddsj] rapphöna **part-time** [paːˈttajm] deltid **party** [paːˈti] parti; fest, kalas; part **party game** [paːˈti gejm] sällskapsspel **party novelty** [paːˈti nåvvˈəlti] skämtartikel **pass** 1 [bergs]pass **2** passera; förflyta; hända; godkänna; (*sport.*) passa; *pass over* förbigå; *pass the winter* övervintra **passable** [paːˈsəbl] framkomlig **passage** [passˈiddsj] passage, genomgång, [över]resa, genomfart; korridor **pass book** [paːˈs bokk] bankbok **passenger** [passˈinndsjə] passagerare **passenger plane** [passˈ-indsjə plejn] trafikflygplan **passenger train** [passˈinndsjə trejn] persontåg **passer-by** [paːˈsəbajˈ] förbipasserande **passing** [paːˈ-sing] övergående; *in passing* i förbifarten **passion** [päsjˈən] passion, lidelse; vrede **passionate** [päsjˈənitt] lidelsefull **passive** [passˈivv] passiv **pass-key** [paːˈskiː] huvudnyckel; dyrk **passport** [paːˈspåːt] pass **past** [paːst] förbi, förfluten; *the past* det förflutna **paste** [pejst] deg; klister; klistra **paste board** [pejˈstbåːd] papp, kartong **pastel colour** [passˈtl kallˈə] pastellfärg **pasteurize** [passˈtərajz] pastörisera **pastime** [paːˈstajm] tidsfördriv **pastry** [pejˈstri] bakelse **pasture** [paːˈstsjə] betesmark, bete **pasty** [pejˈsti] köttpastej **pat** [pätt] klapp; klick; klappa; precis **patch** [pättsj] lappa; lapp **patent** [pejˈtənt] patent; patentera; uppenbar; *patent medicine* patentmedicin; *patent pending* patentsökt **paternal** [pətəːˈnl] faders-, faderlig **path** [paːθ] stig, bana, gång **pathetic** [pəθettˈikk] gripande, patetisk **patience** [pejˈsjəns] tålamod; patiens; *play (at) patience* lägga patiens **patient**

patina — penguin 322

[pej'sjənt] patient; tålig **patina** [pått'innə] patina **patrol** [pətråo'l] patrull; patrullera **patron** [pej'trən] beskyddare, skyddshelgon, gynnare **patronage** [pått'rəniddsj] beskydd **patter** [pått'ə] smattra; tassa **pattern** [pått'ən] mönster **paunch** [på:ntsj] buk **pauper** [på:'pə] fattighjon **pause** [på:z] paus **pave** [pejv] stenlägga; *pave the way for* bana väg för **pavement** [pej'vmənt] gångbana, trottoar **pavilion** [pəvill'jən] paviljong **paw** [på:] tass **pawn** [på:n] [schack]bonde; pant; pantsätta **pawnbroker** [på:'nbråokə] pantlånare **pawnshop** [på:'nsjåpp] pantbank **pay** [pej] betala; löna sig; avlöning; *be paid* få betalt; *how much am I to pay?* vad är jag skyldig?; *pay attention to* beakta; *pay a fine* böta; *pay for* betala (vara, arbete), bekosta, umgälla; *get paid out* få betalt för gammal ost; *pay off by instalments* amortera **payable** [pej'əbl] betalbar **pay-day** [pej'dej] avlöningsdag **payment** [pej'mənt] betalning, utbetalning **pea** [pi:] ärta **peace** [pi:s] frid, ro, fred; *keep the peace* hålla fred; *in peace and quiet* i lugn och ro **peaceable** [pi:'səbl] fredlig **peaceful** [pi:'sfoll] fridfull, fredlig **peach** [pi:tsj] persika **peacock** [pi:'kåkk] påfågel **peak** [pi:k] topp, spets; höjdpunkt; *peak season* högsäsong **peaked** [pi:kt] spetsig; mager **peal** [pi:l] [åsk]knall; klockringning **peanut** [pi:'natt] jordnöt **pear** [pä:'ə] päron **pearl** [pə:l] pärla; *pearls before swine* pärlor för svin **pearl necklace** [pə:l nekk'liss] pärlhalsband **pearl onion** [pə:'l ann'jən] syltlök **peasant** [pezz'nt] bonde **pea soup** [pi:' so:'p] ärtsoppa **peat** [pi:t] torv **peat bog** [pi:'t bågg] torvmosse **pebble** [pebb'l] kiselsten; **pebbles** småsten **peck** [pekk] picka, hacka **peckish** [pekk'isj] hungrig, sugen **peculiar** [pikjo:'ljə] säregen, egendomlig **peculiarity** [pikjoliarr'itti] egendomlighet **pecuniary** [pikjo:'njəri] penning- **pedagogic[al]** [peddəgådd'sjikk(əl)] pedagogisk **pedal** [pedd'l] pedal, trampa **pedal car** [pedd'l ka:] trampbil **pedant** [pedd'ənt] pedant **peddle** [pedd'l] gå omkring och sälja **pedestrian** [pidess'triən] fotgängare **pedestrian crossing** [pidess'triən kråss'ing] övergångsställe **pedigree** [pedd'igri:] stamtavla **pedlar** [pedd'lə] gårdfarihandlare **peel** [pi:l] skala, flagna av, fjälla; skal; *peel off* skala av **peep** [pi:p] kika **peeping-tom** [pi:'pingtåmm] [smyg]tittare **peer** [pi:'ə] **1** jämlike; pär **2** stirra **peerless** [pi:'əliss] makalös **peevish** [pi:'visj] retlig **peg** [pegg] pinne **pelican** [pell'ikən] pelikan **pellet** [pell'itt] liten kula; piller; hagel **pell-mell** [pell'mell'] huller om buller **pelt** [pellt] djurskinn; kasta på **pelvis** [pell'viss] bäcken **pen** [penn] penna, bläckpenna; kätte, bur **penal** [pi:'nl] straff-; *penal servitude* straffarbete **penalty** [penn'lti] straff; vite; straffspark; utvisning (*i ishockey*); *under [a] penalty of a £10 fine* vid vite av 10 pund **pence** [penns] pennyslantar **pencil** [penn'sl] [blyerts]penna; pensla **pendant** [penn'dənt] örhänge; vimpel; nedhängande **pending** [penn'ding] pågående; i avvaktan på **pendulum** [penn'djoləm] pendel **penetrate** [penn'itrejt] genomtränga **penguin**

penholder — personal

[peng'gwinn] pingvin **penholder** [penn'håoldə] pennskaft **penicillin** [pennsill'inn] penicillin **peninsula** [pinninn'sjolə] halvö **penis** [pi:'niss] penis **penitence** [penn'itəns] ånger **penitent** [penn'itənt] ångerfull **penitentiary** [pennitenn'sjəri] fängelse; bot- **penknife** [penn'najf] pennkniv **pen-name** [penn'nejm] pseudonym **pennant** [penn'ənt], **pennon** [penn'ən] vimpel **penny** [penn'i] (pl **pence** [penns]) eng. mynt = 1/100 pund **pension** [penn'sjən] pension; grant a pension to pensionera **pensioner** [penn'sjənə] pensionär **pensive** [penn'sivv] tankfull **pent** [pennt] inspärrad **pentagon** [penn'təgən] femhörning; the Pentagon amerikanska försvarsledningen **penthouse** [penn'thaos] skjul; lyxvåning på taket av byggnad **peony** [pi:'əni] pion **people** [pi:'pl] folk, människor; man **pep** [pepp] fart, kläm **pepper** [pepp'ə] peppar; peppra **per** [pə:] per **perambulator** [prämm'bjolejtə] barnvagn **perceive** [pəsi:'v] förnimma, bli varse **per cent** [pəsenn't] procent **percentage** [pəsenn'tiddsj] procent[tal] **perceptible** [pəsepp'təbl] kännbar, förnimbar **perception** [pəsepp'sjən] förnimmelse; uppfattning **perch** [pə:tsj] abborre; hönspinne **perchance** [pətsjɑ:ns] till äventyrs **percolate** [pə:'kəlejt] brygga (kaffe) **percussion instrument** [pəkasj'ən inn'strəmənt] slaginstrument **perdition** [pə:disj'ən] fördärv **peremptory** [pəremm'tri] bestämd; diktatorisk **perennial** [pərenn'jəl] flerårig **perfect** [pə:'fikkt] perfekt, fullkomlig **perfection** [pəfekk'sjən] fulländning **perfidious** [pə:fidd'jəs] trolös **perforate** [pə:'fərejt] perforera **perform** [pəfå:'m] uppföra; upptråda; fullgöra (plikt) **performance** [pəfå:'məns] framförande; föreställning; prestation **perfume** [pə:'fjo:m] parfym **perfunctory** [pəfangk'təri] vårdslos, likgiltig **perhaps** [pəhapp's] kanske, eventuellt **peril** [perr'ill] fara; deadly peril livsfara **perilous** [perr'iləs] livsfarlig **period** [pi:'əriəd] period **periodical** [piəriədd'ikəl] tidskrift; periodisk **perish** [perr'isj] omkomma, förgås; bli skämd **perishable goods** [perr'isjəbl goddz] färskvaror **perjury** [pə:'dsjəri] mened **perk** [pə:k] tränga sig på; perk up kvickna till, sätta näsan i vädret **perky** [pə:'ki] morsk, kavat **perm** [pə:m] permanenta; permanent **permanent** [pə:'mənənt] permanent, stadigvarande; ordinarie **permanent-wave** [pə:'mənəntwejv] permanenta **permeate** [pə:'miejt] genomtränga **per mill[e]** [pəmill'] promille **permission** [pəmisj'ən] tillåtelse, lov, tillstånd **permit** [pəmitt'] tillåta; [pə:'mitt] tillstånd **permutation lock** [pə:mjotej'sjən låkk] bokstavslås **pernicious** [pə:nisj'əs] fördärvlig **perpendicular** [pə:pəndikk'jolə] lodrät **perpetrate** [pə:'pitrejt] föröva **perpetually** [pəpett'joəli] ideligen **perplexed** [pəplekk'st] rådlös **persecute** [pə:'sikjo:t] förfölja **persevere** [pə:sivi:'ə] framhärda **Persia** [pə:'sjə] Persien **Persian** [pə:'sjən] persisk; Persian lamb coat persianpäls **persistent** [pəsiss'tənt] uthållig **person** [pə:'sn] person **personage** [pə:'səniddsj] personlighet **personal** [pə:'snl] personlig; personal

personality — picture

estate lös egendom; *personal matter* privatangelägenhet **personality** [pə:sənall'itti] personlighet **personnel** [pə:sənell'] personal **perspective** [pəspekk'tivv] perspektiv **perspicacious** [pə:spikej'sjəs] skarpsynt **perspicuous** [pəspikk'joəs] åskådlig, tydlig **perspiration** [pə:spərej'sjən] svettning, transpiration; *underarm perspiration* armsvett **perspire** [pəspaj'ə] svettas **persuade** [pəswej'd] övertala **persuasion** [pəswej'sjən] övertalning **persuasive powers** [pəswej'sivv pao'əz] övertalningsförmåga **pert** [pə:t] näsvis **pertain** [pə:tej'n] angå, gälla **pertinence** [pə:'tinəns] saklighet **pertinent** [pə:'tinənt] saklig **perturb** [pətə:'b] störa; förvirra **Peru** [pəro:'] Peru **peruse** [pəro:'s] noggrant genomläsa **Peruvian** [pəro:'viən] peruan; peruansk **pervade** [pəvej'd] genomtränga **perverse** [pəvə:'s] oriktig, vrång **perverted** [pəvə:'tidd] pervers **pessimist** [pess'imisst] pessimist **pessimistic** [pessimiss'tikk] pessimistisk **pest** [pesst] plågoris **pester** [pess'tə] trakassera **pestilence** [pess'tiləns] farsot **pestle** [pess'l] mortelstöt **pet** [pett] kela; kelgris, favoritdjur **petal** [pett'l] kronblad **peter out** [pi:'tə ao't] ta slut **petition** [pitisj'ən] inlaga, skrift; anhållan **petrify** [pett'rifaj] förstena **petrol** [pett'rəl] bensin **petroleum** [pitrăo'ljəm] petroleum **petrol tank** [pett'rəl tängk] bensintank **petticoat** [pett'ikåot] underkjol **petty** [pett'i] liten; småaktig; *petty theft* snatteri **petulant** [pett'jolənt] kinkig **pew** [pjo:] kyrkbänk **pewit** [pi:'witt] vipa **pewter** [pjo:'tə] tennlegering, -kärl **phantom** [fänn'təm] spöke, vålnad **pharmacy** [fa:'məsi] apotek **phase** [fejz] fas, skede **pheasant** [fezz'nt] fasan **phenomenal** [finămm'innl] fenomenal **phenomenon** [finămm'inən] fenomen, företeelse **philanderer** [filänn'dərə] flickjägare **Philistine** [fill'istajn] bracka **philosopher** [filăss'əfə] filosof **philosophize** [filăss'əfajz] filosofera **philosophy** [filăss'əfi] filosofi **phone** [fåon] telefon; ringa **phonetic notation** [fåonett'ikk nåotej'sjən] uttalsbeteckning **phon[e]y** [fåo'ni] (*Am.*) falsk, skum **phonograph** [fåo'nəgra:f] (*Am.*) grammofon **photo** [fåo'tåo] foto **photograph** [fåo'təgra:f] fotografera, fotografi **photographer** [fətăgg'rəfə] fotograf **phrase** [frejz] fras **phrase-book** [frej'zbokk] parlör **pH-value** [pi:'ej'tsjvall'jo:] pH-värde **physical** [fizz'ikəl] fysisk; *physical suffering* sveda och värk **physician** [fizisj'ən] läkare; *assistant physician* underläkare **physicist** [fizz'isist] fysiker **physics** [fizz'ikks] fysik **physiotherapy** [fizz'iăoθerr'əpi] sjukgymnastik **physique** [fizi:'k] kroppsbyggnad, fysik **pianist** [pjänn'ist] pianist **piano** [pjänn'ăo] piano **pick** [pikk] plocka; rensa; välja; bestjäla; (*subst.*) hacka; *pick one's teeth* peta tänderna; *pick up* snappa upp **picket** [pikk'itt] stake; piket; strejkvakt **pickle** [pikk'l] ättikslag; besvärlig situation **pickled cucumber** [pikk'ld kjo:'kəmbə] ättiksgurka **pickpocket** [pikk'påkkitt] ficktjuv **picnic** [pikk'nikk] utflykt, picknick **pictorial** [pikktå:'riəl] illustrerad (veckotidning) **picture** [pikk'tsjə] bild,

picture-book — place

tavla, målning; *the pictures* bio; *motion picture* film **picture-book** [pikk'tsjəbokk] bilderbok; *picture of the time* tidsskildring **picture-gallery** [pikk'tsjəgälləri] tavelgalleri **picture postcard** [pikk'tsjə påo'stka:d] vykort **picturesque** [pikktsjəress'k] pittoresk **Pidgin English** [pidd'sjinn ing'glisj] bruten engelska, rotvälska **pie** [paj] paj, pastej **piece** [pi:s] bit, stycke; pjäs, föremål; *go to pieces* gå i kras; *a piece of good advice* ett gott råd; *a piece of information* en underrättelse; *piece of music* musikstycke; *a piece of news* en nyhet **piecemeal** [pi:'smi:l] bit för bit **piecework** [pi:'swə:k] ackordsarbete **pier** [pi:ə] pir, kaj **pierce** [pi:'əs] spetsa, genomborra **piercing** [pi:'əsing] genomträngande **piety** [paj'əti] fromhet **pig** [pigg] gris, svin; [järn]tacka; *buy a pig in a poke* köpa grisen i säcken **pigeon** [pidd'sjinn] duva **pigeon-hole** [pidd'sjinnhåol] fack (i hylla o.d.) **pig-iron** [pigg'ajən] tackjärn **pigsty** [pigg'staj] svinstia **pike** [pajk] gädda; pik **pike-perch** [paj'kpə:tsj] gös **pile** [pajl] trave, stapel; lugg *(på tyg)*, trava, stapla **pilfer** [pill'fə] snatta **pilgrim** [pill'grimm] pilgrim **pilgrimage** [pill'grimiddsj] vallfart **pill** [pill] piller; *the Pill* p-piller **pillage** [pill'iddsj] plundring; plundra **pillar** [pill'ə] pelare **pillar-box** [pill'əbåkks] brevlåda **pillow** [pill'åo] [huvud]kudde **pillow-case** [pill'åokejs] örngott **pilot** [paj'lət] lots, pilot **pimpernel** [pimm'pənell] *scarlet pimpernel* rödarv **pimple** [pimm'pl] finne, kvissla **pin** [pinn] knappnål, nål, stift; kägla; fästa **pinafore** [pinn'əfå:] barnförkläde **pincers** [pinn'səz] kniptång, klo (på kräftdjur) **pinch** [pinntsj] nypa, klämma; knycka, stjäla **pincushion** [pinn'kosjən] nåldyna **pine** [pajn] **1** tall, fura **2** tyna [bort] **pineapple** [paj'näppl] ananas **pining** [paj'ning] trånsjuk **pinion** [pinn'jən] vingspets, vingpenna; litet kugghjul **pink** [pingk] skär; nejlika **pinnacle** [pinn'əkl] tinne **pint** [pajnt] pint = 0,57 l **pioneer** [pajəni:'ə] pionjär, föregångsman **pioneering** [pajəni:'əring] banbrytande **pios** [paj'əs] from **pip** [pipp] [frukt]kärna; prick (på tärning); tidssignal **pipe** [pajp] rör[ledning]; pipa; blåsa **pipe-cleaner** [paj'pkli:nə] piprensare **pipe tobacco** [paj'p təbakk'åo] piptobak **pipe wrench** [paj'p renntsj] rörtång **piping** [paj'ping] rörledning **pique** [pi:'k] förtrytelse; såra **pirate** [paj'əritt] pirat, sjörövare **pistil** [piss'till] pistill **pistol** [piss'tl] pistol **piston** [piss'tn] kolv **piston ring** [piss'tən ring] kannring **pit** [pitt] grop, gruva; bakre parkett **pitch** [pittsj] **1** tonhöjd, stämning; kasta **2** beck; *pitch dark* kolmörk **pitcher** [pitt'sjə] tillbringare **piteous** [pitt'iəs] ömklig; sorglig **pitfall** [pitt'få:l] fallgrop **pith** [piθ] märg **pithy** [pi θ'i] märgfull, kraftfull **pitiable** [pitt'iəbl] ynklig **pitiful** [pitt'ifoll] ynklig, ömklig **pitiless** [pitt'iliss] obarmhärtig **pittance** [pitt'ns] torftig lön (mat etc.) **pity** [pitt'i] beklaga; medlidande; synd, skada; *what a pity!* så synd! **pivot** [pivv'ət] svängtapp **pivot tooth** [pivv'ət to:θ] stifttand **placard** [pläkka:d] plakat, löpsedel **placate** [pləkej't] försona, blidka **place** [plejs] ställe, plats, ort, lokal; placera, anbringa; *place of*

place-name — p.m. 326

birth födelseort; *place of refuge* tillflyktsort; *place of work* arbetsplats; *in place* i rätt läge; *in the first place* i första hand; *take place* äga rum, bli av **place-name** [plej´snejm] ortnamn **placid** [pläss´idd] lugn, fridfull **placing** [plej´sing] placering **plagiarize** [plej´dsjjərajz] plagiera **plague** [plejg] pest **plaice** [plejs] rödspotta **plaid** [plådd] schal, pläd **plain** [plejn] slätt; klar; enkel, alldaglig; *plain speaking (words)* ord och inga visor; *plain truth* osminkad sanning **plainly** [plej´nli] rent ut **plaintiff** [plej´ntiff] kärande, målsägare **plaintive** [plej´ntivv] klagande **plait** [plätt] fläta **plan** [plänn] planera; plan **plane** [plejn] hyvel; hyvla; plan **planet** [plänn´itt] planet **plank** [plängk] planka **planned economy** [plann´d i:kånn´ami] planhushållning **planning** [plänn´ing] planläggning, planering **plant** [pla:nt] planta; aggregat, (*Am.*) fabrik; plantera **plantation** [plänntej´sjən] plantering; plantage **planting-seed** [pla:´ntingsi:d] utsäde **plaque** [pla:k] minnestavla **plaster** [pla:´stə] gips; murbruk; plåster; rappa; *put ... in plaster* gipsa **plastic** [pläss´tikk] plast; *plastic bag* plastpåse **plastic-coated fabric** [pläss´tikk-kåo´tidd fäbb´rikk] galon **plate** [plejt] platta, skiva; plansch; tallrik; *small plate* assiett **plater** [plej´tə] plåtslagare **plate rack** [plej´t räkk] torkställ, diskställ **platform** [plätt´få:m] plattform, estrad, talarstol; perrong; lastflak; *platform ticket* perrongbiljett **platinum** [plätt´inəm] platina **platitude** [plätt´itjo:d] platthet, banalitet **platter** [plätt´ə] tallrik **plausible** [plå:´zəbl] rimlig, antaglig **play** [plej] spela, leka; spel, lek; pjäs; *play truant* skolka; *fair play* rent spel **player** [plej´ə] spelare **playground** [plej´graond] skolgård, lekplats **playing-card** [plej´-ingka:d] spelkort **playmate** [plej´mejt] lekkamrat **playwright** [plej´rajt] skådespelsförfattare **plea** [pli:] svaromål; ursäkt **plead** [pli:d] pladera; bönfalla; *plead guilty* erkänna sig skyldig **pleasant** [plezz´nt] trevlig, angenäm; *pleasant journey!* lycklig resa! **please** [pli:z] behaga, tilltala, göra till lags; *please ...* var snäll och ...; *yes, please!* ja tack! **pleasure** [plesj´ə] glädje, nöje, behag; *at pleasure* efter behag **pleat** [pli:t] vecka, plissera; veck **plebiscite** [plebb´isitt] folkomröstning **plectrum** [plekk´trəm] plektron **pledge** [pleddsj] pant **plenty of** [plenn´ti əvv] mycket, gott om **pliable** [plaj´əbl] smidig, böjlig **pliers** [plaj´əz] flacktång **plight** [plajt] tillstånd; pant **plod on** [plådd´ ånn´] traggla, knoga **plot** [plått] komplott; konspirera; tomt **plough** [plao] ploja; plog **pluck** [plakk] mod; plocka; pungslå **plucky** [plakk´i] kavat **plug** [plagg] plugg, tapp; stickkontakt; plugga **plum** [plamm] plommon **plumb** [plamm] (bly)lod, sänke; lodrät **plumber** [plamm´ə] rörmokare **plumbing** [plamm´ing] rörmokeri **plummet** [plamm´itt] lod, sänke **plump** [plammp] knubbig, fyllig **plunder** [plann´də] plundra; plundring; byte **plunge** [planndsj] dyka ner, störta sig i **plural** [plo:´ərəl] pluralis **plus** [plass] plus **plusfours** [plass´få:´z] golfbyxor **plush** [plasj] plysch; finfin **ply** [plaj] veck; lager; bearbeta **p.m.** [pi:´emm´] e.m. (eftermiddagen)

pneumatic drill [njoːˈmättˈikk drill] tryckluftsborr **pneumonia** [njoːˈmåoˈnjə] lunginflammation **poach** [påotsj] **1** förlora (ägg) **2** tjuvjaga **poacher** [påoˈtsjə] tjuvskytt **pocket** [påkkˈitt] ficka **pocket-knife** [påkkˈittnajf] fickkniv **pocket lens** [påkkˈitt lenns] lupp **pock-marked** [påkkˈmaːkt] kopparrig **pod** [pådd] balja, skida **poem** [påˈimm] dikt **poet** [påoˈitt] poet, diktare, skald **poetical** [påoettˈikəl] poetisk **poetry** [påoˈittri] poesi **poignant** [påjˈnənt] skarp, stickande **point** [påjnt] peka (*at* på); spetsa; punkt; poäng; spets; *point out* påpeka, peka ut; *be on the point of choking* hålla på att kvävas; *main point* (*bildl.*) tyngdpunkt; *his strong point* hans starka sida; *point at issue* sakfråga; *point of the compass* väderstreck; *point of view* ståndpunkt, synpunkt, åsikt; *to the point!* till saken! **point-blank** [påjˈntblängk] rättfram, rakt på sak **point-duty** [påjˈntidjoːtiː] tjänstgöring som trafikpolis **pointed** [påjˈntidd] spetsig **pointer** [påjˈntə] pekpinne, visare (*på instrument*) **pointless** [påjˈntliss] uddlös **poise** [påjz] balansera; balans **poison** [påjˈzn] förgifta; gift **poisoning** [påjˈzning] förgiftning **poisonous** [påjˈznəs] giftig **poke** [påok] **1** peta (*at* på); *poke about* rota, böka; *poke fun at* driva med **2** *buy a pig in a poke* köpa grisen i säcken **poker** [påoˈkə] **1** poker **2** eldgaffel **Poland** [påoˈlənd] Polen **polar circle** [påoˈlə səːˈkl] polcirkel **pole** [påol] **1** stör, stång, påle **2** pol **Pole** [påol] polack **polecat** [påolˈkätt] iller **polemics** [pållemmˈikks] polemik **pole-vault** [påoˈlvåːlt] stavhopp **police** [pəliːˈs] polis **policeman** [pəliːˈsmən] polis[man] **police station** [pəliːˈs stejˈsjən] polisstation **policy** [pållˈissi] politik, taktik; försäkringsbrev **polio** [påoˈliəo] polio **polish** [pållˈisj] putsa, polera; putsmedel, polityr **Polish** [påoˈlisj] polsk **polite** [pəlajˈt] artig, hövlig **politic** [pållˈitikk] klok; *the body politic* staten **political** [pəlittˈikəl] politisk; *political science* statskunskap **politician** [pållitisjˈən] politiker **politics** [pållˈitikks] politik **polka** [pållˈkə] polka **poll** [påol] röstning; rösta **pollute** [pəloːˈt] förorena **pollution** [pəloːˈsjən] förorening, miljöförstöring **polygamy** [pəligˈəmi] polygami **pommel** [pammˈl] sadelknapp **pompous** [påmmˈpəs] ståtlig; uppblåst **pond** [pånnd] damm **ponder** [pånnˈdə] begrunda, fundera **ponderous** [pånnˈdrəs] tung **pontoon** [pånntoːˈn] ponton **pony** [påoˈni] ponny **poodle** [poːˈdl] pudel **pooh-pooh** [poːpoːˈ] rynka på näsan åt **pool** [poːl] pol; bassäng; pott; *play the pools* tippa **pools coupon** [poːˈlz koːpånn] tipskupong **poop** [poːp] akter[däck] **poor** [poːˈə] fattig; stackars **poorly** [poːˈəli] illamående; *feel poorly* må illa **pop** [påpp] smäll, knall; *pop in* titta in **pope** [påop] påve **pop-eyed** [påppˈajd] med utstående ögon; förvånad **poplar** [påppˈlə] poppel **pop musician** [påppˈ mjoːzisjˈən] popmusiker **poppy** [påppˈi] vallmo **popular** [påppˈjolə] populär, omtyckt, folklig **popularity** [påppjolärrˈitti] popularitet **population** [påppjolejˈsjən] befolkning **populous** [påppˈjoləs] tättbefolkad, folkrik **porch** [påːtsj] portal; (*Am.*) veranda **porcupine** [påːˈkjopajn] piggsvin **pore** [påː] por

pork — powerful 328

pork [på:k] fläsk; *loin of pork* fläskkarré **pork-butcher's** [på:'kbott'sjəz] charkuteri **pork chop** [på:'k tsjåpp] fläskkotlett **pornography** [på:någg'rəfi] pornografi **porous** [på:'rəs] porös **porpoise** [på:'pəs] tumlare **porridge** [pårr'iddsj] gröt **port** [på:t] **1** hamn[stad] **2** babord; *to port* om babord **3** portvin **portable** [på:'təbl] portabel, bärbar; *portable typewriter* reseskrivmaskin **portend** [på:tenn'd] förebåda **porter** [på:'tə] stadsbud, bärare; portvakt **portfolio** [på:tfåo'ljåo] portfölj **port-hole** [på:'thåol] hyttventil; kanonport **portion** [på:'sjən] portion; del **portly** [på:'tli] ståtlig **portrait** [på:'tritt] porträtt **Portugal** [på:'tjogəl] Portugal **Portuguese** [på:tjogi:'z] portugis; portugisisk **pose** [påoz] posera; pose **posh** [påsj] flott **position** [pəzisj'ən] position, ställning **positive** [påzz'ətivv] positiv **posse** [påss'i] civiluppbåd; polisstyrka **possess** [pəzess'] äga, besitta **possession** [pəzesj'ən] besittning, innehav; *come into possession of* komma i åtnjutande av; *take possession of* ta i besittning **possessor** [pəzess'ə] innehavare **possibility** [påssəbill'itti] möjlighet **possible** [påss'əbl] möjlig, eventuell; *as soon as possible* så snart som möjligt **possibly** [påss'əbli] eventuellt **post** [påost] **1** post; befattning; posta **2** stolpe **postage** [påo'stiddsj] porto **postal** [påo'stl] post-; *postal giro account* postgirokonto; *postal parcel* postpaket **postcard** [påo'ska:d] brevkort **postcode** [påo'stkåod] postnummer **poster** [påo'stə] affisch **poste restante** [påo'stress'ta:nt] poste restante **posterior** [påsti:'əriə] senare än; bakre; bakdel **posterity** [påsterr'itti] efterkommande, eftervärld **posthumous** [påss'tjoməs] postum, efterlämnad **postman** [påo'stmən] brevbärare **postmark** [påo'stma:k] poststämpel **post-mortem** [påo'stmå:'temm] obduktion **post office** [påo'st åff'iss] postkontor **post-office box** [påo'ståffiss båkks] postbox **postpone** [påostpåo'n] uppskjuta, bordlägga **postponement** [påostpåo'nmənt] uppskov **postscript** [påo'stskrippt] efterskrift, P.S. **posture** [påss'tsjə] hållning; läge **posy** [påo'zi] blombukett **pot** [pått] kruka, burk, kanna, gryta **potash** [pått'äsj] pottaska; soda **potato** [pətej'tåo], (*pl* potatoes) [pətej'tåo säll'əz] potatissallad **potency** [påo'tənsi] styrka, makt, potens **potent** [påo'tənt] stark, mäktig, potent **potential** [pətenn'sjəl] möjlig **pot-luck** [pått'lakk] husmanskost; *take pot-luck* hålla till godo med vad huset förmår **potter** [pått'ə] krukmakare **pouch** [paotsj] pung **poultry** [påo'ltri] fjäderfä, höns **pounce** [paons] kasta sig över **pound** [paond] **1** stöta, dunka **2** pund; vikt = ca 454 g; *pound sterling* engelska pund **pour** [på:] hälla, ösa, strömma, ösregna; *pour down* ösregna **pouring rain** [på:'ring rejn] ösregn **pout** [paot] tjura **poverty** [påvv'əti] fattigdom **powder** [pao'də] krut; pulver, puder; pudra **power** [pao'ə] makt, förmåga, kraft; *be in power* ha makten **power failure** [pao'ə fej'lə] strömavbrott **powerful** [pao'əfoll] kraftfull, mäktig, kraftig **powerless** [pao'əliss] kraftlös, maktlös **power station** [pao'ə stej'sjən] kraftverk **practicable** [präkk'tikəbl] utförbar **practical** [präkk'tikəl] praktisk; *practical reason* sakskäl **practically** [präkk'tikli] praktiskt taget, så gott som **practice** [präkk'tiss] övning, vana; praktik; *it is the practice* det är praxis; *put ... into practise* omsätta ... i praktiken, praktisera **practise** [präkk'tiss] utöva; öva sig, träna; praktisera; *practise usury* ockra **practitioner** [präktisj'ənə] praktiserande jurist (läkare) **prairie** [prä:'əri] prärie **praise** [prejz] beröm; berömma **Prague** [pra:g] Prag **pram** [prämm] barnvagn **prance** [pra:ns] kråma sig **prank** [prängk] upptåg **prate** [prejt], **prattle** [prätt'l] prata, babbla **prawn** [prå:n] räka **pray** [prej] be **prayer** [prä:'ə] bön **pre-** [pri:] före-, förut-, för- **preach** [pri:tsj] predika **preamble** [pri:ämm'bl] inledning **precarious** [prikä:'əriəs] ohållbar, osäker **precaution** [prikå:'sjən] försiktighetsåtgärd **precede** [pri:si:'d] företräda, föregå **precedent** [press'idənt] prejudikat; [prisi:'dnt] föregående **preceding** [pri:si:'ding] föregående **precept** [pri:'seppt] föreskrift **precinct** [pri:'singkt] område **precious** [presj'əs] dyrbar, värdefull **precipice** [press'ipiss] stup, brant **precipitate** [prisipp'itejt] storta ner; påskynda; [prisipp'itit] brådstörtad **precise** [prisaj's] precis, just **precisely** [prisaj'sli] precis **precision** [prisisj'ən] precision **preclude** [priklo:'d] utestänga **precocious** [prikåo'sjəs] brådmogen **precursor** [prikə:'sə] föregångare **predatory** [predd'ətri] rov- **predecessor** [pri:'disessə] företrädare, föregångare **predict** [pridikk't] förutsäga **prediction** [pridikk'sjən] förutsägelse **predilection** [pri:dilekk'sjən] förkärlek **predominance** [pridåmm'inəns] (*bildl.*) övervikt **predominant** [pridåmm'inənt] förhärskande, övervägande **pre-eminent** [pri:emm'inənt] överlägsen **prefab** [pri:'fäbb'] monteringsfärdigt hus **preface** [preff'iss] förord, företal **prefer** [prifə:'] föredra (*to* framför) **preferably** [preff'ərəbli] företrädesvis, helst **preference** [preff'ərəns] företräde; förkärlek **prefix** [pri:'fikks] förstavelse **pregnancy** [pregg'nənsi] graviditet **pregnant** [pregg'nənt] gravid; innehållsrik **prejudice** [predd'sjodiss] fördom **preliminary** [prilimm'inəri] preliminär, förberedande **prelude** [prell'jo:d] förspel, upptakt **premature** [premmətjo:'ə] omogen; förhastad **prematurely** [premmətjo:'əli] i förtid **premeditated** [primedd'itejtidd] överlagd **premier** [premm'jə] premiärminister; främst **premise** [premm'iss] premiss; *premises* fastighet, egendom **premium** [pri:'mjəm] premie **premium bond** [pri:'mjəm bånd] premieobligation **premonition** [pri:mənisj'ən] förvarning **preoccupied** [priåkk'jopajd] tankfull **preparation** [prepparej'sjən] förberedelse, utarbetande **preparatory** [pripärr'ətri] förberedande **prepare** [pripä:'ə] förbereda, bereda, tillreda, preparera, tillaga; *prepared for* beredd på **preponderance** [pripånn'dərəns] (*bildl.*) slagsida, överlägsenhet **preposterous** [pripåss'trəs] orimlig **prerogative** [prirågg'ətivv] privilegium, förmånsrätt **prescribe** [pri-

prescription — principality

skraj'b] ordinera; föreskriva **prescription** [priskripp'sjən] föreskrift; [läkar]recept; *sold on prescription* receptbelagd **presence** [prezz'ns] närvaro; *presence of mind* sinnesnärvaro **present 1** [prezz'nt] nuvarande, närvarande; *at present* för tillfället; *for the present* tills vidare; *under present conditions* under rådande förhållanden **2** [prezz'nt] present; [prizenn't] skänka, överlämna; erbjuda; förete **presentation** [prezzenntej'sjən] presentation **present-day** [prezz'ntdej'] nutida **presentiment** [prizenn'timənt] aning, förkänsla **preserve** [priza:'v] bevara, bibehålla; konservera; sylt **president** [prezz'idənt] president, ordförande; (*Am.*) verkställande direktör **press** [press] pressa, trycka; ansätta; press; *press s.b. for money* kräva ngn på pengar; *be pressed for time* ha ont om tid **press conference** [press' kånn'fərəns] presskonferens **press-stud** [press'stadd] tryckknapp **pressure** [presj'ə] press, tryck, påtryckning **prestige** [pressti:'sj] prestige **presumably** [prizjo:'məbli] förmodligen **presume** [prizjo:'m] förutsätta, förmoda **presumption** [prizamm'psjən] förutsättning; övermod **presumptuous** [prizamm'ptjoəs] övermodig, arrogant, självsäker **presuppose** [pri:səpåo'z] förutsätta **pretence** [pritenn's] förevändning **pretend** [pritenn'd] låtsas; *pretend to be* ge sig ut för att vara **pretention** [pritenn'sjən] anspråk **pretentious** [pritenn'sjəs] anspråksfull **pretext** [pri:'tekkst] förevändning, svepskäl **pretty** [pritt'i] söt, nätt; (*ironiskt*) snygg; tämligen **pretty-pretty** [pritt'ipritti] snarfager **prevail** [privej'l] segra, ta överhanden; råda; övertala **prevailing** [privej'ling] rådande **prevalent** [prevv'ələnt] vanlig, gängse **prevarication** [priværrikej'sjən] bortförklaring **prevent** [privenn't] [för]hindra, förebygga, avhålla **preview** [pri:'vjo:'] förhandsgranskning; förhandsgranska **previous** [pri:'vjəs] föregående, förutvarande **previously** [pri:'vjəsli] förut, tidigare **prey** [prej] byte, rov; *prey on* tära på **price** [prajs] pris; *at the price of* till ett pris av; *at about what price?* i vilket prisläge? **price freeze** [prajs fri:z] prisstopp **priceless** [prajs'liss] ovärderlig **price-list** [prajs'slisst] prislista **price range** [prajs rejndsj] prisläge **price reduction** [prajs ridakk'sjən] prissänkning **prick** [prikk] stick; sticka **prickle** [prikk'l] tagg; sticka **pride** [prajd] stolthet **priest** [pri:st] (*katolsk*) präst **prig** [prigg] pedant **priggish** [prigg'isj] pedantisk **prim** [primm] pryd **primacy** [praj'məsi] överhöghet; företräde **primary** [praj'məri] primär; *primary school* grundskola, folkskola **prime** [prajm] början; primär; förnämst **prime minister** [prajm' minn'isstə] statsminister, premiärminister **primer** [praj'mə] nybörjarbok **primeval forest** [prajmi:'vəl fårr'isst] urskog **primitive** [primm'itivv] primitiv **primrose** [primm'råoz] gullviva **prince** [prinns] prins, furste **princely** [prinn'sli] furstlig **princess** [prinnsess'] prinsessa, furstinna **principal** [prinn'səpəl] huvudsaklig; chef, uppdragsgivare; *the principal parts of a verb* tema på ett verb; *the principal point* kärnpunkten **principality** [prinsipäll'itti] fursten-

principally — prognosis

döme **principally** [prinn´səpli] främst, framför allt **principle** [prinn´səpl] grundsats, princip; *on (in) principle* av (i) princip; *based on principle* principiell **print** [prinnt] trycka; kopiera; tryck; kopia; *appear in print* komma ut i tryck **printer** [prinn´tə] boktryckare **printing** [prinn´ting] tryckning **printing ink** [prinn´- ting ingk] trycksvärta **printing press** [prinn´ting press] tryck- press **printing-works** [prinn´tingwə:ks] tryckeri **prints** [prinnts] grafik, grafiska blad **prior** [praj´ə] föregående, tidigare **prism** [prizz´əm] prisma **prison** [prizz´n] fängelse **prisoner** [prizz´nə] fånge; *prisoner of war* krigsfånge **privacy** [praj´vəsi] avskildhet **private** [praj´vitt] privat, enskild; menig; *private person* privat- person; *in private* mellan fyra ögon **privately** [praj´vittli] under- hand **privation** [prajvej´sjən] umbärande, försakelse **privilege** [privv´iliddsj] privilegiera; privilegium **privy** [privv´i] hemlig; avträde; *Privy Council* kungens stora råd **prize** [prajz] **1** pris, vinst, belöning; pris **2** bända (*open* upp); baxa **prize competition** [praj´z kåmmpitisj´ən] pristävlan **prize-winner** [praj´zwinnə] pristagare **probability** [pråbbəbill´itti] sannolikhet **probable** [pråbb´əbl] sannolik, trolig **probably** [pråbb´əbli] troligen, nog, antagligen **probation** [prəbej´sjən] prov; villkorlig dom; *be on probation* stå under övervakning **probationer** [prə- bej´sjnə] villkorligt dömd [person] **probation officer** [prəbej´sjən åff´issə] övervakare **probe** [pråob] sondera **problem** [pråbb´ləm] problem **procedure** [prəsi:´dsjə] procedur, tillvägagångssätt **pro- ceed** [prəsi:´d] förfara, gå till väga **proceeds** [pråo´si:dz] av- kastning **process** [pråo´sess] process; behandla, preparera **pro- claim** [prəklej´m] proklamera **procure** [prəkjo:´ə] skaffa, upp- bringa **prod** [prådd] sticka; egga **prodigal** [prådd´igl] slösande; *the prodigal son* den förlorade sonen **prodigious** [prədidd´sjəs] ofantlig **prodigy** [prådd´idsji] underverk; vidunder **produce** [prədjo:´s] producera, framställa, skapa, åstadkomma; ta fram; regissera; [prådd´jo:s] jordbruksalster, -produkt **producer** [prə- djo:´sə] producent, regissör **product** [prådd´əkt] produkt, alster **production** [prədakk´sjən] produktion, framställning; [film]in- spelning, uppsättning **productive** [prədakk´tivv] produktiv **pro- fane** [prəfej´n] världslig; vanhelga **profession** [prəfesj´ən] yrke, yrkesarbete; bekännelse **professional** [prəfesj´ənl] facklig, pro- fessionell, yrkes-; *professional man* fackman; *professional woman* yrkeskvinna **professor** [prəfess´ə] professor; *assistant professor* (*Am.*) docent **proffer** [pråff´ə] erbjuda, erbjudande **proficient** [prəfisj´ənt] skicklig **profile** [pråo´fajl] profil **profit** [pråff´itt] vinst, förtjänst; *profit by* vinna på, dra fördel av, begagna sig av; *profit and loss account* vinst- och förlustkonto; *sell at a profit* sälja med vinst; *yield a profit* ge vinst **profitable** [pråff´itəbl] givande, lönande **profiteer** [pråffiti:´ə] ockrare **profound** [prəfao´nd] djup; djupsinnig **profuse** [prəfjo:´s] överflödande; slösaktig **progeny** [prådd´sjini] avkomma **prognosis** [prågnåo´siss]

program — prostrate 332

prognos **program** [pråo'grämm] program; programmera **progress** [pråo'gress] framsteg, framåtskridande; [prəgress'] göra framsteg; *make progress* göra framsteg **prohibit** [prəhibb'itt] förbjuda **prohibition** [pråoibisj'ən] förbud **project** [prådd'sjekkt] projekt, plan; [prədsjekk't] planlägga **projecting** [prədsjekk'ting] utskjutande **proletarian** [pråoleta:'əriən] proletär **prolific** [prəliff'ikk] fruktbar **prolong** [prəlång'] förlänga **prom** [pråmm] promenadkonsert **prominence** [pråmm'inəns] *give prominence to* framhålla, framhäva **prominent** [pråmm'inənt] framstående, framträdande **promiscuous** [premiss'kjoəs] oordnad, blandad **promise** [pråmm'iss] löfte, utfästelse; lova, utfästa sig **promissory note** [pråmm'issəri nåot] skuldsedel **promontory** [pråmm'əntri] hög udde **promote** [prəmåo't] [be]främja, bidraga till **promotion** [prəmåo'sjən] befordran **prompt** [pråmmt] rask; precis; driva på; sufflera **prompter** [pråmm'ptə] sufflör **promulgate** [pråmm'əlgejt] kungöra, utfärda; förkunna **prone** [pråon] raklång, framstupa; benägen **prong** [pråŋ] gaffelspets; grepe **pronoun** [pråo'naon] pronomen **pronounce** [prənao'ns] uttala; avkunna **pronounced** [prənao'nst] utpräglad **pronunciation** [prənannsiej'sjən] uttal **proof** [pro:f] bevis; prov; korrektur; -säker **proof sheet** [pro:'f sji:t] råbalans **prop** [pråpp] stötta **propaganda** [pråppəgänn'də] propaganda **propagate** [pråpp'əgejt] fortplanta sig; utbreda; propagera **propagation** [pråppəgej'sjən] fortplantning; utbredning **propel** [prəpell'] framdriva **propeller** [prəpell'ə] propeller **propensity** [prəpenn'sitti] böjelse, benägenhet **proper** [pråpp'ə] passande; säregen; egen; *proper name* egennamn; *the proper authority* vederbörande myndighet; *it is not proper* det passar sig inte **properly** [pråpp'əli] ordentligt; *talk properly* tala rent **property** [pråpp'əti] egendom, ägodelar; *landed property* fastighet, jordagods **prophesy** [pråff'issi] spådom **prophet** [pråff'itt] profet **propitious** [prəpisj'əs] fördelaktig **proportion** [prəpå:'sjən] proportion, förhållande **proportional** [prəpå:'sjənl] proportionell **proportionately** [prəpå:'sjnittli] förhållandevis **proposal** [prəpåo'zəl] förslag; frieri **propose** [prəpåo'z] föreslå; fria; *propose a toast to* utbringa en skål för **proposed** [prəpåo'zd] tilltänkt **proposition** [pråppəzisj'ən] förslag; påstående **proprietor** [prəpraj'ətə] ägare **propriety** [prəpraj'əti] anständighet **propulsion** [prəpall'sjən] framdrivande **prose** [pråoz] prosa **prosecute** [pråss'ikjo:t] åtala **prosecution** [pråssikjo:'sjən] åtal **prosecutor** [pråss'ikjo:tə] åklagare **prospect** [pråss'pekkt] utsikt, förväntningar; [prəspekk't] undersöka, leta efter malm **prospective buyer** [prəspekk'tivv baj'ə] spekulant **prospectus** [prəspekk'təs] prospekt **prosper** [pråss'pə] blomstra, ha framgång **prosperity** [pråssperr'itti] välstånd, framgång **prosperous** [pråss'prəs] blomstrande; gynnsam **prostate** [pråss'tejt] prostata **prostitute** [pråss'titjo:t] prostituerad **prosthesis** [pråss'θisiss] protes **prostrate** [pråss'trejt] utsträckt på marken; besegrad

protect [prətekk't] [be]skydda **protection** [prətekk'sjən] [be]skydd **protein** [pråo'ti:n] protein, äggviteämne **protest** [pråo'-tesst] protest; [prətess't] protestera; bedyra **Protestant** [prått'isstənt] protestant **protract** [prəträkk't] förlänga **protruding** [prətro:'ding] utstående, utskjutande **proud** [praod] stolt (*of* över) **prove** [pro:v] bevisa; *experience proves* erfarenheten visar **proverb** [pråvv'əb] ordspråk **provide** [prəvaj'd] förse; skaffa; *provide for* dra försorg om **provided** [prəvaj'didd] förutsatt att, såvida **providence** [pråvv'idəns] försynen **province** [pråvv'inns] provins, landskap; *in the provinces* i landsorten **provision** [prəvisj'ən] anslag; anstalt; förråd; *provisions* livsmedel, proviant, matsäck **provisional** [prəvisj'ənl] provisorisk **provocative** [prəvåkk'ətivv] utmanande **provoke** [prəvåo'k] förarga; framkalla; egga **prow** [prao] stäv **prowess** [prao'iss] tapperhet **prowl** [praol] stryka omkring **proximity** [pråksimm'itti] närhet **proxy** [pråkk'si] fullmakt (*vid röstning*) **prude** [pro:d] pryd **prudence** [pro:'dəns] försiktighet; klokhet **prudent** [pro:'dənt] försiktig, förtänksam **prune** [pro:n] katrinplommon; beskära (*träd*) **Prussian** [prasj'ən] preussisk **pry** [praj] snoka; *pry open* bända upp **pseudo-** [s-jo:'dåo] falsk, föregiven **psychiatric** [sajkiätt'rikk] psykiatrisk **psychic** [saj'kikk] psykisk **psychologic[al]** [sajkələdd'sjikk(əl)] psykologisk **psychologist** [sajkål'-ədsjisst] psykolog **psychology** [sajkål'ədsji] psykologi **physiotherapist** [fizz'iåoθerr'əpist] sjukgymnast **pub** [pabb] krog, värdshus **puberty** [pjo:'bəti] pubertet **public** [pabb'likk] offentlig, allmän; *the public* allmänheten; *public assistance* socialhjälp; *public health committee* hälsovårdsnämnd; *public house* krog, värdshus; *public library* stadsbibliotek; *public revenue* statsinkomster; *public school* internatskola **publican** [pabb'likkən] värdshusvärd **publication** [pabblikej'sjən] publikation, skrift; utgivning **publicity** [pabbliss'itti] publicitet **publish** [pabb'lisj] publicera, ge ut **publisher** [pabb'lisjə] [bok]förläggare **publishing company** [pabb'-lisjing kamm'pəni] bokförlag **pudding** [podd'ing] pudding **puddle** [padd'l] pöl **puerile** [pjo:'ərajl] barnslig **puff** [paff] pust, bloss; blåsa, blossa; *puff and blow* stånka **pug** [pagg] mops **pugnacious** [paggnej'sjəs] stridslysten **pull** [poll] dra[ga], rycka, slita (*at* i); dragning, ryck; *pull down* riva; *pull o.s. together* rycka upp sig; *pull faces* grimasera **pullet** [poll'itt] unghöna **pulley** [poll'i] talja, block **pulmonary** [pall'mənəri] lung- **pulp** [pallp] [pappers]massa, mos **pulpit** [poll'pitt] talarstol, predikstol **pulsate** [pallsej't] pulsera **pulse** [palls] puls **pumice** [pamm'iss] pimpsten **pump** [pammp] pump; pumpa **pumpkin** [pamm'pkinn] pumpa (frukt) **pun** [pann] vits; vitsa **punch** [panntsj] stansa, klippa (*biljett*); stans; [vin]bål **Punch-and-Judy show** [pann'tsjənd-sjo:'di sjåo] kasperteater **punch card** [pann'tsj ka:d] hålkort **punctilious** [pangktill'jəs] pedantisk **punctual** [pang'ktjoəl] punktlig **punctuation mark** [pangktjoej'sjən ma:k] skiljetecken

puncture — quantity

puncture [pang'ktsjə] punktering **pundit** [pann'ditt] lärd hindu; lärd person **pungent** [pann'dsjənt] skarp; stickande **punish** [pann'isj] [be]straffa **punishment** [pann'isjmənt] straff **punt** [pannt] staka; eka **puny** [pjo:'ni] liten, ynklig **pup** [papp] valp **pupil** [pjo:'pl] elev, lärjunge; pupill **puppet** [papp'itt] marionett **puppet-show** [papp'ittsjåo] dockteater **puppy** [papp'i] valp **purblind** [pə:'blajnd] skumögd, närsynt **purchase** [pə:'tsjəs] [in]köp, uppköp; köpa **purchase tax** [pə:'tsjəs täkks] omsättningsskatt **pure** [pjo:'ə] ren, äkta, oblandad; *pure silk* helsiden **pure-bred** [pjo:'əbredd] renrasig **purée** [pjo:'ərej] puré **purely** [pjo:'əli] enbart **purgative** [pə:'gətivv] avföringsmedel, laxativ **purgatory** [pə:'gətəri] skärseld **purge** [pə:dsj] utrensning; rening; rena **purify** [pjo:'ərifaj] rena; *purifying plant* reningsverk **purity** [pjo:'əritti] renhet **purple** [pə:'pl] purpur **purport** [pə:'pət] betydelse, mening **purpose** [pə:'pəs] ändamål, avsikt, föresats; *for the purpose of* i avsikt att; *on purpose* med avsikt, med flit; *to no purpose* förgäves **purposeful** [pə:'pəsfoll] målmedveten **purposely** [pə:'pəsli] enkom, uppsåtligen **purr** [pə:] spinna (om katt) **purse** [pə:s] portmonnä, börs; snörpa på **pursue** [pəs-jo:'] förfölja **pursuit** [pəs-jo:'t] förföljelse, förföljande, jakt **purvey** [pə:vej'] leverera, anskaffa (livsmedel) **purveyor** [pə:vej'ə] leverantör; *purveyor to the Queen (King)* hovleverantör **pus** [pass] var **push** [posj] skjuta, knuffa[s], stöta; knuff, stöt; energi; *push ... back* stöta ifrån sig; *push o.s. forward* hålla sig framme; *push up the prices* trissa upp priserna **push-button** [posj'battn] tryckknapp **pusher** [posj'ə] streber **pushing** [posj'ing] framfusig **push-over** [posj'åovə] (*Am.*) lätt sak; lättbesegrad motståndare **pusillanimous** [pjosillänn'iməs] rädd; försagd **pussy-cat** [poss'ikätt] kissekatt **put** [pott] sätta, ställa, lägga, sticka, stoppa; *put forward* framlägga (*planer o.d.*); *put in* inskjuta, insätta; *put off* uppskjuta; *put on* sätta på sig; *put out* [pott' ao't] sätta fram, släcka; *put ... to death* avliva; *put ... together* sammanställa; *put ... to sleep* söva, få att sova; *put up at a hotel* ta in på hotell; *put up with* finna sig i, hålla till godo med **putrid** [pjo:'tridd] rutten **putty** [patt'i] spackel; spackla **puzzle** [pazz'l] gåta; förbrylla **pygmy** [pigg'mi] pygmé; dvärg **pyjamas** [pədsja:'məz] pyjamas **pylon** [paj'lən] [radio]mast **pyramid** [pirr'əmidd] pyramid **Pyrenees** [pirrəni:'z] *the Pyrenees* Pyrenéerna **quack** [kwäkk] snattra **quadrangle** [kwådd'ränggl] gård i college **quadruped** [kwådd'ropedd] fyrfota djur **quail** [kwejl] tappa modet, bäva; vaktel **quaint** [kwejnt] gammaldags; egendomlig **quake** [kwejk] skalv; skälva, skaka **Quaker** [kwej'kə] kväkare **qualification** [kwållifikej'sjən] kvalifikation, merit, förutsättning **qualified** [kwåll'ifajd] behörig **qualify** [kwåll'ifaj] kvalificera **quality** [kwåll'itti] kvalitet, egenskap **qualm** [kwå:m] kväljningar; oro; *qualms* samvetsbetänkligheter **quandary** [kwånn'dəri] bryderi **quantity** [kwånn'titti] kvantitet, mängd

quarantine [kwårr'ənti:n] karantän **quarrel** [kwårr'əl] gräl; gräla, träta **quarrelsome** [kwårr'lsəm] grälsjuk **quarry** [kwårr'i] stenbrott **quart** [kwå:t] stop (1/4 gallon) **quarter** [kwå:'tə] fjärdedel; kvartal; kvarter; väderstreck; *quarter of an hour* kvart **quarter-deck** [kwå:'tədekk] akterdäck **quarter-final** [kwå:'təfajnl] kvartsfinal **quarter-master** [kwå:'təma:stə] intendent; styrman **quartet** [kwå:tett'] kvartett **quaver** [kwej'və] darra; åttondelsnot **quay** [ki:] kaj **queasy** [kwi:'zi] äcklig; ömtålig; illamående; granntyckt **queen** [kwi:n] drottning; dam (*i kortspel*) **queer** [kwi:'ə] egendomlig; homosexuell **quell** [kwell] undertrycka **quench** [kwentsj] släcka; svalka; förstöra **querulous** [kwerr'oləs] gnällig **query** [kwi:'əri] fråga; ifrågasätta **quest** [kwesst] undersökning; söka efter **question** [kwess'tsjən] fråga; utfråga, ifrågasätta; *be a question of* handla om, vara fråga om; *the ... in question* vederbörande; *out of the question* uteslutet **questionnaire** [kwesstjənä:'ə] frågeformulär **question-mark** [kwess'tsjənma:k] frågetecken **queue** [kjo:] kö; köa; *queue up* köa, ställa sig i kö **quibble** [kwibb'l] ordlek; rida på ord, krångla **quick** [kwikk] rask, kvick **quicken** [kwikk'ən] ge liv åt; påskynda **quickly** [kwikk'li] raskt, kvickt **quicksand** [kwikk'sänd] kvicksand, flygsand **quicksilver** [kwikk'sillvə] kvicksilver **quick-witted** [kwikk'witt'idd] slagfärdig **quid** [kwidd] (*sl.*) pund **quiescence** [kwajess:'ns] lugn **quiet** [kwaj'ət] lugn, stilla; lugn, stillhet; lugna, stilla **quill** [kwill] gåspenna **quilt** [kwillt] sängtäcke **quinine** [kwini:'n] kinin **quirk** [kwə:k] spydighet; snirkel **quit** [kwitt] ge sig av; kvitt **quite** [kwajt] alldeles, helt och hållet; ganska; *quite contrary* tvärtemot; *quite a lot* en hel del; *quite right* mycket riktigt; *I don't quite understand* jag förstår inte riktigt **quits** [kwitt's] kvitt **quiver** [kwivv'ə] darra, skälva, flimra **quiz** [kwizz] förhör; frågelek; skoja, driva med **quotation** [kwåotej'sjən] citat **quote** [kwåot] citera; offerera **quotient** [kwåo'sjənt] kvot **rabbit** [räbb'itt] kanin; *Welsh rabbit* grillad ostsmörgås **rabble** [räbb'l] slodder **rabid** [räbb'idd] galen, ursinnig **rac-[c]oon** [rəko:'n] tvättbjörn **race** [rejs] **1** lopp, kapplöpning; springa i kapp; rusa (*om motor*) **2** ras **race-course** [rejs'kå:s] kapplöpningsbana **race-horse** [rejs'hå:s] kapplöpningshäst **racer** [rej'sə] racerbil **race track** [rej:s trakk] (*Am.*) kapplöpningsbana **racial prejudice** [rej'sjəl predd'sjodiss] rasfördom **racing** [rej'sing] kapplöpning **racing-boat** [rej'singbåot] kappseglingsbåt **racing driver** [rej'sing draj'və] racerförare **rack** [räkk] ställ, hylla; sträckbank **racket** [räkk'itt] racket; oväsen; bedrägeri **racketeer** [räkkiti:'ə] utpressare **racy** [rej'si] karakteristisk; livlig **radar** [rej'də] radar **radiance** [rej'djəns] strålglans **radiate** [rej'diejt] utstråla **radiation** [rejdiej'sjən] strålning **radiator** [rej'diejtə] (*värme*)element; (*bil*)kylare **radical** [rädd'ikəl] radikal **radio** [rej'diåo] radio **radioactive** [rej'diåoäkk'tivv] radioaktiv **radio program** [rej'diåo pråo'grämm] radioprogram **radio**

radish — rattlesnake

transmitter [rej'diåo trännzmitt'ə] radiosändare **radish** [rädd'isj] rädisa **radium** [rej'djəm] radium **R.A.F.** (förk. för *Royal Air Force*) engelska flygvapnet **raffle** [räff'l] tombola; lotta bort **raft** [ra:ft] flotte; flotta **rag** [rägg] trasa; bråk; skoja; *rags* lump,· trasor **rage** [rejdsj] raseri, ilska **ragged** [rägg'id] trasig **rag-rug** [rägg'-rägg] trasmatta **raid** [rejd] räd, razzia; göra en räd **rail** [rejl] räcke; räls, järnvägsskena; reling; okväda **railbus** [rej'lbass] rälsbuss **railing** [rej'ling] räcke; ovett **railroad** [rej'lråod] (*Am.*) järnväg **railway** [rej'lwej] järnväg **railway junction** [rej'lwej dsjang'ksjən] järnvägsknut **railway station** [rej'lwej stej'sjən] järnvägsstation **railway timetable** [rej'lwej taj'mtejbl] tågtidtabell **railway track** [rej'lwej träkk] järnvägsspår **raiment** [rej'mənt] skrud **rain** [rejn] regn; regna **rainbow** [rej'nbåo] regnbåge **raincoat** [rej'nkåot] regnrock, -kappa **rainfall** [rej'nfå:l] regnskur; nederbörd **rainy** [rej'ni] regnig **raise** [rejz] höja, lyfta; uppväcka; uppföda; odla; stegra **raisin** [rej'zn] russin **raising** [rej'zing] höjning **rake** [rejk] räfsa, kratta; rucklare; *rake ... together* rafsa ihop **rally** [räll'i] samla[s]; driva med; samling **ram** [rämm] bagge; ramm **ramble** [rämm'bl] flanera; svamla **ramification** [rämmifikej'sjən] förgrening **ramify** [rämm'ifaj] förgrena [sig] **rampant** [rämm'pənt] vild; frodig **rampart** [rämm'pa:t] fästningsvall **ramshackle house** [rämm'sjäkkl haos] ruckel, kyffe **ran** [ränn] imperf. av *run* **rancid** [ränn'sidd] härsken **rancour** [räng'kə] hat, hätskhet **random** [ränn'dəm] *at random* på en höft, på måfå **rang** [räng] imperf. av *ring* **range** [rejndsj] skotthåll; räckvidd; rad; kokssjis; skjutbana; bergskedja; ordna **range-finder** [rej'ndsjfajndə] avståndsmätare **ranger** [rej'ndsjə] skogvaktare; vandrare; ridande polis **rank** [rängk] **1** grad, rang; (*mil.*) led; rangordna; *the rank and file* manskapet **2** från, stinkande **ransack** [ränn'säkk] rannsaka **ransom** [ränn'səm] lösen; lösensumma **rant** [rännt] orera; skryta; skryt **rape** [rejp] **1** raps **2** våldta; våldtäkt **rapid** [räpp'idd] hastig; *rapids* fors **rapture** [räpp'tsjə] hänförelse **rare** [rä:ə] sällsynt, rar **rarity** [rä:'äritti] sällsynthet, raritet **rascal** [ra:'skl] lymmel, skojare **rash** [räsj] **1** överilad **2** utslag (*på huden*) **rasp** [ra:sp] rasp; raspa **raspberry** [ra:'zbəri] hallon **rat** [rätt] råtta **rate** [rejt] hastighet; taxa, valutakurs; värdera; gräla på; *rates* kommunalskatt *at a rate of* med en hastighet av; *at any rate* i varje fall; *rate of exchange* växelkurs; *rate of growth* tillväxttakt; *rate of interest* räntefot **rat[e]able value** [rej'tebl väll'jo:] taxeringsvärde **rather** [ra:'ðə] hellre, snarare; tämligen; väl, alltför **ratify** [rätt'ifaj] stadfästa **rating** [rej'ting] **1** värdering; taxering; matros **2** uppsträckning **ratio** [rej'sjiåo] förhållande, proportion **ration** [räsj'ən] ransonera; ranson **rational** [räsj'ənl] rationell **rationalize** [räsj'nəlajz] rationalisera **rationing** [räsj'ning] ransonering **rat-poison** [rätt'påj'zn] råttgift **rattle** [rätt'l] skramla, skallra; skrämma; skrammel; *rattle off* rabbla upp **rattlesnake** [rätt'lsnejk] skallerorm

raucous [rå:ˈkəs] hes, skrovlig **ravage** [rävvˈiddsj] härja **rave** [rejv] yra; (om vind) rasa; svärma **raven** [rejˈvn] korp **ravenous** [rävvˈinəs] hungrig som en varg **ravine** [rəviːˈn] ravin **ravish** [rävvˈisj] hänföra **raw** [rå:] rå, obearbetad; *raw material* råmaterial, råvara **ray** [rej] **1** stråle **2** rocka **rayon** [rejˈånn] konstsilke **raze** [rejz] rasera **razor** [rejˈzə] rakapparat **razor blade** [rejˈzə blejd] rakblad **reach** [riːtsj] nå, räcka, uppnå; räckhåll, räckvidd **react** [riːäkkˈt] reagera (to för); återverka **reaction** [riäkkˈsjən] reaktion **reactionary** [riːäkkˈsjnəri] reaktionär **reactor** [riːäkkˈtə] reaktor **read** [riːd] (imperf. och perf. part. *read* [redd]) läsa; avläsa; uppfatta **reader** [riːˈdə] läsare, läsebok **readers** [riːˈdəz] läsekrets **readily** [reddˈilli] gärna **readiness** [reddˈiniss] beredskap; villighet **reading** [riːˈding] läsning, lektyr **ready** [reddˈi] färdig, klar, redo; *get ... ready* göra ... färdig **ready-made clothing** [reddˈimejd klåoˈðing] konfektion **real** [riːˈəl] faktisk, verklig, reell; *real estate* fast egendom; *real income* realinkomst **realistic** [riːəlissˈtikk] realistisk; *realistic description* verklighetsskildring **reality** [riällˈitti] realitet, verklighet **realization** [riəlajzejˈsjən] förverkligande **realize** [riːˈəlajz] förverkliga; inse **really** [riːˈəli] verkligen, faktiskt, egentligen **realm** [rellm] rike **reap** [riːp] skörda **reaper** [riːˈpə] skördeman, skördemaskin **reaper-binder** [riːˈpəbajndə] självbindare **rear** [riːˈə] bakre del; bakre; resa; uppföda; *rear engine* svansmotor; *rear light* baklykta; *rear wheel* bakhjul **rear-admiral** [riːˈərädd mrəl] konteramiral **rear-guard** [riːˈəgaːd] eftertrupp **rearmament** [riːaːˈməmənt] upprustning **rearrange** [riːərejˈndsj] omplacera **rearrangement** [riːərejˈndsjmənt] omläggning **reason** [riːˈzn] skäl, orsak, anledning (for, of till); förnuft; resonera; *weighty reasons* tungt vägande skäl; *for that reason* av den orsaken; *what is the reason for ...?* varpå beror ...? **reasonable** [riːˈznəbl] skälig, rimlig, förnuftig; *be reasonable* ta reson **reasoning** [riːˈzning] resonemang **reassure** [riːəsjoːˈə] lugna **reassuring** [riːəsjoːˈəring] betryggande **rebel** [rebbˈl] rebell **rebellion** [ribellˈjən] uppror **rebound** [ribaoˈnd] studsa tillbaka **rebuff** [ribaffˈ] avvisa, snäsa av **rebuke** [ribjoːˈk] tillrättavisa; tillrättavisning **rebuilding** [riːˈbillˈding] återuppbyggnad, ombyggnad **recalcitrant** [rikällˈsitrənt] motspänstig **recall** [rikåːˈl] återkalla; erinra (sig) **recede** [risiːˈd] gå tillbaka **receipt** [risiːˈt] kvitto; kvittera [ut] **receive** [risiːˈv] få, erhålla, mottaga **receiver** [risiːˈvə] mottagare **recent** [riːˈsnt] ny, färsk; *in recent times* på senare tid **recently** [riːˈsntli] nyligen **receptacle** [riseppˈtəkl] [förvarings]kärl **reception** [riseppˈsjən] mottagning, reception **recipe** [ressˈippi] [mat]recept **recipient** [risippˈjənt] mottagare; mottaglig **reciprocal** [risippˈrəkl] ömsesidig **recital** [risajˈtl] recitation, solistframträdande **recite** [risajˈt] deklamera **reckless** [rekkˈliss] våghalsig; hänsynslös **reckon** [rekkˈn] beräkna; anse **reclaim** [riklejˈm] återkräva; återfå; uppodla **recline** [riklajˈn] luta sig bakåt, vila **recluse** [rikloːˈs] enslig; eremit

recognition — refresh

recognition [rekkəggnisj´ən] igenkännande; *gain recognition* vinna erkännande **recognize** [rekk´əgnajz] känna igen **recoil** [rikåj´l] rekyl; rygga tillbaka **recollection** [rekkəlekk´sjən] hågkomst, erinring **recommend** [rekkəmenn´d] rekommendera **recompense** [rekk´əmpenns] ersätta; ersättning **reconcile** [rekk´ənsajl] försona, förlika **reconnaissance** [rikånn´isəns] spaning, rekognoscering **reconnoitre** [rekkənåj´tə] rekognosera **reconsider** [ri:´kənsidd´ə] ompröva **reconstruct** [ri:´kənstrakk´t] rekonstruera, återuppbygga **reconstruction** [ri:´kənstrakk´sjən] uppbyggnadsarbete, rekonstruktion **record** [rekk´å:d] rekord; grammofonskiva; uppteckning **recorder** [rikå:´də] blockflöjt; inspelningsapparat; registrator **recording** [rikå:´ding] inspelning **recording clerk** [rikå:´ding kla:k] notarie **record player** [rekk´å:d plej´ə] skivspelare **recount** [rikao´nt] uppräkna, berätta **recover** [rikavv´ə] tillfriskna, hämta sig **recovery** [rikavv´əri] förbättring, tillfrisknande **recreation** [rekkriej´sjən] rekreation **recrimination** [rikrimminej´sjən] motbeskyllning **recruit** [rikro:´t] rekryt; rekrytera **rectify** [rekk´tifaj] rätta; likrikta **rector** [rekk´tə] kyrkoherde **recumbent** [rikamm´bənt] tillbakalutad **recuperate** [rikjo:´prejt] hämta sig **recur** [rikə:´] återkomma; upprepas **red** [redd] röd; *the Red Cross* Röda korset; *red onion* rödlök; *the Red Sea* Röda havet; *red tape* byråkrati; *red wine* rödvin **redden** [redd´n] bli röd, rodna **redeem** [ridi:´m] infria **redhaired** [redd´hä:əd] rödhårig **red-headed** [redd´hedd´idd] rödhårig **red-hot** [redd´hått´] rödglödgad **red-letter-day** [redd´lettədej´] helgdag **redouble** [ridabb´l] fördubblas, öka **redoubtable** [ridao´təbl] fruktansvärd **redress** [ridress´] upprättelse, gottgörelse; avhjälpa, gottgöra **reduce** [ridjo:´s] minska, reducera **reduction** [ridakk´sjən] [för]minskning, sänkning (*av pris*), inskränkning **redundant** [ridann´dənt] överfull; överflödig **redwood** [redd´wodd] rödvedsträd **reed** [ri:d] rö, vass **re-educate** [ri:´edd´jo:kejt] omskola **reef** [ri:f] reva (*segel*); [klipp]rev **reef-knot** [ri:´fnått] råbandsknop **reek** [ri:k] stank; ryka; stinka **reel** [ri:l] filmrulle, rulle; polska; ragla; *reel of cotton* trådrulle **re-election** [ri:´ilekk´sjən] omval **re-establish** [ri:´isstäbb´lisj] återupprätta **refer** [rifə:´] hänvisa **referee** [reffəri:´] [fotbolls]domare; döma (*i fotboll*) **reference** [reff´rəns] hänvisning; *have reference to* hänföra sig till **reference book** [reff´rəns bokk] uppslagsbok **referendum** [reffərenn´dəm] folkomröstning **refine** [rifaj´n] förädla, raffinera **refinements** [rifaj´nmənts] finesser **reflect** [riflekk´t] [åter]spegla, reflektera; överväga; *be reflected* avspegla sig **reflection** [riflekk´sjən] reflexion, eftertanke; spegelbild **reflex** [ri:´flekks] reflex **reflex camera** [ri:´flekks kämm´ərə] spegelreflexkamera **reform** [rifå:´m] reformera; reform **reformation** [reffəmej´sjən] reformation **reformatory** [rifå:´mətəri] uppfostringsanstalt **refractory** [rifräkk´təri] uppstudsig **refrain** [rifrej´n] **1** avhålla sig, avstå **2** refräng **refresh** [rifresj´] friska upp; *refresh o.s.* läska sig

refreshment — relish

refreshment [rifresj·mənt] förfriskning **refrigerator** [rifridd´sjəreitə] kylskåp **refuel** [rifjo:´əl] tanka **refuge** [reff´jo:dsj] tillflykt **refugee** [reffjodsji:´] flykting **refund** [rifann´d] återbetala **refusal** [rifjo:´zəl] vägran, nekande, avslag **refuse 1** [rifjo:´z] vägra, neka **2** [reff´jo:s] avfall, sopor **refuse chute** [reff´jo:s sjo:t] sopnedkast **refuse dump** [reff´jo:s dammp] soptipp **refute** [rifjo:´t] vederlägga **regain** [rigej´n] återfå, återvinna **regal** [ri:´gl] kunglig **regale** [rigej´l] undfägna; kalasa **regard** [riga:´d] hänsyn; betrakta, anse; *regards* hälsningar; *as regards* vad beträffar **regarding** [riga:´ding] i fråga om **regardless of** [riga:´dliss əvv] utan hänsyn till **regeneration** [ridsjennərej´sjən] pånyttfödelse **regent** [ri:´dsjnt] regent **regime** [rejsji:´m] regim; levnadsordning **regiment** [redd´sjimənt] regemente **region** [ri:´dsjən] region **register** [redd´sjisstə] register; registrera, inregistrera; skriva in sig (*på hotell*); rekommendera (*brev*); polletterā; *registered* (*reg(d)*.) rekommenderas **registration** [reddsjistrej´sjən] [in]registrering **registration certificate** [reddsjistrej´sjən sətiff´ikitt] besiktningsinstrument **registration fee** [reddsjistrej´sjən fi:] anmälningsavgift **regret** [rigrett´] ångra; beklaga; ånger; saknad, sorg **regrettable** [rigrett´əbl] beklaglig **regular** [regg´jolə] regelbunden, reguljär; riktig, äkta; stamanställd; stamgäst **regulate** [regg´jolejt] reglera **regulation** [reggjolej´sjən] stadga, förordning, bestämmelse; *regulations* reglemente **rehabilitation** [ri:əbillitej´sjən] rehabilitering **rehabilitate** [ri:əbill´itejt] upprätta, rehabilitera **rehearsal** [rihə:´səl] repetition **rehearse** [rihə:´s] repetera **reign** [rejn] regering; regera **rein** [rejn] töm, tygel; tygla **reindeer** [rej´ndiə] ren **reindeer sleigh** [rej´ndiə slej] rensläde **reinforce** [ri:infå:´s] förstärka; armera **reiterate** [ri:itt´ərejt] ånyo upprepa **reject** [ridsjekk´t] förkasta, kassera, utdöma, underkänna **rejoicing** [ridsjåj´sing] jubel **rejoin** [ridsjåj´n] svara **rejoinder** [ridsjåj´ndə] replik **rejuvenate** [ridsjo:´vinejt] föryngra[s] **relapse** [riläpp´s] återfalla; återfall **relate** [rilej´t] berätta **related** [rilej´tidd] besläktad (*to* med) **relation** [rilej´sjən] anförvant, släkting; relation, förhållande **relationship** [rilej´sjənsjipp] förhållande; släktskap; *enter into a relationship with* träda i förbindelse med **relative** [rell´ətivv] relativ; släkting, anhörig **relapse** [riläpp´s] återfall **relax** [riläkk´s] koppla av, vila **relaxed** [riläkk´st] avspänd **relay race** [ri:´lej rejs] stafettlöpning **release** [rili:´s] befria, frige, utlösa; befrielse, frigivning **relegate** [rell´igejt] hänskjuta; förvisa **relentless** [rilenn´tliss] omedgörlig **relevant** [rell´ivənt] relevant, hörande till saken **reliable** [rilaj´əbl] pålitlig, vederhäftig **relief** [rili:´f] lättnad, lindring, undsättning; relief; *be a relief* ge lättnad, lätta **relieve** [rili:´v] befria, avlösa, undsätta **relieved** [rili:´vd] lättad **relieving** [rili:´ving] avlösning **religion** [rilidd´sjən] religion **religious** [rilidd´sjəs] religiös; *religious community* trossamfund **relinquish** [riling´kwisj] frångå, ändra **relish** [rell´isj] smak; krydda; njuta av; *give* *relish to* sätta piff på (mat) **reloading** [ri:'låo'ding] omlastning **reluctant** [rilakk'tənt] motvillig **rely** [rilaj'] förlita sig, lita **remain** [rimej'n] [för]bli, återstå, bli kvar; *it remains to be seen* det återstår att se **remainder** [rimej'ndə] behållning, rest **remaining** [rimej'ning] överbliven, återstående, resterande **remains** [rimej'nz] lämningar, kvarlevor **remand** [rima:'nd] återsända, återförvisa **remark** [rima:'k] yttrande, anmärkning; iaktta **remarkable** [rima:'kəbl] märklig, märkvärdig **remarried** [ri:'märr'idd] omgift **remedy** [remm'iddi] botemedel, bot; avhjälpa, råda bot för **remember** [rimemm'bə] minnas, komma ihåg; *remember me to your parents!* hälsa dina föräldrar! **remembrance** [rimemm'brəns] minne **remind** [rimaj'nd] påminna, erinra (*of* om) **reminder** [rimaj'ndə] påminnelse **reminiscence** [reminniss'ns] minne, hågkomst **remit** [rimitt'] förlåta; skicka **remittance** [rimitt'əns] [penning]remissa **remnant** [remm'nənt] kvarleva, rest **remorse** [rimå:'s] ånger, samvetskval **remote** [rimåo't] avlägsen **removable** [rimo:'vəbl] avtagbar **removal** [rimo:'vəl] flyttning **remove** [rimo:'v] undanröja, avlägsna, avsätta **remuneration** [rimjo:nərej'sjən] ersättning, gottgörelse **Renaissance** [rənej'səns] *the Renaissance* renässansen **rend** [rennd] slita sönder **render** [renn'də] återge; tolka **rendezvous** [rånn'divo:] träff, möte **renew** [rinjo:'] förnya, uppliva; omsätta (*växel*) **renewal** [rinjo:'əl] förnyelse; omsättning (*av växel*) **renounce** [rinao'ns] avsäga sig, ta avstånd från **renovate** [renn'åovejt] renovera **renown** [rinao'n] ryktbarhet **rent** [rennt] **1** hyra; spricka, reva **2** imperf. och perf. part. av *rend* **reorganization** [ri:'å:gənəjzej'sjən] nyordning, omorganisation **reorganize** [ri:'å:'gənajz] omorganisera **repair** [ripä:'ə] reparera; bege sig; reparation; skick *keep ... in repair* underhålla **repairing** [ripä:'əring] lagning **repair man** [ripä:'ə männ] reparatör **reparation** [repparej'sjən] reparation; ersättning **repartee** [reppa:ti:'] kvick replik **repast** [ripa:'st] måltid **repay** [ri:pej'] återbetala; vedergälla **repeal** [ripi:'l] upphäva **repeat** [ripi:'t] repetera, upprepa; (*mus.*) repris **repeatedly** [ripi:'tiddli] upprepade gånger **repel** [ripell'] stöta tillbaka **repent** [ripenn't] ångra sig **repentance** [ripenn'təns] ånger **repentant** [ripenn'tənt] ångerfull **repertory** [repp'ətəri] repertoar **repetition** [reppitisj'ən] repetition, upprepning **replace** [riplej's] ersätta, byta ut **replacement** [riplej'smənt] ersättare; ersättning **replenish** [riplenn'isj] åter fylla **replica** [repp'likkə] replik, kopia **reply** [riplaj'] replikera, svara; svar; *in reply to* som svar på; *at a loss for a reply* svarslös **report** [ripå:'t] rapportera, referera, meddela; ange (*för myndighet*) skvallra på; rapport, reportage; betyg; anmälan; knall **reporter** [ripå:'tə] reporter **repose** [ripåo'z] vila sig; vila, lugn **repository** [ripäzz'itri] förvaringsrum **reprehensible** [repprihenn'səbl] klandervärd **represent** [repprizenn't] föreställa, presentera, fram-

representation — responsibility

ställa, företräda **representation** [repprizenntej'sjən] framställning; föreställning; representation **representative** [repprizenn'tətivv] representativ; representant, ombuds[man] **repress** [rip'ress'] undertrycka **reprieve** [ripri:'v] benåda; uppskov **reprimand** [repp'rima:nd] reprimand **reprisals** [ripraj'zəlz] repressalier **reproach** [ripråo'tsj] förebrå; förebråelse **reproduce** [ri:-prədjo:'s] avbilda, återge, reproducera **reproduction** [ri:prədakk'-sjən] reproduktion, avbildning **reproof** [ripro:'f] tillrättavisning **reprove** [ripro:'v] tillrättavisa **reptile** [repp'tajl] reptil, kräldjur **republic** [ripabb'likk] republik **republican** [ripabb'likən] republikan **repudiate** [ripjo:'diejt] förkasta, tillbakavisa **repugnance** [ripagg'nəns] motvilja; motsägelse **repugnant** [ripagg'nənt] motbjudande; motstridig **repulsive** [ripall'sivv] vedervärdig, motbjudande **reputable** [repp'jotəbl] aktad **reputation** [reppjotej'-sjən] rykte, anseende **repute** [ripjo:'t] anseende, rykte **request** [rikwess't] anmoda, uppmana, begära; anhållan, bön, begäran, uppmaning; *at the request of* på uppdrag av; *request s.b. to pay* kräva ngn på pengar; *request permission to speak* begära ordet **requested** [rikwess'tidd] ombedd **require** [rikwaj'ə] [er]fordra, kräva; *be required* fordras **requisite** [rekk'wizzitt] erforderlig **re-run** [ri:'rann'] repris, nypremiär **rescue** [ress'kjo:'] räddning; rädda **research** [risə:'tsj] forskning; forska **resemblance** [rizemm'bləns] likhet (*to* med) **resemble** [rizemm'bl] likna **resent** [rizenn't] ta illa upp **resentment** [rizenn'tmənt] förbittring **reservation** [rezzəvej'sjən] reservation; (*Am*.) förköp; reservat; *make a reservation* reservera sig **reserve** [rizə:'v] reserv, förbehåll; reservera; *reserve for* (*to*) förbehålla sig **reserved** [rizə:'vd] reserverad, tillknäppt **reside** [rizaj'd] residera **residence** [rezz'i-dəns] residens **residence permit** [rezz'idəns pə:'mitt] uppehållstillstånd **resident** [rezz'idənt] bofast, bosatt **residential** [rezzidenn'sjəl] bostads- **residue** [rezz'idjo:] återstod, rest **resign** [rizaj'n] ta avsked [från]; *resign o.s.* resignera; *resign o.s. to* foga sig i **resignation** [rezignej'sjən] avskedsansökan; resignation **resilient** [rizill'jənt] elastisk **resin** [rezz'inn] kåda **resist** [riziss't] motstå **resistance** [riziss'təns] motstånd **resistant** [riziss'tənt] resistent **resolute** [rezz'əlo:t] rådig, beslutsam **resolution** [rezzəlo:'sjən] resolution **resolve** [rizåll'v] besluta; lösa; beslut **resort** [rizå:'t] utväg, tillflykt; *resort to* tillgripa, anlita **resound** [rizao'nd] genljuda **resource** [riså:'s] resurs **respect** [risspekk't] respekt, aktning; avseende; respektera; *in this respect* härvidlag **respectable** [risspekk'təbl] respektabel, anständig **respective** [rispekk'tivv] (*adj*.) respektive **respectively** [rispekk'tivvli] (*adv*.) respektive **respiration** [ressporej'sjən] andning, andhämtning **respiratory organ** [rissʌpaj'ərətri å:'gən] andningsorgan **respite** [ress'pajt] respit, frist **resplendent** [risplenn'dənt] glänsande **respond** [rispånn'd] svara, reagera på **response** [rispånn's] gensvar **responsibility** [rispånsəbill'itti] ansvar; *shirk responsibil-*

ity undandra sig ansvar **responsible** [rispånn'səbl] ansvarig; ansvarsfull **rest** [resst] **1** rest, återstod; *the rest* det övriga **2** vila **restaurant** [ress'tərånnt] restaurang, krog **restaurant-keeper** [ress'tərånnt ki:pə] källarmästare **restful** [ress'tfoll] vilsam **restive** [ress'tivv] motspänstig **restless** [ress'tliss] rastlös **restore** [risstå:'] restaurera, återställa **restrain** [ristrej'n] lägga band på **restraint** [ristrej'nt] hämning, hinder; förbehållsamhet **restrict** [risstrikk't] inskränka, begränsa **restriction** [ristrikk'sjən] restriktion, inskränkning **result** [rizall't] resultat; resultera **results pool** [rizall'ts po:l] stryktips **resume** [rizjo:'m] återuppta[ga] **resurrection** [rezzərekk'sjən] uppståndelse **retail** [ri:'tejl] detaljhandel **retail dealer** [ri:'tejl di:'lə] återförsäljare **retain** [ritej'n] behålla **retainer** [ritej'nə] förhandsarvode till advokat **retaining fee** [ritej'ning fi:'] förhandsarvode till advokat **retaliation** [ritålliej'sjən] vedergällning, hämnd **retarded** [rita:'didd] utvecklingsstörd **reticence** [rett'isns] tystlåtenhet **retina** [rett'inna] näthinna **retire** [ritaj'ə] retirera, dra sig tillbaka **retired** [ritaj'əd] pensionerad **retirement** [ritaj'əmənt] avskildhet **retort** [ritå:'t] kolv **retouch** [ri:'tatt'sj] retuschera **retreat** [ritri:'t] retratt, tillflyktsort; retirera **retribution** [rettribjo:'sjən] vedergällning **retrieve** [ritri:'v] apportera; återvinna **retroactive** [rettråoäkk'tivv] retroaktiv **retrograde** [rett'råogrejd] tillbakariktad; gå tillbaka **retrospect** [rett'råospekkt] återblick **return** [ritə:'n] retur; återkomst; avkastning; returnera, återkomma, återlämna; återsända; *many happy returns!* har den äran att gratulera!; *return home* hemkomst; *in return* i gengäld **return ticket** [ritə:'n tikk'itt] tur- och returbiljett **reunion** [ri:jo:'njən] återförening **reunite** [ri:'jo:naj't] återförena **revalue** [ri:'väll'jo:] omvärdera **reveal** [rivi:'l] yppa, uppenbara, avslöja **revel** [revv'l] festa om; frossa **Revelation** [revvilej'sjən] uppenbarelseboken **revenge** [rivenn'dsj] hämnd, revansch; hämnas; *take one's revenge* ta revansch **revenue** [revv'injo:] inkomst; statsinkomster **reverberate** [rivə:'bərejt] genljuda **reverberation** [rivə:bərej'sjən] eko **reverence** [revv'ərəns] vördnad; pietet **reverend** [revv'rənd] vördnadsvärd; *the Rev. John Smith* kyrkoherde (pastor) John Smith **reverie** [revv'əri] dagdröm **reverse** [rivə:'s] backa; bakslag; baksida; omvänd, motsatt **reversed** [rivə:'st] omvänd **reversing light** [rivə:'sing lajt] backlykta **revert** [rivə:'t] återgå **review** [rivjo:'] recensera; recension; resning (*i mål*); revy **reviewer** [rivjo:'ə] recensent **revile** [rivaj'l] smäda **revise** [rivaj'z] omarbeta, revidera; repetera; *revise one's opinion* ändra ståndpunkt **revision** [rivisj'ən] omarbetning, revision; repetition **revival** [rivaj'vəl] återupplivande; väckelse; repris, nypremiär **revive** [rivaj'v] återuppliva **revoke** [rivåo'k] återkalla **revolt** [rivåo'lt] revolt, uppror **revolting** [rivåo'lting] upprörande; upproriskt **revolution** [revvəlo:'sjən] revolution; varv **revolve** [rivåll'v] rotera **revolver** [rivåll'və] revolver **revue** [rivjo:'] revy **revulsion** [rivall'sjən] häftig reaktion **reward**

rheumatic — roar

[riwå:'d] belöna; belöning, hittelön **rheumatic** [ro:mätt'ikk] reumatiker **rheumatism** [ro:'mətizzəm] reumatism **rheumatoid arthritis** [ro:'mətåd a:'θraj'tiss] ledgångsreumatism **Rhine** [rajn] the Rhine Rhen **rhinoceros** [rajnåss'ərəs] noshörning **rhubarb** [ro:'ba:b] rabarber **rhyme** [rajm] rim; rimma (with på) **rhythm** [ridh'əm] rytm **rib** [ribb] revben; spröt; spant **ribald** [ribb'ld] plump, rå **ribbon** [ribb'ən] band **rice** [rajs] [ris]gryn **rich** [rittsj] rik (in på); mustig; dråplig **richness** [ritt'sjniss] (bildl.) rikedom **rickets** [rikk'itts] rakitis **rickety** [rikk'itti] skranglig **rid** [ridd] befria från; get rid of göra sig av med, bli kvitt **ridden** [ridd'n] perf. part. av ride **riddle** [ridd'l] gåta **ride** [rajd] rida; åka; ritt; åktur **rider** [raj'də] ryttare; cyklist **ridge** [riddsj] ås, rygg **ridicule** [ridd'ikjo:l] åtlöje **ridiculous** [ridikk'joləs] löjlig **riding-dress** [raj'dingdress] riddräkt **rife** [rajf] gängse, vanlig; rife with uppfylld av **rifle** [raj'fl] räffla; gevär **rift** [rifft] reva, spricka **rig** [rigg] rigg; rigga; göra klar; lura **right** [rajt] rätt[ighet]; riktig, rätt; rät; höger; ända; right of way förkörsrätt; be right ha rätt; I'm all right jag mår bra, det är ingen fara med mig; right up to ända [fram] till; just right lagom; quite right mycket riktigt; rightly or wrongly med rätt eller orätt **right-about** [raj'təbaot] helt om **righteous** [raj'tsjəss] rättfärdig **right-handed** [raj't-händidd] högerhänt **rigid** [ridd'sjidd] stel; sträng **rigmarole** [rigg'məråol] svammel **rigorous** [rigg'ərəs] sträng **rigour** [rigg'ə] stränghet **rim** [rimm] fälg, kant, brädd **rind** [rajnd] skal; svål; bark **ring** [ring] ring; klang, ringning; ringa, klinga **ring-finger** [ring'fingə] ringfinger **ring-leader** [ring'li:də] anstiftare **ring-off** [ring'å:'f] avringning **rink** [ringk] skridskobana **ringworm** [ring'wə:m] revorm **rinse** [rinns] skölja, spola **riot** [raj'ət] upplopp **rip** [ripp] sprätta; reva, rispa **ripe** [rajp] mogen **ripen** [raj'pən] mogna **ripping** [ripp'ing] (sl.) jätte-, väldigt **ripple** [ripp'l] krusning, vågskvalp; krusa sig, klucka **rise** [rajz] resa sig, stiga [upp]; uppgång, ökning; give rise to föranleda; rise in value värdestegring **risen** [rizz'n] perf. part. av rise **rising** [raj'zing] resning, uppror **risk** [rissk] risk (of för); riskera, äventyra **risky** [riss'ki] riskabel **risqué** [ri:'skej] vågad, frivol **rival** [raj'vəl] rival, medtävlare; tävla med **river** [rivv'ə] flod, älv; small river à **river trout** [rivv'ə traot] forell **rivet** [rivv'itt] nita; nit **roach** [råotsj] mört **road** [råod] väg **road block** [råo'd blåkk] vägspärr **road communication** [råo'd kəmjo:nikej'sjən] vägförbindelse **road-hogg** [råo'd håågg] bildrulle **road map** [råo'd mäpp] bilkarta, vägkarta **road safety** [råo'd sej'fti] trafiksäkerhet **roadside** [råo'dsajd] vägkant **road sign** [råo'd sajn] vägskylt, vägmärke **roadster** [råo'dstə] häst; sportbil **road surface** [råo'd sə:'fiss] vägbeläggning **road-user** [råo'djo:zə] trafikant **roadway** [råo'dwej] körbana **road work** [råo'd wə:k] vägarbete; konditions-, löpträning **roam** [råom] ströva omkring; strövtåg **roar** [rå:] ryta (at åt), vråla; brusa, dåna, vrål; dån; roar of laughter gapskratt; *roar with laughter* gapskratta **roast** [råo'st] steka, rosta, steka i ugn **roast beef** [råo'st bi:f] rostbiff **roast lamb** [råo'st lämm'] lammstek **rob** [råbb] röva, plundra **robber** [råbb_ə] rövare, rånare **robbery** [råbb'əri] rån **robin** [råbb'inn] rödhake **robot** [råo'bått] robot **robust** [rəbass't] oöm **rock** [råkk] klippa; (*Am.*) sten; polkagris; vagga, vicka; *sunk rock* [klipp]grund **rockery** [råkk'əri] stenparti **rocket** [råkk'itt] raket **rocking-chair** [råkk'ingtsjä:ə] gungstol **rocky** [råkk'i] klippig, bergig **rococo** [rəkåo'kåo] rokoko **rod** [rådd] spö (*met.-*) **rode** [råod] imperf. av *ride* **rodent** [råo'dənt] gnagare **roe** [råo] **1** [fisk]rom **2** rådjur **roe-deer** [råo'di:ə] rådjur **rogue** [råog] skälm **roll** [råol] rulla, välta, kavla; rulle; vals; lista; frukostbröd; *rolling in money* stenrik; *roll up* rulla ihop **roll-call** [råo'lkå:l] namnuppror **roller** [råo'lə] kavel, vals; binda **roller-skate** [råo'ləskejt] rullskridsko; åka rullskridskor **rollick** [rålľ ikk] leka uppsluppet **rolling-mill** [råo'lingmill] valsverk **rolling-pin** [råo'lingpinn] kavel **Roman** [råo'mən] romersk **romance** [råomänn's] romantik **romantic** [rəmänn'tikk] romantisk **Romanticism** [råomänn'tisizzəm] Romantiken **Rome** [råom] Rom **romp** [råmmp] leka, rasa, stoja; vild lek **roof** [ro:f] [ytter]tak **roof rack** [ro:' f råkk] takräcke (*på bil*) **rook** [rokk] **1** torn (*schackpjäs*) **2** råka (*fågel*) **room** [romm] rum; utrymme, plats **roost** [ro:st] hönspinne, hönshus **rooster** [ro:'stə] tupp **root** [ro:t] rot **root-filling** [ro:'tfilling] rotfyllning **rope** [råop] rep, lina; *learn the ropes* lära sig knepen **rope-ladder** [råo'pläddə] repstege **ropeway** [råo'pwej] linbana **rosary** [råo'zəri] radband **rose** [råoz] **1** ros; rosa **2** imperf. av *rise* **rose-coloured** [råo'zkallədd] rosa **rose-hip** [råo'zhipp] nypon **rosemary** [råo'zməri] rosmarin **roseola** [råozi:'ållə] röda hund **rosin** [råzz'inn] harts; hartsa **rostrum** [råss'trəm] talarstol **rot** [rått] röta; ruttna **rotate** [råotej't] rotera **rotation** [råotej'sjən] rotation **rotisserie** [råotiss'əri:] grillbar **rotten** [rått'n] rutten, skämd; *get rotten* ruttna **rotter** [rått'ə] krak **rough** [raff] skrovlig, ojämn, sträv, lurvig; hårdhänt; *rough copy* kladd; *rough homespun* vadmal; *rough play* ruff (*i sport*) **roughly** [raff'li] rått, våldsamt; ungefär **roulette** [rolett'] rulett **R[o]umania** [ro:mej'njə] Rumänien **round** [raond] rund; omgång, varv, rond, sväng; avrunda; runt omkring **roundabout** [rao'ndəbaot] omväg; rondell; rundresa **round-shaped** [rao'ndsjejpt] trind **round-up** [rao'ndapp] razzia **rouse** [raoz] elda, egga **rout** [raot] vild flykt **route** [ro:t] rutt, färdväg **routine** [ro:ti:'n] rutin, slentrian; slentrianmässig **rove** [råov] ströva omkring **rover** [råo'və] vandrare; sjörövare **row 1** [råo] rad; gata **2** [råo] ro **3** [rao] gräl, bråk **rowanberry** [rao'ənberri] rönnbär **rowdy** [rao'di] busig **rowing** [råo'ing] rodd **rowing-boat** [råo'ingbåot] roddbåt **rowlock** [rålľ ək] årtull **royal** [råj'əl] kunglig **royalty** [råj'əlti] kunglighet; royalty, författarhonorar **R.S.V.P.** [a:essvi:pi:] o.s.a. **rub** [rabb] gnida, frottera; *rub out* sudda ut **rubber** [rabb'ə] gummi; kautschuk **rubber band**

rubber-boots — safety pin

[rabb'ə bännd] gummiband **rubber-boots** [rabb'əbo:ts] gummistövlar **rubbers** [rabb'əz] galoscher **rubbish** [rabb'isj] skräp, smörja, strunt **rubble** [rabb'l] stenskärv; klappersten **ruby** [ro:'bi] rubin **rucksack** [rokk'säkk] ryggsäck **rudder** [radd'ə] roder **ruddy** [radd'i] rödbrun; rödblommig; jäkla **rude** [ro:d] ohövlig; obearbetad **rue** [ro:] ångra **rueful** [ro:'foll] ynklig; sorglig **ruff** [raff] krås, halskrage; brushane; snorgärs **ruffian** [raff'iən] buse, skurk **ruffle** [raff'l] rufsa till; reta; skrävla; volanger; oro **rug** [ragg] (liten) matta; resfilt, pläd **Rugby football** [ragg'bi fott'bå:l] rugby **rugged** [ragg'idd] skrovlig; barsk **rugger** [ragg'ə] rugby[fotboll] **ruin** [ro:'inn] ruin, undergång, fördärv; fördärva; ruinera; *go to ruin* förfalla (*om byggnad o.d.*) **rule** [ro:l] härska, regera; linjera; styrelse, välde; regel; *as a rule* i allmänhet; *rule of thumb* tumregel **ruler** [ro:'lə] härskare; linjal **rum** [ramm] rom (*dryck*); underlig **rumba** [ramm'bə] rumba **rumble** [ramm'bl] dåna, mullra; dån muller **ruminate** [ro:'minejt] idissla; grubbla **rummage** [ramm'iddsj] genomleta; genomletande **rumour** [ro:'mə] rykte; *it is rumoured* det ryktas **rump** [rammp] bakdel; kvarleva **rumple** [ramm'pl] skrynkla, rufsa till **run** [rann] springa, löpa; rinna; sköta; köra; lyda, låta; lopp; [an]sats; *be running* vara i gång; *run aground* gå på grund; *run away* rymma; *run down* springa omkull, köra över; *it runs in the family* det ligger i släkten; *run into* köra på; *run a race with* springa ikapp med; *run short* tryta, ta slut; *in the long run* på sikt, i det långa loppet; *take a run* ta sats **runaway** [rann'əwej] förrymd; rymmare **rune** [ro:n] runa **rung** [rang] 1 perf. part. av ring 2 stegpinne **runner** [rann'ə] löpare; [kälk]med **runner-up** [rann'ərapp'] i final besegrad medtävlare **running** [rann'ing] drift, gång; löpning; i följd **runway** [rann'wej] startbana **rupture** [rapp'tsjə] bristning; bråck **rural** [ro:'ərəl] lantlig **ruse** [ro:z] knep, list **rush** [rasj] 1 rusa, störta; rusning 2 säv **rush-hour** [rasj'aoə] rusningstid **rusk** [rassk] skorpa **Russia** [rasj'ə] Ryssland **Russian** [rasj'ən] ryss; rysk; *Russian pasty* pirog **rust** [rasst] rosta; rost **rustic** [rass'tikk] lantlig; lantbo **rustle** [rass'l] prassla; prassel **rusty** [rass'ti] rostig **rut** [ratt] slentrian **ruthless** [ro:θliss] obarmhärtig **rye** [raj] råg; (*Am.*) whisky **rye-bread** [raj'bredd] rågbröd **rye-flour** [raj'flao:ə] rågmjöl **Sabbath** [sabb'əθ] sabbat **sable** [sej'bl] sobel **sabotage** [sabb'əta:sj] sabotage; sabotera **sabre** [sej'bə] sabel **sack** [säkk] säck; sekt, vitt vin; avskeda; plundra **sacred** [sej'kridd] helig **sacrifice** [säkk'rifajs] offer, uppoffring; offra, uppoffra **sacrilege** [säkk'riliddsj] helgerån **sacristy** [säkk'rissti] sakristia **sad** [sädd] sorglig; ledsen (*about* över) **saddle** [sädd'l] sadel; sadla **saddle-horse** [sädd'lhå:s] ridhäst **safe** [sejf] (*pålitlig*) säker, trygg, välbehållen, riskfri; kassaskåp **safe-deposit box** [sej'fdipåzzitt båkks] bankfack **safe-guard** [sej'fga:d] garanti, skydd; skydda **safety** [sej'fti] säkerhet **safety belt** [sej'fti bellt] säkerhetsbälte **safety device** [sej'fti divajs'] säkerhets-, skyddsanordning **safety pin** [sej'fti pinn]

safety razor — satiric

säkerhetsnål **safety razor** [sej'fti rej'zə] rakhyvel **safety-valve** [sej'ftivällv] säkerhetsventil **saffron** [säff'rən] saffran **sag** [sägg] bågna **sagacity** [səgäss'itti] skarpsinne, klokhet **sage** [sejdsj] 1 vis 2 salvia **Sahara** [səha:'rə] *the Sahara* Sahara **said** [sedd] imperf. och perf. part. av *say* **sail** [sejl] segel; segla; *sail large* slöra **sailcloth** [sej'lklåθ] segelduk **sailing** [sej'ling] segling **sailingboat** [sej'lingbåot] segelbåt **sailor** [sej'lə] sjöman, seglare; *be a good sailor* tåla sjön **sailplane** [sej'lplejn] segelflygplan **saint** [sejnt] helgon **sake** [sejk] *for your sake* för din skull **salad** [säll'əd] sallad *(rätt)* **salary** [säll'əri] *(tjänstemans)* lön **salary-earner** [säll'əriə:nə] löntagare **sale** [sejl] försäljning; realisation *for sale* till salu **salesman** [sej'lzmən], **saleswoman** [sej'lzwommən] försäljare, butiksbiträde **salient** [sej'ljənt] framträdande, iögonfallande **saline** [sej'lajn] salthaltig, salt-; [səlaj'n] saltfyndighet **saliva** [səlaj'və] saliv **sallow** [säll'åo] sälg **sally** [säll'i] kvickhet; utfall **salmon** [sämm'ən] lax **salmon trout** [sämm'ən traot] öring **saloon** [səlo:'n] offentlig lokal; täckt bil; *(Am.)* krog **salt** [så:lt] salt; salta; *salt water* saltvatten **salt-cellar** [så:'ltsellə] saltkar **saltpetre** [så:'ltpi:tə] salpeter **salubrious** [səlo:'briəs] hälsosam **salutary** [säll'jotəri] välgörande, hälsosam **salutation** [sälljotej'sjən] hälsning **salute** [səlo:'t] salut; salutera, hälsa **salvage** [säll'viddsj] bärgning; bärga **salvation** [sällvej'sjən] frälsning; räddning; *the Salvation Army* frälsningsarmén **salve** 1 [sällv] bärga 2 [sa:v] salva; lindra **salver** [säll'və] silverbricka **same** [sejm] samma; *the same* samma, detsamma; *all the same* i alla fall; *much the same* ungefär detsamma **sample** [sa:'mpl] [varu]prov; pröva **sample test** [sa:'mpl tesst] stickprov **sanatorium** [sännətå:'riəm] sanatorium **sanctify** [säng'ktifaj] helga **sanction** [säng'ksjən] sanktion; sanktionera **sanctuary** [säng'tjoəri] helgedom **sand** [sännd] sand; sanda **sandal** [sänn'dl] sandal **sandbank** [sänn'dbängk] rev, sandbank **sandpaper** [sänn'dpejpə] sandpapper **sand-pit** [sänn'dpitt] sandlåda **sandstone** [sänn'dståon] sandsten **sandwich** [sänn'widdsj] sandwich, dubbelsmörgås **sandy** [sänn'di] sandig, sandfärgad; *sandy beach* sandstrand **sane** [sejn] klok, förnuftig **sang** [säng] imperf. av *sing* **sanguinary** [säng'gwinəri] blodig; blodtörstig **sanguine** [säng'gwinn] sangvinisk **sanitary** [sänn'itəri] sanitär, bakteriefri; *sanitary napkin (towel)* dambinda **sanitation** [sännitej'sjən] hygien; sanitetsinstallation **sanity** [sänn'itti] normalt sinnestillstånd **sank** [sängk] imperf. av *sink* **Santa Claus** [sänntəklå:'z] jultomten **sap** [säpp] sav; dumbom **sapling** [säpp'ling] ungt träd **sapper** [säpp'ə] ingenjörssoldat **sapphire** [säff'ajə] safir **sarcastic** [sa:käss'tikk] spydig, sarkastisk **Sardinia** [sa:dinn'jə] Sardinien **sash** [säsj] skärp; fönsterbåge **sat** [sätt] imperf. och perf. part. av *sit* **Satan** [sej'tən] satan **satchel** [sätt'sjəl] axelväska **satellite** [sätt'əlajt] satellit **satiate** [sej'sjiejt] mätta; proppa i **satin** [sätt'inn] satäng **satire** [sätt'ajə] satir **satiric** [sətirr'ikk] satirisk

satisfaction — schizofrenia

satisfaction [sättissfäkk'sjən] belåtenhet, tillfredsställelse; *give satisfaction* utfalla till belåtenhet **satisfactory** [sättissfäkk'təri] tillfredsställande **satisfied** [sätt'issfajd] nöjd, tillfreds; mätt; **satisfy** [sätt'issfaj] tillfredsställa, tillgodose **saturate** [sätt'sjərejt] indränka **Saturday** [sätt'ədi] lördag **sauce** [så:s] sås; uppnosighet; *white sauce* stuvning, vit sås; *cook in white sauce* stuva **saucepan** [så:'spən] kastrull **saucepan holder** [så:'spən håo'ldə] grytlapp **saucer** [så:'sə] tefat; *flying saucer* flygande tefat **saucy** [så:'si] uppkäftig **Saudi Arabia** [sao:'di ərej'bjə] Saudi-Arabien **sauna** [sao'nə] bastu **saunter** [så:'ntə] flanera, släntra **sausage** [såss'iddsj] korv **savage** [sävv'iddsj] vilde; vild **savanna** [səvänn'ə] savann **save** [sejv] rädda, bärga; spara; utom **saving** [sej'ving] sparande, besparing **savings association** [sej'vings əsåosiej'sjən] sparkassa **savings-bank** [sej'vingsbängk] sparbank **saviour** [sej'vjə] frälsare **savoury** [sej'vəri] välsmakande **saw** [så:] **1** såg; såga **2** imperf. av *see* **saw-blade** [så:'blejd] sågblad **sawdust** [så:'dasst] sågspån **sawmill** [så:'mill] sågverk **sawn** [så:n] perf. part. av *saw* **Saxon** [säkk'sən] angelsaxare; saxisk **saxophone** [säkk'səfåon] saxofon **say** [sej] säga; *that is to say* det vill säga; *I say* hör på, hör nu; *that is not to say that* därmed är inte sagt att; *you don't say?* säger du det?, det menar du inte!; *it says in the paper* det står i tidningen; *he is said to be rich* han sägs (*lär*) vara rik **saying** [sej'ing] ordstäv **scab** [skäbb] skabb; strejkbrytare **scabbard** [skäbb'əd] svärdskida **scaffold** [skäff'əld] [byggnads]ställning **scalding hot** [skå:'lding hått] skållhet **scale** [skejl] **1** vågskål **2** skala; klättra upp för; *on a large scale* i stor skala **3** [fisk]fjäll; fjälla **scales** [skejlz] [hushålls]våg **scallop** [skåll'əp] kammussla **scalp** [skällp] skalp **scamp** [skämmp] fuska, slarva; lymmel, odåga **scan** [skänn] studera noggrant; ögna igenom; avsöka **scandal** [skänn'dl] skandal **scandalous** [skänn'dələs] skandalös **Scandinavia** [skänndinej'vjə] Skandinavien **Scandinavian** [skänndinej'vjən] skandinavisk; skandinav **scantily** [skänn'tilli] knappt **scanty** [skänn'ti] torftig, knapp **scapegoat** [skej'pgåot] syndabock **scar** [ska:] ärr **scarce** [skä:əs] sällsynt; knapp **scarcely** [skä:'əsli] knappast; *scarcely ... before* knappt ... förrän **scarcity** [skä:'sitti] knapphet **scare** [skä:ə] skrämma **scarecrow** [skä:'əkråo] fågelskrämma **scarf** [ska:f] halsduk **scarlet** [ska:'litt] scharlakansröd **scarlet fever** [ska:'litt fi:'və] scharlakansfeber **scathing** [skej'ðing] dräpande (kritik o.d.) **scatter** [skätt'ə] sprida; *scatter ... about* strö ... omkring sig **scatter-brained** [skätt'əbrejnd] virrig **scavenger** [skävv'indsjə] gatsopare **scene** [si:n] scen; upptråde; *make a scene* ställa till en scen **scenery** [si:'nəri] landskap; kulisser **scent** [sennt] doft, vittring; parfymera; vädra **scent spray** [senn't sprej] rafräschissör **sceptic** [skepp'tikk] skeptisk **sceptre** [sepp'tə] spira **schedule** [sjedd'jo:l] schema, plan **scheme** [ski:m] plan; schema; intrig **schizofrenia** [skittsåofri:'njə] schizofreni **schnapps** [sjnäpps] brännvin **scholar** [skåll`ə] lärd man; stipendiat; lärjunge **scholarship** [skåll`əsjipp] stipendium; lärdom **school** [sko:l] **1** skola; *public school* internatskola **2** fiskstim **schoolbag** [sko:`lbägg] skolväska **schoolbook** [sko:l`bokk] skolbok **schoolboy** [sko:`låj] skolpojke **schoolchild** [sko:`ltsjajld] skolbarn **schoolfellow** [sko:`lfelllåo] skolkamrat **schoolgirl** [sko:`lgə:l] skolflicka **schooling** [sko:`ling] skolning, skolgång **schoolmaster** [sko:`lma:stə] magister **schoolmistress** [sko:`lmistriss] lärarinna **schoolteacher** [sko:`lti:tsjə] skollärare, -inna **school-year** [sko:`ljə:] skolår **schooner** [sko:`nə] skonare **sciatica** [sajätt`ikkə] ischias **science** [saj`əns] [natur]vetenskap **scientific** [sajəntiff`ikk] vetenskaplig **scientist** [saj`əntisst] vetenskapsman, forskare **scissors** [sizz`əzz] *a pair of scissors* en sax **scoff** [skåff] håna **scold** [skåold] skälla på, gräla på **scolding** [skåo`lding] skrapa, tillrättavisning **scoop** [sko:`p] skopa; uppseendeväckande tidningsnyhet; ösa **scooter** [sko:`tə] sparkcykel, skoter **scope** [skåop] spelrum **scorch** [skå:tsj] sveda, förbränna **score** [skå:] skåra; tjog, poängsumma; partitur; göra mål **scorn** [skå:n] hån; *put ... to scorn* håna **scornful** [skå:`nfoll] hånfull **scorpion** [skå:`pjən] skorpion **Scot** [skått] skotte **Scotch** [skåttsj] skotsk **Scotchman** [skått`sjmən] skotte **Scotland** [skått`lənd] Skottland **Scotsman** [skått`smən] skotte **Scottish** [skått`isj] skotsk **scotfree** [skått`fri:`] ostraffad; oskadd **scoundrel** [skao`ndrəl] skurk, rackare **scour** [skao`ə] skura; genomsöka **scourge** [skə:dsj] gissel; gissla **scouring-cloth** [skao`əring klåθ] skurtrasa **scout** [skaot] spejare; scout; spana; tillbakavisa med förakt **scowl** [skaol] se bister ut; bister uppsyn **scramble** [skämm`bl] kravla; kivas om; rusning; kiv **scrambled eggs** [skämm`bld eggz] äggröra **scrap** [skräpp] skrot, bit, urklipp; skrota **scrape** [skrejp] (*verb*) skrapa; skrapning; *scrape through* trassla sig igenom **scraper** [skrej`pə] (*subst.*) skrapa, sickling **scrap merchant** [skräpp` mə:tsjənt] skrothandlare **scratch** [skrättsj] skråma, rispa; riva, klösa; *start from scratch* börja från början; *scratch o.s.* klia sig **scrawl** [skrå:l] klottra **scream** [skri:m] skrik; skrika **screamer** [skri:`mə] skrikhals **screech** [skri:tsj] gnissel; gnissla **screen** [skri:n] skärm; raster; [TV-]ruta; skydda **screw** [skro:] skruv; propeller; skruva; *screw up one's eyes* kisa **screw clamp** [skro:` klämmp] skruvtving **screw-driver** [skro:`drajvə] skruvmejsel **scribble** [skribb`l] klottra; klotter **scribe** [skrajb] skrivare; skriftlärd **script** [skrippt] handskrift **scripture** [skripp`tsjə] bibelställe; *the Holy Scripture* den heliga skrift **scroll** [skråol] pergamentsrulle; snirkel **scrotum** [skråo`təm] pung **scrub** [skrabb] **1** buske **2** skrubba **scrubbing brush** [skrabb`ing brasj] rotborste **scruples** [skro:`plz] samvetsbetänkligheter, skrupler **scrupulous** [skro:`pjoləs] samvetsgrann **scrutinize** [skro:`tinajz] skärskåda **scuffle** [skaff`l] slagsmål *(på lek)* **scull** [skall] vrickåra; ro **scullery** [skall`əri] diskrum **sculptor** [skall`ptə]

sculpture — seek

skulptör, bildhuggare **sculpture** [skall'ptsjə] skulptur **scum** [skamm] skum; avskum; skumma **scurrilous** [skarr'iləs] plump, grovkornig **scurry** [skarr'i] springa, trippa **scurvy** [skə:'vi] skörbjugg **scuttle** [skatt'l] ventil; kolhink; sänka; smita undan **scythe** [sajð] lie **sea** [si:] sjö, hav; sjögång; *at sea* till sjöss **sea-acorn** [si:'ejkå:n] havstulpan **sea-bird** [si:'bə:d] sjöfågel **sea-captain** [si:'käpptinn] sjökapten **sea-gull** [si:'gall] fiskmås **sea horse** [si:'hå:s] sjöhäst **seal** [si:l] **1** säl **2** sigill; försegla, lacka **sealing-wax** [si:'lingwäkks] lack **seam** [si:m] söm; sömma **seaman** [si:'mən] sjöman; *able seaman* matros **seamstress** [semm'striss] sömmerska **seamy** [si:'mi] med sömmar; *the seamy side* avigsidan **seance** [sej'a:ns] seans **search** [sə:tsj] söka, leta *(for* efter); kroppsvisitera; sökande, spaning **searchlight** [sə:'tsjlajt] strålkastare, sökarljus **seascape** [si:'skejp] marinmålning **seashore** [si:'sjå:] havsstrand **seasick** [si:'sikk] sjösjuk **seaside** [si:'sajd] havskust **seaside resort** [si:'sajd rizå:'t] badort **season** [si:'zn] årstid, säsong; *(verb)* krydda; härda **seasoning** [si:'zning] krydda **seat** [si:t] säte, sits, sittplats, bänk; *[riksdags]*mandat **seat belt** [si:'t bellt] säkerhetsbälte **seat reservation** [si:'t rezzəvej'sjən] platsbiljett **seaweed** [si:'wi:d] sjögräs, tång **seaworthy** [si:'wə:ði] sjösäker **secession** [sisesj'ən] utträde **secluded** [siklo:'didd] avskild **second** [sekk'ənd] andra; sekund; sekundant *second cousin* syssling; *the second best* den näst bästa; *on second thoughts* vid närmare eftertanke **secondary** [sekk'əndəri] sekundär; senare; *secondary effects* biverkningar; *secondary school* läroverk **second-class ticket** [sekk'əndkla:'s tikk'itt] andraklassbiljett **second-hand** [sekk'əndhänn'd] andrahands-, begagnad; sekundvisare **second-hand bookshop** [sekk'əndhännd bokk'sjåpp] antikvariat **second-rate** [sekk'əndrejt] sekunda **secrecy** [si:'krissi] hemlighetsfullhet; *in secrecy* i hemlighet **secret** [si:'kritt] hemlig; hemlighet; *secret motive* baktanke; *secret service* underrättelsetjänst **secretariat[e]** [sekkrətə:'əriət] sekretariat, kansli **secretary** [sekk'rətri] sekreterare; *Foreign Secretary (engelsk)* utrikesminister; *secretary of state* minister, *(Am.)* utrikesminister **secrete** [sikri:'t] utsöndra **secretion** [sikri:'sjən] utsöndring, sekretion **sect** [sekkt] sekt **section** [sekk'sjən] sektion; [tvär]snitt **sector** [sekk'tə] sektor, avsnitt **secular** [sekk'jolə] världslig **secure** [sikjo:'ə] trygg, säker; säkra, försäkra sig om, tillförsäkra **security** [sikjo:'əritti] trygghet, säkerhet; borgen; värdepapper **sedan** [sidänn'] täckt bil, sedan **sedate** [sidej't] lugn, stillsam **sedative** [sedd'ətivv] lugnande *(medel)* **sedentary** [sedd'ntəri] stillasittande **sediment** [sedd'imənt] avlagring, sediment **seduce** [sidjo:'s] förföra **see** [si:] se, inse; besöka, träffa; *be seen* synas; *we'll see* vi får väl se; *see you again!* på återseende!; *I'll be seeing you!* vi ses!; *see [to it] that* se till att; *see through* genomskåda **seed** [si:d] frö; utsäde; *seed of dissension* tvistefrö **seedy** [si:'di] sjaskig; illamående **seek** [si:k] söka; *seek out* uppsöka, leta reda på

seem — sentence

seem [si:m] verka, förefalla, tyckas **seeming** [si:'ming] synbar; skenbar **seemly** [si:'mli] anständig, passande **seen** [si:n] perf. part. av *see* **seep** [si:p] läcka, sippra ut **see-saw** [si:'så:] gungbräde **segment** [segg'mənt] segment; klyfta **seethe** [si:ð] sjuda **segregate** [segg'rigejt] avskilja [sig] **seize** [si:z] gripa, fatta tag i; beslagta **seizure** [si:'sjə] gripande; anfall, attack **seldom** [sell'dəm] sällan **select** [silekk't] utse, utvälja **selection** [silekk'sjən] uttagning, urval **selective strike** [silekk'tivv strajk'] punktstrejk **self** [sell] jag; själv **self-adhesive** [sell'fədhi:'sivv] självhäftande **self-assured** [sell'fəsjo:'əd] självmedveten **self-centred** [sell'f-sennt'əd] självupptagen **self-confidence** [sell'fkånn'fidəns] självförtroende **self-confident** [sell'fkånn'fidənt] självsäker **self-conscious** [sell'fkånn'sjəs] självmedveten; besvärad, generad **self-contained house** [sell'fkəntej'nd haos] enfamiljshus **self-control** [sell'fkəntråo'l] självbehärskning **self-criticism** [sell'fkritt'isizzəm] självkritik **self-deception** [sell'fdisepp'sjən] självbedrägeri **self-defence** [sell'fdifenn's] självförsvar **selfish** [sell'fisj] självisk **self-knowledge** [sell'fnåll'iddsj] självkännedom **self-mastery** [sell'fma:'stəri] självövervinnelse **self-portrait** [sell'fpå:'tritt] självporträtt **self-possession** [sell'fpəzesj'ən] fattning, besinning **self-preservation** [sell'fprezzəvej'sjən] självbevarelsedrift **self-reproach** [sell'fripråo'tsj] självförebråelse **self-sacrificing** [sell'fsäkk'rifajsing] självuppoffrande **self-satisfied** [sell'fsätt'isfajd] självbelåten **self-service** [sell'fsə:'viss] självbetjäning, självservering **self-service shop** [sell'fsə:'viss sjopp] snabbköp **self-supporting** [sell'fsəpå:'ting] självförsörjande **self-willed** [sell'fwill'd] självsvåldig **sell** [sell] sälja; *sell off* slumpa, realisera **seller** [sell'ə] säljare **semblance** [semm'bləns] utseende, skepnad **semester** [simess'tə] (*Am.*) termin **semi-circle** [semm'isə:kl] halvcirkel **semi-final** [semm'ifaj'nl] semifinal **seminal fluid** [si:'minnl flo:'idd] sädesvätska **seminar** [semm'ina:] seminarium (*vid univ.*) **Semitic** [simitt'ikk] semitisk **senate** [senn'itt] senat **senator** [senn'ətə] senator **send** [sennd] skicka, sända; *send away* avvisa; *send for* tillkalla, skicka efter; *send out* utvisa **sender** [senn'də] avsändare **sending out** [senn'ding ao't] utvisning **send-off** [senn'dåff] följande (*till tåg o.d.*) **senil** [si:'najl] senil **senior** [si:'njə] äldre; *senior high school* (*Am.*) gymnasium; *senior master* lektor **sensation** [sennsej'sjən] känsla; sensation **sensational** [sennsej'sjənl] uppseendeväckande, sensationell **sense** [senns] sinne, förnuft; bemärkelse; *sense of justice* rättskänsla; *sense of smell* luktsinne; *common sense* sunt förnuft; *out of one's senses* från vettet; *it doesn't make sense* det är obegripligt **senseless** [senn'sliss] meningslös; sanslös **sensible** [senn'səbl] förståndig, förnuftig **sensitive** [senn'sitivv] känslig, ömtålig (*to* för) **sensual** [senn'sjoəl] sinnlig **sent** [sennt] imperf. och perf. part av *send* **sentence** [senn'təns] döma; dom; mening,

sententious — shaky

sats; *death sentence* dödsdom **sententious** [sentenn'sjəs] koncis, kärnfull **sentiment** [senn'timənt] känsla; känslosamhet **sentimental** [senntimenn'tl] sentimental; *sentimental value* affektionsvärde **sentinel** [senn'tinəl], **sentry** [senn'tri] vaktpost **separate** [sepp'ərejt] skilja, avskilja; [sepp'ritt] separat, skild **September** [səptemm'bə] september **sepulchre** [sepp'əlkə] grav **sequel** [si:'kwəl] följd, fortsättning **sequence** [si:'kwəns] serie, sekvens **sequester** [sikwess'tə] avskilja; belägga med kvarstad **Serbo-Croatian** [sə:'báokráoej'sjən] serbokroatisk **serenade** [serrinej'd] serenad **serene** [siri:'n] lugn, fridfull **serenity** [sirenn'itti] lugn, stillhet **serf** [sə:f] livegen, träl **serge** [sə:dsj] sars, slags ylletyg **sergeant** [sa:'dsjənt] sergeant **serial** [si:'əriəl] följetong; *serial production* tempoarbete **series** [si:'əri:z] serie, rad **serious** [si:'əriəs] allvarlig, allvarsam, seriös; *be serious* mena allvar **seriousness** [si:'əriəsniss] allvar **sermon** [sə:'mən] predikan **serpent** [sə:'pnt] orm **servant** [sə:'vənt] tjänare; *servants* tjänstefolk **serve** [sə:v] tjäna, betjäna, servera **service** [sə:'viss] tjänst, betjäning; servering; gudstjänst; servis; *morning service* högmässa; *service in return* gentjänst **servile** [sə:'vajl] servil **servitude** [sə:'vitjo:d] träldom, slaveri **servo technique** [sə:'våo tekkni:'k] servoteknik **session** [sesj'ən] sammanträde **set** [sett] sätta; lägga (*här*); uppsättning; orörlig; *set about* gripa sig an med; *set a day* bestämma en tid; *set free* befria; *set in* tillstöta; *set out* ge sig av; *set one's mind on s.th.* föresätta sig ngt; *set up* resa **set-back** [sett'bäkk] motgång **set-square** [sett'skwä:'ə] vinkelhake **settee** [setti:'] soffa för två **setting** [sett'ing] infattning; sättning; iscensättning **settle** [sett'l] sätta till rätta; bosätta sig, slå sig ner; ordna upp; bestämma **settlement** [sett'lmənt] uppgörelse; betalning; koloni **settler** [sett'lə] nybyggare **set-up** [sett'app] hållning; spänstig **seven** [sevv'n] sju; sjua **seventeen** [sevv'nti:'n] sjutton **seventh** [sevv'nθ] sjunde **seventy** [sevv'nti] sjuttio **sever** [sevv'ə] hugga av, slita av **several** [sevv'rəl] åtskilliga, ett flertal **severe** [sivi:'ə] sträng; kännbar, svår **sew** [såo] sy; *sew on* sy fast (i); *sew up* sy ihop **sewer** [s-jo:'ə] kloak, avlopp **sewing cotton** [såo'ing kått'n] sytråd **sewing materials** [såo'ing məti:'əriəlz] sybehör **sewing-needle** [såo'ingni:dl] synål **sewn** [såon] perf. part. av **sew** [sekks] kön, sex **sex instruction** [sekk's innstrakk'sjən] sexualundervisning **sexton** [sekk'stən] kyrkvaktmästare **sexual** [sekk'sjoəl] sexuell; *sexual instinct* sexualdrift; *sexual offence* sedlighetsbrott **shabby** [sjäbb'i] sjabbig, tarvlig **shack** [sjäkk] timmerkoja, hydda **shade** [sjejd] skugga; nyans **shading** [sjej'ding] skattering **shadow** [sjädd'åo] skugga **shady** [sjej'di] skuggig; skum, ruskig **shaft** [sja:ft] axel; schakt; skaft; stråle **shaggy** [sjägg'i] lurvig, raggig **shake** [sjejk] skaka; skälva **shaken** [sjej'kən] perf. part. av **shake shaking-up** [sjej'kingapp'] uppryckning **shaky** [sjej'ki] trasslig; skakande

shale [sjejl] lerskiffer **shall** [sjall] skall, kommer att **shallow** [själl´åo] grund **sham** [sjämm] simulera; låtsad, falsk **shamble** [sjämm´bl] lufsa **shambles** [sjämm´blz] blodbad; röra **shame** [sjejm] skam; *shame on you!* fy skäms! **shameful** [sjej´mfoll] skamlig **shampoo** [sjämmpo:´] schamponera; schamponering, schamponeringsmedel **shamrock** [sjämm´råkk] vitklöver **shanty** [sjänn´ti] hydda, kåk; sjömansvisa **shape** [sjejp] gestalt; form; forma, gestalta *(sig)* **shapely** [sjej´pli] välväxt **share** [sjä:´ə] [an]-del, aktie; plogbill; dela; *go shares* dela lika **shareholder** [sjä:´əhåoldə] aktieägare; *annual meeting of shareholders* bolagsstämma **shark** [sja:k] haj **sharp** [sja:p] skarp; håftig; precis **sharpen** [sja:´pən] skärpa, vässa **sharpness** [sja:´pniss] skärpa **shatter** [sjatt´ə] splittra; skingra **shave** [sjejv] raka [sig]; *a shave* en rakning; *it was a close shave* det var nära ögat **shavings** [sjej´vingz] hyvelspån **shawl** [sjå:l] sjal **she** [sji:] hon **sheaf** [sji:f] kärve **shear** [sji:´ə] klippa (får) **shearing** [sji:´əring] skjuvning **shears** [sji:´əz] stor sax **sheath** [sji:θ] slida **sheath-knife** [sji:´θnajf] slidkniv **shed** [sjedd] **1** skjul, kur **2** fälla *(tårar); shed its needles* barra **sheep** [sji:p] *(pl. sheep)* får **sheepish** [sji:´pisj] fåraktig **sheer** [sji:´ə] **1** gir; gira **2** ren, idel; skir; tvärbrant **sheet** [sji:t] lakan; [pappers]ark; skot; skota; *sheets of music* nothäfte **sheet-metal** [sji:´tmettl] plåt **shelf** [sjell´f] hylla **shell** [sjell] skal; snäcka; granat; skala, rensa; bombardera **shellac** [sjəlakk´] schellack **shellfish** [sjell´fisj] skaldjur **shelter** [sjell´tə] skydd; skyddsrum **shelve** [sjellv] lägga på hyllan, skjuta upp **shelving** [sjell´ving] långgrund **shepherd** [sjepp´əd] herde **shield** [sji:ld] sköld; skydda **shift** [sjifft] ombyte; skift; skifta, byta om **shift work** [sjifft´ wə:k] skiftarbete **shifty** [sjiff´ti] listig **shimmer** [sjimm´ə] skimmer; skimra **shin[-bone]** [sjinn´(båon)] skenben **shine** [sjajn] skina, lysa, stråla, glänsa; glans **shingle** [sjing´gl] takspån, skifferplatta; klappersten **shining** [sjaj´ning] lysande; *shining light* ljussken **shiny** [sjaj´ni] blank, glänsande; blanksliten **ship** [sjipp] fartyg, skepp; skeppa **shipbroker** [sjipp´bråokə] skeppsmäklare **shipment** [sjipp´mənt] skeppning **shipowner** [sjipp´åonə] skeppsredare **shipping** [sjipp´ing] sjöfart; tonnage **shipping company** [sjipp´ing kamm´pəni] rederi **shipshape** [sjipp´sjejp] i mönstergill ordning **shipwreck** [sjipp´rekk] skeppsbrott, haveri; förlisa **shipyard** [sjipp´ja:d] skeppsvarv **shirk** [sjə:k] smita ifrån **shirt** [sjə:t] skjorta **shiver** [sjivv´ə] huttra, rysa, darra; *have the shivers* ha frossa **shoal** [sjåol] (fisk)stim; sandrev **shock** [sjåkk] stöt; chock; kalufs; skyl; chockera **shock absorber** [sjåkk´əbbså:´bə] stötdämpare **shocking** [sjåkk´ing] upprörande **shockproof** [sjåkk´pro:f] stötsäker **shod** [sjådd] imperf. och perf. part. av *shoe* **shoddy** [sjådd´i] oäkta; usel **shoe** [sjo:] sko **shoeblack** [sjo:´bläkk] skoputsare **shoe-brush** [sjo:´brasj] skoborste **shoehorn** [sjo:´hå:n] skohorn **shoe-lace** [sjo:´lejs] skosnöre **shoemaker** [sjo:´mejkə] skomakare **shoe**

polish [sjo:' påll'isj] skokräm **shoe-tree** [sjo:'tri:] skoblock **shone** [sjånn] imperf. och perf. part. av *shine* **shook** [sjokk] imperf. av *shake* **shoot** [sjo:t] skjuta; filma, fotografera; skott *(på träd)*; fors **shooting** [sjo:'ting] skytte, jakt *(med gevär)* **shop** [sjåpp] affär, butik; verkstad; handla **shopkeeper** [sjåpp'ki:pə] affärsinnehavare, handlande **shop-lifter** [sjåpp'liftə] butikssnattare **shopping-bag** [sjåpp'ingbägg] shoppingväska **shopping street** [sjåpp'ing stri:t] affärsgata **shop-steward** [sjåpp'stjo:'əd] fackföreningsombud **shop-window** [sjåpp'winndåo] skyltfönster **shore** [sjo:] **1** strand **2** imperf. av *shear* **shorn** [sjå:n] perf. part. av *shear* **short** [sjå:t] kort- kortvarig; *be short of* ha ont om; *run short* tryta, ta slut; *short cut* genväg; *short film* kortfilm; *short story* novell **shortage** [sjå:'tiddsj] brist **shortbread** [sjå:'brεdd] mörbakelse **short-circuit** [sjå:'tsə'kitt] kortslutning **shortcoming** [sjå:'tkamming] underskott, brist **shorten** [sjå:'tn] förkorta[s], lägga upp **shortening** [sjå:'tning] avkortning; fett till bakning **shorthand** [sjå:'thännd] stenografi **shorthand pad** [sjå:'thännd pädd] stenogramblock **shortly** [sjå:'tli] snart, inom kort **shorts** [sjå:ts] kortbyxor, shorts **short-sighted** [sjå:'t-saj'tidd] närsynt; kortsynt **shot** [sjått] skott, hagel, kula; skylt; imperf. och perf. part. av *shoot*; *put the shot* stöta kula; *be shot with green* skifta i grönt **should** [sjodd] skulle, bör, borde **shoulder** [sjåo'ldə] axel, skuldra; bog **shoulder-blade** [sjåo'l-dəblejd] skulderblad **shoulder-strap** [sjåo'ldəsträpp] axelband **shout** [sjaot] skrika, ropa; skrik, rop; *shout for joy* jubla **shove** [sjavv] knuffa[s]; knuff **shovel** [sjavv'l] skovel, skyffel; skyffla, skotta **show** [sjåo] visa [sig], uppvisa; ställa ut; visning, revy; *show off* briljera **show-case** [sjåo'kejs] monter **shower** [sjao'ə] skur, dusch; *have a shower* duscha **shower-bath** [sjao'əbaθ] dusch **showmanship** [sjåo'mənsjipp] publikfrieri **shown** [sjåon] perf. part. av *show* **show-window** [sjåo'winndåo] skyltfönster **showy** [sjåo'i] prålig, grann **shrank** [sjrängk] imperf. av *shrink* **shred** [sjrεdd] lapp, remsa; skära i remsor **shrew** [sjro:] argbigga **shrewd** [sjro:d] slug **shriek** [sjri:k] skrika; gällt skrik **shrill** [sjrill] gäll **shrimp** [sjrimmp] räka **shrine** [sjrajn] vallfartsort **shrink** [sjringk] krympa; *shrink at* rygga tillbaka för **shrivel** [sjrivv'l] skrynkla; skrumpna **shroud** [sjraod] svepning **shrub** [sjrabb] buske **shrug** [sjragg] *shrug one's shoulders* rycka på axlarna **shrunk** [sjrangk] perf. part. av *shrink* **shudder** [sjadd'ə] rysa; rysning **shuffle** [sjaff'l] gå släpigt; blanda kort; slarva **shun** [sjann] sky, undvika **shunt** [sjannt] växla; växling **shunt-lead** [sjann'tli:d] shuntledning **shut** [sjatt] stänga[s]; *shut one's eyes* blunda; *shut ... up* spärra in, fälla ihop, hålla mun **shutter** [sjatt'ə] [fönster]lucka; slutare *(på kamera)* **shutter lever** [sjatt'ə li:'və] avtryckare **shutter-setting** [sjatt'əsetting] tidsinställning **shuttle** [sjatt'l] skyttel, skottspole **shuttlecock** [sjatt'lkåkk] fjäderboll; lekboll **shy** [sjaj] blyg, skygg; skygga; kasta

Siberia — sit

Siberia [sajbi:'əriə] Sibirien **Sicilian** [sisill'jən] siciliansk **Sicily** [siss'illi] Sicilien **sick** [sikk] sjuk; illamående; *be sick* kräkas, ha kväljningar; *feel sick* må illa, vilja kräkas; *report sick* sjukskriva sig **sickle** [sikk'l] skära **sick-listed** [sikk'lisstidd] sjukskriven **side** [sajd] sida, kant, håll; *side by side* jämsides; *take sides for*, *side with* ta parti för **side-burns** [saj'dbə:nz] korta polisonger **side-car** [saj'dka:] sidvagn **sidewalk** [saj'dwå:k] (*Am.*) trottoar **sideways** [saj'dwejz] åt (från) sidan, på sned **side whiskers** [saj'd wiss'kəz] polisonger **siege** [si:dsj] belägring **sieve** [sivv] såll; sålla **sift** [sifft] sikta, sålla; granska; *sifted rye-flour* rågsikt **sigh** [saj] suck; sucka **sight** [sajt] syn; anblick, åsyn, synhåll; sevärdhet; sikta; *catch sight of* få syn på **sighted** [saj'tidd] seende **sightseeing tour** [saj'tsi:ing to:ə] rundtur **sign** [sajn] tecken; skylt; underteckna, signera **signal** [sigg'nl] signal; signalera; märklig **signal-box** [sigg'nlbåkks] ställverk **signature** [sigg'nittsjə] signatur, underskrift **signboard** [saj'nbå:d] skylt **significance** [siggniff'ikəns] betydelse **significant** [siggniff'ikənt] betydelsefull **signification** [siggnifikej'sjən] innebörd **signify** [sigg'nifaj] betyda; beteckna **signing** [saj'ning] undertecknande **sign post** [saj'n påost] vägvisare **silence** [saj'ləns] tystnad, tysthet; tysta **silencer** [saj'lənsə] ljuddämpare **silent** [saj'lənt] tyst; *silent film* stumfilm **silhouette** [silloett'] silhuett **silica** [sill'ikə] kiselsyra **silicon** [sill'ikən] kisel **silk** [sillk] siden, silke **silkworm** [sill'kwə:m] silkesmask **sill** [sill] fönsterbräde **silly** [sill'i] dum, enfaldig **silo** [saj'låo] silo **silver** [sill'və] silver; försilvra; *silver wedding* silverbröllop **silver-plated ware** [sill'vəplej'tidd wä:ə] nysilver **similar** [simm'ilə] liknande, snarlik **simmer** [simm'ə] puttra, sjuda **simper** [simm'pə] le tillgjort **simple** [simm'pl] enkel; enfaldig **simpleton** [simm'pltən] dummerjöns **simplicity** [simpliss'itti] enkelhet **simplify** [simm'plifaj] förenkla **simply** [simm'pli] helt enkelt **simulate** [simm'joləjt] simulera **simultaneous** [simməltej'njəs] samtidig **sin** [sinn] synd; synda; *sin of omission* underlåtenhetssynd **since** [sinns] eftersom, emedan; *since then* sedan dess **sincere** [sinnsi:'ə] uppriktig **sincerely** [sinnsi:'əli] *Yours sincerely* Din tillgivne **sincerity** [sinnserr'itti] uppriktighet **sine** [sajn] sinus **sinew** [sinn'jo:] sena **sinful** [sinn'foll] syndig **sing** [sing] sjunga **singe** [sinndsj] sveda **singer** [sing'ə] sångare, sångerska **singing-bird** [sing'ingbə:d] sångfågel **single** [sing'gl] enkel; enda; ogift **singles** [sing'gls] (*sport*) singel **singular** [sing'gjollə] singularis **sinister** [sinn'istə] ondskefull; olycksbådande **sink** [singk] sjunka; sänka; slasktratt, diskbänk; *sink down* digna, segna ner **sinker** [sing'kə] sänke **sinking** [sing'king] sänkning **sinner** [sinn'ə] syndare **sip** [sipp] smutta, läppja på; liten klunk **siphon** [saj'fən] sifon **sir** [sə:] min herre; *Sir* titel för *baronet* och *knight* **sirloin** [sə:'låjn] ländstycke, oxstek **sister** [siss'tə] syster **sister-in-law** [siss'tərinnlå:] svägerska **sit** [sitt] sitta; *sit down* sätta sig;

site — sleeping-bag

sit on eggs ruva **site** [sajt] läge; (*obebyggd*) tomt **site-leasehold right** [saj'tli:shåold raj't] tomträtt **sitting room** [sitt'ingromm] vardagsrum **situated** [sitt'joejtidd] belägen **situation** [sittjoej'sjən] situation, läge **six** [sikks] sex; sexa; *six months* ett halvår **sixteen** [sikk'sti:n] sexton **sixth** [sikksθ] sjätte **sixty** [sikk'sti] sextio **size** [sajz] storlek, nummer, format; *they are the same size* de är lika stora; *size up* skatta, bedöma **sizzle** [sizz'l] fräsa (*i stekpanna*) **skate** [skejt] skridsko; åka skridskor **skeleton** [skell'ittn] skelett **skerry** [skerr'i] skär, ö **sketch** [skettsj] skiss; sketch; skissera **ski** [ski:] skida; åka skidor **ski-boot** [ski:'bo:t] pjäxa **skid** [skidd] sladda, slira; sladd **skier** [ski:'ə] skidåkare **skiff** [skiff] jolle, liten roddbåt **skiing** [ski:'ing] skidåkning; *good skiing surface* bra skidföre **skiing boot** [ski:'ing bo:t] pjäxa **ski-jumping** [ski:'dsjamping] backhoppning **skilful** [skill'foll] skicklig, kunnig **ski-lift** [ski:'lifft] skidlift **skill** [skill] skicklighet **skilled** [skilld] erfaren, kunnig **skim** [skimm] skumma; *skimmed milk* skummjölk **skimp** [skimmp] snåla med **skimpy** [skimm'pi] snål; knapp **skin** [skinn] skinn, hud; skal; skala; flå **skin-cream** [skinn'kri:m] hudkräm **skip** [skipp] skutta, hoppa; hoppa över; skutt; *skip it!* strunt i det! **skipper** [skipp'ə] skeppare, kapten **skipping-rope** [skipp'ingråop] hopprep **skirmish** [skə:'misj] skärmytsling **skirt** [skə:t] kjol **ski stick** [ski:' stikk] skidstav **skittle** [skitt'l] kägla **ski-wax** [ski:'wäkks] valla **skulk** [skallk] hålla sig undan, maska; smyga sig **skull** [skall] skalle **sky** [skaj] himmel, sky **sky-high** [skaj'haj'] skyhög **skylark** [skaj'la:k] lärka; skoja **skyscraper** [skaj'skrejpə] skyskrapa **slab** [släbb] stenplatta, skiva **slack** [släkk] lös, slapp, slak **slacken** [släkk'ən] slappna; minska; släcka på (*skot*) **slacks** [släkks] [fritids]långbyxor **slag** [slägg] slagg **slain** [slejn] perf. part. av *slay* **slake** [slejk] släcka (*törst*) **slalom** [slej'ləm] slalom **slalom-skiing** [slej'ləmski:'ing] slalomåkning **slalom slope** [slej'ləm slåop] slalombacke **slam** [slämm] smälla igen; smäll **slander** [sla:'ndə] förtal; baktala **slang** [släng] slang; skälla ut **slang expression** [släng' ikkspresj'ən] slanguttryck **slant** [sla:'nt] slutta; snedda **slanting** [sla:'nting] sned, lutande **slap** [släpp] smälla; smäll; mitt på **slapstick** [släpp'stikk] filmfars **slash** [släsj] hugga till, slitsa upp; hugg, jack **slat** [slätt] spjäla, latta **slate** [slejt] skiffer **slaughter** [slå:'tə] slakt; slakta **slaughter-house** [slå:'təhaos] slakteri **Slav** [sla:v] slav (*folk*) **slave** [slejv] slav, träl **slave-driver** [slej'vdrajvə] slavdrivare **slave market** [slej'v ma:kitt] slavmarknad **slavery** [slej'vəri] slaveri **slave trade** [slej'v trejd] slavhandel **Slav[ic]** [sla:v (sla:vv'ikk)] slavisk **slavish** [slej'visj] slavisk **slay** [slej] dräpa **sledge** [sleddsj] kälke; åka kälke **sledge-hammer** [sledd'sjhämmə] slägga **sleek** [sli:k] slät, blank **sleep** [sli:p] sova; sömn; *the Sleeping Beauty* Törnrosa **sleeper** [sli:'pə] syll, sliper; sovare; *be a sound sleeper* ha god sömn **sleeper ticket** [sli:'pə tikk'itt] sovvagnsbiljett **sleeping-bag**

sleeping-car — smirk

[sli:'pingbägg] sovsäck **sleeping-car** [sli:'pingka:] sovvagn **sleeping-compartment** [sli:'pingkəmpə:'tmənt] sovkupé **sleeping-drug** [sli:'pingdragg] sömnmedel **sleeping-sickness** [sli:'pingsikkniss] sömnsjuka **sleeping-tablet** [sli:'pingtäbblitt] sömntablett **sleepless** [sli:'pliss] sömnlös **sleep-walker** [sli:'pwå:kə] sömngångare **sleepy** [sli:'pi] sömnig **sleet** [sli:t] snöslask **sleeve** [sli:v] ärm; *have s.th. up one's sleeve* ha ngt i beredskap **sleigh** [slej] släde; åka släde **slender** [slenn'də] smärt, spenslig; knapp **slept** [sleppt] imperf. och perf. part. av *sleep* **sleuth[-hound]** [slo:'θhaond] spårhund; detektiv **slew** [slo:] imperf. av *slay* **slice** [slaj's] skiva **slick** [slikk] flink; glatt; smart **slid** [slidd] imperf. och perf. part. av *slide* **slide** [slajd] kana, rutschbana; slid; diapositiv; halka, låta glida **slide-rule** [slaj'dro:l] räknesticka **slight** [slajt] lindrig, obetydlig, lätt **slim** [slimm] banta; smärt, liten **slime** [slajm] slem **sling** [sling] slunga **slink** [slingk] slinka **slip** [slipp] halka, glida; papperslapp; underklänning; snedsprång; ras; *slip through* slinka igenom; *slip of the tongue* felsägning **slipped disc** [slipp't diss'k] diskbrock **slipper** [slipp'ə] toffel **slipperiness** [slipp'əriniss] halka **slippery** [slipp'əri] glatt, hal; slipprig **slipping clutch** [slipp'ing klatt'sj] frikoppling **slipshod** [slipp'sjådd] vårdslös, slarvig **slipway** [slipp'wejj] slip **slit** [slitt] skåra upp; skåra, springa, sprund **slither** [sli'ðə] hasa, glida **slithery** [sli'ðəri] hal **sloe** [slåo] slånbär **slogan** [slåo'gən] slagord, slogan **slop** [slåpp] utspillt vatten; *slops* slaskvatten **slope** [slåop] luta, slutta; lutning, sluttning **slop-pail** [slåpp'pejl] slaskhink **slot** [slått] springa, öppning **sloth** [slåθ] slöhet **slot-machine** [slått'məsji:n] [mynt]automat **slouch** [slaotsj] dålig hållning; sloka **slough 1** [slao] urkrupet ormskinn **2** [slaff] träsk **slovenly** [slavv'nli] sjaskig **slow** [slåo] långsam, trög; *be slow* gå efter (*om klocka*) **slow-motion** [slåo'måo'sjən] ultrarapid **slug** [slagg] snigel **sluggish** [slagg'isj] trög **slum** [slamm] slum **slumber** [slamm'bə] slumra; slummer **slump** [slammp] prisfall, kris **slung** [slang] imperf. och perf. part. av *sling* **slunk** [slangk] imperf. och perf. part. av *slink* **slush** [slasj] slask, snösörja; gyttja **slur** [slə:] [ut]tala otydligt; otydligt [ut]tal **slut** [slatt] slampa **sly** [slaj] slug; *on the sly* i smyg **smack** [smäkk] smacka; slag; bismak; fiskebåt **small** [små:l] liten, ringa; *small beer* svagdricka; *small change* småpengar; *the small hours* småtimmarna; *small town* småstad **smaller** [små:'lə] mindre **smallest** [små:'lisst] minst **smallholder** [små:'lhåo'ldə] småbrukare **smallpox** [små:'lpåkks] smittkoppor **smart** [sma:t] stilig; smart, slipad; svida; sveda; *smarten up* piffa upp **smarting pain** [sma:'ting pej'n] sveda **smash** [smäsj] krossa, slå sönder **smear** [smi:'ə] smeta [ner]; fläck; *make smears* smeta av sig **smeary** [smi:'əri] kladdig **smell** [smell] lukta, dofta, osa; lukt, doft, os **smelt** [smellt] imperf. och perf. part. av *smell* **smile** [smajl] leende; le (*at* åt); *smile scornfully* hånle **smirk** [smə:k]

smith — social

mysa **smith** [smiθ] smed **smithy** [smiðˈi] smedja **smock** [småkk] överdragsklänning **smog** [smågg] rökblandad dimma **smoke** [småok] rök; röka, ryka **smoker** [småoˈkə] rökare; rökkupé **smoke-screen** [småoˈkskri:n] rökridå **smoking** [småoˈking] rökning; rökning tillåten **smoky** [småoˈki] rökig **smooth** [smo:ð] jämn, slät; jämna (släta) till **smorgasbord** [småˈrgəsbo:rd] smörgåsbord **smother** [smaðˈə] kväva; överhölja **smoulder** [småoˈldə] pyra **smudge** [smaddsj] fläcka, smutsfläck **smug** [smagg] prudentlig; självbelåten **smuggle** [smaggˈl] smuggla **smut** [smatt] sotflaga; oanständighet **snack** [snäkk] mellanmål **snag** [snagg] sjunkstock; krux **snail** [snejl] snigel (*med hus*) **snake** [snejk] orm **snake-charmer** [snejˈktsja:mə] ormtjusare **snake bite** [snejˈk bajt] ormbett **snap** [snäpp] nafsa; knacka[s]; knäppa, knäpp[ning] **snaps** [snäpps] snaps **snare** [snäˈə] snara **snarl** [sna:l] morra **snatch** [snättsj] rycka (till sig); *snatch up* uppsnappa **sneak** [sni:k] smyga **sneakers** [sniˈkəz] skor med mjuka sulor **sneer** [sniˈə] hånle; driva med; hånleende **sneeze** [sni:z] nysa **sniff** [sniff] vädra, andas in **snigger** [siggˈə] fnittra; fnitter **sniper** [snajˈpə] prickskytt, krypskytt **snivel** [snivvˈl] snörvla; lipa **snipe** [snajp] beckasin **snob** [snåbb] snobb **snobbish** [snåbbˈisj] snobbig **snooker** [snoˈkə] slags biljardspel **snoop** [sno:p] snoka; lägga näsan i blöt **snooze** [sno:z] tupplur; ta sig en tupplur **snore** [snå:] snarka; snarkande **snorkel** [snå:ˈkl] snorkel **snort** [snå:t] fnysa **snot** [snått] snor **snout** [snaot] nos, tryne **snow** [snåo] snö; snöa **snowball** [snåoˈbå:l] snöboll **snow-clearing** [snåoˈkli:əring] snöskottning **snow-drift** [snåoˈdrifft] snödriva **snowman** [snåoˈmänn] snögubbe **snow-plough** [snåoˈplao:] snöplog **snow scooter** [snåoˈ sko:tə] snöskoter **snowstorm** [snåoˈstå:m] snöstorm **snub** [snabb] snäsa av **snub nose** [snabbˈ nåoz] uppnäsa **snuff** [snaff] snus; snusa; vädra; *take snuff* snusa **snuff-box** [snaffˈbåkks] snusdosa **snuffle** [snaffˈl] snörvla **snug** [snagg] hemtrevlig **snuggle** [snaggˈl] lägga sig skönt; kura ihop sig **so** [såo] så; *and so on* och så vidare; *so do I* det gör jag också; *so that* för att; *I think so* jag tror det; *isn't that so?* eller hur? **soak** [såok] blöta, genomdränka; *soaking wet* genomblöt **soap** [såop] såpa; tvål **soap-box** [såoˈpbåkks] tvålask; provisorisk talarstol **soap-bubble** [såoˈpbabbl] såpbubbla **soap-flakes** [såoˈpflejks] tvålflingor **soar** [så:] svåva högt **sob** [såbb] snyfta **sober** [såoˈbə] nykter, sansad; sober **so-called** [såoˈkå:ˈld] så kallad **soccer** [såkkˈə] (*association football*) fotboll **sociable** [såoˈsjəbl] trevlig, sällskaplig; *sociable person* sällskapsmänniska **social** [såoˈsjəl] social, samhälls-; sällskaplig; samkväm; *social conditions* samhällsförhållanden; *social criticism* samhällskritik; *social democracy* socialdemokrati; *social life* sällskapsliv; *social order* samhällsskick; *social science* socialvetenskap; *social welfare* socialvård; *social welfare committee* social-

socialism — sore

nämnd; *social [welfare] policy* socialpolitik **socialism** [såo'sjəlizzəm] socialism **socialist** [såo'sjəlisst] socialist; socialistisk **socialistic** [såosjəliss'tikk] socialistisk **socialization** [såosjəlajzej'sjən] socialisering **socialize** [såo'sjəlajz] socialisera **society** [səsaj'əti] samhälle, samfund, sällskap **sociology** [såosiåll'ədsji] sociologi **sock** [såkk] socka, strumpa; klappa till **socket** [såkk'itt] (*elektriskt*) urtag, [*lamp*]sockel **sod** [sådd] grästorva **soda** [såo'də] soda **soda water** [såo'də wå:tə] sodavatten, vichyvatten **sodden** [sådd'n] genomdränkt **sodium** [såo'djəm] natrium **sofa** [såo'fə] soffa **sofa bed** [såo'fə bedd] bäddsoffa **soft** [såfft] mjuk, len; vek; stilla; *soft breeze* svag bris; *soft drink* läskedryck; *soft soap* såpa **soil** [såjl] **1** jordmån, mark **2** smutsa ner **soiled** [såjld] solkig, smutsig **soirée** [swa:'rej] soaré **sojourn** [sådd'sjə:n] vistas; vistelse **solace** [såll'əs] tröst; trösta **solar eclipse** [såo'lə iklipp's] solförmörkelse **solar energy** [såo'lə enn'ədsji] solenergi **solar system** [såo'lə siss'timm] solsystem **sold** [såold] såld; *sold out* slutsåld **solder** [såo'ldə] löda **soldier** [såo'ldsjə] soldat **sole** [såol] **1** ensam, enda **2** sula; sjötunga **solemn** [såll'əm] högtidlig **solemnity** [səlemm'nitti] högtidlighet **solicit** [səliss'itt] enträget be om, söka utverka **solicitor** [səliss'ittə] domstolsjurist, lägre advokat **solicitous** [səliss'ittəs] ivrig; bekymrad, orolig **solid** [såll'idd] gedigen, massiv, solid; fast; *solids* fasta ämnen **solidarity** [sållidärr'itti] solidaritet, samhörighet **soliloquy** [səlill'əkwi] monolog **solitary** [såll'itəri] enslig; ensam[stående] **solitude** [såll'itjo:d] ensamhet **solo** [såo'låo] solo **soloist** [såo'låoisst] solist **solo part** [såo'låo pa:t] solostämma **solstice** [såll'stiss] solstånd **soluble** [såll'jobl] loslig, lösbar **solution** [səlo:'sjən] lösning **solve** [sållv] lösa (*gåta*) **solvent** [såll'vənt] lösande; solvent; lösningsmedel **sombre** [såmm'bə] mörk, dyster **some** [samm] någon, något, några, somliga; omkring **somebody** [samm'bədi] någon **somehow** [samm'hao] på ett eller annat sätt **someone** [samm'wann] någon **somersault** [samm'əså:lt] kullerbytta, frivolt; *turn a somersault* slå en kullerbytta **something** [samm'θing] något, någonting; *something like that* någonting ditåt **sometimes** [samm'tajmz] ibland; *sometimes..., sometimes...* ömsom... ömsom... **somewhat** [samm'wått] något, en smula **somewhere** [samm'wä:ə] någonstans **son** [sann] son **sonata** [sənaː'tə] sonat **song** [sång] sång, visa; *for a song* för en spottstyver **song-bird** [sång'bə:d] sångfågel **song-book** [sång'bokk] visbok **song-thrush** [sång'θrasj] taltrast **sonic bang** [sånn'ikk bäng'] [överljuds]bang **son-in-law** [sann'innlå:] svärson, måg **soon** [so:n] snart **sooner** [so:'nə] hellre; förr, tidigare **soot** [sott] sot; sota ner **soothe** [so:ð] lindra; lugna, lena **sop** [såpp] doppad brödbit; mähä **sophisticated** [səfiss'tikejtidd] raffinerad; förkonstlad, sofistikerad **soprano** [səpra:'nåo] sopran **sorcerer** [så:'sərə] trollkarl **sordid** [så:'didd] smutsig; simpel; *sordid gain* snöd vinning **sore** [så:]

sorrel — special

öm, ond; ömt ställe; *have a sore throat* ha ont i halsen **sorrel** [sårr'l] harsyra; fux; rödbrun **sorrow** [sårr'åo] sorg **sorrowful** [sårr'åofoll] sorgtyngd **sorry** [sårr'i] ledsen; *sorry!* förlåt!; *be sorry for* beklaga; *feel sorry for* tycka synd om **sort** [så:t] sort, slag; sortera; *out of sorts* vissen, nere **soufflé** [so:'flej] sufflé **sought** [så:t] imperf. och perf. part. av *seek* **soul** [såol] själ **sound** [saond] **1** läte, ljud; låta, ljuda **2** sund, frisk; grundlig; *be a sound sleeper* ha god sömn **3** sund **4** sondera, pejla **sound barrier** [sao'nd bärr'iə] ljudvall **sough** [sao] sus, susa **soup** [so:p] soppa; *clear soup* buljong **soup-plate** [so:'pplejt] djup tallrik, sopptallrik **sour** [sao'ə] sur **source** [så:s] källa **souse** [saos] saltlake; lägga i saltlake; blöta **south** [saoθ] söder; *to the south of* söder om; *South Africa* Sydafrika; *South America* Sydamerika; *south coast* sydkust; *the South Pacific* Söderhavet; *the South Pole* sydpolen; *the South Sea Islands* Söderhavsöarna **south-east** [sao'θi:'st] sydostlig **southern** [sað'ən] södra, sydlig, sydländsk; *Southern Europe* Sydeuropa **south-west** [sao'θ-wess't] sydväst **southwester** [saoθwess'tə] sydväst (*huvudbonad*) **south-westerly** [saoθwess'təli] sydvästlig **souvenir** [so:'vəniə] souvenir **sovereign** [såvv'rinn] suverän; guldmynt = 20 shilling **Soviet** [såo'viett] sovjetisk; *the Soviet Union* Sovjetunionen **sow 1** [sao] sugga **2** [såo] så, utså **sowing** [såo'ing] sådd **sown** [såon] perf. part. av *sow* **soya** [såj'ə] soja **spa** [spa:] kurort **space** [spejs] utrymme; rymd; tidrymd **space-craft** [spej'skra:ft] rymdfarkost **space research** [spej's risə:'tsj] rymdforskning **space rocket** [spej's råkk'itt] rymdraket **space suit** [spej's sjo:t] rymddräkt **spacious** [spej'sjəs] rymlig **spade** [spejd] spade **spades** [spejdz] spader **Spain** [spejn] Spanien **span** [spänn] [bro]span; spännvidd; överbryggka; imperf. av *spin* **spangle** [späng'gl] paljett, glitter **Spaniard** [spänn'jəd] spanjor **Spanish** [spänn'isj] spansk; spanska **spank** [spängk] daska till, ge smisk **spanking** [späng'king] stryk, smisk **spanner** [spänn'ə] skruvnyckel; *adjustable spanner* skiftnyckel **spar** [spa:] bom, mast; träningsboxas **spare** [spä:ə] skona; avvara; reserv-; *enough and to spare* mer än nog; *kindly spare me* jag undanber mig; *spare part* reservdel; *spare rib* revbensspjäll; *spare room* gästrum; *spare time* fritid; *spare wheel* reservhjul **spark** [spa:k] gnista; gnistra, blixtra; *emit sparks* gnistra **sparkle** [spa:'kl] spraka, gnistra, tindra **spark plug** [spa:'k plagg] tändstift **sparrow** [spärr'åo] [grå]sparv **sparrow-hawk** [spärr'åohå:k] sparvhök **sparse** [spa:s] gles, tunnsådd **Spartan** [spa:'tən] spartansk **spasm** [späzz'əm] spasm **spastic** [späss'tikk] spastiker **spat** [spätt] **1** kort damask **2** imperf. och perf. part. av *spit* **spatter** [spätt'ə] stänka ner **spawn** [spå:n] (*fisk*)rom; lägga rom **speak** [spi:k] tala (*to* med), yttra sig; *so to speak* så att säga; *speaking clock* fröken Ur **speak-easy** [spi:'ki:zi] lönnkrog **speaker** [spi:'kə] talare, talman **spear** [spi:'ə] spjut **special** [spesj'əl] speciell,

specialist — sponge

särskild; *special performance* gästspel; *special [train]* extratåg **specialist** [spesj'əlisst] specialist (*in* på), fackman **speciality** [spesjiall'itti] specialitet **specialize** [spesj'əlajz] specialisera sig (*in* på) **specially** [spesj'əli] särskilt **species** [spi:'sji:z] art, slag, sort **specific** [spisiff'ikk] enskild, särskild; *specific nature* särart **specification** [spessifikej'sjən] specifikation; förteckning **specify** [spess'ifaj] specificera **specimen** [spess'iminn] exemplar; prov **specious** [spesj'əs] bestickande, skenfager **speck** [spekk] fläck, prick **speckled** [spekk'ld] spräcklig **spectacle** [spekk'təkl] skådespel **spectacles** [spekk'təklz] glasögon **spectacular** [spekktakk'jolə] effektfull **spectator** [spekktej'tə] åskådare **spectre** [spekk'tə] spöke **speculate** [spekk'jolejt] spekulera **spectrum** [spekk'trəm] spektrum **speech** [spi:tsj] tal; anförande **speech-day** [spi:'tsjdej] skolavslutning **speechless** [spi:'tsjliss] mållös, stum **speed** [spi:d] fart, hastighet; *speed up* skynda på, forcera **speedboat** [spi:'dbåot] racerbåt **speeding offence** [spi:'ding əfenn's] fortkörning **speed limit** [spi:'d limmitt] hastighetsbegränsning **speedometer** [spidåmm'ittə] hastighetsmätare **spell** [spell] **1** stava, bokstavera **2** förtrollning **3** period **spelling** [spell'ing] rättstavning, rättskrivning **spelt** [spellt] imperf. och perf. part. av *spell* **spend** [spennd] tillbringa; ge ut, spendera **spendthrift** [spenn'dθrifft] slösare **spent** [spennt] imperf. och perf. part. av *spend*; slut **sperm** [spə:m] sperma **sphere** [sfi:'ə] sfär, glob, krets **sphinx** [sfingks] sfinx **spice** [spajs] krydda **spider** [spaj'də] spindel **spike** [spajk] ax; pigg **spiked shoe** [spaj'kt sjo:] spiksko **spill** [spill] spilla **spilt** [spillt] utslagen, utspilld **spin** [spinn] snurra, rotera; spinna **spinach** [spinn'iddsj] spenat **spinal cord** [spaj'nl kå:'d] ryggmärg **spindle** [spinn'dl] spole **spin-dry** [spinn'draj'] centrifugera **spine** [spajn] ryggrad **spinning** [spinn'ing] spinnfiske **spinning-wheel** [spinn'ingwi:l] spinnrock **spinster** [spinn'stə] ungmö **spiral** [spaj'ərəl] spiral **spire** [spaj'ə] tornspira, spets **spirit** [spirr'itt] anda, stämning; ande; själ; spöke; mod; *in high spirits* uppsluppen **spirited** [spirr'itidd] käck, hurtig **spirit level** [spirr'itt levvl] vattenpass **spirits** [spirr'itts] sprit, spritdrycker **spiritual** [spirr'itsjoəl] andlig, själslig; andlig sång **spit** [spitt] **1** spotta; (*om katt*) fräsa **2** [stek]spett **spite** [spajt] *in spite of* trots **spiteful** [spaj'tfoll] skadeglad **spitz** [spitts] spets [hund] **splash** [splasj] plaska **splashing** [splasj'ing] slask[ande] **spleen** [spli:n] mjälte; livsleda, svårmod **splendid** [splenn'didd] härlig **splendour** [splenn'də] ståt **splint** [splinnt] spjäla **splinter** [splinn'tə] flisa, sticka, splitter; spillra; splittra **split** [splitt] klyva; kluven; splittra[s]; *split pin* saxsprint **splutter** [splatt'ə] sluddra, spotta fram, fräsa **spoil** [spåjl] spoliera, förstöra; skämma bort; byte **spoilt** [spåjlt] bortskämd **spoke** [spåok] **1** eker; spak **2** imperf. av *speak* **spoken** [spåo'kn] perf. part. av *speak* **spokesman** [spåo'ksmən] talesman **sponge**

sponge-cake — squirrel

[spanndsj] [tvätt]svamp; parasitera, snylta **sponge-cake** [spann'dsjkej'k] sockerkaka **sponsor** [spånn'sə] borgensman; fadder; stå för **spontaneous** [spånntej'njəs] spontan **spool** [spo:l] spole; spola **spoon** [spo:n] sked; ösa **sporadic** [spərädd'ikk] sporadisk **spore** [spå:] spor **sport** [spå:t] sport, idrott; idrottsman; ståta med; *a good sport* en trevlig kamrat **sporting** [spå:'ting] sportslig **sports** [spå:ts] idrott, sport **sports car** [spå:'ts ka:] sportbil **sports ground** [spå:'ts graond] idrottsplats **sportsman** [spå:'tsmən] idrottsman; friluftsmänniska **sporty** [spå:'ti] sportig **spot** [spått] fläck, prick; kvissla; känna igen; *jumping on the spot* sviktlopp **spotlight** [spått'lajt] strålkastare **spotted** [spått'idd] prickig, fläckig **spot test** [spått' tesst] stickprov **spouse** [spaoz] make, maka **spout** [spaot] pip; stuprör; spruta ut **sprang** [spräng] imperf. av spring **sprain** [sprejn] stuka, vricka **sprat** [sprätt] skarpsill **sprawl** [språ:l] sträcka ut, spreta med **spray** [sprej] **1** spruta, bespruta **2** kvist **spray-paint** [sprej'pejnt] sprutlackera **spread** [spredd] sprida [sig], breda ut [sig]; kalas, skrovmål **spreading** [spredd'-ing] spridning **spree** [spri:] festa om **sprig** [sprigg] kvist **sprightly** [spraj'tli] munter, yster **spring** [spring] vår; fjäder, resår; svikt; källa; hoppa; skjuta upp; *last spring* i våras; *this spring* i vår **spring-board** [spring'bå:d] trampolin, svikt **spring-board diving** [spring'bå:d daj'ving] sviktlopp **spring-cleaning** [spring'kli:ning] storstädning, vårstädning **spring day** [spring' dej] vårdag **springiness** [spring'iniss] svikt, spänst **springlike** [spring'lajk] vårlik **spring term** [spring' tə:m] vårtermin **sprinkle** [spring'kl] stänk; stänka, bespruta **sprite** [sprajt] fe, tomte, älva **sprout** [spraot] spira, gro, grodd, skott; *Brussels sprouts* brysselkål **spruce** [spro:s] gran; prydlig; göra fin **sprung** [sprang] imperf. och perf. part. av *spring* **spry** [spraj] rask, pigg **spun** [spann] imperf. och perf. part. av *spin* **spur** [spə:] sporra; sporre **spurious** [spjo:'əriəss] falsk, oäkta **spurn** [spə:n] föraktfullt avvisa **spurt** [spə:t] spurta; spruta; spurt **spy** [spaj] spionera, speja; spion, spejare **squabble** [skwåbb'l] käbbla, kivas **squad** [skwådd] grupp; patrull **squadron** [skwådd'rn] skvadron; eskader; division **squalid** [skwåll'idd] smutsig; eländig **squall** [skwå:l] skrika, skråla; vindstöt **squalor** [skwåll'ə] smuts **squander** [skwånn'də] slösa [bort] **square** [skwä:ə] kvadrat, ruta; torg; fyrkantig; kraftig; ärlig; kvitt **square measure** [skwa:'ə mesj'ə] ytmått **square metre** [skwa:'ə mi:'tə] kvadratmeter **squash** [skwåsj] pressa sönder; trängsel; mos; saft **squat** [skwått] sitta på huk; ta i besittning; undersätsig **squatter** [skwått'ə] kolonist **squaw** [skwå:] indiankvinna **squeak** [skwi:k] gnissla, pipa; gnissel **squeal** [skwi:l] skrika; förråda **squeamish** [skwi:'misj] illamående; överkänslig **squeeze** [skwi:z] klämma, krama **squint** [skwinnt] skela; vindögdhet **squint-eyed** [skwinn'tajd] vindögd **squire** [skwaj'ə] godsägare; väpnare **squirm** [skwə:m] vrida sig; våndas **squirrel** [skwirr'əl]

squirt — starve 362

ekorre **squirt** [skwə:t] spruta ut; stråle **stab** [stäbb] hugga, sticka; hugg, stöt **stability** [stəbill'itti] stabilitet **stabilize** [stej'- bilajz] stabilisera **stable** [stej'bl] **1** stabil, stadig **2** stall **stack** [stäkk] stack; hög; skorsten; stapla **stadium** [stej'djəm] stadion; stadium **staff** [sta:f] stav; stab, personal **stag** [stägg] hjorthane; man[sperson] **stage** [stejdsj] stadium, etapp; scen; uppföra **stage-coach** [stej'dsjkåotsj] [post]diligens **stage-fright** [stej'dsjfrajt] rampfeber **stage manager** [stej'dsj männ'iddsjə] inspicient **stagger** [stägg'ə] vingla, ragla **staggering** [stägg'ə- ring] förbluffande **staging** [stej'dsjing] iscensättning **stagnate** [stägg'nejt] stagnera **stagnation** [stäggnej'sjən] stagnation **stag party** [stägg' pa:ti] svenseka **staid** [stejd] stadgad, lugn **stain** [stejn] fläcka ner; betsa; fläck **stainless** [stej'nliss] rostfri; fläckfri **stain remover** [stej'n rimo:'və] fläckurtagningsmedel **stair** [sta:'ə] trappsteg **staircase** [sta:'əkejs] trappuppgång **stairs** [sta:'əz] trappa; trappuppgång **stake** [stejk] satsa (*i spel*); insats; stake; *be at stake* stå på spel; *stake out* utstaka **staking** [stej'king] satsning (*i spel*) **stale** [stejl] gammal (*om bröd o.d.*); avslagen **stalemate** [stej'lmejt] dödläge; pattställning **stalk** [stå:k] stjälk, skaft; smyga sig på **stall** [stå:l] stånd, salubod; spilta; stanna; försena **stallion** [ställ'jən] hingst **stalls** [stå:lz] parkett (*på teater*) **stalwart** [stå:'lwət] stor och stark, robust; trofast **stamen** [stej'menn] ståndare **stamina** [stämm'inə] livskraft, uthållighet **stammer** [stämm'ə] stamma **stammering** [stamm'əring] stamning **stamp** [stämmp] stämpel, prägel; frimärke; stämpla, prägla; frankera; stampa **stamp-collector** [stämm'pkəlekktə] frimärkssamlare **stamp duty** [stämm'p djo:'ti] stämpelavgift **stampede** [stämmpi:'d] vild flykt av boskap; panikflykt **stand** [stännd] stå, stiga, ligga; tåla, stå ut med; låktare; stativ, ställ; salustånd; *stand out* avteckna sig, framstå **standard** [stänn'dəd] standard, norm; klass; standar; normal; *standard of living* levnadsstandard **standardize** [stänn'dədajz] standardisera **stand-in** [stänn'dinn'] vikarie, ersättare **standing** [stänn'ding] stående; ställning, anseende **standing-room** [stänn'dingroom] ståplats **standstill** [stänn'dstill] stillestånd **stank** [stängk] imperf. av *stink* **stanza** [stänn'zə] strof **staple** [stej'pl] märla; häftklammer; stapelvara **star** [sta:] stjärna **starboard** [sta:'bəd] styrbord **starch** [sta:tsj] stärkelse; stärka **stare** [sta:'ə] stirra, glo (*at* på) **starfish** [sta:'fisj] sjöstjärna **stark** [sta:k] stel; fullständigt; *stark naked* spritt naken **starlet** [sta:'litt] liten stjärna; ung filmstjärna **starling** [sta:'ling] stare **starlit** [sta:'litt] stjärnklar **start** [sta:t] börja, starta, avgå; spritta (till); början, start, ansats; försprång; sprittning; *start going* sätta i gång; *start out from* utgå från; *get a start* ta fart; rycka till; *give s.b. a start* hjälpa ngn på tvären **starting-point** [sta:'tingpåjnt] utgångsläge, utgångspunkt **startle** [sta:'tl] överraska, skrämma **startled** [sta:'tld] uppskrämd **starvation** [sta:vej'sjən] svält **starve** [sta:v]

svälta **starved** [sta:vd] utsvulten **state** [stejt] stat, välde; tillstånd; statlig; förklara, uppge; *state of emergency* undantagstillstånd; *state ... as a condition* uppställa ... som villkor **state authority** [stej't å:ôårr'itti] statsmakt **state department** [stej't dipa:'tmənt] (*Am.*) utrikesdepartement **state expenditure** [stej't ikkspenn'dittsjə] statsutgifter **stately** [stej'tli] ståtlig, imponerande **statement** [stej'tmənt] påstående, uttalande, yttrande **state property** [stej't pråpp'əti] statsegendom **state-room** [stej'tromm] praktgemak; lyxhytt **statesman** [stej'tsmən] statsman **state-subsidized** [stej'tsabb'sidajzd] statsunderstödd **static** [stätt'ikk] statisk **station** [stej'sjən] station; ställning, rang; förlägga **stationary** [stej'sjəri] stillastående, fast **stationer's** [stej'sjənəz] pappershandel **stationery** [stej'sjənri] brevpapper, kontorsartiklar **statistic** [stətiss'tikk] statistisk **statistics** [stətiss'tikks] statistik **statuary** [stätt'joəri] bildhuggar-; skulptur[er] **statue** [stätt'jo:] staty **stature** [stätt'sjə] kroppsstorlek **status** [stej'təs] civilstånd; status **status symbol** [stej'təs simm'bəl] statussymbol **statute** [stätt'jo:t] lag; statut **statute-barred** [stätt'jo:tba:d] preskriberad **staunch** [stå:ntsj] pålitlig, trofast **stave** [stejv] tunnstav; *stave off* avvärja, förhala **stay** [stej] stanna (*kvar*), vistas, uppehålla sig; förbli; vistelse, uppehåll (*with* hos); stag; *stay the night* övernatta **staying power** [stej'ing pao'ə] uthållighet **stead** [stedd] ställe **steadfast** [stedd'fəst] ståndaktig **steady** [stedd'i] stadig **steak** [stejk] biffstek, stekt köttskiva **steal** [sti:l] stjäla; smyga sig **stealthily** [stell'θilli] i smyg **steam** [sti:m] ånga, imma; *let off steam* avreagera sig **steam boiler** [sti:'m båj'lə] ångpanna **steamer** [sti:'mə] ångare **steel** [sti:l] stål **steep** [sti:p] **1** brant, tvär **2** doppa **steeple** [sti:'pl] spetsiga torn, tornspira **steeple-chase** [sti:'pltsjejs] hinderlöpning, terrängritt **steer** [sti:'ə] **1** styra **2** ungtjur **steerage** [sti:'riddsj] styrning; turistklass **steering-wheel** [sti:'əringwi:l] [bil]ratt **stellar** [stell'ə] stjärn- **stem** [stemm] stam, stjälk; för[stäv]; dämma upp, hejda **stench** [stenntsj] stank **stencil** [stenn'sl] schablon **step** [stepp] stiga; steg, trappsteg; *step aside* gå åt sidan; *step on it* sätta full fart **stepdaughter** [stepp'då:tə] styvdotter **stepfather** [stepp'fa:ðə] styvfar **step-ladder** [stepp'läddə] trappstege **stepmother** [stepp'maðə] styvmor **steppe** [stepp] stäpp **stepping-stone** [stepp'ingståon] språngbräda **steps** [stepps] yttertrappa **stepson** [stepp'sann] styvson **stereo equipment** [sti:'əriåo ikwipp'mənt] stereoanläggning **stereotyped** [sti:'əriətajpt] stereotyp, schablonmässig **sterile** [sterr'ajl] steril **sterilize** [sterr'ilajz] sterilisera **sterling** [stə:'ling] fullödig; äkta, gedigen **stern** [stə:n] **1** akter **2** sträng, barsk **stevedore** [sti:'vidå:] stuvare **stew** [stjo:] [kött]stuvning; sjuda; stuva; vara utom sig **steward** [stjo:'əd] förvaltare; uppassare (*på båt*) **stick** [stikk] käpp, pinne, stång; sitta fast; klistra (fast); sticka **stickleback** [stikk'lbäkk] spigg

sticky [stikk'i] kladdig, klibbig; besvärlig **stiff** [stiff] stel, styv, stram; *get stiff* stelna **stiffen** [stiff'n] styvna **stifle** [staj'fl] kväva[s] **stile** [stajl] stätta **stiletto** [stilett'åo] stilett **still** [still] **1** fortfarande, ännu; dock; stilla; stillbild; *be still there* finnas kvar **2** destillera; destilleringsapparat, bränneri **still-born** [still'bå:n] dödfödd **still life** [still' laj'f] stilleben **stilt** [stillt] stylta **stilted** [still'tidd] uppstyltad **stimulate** [stimm'jolejt] stimulera; pigga upp **stimulation** [stimmjolej'sjən] stimulans **sting** [sting] sticka (*om insekt*); stick, sting; gadd; skärpa; *take the sting out of* bryta udden av (*bildl.*) **stinging nettle** [sting'ing nett'l] brännnässla **stingy** [stinn'dsji] snål **stink** [stingk] stinka; stank **stint** [stinnt] snåla med; inskränkning **stipend** [staj'pend] [präst']lön **stipple** [stipp'l] ströppla **stipulate** [stipp'jolejt] stipulera **stipulation** [stippjolej'sjən] bestämmelse (*i kontrakt*) **stir** [stə:] röra (på), röra om [i], röra på sig; vacka; uppståndelse; *stir... up* uppvigla **stirring** [stə:'ring] spännande; uppseendeväckande **stirrup** [stirr'əp] stigbygel **stitch** [stittsj] stygn, maska; håll (*i sidan*); sy ihop **stock** [ståkk] [varu]lager; aktie[r]; kreatursbestånd; *have in stock* ha på lager; *take stock* inventera **stockade** [ståkkej'd] palissad **stock-broker** [ståkk'bråokə] börsmäklare **stock exchange** [ståkk'ikkstsjej'ndsj] fondbörs **stockholder** [ståkk'håoldə] aktieägare **stocking** [ståkk'ing] strumpa **stock-raising** [ståkk'rejzing] kreatursskötsel **stockyard** [ståkk'ja:d] boskapsinhägnad **stodgy** [stådd'sji] mastig, kraftig **stoic[al]** [ståo'ikk(əl),] stoisk **stoke** [ståok] elda **stokehold** [ståo'kháold] pannrum **stole** [ståol] **1** stola **2** imperf. av *steal* **stolen** [ståo'lən] stulen; *stolen goods* stöldgods; **stolid** [ståll'idd] trög, slö **stoɩ ıach** [stamm'ək] mage; *on an empty stomach* på fastande mage **stomach-ache** [stam'əkejk] *have stomach-ache* ha ont i magen **stone** [ståon] sten; kärna; vikt = 14 pounds; *the Stone Age* stenåldern **stone-dead** [ståo'ndedd'] stendöd **stonemasonry** [ståo'nmejsnri] stenhuggeri **stone pine** [ståo'n paj'n] pinje **stood** [stodd] imperf. och perf. part. av *stand* **stool** [sto:l] pall **stoop** [sto:p] böja sig [ner], luta sig; förnedra sig **stooping** [sto:'ping] framåtlutad, böjd **stop** [ståpp] stanna, stoppa, hejda; stopp, avbrott, uppehåll; hållplats; punkt; *stop a cheque* spärra en check; *stop dead* tvärstanna; *stop up* täta, täppa för (till) **stopgap** [ståpp'gäpp] tillfällig ersättare **stoppage** [ståpp'iddsj] stockning; *stoppage of game* avblåsning **stopper** [ståpp'ə] propp **stopping** [ståpp'ing] fyllning **stop-watch** [ståpp'wåttsj] tidtagarur, stoppur **storage** [stå:'riddsj] magasinering; lagringskostnader **store** [stå:] lagra, magasinera; förråd, upplag; (*Am.*) butik **stores** [stå:z] varuhus; [militära] förråd **stor[e]y** [stå:'ri] etage, våning **storehouse** [stå:'haos] magasin, förråd **storing** [stå:'ring] lagring **stork** [stå:k] stork **storm** [stå:m] oväder, storm; storma **stormy** [stå:'mi] stormig **story** [stå:'ri] historia, berättelse; *short story* novell **stout** [staot] tjock; ståndaktig; porter

stove [ståov] spis, kamin **stove-enamel** [ståo'vinämm'al] ugnslackera **stow** [ståo] stuva, lasta in **stow-away** [ståo'awej] fripassagerare **straddle** [strädd'l] stå bredbent; sitta grensle [på] **straggle** [strägg'l] sacka efter; ströva **straggler** [strägg'lə] eftersläntrare **straight** [strejt] rak, rät; rakt; *straight away* genast; *straight on* rakt fram; *straight out* utan omsvep **straighten** [strej'tn] räta; *straighten out* räta ut, reda upp **straightforward** [strejtfå:'wəd] rättfram **strain** [strejn] spänna, anstränga [sig]; överdriva; sila; påfrestning; drag; ton **strainer** [strej'nə] sil **straitened** [strej'tnd] *straitened circumstances* knappa omständigheter **strait-jacket** [strej'tdsjäkk'itt] tvångströja **straits** [strejts] trångmål; sund **strand** [strännd] **1** strand; stranda **2** repsträng, kardel **stranded** [stränn'didd] strandsatt **strange** [strejndsj] underlig, konstig; främmande; *strange but true* otroligt men sant **strangeness** [strej'ndsjniss] egendomlighet **stranger** [strej'ndsjə] främling **strangle** [sträng'gl] strypa **strap** [sträpp] rem, stropp, slejf; spänna fast **strapping** [sträpp'ing] stor och stark, stöddig **stratagem** [strätt'idsjəm] krigslist **strategic** [strəti:'dsjikk] strategisk **strategy** [strätt'idsji] strategi **stratosphere** [strätt'åosfi:ə] stratosfär **stratum** [stra:'təm] (*pl* strata [stra:'ta]) skikt, lager **straw** [strå:] halm, strå; sugrör **strawberry** [strå:'bəri] jordgubbe; smultron **stray** [strej] gå vilse; vilsekommen **streak** [stri:k] strimma **streaked** [stri:kt] strimmig **stream** [stri:m] ström; strömma **streamer** [stri:'mə] vimpel **streamlined** [stri:'mlajnd] strömlinjeformad **street** [stri:t] gata; *in the street* på gatan **street-car** [stri:'tka:] (*Am.*) spårvagn **street lamp** [stri:'t lämmp] gatlykta **strength** [strengθ] styrka, kraft **strengthen** [streng'θən] stärka, styrka, förstärka **strengthening** [streng'θəning] förstärkning **strenuous** [strenn'joəs] ansträngande **stress** [stress] tonvikt, betoning; eftertryck; stress; betona; *under stress* stressad **stretch** [strettsj] tänja, töja, sträcka; (*subst.*) sträcka; *at a stretch* i (ett) sträck **stretchable** [strett'sjəbl] tänjbar **stretcher** [strett'sjə] (sjuk)bår **stretch tights** [strett'sj taj'ts] strumpbyxor **strew** [stro:] [be]strö, översålla **strewn** [stro:n] perf. part. av *strew* **stricken** [strikk'n] slagen, drabbad **strict** [strikkt] strikt; noggrann; sträng; *strictly speaking* strängt taget **stridden** [stridd'n] perf. part. av *stride* **stride** [strajd] kliva; kliv **strident** [straj'dnt] gnisslande; gäll **strife** [strajf] tvist **strike** [strajk] slå [till]; anslå (*i musik*); tända; stryka, avlägsna; strejka; strejk; slag **strike-breaker** [straj'kbrejkə] strejkbrytare **strike notice** [straj'k nåo'tiss] strejkvarsel **striking** [straj'king] iögonfallande, markant, effektfull **string** [string] sträng, snöre, stränga; trä upp **stringent** [strinn'dsjnt] bindande; strikt **stringbag** [string'bägg] kasse **string orchestra** [string' å:'kisstrə] stråkorkester **strip** [stripp] dra av; klä av [sig]; remsa; *strip of* beröva; *comic strip* tecknad serie **stripe** [strajp] strimma; band **striped** [strajpt] randig, strimmig **strive** [strajv] sträva, kämpa

striven — subject

striven [strivv'n] perf. part. av *strive* **strode** [stråod] imperf. av *stride* **stroke** [stråok] stryka, smeka; slag, tag; streck; *stroke of lightning* blixtnedslag; *stroke of luck* lyckträff **stroll** [stråol] ströva **strong** [strång] stark **stronghold** [strång'håold] (*bildl.*) fäste **strong-room** [strång'romm] kassavalv **strong-willed** [strång'will'd] viljestark **strove** [stråov] imperf. av *strive* **struck** [strakk] imperf. och perf. part. av *strike* **structure** [strakk'tsjə] struktur **struggle** [stragg'l] kamp, strid; kämpa, strida (*for* om) **struma** [stro:'mə] struma **strung** [strang] imperf. och perf. part. av *string* **strut** [stratt] stoltsera, strutta; stötta **stub** [stabb] stump; stubbe; talong **stubble** [stabb'l] stubb, skäggstubb **stubborn** [stabb'ən] envis, tjurskallig **stubby** [stabb'i] stubbig, kort och tjock **stuck** [stakk] imperf. och perf. part. av *stick*; fast; *get stuck* fastna **stuck-up** [stakk'app'] uppblåst, högfärdig **stud** [stadd] stuteri; dubb; knapp **student** [stjo:'dənt] studerande, student; *student of economics* ekonomie studerande; *law student* juris studerande; *medical student* medicine studerande **studentlike** [stjo:'dəntlajk] studentikos **students' hostel** [stjo:'dənts håss'tal] studenthem **students' union** [stjo:'dənts jo:'njən] studentkår **stud-farm** [stadd'fa:m] stuteri **studied** [stadd'idd] utstuderad **studio** [stjo:'diåo] studio, ateljé **studious** [stjo:'djəs] flitig **study** [stadd'i] studera; studium; studie (*of* över); arbetsrum; *study for a doctor* utbilda sig till läkare **study circle** [stadd'i sə:'kl] studiecirkel **study loan** [stadd'i låon] studielån **study tour** [stadd'i to:'ə] studiebesök **study trip** [stadd'i tripp] studieresa **stuff** [staff] stoff, material; sak[er]; skräp; stoppa [upp] **stuffed** [stafft] uppstoppad **stuffy** [staff'i] instängd, unken; inskränkt **stumble** [stamm'bl] snava, snubbla; *stumble along* stappla sig fram **stumbling-block** [stamm'blingblåkk] stötesten **stump** [stammp] stump; stubbe **stun** [stann] bedöva; göra perplex **stung** [stang] imperf. och perf. part. av *sting* **stunk** [stangk] imperf. och perf. part. av *stink* **stunning** [stann'ing] överväldigande; jätte-, fantastisk **stunt** [stannt] konststycke; reklamtrick; hämma **stupefy** [stjo:'pifaj] bedöva; förbluffa **stupendous** [stjopenn'dəs] förbluffande **stupid** [stjo:'pidd] dum **stupidity** [stjopidd'itti] dumhet **stupor** [stjo:'pə] dvala, apati **sturdy** [stə:'di] kraftig; orubblig **sturgeon** [stə:'dsjən] stör (*fisk*) **stutter** [statt'ə] stamma; stamning **sty** [staj] stia; vagel **style** [stajl] stil; titulera **stylish** [staj'lisj] flott, elegant, stilig **stylistic** [stajliss'tikk] stilistisk **stylize** [staj'lajz] stilisera **suave** [swa:v] ljuvlig; älskvärd **subaltern** [sabb'ltən] underordnad [officer, tjänsteman] **subconscious** [sabb'kånn'sjəs] undermedveten **sub-contractor** [sabb'kəntrakk'tə] underleverantör **subdue** [sabbdjo:'] [under]kuva **subdivision** [sabb'divisjən] underavdelning **subject** [sabb'dsjikkt] ämne, föremål; subjekt; undersåte; [sabbdsjekk't] underkuva; *sub'ject for rejoicing* glädjeämne *sub'ject to* utsatt för, underkastad; *sub'ject to prescription* recept-

subjective — suggestion

belagd **subjective** [sabbdsjekk'tivv] subjektiv **subjugate** [sabb'dsjogejt] underkuva **subjunctive** [səbdsjang'ktivv] konjunktiv **sublet** [sabb'lett'] hyra ut i andra hand **submarine** [sabb'mari:n] ubåt **submerge** [səbmə:'dsj] satta under vatten; doppa ner; dyka ner **submission** [səbmisj'ən] underkastelse; ödmjukhet **submissive** [səbmiss'ivv] undergiven **submit** [səbmitt'] underkasta sig; framlägga; framhålla; *submit ... to* underställa **subordinate** [səbå:'dnitt] underordnad **subpoena** [səbpi:'nə] stämning; kalla inför rätta **subscribe** [səbskraj'b] abonnera, prenumerera (*for* på) **subscriber** [səbskraj'bə] abonnent **subscription** [səbskripp'sjən] abonnemang **subsequent** [sabb'sikwənt] [på]följande **subservient** [səbsə:'vjənt] tjänlig; servil **subside** [səbsaj'd] sjunka (undan) **subsidiary** [səbsidd'jəri] hjälp-, bi-; *subsidiary company* dotterbolag **subsidize** [sabb'sidajz] subventionera **subsistence** [səbsiss'təns] uppehälle **substance** [sabb'stəns] substans; förmögenhet **sub-standard film** [sabb'stann'dəd fillm] smalfilm **substantial** [səbstann'sjəl] kraftig, rejäl; verklig **substantiate** [səbstann'sjiejt] bevisa; bekräfta **substitute** [sabb'stitjo:t] ersättare; vikarie; surrogat; ersatta **subterfuge** [sabb'təfjo:dsj] undanflykt **subterranean** [sabb'tərej'njən] underjordisk **subtle** [satt'l] hårfin, subtil; skarp[sinnig] **subtract** [səbträkk't] subtrahera **suburb** [sabb'ə:b] förort, förstad **subvention** [səbvenn'sjən] subvention **subversive** [sabb'və:'sivv] omstörtande **subway** [sabb'wej] gångtunnel; (*Am.*) tunnelbana **succeed** [səksi:'d] efterträda, följa; lyckas **success** [səksess'] framgång, succé; *be a success* göra succé **successful** [səksess'foll] lyckad; framgångsrik **succession** [səksesj'ən] följd, räcka **successive** [səksess'ivv] på varandra följande, successiv **successor** [səksess'ə] efterträdare, ersättare; *successor to the throne* tronföljare **succinct** [səksing'kt] kortfattad **succour** [sakk'ə] bistå; bistånd **succumb** [səkamm'] digna, duka under **such** [sattsj] sådan; *such a thing* ngt sådant; *such as* sådan[a] som, den (de) som **suck** [sakk] suga; dia **sucker** [sakk'ə] sugapparat; spädgris, diande unge; lättlurad person **suction** [sakk'sjən] sugning **Sudan** [so:da:'n] *the Sudan* Sudan **sudden** [sadd'n] plötslig, tvär; [*all*] *of a sudden* plötsligt; *sudden change* omsvängning **suddenly** [sadd'nli] plötsligt **suds** [saddz] såpvatten, såplödder **sue** [sjo:] stämma; bönfalla **suède** [swejd] mocka **suet** [sjo:'itt] talg **suffer** [saff'ə] lida; tåla, utstå **suffering** [saff'əring] lidande **suffice** [səfaj's] förslå, räcka till **sufficient** [səfisj'ənt] tillräcklig **suffocate** [saff'əkejt] kväva[s] **suffocating** [saff'əkejting] kvalmig, kvävande **suffocation** [saffəkej'sjən] kvävning **suffrage** [saff'ridsj] rösträtt; *universal suffrage* allmän rösträtt **suffuse** [səfjo:'z] övergjuta **sugar** [sjogg'ə] socker **sugar basin** [sjogg'ə bejsn] sockerskål **sugar-beet** [sjogg'əbi:t] sockerbeta **sugar-cane** [sjogg'əkejn] sockerrör **suggest** [sədsjess't] föreslå, antyda; suggerera **suggestion** [sədsjess'tjən]

suicide — supervise

förslag; antydan; suggestion **suicide** [s-jo:'isajd] självmord; självmördare **suit** [s-jo:t] kostym; passa, klä; färg (*i kortspel*) **suitable** [s-jo:'təbl] lagom, passande, lämplig; *be suitable* duga (*for* till) **suitcase** [s-jo:'tkejs] resväska, kappsäck **suite** [swi:t] följe; svit **suited** [s-jo:'tidd] ägnad **suitor** [s-jo:'tə] friare; part i mål **sulk** [sallk] tjura **sulky** [sall'ki] tjurig **sullen** [sall'n] sur, trumpen **sully** [sall'i] fläcka, smutsa ner **sulphur** [sall'fə] svavel **sulphuric acid** [sallfjo:'ərikk äss'idd] svavelsyra **sultry** [sall'tri] kvav **sum** [samm] summa; tal; *sum up* sammanfatta, summera **summary** [samm'əri] sammanfattning, sammandrag; kortfattad **summer** [samm'ə] sommar; *last summer* i somras; *late summer* sensommar **summer school** [samm'ə sko:l] ferieskola **summer['s] day** [samm'ə(z) dej] sommardag **summer time** [samm'ə taj'm] sommartid **summing-up** [samm'ingapp'] sammanfattning **summit** [samm'itt] topp, höjdpunkt **summon** [samm'ən] inkalla, tillkalla, sammankalla; *summon ... to appear* instämma (*till rättegång*) **summons** [samm'ənz] kallelse; stämning **sumptuous** [samm'tjoəs] praktfull, överdådig **sun** [sann] sol; sola sig **sun-bath** [sann'ba:θ] solbad **sun-bathe** [sann'bejð] solbada **sunbeam** [sann'bi:m] solstråle **sun-blind** [sann'blajnd] markis **sunburn** [sann'bə:n] solbränna **sunburnt** [sann'bə:nt] solbränd **sundae** [sann'dej] fruktglass (*i skål*) **Sunday** [sann'di] söndag **Sunday-school** [sann'disko:l] söndagsskola **sundial** [sann'dajəl] solur **sundries** [sann'driz] diverse saker **sundry** [sann'dri] diverse, olika **sunflower** [sann'flaoə] solros **sung** [sang] perf. part. av *sing* **sun-glasses** [sann'gla:sizz] solglasögon **sun-helmet** [sann'hell'mitt] tropikhjalm **sunk** [sangk] perf. part. av *sink* **sunlit** [sann'litt] solbelyst **sunny** [sann'i] solig **sun-rash** [sann'räsj] soleksem **sunrise** [sann'rajz] soluppgång **sunset** [sann'sett] solnedgång **sunshade** [sann'sjejd] parasoll; markis **sunshine** [sann'sjajn] solsken **sun-spot** [sann'spått] solfläck **sunstroke** [sann'ströok] solsting **sun suit** [sann' sjo:t] soldräkt **suntan oil** [sann'tänn' åjl] sololja **sup** [sapp] äta kvällsmat, supera; liten klunk **superb** [s-jopə:'b] storartad, förträfflig **supercilious** [s-jo:pəsill'jəs] högdragen, överlägsen **supercool** [s-jo:pəko:'l] underkyla **superficial** [s-jo:pəfisj'əl] ytlig **superfluous** [s-jo:pə:'floəs] överflödig **superhuman** [s-jo:pəhjo:'mən] övermänsklig **superintend** [s-jo:prinntenn'd] övervaka **superintendent** [s-jo:prinntenn'dənt] kommissarie **superior** [s-jo:pi:'əriə] överordnad; överlägsen; över-, högre; överman; *superior force* övermakt **superiority** [s-jopiəriårr'itti] företräde, överlägsenhet (*to* framför) **superlative** [s-jo:pə:'lətivv] superlativ **supermarket** [s-jo:pəma:kitt] stormarknad **supernatural** [s-jo:pənätt'sjrəl] övernaturlig **supersede** [s-jo:pəsi:'d] ersätta **supersonic** [s-jo:pəsånn'ikk] överljuds- **superstition** [s-jo:pəstisj'ən] övertro, vidskepelse **superstitious** [s-jo:pəstisj'əs] vidskeplig **supervise** [s-jo:'pəvajz] övervaka, ha tillsyn över

supervision [s-jo:'pəvisj'ən] överinseende, uppsikt, övervakning **supervisor** [s-jo:'pəvajzə] övervakare; verkmästare **supine** [s-jo:'pajn] liggande på rygg, utsträckt **supper** [sapp'ə] kvällsmat, supé **supplant** [səplɑ:'nt] undantränga **supple** [sapp'l] smidig; medgörlig; inställsam **supplement** [sapp'limennt] tillägg, bilaga **supplementary** [sapplimenn'təri] tilläggs-; *supplementary express ticket* snälltågsbiljett *supplementary pension* tilläggspension **supplication** [sapplikej'sjən] ödmjuk bön **supplier** [səplaj'ə] leverantör **supply** [səplaj'] leverera, tillhandahålla, förse; tillgång; förråd; *supply and demand* tillgång och efterfrågan **support** [səpå:'t] stöd, understöd; stödja, understödja, försörja; tillstyrka **supporter** [səpå:'tə] anhängare, supporter **suppose** [səpåo'z] förmoda, antaga, förutsätta **supposition** [sappəzisj'ən] förmodan, antagande **suppress** [səpress'] undertrycka **suppression** [səpresj'ən] undertryckande; *suppression of free opinion* åsiktsförtryck **supremacy** [s-joprem'əsi] överhöghet; överlägsenhet **supreme** [sjo:pri:'m] högst; suverän, överlägsen **sure** [sjo:'ə] säker, viss; *(Am.)* [ja]visst!; *make sure* förvissa sig *(of* om); *to be sure* minsann **surety** [sjo:'əti] säkerhet, borgen; *go (stand) surety for* gå i borgen för **surf** [sə:f] bränning **surface** [sə:'fiss] yta; *surface of water* vattenyta **surf-riding** [sə:'frajding] surfing **surge** [sə:dsj] svallvåg; svalla **surgeon** [sə:'dsjən] kirurg; *assistant surgeon* underläkare **surly** [sə:'li] butter, vresig **surmise** [sə:maj'z] gissa, förmoda **surmount** [sə:mao'nt] ta sig över; övervinna **surname** [sə:'nejm] efternamn **surpass** [sə:pa:'s] överträffa, övergå **surplus** [sə:'pləs] överskott **surprise** [səpraj'z] överraska, förvåna; överraskning, förvåning **surprising** [səpraj'zing] förvånansvärd **surrender** [sərenn'də] kapitulera, ge sig **surreptitious** [sarrəptisj'əs] hemlig, smygsurround [səraoʹnd] omge, omringa **surroundings** [səraoʹndingz] omgivning[ar] **surtax** [sə:'täkks] extraskatt **survey** [sə:vej'] överblicka; granska; [sə:'vej] överblick, översikt **survival** [səvaj'vəl] överlevande; kvarleva **survive** [səvaj'v] överleva **survivor** [səvaj'və] efterlevande **susceptible** [sə'sepp'təbl] känslig, lättpåverkad; *susceptible to* mottaglig för **suspect** [səspekk't] misstänka *(of* för); [sass'pekt] misstänkt [person] **suspend** [səspenn'd] hänga upp; uppskjuta; inställa *(betalningar)* **suspenders** [səspenn'daz] *(Am.)* hängslen **suspense** [səspenn's] ovisshet; uppskov **suspicion** [səspisj'ən] misstanke **suspicious** [səspisj'əs] misstänksam **sustain** [səstej'n] hålla uppe; understödja; utstå **sustenance** [sass'tinəns] näring; livsuppehälle **swab** [swåbb] svabb; skura **swaddle** [swådd'l] linda (spädbarn) **swagger** [swägg'ə] stoltsera, skrävla; skryt **swallow** [swåll'åo] **1** svälja **2** svala **swam** [swämm] imperf. av *swim* **swamp** [swåmmp] kärr, sumpmark; översvämma, dränka **swampy** [swåmm'pi] sank **swan** [swånn] svan **swap** [swåpp] byta **swarm** [swå:m] svärm; svärma, vimla **swarthy** [swå:'ði] mörkhyad, svartmuskig **swathe** [swejð] svepa [in] **sway** [swej] svaja; påverka; inflytande; makt **sway-backed** [swej'bäkkt] svankryggig **swear** [swä:'ə] svära; gå ed på; *swear black is white* göra svart till vitt **sweat** [swett] svett; svettas **sweater** [swett'ə] [ylle]tröja **swede** [swi:d] kålrot **Swede** [swi:d] (*subst.*) svensk **Sweden** [swi:'dn] Sverige **Swedish** [swi:'disj] svensk; *Swedish punch* punsch; *Swedish turnip* kålrot **Swedish-American** [swi:'disjəmerr'ikən] svensk-amerikan[sk] **Swedish-speaking** [swi:'disjspi:'king] svenskspråkig, svensktalande **sweep** [swi:p] sopa; svepa; sota; svep, drag; sotare **sweeping** [swi:'ping] våldsam; allmän[t hållen]; valdig **sweepstake** [swi:'pstejk] totalisator-; totospel **sweet** [swi:t] söt, ljuv[lig], färsk, frisk; karamell; efterrätt; *sweet pea* luktärt; *sweet smell* vällukt **sweeten** [swi:'tn] söta, sockra **sweetener** [swi:'tnə], **sweetening** [swi:'tning] sötningsmedel **sweetheart** [swi:'tha:t] älskling, käraste **sweetmeat** [swi:'tmi:t] karamell, sötsak **sweets** [swi:ts] sötsaker, snask **swell** [swell] svälla, pösa, svullna; knöl; flott **swelter** [swell'tə] försmäkta; tryckande hetta **swept** [sweppt] imperf. och perf. part. av *sweep* **swerve** [swə:v] vika av; avvikelse **swift** [swifft] snabb; tornsvala **swim** [swimm] simma; simtur; bad; *take a swim* bada (*utomhus*); *my head is swimming* det svindlar för ögonen **swimmer** [swimm'ə] simmare **swimming-pool** [swimm'ingpo:l] simbassäng **swimming-trunks** [swimm'-ingtrangks] badbyxor **swindle** [swinn'dl] skoja, bedra; svindel, uppskörtning **swindler** [swinn'dlə] svindlare, bedragare **swine** [swajn] svin **swing** [swing] svänga, svinga; svängning; gunga; sving (*i boxning*) **swinish** [swaj'nisj] svinaktig **swirl** [swə:l] virvla [runt]; virvel **swish** [swisj] susa, vina; sus **Swiss** [swiss] schweizare; schweizisk **switch** [swittsj] strömbrytare, kontakt; spö, käpp; *switch off* (*on*) koppla av (på) **switchback** [switt'sjbäkk] berg- och dalbana **Switzerland** [switt'səlɑnd] Schweiz **swivel** [swivv'l] svängtapp **swivel-chair** [swivv'l-tsjä:ə] snurrstol **swollen** [swåo'lən] vullen, uppsvälld **swoon** [swo:n] svimning; svimma; *in a swoon* avsvimmad **swoop** [swo:p] slå ner; angrepp **swop** [swåpp] byta sysslor [så:d] svärd, värja **sword-fish** [så:'dfisj] svärdfisk **swore** [swå:] imperf. av *swear* **sworn** [swå:n] perf. part. av *swear* **swot** [swått] plugga, läsa; plugghäst **swum** [swamm] perf. part. av *swim* **swung** [swang] imperf. och perf. part. av *swing* **syllable** [sill'əbl] stavelse **syllabus** [sill'əbəs] sammanfattning; kursplan **symbol** [simm'bəl] symbol **symbolic** [simmbåll'ikk] symboliskt **symbolize** [simm'bəlajz] symbolisera **symmetric** [simett'rikk] symmetrisk **sympathetic** [simmpəθett'ikk] full av medkänsla, förstående **sympathize** [simm'pəθajz] sympatisera **sympathy** [simm'pəθi] medkänsla, sympati **symphony** [simm'fəni] symfoni **symptom** [simm'ptəm] symtom **synagogue** [sinn'əgågg] synagoga **synchromesh gearbox** [sing'kråomesj gi:'əbåkks] syn-

syncope — tantalize

kroniserad växellåda **syncope** [siŋˈkəpi] synkop **synchronize** [siŋˈkrənajz] synkronisera **synonymous** [sinånnˈiməs] synonym **synopsis** [sinnåppˈsiss] sammanfattning, synops **synthesis** [sinnˈθisiss] syntes **synthetic** [sinnθettˈikk] syntetisk **syphilis** [siffˈiliss] syfilis **Syria** [sirrˈiə] Syrien **syringe** [sirrˈindsj] injektionsspruta **syrup** [sirrˈəp] sirap; sockerlag **system** [sissˈtimm] system **systematic** [sisstimättˈikk] systematisk **systematics** [sisstimättˈikks] systematik **systematize** [sissˈtimatajz] systematisera **tab** [täbb] lapp; etikett **tabby** [täbbˈi] spräcklig katt, katta **table** [tejˈbl] bord; tabell; *clear the table* duka av; *lay the table* [lejˈðə tejˈbl] duka **table cloth** [tejˈbl klåθ] bordduk **table-lamp** [tejˈbllämmp] bordslampa **tableland** [tejˈbllännd] högslätt **table spoon** [tejˈbl spoːn] matsked **tablet** [täbbˈlitt] tablett; minnestavla **table tennis** [tejˈbl tennis] bordtennis **table-top** [tejˈbltåpp] bordsskiva **tabloid** [täbbˈlåjd] tablett; tidning i litet format **taboo** [təboːˈ] tabu **tacit** [tassˈitt] stillatigande, tyst **tack** [täkk] nubba; tråckla; nubb; *(sjö)* kurs, slag *(vid segling)*; skaffning, mat **tackle** [täkkˈl] redskap; tackel, talja; angripa, hugga in på; tackla **tacky** [täkkˈi] klibbig **tact** [täkkt] takt; finkänslighet **tactful** [täkkˈtfoll] taktfull **tactical** [täkkˈtikl] taktisk **tactics** [täkkˈtikks] taktik **tactless** [täkkˈtliss] taktlös **tadpole** [täddˈpåol] grodyngel **tag** [tägg] adress-, prislapp; spets; refräng **tail** [tejl] svans, stjärt; skört; skugga, följa efter; *heads or tails?* krona eller klave? **tail-coat** [tejlˈkåot] frack **tailor** [tejˈlə] skräddare **tailor's shop** [tejˈləz sjåpp] skrädderi **tail-wind** [tejˈlwinnd] medvind **taint** [tejnt] fläck; vanära; besmitta **tainted** [tejnˈtidd] skämd *(om kött)* **take** [tejk] ta; ta med sig; antaga, intaga; äta, dricka; fångst; *take after* brås på; *take away* förtaga, hindra; *take back* återtaga; *take care* akta sig; *take care of* draga, ta vara på, sköta; *be taken in* låta lura sig; *take off* ta av sig; *take on* påtaga sig; *take out* ta fram; *take over* tillträda, överta; *take place* försiggå, äga rum, bli av **taken** [tejˈkn] perf. part. av **take take-off** [tejˈkåff] start; startplats **takings** [tejˈkiŋgz] intäkter **talc[um]** [tällˈk(əm)] talk **tale** [tejl] berättelse; *tell tales* skvallra **talent** [tällˈənt] anlag, talang, begåvning **talented** [tällˈəntidd] talangfull **talk** [tåːk] tala, prata, samtala; prat; *talk around* övertala; *talk shop* tala om sitt yrke **talkative** [tåːˈkətivv] pratsam **talker** [tåːˈkə] pratmakare **talkie** [tåːˈki] ljudfilm **tall** [tåːl] lång *(om pers.)*, hög; fantastisk **tallow** [tällˈåo] talg **tally** [tällˈi] kontrollräkning; stämma; pricka av **talon** [tällˈən] [grip]klo; talong **tame** [tejm] tämja; tam, matt **tamper** [tämmˈpə] fingra på; *tamper with* manipulera med **tan** [tänn] garva; solbränna **tang** [täŋ] stark smak (lukt); anstrykning **tangible** [tännˈdsjəbl] påtaglig, gripbar **tangle** [täŋˈgl] trassel, oreda; trassla till **tangled** [täŋˈgld] trasslig **tango** [täŋˈgåo] tango **tank** [täŋk] **1** stridsvagn, tank **2** cistern, tank **tankard** [täŋˈkəd] sejdel, krus **tanker** [täŋˈkə] tankfartyg **tanner** [tännˈə] garvare; sixpenceslant **tantalize** [tännˈtəlajz] pi-

tantamount — tell 372

na, reta **tantamount** [tänn'təmaont] likvärdig, liktydig **tantrum** [tänn'trəm] misshumör **tap** [täpp] **1** klappa, knacka; klapp, knackning **2** tapp, kran; tappa, slå upp **tap-dance** [täpp'da:ns] steppa **tape** [tejp] band; *red tape* byråkrati **tape-measure** [tej'pmesjə] måttband **taper** [tej'pə] smalt ljus; smalna av **tape recorder** [tej'p rikå:'də] bandspelare **tapestry** [tapp'isstri] gobeläng **tar** [ta:] tjära; sjöman **tardy** [ta:'di] senfärdig **target** [ta:'gitt] skottavla, måltavla, mål **tariff** [tärr'iff] tariff **tarmac** [ta:'mäkk] asfalt[beläggning]; startbana **tarn** [ta:n] tjärn **tarnish** [ta:'nisj] göra matt; glanslöshet **tarpaulin** [ta:på:'linn] presenning **tarry** [tärr'i] **1** söla, dröja **2** [ta:'ri] tjärig **tart** [ta:t] fruktkaka; fnask; fräns, besk **tartan** [ta:'tn] skotskrutigt tyg **task** [ta:sk] uppgift, åliggande **tassel** [täss'l] tofs **taste** [tejst] smak; smaka **tasteful** [tej'stfoll] smakfull **tasteless** [tej'stliss] smaklös **tatter** [tätt'ə] trasa; förfalla **tattoo** [təto:'] **1** tatuera; tatuering **2** tapto **taught** [tå:t] imperf. och perf. part. av *teach* **taunt** [tå:nt] håna; hån **taut** [tå:t] spänd **tawny** [tå:'ni] läderfärgad, gulbrun **tax** [täkks] värdera; beskatta; anstränga; skatt (*till staten*); *pay taxes* skatta, betala skatt **taxable** [täkk'səbl] beskattningsbar **tax evasion** [täkk's ivej'sjən] skattefusk **tax-free** [täkk'sfri:'] skattefri **taxi-[cab]** [täkk'si(käbb)] taxi **taxi-driver** [täkk'sidrajvə] taxichaufför **taxpayer** [täkk'spejə] skattebetalare **tea** [ti:] te; *high tea* kvällsmåltid med te, tesupé **tea-caddy** [ti:'kädd] teburk **teach** [ti:tsj] lära (*andra*), undervisa **teacher** [ti:'tsjə] lärare, lärarinna; *teacher's desk* [ti:'tsjəz dessk] kateder **teach-in** [ti:'tsjinn] offentlig politisk debatt **teaching** [ti:'tsjing] undervisning **tea-cosy** [ti:'kåozi] tehuva **teacup** [ti:'kapp] tekopp **tea-kettle** [ti:'kettl] tekittel **team** [ti:m] lag; spann **team competition** [ti:'m kåmmpitisj'ən] lagtävling **teamster** [ti:'mstə] kusk; (*Am.*) transportarbetare **teamwork** [ti:'mwə:k] samspel; lagarbete **tea-pot** [ti:'pått] tekanna **tear 1** [tä:'ə] riva sönder; reva **2** [ti:'ə] tår; *burst into tears* brista i gråt **tease** [ti:z] reta, retas [med] **teaspoon** [ti:'spo:n] tesked; *a level teaspoonful* en struken tesked **teat** [ti:t] bröstvårta; spene; napp **technical** [tekk'nikəl] teknisk **technician** [tekknisj'ən] tekniker **technology** [tekknåll'ədsji] teknik, teknologi **tedious** [ti:'djəs] trist, långtråkig **teem** [ti:m] vimla, myllra **teen-ager** [ti:'nejdsjə] tonåring **teeth** [ti:θ] (*sg tooth*) tänder **teetotaller** [ti:tåo'tlə] absolutist, nykterist **telegram** [till'igrämm] telegram **telegraphic** [telligräff'ikk] telegrafisk **telepathic** [tellipäθ'ikk] telepatisk **telephone** [tell'ifåon] telefon; *you are wanted on the telephone* det är telefon till dig; *talk on the telephone* tala i telefon **telephone conversation** [tell'ifåon kånnvəsej'sjən] telefonsamtal **telephone directory** [tell'ifåon direkk'təri] telefonkatalog **telephone number** [tell'ifåon namm'bə] telefonnummer **telephoto lens** [tell'ifåo'tåo lenns] teleobjektiv **televiewer** [tell'ivjo:ə] TV-tittare **television** [tell'ivisjən] television **tell** [tell] tala om, berätta; säga till, be; [ur]skilja; *I can tell you!*

telling — Teuton

må du tro!; *I cannot tell them apart* jag kan inte skilja dem från varandra; *tell fortunes* spå **telling** [tell'ing] imponerande, kraftfull **tell-tale** [tell'tejl] skvallerbytta **telly** [tell'i] TV-apparat **temerity** [timmerr'itti] dumdristighet **temper** [temm'pə] temperera; mildra; härda; humör **temperament** [temm'pərəmənt] temperament, lynne **temperance** [temm'prəns] måttlighet; nykterhet **temperate** [temm'pritt] tempererad; måttlig **temperature** [temm'prittsjə] temperatur; *have a temperature* ha feber **tempest** [temm'pisst] storm **temple** [temm'pl] **1** tinning **2** tempel **tempo** [temm'pəo] tempo **temporal** [temm'pərəl] timlig, världslig **temporary** [temm'pərəri] tillfällig, temporär; *temporary solution* nödlösning **temporize** [temm'pərajz] söka vinna tid **tempt** [temmpt] fresta, locka **temptation** [temmptej'sjən] frestelse **ten** [tenn] tio; tiotal; tia **tenacious** [tinnej'sjəs] orubblig; klibbig **tenant** [tenn'ənt] arrendator; hyresgäst **tend** [tennd] sköta, ansa; tendera **tendency** [tenn'dənsi] tendens; dragning, benägenhet **tender** [tenn'də] öm; späd; mör; anbud; betalningsmedel; erbjuda; inlämna **tenderness** [tenn'dəniss] ömhet **tendon** [tenn'dn] sena **tenement** [tenn'imənt] arrendegård, hyrd fastighet **Tenerif[f]e** [tennəri:'f] Teneriffa **tenet** [ti:'nett] grundsats **tenfold** [tenn'fəold] tiodubbel **tennis court** [tenn'iss kå:t] tennisbana **tennis racket** [tenn'iss räkk'itt] tennisracket **tenor** [tenn'ə] tenor; förlopp; [ande]mening **tense** [tenns] **1** spänd **2** tempus **tension** [tenn'sjən] spänning **tent** [tennt] tält; tälta **tentative** [tenn'tətivv] försöks-; trevande **tenterhooks** [tenn'təhokks] *on tenterhooks* på helspänn **tenth** [tennθ] tiondel; tionde **tenure** [tenn'joə] besittningsrätt; period **tepid** [tepp'idd] ljum **term** [tə:m] term; termin; *terms* ordalag, villkor; *bring s.b. to terms* få ngn att ta reson; *terms of payment* betalningsvillkor; *terms of sale* försäljningsvillkor **terminal** [tə:'minl] terminal; slut- **terminate** [tə:'minejt] avsluta **terminus** [tə:'minəs] slutstation **tern** [tə:n] tärna (*fågel*) **terrace** [terr'əs] terrass; husrad **terrace-house** [terr'əshaos] radhus **terrain** [terr'ejn] terräng **terrestrial** [tirress'triəl] jordisk **terrible** [terr'əbl] fruktansvärd, ryslig, gräslig **terrier** [terr'iə] terrier **terrific** [terriff'ikk] förfärlig, oerhörd **terrified** [terr'ifajd] livrädd **terrify** [terr'ifaj] skrämma **territory** [terr'itəri] territorium **terror** [terr'ə] skräck (*of* för); terror **terrorism** [terr'ərizzəm] skräckvälde **terrorize** [terr'ərajz] terrorisera **terry cloth** [terr'i klåθ] frotté **terse** [tə:s] koncis, knapphändig **terylene** [terr'ili:n] terylene **test** [tesst] prova, pröva, testa; prov, prövning, test **Testament** [tess'təmənt] *the Old (New) Testament* Gamla (Nya) testamentet **testicle** [tess'tikkl] testikel **testify** [tess'tifaj] vittna, intyga **testimonial** [tesstimåo'njəl] vitsord, vittnesbörd; tjänstgöringsbetyg **testimony** [tess'timəni] vittnesbörd **test-tube** [tess'tjo:b] provrör **tetanus** [tett'ənəs] stelkramp **tether** [teð'ə] tjudra; tjuder; *I'm at the end of my tether* jag förmår inte mer **Teuton** [tjo:'tn] german

Teutonic [tjotånn'ikk] germansk **text** [tekkst] text **text-book** [tekk'stbokk] lärobok **textile mill** [tekk'stajl mill] textilfabrik **textiles** [tekk'stajlz] textilier **texture** [tekk'stsjə] vävnad; struktur **Thames** [temm'z] the Thames Temsen **than** [ðänn] än **thank** [θängk] tacka; thank you!, thanks! tack!; many thanks! tack så mycket; thank goodness gudskelov; thanks to tack vare **thankful** [θäng'kfoll] tacksam **Thanksgiving Day** [θäng'ksgivving dej'] tacksägelsedagen **that** [ðätt] den (det) där; att; som; above that därutöver; at that därvid; of that därom; to that därtill; in that case i så fall; like that sådan där; just like that utan vidare; that is nämligen, det vill säga **thatch** [θättsj] takhalm, halmtak; halmtäcka **thaw** [θå:] tina, toa; tö[väder] **the** [ðə, ði] den, det, de; the sooner the better ju förr desto bättre **theatre** [θi:'ətə] teater; operationssal; go to the theatre gå på teatern **theft** [θefft] stöld **their** [ðä:'ə] (förenat) deras, sin **theirs** [ðä:'əz] (självst.) deras, sin **them** [ðemm] dem **theme** [θi:m] tema; the main theme den röda tråden **themselves** [ðəmsell'vz] de (dem, sig) själva; sig **then** [ðenn] då, sedan, därpå; dåvarande; before (till) then innan (till) dess; how then? hur så?; since then sedan dess **theology** [θiåll'ədsji] teologi **theorem** [θi:'ərəm] (matematisk) sats **theoretic[al]** [θiərett'ikk(əl)] teoretisk **theory** [θi:'əri] teori; theory of evolution utvecklingslära; theory of probabilities sannolikhetslära **therapist** [θerr'əpist] terapeut **therapy** [θerr'əpi] terapi; occupational therapy arbetsterapi **there** [ðä:'ə] där, dit; fram[me]; from there därifrån; over there där borta; there and back fram och tillbaka; there are a lot of people here det är mycket folk här **thereabout[s]** [ðä'.ərəbaot(s)] däromkring **thereby** [ðä:'əbaj'] därigenom **therefore** [ðä:'əfå:'] därför **thermometer** [θəmåmm'ittə] termometer **thermos** [θə:'måss] termosflaska **these** [ði:z] dessa, de här **thesis** [θi:'siss] tes **they** [ðej] de; they say man säger; they themselves de själva **thick** [θikk] tjock; tät; in the thick of mitt [uppe] i **thicken** [θikk'ən] tätna, bli tätare; reda (soppa) **thicket** [θikk'itt] snår **thickness** [θikk'niss] grovlek **thief** [θi:f] (pl thieves [θi:vz]) tjuv **thieve** [θi:v] tillgripa, stjäla **thievish** [θi:'visj] tjuvaktig **thigh** [θaj] lår **thimble** [θimm'bl] fingerborg **thin** [θinn] tunn, smal; gles; gallra (skog); thin out gallra (plantor); get thinner magra **thing** [θing] sak, ting; things grejor, tillhörigheter; how are things with? hur förhåller det sig med? **think** [θingk] tänka (of på); anse, mena, tycka, tro; don't you think? eller hur?, inte sant? **third** [θə:d] tredje; tredjedel **thirst** [θə:st] törst; törsta **thirsty** [θə:'sti] törstig **thirteen** [θə:'ti:n] tretton **thirteenth** [θə:'ti:'nθ] trettonde **thirtieth** [θə:'tieθ] trettionde **thirty** [θə:'ti] trettio; some thirty ett trettiotal; in the thirties på trettiotalet **this** [ðiss] denne, denna, detta; den (det) här; like this så här; to this härtill; this autumn i höst; this morning i dag på morgonen; this way hitåt, den här vägen **thistle** [θiss'l] tistel **thong** [θång] läderrem; pisksnärt **thorax** [θå:ˈräkks] bröstkorg **thorn** [θå:n] törne, tagg **thorn-bush** [θå:ˈnbosj] törnbuske **thorough** [θarrˈə] grundlig, ingående; *thorough knowledge* solida kunskaper; *thoroughly rested* utvilad **thoroughbred** [θarrˈəbredd] rasren; fullblod **thoroughfare** [θarrˈəfä:ə] genomfartsled, huvudgata **those** [ðåoz] de, de där; *those taking part* de deltagande **though** [ðåo] fast[än]; *as though* som om **thought** [θå:t] tanke (*of* på); imperf. och perf. part. av *think*; **thoughts** funderingar, tankar; *on second thoughts* vid närmare eftertanke **thoughtful** [θå:tfoll] tankfull, fundersam **thoughtless** [θå:ˈtliss] tanklös, obetänksam **thought-reader** [θå:ˈtri:də] tankeläsare **thousand** [θaoˈzand] tusen; *thousands* [*of*] tusentals **thousandth** [θaoˈzənntθ] tusende; tusendel **thrall** [θrå:l] träl[dom] **thrash** [θräsj] slå, klå upp; tröska **thrashing** [θräsjˈing] (kok) stryk **thread** [θredd] tråd; trä [på] **threadbare** [θreddˈba:ə] luggsliten; uttjatad **threat** [θrett] hot, hotelse **threaten** [θrettˈn] hota **three** [θri:] tre **three-figure** [θri:ˈfiggˈə] tresiffrig **three-star** [θri:ˈsta:ˈ] trestjärnig **three-wheeler** [θri:ˈwi:ˈlə] trehjuling **thresh** [θresj] tröska **thresher** [θresjˈə] tröskverk **threshold** [θresjˈhåold] tröskel **threw** [θro:] imperf. av *throw* **thrift** [θrifft] sparsamhet **thrill** [θrill] rysa; gripa; rysning **thriller** [θrillˈə] rysare, spännande berättelse (film) **thrilling** [θrillˈing] spännande **thrive** [θrajv] frodas, trivas **thriven** [θrivvˈn] perf. part. av *thrive* **thriving** [θrajˈving] frodig, blomstrande **throat** [θråot] hals, strupe, svalg **throb** [θråbb] dunka **throe** [θråo] häftig smärta **throne** [θråon] tron **throng** [θrång] trängsel; mängd; trängas **throttle** [θråttˈl] spjäll, gaspedal; strypa, kväva **through** [θro:] [i]genom; *right through* tvärs igenom; *through and through* alltigenom; *through here* härigenom **throughout** [θroaoˈt] överallt i; genom (över) hela **throve** [θråov] imperf. av *thrive* **throw** [θråo] kast; kasta **thrown** [θråon] perf. part. av *throw* **throw-outs** [θråoˈaots] utskott, dålig vara **thrum** [θrasj] trast **thrust** [θrasst] stöta; stöt, anfall **thud** [θadd] duns; dunsa **thug** [θagg] bandit **thumb** [θamm] tumme; *twiddle one's thumbs* rulla tummarna **thumbscrew** [θammˈskro:] tumskruv **thumbtack** [θammˈtakk] (*Am.*) häftstift **thump** [θammp] bulta, dunka **thunder** [θannˈdə] dån, dunder, åska; dåna, dundra, åska **thunderbolt** [θannˈdəbåolt] blixt **thunderclap** [θannˈdəkläpp] åskknall **thundercloud** [θannˈdəklaood] åskmoln **thunderstorm** [θannˈdəstå:m] åskväder **Thursday** [θə:ˈzdi] torsdag **thus** [ðass] sålunda, alltså **thwart** [θwå:t] hindra **thyme** [tajm] timjan **thyroid gland** [θajˈråjd glännˈd] sköldkörtel **Tibet** [tibettˈ] Tibet **tick** [tikk] **1** ticka; bocka för; tickande; bock **2** fästing **ticket** [tikkˈitt] biljett; lottsedel **ticket-collector** [tikkˈittkəlekkˈtə] konduktör **tickle** [tikkˈl] kittla **ticklish** [tikkˈlisj] kittlig; kinkig **tide** [tajd] tidvatten; *low tide* ebb; *high tide* flod; *tide over* [hjälpa att] komma över **tidings** [tajˈdingz] nyheter **tidy** [tajˈdi] snygg;

ordentlig; *tidy up* snygga upp **tie** [taj] knyta, binda; knut, band, slips; oavgjord match **tier** [ti:'ə] bänkrad; lager **tiff** [tiff] dispyt, gnabb **tiger** [taj'gə] tiger **tight** [tajt] spänd; tät; snäv (*om plagg*); påstruken **tighten** [taj'tn] strama [åt]; täta **tights** [taj'ts] strumpbyxor; trikåer **tile** [tajl] kakel[platta], tegel[panna]; *tiled stove* kakelugn **till** [till] **1** till[s]; *not till* icke förrän **2** kassalåda **tiller** [till'ə] **1** jordbrukare **2** rorkult **3** [växt]skott **tilt** [tillt] vippa, luta [på] **timber** [timm'bə] timmer, trä *timber industry* [timm'bə inn'dəstri] träindustri **time** [tajm] tid[punkt]; gång; takt; *any time* när som helst; *time and again* gång på gång; *time of waiting* väntetid; *what time is it?* hur mycket är klockan?; *have time* hinna, ha (få) tid; *have a good time* ha roligt; *time off* ledighet (*från arbete*); *it is about time we* det är på tiden att vi; *one at a time* en i taget; *at what time?* hur dags?; *for all time* för all framtid; *be in time* hinna, komma i tid; *the ... of that time* dåvarande; *out of time* i otakt **time-consuming** [taj'mkənsjo:'ming] tidsödande **time limit** [taj'm limm'itt] tidsbegränsning **timely** [taj'mli] i rätt tid; aktuell **time-server** [taj'msə:və] ögontjänare **timetable** [taj'mtejbl] turlista, tidtabell; schema **timid** [timm'idd] blyg **timorous** [timm'ərəs] ängslig **timothy** [timm'əθi] timotej **tin** [tinn] tenn; konservburk; konservera; *tinned fruit* fruktkonserver; *tinned goods* konserver **tincture** [ting'ktsjə] tinktur **tinder** [tinn'də] fnöske **tinfoil** [tinn'fåj'l] stanniol **tinge** [tinndsj] skiftning, nyans, anstrykning; lätt färga; *be tinged with green* skifta i grönt **tingle** [ting'gl] sticka, svida; pirra **tinker** [ting'kə] kittelflickare; klåpare; knåpa, pyssla **tin loaf** [tinn' ləof] formbröd **tin-opener** [tinn'əopnə] konservöppnare **tint** [tinnt] färgton; färga **tiny** [taj'ni] mycket liten; *tiny bit* gnutta **tip** [tipp] **1** spets, tipp, topp **2** tippa, luta på; ge dricks; tips, vink; dricks **tipple** [tipp'l] dricka, pimpla **tipsy** [tipp'si] berusad **tire** [taj'ə] **1** trötta **2** gummidäck **tired** [taj'əd] trött **tiredness** [taj'ədniss] trötthet **tiresome** [taj'əsəm] tröttsam **tiring** [taj'əring] tröttsam **tiro** [taj'ərəo] nybörjare **tissue** [tiss'jo:] vävnad; flor **tissue-paper** [tiss'jo:pejpə] silkespapper **tit** [titt] mes **titanic** [tajtänn'ikk] jättelik **titbit** [titt'bitt] godbit, läckerbit **tithe** [tajð] tionde **title** [taj'tl] titel; benämna **titmouse** [titt'maos] mes **tittle-tattle** [titt'ltattl] tissel och tassel **to** [to:] till, åt; att; *to and fro* fram o. tillbaka, av och an **toad** [tåod] padda **toadstool** [tåo'dsto:l] flugsvamp **toast** [tåost] rostat bröd; rosta (*bröd*); skåla **toaster** [tåo'stə] brödrost **toast-master** [tåo'stma:stə] ceremonimästare **tobacco** [təbäkk'əo] tobak **tobacconist's** [təbäkk'ənissts] tobaksaffär **toboggan** [təbågg'ən] kälke; åka kälke **today** [tədej'] i dag; *today's news* dagsnyheter **toddle** [tådd'l] tulta **toe** [tåo] tå; *toe the line* ställa upp sig, hålla sig till partiets linje **toffee** [tåff'i] knäck **together** [təgeð'ə] tillsammans, ihop; *being together* samvaro; *go together* följas åt **toil** [tåjl] slita, släpa, knoga; slit, knog; *toil and moil* slit och släp **toilet** [tåjˈlitt] toalett **toilet-paper** [tåjˈlittpejpə] toalettpapper **toilet requisites** [tåjˈlitt rekkˈwizitts] toalettartiklar **token** [tåoˈkn] tecken; bevis **told** [tåold] imperf. och perf. part. av *tell*; *all told* allt som allt **tolerable** [tållˈərəbl] uthärdlig; ganska bra **tolerably** [tållˈərəbli] tämligen **tolerance** [tållˈərəns] tolerans, fördragsamhet **tolerant** [tållˈərənt] tolerant **tolerate** [tållˈərejt] tolerera **toll** [tåoll] klämta; klämtning; tull; avgift **tomato** [təmaːˈtåo] tomat **tomato ketchup** [təmaːˈtåo kettˈsjəp] tomatketchup **tomb** [toːm] grav (*murad e.d.*) **tomboy** [tåmmˈbåj] yrhätta **tomcat** [tåmmˈkatt] hankatt **tome** [tåom] volym **Tommy** [tåmmˈi] engelsk soldat **tomorrow** [təmårrˈåo] i morgon; *the day after tomorrow* i övermorgon; *to-morrow morning* i morgon bitti **ton** [tann] ton; *long ton* eng. ton = 1016 kg; *metric ton* ton = 1000 kg **tone** [tåon] ton; röst; *give the tone* ange tonen (*bildl.*) **tongs** [tångz] *a pair of tongs* en tång **tongue** [tang] tunga, tungomål; plös; spont **tonic** [tånnˈikk] stärkande (*medel*); grundton; ton- **tonight** [tənajˈt] i kväll, i natt **tonnage** [tannˈidds̠j] tonnage **tonsil** [tånnˈsl] tonsill **too** [toː] [allt]för, också, även; *too bad!* det var verkligen tråkigt!; *not to bad* inte så illa **took** [tokk] imperf. av *take* **tool** [toːl] verktyg, redskap **tool-box** [toːˈlbåkks] verktygslåda **toot** [toːt] tuta **tooth** [toːθ] (*pl. teeth* [tiːθ]) tand **toothache** [toːˈθejk] tandvärk **toothbrush** [toːˈθbrasj] tandborste **toothpaste** [toːˈθpejst] tandkräm **toothpick** [toːˈθpikk] tandpetare **tootle** [toːˈtl] tuta **top** [tåpp] topp, överdel; [leksaks]snurra; *at the top* upptill **topper** [tåoˈpə] suput **topic** [tåppˈikk] samtalsämne **topical** [tåppˈikl] aktuell **topicality** [tåppikallˈitti] aktualitet **topic of conversation** [tåppˈikk avv kånnvəsejˈsjən] samtalsämne **top-level politics** [tåppˈlevvl pällˈitikks] storpolitik **topographical** [tåppəgräffˈikəl] topografisk **top performance** [tåppˈ pəfåːˈməns] topprestation **topple** [tåppˈl] stjälpa **top sheet** [tåppˈ sjiːt] överlakan **topsyturvy** [tåppˈsitəːˈvi] huller om buller, upp och ner **torch** [tåːtsj] fackla, bloss, marschall; ficklampa **tore** [tåː] imperf. av *tear 1* **torment** [tåːmennˈt] (*verb*) pina, plåga; [tåːˈmennt] plåga, kval **torn** [tåːn] perf. part. av *tear 1* **tornado** [tåːnejˈdåo] tromb **torpedo** [tåːpiːˈdåo] torped; torpedera **torpid** [tåːˈpidd] domnad; slö **torpor** [tåːˈpə] dvala; slöhet **torrent** [tårrˈnt] ström; stortflod **torrid** [tårrˈidd] förbränd, förtorkad **tortoise** [tåːˈtəs] [land]sköldpadda **tortous** [tåːˈtjoəs] slingrande **torture** [tåːˈtsjə] tortera; tortyr **Tory** [tåːˈri] konservativ **toss** [tåss] slänga, singla; släng; *toss for* singla slant om **toss-up** [tåssˈapp] slantsingling **tot** [tått] parvel **total** [tåoˈtl] total, fullständig, sammanlagd; [slut]summa; belopa sig till; *total abstainer* helnykterist; *total loss* totalhaveri **totalitarian** [tåotalitäːˈəriən] totalitär **totalizator** [tåoˈtəlajzejtə] totalisator **totter** [tåttˈə] stappla, vackla **touch** [tattsj] [be]röra; beröring; anstrykning; slang; anslag (*i musik*); *touch up* bättra på; *touch upon* tangera; *get into touch with* få kontakt med; *out of touch with realities*

touching — transfigure

verklighetsfrämmande **touching** [tatt'sjing] rörande **touchy** [tatt'sji] snarstucken **tough** [taff] seg, hård; (*Am.*) skurkaktig **tour** [to:'ə] tur, (rund)resa, turné; turnera **tourism** [to:'ərizzəm] turism **tourist** [to:'ərisst] turist **tourist attraction** [to:'ərisst əträkk'sjən] turistattraktion **tournament** [to:'ənəmənt] turnering; tornerspel **tousle** [tao'zl] rycka och slita i; rufsa till **tout** [taot] värva röster (kunder etc.); spionera på; [kund]värvare **tow** [tåo] bogsera; *take ... in tow* ta på släp **towards** [təwå:'dz] mot; inemot; bortåt; *towards (the) north* norrut **towel** [tao'əl] handduk **tower** [tao'ə] torn; höja sig **towering** [tao'əring] upphöjd; jättehög **towing** [tåo'ing] bogsering **town** [taon] stad **town council** [tao'n kao'nsl] stadsfullmäktige **town-dweller** [tao'n-dwellə] stadsbo **town hall** [tao'n hå:l] stadshus, rådhus **town plan** [tao'n plänn'] stadsplan **town planning** [tao'n plänn'ing] stadsplanering **toxic** [tåkk'sikk] giftig, toxisk **toxin** [tåkk'sinn] gift, toxin **toy** [tåj] leksak; leka **trace** [trejs] spår; aning; spåra [upp]; rita upp; *not a trace of* inte en tillstymmelse till **track** [träkk] spår; bana; *the beaten track* allfarvägen; *track down* spåra upp **track suit** [träkk' sjo:t] träningsoverall **tract** [träkkt] **1** område; sträcka **2** broschyr **tractable** [träkk'təbl] lätthanterlig, medgörlig **traction** [träkk'sjən] dragande; sammandragning; dragningskraft **tractor** [träkk'tə] traktor **trade** [trejd] handel; yrke, bransch; handla [med] **trade mark** [trej'd ma:k] firmamärke, varumärke **trader** [trej'də] affärsman; handelsfartyg **tradesman** [trej'dzmən] handlande, köpman **trade union** [trej'd jo:'njən] fackförening **trade union branch** [trej'd jo:'njən bra:ntsj] verkstadsklubb **trade-wind** [trej'dwinnd] passad[vind] **tradition** [trədisj'ən] tradition **traditional** [trədisj'ənl] traditionell **traffic** [träff'ikk] trafik; handel; handla; *heavily trafficked* livligt trafikerad **traffic accident** [träff'ikk äkk'sidənt] trafikolycka **traffic jam** [träff'ikk dsjämm] trafikstockning **traffic light[s]** [träff'ikk lajt(s)] trafikljus **tragedy** [trädd'sjiddi] tragedi, tragik **tragic[al]** [tradd'sjikk(əll)] tragisk **trail** [trejl] svans, släp, rad; spår; släpa, släpa sig [fram] **trailer** [trej'lə] släp[vagn] **train** [trejn] tåg; träng; släp (*på plagg*); träna, öva, utbilda; dressera **trained** [trejnd] utbildad, skolad **trainee** [trejni:'] praktikant **trainer** [trej'nə] tränare **training** [trej'ning] träning, övning; utbildning; dressyr **training-college** [trej'ningkålliddsj] lärarseminarium **train-oil** [trej'någl] tran **trait** [trej] [karaktärs]drag **traitor** [trej'tə] förrädare **tram** [trämm] spårvagn **tramp** [trämmp] trampa, klampa; luffare; trampfartyg **trample** [trämm'pl] trampa [ner] **tranquil** [träng'kwill] lugn **tranquillizer** [träng'kwilajzə] [nerv]lugnande medel **transaction** [trännzakk'sjən] transaktion **transcend** [trännsend'd] överstiga; överträffa **transept** [tränn'seppt] tvärskepp (i kyrka) **transfer** [trännsfə:'] överföra, överlåta; girera; över-, förflyttning **transfer ticket** [tränn'sfə tikk'itt] övergångsbiljett **transfigure** [trännsfigg'ə] omgestalta; förhärliga

transfix [tränns·fikk´s] genomborra **transform** [tränns·få:´m] omvandla, ombilda, förvandla **transformation** [tränns·fəmej´·sjən] omvandling, förvandling **transformer** [tränns·få:´mə] transformator **transfusion** [tränns·fjo:´sjən] transfusion; överföring **transgress** [tränns·gress´] överträda **transgression** [tränns·gresj´ən] överträdelse **transistor radio** [tränn·ziss´tə rej´diåo] transistorradio **transit** [tränn·sitt´] genomresa; *in transit* på vägen **transition** [tränn·sisj´ən] övergång[speriod] **transitory** [tränn´·sitri] övergående **translate** [tränns·lej´t] översätta **translation** [tränns·lej´sjən] översättning (*into* till) **translator** [tränns·lej´tə] översättare **translucent** [tränns·lo:´snt] genomskinlig **transmigration** [tränns·majgrej´sjən] själavandring **transmission** [tränns·misj´ən] radioutsändning **transmit** [tränns·mitt´] sända (*i radio*) **transmitter** [tränns·mitt´ə] (radio)sändare **transparency** [tränns·spä:´ərənsi] diapositiv **transparent** [tränns·spä:´ərent] genomskinlig **transpire** [tränns·spaj´ə] utdunsta, svettas; sippra ut **transplant** [tränns·pla:´nt] transplantera **transport** [tränns·spå:´t] transportera, frakta; [tränn·spå:t] transport **transshipment** [tränns·sjipp´mənt] omlastning **trap** [trapp] (*subst*.) fälla **trap-door** [trapp·då:´] fallucka **trapeze** [trəpi:´z] trapets **trapper** [trapp´ə] pälsjägare, trapper **trappings** [trapp´ingz] grannlåt, utstyrsel **trash** [träsj] skräp, smörja **travel** [trävv´l] resa; färdas; *travel by car* bila **travel agency** [trävv´l ej´dsjənsi] resebyrå, turistbyrå **travel book** [trävv´l bokk] reseskildring **travel folder** [trävv´l fåo´ldə] turistbroschyr **travelled** [trävv´ld] berest **traveller** [trävv´lə] resenär; representant, resande **traveller's cheque** [trävv´ləz tsjekk] resecheck **travelling-expenses account** [trävv´lingikkspenn·sizz əkao·nt´] reseräkning **travel-weary** [trävv´lwi:əri] restrött **traverse** [trävv´əs] färdas (gå) genom; travers; tvärstycke **trawl** [trå:l] trål; tråla **trawler** [trå:´lə] trålare **tray** [trej] bricka **treacherous** [trett´sjərəs] förrädisk, svekfull **treachery** [trett´sjəri] förräderi, svek **treacle** [tri:´kl] sirap **tread** [tredd] trampa, stiga; steg; *lose the tread* tappa tråden **treason** [tri:´zn] förräderi **treasure** [tresj´ə] skatt, klenod; skatta, värdera **treasurer** [tresj´ərə] skattmästare **treasury** [tresj´əri] skattkammare **treat** [tri:t] behandla; handskas med, bemöta; traktera; kalas; *treat to* bjuda på, undfägna med **treatise** [tri:´tizz] avhandling **treatment** [tri:´tmənt] behandling, kur **treaty** [tri:´ti] fördrag, traktat **treble** [trebb´l] tredubbel; sopran **tree** [tri:] träd; skoblock **tree sparrow** [tri:´ spärr´åo] pilfink **tree trunk** [tri:´ trangk] trädstam **trek** [trekk] mödosam färd; färdas (med vagn) **trellis** [trell´iss] spaljé, gallerverk **tremble** [tremm´bl] darra **tremendous** [trimenn´dəs] oerhörd, ofantlig **tremor** [tremm´ə] skälvning **trench** [trenntsj] dike; skyttegrav **trencher** [trenn´tsjə] skärbräde **trend** [trennd] tendens, trend **trespass** [tress´pəs] inkräkta; bryta (*against* mot); *no trespassing* tillträde förbjudet **trespasser** [tress´pəssə] inkräktare **tress**

triad — try 380

[tress] hårlock, fläta **triad** [traj'əd] treklang **trial** [traj'əl] försök, prov; rannsakning; prövning **triangle** [traj'änggl] triangel **triangular** [trajäng'gjolə] trekantig **tribe** [trajb] [folk]stam **tribulation** [tribbjolej'sjən] vedermöda **tribunal** [trajbjo:'nl] domstol **tributary** [tribb'jotəri] biflod **tribute** [tribb'jo:t] skatt, tribut; hyllning **trichina** [trikaj'nə] trikin **trick** [trikk] knep, trick, spratt; stick (*i kortspel*); lura **trickle** [trikk'l] sippra **tricot** [trikk'åo] trikå **tried** [trajd] [be]prövad **trifle** [traj'fl] småsak, bagatell; struntsumma; fruktkårta; leka, slarva **trifling** [traj'fling] lättsinnig; obetydlig **trigger** [trigg'ə] avtryckare **trigger-happy** [trigg'əhäppi] skjutgalen **trigonometry** [triggənämm'ittri] trigonometri **trill** [trill] drilla; drill **trim** [trimm] snygg, välskött; putsa, trimma; garnera; skick, trim **trinity** [trinn'itti] treenighet **trinket** [tring'kitt] prydnadssak **trio** [tri:'åo] trio **trip** [tripp] tripp, resa; trippa, snava; sätta krokben för **tripe** [trajp] ox-, komage; smörja **triplet** [tripp'litt] trilling **tripod** [traj'pådd] trefot, stativ **tripper** [tripp'ə] person på utflykt **trite** [trajt] sliten, banal **triumph** [traj'əmf] triumf; triumfera **triumphant** [trajamm'fənt] triumferande, segersäll **trivial** [trivv'iəl] obetydlig; trivial **trod** [trådd] imperf. av *tread* **trodden** [trådd'n] perf. part. av *tread* **troll** [tråol] **1** tralla **2** troll **trolley** [trålľi] kärra; tralla **trolley-bus** [trålľibass] trådbuss **trombone** [tråmmbåo'n] basun, trombon **troop** [tro:p] trupp, skara; marschera; *troop the colours* göra parad för fanan **troops** [tro:ps] soldater **trophy** [tråo'fi] trofé **tropical** [tråpp'ikəl] tropisk **Tropics** [tråpp'ikks] *the Tropics* tropikerna **trot** [trått] trava; trav **trotter** [trått'ə] travhäst **trotting race** [trått'ing rejs] travtävling **troubadour** [tro:'badoə] trubadur **trouble** [trabb'l] besvär, trassel; bekymmer; besvära, bekymra **troublesome** [trabb'lsəm] besvärlig, krånglig **trough** [tråff] tråg **throughdraught** [θro:'dra:'ft] korsdrag **trousers** [trao'zəz] byxor **trouser suit** [trao'zə sjo:t] byxdress **trousseau** [tro:'såo] brudutstyrsel **trout** [traot] forell **trowel** [trao'əl] murslev; planteringsspade **truant** [tro:'ənt] skolkare; *play truant* skolka **truce** [tro:s] stilleståndsavtal **truck** [trakk] truck **truculent** [trakk'jolənt] vild, våldsam **trudge** [traddsj] traska **true** [tro:] sann; trofast **true-hearted** [tro:'ha:'tidd] troskyldig **truffle** [traff'l] tryffel **truly** [tro:'li] sant; *Yours truly* Högaktningsfullt **trump** [trammp] trumf, trumfkort; *no trumps* sang **trumpet** [tramm'pitt] trumpet; trumpeta, utbasunera **truncheon** [trann'tsjən] batong **trundle** [trann'dl] rulla, snurra **trunk** [trangk] bål; trädstam; koffert; snabel **trust** [trasst] lita på; anförtro; förtroende; trust; *trust in s.b.* förlita sig på ngn **trusted** [trass'tidd] betrodd **trustee** [trassti:'] förtroendeman, formyndare **trustworthy** [trass'twə:ði] pålitlig, tillförlitlig **truth** [tro:θ] sanning; *home truths* bittra sanningar **truthful** [tro:'θfoll] sanningsenlig **try** [traj] försöka, pröva; rannsaka; försök; *try one's hand at* försöka sig på; *try hard* bemöda sig; *try on* prova (*kläder*);

try to find leta reda på **trying** [traj'ing] påfrestande, besvärlig **tsar** [za:] tsar **tub** [tabb] balja; [bad]kar **tuba** [tjo:'bə] tuba **tube** [tjo:b] tub, rör, slang; tunnelbana; (*Am.*) radiorör **tubeless tyres** [tjo:'bliss taj'əz] slanglösa däck **tuberculosis** [tjo:bə:- kjolåo'siss] tuberkulos **tuck** [takk] stoppa [in]; vecka; veck; snask **Tuesday** [tjo:'zdi] tisdag **tuft** [tafft] tuva; tofs **tug** [tagg] bogserbåt; bogsera, släpa **tug-of-war** [tagg'avwå:'] dragkamp **tuition** [tjoisj'ən] undervisning, uppfostran **tulip** [tjo:'lipp] tulpan **tumble** [tamm'bl] tumla; ramla; tumlande; villervalla **tumble-down** [tamm'bldaon] fallfärdig **tumbler** [tamm'blə] dricksglas, bägare **tumour** [tjo:'mə] tumör, svulst **tumult** [tjo:'mallt] tumult **tuna-fish** [tjo:'nəfisj] tonfisk **tundra** [tann'drə] tundra **tune** [tjo:n] melodi; stämma (*instrument*), ställa in (*radio*) **tunic** [tjo:'nikk] tunika **tuning-fork** [tjo:'ningfå:k] stämgaffel **Tunisia** [tjo:nizz'iə] Tunisien **tunnel** [tann'l] tunnel **tunny-fish** [tann'i(fisj)] tonfisk **turban** [tə:'bən] turban **turbid** [tə:'bidd] grumlig; rörig **turbine** [tə:'binn] turbin **turbot** [tə:'bət] piggvar **turbulent** [tə:'bjolənt] orolig; bråkig **turf** [tə:f] torva; *the turf* kapplöpningsbanan, hästsporten **Turk** [tə:k] turk **turkey** [tə:'ki] kalkon **Turkey** [tə:'ki] Turkiet **Turkish** [tə:'kisj] turkisk; *Turkish towel* frottéhandduk **turmoil** [tə:'måjl] röra, bråk, tumult **turn** [tə:n] vända [på], vända sig, vrida, svänga; förvandlas (*into* till), bli; svarva; vändning; varv; krök, sväng; tur, följd; *turn out* avlöpa, utfalla; *turn out* [*to be*] visa sig vara; *turn s.b. out of the room* köra ut ngn; *turn over* kantra; *turn over the leaves* bläddra; *turn pale* blekna; *turn the edge of* bryta udden av (*bildl.*); *turn to* vända sig till, ty sig till; *not turn up* utebli; *turn of the century* sekelskifte; *turn of the year* årsskifte; *turn of the scales* utslag (*på våg*); *in turn* i tur och ordning **turner** [tə:'nə] svarvare **turning** [tə:'ning] vändning; avtagsväg, gathörn **turning-lathe** [tə:'ninglejð] svarv **turning-point** [tə:'ningpåjnt] vändpunkt **turnip** [tə:'nipp] rova; *Swedish turnip* kålrot **turnover** [tə:'n- åovə] omsättning **turnpike** [tə:'npajk] vägbom, tullbom; avgiftsbelagd väg **turnstile** [tə:'nstajl] vändkors **turntable** [tə:'n- tejbl] vändskiva; skivtallrik **turquoise** [tə:'kwa:z] turkos **turret** [tarr'itt] litet torn **turtle** [tə:'tl] [vatten]sköldpadda **turtle-dove** [tə:'tldavv] turturduva **tusk** [tassk] bete, huggtand **tussle** [tass'l] slagsmål; slåss **tutor** [tjo:'tə] privatlärare, studiehandledare **tuxedo** [takksi:'dåo] (*Am.*) smoking **TV set** [ti:'vi:' sett] televisionsapparat **twain** [twejn] tvenne, två **twang** [twäng] anstrykning; klang, dallrande ton; knäppa [på]; vibrera **tweezers** [twi:'zəz] pincett; *a pair of tweezers* en pincett **twelfth** [twellfθ] tolftedel; *Twelfth Day* trettondagen; *Twelfth Night* trettondagsafton **twelve** [twellv] tolv **twentieth** [twenn'tiiθ] tjugonde; tjugondel **twenty** [twenn'ti] tjugo; *in the twenties* på tjugotalet **twice** [twajs] två gånger; *twice as large as* dubbelt så stor som **twig** [twigg] kvist; *twigs* ris, kvistar **twilight** [twaj'lajt] skymning

twin — unchecked 382

twin [twinn] tvilling **twine** [twajn] tvinna **twinge** [twinndsj] smärta; värka **twinkle** [twing'kl] tindra **twinkling** [twing'kling] blink **twist** [twisst] sno, vrida, dreja; krök, sväng **twitch** [twittsj] rycka [i]; ryck **twitter** [twitt'ə] kvittra; kvitter **two** [to:] två; *the two* båda; *in two* itu **two-storeyed house** [to:'stå:'rid haos] tvåvåningshus **two-stroke engine** [to:'ström'k enn'dsjinn] tvåtaktsmotor **two-year-old** [to:'jə:åo'ld] tvååring **tycoon** [tajko:'n] pamp, magnat **type** [tajp] typ; stilsort; skriva på maskin; *type out* renskriva *(på maskin)* **type face** [taj'p fejs] typsnitt **typographer** [tajpågg'rəfə] typograf **type-setting machine** [taj'psetting məsji:'n] sättmaskin **typewriter** [taj'p-rajtə] skrivmaskin **typewriter ribbon** [taj'prajtə ribb'ən] färgband **type-setter** [taj'psettə] sättare **typhoon** [tajfo:'n] tyfon **typhus** [taj'fəs] tyfus **typical** [tipp'ikəl] typisk **typing** [taj'ping] maskinskrivning **typing paper** [taj'ping pej'pə] skrivmaskinspapper **typist** [taj'pisst] maskinskriverska **tyranny** [tirr'əni] tyranni **tyrant** [taj'ərənt] tyrann **tyre** [taj'ə] ring, däck **tyro** [taj'ərəo] nybörjare **ubiquitous** [jobikk'wittəs] allestädes närvarande **udder** [add'ə] juver **ugh** [oh] usch **ugly** [agg'li] ful **Ukraine** [jo:'krej'n] Ukraina **ulcer** [all'sə] (varigt) sår; skamfläck **ulster** [all'stə] ulster **ulterior** [allti:'əriə] bortre; framtida; fördold **ultimate** [all'timmitt] ytterst, slut- **ultimatum** [alltimej'təm] ultimatum; *present an ultimatum* ställa ultimatum **ultramarine** [alltrəməri:'n] ultramarin **ultra-short wave** [all'trəsjå:'t wejv] ultrakortvåg **ultrasonic sound** [all'trəsånn'ik saond] ultraljud **ultra-violet** [all'trəvaj'əlitt] ultraviolett **umbrella** [ammbrell'ə] paraply **umpire** [amm'pajə] domare (*i tennis o.d.*); döma **unable** [annej'bl] oförmögen, ur stånd **unacceptable** [ann'əkksepp'təbl] oantagbar **unaccustomed** [ann'əkass'təmd] ovan **unaffected** [ann'əfekk'tidd] oberörd, opåverkad; okonstlad **unaided** [annej'didd] utan hjälp **unanimous** [jonänn'iməs] enhällig **unappetizing** [ann'äpp'itajzing] oaptitlig **unarmed** [ann'a:'md] obeväpnad **unassailable** [annəsej'ləbl] oantastlig **unassuming** [ann'ə-s-jo:'ming] blygsam, anspråkslös **unattainable** [ann'ətej'nəbl] ouppnåelig **unattractive** [annətrakk'tivv] osympatisk **unavailable** [ann'əvej'ləbl] oanträffbar, inte tillgänglig **unavoidable** [annəvåj'dəbl] oundviklig **unawares** [ann'əwä:'əz] oförmodat; oförmärkt **unbalanced** [ann'ball'ənst] obalanserad **unbearable** [annbä:'ərəbl] outhärdlig, odräglig **unbecoming** [ann'bikamm'ing] missklädsam; *be unbecoming to* missklä **unbiassed** [ann'baj'əst] opartisk **unblushing** [annblasj'ing] oblyg **unbound** [ann'bao'nd] obunden **unbridled** [annbraj'dld] otyglad **unbroken** [ann'bråo'kən] obruten **unbutton** [ann'batt'n] knäppa upp **uncalled-for** [annkå:'ldfå:'] omotiverad **uncanny** [annkänn'i] kuslig, mystisk **unceasingly** [annsi:'singli] i ett kör, oupphörligen **uncertain** [annsə:'tn] osäker, oviss, tveksam **unchanged** [ann'tsjej'ndsjd] oförändrad **unchecked** [ann'-

tsjekk't] ohämmad **uncle** [ang'kl] farbror, onkel **unclean** [ann'-kli:'n] oren **uncomfortable** [annkamm'fətəbl] obekväm, obehaglig; orolig **uncommon** [annkåmm'ən] ovanlig **uncompromising** [annkåmm'prəmajzing] orubblig **unconcerned** [ann'-kənsə:'nd] obekymrad **unconditional** [ann'kəndisj'ənl] förbehållslös, obetingad **unconfirmed** [ann'kənfə:md] obekräftad **unconquered** [ann'kång'kəd] obesegrad **unconscious** [annkånn'sjəs] medvetslös; omedveten **uncontested** [ann'kəntess'-tidd] obestridd **uncontrolled** [ann'kəntrəo'ld] obehärskad **uncork** [annkå:'k] korka upp **uncouth** [annko:'θ] klumpig, ohyfsad **uncover** [annkavv'ə] avtäcka **unction** [ang'ksjən] smörjelse; salvelse; salva **uncultivated** [ann'kall'tivejtidd] okultiverad **undecided** [ann'disaj'didd] oavgjord **undefeatable** [anndifi:'təbl] oslagbar **undeliverable** [ann'dilivv'ərəbl] obeställbar **undeniably** [anndinaj'əbli] onekligen **under** [ann'də] (*prep.*) under; *under age* omyndig **underbite** [ann'dəbaj't] underbett **underbrush** [ann'dəbrasj] undervegetation **undercut** [ann'dəkatt'] sälja till lägre pris [än] **underdeveloped** [ann'dədivell'əpt] underutvecklad **underdog** [ann'dədågg] strykpojke **underdrainage** [ann'dədrej'niddsj] täckdikning **underestimate** [ann'-dəress'timejt] undervärdera **under-expose** [ann'dərikkspåo'z] underexponera **underfed** [ann'dəfedd'] undernärd **undergo** [anndəgåo'] undergå **undergraduate** [anndəgrädd'joitt] universitetsstuderande **underground** [ann'dəgraond] underjordisk; tunnelbana **undergrowth** [ann'dəgråoθ] undervegetation, snårskog **underhand** [ann'dəhännd] hemlig[en] **underline** [anndəlaj'n] understryka **underling** [ann'dəling] underhuggare **undermine** [anndəmaj'n] underminera, undergräva **underneath** [anndəni:'θ] under, nedanför **underpants** [ann'dəpännts] kalsonger **underpay** [ann'dəpej'] underbetala **underrate** [anndərej't] underskatta **underseal** [ann'dəsi:'l] underredsbehandling **underside** [ann'də-sajd] undersida **undersign** [anndəsaj'n] underteckna; *I, the undersigned* undertecknad **underskirt** [ann'dəskə:t] underkjol **understand** [anndəstänn'd] förstå [sig på], begripa; *hard to understand* svårbegriplig **understandable** [anndəstänn'dəbl] förståelig **understanding** [anndəstänn'ding] förståelse, samförstånd; förstånd **understatement** [ann'dəstej'tmənt] undervärdering, försiktig uppgift **understudy** [ann'dəstaddi] ersättare (*i roll*) **undertake** [anndətej'k] åtaga sig, företaga [sig] **undertaker** [ann'dətejkə] begravningsentreprenör **undertaking** [anndətej'king] åtagande **underwear** [ann'dəwä:ə] underkläder **underserved** [ann'dizə:'vd] oförtjänt **undesirable** [ann'dizzaj'ərəbl] icke önskvärd **undignified** [anndigg'nifajd] ovärdig, opassande **undiluted** [ann'dajljo:'tidd] outspädd **undiscovered** [ann'diskavv'əd] oupptäckt **undisputed** [ann'dispjo:'tidd] obestridd **undisturbed** [ann'disstə:'bd] ostörd **undo** [ann'do:'] lösa (*knut o.d.*); riva upp **undone** [anndann'] ogjord **undoubtedly** [anndåo'tiddli] otvivel-

undress — unlikely 384

aktigt **undress** [ann'dress'] klä av [sig] **undue** [ann'djo:'] otillbörlig **undulate** [ann'djolejt] (*verb*) bölja **unearth** [ann'ə:'θ] gräva upp **uneasy** [anni:'zi] orolig; olustig **uneatable** [ann'i:'tabl] oätbar **uneconomic** [ann'i:kənåmm'ikk] oekonomisk **unemployed** [ann'implåj'd] arbetslös; oanvänd **unemployment** [ann'implåj'mənt] arbetslöshet **unenterprising** [ann'enn'təprajzing] oföretagsam **unerring** [ann'ə:'ring] osviklig **unessential** [ann'isenn'sjəl] oväsentlig **uneven** [ann'i:'vən] ojämn **unevenness** [ann'i:'vənnss] ojämnhet **unexpected** [ann'ikkspekk'tidd] oväntad, oformodad **unexplored** [ann'ikksplå:'d] outforskad **unfaithful** [ann'fej'θfoll] otrogen **unfair** [ann'fa:'ə] ojust **unfamiliar** [ann'fəmill'jə] obekant **unfavourable** [ann'fej'vərəbl] ogynnsam **unfeeling** [annfi:'ling] känslolös, hjärtlös **unfinished** [ann'finn'isjt] ofullbordad **unfit** [ann'fitt'] otjänlig **unfold** [annfåo'ld] veckla ut [sig], utbreda [sig]; avslöja **unforeseen** [ann'få:si:'n] oförutsedd **unforgettable** [ann'fəgett'əbl] oförglömlig **unfortunately** [annfå:'tsjnittli] olyckligtvis, tyvärr **unfounded** [ann'fao'ndidd] ogrundad **unfurnished** [ann'fə:'nisjt] omöblerad **ungainly** [anngej'nli] otymplig **ungentle** [ann'dsjenn'tl] omild **ungrateful** [anngrej'tfoll] otacksam **unground** [ann'graọ'nd] oslipad **unhappy** [annhäpp'i] olycklig **unhealthy** [annhell'θi] ohälsosam, osund **unhook** [ann'hokk'] haka av **unhurt** [ann'hə:'t] oskadad **unhygienic** [annhajdsji:'nikk] ohygienisk **unification** [jo:nifikej'sjən] sammanslagning **uniform** [jo:nifå:m] uniform; enhetlig **unify** [jo:'nifaj] forena enigt **unilateral** [jo:nilätt'rəl] ensidig **unimaginative** [ann'imädd'sjinətivv] fantasilös **uninhabited** [ann'innhäbb'itidd] obebodd **unintentional** [ann'inntenn'sjənl] oavsiktlig, ofrivillig **uninterested** [ann'inn'trisstidd] ointresserad **uninteresting** [ann'inn'trissting] ointressant **union** [jo:'njən] union, förbund, förening **unique** [jo:ni:'k] enastående, unik **unison** [jo:'nizzn] unison; samklang **unit** [jo:'nitt] enhet; aggregat; (*militärt*) forband **unite** [jo:'naj't] ena, forena [sig], sluta sig samman **united** [jo:naj'tidd] enig, [för]enad **unity** [jo:'nitti] enhet, enighet, sammanhållning **universal** [jo:nivə:'səl] universell; allmän; *universal current* allström; *universal joint* kardanknut **universe** [jo:'nivə:s] universum **university** [jo:nivə:'sitti] universitet, högskola **university degree** [jo:nivə:'sitti digri:'] universitetsexamen **university graduate** [jo:nivə:'sitti grädd'joejt] akademiker **university student** [jo:nivə:'sitti stjo:'dənt] universitetsstuderande **unjust** [ann'dsjass't] orättvis, orättfärdig **unjustified** [anndsjass'tifajd] oberättigad, obefogad **unkempt** [ann'kemm'pt] okammad; ovårdad **unkind** [annkaj'nd] ovänlig **unknowing** [ann'nåo'ing] ovetande **unknown** [ann'nåo'n] okänd, obekant **unlace** [ann'lej's] snöra upp **unlawful** [ann'lå:'foll] orättmätig, olaglig; *unlawful interference* egenmäktigt förfarande **unless** [annless'] om (såvida) inte **unlet** [ann'lett'] outhyrd **unlike** [ann'laj'k] olik **unlikely** [annlajk'li] osannolik

unlimited — untenanted

unlimited [ann'limm'itidd] obegränsad **unload** [ann'låo'd] lossa, lasta ur **unloading** [ann'låo'ding] avlastning, lossning **unlock** [ann'låkk'] låsa upp **unlocked** [ann'låkk't] olåst **unlucky** [ann'lakk'i] olycklig; olycks-; *be unlucky* ha otur **unmachined** [ann'məʃi:'nd] obearbetad (*i maskin*) **unmanned** [ann'männ'd] obemannad **unmarried** [ann'märr'idd] ogift **unmask** [ann'ma:'sk] demaskera [sig] **unmerciful** [annmə:'sifoll] obarmhärtig **unmistakable** [ann'misstej'kəbl] omisskännlig, otvetydig **unmodern** [ann'mådd'ən] omodern **unmusical** [ann'mjo:'zikəl] o-musikalisk **unnatural** [annätt'sjrəl] onaturlig **unnecessarily** [anness'isərilli] i onödan **unnecessary** [anness'isəri] onödig, obehövlig **unnerve** [ann'nə:'v] förslappa; förlama **unnoticed** [ann'nåo'tisst] obeaktad **unobserved** [ann'əbzə:'vd] obemärkt **unoccupied** [ann'åkk'jopajd] ledig (*om sittplats o.d.*) **unofficial** [ann'əfisj'əl] inofficiell **unpack** [ann'päkk'] packa upp **unpacking** [ann'päkk'ing] uppackning **unpaid** [ann'pej'd] obetald **unpainted** [ann'pej'ntidd] osminkad, omålad **unpleasant** [ann'plezz'nt] olustig **unpolished** [ann'påll'isjt] oputsad **unpolitical** [ann'pəlitt'ikəl] opolitisk **unpopular** [ann'påpp'jolə] impopulär **unpractical** [ann'präkk'tikəl] opraktisk **unpredictable** [ann'pridikk'təbl] oberäknelig **unprejudiced** [annpredd'sjodisst] fördomsfri **unprepared** [ann'pripä:'əd] oförberedd, oberedd **unpretentious** [ann'pritenn'sjəs] opretentiös, anspråkslös **unprotected** [ann'prətekk'tidd] oskyddad **unqualified** [ann'kwåll'ifajd] okvalificerad **unravel** [annrävv'l] reda upp (ut) **unreal** [ann'ri:'əl] overklig **unrealistic** [ann'ri:əliss'tikk] orealistisk **unreasonable** [annri:'znəbl] oresonlig, oskälig; oförnuftig **unrecognizable** [ann'rekk'əgnajzəbl] oigenkännlig **unrejectable** [annridsjekk'təbl] oavvislig **unreliable** [ann'rilaj'əbl] opålitlig, opålitlig, otillförlitlig **unreserved** [ann'rizə:'vd] oförbehållsam, oreserverad **unrest** [ann'ress't] oro **unripe** [ann'raj'p] omogen; *unripe fruit* kart **unroll** [ann'råo'l] rulla av **unruly** [annro:'li] oregerlig **unsaid** [ann'sedd'] osagd **unsatisfactory** [ann'sättisfäkk'təri] otillfredsställande **unsatisfied** [ann'sätt'isfajd] otillfredsställd **unscientific** [ann'sajəntiff'ikk] ovetenskaplig **unscrupulous** [annskro:'pjoləs] samvetslös **unseasoned** [ann'si:'znd] okryddad **unseemly** [annsi:'mli] opassande; ful **unselfish** [ann'sell'fisj] osjälvisk **unshrinkable** [ann'sjring'kəbl] krympfri **unsightly** [annsajt'li] ful **unskilled worker** [ann'skill'd wə:'kə] grovarbetare **unsurmountable** [ann'sə:mao'ntəbl] oöverstiglig **unsurpassed** [ann'sə:pa:'st] oöverträffad **unsolved** [ann'såll'vd] olöst (*om problem o.d.*) **unspeakable** [annspi:'kəbl] outsäglig **unsuccessful** [ann'səksess'foll] misslyckad **unsuitable** [ann'sjo:'təbl] olämplig **unsteady** [ann'stedd'i] ostadig **unstressed** [ann'stress't] obetonad **unsympathetic** [ann'simmpəθett'ikk] oförstående **untalented** [ann'täll'əntidd] talanglös, obegåvad **untenable** [ann'tenn'əbl] ohållbar (*om åsikt*) **untenanted**

untether — usually 386

[ann'tenn'ǝntidd] obebodd (*om hus*) **untether** [ann'teð'ǝ] lösa (*tjudrat djur*) **untidy** [anntaj'di] ostädad, skräpig **untie** [ann'taj'] knyta upp (loss) **until** [ǝntill'] tills; *not until* icke förrän; *not until now* först nu **untimely** [anntaj'mli] olägli[gt] **untold** [ann'tåo'ld] oräknad, oräknelig **untrained** [ann'trej'nd] otränad **untrue** [ann'tro:'] osann **untruth** [ann'tro:'θ] osanning **untruthful** [ann'tro:'θfoll] lögnaktig **unusable** [annjo:'zǝbl] oanvändbar **unused** [ann'jo:'zd] outnyttjad **unusual** [annjo:'sjoǝl] ovanlig **unveil** [annvej'l] avtäcka (*staty*) **unverified** [ann'verr'ifajd] obestyrkt **unwell** [ann'well'] illamående, krasslig **unwieldy** [annwi:'ldi] åbäkig, ohanterlig **unwilling** [ann'will'ing] ovillig **unwillingly** [annwill'ingli] ogärna **unwise** [ann'waj'z] oklok **unwittingly** [annwitt'ingli] omedvetet, oavsiktligt **unworthy** [annwǝ:'ði] ovärdig **up** [app] upp, fram; uppe, framme; uppför; slut; *up and down* av och an; *what's up now?* vad nu då?; *be hard up* ha ont om pengar; *up till now* tills nu; *up to* i stånd till, i form för; *right up to* ända [fram] till; *it's up to you* det får du bestämma; *up to town* in till stan **upbringing** [app'bringing] uppfostran **upheaval** [apphi:'vl] omvälvning **uphill** [app'hill'] uppför **uphold** [apphåo'ld] hålla uppe, stödja; försvara **upholster** [apphåo'lstǝ] stoppa (möbler) **upkeep** [app'ki:p] underhåll **upon** [ǝpånn'] på; jfr *on* **upper** [app'ǝ] övre; *the upper classes* överklassen; *upper floor* övervåning; *upper jaw* överkäke; *upper lip* överläpp **uppermost** [app'ǝmåost] överst **upright** [app'raj't] upprätt [stående], rak; [app'rajt] uppriktig; stolpe **uprising** [appraj'zing] resning, uppror **uproar** [app'rå:] tumult, oväsen **upset** [appsett'] stjälpa, välta; göra upprörd **upshot** [app'sjått] resultat **upside down** [app'sajd dao'n] uppochnedvänd **upstairs** [appstä:'ǝz] en trappa upp, uppför trappan **upstart** [app'sta:t'] uppkomling **upswing** [app'swing] uppsving **uptake** [app'tejk] *be quick on the uptake* ha lätt för att fatta **up-to-date** [app'tǝdej't] tidsenlig **upward[s]** [app'wǝd(z)] uppåt **Urals** [jo:'ǝrǝlz] *the Urals* Uralbergen **uranium** [joǝrej'njǝm] uran **urban** [ǝ:'bǝn] stads- **urbane** [ǝ:bej'n] belevad **urchin** [ǝ:'tsjinn] rackarunge; sjöborre **urge** [ǝ:dsj] driva på; enträget be; eggelse **urgent** [ǝ:'dsjǝnt] brådskande, angelägen **urine** [jo:'ǝrinn] urin **urinal** [jo:'ǝrinnl] pissoar **urn** [ǝ:n] urna **U.S.** [jo:'ess'] *the U.S.* USA **us** [ass] oss **usage** [jo:'ziddsj] språkbruk, vana; användning **use** [jo:z] använda, bruka, begagna; [jo:s] bruk, användning, nytta; *used to* brukade; *be (get) used to* vara (bli) van vid; *be used up* gå åt, ta slut; *make use of* begagna sig av, använda; *it is no use* det lönar sig inte, det är ingen idé **used** [jo:zd] begagnad, använd; [jo:st] van (*to* vid) **useful** [jo:'sfoll] nyttig, användbar **useless** [jo:'sliss] lönlös, meningslös, onyttig **usher** [asj'ǝ] dörrvaktmästare, platsanvisare; föra (visa) in **usherette** [asjǝrett'] platsanviserska (på bio etc.) **usual** [jo:'sjoǝl] vanlig (*with* hos) **usually** [jo:'sjoǝli] vanligen, vanligtvis; *I usually have lunch at twelve o'clock* jag brukar äta lunch kl. 12 **usurer** [jo:'sjərə] ockrare **usurp** [jo:zə:'p] tillskansa sig; inkräkta [på] **usurper** [jo:zə:'pə] inkräktare **usury** [jo:'sjorri] ocker **utensil** [jotenn'sl] [hushålls]redskap, verktyg **utility** [jotill'itti] nytta, nyttighet; standard; allmännyttig **utilize** [jo:'tilajz] utnyttja **utmost** [att'måost] ytterst; *do one's utmost* göra sitt yttersta **utopia** [jo:tåo'pjə] utopi **utopian** [jo:tåo'pjən] utopisk **utter** [att'ə] yttra; ytterlig; *utter a sound* knysta **utterance** [att'ərəns] yttrande **utterly** [att'əli] ytterst **vacancy** [vej'kənsi] tomrum; ledig plats; fritid **vacant** [vej'kənt] ledig, vakant (*om tjänst o.d.*) **vacate** [vəkej't] utrymma **vacation** [vəkej'sjən] ferier; (*Am.*) semester **vaccinate** [väkk'sinejt] vaccinera **vaccination** [väkksinej'sjən] vaccination **vaccine** [väkk'si:n] vaccin **vacillate** [väss'ilejt] vackla **vacuum** [väkk'joəm] vakuum **vacuum cleaner** [väkk'joəm kli:'nə] dammsugare **vacuum-packed** [väkk'joəmpäkkt] vakuumförpackad **vagina** [vədsjaj'nə] slida, vagina **vagrant** [vej'grənt] kringvandrande; luffare **vague** [vejg] vag, obestämd **vain** [vejn] fåfäng, vanmäktig; *in vain* förgäves **vale** [vejl] dal **valet** [väll'itt] betjänt; passa upp **valiant** [väll'jənt] tapper **valid** [väll'idd] giltig, gällande **validity** [vəlidd'itti] giltighet; *period of validity* giltighetstid **valise** [vəli:'z] liten resväska **valley** [väll'i] dal **valour** [väll'ə] tapperhet **valuable** [väll'joəbl] värdefull; *valuable document* värdepapper **valuation** [välljoej'sjən] värdering **value** [väll'jo:] värdera; värde, valör; *value of money* penningvärde; *get good value for* få valuta för **value-added tax** [väll'jo:äddidd takks] mervardesskatt, moms **valve** [vällv] ventil; [radio]rör **valve rubber** [väll'v rabb'ə] ventilgummi **vampire** [vämm'pajə] vampyr; blodsugare **van** [vänn] skåpbil; förtrupp **vanguard** [vänn'ga:d] förtrupp **vanilla** [vənill'ə] vanilj **vanilla ice** [vənill'ə ajs] vaniljglass **vanish** [vänn'isj] försvinna **vanity** [vänn'itti] fåfänga **vanquish** [väng'kwisj] övervinna, besegra **vantage** [va:'ntiddsj] fördel (*i tennis*); *point of vantage* gynnsam position **vapour** [vej'pə] ånga; [d]imma **variant** [vä:'əriənt] variant **variation** [vä:əriej'sjən] omväxling, variation **varicose vein** [värri'kåos vejn] åderbråck **varied** [vä:'əridd] skiftande, brokig **variegated** [vä:'ərigejtidd] brokig, omväxlande **variety** [vərəj'əti] omväxling; mångfald; sort; varieté **variety show** [vəraj'əti sjåo] varieté **various** [vä:'əriəs] diverse, olika; omväxlande **varnish** [va:'nisj] fernissa, lack; fernissa, lackera **varsity** [va:'sitti] (*vard.*) universitet **vary** [vä:'əri] variera **varying** [vä:'əriing] omväxlande **vase** [va:z] vas **vast** [va:st] vidsträckt, stor **vat** [vätt] kar **Vatican** [vätt'ikən] *the Vatican* Vatikanen **vaudeville** [våo'dəvill] musiklustspel; (*Am.*) varieté **vault** [vå:lt] valv; hopp, språng; välva sig **veal** [vi:l] kalv[kött] **veal chop** [vi:'l tsjåpp] kalvkotlett **veer** [vi:'ə] vända gira; ändra åsikt **vegetable** [vedd'sjitəbl] köksväxt, grönsak; vegetabilisk **vegetarian** [veddsjitä:'əriən] vegetarian; vegetarisk **vegetation** [veddsjitej'sjən] växtlighet, vegetation **vehement** [vi:'imənt] häftig **vehicle** [vi:'ikkl] fordon, åkdon **veil** [vejl] slöja; beslöja **vein** [vejn] åder, ven; ådra; lynne **velocity** [vilåss'itti] hastighet, snabbhet **velvet** [vell'vitt] sammet **vender, vendor** [venn'də] säljare, gatuförsäljare; automat **veneer** [vini:'ə] faner; polityr **venerable** [venn'rəbl] vördnadsvärd **venerate** [venn'ərejt] vörda **venereal disease** [vini:'əriəl dizi:'z] venerisk sjukdom **Venetian** [vini:'sjən] venetiansk **Venetian blind** [vini:'sjən blaj'nd] persienn **vengeance** [venn'dsjəns] hämnd; *with a vengeance* i överkant **Venice** [venn'iss] Venedig **venison** [venn'zn] hjort-, rådjurskött **venom** [venn'əm] [orm]gift **vent** [vennt] utlopp; sprund **ventilation** [venntilej'sjən] ventilation **ventilator** [venn'tilejtə] ventil; fläkt **ventriloquist** [venntrill'əkwist] buktalare **venture** [venn'tsjə] vågstycke; försök, tilltag; våga [sig på]; *I venture to say that* jag vågar påstå att; *boldly ventured is half won* friskt vågat är hälften vunnet **veracious** [vərej'sjəs] sannfärdig, sanningsenlig **veranda** [vəränn'də] veranda **verb** [və:b] verb **verbal** [və:'bəl] muntlig; ordagrann **verbose** [və:bào:'s] mångordig **verdant** [və:'dənt] grönskande, grön **verdict** [və:'dikkt] dom, utslag **verdigris** [və:'digriss] ärg **verdure** [və:'dsjə] (*subst.*) grönska **verge** [və:dsj] (*bildl.*) rand, kant; *verge on* närma sig **vergers** [və:'dsjə] kyrkvaktmästare **verification** [verrifikej'sjən] verifikation **verify** [verr'ifaj] verifiera; bevisa, bekräfta **verily** [verr'illi] sannerligen **verity** [verr'itti] sanning **vermin** [və:'minn] ohyra **vernacular** [vənäkk'jolə] inhemsk, lokal-; dialekt **vernal equinox** [və:'nl i:'kwinåkks] vårdagjämning **vernier** [və:'njə] nonie **versatile** [və:'sətajl] mångsidig; rörlig (*om intellekt*) **verse** [və:s] vers **versed** [və:st] skicklig, kunnig **version** [və:'sjən] version **versus** [və:'səs] mot, kontra **vertebra** [və:'tibrə] kota **vertebrate** [və:'tibritt] ryggradsdjur **vertical** [və:'tikəl] vertikal **very** [verr'i] mycket; allra; blotta; *not very good* inget vidare bra; *very lately* helt nyligen; *from the very beginning* från första början; *this very day* redan i dag **vessel** [vess'l] kärl, farkost **vest** [vesst] undertröja, linne; ikläda; förläna **vestige** [vess'tiddsj] spår **vestry** [vess'tri] sakristia **vet** [vett] (*vard.*) veterinär **veteran** [vett'ərən] veteran **veterinarian** [vettrinä:'riən] veterinär **veto** [vi:'tåo] veto; *put one's veto on* inlägga sitt veto mot **vex** [vekks] reta, förarga **vexation** [vekksej'sjən] förargelse **via** [vaj'ə] via **vibrate** [vajbrej't] vibrera **vibration** [vajbrej'sjən] vibration, svängning **vicar** [vikk'ə] pastor; *assistant vicar* komminister **vicarage** [vikk'əriddsj] prästgård; pastorat **vice** [vajs] **1** skruvstäd **2** last **3** vice **viceroy** [vaj'sråj] vicekung **vicinity** [vissinn'itti] grannskap **vicious** [visj'əs] lastbar, ond **vicissitude** [vississ'itjo:d] växling **victim** [vikk'timm] offer **victimize** [vikk'timajz] plåga; offra **victor** [vikk'tə] segrare **victorious** [vikktå:'riəs] segrande, segerrik **victory** [vikk'təri] seger **victual** [vitt'l] proviantera **victuals** [vitt'lz] livsmedel, proviant **vie** [vaj] tävla (*for* om) **Vienna** [vienn´a] Wien **view** [vjo:] [å]syn, synhåll; anblick, utsikt; åsikt; beskåda; *in view of* med hänsyn till, i betraktande av; *with a view to* i syfte (avsikt) att; *point of view* ståndpunkt; *view of life* livsåskådning **viewer** [vjo:´a] [TV-]tittare **view-finder** [vjo:´fajnda] sökare (*i kamera*) **view-point** [vjo:´påjnt] synpunkt; utsiktspunkt **vigil** [vidd´sjill] vaka, nattvak **vigilance** [vidd´sjilans] vaksamhet **vigorous** [vigg´aras] spänstig, kraftig **vigour** [vigg´a] vigör, kraft, styrka **Viking** [vaj´king] viking; *the Viking Age* vikingatiden; *Viking raid* vikingatåg **vile** [vajl] usel; avskyvärd; värdelös **villa** [vill´a] villa **village** [vill´iddsj] by **villain** [vill´inn] bov, skurk **villainous** [vill´anas] skurkaktig **vim** [vimm] energi, kraft **vindicate** [vinn´-dikejt] rättfärdiga; försvara; hämnas **vindictive** [vinndikk´tivv] hämndlysten **vine** [vajn] vinranka **vinegar** [vinn´igga] ättika **vineyard** [vinn´jad] vingård **vintage** [vinn´tiddsj] årgång (*av vin*) **viola** [viåo´la] viola **violate** [vaj´alejt] kränka, bryta mot; våldta; göra våld på **violation** [vajalej´sjan] kränkning, överträdelse; våldtakt **violence** [vaj´alans] våld **violent** [vaj´alant] våldsam, häftig **violet** [vaj´alitt] viol; violett **violin** [vajalinn´] violin, fiol **violinist** [vaj´alinisst] **violoncello** [vajalinn-tsjell´åo] violoncell **V.I.P.** [vipp] fork. för *very important person* mycket betydande person **viper** [vaj´pa] huggorm **virgin** [və:´dsjinn] oskuld, jungfru; jungfrulig **Virginia creeper** [və:-dsjinn´ia kri:´pa] vildvin **virile** [virr´ajl] viril, manlig **virtual** [və:´-tjoəl] faktisk, egentlig **virtually** [və:´tjoəli] praktiskt taget **virtue** [və:´tjo:] dygd, fördel; *by virtue of* i kraft av, tack vare **virtuoso** [və:tjoåo´zåo] (*subst.*) virtuos **virtuous** [və:´tjoəs] dygdig **virulent** [virr´olant] giftig; häftig **virus** [vaj´aras] virus **virus disease** [vaj´aras dizi:´z] virussjukdom **visa** [vi:´za] visum; visera **viscount** [vaj´kaont] vicomte, eng. adelstitel mellan *baron* och *earl* **visibility** [vizzibill´itti] sikt **visible** [vizz´abl] synlig **vision** [visj´an] vision; syn; *with defective vision* synskadad **visit** [vizz´itt] besöka, gästa; besök (*to* hos, i); *frequent visits* täta besök **visitation** [vizzitej´sjan] besök; hemsökelse **visiting-hours** [vizz´ittingao əz] besökstid **visitor** [vizz´itta] besökare, gäst, turist; *visitors* främmande **visor** [vaj´zə] mösskärm; hjälmvisir **vista** [viss´ta] utsikt, perspektiv; glänta **visual** [vizz´joal] syn-; synlig-; visuell **vital** [vaj´tl] vital; livsviktig; livsfarlig; *vital force* livskraft **vitamin** [vitt´aminn] vitamin **vitamin deficiency** [vitt´aminn difisj´ansi] vitaminbrist **vivacious** [vivej´sjəs] livlig, pigg **vivid** [vivv´idd] livlig, livfull; skarp (*om färg etc.*) **vixen** [vikk´sn] ragata; ravhona **viz.** [vidi:´lisett] (utlases vanl. *namely*) nämligen **vocabulary** [vəkabb´joləri] ordförråd, vokabulär **vocal** [våo´kl] stäm-, röst-; *vocal cord* stämband **vocation** [våokej´sjan] yrke, kall **vocational guidance** [våokej´sjan gaj´dəns] yrkesorientering **vociferous** [våosiff´aras] högljudd **vodka** [vådd´ka] vodka **vogue** [våog] mod[e]; sed; popularitet

voice — wangle 390

voice [våjs] röst, stämma **voiced** [våjst] tonande **void** [våjd] renons, tom; ogiltig **volatile** [våll'ətajl] flyktig **volcano** [vållkej'-nåo] vulkan **vole** [våol] sork **volition** [våolisj'ən] vilja **volley** [våll'i] salva, skur **volt** [vålt] (*elektr.*) volt **voltage** [våo'ltiddsj] (*elektr.*) spänning **voluble** [våll'jobl] munvig, talför **volume** [våll'jomm] band, volym; årgång (*av tidskrift etc.*) **voluntary** [våll'antəri] frivillig **volunteer** [vållənti:'ə] frivillig, volontär; frivilligt åta sig **voluptuousness** [vəlapp'tjoəsniss] vällust **vomit** [våmm'itt] kräkas **voracious** [vərej'sjəs] glupsk **vote** [våot] rösta, votera; röst, omröstning, votering; rösträtt; *vote for (against)* rösta ja (nej); *right to vote* rösträtt **voter** [våo'tə] väljare, röstande **voting** [våo'ting] [om]röstning **voting-paper** [våo'tingpejpə] röstsedel **vouch** [vaotsj] garantera; bekräfta **voucher** [vao'tsjə] kupong **vouchsafe** [vaotsjsej'f] värdigas; bevärdiga med **vowel** [vao'əl] vokal **voyage** [våj'dsj] [sjö]resa **vulcanize** [vall'kənajz] vulkanisera **vulgar** [vall'gə] vulgär, rå **vulnerable** [vall'nərəbl] sårbar **vulture** [vall'tsjə] gam **wad** [wådd] vadd; tuss, sudd; sedelbunt **wadding** [wådd'ing] bomullsvadd; stoppning **waddle** [wådd'l] stulta, vagga; vaggande gång **wade** [wejd] vada **wader** [wej'də] vadare **wafer** [wej'fə] oblat, rån **waffle** [wåff'l] våffla **waft** [wa:ft] pust, fläkt **wag** [wägg] vifta [på], vagga; skämtare **wage** [wejdsj] *wage war* föra krig **wage-earner** [wej'dsjə:nə] löntagare, arbetare **wage-earning** [wej'dsjə:ning] förvärvsarbetande **wager** [wej'dsjə] vad; slå vad **wages** [wej'dsjizz] (*arbetares*) lön **wag[g]on** [wägg'ən] vagn **wagtail** [wägg'tejl] sädesärla **waif** [wejf] hittegods; hittebarn; herrelös hund **wail** [wejl] jämra sig **wainscot** [wej'nskət] panel **waist** [wejst] midja **waistcoat** [wej'skåot] väst **waist-measurement** [wej'stmesj'əmənt] midjemått **wait** [wejt] vänta (*for på*); passa upp; väntan; *have to wait* få vänta; *keep s.b. waiting* låta ngn vänta; *wait upon* uppvakta, passa upp; *while waiting* i väntan på; *lie in wait* ligga på lur **waiter** [wej'tə] kypare, servitör, uppassare **waiting list** [wej'ting lisst] väntelista **waiting-room** [wej'tingromm] väntrum, väntsal **waitress** [wej'-triss] servitris **waive** [wejv] avstå från; ge upp **wake** [wejk] vakna, väcka; vaka, likvaka; kölvatten; *wake up* vakna, väcka **waken** [wej'kn] vakna; väcka **walk** [wå:k] gå, promenera; gång, promenad; *go for a walk* gå ut och gå **walkie-talkie** [wå:kitå:'ki] bärbar radiosändare och -mottagare **wall** [wå:l] mur, vägg **wall-bars** [wå:'lba:z] ribbstol **wallet** [wåll'itt] plånbok **wallflower** [wå:'lflaoə] panelhöna **wallow** [wåll'åo] vältra sig; göl **wallpaper** [wå:'lpejpə] tapet **walnut** [wå:'lnət] valnöt **Walpurgis night** [vällpo:'əgiss najt] valborgsmässoafton **walrus** [wå:'lrəs] valross **waltz** [wå:ls] vals; dansa vals **wan** [wånn] urblekt; glåmig **wand** [wånnd] trollspö **wander** [wånn'də] vandra; irra; fantisera **wanderer** [wånn'dərə] vandrare **wandering** [wånn'dəring] vandring **wane** [wejn] avta **wangle**

[wang'gl] lura [sig till]; fuska ihop **want** [wånnt] önska, vilja [ha]; behov, brist; *do as s.b. wants* göra ngn till viljes; *what do you want me to do?* vad vill du att jag skall göra?; *be wanting* fattas **wanton** [wånn'tən] yster; meningslös; lättsinnig **war** [wå:] krig; föra krig; *make war* kriga; *war of liberation* befrielsekrig **warble** [wå:'bl] kvittra; kvitter **warbler** [wå:'blə] sångfågel **ward** [wå:d] skyddsling; [sjukhus]avdelning, sal; *ward off* avvärja **warden** [wå:'dn] föreståndare **warder** [wå:'də] fångvaktare **wardrobe** [wå:'dråob] garderob, klädskåp **warehouse** [wä:'əhaoz] lager, magasin **ware[s]** [wä:'ə(z)] gods, varor **warfare** [wå:'fä:ə] krigföring **warlike** [wå:'lajk] krigisk **warm** [wå:m] varm; värma **warmonger** [wå:'manggə] krigshetsare **warmth** [wå:mþ] värme **warn** [wå:n] varna (*of* för), förmana; varsko; *I warned her not to do it* jag varnade henne för att göra det **warning** [wå:'ning] varning **warp** [wå:p] varp; snedvrida; bågna, slå sig; *warp and weft* varp och inslag **warped** [wå:pt] skev, vind; partisk **warrant** [wårr'ənt] garantera; bemyndiga; garanti; fullmakt; *warrant of arrest* häktningsorder **warrior** [wårr'iə] krigare **warship** [wå:'sjipp] krigsfartyg, örlogsfartyg **Warsaw** [wå:'så:] Warszawa **wart** [wå:t] vårta **wary** [wä:'əri] försiktig, på sin vakt **was** [wåzz] var, blev **wash** [wåsj] tvätta [sig], vaska; tvätt[ning]; *wash away* spola bort; *wash the dishes* (*Am.*) diska; *wash up* diska **washboard** [wåsj'bå:d] tvättbräde **washbowl** [wåsj'båol] (*Am.*) handfat **washer** [wåsj'ə] tvättare; tvättmaskin; packning **washing** [wåsj'ing] tvättning **washing detergent** [wåsj'ing ditə:'dsjənt] tvättmedel **washing-machine** [wåsj'ingməsji:n] tvättmaskin **washing-up** [wåsj'ing app'] disk[ning] **wash-out** [wåsj'aot] urskölljning; fiasko; misslyckad individ **wash-proof** [wåsj'pro:f] tvättäkta **washstand** [wåsj'stännd] tvättställ **wasp** [wåssp] geting **wastage** [wej'stiddsj] spill **waste** [wejst] slösa, öda, ödsla bort; slöseri; avfall; svinn; ödemark; öde[lagd]; *be wasted* förfaras **waste-basket** [wej'stba:skitt] (*Am.*) papperskorg **wasted** [wej'stidd] tillspillogiven **wasteful** [wej'stfoll] slösaktig **waste-paper basket** [wej'stpejpə ba:'skitt] papperskorg **watch** [wåttsj] iaktta, titta på; ge akt på; vakta; vaka; vakt; vaka; armbands-, fickur **watchful** [wått'sjfoll] vaksam **watchmaker** [wått'sjmejkə] urmakare **watchman** [wått'sjmən] nattvakt **watchword** [wått'sjwə:d] lösen[ord] **water** [wå:'tə] vatten; vattna; *waters* farvatten **water-closet** [wå:'təklåzzitt] vattenklosett **water-colour** [wå:'təkallə] vattenfärg; akvarell **watercourse** [wå:'təkå:s] vattendrag **water-fall** [wå:'təfå:l] vattenfall **water-front** [wå:'təfrannt] sjösida (*i stad*) **water-lily** [wå:'təlilli] näckros **water main** [wå:'tə mejn] vattenledning **water pollution** [wå:'tə pəlo:'sjən] vattenförorening **water power** [wå:'tə pao'ə] vattenkraft **waterproof** [wå:'təpro:f] vattentät, vattenfast **water-sprite** [wå:'təsprajt] näck **water ski**

water-tap — welding 392

[wå:'tə ski] vattenskida; åka vattenskidor **water-tap** [wå:'tətäpp] vattenkran **watertight** [wå:'tətajt] vattentät; tillförlitlig **water turbine** [wå:'tə tə:binn] vattenturbin **wave** [wejv] vinka [med], vifta [med]; vaja; ondulera; våg; ondulering **waver** [wej'və] vackla; fladdra **wavy** [wej'vi] vågig **wax** [wäkks] vax; vaxa bona; tillta, växa **way** [wej] väg; sätt, vis; *by way of* via; såsom; till; *by the way* för övrigt, i förbigående; *the other way* åt andra hållet; *get one's own way* få sin vilja igenom; *in a bad way* illa däran; *well under way* i full gång; *give way* ge vika; *make way* välja; *make one's* way slå sig fram; *way of life* livsföring; *they went their separate ways* de gick åt var sitt håll; *the wrong way round* bakvänd; *all the way there* ända fram; *way through* genomfart; *way up* uppgång **waylay** [wejlej'] ligga i försåt för **wayward** [wej'wəd] egensinnig; nyckfull **we** [wi:] vi; *we ourselves* vi själva **weak** [wi:k] svag, matt, vek; *grow weak* försvagas; *weak in health* sjuklig **weaken** [wi:'kən] försvaga[s], matta[s] **weakening** [wi:'kning] försvagning **weakling** [wi:'kling] vekling **weakness** [wi:'kniss] svaghet **weal** [wi:l] välbefinnande; *the public weal* det allmänna bästa **wealth** [wellθ] rikedom, förmögenhet, välstånd **wealthy** [well'θi] förmögen, rik **weapon** [wepp'ən] vapen, tillhygge **wean** [wi:n] avvänja **wear** [wä:ə] bära (*kläder*), ha på sig; slita, nöta; hålla [bra]; slitage, nötning; *wear out* slita ut **weariness** [wi:'əriniss] trötthet, leda **weary** [wi:'əri] trött; modlös; trötta [ut]; tröttna **weasel** [wi:'zl] vessla **weather** [weð'ə] väder **weathercock** [weð'ə-kåkk] vindflöjel **weather report (forecast)** [weð'ə ripå:'t (få:'ka:st)] väderleksrapport; *telephone weather forecast* Fröken Väder **weather-strip** [weð'əstripp] tätningslist **weave** [wi:v] väva **weaving mill** [wi:'ving mill] väveri **web** [webb] väv, varp; spindelväv; simhud **webbed** [webbd] [försedd] med simhud **wed** [wedd] gifta sig med; gifta bort; viga **wedding** [wedd'ing] bröllop **wedding-dress** [wedd'ingdress] brudklänning **wedding ring** [wedd'ing ring] vigselring **wedge** [weddsj] kil, kila **wedlock** [wedd'låkk] äktenskap **Wednesday** [wenn'zdi] onsdag **wee** [wi:] kissa; liten **weed** [wi:d] ogräs; rensa **weed control** [wi:'d kəntrå'ol'] ogräsbekämpning **week** [wi:k] vecka; *today week* i dag om en vecka **weekday** [wi:'kdej] vardag **week-end** [wi:'kenn'd] veckohelg, veckoslut **weekend cottage** [wi:'kenn'd kått'iddsj] sommarställe, sportstuga **weekly** [wi:'kli] veckotidning; vecko- **weekly press** [wi:'kli press] veckopress **weep** [wi:p] gråta **wee-wee** [wi:'wi:'] kissa **weft** [wefft] inslag i väv **weigh** [wej] väga; tynga; *weigh anchor* lätta ankar **weighing** [wej'ing] vägning **weight** [wejt] vikt; tyngd; *put the weight* stöta kula; *put on weight* lägga på hullet **weight-lifter** [wej'tliffte] tyngdlyftare **weird** [wi:əd] kuslig, hemsk **welcome** [well'kəm] välkommen; *he is very welcome to it* det är honom väl unt **weld** [welld] svetsa **welding** [well'ding] svetsning

welding set [well'ding sett] svetsaggregat **welfare** [well'fä:ə] välfärd; välgång; *social welfare* socialvård **welfare officer** [well'fäə åff'isə] kurator **welfare state** [well'fä:ə stejt] välfärdssamhälle **well** [well] **1** brunn; välla **2** frisk, bra; väl; *well!* nå!, tja!; *as well as* så väl som; *oh well!* nåja; *well, I must go now!* nej nu måste jag gå! **well-arranged** [well'ərej'ndsjd] välordnad **well-being** [well'bi:'ing] trivsel, välbefinnande **well-bred** [well'bredd'] väluppfostrad, belevad **well-deserved** [well'dizə:'vd] välförtjänt **well-dressed** [well'dress't] välklädd **well-fitting** [well'fitt'ing] välsittande **well-groomed** [well'gromm'd] vårdad *(om kladsel)* **well-informed** [well'infå:md] allmänbildad; välinformerad **well-known** [well'nåo'n] välkänd, bekant **well-made** [well'mej'd] välgjord **well-managed** [well'männ'iddsjd] välskött **well-meaning** [well'mi:'ning] välmenande **well-nigh** [well'naj] nära nog **well-off** [well'åff'] välsituerad **well-read** [well'redd'] beläst **well-spoken** [well'spåokn] vältalig; belevad **well-stocked** [well'ståkk't] välförsedd **well-to-do** [well'tədo:'] välbärgad **well-trained** [well'trej'nd] vältränad **well-tried** [well'traj'd] beprövad **Welsh** [wellsj] walesisk **Welshman** [well'sjmən] walesare **welter** [well'tə] vältra sig, rulla sig; kaos, röra **wend** [wennd] *wend one's way* bege sig **went** [wennt] imperf. av *go* **wept** [weppt] imperf. och perf. part. av *weep* **were** [wə:] vore, var, blev **werewolf** [wə:'wollf] varulv **west** [wesst] västlig; västra; väst[er]; *the West* västerlandet; *the Wild West* Vilda Västern; *the West Indies* Västindien **westerly** [wess'təli] västlig **western** [wess'tən] västlig, västra, västerländsk; *Western Europe* Västeuropa; *Western Germany* Västtyskland **wet** [wett] våt, blöt; väta, blöta ner; väta, fukt; *wet through* genomvåt **whack** [wäkk] smäll; smälla till **whale** [wejl] val **whaler** [wej'lə] valfångare **wharf** [wå:f] lastkaj **what** [wått] vad, vilken; *what a beautiful hat!* en sådan vacker hatt!; *I don't know what to do* jag vet inte vad jag skall göra **whatever** [wåttevv'ə] vad ... än; *no risk whatever* ingen som helst risk **whatnot** [wått'nått] prydnadshylla **wheat** [wi:t] vete **wheat-flour** [wi:'tflaoə] vetemjöl **wheel** [wi:l] hjul; ratt, trissa; *turn wheels* hjula **wheelbarrow** [wi:'lbärråo] skottkärra **wheel chair** [wi:'l tsjä:ə] rullstol **wheeze** [wi:z] väsa, flåsa **when** [wenn] när, då; *when necessary* vid behov **whence** [wenns] varifrån; varav **whenever** [wennevv'ə] när ... än **where** [wä:ə] var, vart; där, dit; *where ... from* varifrån **whereabouts** [wä:'ərəbaots] vistelseort; [wä:'ərəbaots'] var någonstans **whereas** [wä:əräzz'] då däremot **whereby** [wä:'əbəj] varigenom **whereupon** [wä:ərəpånn'] varpå **wherever** [wäərevv'ə] var ... än **whet** [wett] vässa, slipa; stimulera **whether** [weð'ə] huruvida; *whether ... or* vare sig ... eller **whey** [wej] vassla **which** [wittsj] som, vilken; *at which* varvid; *to (for) which* vartill **whichever** [wittsjevv'ə] vilken ... än **whiff** [wiff] pust, fläkt; doft; bloss; fläkta; dofta; blossa

while — will

while [wajl] stund; medan; *once in a while* då och då; *quite a while* ganska länge; *worth while* värt besväret, lönt; *while away the time* fördriva tiden **whilst** [wajlst] medan **whim** [wimm] nyck, infall **whimper** [wimm'pə] småknälla **whimsical** [wimm'-zikl] nyckfull **whine** [wajn] gnäll; gnälla, jämra sig; vina **whinny** [winn'i] gnägga; gnäggning **whip** [wipp] piska; vispa; *whipped cream* vispgrädde **whippet** [wipp'itt] slags vinthund **whirl** [wə:l] virvel; virvla, yra **whir[r]** [wə:] surra; (om motor) spinna; surr **whirlpool** [wə:'lpo:l] strömvirvel **whisk** [wissk] dammvippa; tofs; knyck; vifta [till] med; vispa **whiskers** [wiss'kəz] morrhår; polisonger **whisky** [wiss'ki] whisky; *whisky and soda* grogg **whisper** [wiss'pə] viska; viskning **whistle** [wiss'l] vissla; vissling; visselpipa **white** [wajt] vit; vitt, vita; *white lie* nödlögn; *white pepper* vitpeppar **white-collar worker** [wajt'kållə wə:'-kə] tjänsteman **whitefish** [wajt'fisj] sik **white-tailed eagle** [wajt'tejld i:'gl] havsörn **whitewash** [wajt'wåsj] vitkalka; rentvå; vitkalkning, rappning **white washing** [wajt'wåsj'ing] vittvätt **whiting** [wajt'ing] vitling **Whit Monday** [witt'mann'di] annandag pingst **Whit Sunday** [witt'sann'di] pingstdagen **Whitsun Eve** [witt'sn i:'v] pingstafton **Whitsun[tide]** [witt'sn(tajd)] pingst **whizz** [wizz] susa, vissla **who** [ho:] som, vilken, vilka; vem **whoa** [wåo] ptro! **whoever** [ho:evv'ə] vem ... än **whole** [håol] hel; *as a whole* i sin helhet; *on the whole* på det hela taget, över huvud taget **wholesale** [håo'lsejl] grosshandels-, parti-; *wholesale dealer* grosshandlare, grossist; *wholesale price* partipris; *wholesale trade* grosshandel **wholesome** [håo'lsəm] hälsosam, nyttig **wholly** [håo'lli] helt, fullständigt **whom** [ho:m] (*efter prep.*) vem **whopper** [wåpp'ə] jättelögn; baddare **whooping-cough** [ho:'pingkåff] kikhosta **whore** [hå:] hora **whose** [ho:z] vars, vilkens, vilkas; vems **why** [waj] varför; *why?* hur så?, varför det? **wick** [wikk] veke **wicked** [wikk'idd] elak **wicker** [wikk'ə] flätverk **wicket** [wikk'itt] kricketgrind; krocketbåge **wide** [wajd] vid, bred; *far and wide* vitt och brett; *wide awake* klarvaken; *wide of* långt från; *wide open* vidöppen **wide-angle lens** [wajd'dängˈgl lenns] vidvinkelobjektiv **widely** [waj'dli] vitt omkring, vida **widen** [waj'dn] vidga **widow** [widd'åo] änka **widower** [widd'åoə] änkling **width** [widdθ] bredd, vidd **wield** [wi:ld] hantera; utöva (inflytande) **wife** [wajf] hustru, fru, maka; *wedded wife* äkta maka **wig** [wigg] peruk **wiggle** [wigg'l] vicka med **wigwam** [wigg'wämm] indianhydda **wild** [wajld] vild; *wild beast* vilddjur; *wild boar* vildsvin; *wild duck* and; *wild strawberry* smultron; *wild wine* vildvin **wildcat** [waj'ldkätt] vildkatt **wildcat strike** [waj'ldkätt strajk] vild strejk **wilderness** [will'dəniss] vildmark, obygd **wildfire** [will'dfajə] löpeld **wile** [wajl] list; förleda **wilful** [will'foll] uppsåtlig **will** [will] skall, kommer att, ämnar, vill; vilja; testamente; *he will be 25 tomorrow* han fyller 25 år i morgon; *you will please*

willing — without

observe ni torde observera; *at will* efter behag; *work one's will* driva sin vilja igenom; *make one's will* upprätta sitt testamente **willing** [will'ing] villig **willingly** [will'ingli] gärna **willow** [will'åo] vide, pil **will-power** [will'paoə] viljestyrka **wilt** [willt] vissna **wily** [waj'li] listig **win** [winn] vinna, segra; vinst, seger; *win back* återvinna **wince** [winns] rygga tillbaka **winch** [winntsj] vinsch **wind 1** [winnd] vind, blåst; munväder; väder; blåsinstrument; vädra, få korn på **2** [wajnd] vrida [på], veva, linda; slingra [sig]; *wind up* avveckla, dra upp **windfall** [winn'dfå:l] fallfrukt; skänk från ovan **windmill** [winn'mill] väderkvarn **window** [winn'dåo] fönster **window-dressing** [winn'dåodressing] fönsterskyltning **window-pane** [winn'dåopejn] fönsterruta **window-sill** [winn'dåosill] fönsterbräde **windpipe** [winn'dpajp] luftrör **windscreen** [winn'dskri:n] vindruta **windscreen washer** [winn'dskri:n wåsj'ə] vindrutespolare **windscreen wiper** [winn'dskri:n wajp'ə] vindrutetorkare **windward** [winn'dwəd] i lovart, mot vinden **windy** [winn'di] blåsig **wine** [wajn] vin **wine-list** [waj'nlisst] vinlista **wine-vinegar** [waj'nvinn'iggə] vinäger **wing** [wing] vinge; flygel; flottilj; *wings* kulisser **wing-commander** [wing'kəma:ndə] flottiljchef (i flyget) **wing nut** [wing' natt] vingmutter **wink** [wingk] blinka [med]; blinkning; blund; *wink at* blinka åt, blunda för; *not get a wink of sleep* inte få en blund i ögonen **winner** [winn'ə] vinnare, segrare **winnow** [winn'åo] sålla **winsome** [winn'səm] charmerande, vinnande **winter** [winn'tə] vinter; *this winter* i vinter; *last winter* i vintras **winter coat** [winn'tə kåot] vinterkappa, vinterrock **winter half** [winn'tə ha:f] vinterhalvår **winter['s] day** [winn'tə[z] dej] vinterdag **winter sports** [winn'tə spå:ts] vintersport **wipe** [wajp] torka [av]; *wipe off* torka bort; *wipe out* stryka ut, tillintetgöra **wire** [waj'ə] [metall]tråd, ledning; telegram; linda; telegrafera; *barbed wire* taggtråd **wireless** [waj'əliss] trådlös; radio **wire-tapping** [waj'ətäpping] avlyssning **wiring** [waj'əring] ledningsnät **wiry** [waj'əri] trådig, senig, seg **wisdom** [wizz'dəm] visdom **wisdom-tooth** [wizz'dəmto:θ] visdomstand **wise** [wajz] klok, vis, förståndig **wiseacre** [waj'zejkə] besserwisser, snusförnuftig person **wisecrack** [waj'zkräkk] kvickhet; säga kvickheter **wish** [wisj] önskan, önskemål; önska; *good wishes* välgångsönskningar; *wish for* önska sig, längta efter; *wish s.b. well* vilja ngn väl **wisp** [wissp] hötapp; hårtott **wistful** [wiss'tfoll] trånande; grubblande **wit** [witt] kvickhet; kvickhuvud; förstånd; *wits* själsförmögenheter **witch** [wittsj] häxa **witchcraft** [witt'sjkra:ft] trolldom **with** [wiθ] med; hos; av; *with this* härmed **withdraw** [wiθdrå:'] utträda, dra [sig] tillbaka **withdrawal** [wiθdrå:'əl] uttag (*av pengar*); utträde **wither** [wiθ'ə] vissna, förtorka **withhold** [wiθhåo'ld] undanhålla **within** [wiθinn'] inom, inuti; inne; *from within* inifrån **without** [wiθao't] utan; *without nuances* onyanserad;

do without undvara, klara sig utan **withstand** [wiðstänn'd] motstå **witless** [witt'liss] vettlös, dum **witness** [witt'niss] vittne; vittnesbörd; bevittna, vara vittne till; vittna **witticism** [witt'isizzəm] kvickhet **wittingly** [witt'ingli] avsiktligt **witty** [witt'i] spirituell, kvick **wives** [wajvz] (pl. av *wife*) hustrur, fruar **wizard** [wizz'əd] trollkarl **wobble** [wåbb'l] vagga; vackla, vingla **woe** [wåo] ve; *woe betide you!* ve dig! **woke** [wåok] imperf. och perf. part. av *wake* **woken** [wåo'kn] perf. part. av *wake* **wolf** [wollf] varg, ulv; *a wolf in sheep's clothing* en ulv i fårakläder **wolverine** [woll'vəri:n] järv **woman** [womm'ən] (pl. *women* [wimm'inn] kvinna **womb** [wo:m] livmoder; sköte **women's wear** [wimm'innz wä:ə] damkläder **won** [wann] imperf. och perf. part. av *win* **wonder** [wann'də] under[verk]; undran; undra, förundras (*at* över); *wonder of wonders!* under över alla under!; *do* (*work*) *wonders* göra underverk; *I don't wonder* det undrar jag inte på **wonderful** [wann'dəfoll] underbar **wondrous** [wann'drəs] förunderlig; underbar **woo** [wo:] fria till, söka vinna **wood** [wodd] skog; trä, ved, virke; *planed wood* hyvlat virke **wood anemone** [wodd' ənemm'əni] vitsippa **woodcock** [wodd'kåkk] morkulla **woodcut** [wodd'katt] träsnitt **wooded** [wodd'idd] skogbevuxen **wooden** [wodd'n] trä-, av trä; *wooden shoe* träsko **woodpecker** [wodd'pekkə] hackspett **wood-pulp** [wodd'pallp] trämassa **woodshed** [wodd'sjedd] vedbod **wood[s]man** [wodd'(z)mən] skogsarbetare **woodwind instrument** [wodd'winnd inn'strəmənt] träblåsinstrument **woodwork** [wodd'wə:k] träslöjd; *do woodwork* snickra woody **woody** [wodd'i] trähaltig **wool** [woll] ull, ylle, yllegarn **woollen** [woll'inn] ylle-, av ylle; *woollen glove* [ylle]vante **wooly** [woll'i] ullig **word** [wə:d] ord, glosa; bud; besked; avfatta, formulera; *by word of mouth* muntligen; *plain words* ord och inga visor **wording** [wə:'ding] lydelse **word order** [wə:'d å:də] ordföljd **wore** [wå:] imperf. av *wear* **work** [wə:k] arbete, verk, jobb; arbeta, jobba; fungera, bearbeta; *work of art* konstverk; *out of work* utan arbete; *work against* motarbeta; *work on* avtjäna; *work out* utarbeta, utforma, räkna ut; *worked up* upprisen; *work one's hardest* arbeta allt vad man orkar; *work one's will* driva sin vilja igenom **worker** [wə:'kə] arbetare **working capital** [wə:'king käpp'ittl] rörelsekapital **working day** [wə:'king dej] arbetsdag **workman** [wə:'kmən] arbetare; fackman **workmanship** [wə:'kmənsjipp] yrkesskicklighet **workroom** [wə:'kromm] arbetsrum **works** [wə:ks] fabrik; bruk; *works of a clock* urverk **workshop** [wə:'ksjåpp] verkstad **world** [wə:ld] värld **world championship** [wə:'ld tsjämm'pjənsjipp] världsmästerskap **world-famous** [wə:'ldfej'məs] världsberömd **world history** [wə:'ld hiss'təri] världshistoria **worldly** [wə:'ldli] världslig **world record** [wə:'ld rekk'å:d] världsrekord **world war** [wə:'ld wå:] världskrig **worm** [wə:m] mask; kräk **worn** [wå:n] perf. part. av

worry — yard

wear; nött, sliten; tärd; *worn out* utnött, utsliten **worry** [warr'i] bekymra, oroa [sig] (*about* om); bekymmer, oro **worse** [wə:s] sämre, värre; *so much the worse* så mycket värre; *grow worse* förvärras; *to make matters worse* till råga på olyckan **worship** [wə:'sjipp] dyrka, tillbe; dyrkan **worst** [wə:st] sämst, värst; *if the worst comes to the worst, at worst* i värsta fall **worsted** [woss'tidd] kamgarn **wort** [wə:t] vört **worth** [wə:θ] värd; värdig; *worth considering* tänkvärd; *worth mentioning* nämnvärd **worthless** [wə:'θliss] värdelös **worth-while** [wə:'θwajl] lönande, givande **worthy** [wə:'ði] värdig **would** [wodd] skulle; *it would be nice* det vore trevligt **would-be** [wodd'bi:] förment, så kallad; blivande **would-be-wise** [wodd'bi:waj'z] snusförnuftig **wound 1** [wo:nd] sår; såra **2** [waond] imperf. och perf. part. av **wind 2 wove** [wåov] imperf. och perf. part. av *weave* **woven** [wåo'vən] perf. part. av *weave* **wow** [wao] braksuccé **wrangle** [räng'gl] gräla, bråka **wrap** [räpp] veckla, svepa, slå in; *wrap up* vira in, linda in **wrapped-up** [räpp'tapp'] inslagen (*om paket*) **wrapping** [räpp'ing] omslag, emballage **wrapping-paper** [räpp'ingpejpə] omslagspapper **wrath** [rå:θ] vrede **wrathful** [rå:'θfoll] vred **wreath** [ri:θ] krans **wreck** [rekk] vrak; skeppsbrott; göra till vrak; *be wrecked* förlisa **wreckage** [rekk'iddsj] vrakgods; skeppsbrott **wrecking truck** [rekk'ing trakk] (*Am.*) bärgningsbil **wren** [renn] gårdsmyg **Wren** [renn] (av *W.R.N.S.* Women's Royal Naval Service) marinlotta **wrench** [renntsj] ryck; skiftnyckel; vrickning; rycka; vricka **wrest** [resst] rycka; förvrida **wrestle** [ress'l] brottas **wrestler** [ress'lə] brottare **wrestling** [ress'ling] brottning **wretch** [rettsj] stackare **wretched** [rett'sjidd] usel **wriggle** [rigg'l] slingra sig (*out of* ifrån); **wring** [ring] vrida **wrinkle** [ring'kl] rynka; rynka sig, skrynkla **wrist** [risst] handled **wrist-watch** [riss'twåttsj] armbandsur **writ** [ritt] skrivelse; stämning **write** [rajt] skriva; *write down* skriva upp **writer** [raj'tə] skribent, författare **writhe** [rajð] vrida [sig] **writing** [raj'ting] skrift; skrivning **writing-desk** [raj'tingdessk] sekretär **writing-paper** [raj'tingpejpə] skrivpapper **written** [ritt'n] skriftlig; *written language* skriftspråk **wrong** [råŋg] fel[aktig], orätt; oförrätt, orättvisa; göra orätt, kränka; *be wrong* ha fel; *go wrong* gå på tok; *wrong idea* vanföreställning; *wrong side* avigsida; *the wrong way round* bak och fram **wrote** [råot] imperf. av *write* **wrung** [rang] imperf. och perf. part. av *wring* **wry** [raj] förvriden, skev; *wry face* ful grimas, sur min **xenophobia** [zennəfåo'bjə] främlingshat **Xmas** [kriss'məs] = *Christmas* jul **X-ray** [ekk'srej] röntga; röntgen; *X-ray examination* röntgenundersökning; *X-ray photography* röntgenfotografering **xylophone** [zaj'ləfåon] xylofon **yacht** [jått] lustjakt **yacht-racing** [jått'rejsing] kappsegling **yank** [jängk] rycka, slita [i] **Yank[ee]** [jäng'k(i)] amerikan; amerikanska [språket] **yap** [jäpp] gläfsa, bjäbba **yard** [ja:d] gård, gårdsplan; mått=0,914 m

yarn [ja:n] garn; skepparhistoria **yawn** [jå:n] gäspa; gäspning **yea** [jei] (*åld. eller dialektalt*) ja **year** [jə:] år; *Happy New Year* Gott Nytt År!; *year of birth* födelseår; *turn of the year* årsskifte; *... of many years* mångårig **yearling** [jə:'ling] årsgammalt djur **year-long** [jə:'lång] årslång **yearly** [jə:'li] årlig[en], års- **yearn** [jə:n] längta (*for* efter) **yeast** [ji:st] jäst **yell** [jell] gallskrika, skräna **yellow** [jell'åo] gul **yelp** [jellp] gläfs; gläfsa **yeoman** [jåo'mən] odalman; kammartjänare; *Yeoman of the Guard* medlem av kungl. livvakten **yes** [jess] ja, jo; *yes certainly* ja visst!; *oh yes* åjo; jo då **yesterday** [jess'tədi] i går; *yesterday morning* i går morse **yet** [jett] dock, likväl, ändå; ännu **yew** [jo:] idegran **yield** [ji:ld] inbringa, avkasta; ge sig, ge efter, vika (*to* för); avkastning **yoke** [jåok] ok; besparing (*på plagg*) **yokel** [jåo'kl] tölp **yolk** [jåok] äggula **yonder** [jånn'də] där borta; den (det, de) där **you** [jo:] du, ni; dig, er; man **young** [jang] ung; unge; *young bird* fågelunge; *young man* yngling; *young people* ungdomar; *young rascal* slyngel **youngster** [jang'stə] grabb, pojkspoling **your** [jå:] (*forenat*) din, er; *your people* de dina **yours** [jå:z] (*självst.*) din, er; *Yours faithfully*, (*Am.*) *Very truly yours* högaktningsfullt **yourself** [jå:sell'f] du (dig, ni, er) själv, själv **yourselves** [jå:sell'vz] du (dig, ni, er) själva, själva **youth** [jo:θ] ungdom **youthful** [jo:'θfoll] ungdomlig **youth hostel** [jo:'θ håss'təl] vandrarhem **Yule-tide** [jo:'ltajd] jultid **zany** [zej'ni] tokstolle; tokrolig, befängd **zeal** [zi:l] nit, iver **Zealand** [zi:'lənd] Själland **zealous** [zell'əs] nitisk **zebra** [zi:'brə] sebra **zebra crossing** [zi:'brəkråssing] övergångsställe för fotgängare **zenith** [zenn'iθ] zenit **zero** [zi:'əråo] noll; nolla; fryspunkten **zest** [zesst] krydda; aptit, entusiasm **zigzag** [zigg'zägg] sicksack **zinc** [zingk] zink **Zionist** [zaj'ənisst] sionist **zip** [zipp] vinande; blixtlås; vina; stänga med blixtlås **zipfastener** [zipp'fa:snə] blixtlås **zither** [ziθ'ə] cittra **zon** [zåon] zon **zoo[logical gardens]** [zåo(əlådd'sjkəl ga:'dnz)] djurpark, zoologisk trädgård **zoology** [zåoåll'ədsji] zoologi

Engelsk grammatik
En liten repetitionskurs

a boy [ə båjj'] en pojke
an apple [ən äpp'l] ett äpple
a year [ə jə:'] ett år
an hour [ən ao'ə] en timme

the boy [ðə båjj'] pojken
the apple [ði äpp'l] äpplet

My wife is a teacher. Min fru är lärarinna. *Can you drive a car?* Kan du köra bil?

The following story. Följande historia. *The right (the wrong) method.* Rätt (fel) metod. *In the same way.* På samma sätt. *— The Rhine.* Rhen. *The Daily Express.* Daily Express. *The Grand Hotel.* Grand Hotel.

Go to school (church). Gå i skolan (kyrkan). *Spring is here.* Våren är här. *Breakfast is at 8.* Frukosten är kl. 8. *Northern (southern, modern) England.* Prices are going up. Priserna stiger. (Men: *the prices of books* ... priserna på böcker.)

Obestämda artikeln (en, ett) heter *a* framför konsonantljud och *an* framför vokalljud.

Bestämda artikeln heter *the* och uttalas [ðə] framför konsonantljud och [ði] framför vokalljud.

Obestämd artikel används ungefär som i svenskan. Den utsätts i engelskan vid yrke m.m. eller då man kan tänka sig obestämd artikel på svenska.

Bestämd artikel används ungefär som i svenskan. Engelskan har dock bestämd form i följande fall där svenskan saknar artikel: Framför *following, previous, preceding, right, wrong, past, present, same, usual* m.fl. samt vid namn på bergskedjor, floder, hav, fartyg, hotell, teatrar och en del tidningar.

Engelskan använder inte bestämd artikel i följande fall där artikel vanligen utsätts i svenskan: vid (go to, be at) school, church, vid årstider, högtider, månader, veckor, dagar, måltider, gator, offentliga platser samt vid nationalitetsadjektiv, *all, northern* m.fl. framför namn på länder o. städer

Engelsk grammatik

cats [kätts] katter
months [mannθs] månader
boys [båjz] pojkar
glasses [gla:ˈsiz] glas
flies [flajz] flugor
(av fly)

a man, the men en man, männen
a woman, the women [wimmˈin] en kvinna, kvinnorna
a child, the children ett barn, barnen

He has a large income. Han har goda inkomster. That was good news. Det var goda nyheter. The furniture was ugly. Möblerna var fula.

Did you see many people? Såg du mycket folk? Here are the scissors (tongs). Här är saxen (tången).

George's brother. Georgs bror. The boys' mother. Pojkarnas mamma. One hour's sleep. En timmes somn.

The book of the century. Århundradets bok. The roof of the house. Husets tak.

big, bigger, biggest
early, earlier, earliest
severe, severer, severest

Substantiven bildar pluralis genom ändelsen -s eller -es (efter s- och sje-ljud). -s uttalas [s] efter tonlösa ljud (f, k, p, t, θ) och [z] efter tonande ljud (vokalerna, b, d, g, j, l, m, n, r, v, ð). -es uttalas [iz].

Några substantiv har i engelskan oregelbunden pluralis (utom de t.v. även mouse—mice mus, goose—geese gås, ox—oxen oxe, sheep—sheep får m.fl.)

Följande substantiv är singularis i engelskan: income inkomst[er], furniture möbler, advice råd, news nyheter, knowledge kunskaper, money pengar, information upplysningar, business affärer.

Följande substantiv är pluralis i engelskan: people folk, cattle boskap, contents innehåll, thanks tack, scissors sax, tongs tång m.fl.

Apostrofgenitiv bildas genom tillägg av 's (i pluralis efter ändelsen -s endast ') och används om levande varelser och vid tids- och måttsbestämningar.

I övriga fall används **of-genitiv.**

Alla till uttalet enstaviga och många tvåstaviga **adjektiv,** särskilt de på -y, -er och -ow samt de med tonvikten på andra stavelsen, kompareras med ändelserna -(e)r, och -(e)st.

Engelsk grammatik

bent, more bent, most bent
distant, more distant, most distant

Övriga kompareras med *more* och *most*.

funny, funnier, funniest

red, redder, reddest

Ändelsen *-y* övergår efter konsonant till *i* framför *-er* och *-est*. I enstaviga adjektiv efter kort, enkel vokal fördubblas slutkonsonanten framför *-er* och *-est*.

good well }	better	best
bad ill evil }	worse	worst
little	less	least
many much }	more	most

Oregelbunden komparation.

far	{ farther { further	farthest furthest
late	{ later { latter	latest last
near	nearer	{ nearest { next
old	{ older { elder	oldest eldest

Dubbla komparationsformer. *Farther* och *further* används båda för att beteckna avstånd i rum, *further* dessutom i betydelsen vidare, ytterligare. *Later* och *latest* avser tid, *latter* och *last* ordningsföljd. *Elder* och *eldest* används om personer av samma familj eller släkt. Äldre än heter alltid *older than*.

brave modig — *bravely* modigt
happy lycklig — *happily* lyckligt, lyckligen
full full — *fully* fullt

Ett adjektiv kan i allmänhet förvandlas till **adverb** genom tillägg av *-ly*. Adverb kompareras som adjektiv. Med ändelser kompareras endast till uttalet enstaviga adverb samt *early*.

well	better	best
badly ill }	worse	worst
little	less	least
much	more	most

Oregelbunden komparation.

Engelsk grammatik

far	farther	farthest	Dubbla komparationsformer.
	further	furthest	
late	later	latest / last	
near	nearer	nearest / next	

Märk: *lastly* slutligen, *at last* äntligen, *at least* åtminstone.

He was brave. Han var modig. *He behaved bravely.* Han uppförde sig modigt.

Skilj noga mellan adjektiv och adverb.

Hard work. Hårt arbete. *To work hard.* Att arbeta hårt. *A high game.* Ett högt spel. *To play high.* Att spela högt.

Följande adjektiv används oförändrade som adverb: *hard, direct, high, loud, aloud, fast.*

A lot (a great deal) of pulp is exported from Sweden. Mycket pappersmassa exporteras från Sverige.

Mycket, mycken framför substantiv heter oftast *a lot of* eller *a great deal of.*

A very interesting book. En mycket intressant bok. *He felt much better.* Han kände sig mycket bättre. *I like you very much.* Jag tycker mycket om dig.

Framför positivformen av adjektiv och adverb heter mycket *very,* framför komparativformer och vid verb *(very) much.*

Räkneord

Grundtal	Ordningstal	Grundtal	Ordningstal
0 *nought*			
1 *one*	*the first*	16 *sixteen*	*the sixteenth*
2 *two*	*the second*	17 *seventeen*	*the seventeenth*
3 *three*	*the third*	18 *eighteen*	*the eighteenth*
4 *four*	*the fourth*	19 *nineteen*	*the nineteenth*
5 *five*	*the fifth*	20 *twenty*	*the twentieth*
6 *six*	*the sixth*	21 *twenty-one*	*the twenty-first*
7 *seven*	*the seventh*	30 *thirty*	*the thirtieth*
8 *eight*	*the eighth*	40 *forty*	*the fortieth*
9 *nine*	*the ninth*	50 *fifty*	*the fiftieth*
10 *ten*	*the tenth*	60 *sixty*	*the sixtieth*
11 *eleven*	*the eleventh*	70 *seventy*	*the seventieth*
12 *twelve*	*the twelfth*	80 *eighty*	*the eightieth*
13 *thirteen*	*the thirteenth*	90 *ninety*	*the ninetieth*
14 *fourteen*	*the fourteenth*		
15 *fifteen*	*the fifteenth*		

Engelsk grammatik

Grundtal	Ordningstal
100 *a* (*one* mer betonat) *hundred*	*the* (*one*) *hundredth*
101 *one* (*a*) *hundred and one*	*the* (*one*) *hundred and first*
200 *two hundred*	*the two hundredth*
1 000 *a* (*one* mer betonat) *thousand*	*the* (*one*) *thousandth*
1 001 *one* (*a*) *thousand and one*	*the* (*one*) *thousand and first*
10 000 *ten thousand*	*the ten thousandth*
10 050 *ten thousand and fifty*	*the ten thousand and fiftieth*
1 000 000 *a* (*one* mer betonat) *million*	*the millionth*

Vid datering av brev skriver man vanligen *October 1(st)* (läs *October the first*), *1974* eller *1(st) October* (läs *the first of October*), *1974*.

Pronomen

Personliga pronomen		Reflexiva pronomen	Possessiva pronomen	
subjekt	objekt		förenade	självständiga
I	*me*	*myself*	*my*	*mine*
you	*you*	*yourself*	*your*	*yours*
he	*him*	*himself*	*his*	*his*
she	*her*	*herself*	*her*	*hers*
it	*it*	*itself*	*its*	*its own*
we	*us*	*ourselves*	*our*	*ours*
you	*you*	*yourselves*	*your*	*yours*
they	*them*	*themselves*	*their*	*theirs*
		oneself	*one's*	*one's own*

I myself. Jag själv. *I saw him.* Jag såg honom. *She cut herself.* Hon skar sig. *Is that my lighter?* Är det där min tändare? *No, it's mine*. Nej, det är min.

Exempel på användningen av personliga, reflexiva och possessiva pronomen.

This is my husband. Det här är min man. *You can't trust those people*. De där människorna är inte att lita på. *That was a dirty trick*. Det där var ett fult trick. *These belong to me*. De här tillhör mig.

Demonstrativa pronomen: this, that, these, those. Används som i svenskan.

Engelsk grammatik

Who gave you that? Vem har givit dig den där? *Who(m) do you mean?* Vem menar du? *Which of the boys did not come?* Vilka av pojkarna kom inte? *What did you say?* Vad sa du?

Interrogativa pronomen: *who, which, what.* Används som i svenskan.

The girl who laughed. Flickan som skrattade. *The house in which he lives is yellow.* Huset som han bor i är gult. *That's a boy that I like.* Det är en pojke som jag tycker om. *He said he saw me there, which was a lie.* Han sa att han såg mig där, vilket var lögn.

Relativa pronomen: *who* som (om personer), *which* vilken, vilka (om djur och saker), *that* som (om personer, djur och saker), *what* det som, vad.

The house [that] he lives in. Huset [som] han bor i.

Liksom i svenskan kan relativpronominet utelämnas i engelskan.

I saw some of them. Jag såg några av dem. *I have something to tell you.* Jag har något att berätta för dig. *Would you like some coffee?* Vill du ha lite kaffe? *Somebody has been here.* Någon har varit här.

Indefinita pronomen. Någon, något, några: I jakande satser används *some* med sammansättningar.

Is there any coffee left? Finns det något kaffe kvar? *I never saw anything so beautiful.* Jag har aldrig sett något så vackert. *Just let me know if there is anything I can do for you.* Säg bara till om det är något jag kan hjälpa dig med.

I nekande och frågande satser samt i *if*-satser används *any* med sammansättningar.

Nobody (No one) could help me. Ingen kunde hjälpa mig. *There is no place like home.* Borta bra men hemma bäst. *None of them could come.* Ingen av dem kunde komma.

Ingen, inget, inga

Engelsk grammatik

Everybody (Everyone) has his hobby-horse. Var och en har sin käpphäst. *He came to see me every week.* Han kom och hälsade på mig varje vecka. *They had 5 pounds each.* De hade 5 pund var.

One never knows! Det kan man aldrig veta! *You mustn't do that!* Så får man inte göra! *In England they drink a lot of tea.* I England dricker man mycket te. *It is said (People say) that.* Man påstår att.

Var och en, varje, vardera:

Man översätts med *one* då den talande själv är inbegripen. *You* då den tilltalade är inbegripen samt i anvisningar. *They* (de) eller *we* (vi) för att beteckna sedvänja. Passiv konstruktion eller *people* (folk).

Verb

	Presens	Imperfekt	Perfekt	Pluskvamperfekt	Futurum
I	have	had	have had	had had	shall have
you	have	had	have had	had had	will have
he she it	has	had	has had	had had	will have
we	have	had	have had	had had	shall have
you	have	had	have had	had had	will have
they	have	had	have had	had had	will have
I	am	was	have been	had been	shall be
you	are	were	have been	had been	will be
he she it	is	was	has been	had been	will be
we	are	were	have been	had been	shall be
you	are	were	have been	had been	will be
they	are	were	have been	had been	will be
I	do	did	have done	had done	shall do
you	do	did	have done	had done	will do
he she it	does	did	has done	had done	will do
we	do	did	have done	had done	shall do
you	do	did	have done	had done	will do
they	do	did	have done	had done	will do

Engelsk grammatik

Can kan, förmår, är i stånd har formen *can* i presens och *could* i imperfekt. Övriga former omskrivs vanligen med *to be able to* = att vara i stånd [till] att, kunna.

May må, får, kan [kanske] har formen *may* i presens och *might* i imperfekt. Felande former av *may* i betydelsen få ersätts vanligen med *to be allowed* [*to*], *to be permitted* [*to*].

Must måste, är tvungen (tvungna) att har formen *must* i såväl presens som imperfekt. Imperfekten används vanligen bara i indirekt tal. Felande former ersätts genom omskrivning, särskilt med *to have to, to be obliged to*.

De regelbundna verbens böjningsformer

	Presens	Imperfekt	Perfekt	Pluskvamperfekt	Futurum
I	help	helped	have helped	had helped	shall help
you	help	helped	have helped	had helped	will help
he she it	helps	helped	has helped	had helped	will help
we	help	helped	have helped	had helped	shall help
you	help	helped	have helped	had helped	will help
they	help	helped	have helped	had helped	will help

Ändelsen *-ed* uttalas som [d] efter tonande ljud (utom d-ljud), t.ex. *called* [kå:ld], som [t] efter tonlösa ljud (utom t-ljud), t.ex. *helped* [hellpt], och som [idd] efter d- och t-ljud, t.ex. *waited* [wej'tidd]. Ändelsen *-s* uttalas [z] efter tonande ljud och [s] efter tonlösa ljud. Ändelsen *-es* uttalas [iz]. Ex.: *he pays* [pejz], *he works* [wə:ks], *he passes* [pa:'siz].

I was shown the way by the policeman = Jag visades vägen av polismannen = Polismannen visade mig vägen.

Passiv form bildas av verbet *be* + perfekt particip av huvudverbet.

I do not remember him. Jag kommer inte ihåg honom. *Did you say anything?* Sa du något?

I alla med *not* nekade satser och direkta frågesatser med omvänd ordföljd i svenskan (dvs. med predikatet före subjektet) används **omskrivning med do** + infinitiven av det omskrivna verbet.

Engelsk grammatik

He is sitting at the table. Han sitter vid bordet. *I was reading a newspaper, when she came in.* Jag läste en tidning när hon kom in.

Pågående form, dvs. omskrivning med *be* + presens particip (*ing*-formen) av huvudverbet, används för att beteckna en handling eller ett tillstånd såsom pågående vid det tillfälle som det just är fråga om.

I think it is going to rain. Jag tror det blir regn. *I was just going to fire the pistol, when he seized me by the shoulder.* Jag skulle just avlossa pistolen då han fattade mig i axeln.

Omskrivning (i presens och imperfekt) med *be going to* + infinitiv av huvudverbet används för att beteckna något omedelbart förestående eller en avsikt (= skall (skulle) till att, tänker (tänkte), ämnar (ämnade)).

They were to inherit a very great fortune. De skulle komma att få ärva en stor förmögenhet.

Omskrivning (i presens och imperfekt) med *be* + *to* + infinitiv av huvudverbet används för att beteckna något på förhand bestämt (ofta av försynen, ödet), överenskommet eller avtalat.

It is likely to take place. Det kommer sannolikt att äga rum. *He is sure to succeed.* Han kommer säkert att lyckas.

Omskrivning med *be likely to*, *sure to* + infinitiv av huvudverbet används för att beteckna att det är antagligt eller säkert att något skall (skulle) ske.

It will soon be winter. Det blir snart vinter.

Svenskt presens med betydelse av futurum återges i engelskan i regel med futurum.

I shall (You will) never forget it. Jag (Du) skall aldrig glömma det.

Skall (= kommer att) översätts med *shall* i 1:a person (*I, we*) och *will* i 2:a och 3:e person (*You, he, she, it, they*).

I will help you. Jag skall hjälpa dig.
You shall do as I tell you. Du skall göra som jag säger.

Skall (= vill, ämnar, lovar) översätts med *will*.
Skall (= måste) översätts med *shall*.

To be or not to be. Att vara eller inte vara.

Att före **infinitiv** heter *to*.

Engelsk grammatik

Not to mention. För att inte tala om. *He stepped softly in order not to wake the children.* Han gick försiktigt för att inte väcka barnen.

She went on reading without taking any notice of him. Hon fortsatte att läsa utan att ta någon notis om honom.

För att översätts med *to* eller *in order to*.

Efter preposition använder engelskan i regel *-ing-form*.

Opersonligt (obetonat) **det** översätts:

It is raining. Det regnar.

med *it* i fråga om väderlek, temperatur, tid och avstånd.

Do you know John? Yes, he is a nice chap. Känner du John? Ja, det är en trevlig kille.

med *he, she, they* då "det" i svenskan kan utbytas mot han, hon, de.

There was no cheese left. Det fanns ingen ost kvar.

med *there* när "det" är formellt subjekt och det egentliga subjektet är ett substantiviskt ord. "Det är" kan då utbytas mot "det finns".

He is ill, and so am I. Han är sjuk och det är jag med. *Can you speak English? Yes, I can.* Kan du tala engelska? Ja, det kan jag. *He went to Paris, didn't he?* Han for till Paris, eller hur? *Yes, he did.* Ja, det gjorde han.
I am so glad. Det gläder mig. *What a pity!* Det var tråkigt!

med *so* då "det" = "det—också", "det—med".
"Det" översätts inte när det står som objekt vid hjälpverb, vid *dare* och *need* samt vid *do* när detta står i stället för ett annat verb.

Engelskan kräver ibland konstruktion med ett substantiviskt ord som subjekt där svenskan har en opersonlig konstruktion.

Några andra fall där engelskan skiljer sig från svenskan

In the morning I take a shower. På morgonen duschar jag.

I påstående satser är *ordföljden* i allmänhet rak, dvs. subjektet kommer före predikatet.

They washed their faces. De tvättade sig i ansiktet.

Ett substantiv som hänför sig till flera ägare sätts i engelskan i pluralis då det ägda tillhör varje ägare särskilt.

A cup of coffee. En kopp kaffe. *The spring of 1974.* Våren 1974. *The 1st of April.* Första april (endast i tal, ej i skrift).

Efter substantiv som betecknar mängd, antal, slag, efter årstider, högtider, *name, title* m.fl. samt i datum inskjuter engelskan prepositionen *of*.

Half a loaf. En halv limpa. *He is such a nice man.* Han är en så trevlig man. *What a shame!* Så synd!

Obestämd artikel sätts *efter half, many, such, what* (i utrop) och *quite*.

Any day will suit me. Vilken dag som helst passar mig. *Anything will do.* Vad som helst går bra.

Any med sammansättningar betyder i jakande påstående satser vilken (vilket, vilka) som helst.

One ship left for France and the other for Norway. Det ena fartyget avgick till Frankrike och det andra till Norge.

One betyder den ena då det står i motsats till *the other* den andra.

My red skirt and my green one. Min röda kjol och min gröna.

One (pluralis *ones*) ersätter substantiv efter adjektiv.

He has several cars. Han har flera bilar. *He has more than anyone else.* Han har flera än någon annan. *Most newspapers come out in the morning.* De flesta tidningar utges på morgonen.

Lägg märke till skillnaden mellan *several* (flera, åtskilliga) och *more* (mera, flera). *Most* betyder den (det) mesta, de flesta.

The car is little damaged. Bilen är obetydligt skadad. *The car is a little damaged!* Bilen är lite skadad.

Lägg märke till skillnaden mellan *little* (litet, föga) och *a little* (något litet).

I have few friends willing to help me. Jag har få vänner som vill hjälpa mig. *I have a few friends willing to help me.* Jag har några vänner som vill hjälpa mig.

Lägg märke till skillnaden mellan *few* (få) och *a few* (några).

I never heard the like. Jag har aldrig hört på maken.

Vid *ever* och *never* är imperfekt vanligt där svenskan har perfekt.

Engelsk grammatik

I don't want them to know. Jag vill inte att de skall få veta det.

Efter önske- och viljeverb (*want, like, expect* m.fl.) har engelskan ackusativ med infinitiv där svenskan har att-sats.

He made me laugh. Han kom mig att skratta. *You had better ask somebody else.* Det är bäst att du frågar någon annan.

Efter *make* (förmå, komma att) och *bid* (befalla) har engelskan infinitiv.

We waited for you to come. Vi väntade på att du skulle komma.

Efter *long for* (längta efter), *wait for* (vänta på), *count on* (räkna på) och *rely on* (lita på) har engelskan ackusativ med infinitiv.

I did it without knowing. Jag gjorde det utan att veta om det.

Efter preposition har engelskan nästan alltid *-ing*-form.

Excuse my troubling you. Förlåt att jag besvärar er. *I am busy packing.* Jag håller på att packa.

Efter *mind, excuse, forgive, it is no use, cannot help, finish, stop, go on, keep (on), want, busy, like* och *worth* har engelskan *-ing*-form.

Oregelbundna verb

abide dröja, förbli	abode	abode
	abided	abided
arise uppstå	arose	arisen
awake vakna; väcka	awoke	awaked
	awaked	awoke
bear bära; föda	bore	borne[1]
		born[2]
beat slå	beat	beaten
become bli; passa	became	become
beget avla, föda	begot	begotten
begin börja	began	begun
behold skåda	beheld	beheld
bend böja (sig)	bent	bent
bereave beröva	bereft	bereft
	bereaved	bereaved
beseech bönfalla	besought	besought
bet hålla vad	bet	bet
	betted	betted
bid befalla, bjuda	bade	bidden
	bid	bid
bid bjuda (ett pris)	bid	bid
bind binda	bound	bound
bite bita	bit	bitten
		bit
bleed blöda; åderlåta	bled	bled
blow blåsa; spränga	blew	blown
break bryta; brista	broke	broken
breed (fram)föda	bred	bred
bring ha med sig	brought	brought
build bygga	built	built
burn bränna; brinna	burnt	burnt
	burned	burned
burst brista; spränga	burst	burst
buy köpa	bought	bought
cast kasta; gjuta	cast	cast
catch fånga	caught	caught
chide banna	chid	chidden
		chid
choose välja	chose	chosen

[1] burit, buren, fött.   [2] född.

Oregelbundna verb

cleave klyva	cleft	cleft
	clove	cloven
	cleaved	cleaved
cling hålla sig fast	clung	clung
clothe (be)kläda	clothed	clothed
		clad
come komma	came	come
cost kosta	cost	cost
creep krypa	crept	crept
crow gala	crew	crowed
	crowed	
cut skära, hugga	cut	cut
dare våga, riskera	dared	dared
	durst	
deal utdela; handla	dealt	dealt
dig gräva	dug	dug
draw dra; rita	drew	drawn
dream drömma	dreamt	dreamt
	dreamed	dreamed
drink dricka	drank	drunk
drive driva; köra	drove	driven
dwell bo, vistas	dwelt	dwelt
eat äta	ate	eaten
fall falla	fell	fallen
feed föda, mata	fed	fed
feel känna (sig)	felt	felt
fight fäkta, strida	fought	fought
find finna	found	found
flee (und)fly	fled	fled
fling kasta	flung	flung
fly flyga; fly	flew	flown
forbear låta bli	forbore	forborne
forbid förbjuda	forbade	forbidden
	forbad	
forget glömma	forgot	forgotten
forgive förlåta	forgave	forgiven
forsake överge	forsook	forsaken
freeze frysa (ner)	froze	frozen
get få; bli	got	got
gild förgylla	gilded	gilded
		gilt[1]
gird omgjorda	girded	girded
	girt	girt
give ge	gave	given
go gå, resa	went	gone

[1] förgylld.

Oregelbundna verb

grave begrava; gravera	graved	graved
		graven
grind mala	ground	ground
grow växa	grew	grown
hang hänga(s)	hung	hung
	hanged[1]	hanged[1]
hear höra	heard	heard
heave häva, lyfta	heaved	heaved
	hove	hove
hew hugga	hewed	hewn
		hewed
hide gömma (sig)	hid	hidden
		hid
hit slå, träffa	hit	hit
hold hålla	held	held
hurt såra; värka	hurt	hurt
keep (be)hålla	kept	kept
kneel knäböja	kneeled	kneeled
	knelt	knelt
knit sticka	knitted	knitted
	knit	knit
know veta, kunna	knew	known
lade lasta	laded	laden
lay lägga	laid	laid
lead leda	led	led
lean luta (sig)	leaned	leaned
	leant	leant
leap hoppa	leapt	leapt
	leaped	leaped
learn lära sig	learned	learned[2]
	learnt	learnt
leave lämna; resa	left	left
lend låna (ut)	lent	lent
let låta	let	let
lie ligga	lay	lain
light tända	lighted	lighted
	lit	lit
light slå ned (om fågel)	lighted	lighted
	lit	lit
lose förlora	lost	lost
make göra	made	made
mean mena, betyda	meant	meant
meet möta(s)	met	met
melt smälta	melted	melted

[1] Används endast i betydelsen hänga = avliva genom hängning.
[2] [lə:'nidd], adjektiviskt i betydelsen lärd.

Oregelbundna verb

mow meja		*mowed*	*mowed*
			mown[1]
pay betala		*paid*	*paid*
put sätta, ställa, lägga		*put*	*put*
read läsa		*read*	*read*
rend gå (slita) sönder		*rent*	*rent*
rid befria		*ridded*	*ridded*
		rid	*rid*[2]
ride rida, åka		*rode*	*ridden*
ring ringa		*rang*	*rung*
rise stiga (upp)		*rose*	*risen*
rive splittra(s)		*rived*	*riven*
			rived
run springa		*ran*	*run*
saw såga		*sawed*	*sawn*
			sawed
say säga		*said*	*said*
see se		*saw*	*seen*
seek söka		*sought*	*sought*
sell sälja		*sold*	*sold*
send sända		*sent*	*sent*
set sätta		*set*	*set*
sew sy		*sewed*	*sewn*
			sewed
shake skaka		*shook*	*shaken*
shave raka (sig)		*shaved*	*shaved*
			shaven[3]
shear klippa (får)		*sheared*	*shorn*
			sheared
shed gjuta, fälla		*shed*	*shed*
shine skina		*shone*	*shone*
shoe sko		*shod*	*shod*
shoot skjuta		*shot*	*shot*
show visa		*showed*	*shown*
			showed
shrink krympa		*shrank*	*shrunk*
shut stänga		*shut*	*shut*
sing sjunga		*sang*	*sung*
sink sjunka		*sank*	*sunk*
sit sitta		*sat*	*sat*
slay dräpa		*slew*	*slain*
sleep sova		*slept*	*slept*

[1] Som adjektiv används endast *mown*.
[2] Endast i uttrycket *be* (*get*) *rid of* vara (göra sig) kvitt.
[3] Används endast som adjektivattribut.

Oregelbundna verb

slide glida	*slid*	*slid*
		slided, slidden
sling slunga	*slung*	*slung*
slink smyga, slinka	*slunk*	*slunk*
slit skära upp	*slit*	*slit*
smell lukta (på)	*smelt*	*smelt*
	smelled	*smelled*
smite slå	*smote*	*smitten*
sow (be)så	*sowed*	*sown*
		sowed
speak tala	*spoke*	*spoken*
speed hasta, ila	*sped*	*sped*
spell stava	*spelt*	*spelt*
	spelled	*spelled*
spend ge ut; tillbringa	*spent*	*spent*
spill spilla (ut)	*spilt*	*spilt*
	spilled	*spilled*
spin spinna	*spun*	*spun*
	span	
spit spotta	*spat*	*spat*
split splittra(s), klyva(s)	*split*	*split*
spoil fördärva	*spoilt*	*spoilt*
	spoiled	*spoiled*
spread sprida (sig)	*spread*	*spread*
spring hoppa	*sprang*	*sprung*
	sprung	
stand stå	*stood*	*stood*
steal stjäla	*stole*	*stolen*
stick fästa; sticka	*stuck*	*stuck*
sting sticka, stinga	*stung*	*stung*
stink stinka	*stank*	*stunk*
	stunk	
strew (be)strö	*strewed*	*strewed*
		strewn
stride kliva	*strode*	*stridden*
strike slå (till); strejka	*struck*	*struck*
string (be)stränga	*strung*	*strung*
strive sträva	*strove*	*striven*
swear svär(j)a	*swore*	*sworn*
sweep sopa	*swept*	*swept*
swell svälla	*swelled*	*swollen*
swim simma	*swam*	*swum*
swing svänga; gunga	*swung*	*swung*
take ta	*took*	*taken*
teach lära (ut)	*taught*	*taught*
tear riva sönder	*tore*	*torn*
tell berätta	*told*	*told*

Oregelbundna verb

think tänka	*thought*	*thought*
thrive frodas	*throve*	*thriven*
	thrived	*thrived*
throw kasta	*threw*	*thrown*
thrust stöta	*thrust*	*thrust*
tread trampa (på)	*trod*	*trodden*
wake vakna; väcka	*woke*	*waked*
	waked	*woken*
		woke
wear bära, ha på sig	*wore*	*worn*
weave väva	*wove*	*woven*
		wove
weep gråta	*wept*	*wept*
win vinna	*won*	*won*
wind vrida	*wound*	*wound*
work arbeta	*worked*	*worked*
	wrought[1]	*wrought*[1]
wring vrida (ur)	*wrung*	*wrung*
write skriva	*wrote*	*written*

[1] Ålderdomligt och tekniskt.

Parlör

Några vanliga ord och uttryck

Adjö!	*Goodbye!* [godd'baj']
Bor ... här?	*Does ... live here?* [dazz ... livv' hi:']
Det finns	*There is (are)* [ðä:'ər izz' (a:')]
Det gör ingenting!	*Never mind!* [nevv'ə maj'nd]
Ett ögonblick!	*Just a minute!* [dsjass't ə minn'itt]
Får jag komma in?	*May I come in?* [mej' aj kamm inn']
Får jag presentera ...?	*May I introduce ...* [mej' aj intrədjo:'s]
Förlåt! (ursäkta)	*Excuse me!* [ikkskjo:'z mi]
God afton!	*Good evening!* [godd i:'vning]
God dag!	*Good morning (afternoon, evening)!* [godd må:'ning (a:'ftəno:'n, i:'vning)]
God middag!	*Good afternoon* [godd a:'ftəno:'n]
God morgon!	*Good morning!* [godd må:'ning]
God natt!	*Good night!* [godd naj't]
Hej!	*Hello!* [hell'åo']
Hej då!	*Bye!* [baj]
Hur dags ...?	*What time ...?* [wått taj'm]
Hur mycket kostar det?	*How much does it cost?* [hao' matt'sj dazz itt kåss't]
Hur mycket är klockan?	*What time is it?* [wått taj'm izz itt]
Hur sa?	*I beg your pardon?* [aj begg' jå: pa:'dn]
Hur stavas det?	*How do you spell it?* [hao' do jo spell' itt]
Hur står det till?	*How are you?* [hao a:' jo]
Ingen orsak	*Don't mention it!* [dåo'nt menn'sjən itt]
Inte alls	*Not at all* [nått ət å:'l]
Jag heter ...	*My name is ...* [maj' nej'm izz']
Jag skulle vilja tala med ...	*I'd like to speak to ...* [aj'd laj'k to spi:'k to]
Jag talar mycket lite engelska	*I speak very little English* [aj spi:'k verri littl ing'glisj]
Jag är svensk	*I am Swedish* [aj ämm swi:'disj]
Jaså	*Really* [ri:'əli]
Ja tack	*Yes, please* [jess' pli:'z]
Javisst	*Of course* [avv kå:'s]
Kan ni säga mig ...	*Can you tell me ...* [känn' jo tell' mi]
Kan ni visa mig	*Can you show me ...* [känn' jo sjåo' mi]

Parlör

Kan jag få ...	*May I have* ... [mej' aj hävv']
Klockan är fem	*It's five (o'clock)* [itts faj'v (əklåkk')]
Lite	*A little* [ə litt'l]
Med nöje	*With pleasure* [wið plesj'ə]
Nej tack	*No, thank you* [nåo' θäng'k jo]
Stör jag?	*Am I disturbing you?* [ämm' aj distə:'bing jo]
Tack bra, och ni?	*Very well, thank you. And you?* [verr'i well' θäng'k jo ännd jo:']
Tack	*Thank you* [θäng'k jo]
Tack, detsamma!	*Thanks. The same to you* [θäng'ks ðə sej'm to jo:']
Tack för hjälpen	*Thank you for your help* [θäng'k jo fə jå: hell'p]
Tala inte så fort	*Don't speak so quickly* [dåo'nt spi:'k såo kwikk'li]
Talar ni engelska?	*Do you speak English* [do:' jo spi:k ing'glisj]
Vad heter det på engelska?	*What is the English for that?* [wått' izz ði ing'glisj fə ðätt']
Vad heter ni?	*What is your name?* [wått' izz jå: nej'm]
Vad sa ni?	*What did you say?* [wått' didd jo sej']
Var finns (ligger, är) ...	*Where is* ...? [wä:'ər izz]
Var snäll och upprepa det	*Please repeat that* [pli:'z ripi:'t ðätt']

Ute på stan

Den passar inte	*It does'nt fit* [itt dazz'nt fitt']
Den (det) är för dyr(t)	*It's too expensive* [itts to:' ikkspenn-sivv]
Fortsätt rakt fram	*Go straight on* [gåo strej't ånn']
Förlåt, är det här vägen till ...?	*Excuse me, is this the way to* ...? [ikksjo:'z mi, izz ðiss' ðə wej' to ...?]
Går den här bussen till ...?	*Is this the bus to* ...? [izz ðiss' ðə bass' to]
Har ni några ...?	*Have you any* ...? [hävv' jo enn'i ...?]
Hur kommer jag till ...?	*How do I get to* ...? [hao' do aj gett' to]
Hur långt är det till ...?	*How far is it to* ...? [hao fa:'r izz itt to]
Jag har ett litet lexikon här. Kan ni visa mig vilket ord ni menar?	*I have a small dictionary here. Can you show me the word you mean?* [aj hävv ə små:'l dikk'sjənri hi:'ə känn jo sjåo' mi ðə wə:'d jo mi:'n]
Jag har storlek (nummer) ...	*My size is* ... [maj' saj'z izz]
Jag skall åka till ...	*I am going to* ... [aj ämm gåo'ing to]
Jag skulle vilja se på ...	*I should like to see* ... [aj sjodd laj'k to si:']

Parlör

Jag talar inte engelska så så bra	*My English is not very good* [maj ing'glisj izz nått' verri godd]
Jag är ledsen, men jag förstod inte	*I'm sorry, but I didn't understand* [ajm sårr'i, batt aj didd'nt anndəstänn'd]
Kan jag få den här lagad?	*Can I have this repaired* [känn' aj hävv' ðiss' ripä:'əd]
Kan jag få prova den?	*May I try it on?* [mej' aj traj' itt ånn']
Kan ni bokstavera det?	*Could you spell it?* [kodd' jo spell' itt]
Kan ni säga mig ...?	*Could you tell me* [kodd jo tell' mi]
Kan ni säga mig var ... ligger?	*Could you tell me where ... is?* [kodd jo tell' mi wä:'ər izz]
Kan ni tala mycket långsamt?	*Could you speak very slowly?* [kodd jo spi:'k verri slåo'li]
Måste jag byta?	*Do I have to change?* [do: aj hävv to tsjej'ndsj]
När är ... öppet (öppna)?	*When is (are) ... open?* [wenn' izz (a:) åo'pn]
Tack så mycket för hjälpen	*Thank you so much for your help* [ðäng'k jo såo' matt'sj fə jå: hell'p]
Ta nästa tvärgata till vänster	*Take the next turning to the left* [tej'k ðə nekkst tə:'ning to ðə leff't]
Vad kostar den?	*What does it cost?* [wått' dazz itt kåss't]
Vad kostar inträdet?	*How much is it to go in?* [hao' matt'sj izz it to gåo' inn']
Var ligger posten (telestationen)?	*Where is the post-office (telephone and telegraph office)?* [wä:'ər izz ðə påo'ståffiss (tell'ifåon ännd tell'igra:f åff'iss)]
Var är kassan?	*Where do I pay?* [wä:'ə do aj pej']
Vilken buss (tunnelbanelinje) går till ...?	*What bus (underground) do I take to get to ...?* [wått' bass' (ann'd graond) do aj tej'k to gett' to]
Vill ni säga till när jag skall gå av?	*Will you please tell me when to get off?* [will jo pli:'z tell' mi wenn to gett' åff']

Apotek *Chemist's* [kemm'ists]

Kan jag få någonting mot	*Have you got anything for* [hävv jo gått enn'iθing få]
diarré	*diarrhoea* [dajəri:'ə]
förstoppning	*constipation* [kånnstipej'sjən]
hosta	*a cough* [ə kåff']
huvudvärk	*headaches* [hedd'ejks]
sömnlöshet	*insomnia* [insämm'niə]
åksjuka	*travel sickness* [trävv'l sikk'niss]

Parlör

När kan jag hämta medicinen?	*When can I collect my medicine?* [wenn' känn aj kəlekk't maj medd'i-sinn]
Är det på recept?	*Must I have a doctor's prescription?* [mass't aj hävv ə dåkk'təz pris-kripp'sjən]
bomull	*cotton wool* [kätt'n woll']
dambindor	*sanitary towels* [sänn'itəri tao'əlz]
gasbinda	*bandage* [bänn'didsj]
hostmedicin	*cough medicine* [kåff' medd'isinn]
huvudvärkstabletter	*headache tablets* [hedd'ejk täbb'litts]
häftplåster	*adhesive plaster* [ədhi:'sivv pla:'stə]
koltabletter	*charcoal tablets* [tsja:'kåol täbb'litts]
laxativ	*laxative* [läkk'sətivv]
medicin	*medicine* [medd'isinn]
recept	*prescription* [priskripp'sjən]
salva	*ointment* [åj'ntmənt]
smärtstillande medel	*painkiller* [pej'nkillə]
sololja	*suntan oil* [sann'tänn åj'l]
sömntabletter	*sleeping pills* [sli:'ping pill'z]
tandborste	*toothbrush* [to:'θbrasj]
tandkräm	*toothpaste* [to:'θpejst]
termometer	*thermometer* [θəmåmm'itə]
tvål	*soap* [såop]

Bensinstation och bilverkstad *Petrol station and garage* [pett'rl stej'sjən ännd gärr'a:sj]

Det är något fel på ...	*There is something wrong with ...* [ðä:r izz sammθing rång' wið]
Kan jag få full tank	*Fill up the tank, please* [fill' app ðə täng'k pli:z]
Kan jag få 20 liter bensin	*20 litres (four and a half gallons) of petrol, please* [twenn'ti li:'təz (få:'r ännd ə ha:'f gäll'ənz) əvv pett'rl pli:'z]
När kan bilen vara klar?	*When will the car be ready?* [wenn' will ðə ka:' bi redd'i]
Vad kommer reparationen att kosta?	*What will the repair cost?* [wått' will ðə ripä:'ə kåss't]
Vill ni vara vänlig och byta olja	*Will you, please,* [will' jo pli:'z] *change the oil* [tsjej'ndsj ði åj'l]
justera bromsarna	*adjust the brakes* [ədsjass't ðə brej'ks]
laga punkteringen	*fix the flat tyre* [fikk's ðə flätt' taj'ə]
rundsmörja bilen	*do a complete lubrication* [do: ə kəmpli:'t lo:brikej'sjən]
tvätta bilen	*wash the car* [wåsj' ðə ka:']

Parlör

Vill ni vara vänlig och kontrollera	Will you, please, check [will jo pli:'z tsjekk']
batteriet	the battery [ðə bätt'əri]
kylarvattnet	the level in the radiator [ðə levv'l in ðə rej'diejtə]
lufttrycket i däcken	the pressure in the tyres [ðə presj'ə inn ðə taj'əz]
oljan	the oil [ði åj'l]

avgasrör exhaust pipe [iggzå:'st paj'p] **batteri** battery [bätt'əri] **bensintank** petrol tank [pett'rl täng'k] **broms** brake [brejk] **bromsljus** stop-light [ståpp'lajt] **bromsvätska** brake fluid [brej'kflo:idd] **bromspedal** brake pedal [brej'kpeddl] **bärgningsbil** break-down lorry [brej'kdaon lårr'i] **chassi** chassis [sjäss'i] **choke** choke [tsjåok] **cylinder** cylinder [sill'inndə] **domkraft** jack [dsjakk] **däck** tyre [taj'ə] **fjädring** spring system [spring' siss'təm] **fläktrem** fan belt [fänn' bell't] **fördelare** distributor [distribb'jotə] **förgasare** carburettor [ka:bjorett'ə] **gaspedal** accelerator [äkksell'ərejtə] **generator** generator [dsjenn'ərejtə] **gördeldäck** radial tyre [rej'djəl taj'ə] **halvljus** dipped headlights [dipp't hedd'lajts] **handbroms** handbrake [hänn'dbrejk] **hastighetsmätare** speedometer [spidåmm'ittə] **helljus** headlights [hedd'lajts] **kardanaxel** propeller shaft [prəpell'ə sja:'ft] **koppling** clutch [klattsj] **kylare** radiator [rej'diejtə] **lager** bearing [bä:'ring] **ljuddämpare** silencer [sajl'ənsə] **luftrenare** air cleaner [ä:'ə kli:'nə] **motorhuv** bonnet [bånn'itt] **navkapsel** hub cap [habb' käpp'] **reservdelar** spare parts [spä:'ə pa:'ts] **reservhjul** spare wheel [spä:'ə wi:'l] **slanglösa däck** tubeless tyres [tjo:'bliss taj'əz] **startmotor** starter motor [sta:'tə måo'tə] **startnyckel** ignition key [iggnisj'ənki:'] **stötdämpare** shock absorber [sjåkk'-əbzå:'bə] **stötfångare** bumper [bamm'pə] **säkring** fuse [fjo:z] **tomgång** idling [aj'dling] **tändning** ignition [iggnisj'ən] **tändstift** spark plug [spa:'k plagg'] **ventil** valve [vällv] **verkstad** garage [gärr'a:sj] **vindrutetorkare** windscreen wiper [winn'dskri:n waj'pə] **vägmätare** mileometer [majlåmm'ittə] **växellåda** gearbox [gi:'əbåkks] **växelspak** gear lever [gi:'ə li:'və]

Hotell och pensionat	*Hotel and boarding-house* [håotell' ännd bå:'dinghaos]
Finns det någon post till mig?	Are there any letters for me? [a: ðä:ər enni lett'əz fə mi:']
Finns det något billigare (mindre, större) rum?	Is there a cheaper (smaller, bigger) room? [izz ðä:ər ə tsji:'pə (små:'lə, bigg'ə) romm]
Goddag, mitt namn är ...	Good morning (afternoon, evening) my name is ... [godd må:'ning (a:'ftəno:'n, i:'vning), majˈ nejˈm izz']

Parlör

God morgon, kan vi få upp en te och en kaffe	Good morning, may we have one tea and one coffee [godd må:'ning, mej' wi hävv wann' ti:' ännd wann' kåff'i]
Har ni något ledigt rum för tre nätter?	Have you a room for three nights? [hävv' jo ə romm' fə θri:' naj'ts]
Ingår frukost i priset?	Is breakfast included in the room price? [izz brekk'fəst inklo:'didd in ðə romm praj's]
Kan jag få nyckeln till rum nummer 13	May I have the key to room number 13, please [mej aj hävv ðə ki:' to romm' namm'bə θə:'ti:'n pli:z]
Kan ni göra i ordning vår räkning	Would you please make up our bill [wodd jo pli:'z mejk app' ao bill']
Kan vi få frukost på rummet?	May we have breakfast in our room? [mej wi hävv brekk'fəst inn ao romm']
Kan vi få väckning klockan 7 i morgon bitti	Would you please call us tomorrow morning at seven [wodd jo pli:'z kå:'l ass təmårr'åo må:'ning ätt sevv'n]
När serveras frukosten?	When is breakfast served? [wenn' izz brekk'fəst sə:'vd]
Vad kostar rummet?	How much is the room? [hao matt'sj izz ðə romm']
Var kan jag parkera bilen?	Where can I park my car? [wä:'ə känn aj pa:'k maj ka:']
Var ligger frukostrummet (matsalen)?	Where is the breakfast-room (dining-room)? [wä:'ər izz ðə brekk'fəst-romm (daj'ningromm)]
Jag hade beställt ett enkelrum (dubbelrum)	I have booked a single room (double room) [aj hävv bokk't ə sing'gl romm' (dabb'l romm')]
Vill ni beställa en taxi åt mig?	Could you get me a taxi? [kodd jo gett' mi ə täkk'si]
Vi reser tidigt i morgon bitti	We are leaving early to-morrow morning [wi: a: li:'ving ə:'li təmårr'åo må:'ning]
Är betjäningsavgiften inkluderad?	Is service included? [izz sə:'viss innklo:'didd]

bagage luggage [lagg'idsj], (Am.) baggage [bägg'idsj] **dricks-pengar** tip [tipp] **extrasäng** extra bed [ekk'strəbedd'] **halv-pension** partial board [pa:'sjəl bå:'d] **helpension** full board [foll' bå:'d] **hiss** lift [lifft], (Am.) elevator [ell'ivejtə] **hotell-direktör** manager [männ'idsjə] **med bad** with a bath [wið ə ba:'θ] **nyckel** key [ki:'] **portier** hall porter [hå:'l på:'tə] **reception**

Parlör

reception desk [risepp'sjən dess'k] **rum åt gatan (gården)** front (back) room [frann't (bäkk') romm'] **städerska** chamber maid [tsjej'mbə mej'd] **telefonhytt** call-box [kå:'lbåkks] **vestibul** lounge [laondsj]

Läkare och tandläkare *Doctor and dentist* [dåkk'tə ännd denn'tisst]

Hur mycket blir jag skyldig?	*How much do I owe you?* [hao mattsj do aj åo' jo]
Jag har	*I have* [aj hävv]
bitit av en tand	broken a tooth [bråo'kən ə to:'θ]
feber	a temperature [ə temm'prittsjə]
influensa	the flu [ðə flo:']
en kraftig förkylning	a severe cold [ə sivi:'ə kåo'ld]
kväljningar	nausea [nå:'sjə]
ont i halsen	a sore throat [ə så:' θråo't]
ont i huvudet	a headache [ə hedd'ejk]
ont i magen	a stomach-ache [ə ståmm'əkejk]
ont i öronen	earache [i'ərejk]
svårt att sova	difficulty in sleeping [diff'ikallti inn sli:'ping]
tandvärk	toothache [to:'θejk]
tappat en plomb	lost a filling [låss't ə fill'ing]
vrickat en fot	sprained my ankle [sprej'nd maj äng'kl]
Jag skulle vilja tala med en läkare	*I should like to see a doctor* [aj sjodd laj'k to si:' ə dåkk'tə]
Jag är sjuk	*I am ill* [aj ämm ill']
Kan jag få något smärtstillande?	*Could you give me something to ease the pain?* [kodd jo givv' mi samm'-θing to i:z ðə pej'n]
Kan jag få ett recept på ...	*Could you give me a prescription for ...* [kodd jo givv' mi ə priskripp'sjən fə]
Kan ni skicka efter en läkare	*Could you send for a doctor* [kodd jo senn'd fər ə dåkk'tə]
Måste jag hålla mig inomhus?	*Must I stay indoors?* [mass't aj stej' inn'då:'z]
Måste jag ligga till sängs?	*Must I stay in bed?* [mass't aj stej' in bedd']
När har doktorn mottagning?	*What are the doctor's surgery hours?* [wått' a: ðə dåkk'təz sə:'dsjəri ao'əz]
När kan jag få komma?	*When can I come?* [wenn' kənn aj kamm']
Skulle ni vilja skriva ett intyg till försäkringskassan	*Could you give me a medical certificate for health insurance?* [kodd jo givv' mi ə medd'ikəl sətiff'ikitt fə hell'θ innsjo'ərəns]

Parlör

allergi allergy [äll'ədsji] **barnläkare** paediatrician [pi:diətrisj'ən] **bedövning** anaesthetic [ännəsθett'ikk] **blindtarmsinflammation** appendicitis [əpenndisaj'tiss] **blodförgiftning** blood poisoning [bladd' påj'zəning] **blodgrupp** blood group [bladd' gro:'p] **blodtryck** blood pressure [bladd' presj'ə] **blåskatarr** cystitis [sisstaj'tiss] **bruten arm** broken arm [brəo'kn a:'m] **brutet ben** broken leg [brəo'kn legg'] **diarré** diarrhoea [dajəri:'ə] **förkylning** cold [kåold] **förstoppning** constipation [kånnstipej'sjən] **gallstensanfall** biliary colic [bill'jəri kåll'ikk] **gulsot** jaundice [dsjå:'ndiss] **gynekolog** gynaecologist [gajnikåll'ədsjist] **hjärtfel** heart disease [ha:'tdizi:z] **hosta** cough [kåff] **hål** hole [håol] **ischias** sciatica [sajätt'ikkə] **jourhavande läkare** doctor on duty [dåkk'tə ånn djo:'ti] **klåda** itching [itt'sjing] **kirurg** surgeon [sə:'dsjən] **kräkas** vomit [våmm'itt] **lunginflammation** pneumonia [njo:måo'njə] **magsår** gastric ulcer [gäss'trikk all'sə] **matförgiftning** food poisoning [fo:'d påj'səning] **medicin** medicine [medd'isinn] **medicinare** physician [fizisj'ən] **mottagningstid** surgery hours [sə:'dsjəri ao'əz] **njurstensanfall** renal colic [ri:'nl kåll'ikk] **plomb** filling [fill'ing] **protes** artificial limb [a:tifisj'əl limm'] (tand-) denture [denn'tsjə] **röntga** X-ray [ekk'srej] **sjukhus** hospital [håss'pitəl] **sjuksköterska** nurse [nə:s] **smittsam** infectious [innfekk'sjəs] **smärta** pain [pejn] **snuva** head cold [hedd' kåo'ld] **sockersjuka** diabetes [dajəbi:'tizz] **solsting** sunstroke [sonn'stråok vs] **stifttand** pivot tooth [pivv'ət to:'θ] **svimma** faint [fejnt] **svullnad** swelling [swell'ing] **sår** wound [wo:nd] **sömnlöshet** insomnia [insämm'niə] **tandkött** gums [gammz] **underkäke** lower jaw [låo'ə dsjå:'] **urinprov** urine sample [jo:'ərinn sa:'mpl] **vrickning** sprain [sprejn] **värk** ache [ejk] **yrsel** dizziness [dizz'iniss] **överkäke** upper jaw [app'ə dsjå:']

Nöjen Entertainments [enntətej'nmənts]

Jag skulle vilja hyra en kikare	May I hire a pair of opera-glasses? [mej aj haj'ə ə pä:r əvv åpp'ə-rəgla:siz]
Jag vill gärna sitta i mitten	I should like a seat in the middle [aj sjodd lajk ə si:'t inn ðə midd'l]
Kan jag få ett program?	May I have a programme, please? [mej aj hävv ə prå'grämm pli:z]
Kan jag få två biljetter till i kväll	May I have two tickets for this evening? [mej aj hävv to:' tikk'itts få ðiss i:'vning]
Kan ni rekommendera något trevligt dansställe (diskotek)	Can you recommend a nice dance-hall (discothèque)? [känn jo rekəmenn'd ə najs da:'nshå:l (diss'kåotekk)]

Parlör

Måste vi köpa biljetter i förväg?	Do we have to buy tickets in advance? [do wi hävv to baj˙ tikk˙itts inn ədva:˙ns]
När börjar (slutar) föreställningen?	When does the performance start (end)? [wenn˙ dazz ðə pəfå:˙məns sta:˙t (enn˙d)]
Är platserna numrerade?	Are the seats reserved? [a: ðə si:˙ts rizə:˙vd]
Är det utsålt till i kväll?	Are all tickets sold for this evening? [a: å:˙l tikk˙itts såo˙ld få ðiss i:˙vning]

andra raden upper circle [app˙ə sə:˙kl] **bakre parkett** the pit [ðə pitt˙] **balkong** balcony [báll˙kəni] **biljettlucka** box-office [båkk˙såffiss] **biograf** cinema [sinn˙imə] **bänkrad** row [råo˙] **cirkus** circus [sə:˙kəs] **dansställe** dance-hall [da:˙nshå:l] **diskotek** discothèque [diss˙kåotekk˙] **främre parkett** the orchestra stalls [ði å:˙kistrə stå:˙lz] **föreställning** performance [pəfå:˙məns] **förköp** advance booking [ədva:˙ns bokk˙ing] **första raden** dress circle [dress˙ sə:˙kl] **garderob** cloak-room [klåo˙kromrm] **kasperteater** Punch and Judy show [pann˙tsj ännd dsjo:˙di sjåo˙] **konsert** concert [kánn˙sət] **loge** box [båkks˙] **marionetteater** puppet theatre [papp˙itt θi:˙ətə] **matiné** matinée [mätt˙inej] **musikal** musical [mjo:˙zikəl] **nattklubb** night club [naj˙t klabb˙] **opera** opera [åpp˙ərə] **operett** musical comedy [mjo:˙zikl kåmm˙i-di] **parkett** the stalls [ðə stå:˙lz] **plats** seat [si:t] **premiär** opening night [åo˙pəning naj˙t] **program** programme [pråo˙grämm] **rad** circle [sə:˙kl] **revy** revue [rivjo:˙], show [sjåo˙] **tivoli** amusement park [əmjo:˙zmənt pa:˙k] **utsålt** full house [foll˙ hao˙s] **varieté** variety show [vərəj˙əti sjåo˙]

Resebyrå Travel bureau [trävv˙l bjo:˙əråo]

Går planet direkt till Stockholm?	Does this plane go direct to Stockholm? [dazz ðiss˙ plej˙n gåo daj-rekk˙t to ståkk˙håom]
Hur dags är jag framme i ...	When will I get to ... [wenn˙ will aj gett˙ to]
Hur länge gäller biljetten?	How long is the ticket valid? [hao lång˙ izz ðə tikk˙itt väll˙idd]
Jag vill boka plats för bilen på färjan till ...	I should like to make a booking for my car on the ferry to ... [aj sjodd lajk to mejk ə bokk˙ing få maj ka:˙ ånn ðə ferr˙i to]
Jag vill gärna avbeställa biljetten	I should like to cancel my ticket [aj sjodd lajk to känn˙sl maj tikk˙itt]
Kan jag få en förstaklassbiljett till ...	I should like a first-class ticket to ... [aj sjodd lajk ə fə:˙stkla:˙s tikk˙itt to]

Parlör

Kan jag få se på en tidtabell	Have you a time-table, please [hävv jo ə taj'mtejbl pli:z]
Kan ni sätta upp mig på väntelista	Can you put my name on the waiting list? [känn jo pott maj nej'm ånn ðə wej'ting lisst]
Mellanlandar det här planet någonstans?	Does this plane touch down en route? [dazz ðiss' plej'n tattsj dao'n a:nro:t]
När får man gå ombord?	When can I go onboard? [wenn' känn aj gåo ånnbå:'d]
När går tåget till ...?	When does the train for ... leave? [wenn' dazz ðə trej'n få li:'v]
När måste jag vara på flygplatsen (terminalen)?	When do I have to be at the airport (terminal)? [wenn' do aj hävv to bi:' ätt ði ä:'əpå:t (tə:'minəl)]
När måste bilen vara vid färjan?	When must the car be at the ferry? [wenn' masst ðə ka:' bi ätt ðə ferr'i]
Varifrån går bussen till flygplatsen?	From where does the bus depart for the airport? [frəm wä:'ə dazz ðə bass' dipa:'t fə ði ä:'əpå:t]

ankomst arrival [əraj'vəl] **avbeställa** cancel [känn'səl] **avgång, avresa** departure [dipa:'tsjə] **bagage** luggage [lagg'idsj] **beställa, boka** book [bokk] **biljett** ticket [tikk'itt] **enkel biljett** single ticket [sing'gl tikk'itt] **flygning** flight [flajt] **flygplats** airport [ä:'əpå:t] **försening** delay [dilej'] **försäkring** insurance [insjo:'ərəns] **handbagage** hand luggage [hänn'd lagg'idsj] **hyttplats** berth [bə:θ] **invägning** weighing in [wej'ing inn] **landning** landing [länn'ding] **mellanlandning** intermediate landing [intəmi:'djət länn'ding] **platsbiljett** seat reservation [si:'t rezəvej'sjən] **reseledare** guide [gajd] **resgodsförsäkring** luggage insurance [lagg'idsj insjo:'ərəns] **resgodsinlämning** left-luggage office [leff'tlagg'idsj åff'iss] **restaurangvagn** restaurant car [ress'tərång ka:] **rumsförmedling** accomodation agency [əkåmmədej'sjən ej'dsjənsi] **snälltåg** fast train [fa:'st trej'n] **sovplatsbiljett** sleeper ticket [sli:'pə tikk'itt] **sällskapsresa** conducted tour [kəndakk'tidd to:'ə] **tillägg** additional charge [ədisj'ənəl tsja:'dsj] **tur och retur-biljett** return ticket [ritə:'n tikk'itt] **övervikt** excess weight [ekk'sess wej't]

Restaurang Restaurant [ress'tərång]

Får jag be om notan	May I have the bill, please [mej aj hävv ðə bill' pli:z]
Får jag tala med hovmästaren	May I speak to the head waiter? [mej aj spi:'k to ðə hedd' wejtə]

Parlör

Får vi slå oss ner här?	*Do you mind if we sit here?* [do jo majˈnd iff wi sittˈ hiːˈə]
Fröken!	*Miss!* [miss]
Har ni någon specialitet?	*Have you any speciality?* [hävv jo enni spesjiallˈitti]
Har ni barnportioner?	*Do you have children's portions?* [do jo hävv tsjillˈdrənz påːˈsjənz]
Jag vill ha biffen genomstekt (lätt stekt, blodig)	*I like my steak well done (medium, rare)* [aj lajˈk maj stejˈk wellˈ dannˈ (miːˈdjəm, räːˈə)]
Kan ni rekommendera någon trevlig restaurang (barservering)?	*Can you recommend a nice restaurant (self-service restaurant)?* [känn jo rekəmennˈd ə najˈs ressˈtərång (sellˈfsəːviss ressˈtərång)]
Kan vi få ett bord för fyra	*May we have a table for four?* [mej wi hävv ə tejˈbl fə fåːˈ]
Kan vi få se på matsedeln (vinlistan)	*May we see the menu (wine-list)?* [mej wi siː ðə mennˈjo (wajˈnlisst)]
Kan vi få två biffstek	*May we have two steaks?* [mej wi hävv toː stejˈks]
Vaktmästarn!	*Waiter!* [wejˈtə]
Vi skulle vilja ha ...	*We should like ...* [wi sjodd lajˈk]
Är det ledigt här?	*Is this seat free?* [izz ðiss siːˈt friːˈ]
Är servisen inräknad?	*Is service included?* [izz səːˈviss inkloːˈdidd]

ale [ejl] öl **anchovy** [ännˈtsjəvi] ansjovis **artichoke** [aːˈtisjåok] kronärtskocka **asparagus** [əspärrˈəgəs] sparris **bean** [biːn] böna **beef** [biːf] oxkött **beer** [biːˈə] öl **beet-root** [biːˈtroːt] rödbeta **beverage** [bevvˈəridsj] dryck **biscuit** [bissˈkitt] kex **brandy** [brännˈdi] konjak **brill** [brill] slätvar **brisket** [brissˈkitt] bringa **Brussels sprouts** [brassˈlz spraots] brysselkål **burbot** [bəːˈbət] lake **cabbage** [käbbˈidsj] kål **cake** [kejk] tårta **caramel cream** [kärrˈəmell kriːˈm] brylépudding **carrot** [kärrˈət] morot **cauliflower** [kållˈiflaoə] blomkål **celery** [sellˈəri] selleri **cheese** [tsjiːz] ost **chestnut** [tsjessˈnatt] kastanj **chicken** [tsjikkˈinn] kyckling **chips** [tsjipps] pommes frites **chop** [tsjåpp] kotlett **Christmas pudding** [krissˈməs poddˈing] plumpudding **clear soup** [kliːˈə soːˈp] buljong **cod** [kådd] torsk **cookie** [kokkˈi] småkaka **crab** [kräbb] krabba **crayfish** [krejˈfisj] kräfta **cream** [kriːm] grädde **crispbread** [krissˈpbredd] knäckebröd **croissant** [kroaːsaːˈng] giffel **crumpet** [krammˈpitt] mjuk tekaka **cucumber** [kjoːˈkammbə] gurka **custard** [kassˈtəd] vaniljsås **cutlet** [kattˈlitt] kotlett **cuttle-fish** [kattˈlfisj] bläckfisk **decanter** [dikännˈtə] karaff **dessert** [dizəːˈt] dessert **doughnut** [dåoˈnatt] munk **draught beer** [draːˈft biːˈə] fatöl **duck** [dakk] anka **eel** [iːl] ål **filleted fish** [fillˈitidd fisj] fiskfilé **fillet of steak** [fillˈitt əvv

Parlör 428

stej´k] oxfilé **fish** [fisj] fisk **flounder** [flao´ndə] flundra **French loaf** [frenn´tsj låo´f] långfranska **garlic** [ga:´likk] vitlök **gravy** [grej´vi] sky **grouse** [graos] ripa **haddock** [hädd´ək] kolja **halibut** [häll´ibət] hälleflundra **ham** [hämm] skinka **hash** [häsj] ragu **hors d'œuvre** [å:də:´vr] förrätt **horse-radish** [hå:sräddisj] pepparrot **ice-cream** [aj´skri:m] glass **jam** [dsjämm] sylt **jelly** [dsjell´i] gelé **kidney** [kidd´ni] njure **kipper** [kipp´ə] rökt sill **lemon** [lemm´ən] citron **lettuce** [lett´iss] sallad **liqueur** [likjo:´ə] likör **liver** [livv´ə] lever **lobster** [låbb´stə] hummer **macaroon** [mäkkəro:´n] mandelbiskvi **mackerel** [mäkk´rəl] makrill **meat** [mi:t] kött **meatball** [mi:´tbå:l] köttbulle **milk** [millk] mjölk **mineral water** [minn´ərəl wå:´tə] mineralvatten **mint** [minnt] mynta **mock turtle soup** [måkk´ tə:tl so:´p] falsk sköldpaddssoppa **mussel** [mass´l] mussla **mustard** [mass´təd] senap **non-alcoholic** [nånn´älkəhåll´ikk] alkoholfri **onion** [ann´jən] lök **oxtail soup** [åkk´stejl so:´p] oxsvanssoppa **oyster** [åj´stə] ostron **parsley** [pa:´sli] persilja **partridge** [pa:´triddsj] rapphöna **pea** [pi:] ärta **perch** [pə:tsj] abborre **pike** [pajk] gädda **pike-perch** [paj´k pə:tsj] gös **plaice** [plejs] rödspätta **pork** [på:k] griskött **porridge** [pårr´idsj] gröt **rabbit** [räbb´itt] kanin **radish** [rädd´isj] radisa **rice** [rajs] ris **roast beef** [råo´st bi:´f] oxstek, rostbiff **rumpsteak** [ramm´pstejk] biffstek **rusk** [rassk] skorpa **salmon** [sämm´ən] lax **sauce** [så:s] sås **sauerkraut** [sao´akraot] surkål **sausage** [såss´idsj] korv **scrambled eggs** [skrämm´bld egg´z] äggröra **shellfish** [sjell´fisj] skaldjur **shepherd's pie** [sjepp´ədz paj´] hackat oxkött med potatismos **shrimp** [sjrimp] räka **soft drink** [såff´t dring´k] läskedryck **sole** [såol] sjötunga **sparkling** [spa:´kling] musserande **spice** [spajs] krydda **spinach** [spinn´iddsj] spenat **sponge cake** [spann´dsj kej´k] sockerkaka **sprat** [spratt] skarpsill **squash** [skwåsj] saft **stuffing** [staff´ing] fyllning **sweet** [swi:t] efterrätt **sweetbread** [swi:´tbredd] kalvbräss **toast** [tåost] rostat bröd **treacle** [tri:´kl] sirap **trifle** [traj´fl] fruktårta **tripe** [trajp] oxmage **trout** [traot] forell **turbot** [tə:´bət] piggvar **turkey** [tə:´ki] kalkon **veal** [vi:l] kalvkött **vegetables** [vedd´sjətəblz] grönsaker **venison** [venn´zn] hjort **Welsh rabbit (rarebit)** [well´sj räbb´itt (rä:´bitt)] grillad ostsmörgås **whipped cream** [wipp´t kri:´m] vispgrädde **whiting** [waj´ting] vitling **yorkshire pudding** [jå:´ksjə podd´ing] slags pannkaka

Tull och passkontroll *Customs and passport control* [kass´təmz ännd pa:´spå:t kəntråo´l]

Får jag se på ert pass	*May I see your passport, please* [mej aj si: jå: pa:´spå:t pli:z]
Har ni något att förtulla?	*Have you anything to declare?* [hävv jo enn´iθing to diklä:´ə]

Parlör

Hur länge tänker ni stanna i landet?	How long are you going to stay in this country? [haoˈ lång' a: jo gåoˈing to stejˈ inn ðissˈ kann'tri]
Hur mycket pengar har ni med er?	How much money are you carrying? [haoˈ matt'sj mann'i a: jo kärr'iing]
Jag har bara personliga saker	I have only personal effects [aj hävv åoˈnli pə:ˈsənəl iffekk'ts]
Kan jag få se försäkringsbeskedet till bilen	May I see the insurance certificate for the car, please? [mej aj si: ði insjoːˈərəns sətiff'ikitt fåː ðə ka:ˈ pli:ˈz]
Vad har ni för utländsk valuta?	What foreign currency do you have? [wåttˈ fårr'inn karr'ənsi do jo havv']
Var vänlig och öppna den här väskan	Please open this suitcase [pli:ˈz åoˈ-pən ðiss sjoːˈtkejs]
Vill ni fylla i den här blanketten	Please fill up this form [pli:ˈz fill' app' ðiss fåːˈm]

ankomstdatum date of arrival [dej't əvv əraj'vəl] **betala tull för** pay duty on [pejˈ djo:'ti ånn] **efternamn** surname [sə:'nejm] **födelsedatum** date of birth [dejˈt əvv bəːˈθ] **födelseort** place of birth [plejˈs əvv bəːˈθ] **förnamn** Christian name [kriss'tjən nej'm] **gå igenom tullen** pass through the customs [pa:ˈs θro ðə kass'-təmz] **hemort** place of domicile [plej's əvv dåmm'isəjl] **inresa** entry [enn'tri] **kontanter** cash [käsj] **nationalitet** nationality [näsjənäll'itti] **pass** passport [pa:ˈspå:t] **passkontroll** passport control [pa:ˈspå:t kəntråo'l] **resecheck** traveller's cheque [trävv'ə-ləz tsjekk'] **sedel** bank-note [bängˈknåot] **titel** title [taj'tl] **tullfri** duty-free [djo:ˈtifri:] **tullpliktig** dutiable [djo:ˈtjəbl] **utresa** exit [ekk'sitt] **valutakontroll** currency check [karr'ənsi tsjekk'] **visum** visa [vi:ˈzə] **yrke** occupation [åkkjopej'sjən]

Mått, mynt och vikt

I Storbritannien pågår för närvarande en gradvis övergång till metersystemet. Detta beräknas vara helt infört i slutet av 1975. Tills vidare gäller följande.

Mynt
1 pund = 100 pence. För pund används tecknet £. Penny och pence förkortas P. (Före myntreformen som genomfördes i februari 1971 var 1 pund = 20 shilling = 240 pence. Tecknet £ användes även då. Shilling förkortades s. och pence d.)

Längdmått
1 inch (in.) = 25,4 mm
1 foot (ft.) = 30,48 cm
1 yard (yd.) = 91,44 cm
1 760 yards (yds.) = 1 mile (m.) = 1 609,34 m
1 nautisk mil i Storbritannien = 6 080 feet = 1 853,2 m. 1 internationell nautisk mil = 6 076,115 feet = 1 852 m.

Ytmått
1 square inch (sq. in.) = 6,452 cm^2
1 square foot = 929,03 cm^2
1 square yard = 0,836 m^2
1 acre = 4 046,86 m^2
1 square mile = 2,59 km^2

Rymdmått (volym)
1 cubic foot = 28,317 dm^3 (liter)
1 cubic yard = 764,56 dm^3 (liter)
1 fluid once (fl. oz.) = 2,84 centiliter
1 gill = 14,2 centiliter
1 pint (p.) = 0,568 liter
1 quart (qt.) = 1,137 liter
1 Imperial gallon (Imp. gal.) = 4,546 liter
1 peck = 9,092 liter
1 bushel (bu.) = 36,37 liter
1 quarter (qu., qr.) = 290,9 liter
1 bulk barrel (bar.) = 5,8 cubic feet = 163,7 liter
OBS! 1 US gallon = 3,785 liter.
Registerton är också ett rymdmått. 1 registerton = 100 cubic feet = 2,8317 m^3.

Mått, mynt och vikt

Vikt
1 dram = 1,77 gram
1 ounce (oz.) = 28,35 gram
1 pound (lb.) = 453,59 gram
1 stone = 6,35 kilogram
1 quarter (qu., qr.) = 12,7 kilogram
1 hundredweight (cwt.) = 50,8 kilogram
1 /long/ ton (t.) = 1 016 kilogram

Ibland används också short ton. 1 short ton = 2 000 pounds = 907 kilogram. (1 long ton = 2 240 pounds.)
För mynt och ädelmetaller används s.k. troy- eller fine-vikter. 1 oz. troy t.ex. är = 31,103 5 gm.

Hastighet
1 mile/hour = 1,609 km/tim
1 mile/gallon (Imp.) = 0,354 km/liter

Temperatur
Dra 32 från gradtalet i Fahrenheit (F), multiplicera med 5 och dividera med 9 så erhålls gradtalet i Celsius eller Centigrade (C).
Exempel: 59°F ger 59 − 32 = 27 som multipliceras med 5 till 135. Division med 9 ger 15°C; 17°F: 17 − 32 = − 15 som multipliceras med 5 till −75. Division med 9 ger −8,3°C.
Multiplicera gradtalet i Celsius med 9, dividera med 5 och lägg till 32 så erhålls gradtalet i Fahrenheit.
Exempel: 37°C. 37 multiplicerat med 9 ger 333, som efter division med 5 blir 66,6. Till detta tal läggs 32, varvid erhålls 98,6°F.
−10°C. −10 multiplicerat med 9 ger −90, som efter division med 5 blir −16. Till detta tal läggs 32 (−16 + 32) varvid erhålls +16°F.
0°C = 32°F
100°C = 212°F
0°F = −17,8°C

Diverse
Om öl, vin och spritdrycker används ofta i vardagligt tal följande volymbeteckningar:

öl
nip = 1/4 pint = 14,2 centiliter
small = 1/2 pint = 28,4 centiliter
large = 1 pint = 56,8 centiliter

Mått, mynt och vikt

vin och spritdrycker
tot (whisky) = 1/6 eller 1/5 eller 1/4 gill = 2,4, 2,8 respektive 3,6 centiliter
noggin = 1 gill = 14,2 centiliter
bottle = 1 1/3 pints = 75,7 centiliter